原始文化——神話、哲学、宗教、言語、芸術、慣習の発展に関する研究

民法博士・法学博士・英国王立協会フェロー
エドワード・B・タイラー
オックスフォード大学人類学教授
『初期人類史と文明の発展に関する研究』等の著者

「人間の可能性ではなく、人間そのものを研究しなければならない。すなわち、人間が為したであろうことや為さねばならぬことを想像するのではなく、人間が実際に為すことを観察するのが重要なのである」。シャルル・ド・ブロス〔『フェティシュ諸神の崇拝』杉本隆司訳、法政大学出版局、一三三頁〕

目次

第三章　文化における残存（一）

第四章　文化における残存（二）

第八章　神話論（一）

第九章　神話論（二）

第十章　神話論（三）

第十一章　アニミズム（一）

原始文化　上

凡例

一、本書の底本等については、解題に明記した。

一、本文中の大文字による強調は〈　〉で、それ以外の強調は、傍点により示した。

一、本文中、訳者による注記〔……〕を付した箇所がある。

一、引用文中の省略は……で表示した。

一、引用文について、既訳がある場合には参考にしたが、適宜訳し変えた箇所もある。聖書からの引用については原則として新共同訳を用いた。

一、原文は改行が少ないので、訳文には適宜改行を加えた。ただし、原文の改行箇所は*で示した。

一、本書には、今日の観点から見て差別的で不適切な表現が随所に出てくるが、原著の歴史的重要性に鑑み、そのまま対応する日本語に訳した。

一、底本の目次、各章冒頭、および奇数頁の柱に掲げてある小見出しは一致しておらず、本文中には掲げられていない。そこで、読者の便を図るため、上記三箇所にある小見出しを勘案し、本文中のしかるべき箇所に置いた。その際に、原著の頁数を〔　〕に入れて示した。

初版への序文

*本書は文化の探究を、思想信条、芸術、慣習といった他の分野へと及ぼすものであり、既刊の『初期人類史の研究』〔初版一八六五年、二版一八七〇年〕と軌を一にしている。過去六年間、新たな証拠や議論のいくつかの要点については暫定的に公表する機会があったが、本書においてさらに展開することを試みた。すでにさまざまな論文や講演において、文化における残存の理論、直接的な表出言語や数の発明と初期文明の問題との関連性、人間精神の原歴史における神話の位置、宗教のアニミズム哲学の発展、儀礼と儀式の起源については論じてきた[1]。本書ではそれらについてさらに多くの事例を示しつつ、広汎に議論することになる。

*本文中で論じられる事実の根拠は、脚注〔本訳書では章末注〕で十分に示されている。注をご覧になれば、民族誌や関連諸学の著述家、歴史家、旅行家、宣教師に、私が多くを負っていることが明らかになるに違いない。特に利用した二篇の文献についてのみ、ここで言及しておく。ベルリンのバスティアン教授〔Philipp Wilhelm Adolf Bastian 一八二六－一九〇五。ドイツの民族学者〕による『歴史における人間』〔一八六〇〕と、マールブルクの故ヴァイツ教授〔Theodor Waitz 一八二一－一八六四。ドイツの人類学者、心理学者〕による『自然民族の人類学』〔一八五九－一八六四〕である。

*文明の発展といったきわめて複雑な問題を論ずるうえで、わずかな事例で説明を加えながら理論を展開させることは十分ではない。事実についての言明は、議論の要とならなければならない。新奇な事例であっても、既定

の規則の新たな具体例として適切な収まりがつくよう配置されるように、個々の集団が当該集団にとっての一般法則を明らかにするときには、どの程度、詳細な事実が必要不可欠になるか、その限界が判明する。こうした限界に到達しようとする私の試みが、あまりに些末な詳細を集めすぎているように思われるとしたら、読者には取り上げられる問題の多くが実際に重要なものであり、理論的にも斬新であることから、十分な証拠を挙げずにいることはきわめて不適切なのだと指摘しておきたい。ほぼこの研究に費やしてきた十年にわたり、膨大な記録の束から最も教示的な民族学的事実を選び出すことがつねに私の務めだった。個々の問題に関するデータを、不要な事例は省いたうえで、合理的な証明に不可欠なものに切り詰めることもまたしかりである。

一八七一年三月

E. B. T.

原注

(1) Fortnigthly Review: 'Origin of Language,' April 15, 1866; 'Religion of Savages,' August 15, 1866. 王立協会での講義 'Traces of the Early Mental Condition of Man,' March 15, 1867; 'Survival of Savage Thought in Modern Civilization,' April 23, 1869. ユニヴァーシティ・カレッジ・ロンドンでの講義 'Spiritualistic Philosophy of the Lower Races of Mankind,' May 8, 1869, ノッティンガムの英国協会での発表原稿 'Phenomena of Civilization Traceable to a Rudimental Origin among Savage Tribes.' 1866. ロンドン民族学会での発表原稿 'Philosophy of Religion among the Lower Races of Mankind,' April 26, 1870 等々。

第二版への序文

＊一八七一年に本書が刊行されてから、ドイツ語訳、ロシア語訳も出版された。第二版では頁に若干の変更があるが、これはイギリスとアメリカで同時に再刊するうえで便宜を図るためである。しかしながら実質的な変更はない。よりわかりやすいように言葉を増やしたり言い換えたりした箇所もあり、事例を増やしたり改めたりした箇所もある。人類学者が刊行した書評や私信によって、訂正できた箇所、いっそう強調できた箇所もある。そうした学者として、リエージュのフェリックス・リープレヒト教授〔Felix Liebrecht 一八一二－一八九〇。ドイツの民俗学者〕、クレメンツ・R・マーカム氏〔Clements Robert Markham 一八三〇－一九一六。イギリスの地理学者、探検家〕、コルダーウッド教授〔スコットランドの哲学者 Henry Calderwood（1830-1897）か〕、ラルストン氏〔William Ralston Shedden-Ralston 一八二八－一八八九。イギリス人ロシア研究者〕、セバスチャン・エヴァンズ氏〔Sebastian Evans イギリスのジャーナリスト、詩人〕のお名前を挙げておく。

＊ダーウィン氏とハーバート・スペンサー氏は、発展や進化といった主題について現代思想の全般に影響を及ぼしており、正式に言及せずにおくことはできないが、進化論を強く主張する文明研究の本書のような著作において、両氏についての言及がほどんど見られないことをいぶかしく思われた読者もいることだろう。あえて言及しなかったのは、本書がそれなりの論旨をたどったことで、この傑出した哲学者たちの業績について詳しく触れる機会がなかったためである。

本書における証拠の累積に関連して批評家から反論も寄せられているが、それには謝意を表しつつ、その反論は実際には確かな長所によって相殺されるものだと言っておく。展開された理論について判断できる手段を、読者が実際に得ることができるように、広汎に詳細な証拠を集める計画は、本書の受け取られ方を見れば正しかったことがわかる。本書の議論の多くとは著しく異なる見解をもつ人々のあいだでも、そして特に重要ないくつかの論点について異論のある人々のあいだにおいても、それは当てはまる。多岐にわたる哲学、神学の諸学派の著述家たちは、現在、民族学的事実が、現実にかかわる必須のものであって、考慮に入れないわけにはいかないということを認めている。イギリス人の精神は修辞によってただちに揺るがされることはないが、事実の重みによって容易に動かされるのだという信念は、感知しうる世論の動きによってここでは正当化されてきたのだと言っても過言ではない。

E. B. T.

一八七三年九月

第三版への序文

第*三版において、全般的な議論に変更を加える必要は感じられなかったが、過去二十年間で新たな情報が利用可能になっていることから、さらに詳しい証拠を追加し、わずかな箇所については訂正を加える必要があった。参照する際の便宜を図り、旧版の頁数は変えていない。

一八九一年九月

E・B・T・

第四版への序文

通常の読書のために、第四版も実質的な変更はないものと受け取っていただいてかまわない。ただしごくわずかな箇所で、修整を施してある（第一巻第五章「情緒的音調」、第二巻第十五章「トーテム動物」を見よ）。*

一九〇三年一〇月

E. B. T.

第一章　文化の科学

文化・文明とは何か〔一〕

〈文化*〉または〈文明〉とは、民族誌的な広い意味で捉えるならば、知識、信念、技術、道徳、法、慣習など、社会の成員としての人間が身につけるあらゆる能力と習慣からなる複合的な全体である。多様な人間社会に見られる文化の状態は、一般的な原理に基づく考察が可能であるかぎりにおいて、人間の思考と行動の法則を研究するのに適した主題である。一方において、文明にきわめて広汎に認められる斉一性の大部分は、同一の原因がもたらす同一の作用に帰せられるだろう。他方、文明に認められる水準の多様性は、発展ないし進化の段階の違いによるものだろう。それぞれの段階は、それ以前の歴史の所産であるとともに、それ以後の歴史を形づくるのにふさわしい役割を果たしつつある。民族誌のさまざまな領域に見られるこれら二つの大原理〔斉一性と段階的発展〕を、低級な諸部族の文明と高級な諸民族の文明との関係に注目しながら考察することが本書の目的である。

文化に属する現象は明確な〈法則〉に従う〔二－六〕

無*機的自然を対象とする諸科学に携わる現代の研究者たちは、自身の専門分野の内外を問わず、自然の斉一性や自然法則の不変性を誰よりも認めている。あらゆる事実は先行する事柄に依存し、後続する事柄に影響を与えるという明確な因果関係を最もしっかり認識しているのもまた科学者である。彼らは普遍的宇宙にゆきわたる秩序に関するピュタゴラス的原理をしっかりと把握し、アリストテレスとともに、自然が辻褄の合わない逸話に満ちたものなどではないことを確信している。科学者はライプニッツが言うところの「自然はけっして飛躍しない」という私の公理」のみならず、「何ものも十分な理由なしには生じない、という、一般にはあまり使われていない大原則」にも同意している。こうした主導的観念は、植物や動物の構造や習慣の研究においても重視されるし、人間についてすら、その低級な諸機能を考察する際には無視されることがない。ところが人間の感情や行動、思考や言語、知識や芸術など、より上位の機能のこととなると、人々の一般的な論調に変化が現われる。総じて世の人々は、人間生活の一般的な研究を自然科学の一分野として受け入れる準備がほとんどできずにいる。「自然の事物と同様に精神的なものを説明する」ことに対して詩人が抱くような抵抗感を、いまだに捨てきれずにいるのである。人類史は自然史の一部、一断片であり、われわれの思考、意志、行動もまた、波の運動、酸と塩基の結合、あるいは動植物の成長といったものを支配する法則と同様に明確な法則に合致するという見解は、多くの教養人にとって何か傲慢で、嫌悪をもよおすものであるようだ。

世の人々の判断がこのような状態にとどまる主な理由は、比較的容易に見つけられる。歴史の科学なるものについても〔自然科学と同様に〕原理と証拠の実質的な明確性が眼前に示されれば、それを喜んで受け入れようという人は多いだろう。そのような人々が、新たに示される諸々の方法を、今はまだ科学的基準を満たすにはほど遠いとして拒絶するのは至極もっともなことである。真の知識というものは、遅かれ早かれこのような抵抗をくぐり抜けて受け入れられるのがつねである。新奇なものに反対する習慣は、思弁的独断論の侵入に対する防壁としても大いに役立つ。だからこそわれわれは時に、その種の習慣が実際以上に強固なものであって欲しいと願いもするのだ。

しかしこのほかにも、人間本性の法則の検討を妨げるものが、形而上学や神学に関する考察から生じてくる。たとえば一般に受け入れられている人間の自由意志の観念には、動機に基づいて行動する自由に加え、〔自然の」一貫性の拘束を脱して原因なしに行為する力もまた含意されている。乱暴に喩えるなら、天秤が通常の動きとは別に、重りを載せていないのに勝手に動き出したり、重りを置いたのとは逆側に傾いたりする能力をも備えていると考えるようなものである。このように意志が不規則に働くという見方は、もちろん科学的議論とは両立しないが、人々の考え方のなかに見え隠れしながら存続し、歴史についての理論的な見方に強い影響を与えている。

もっとも、通常はその種の見解が体系的推論のなかで、とりたてて優先されることはない。実際、人間の意志を動機に厳密に従っているものとして定義づけることが、そのような研究において唯一可能な科学的基盤なのである。幸いなことに、超自然的な介入と自然的な因果だとか、自由、宿命、責任といった主題に関する論文のリストは膨大で、ここでさらに追加する必要はない。われわれは高遠な哲学や神学の領域から早々に抜け出して、もっと実践的な地平を渡り歩く希望に満ちた旅に出ることにしよう。人間の行動が明確かつ自然的な原因によってかなりの程度まで規定されていることは誰も否定しないだろう。われわれはその証拠を、各自の意識のうちにもっている。ならば超自然的な要素の介入や原因なき自発性への考慮は脇に置き、すでに受け入れられている自然の因果関係の存在をここでの立脚点として、われわれの議論を支えてくれるかぎりはそれを踏まえて旅をすることにしよう。まさにこの土台の上に、自然科学はたえまなく成果を積み上げながら、自然法則の探究を推し進めている。このような限定が人間生活に関する科学的研究の足枷となる必然性もない。むしろそこでの本当の困難は、証拠資料の途方もない複雑さや観察方法の不完全さといった実践上の問題にこそあるのだ。

ところで、*人間の意志と行動を明確な法則に従うものと見ることに反対する人もまた、実際にはそのような見方を是認し、それに従って行動しているように見える。確かに反対者はこの見解が一般的な原理として理論的に述べられる際には、それが人間の自由意志の息の根を止めるものであり、人格的責任に関する人間の感覚を破壊し、ついには人間を魂なき機械に貶めるものだと言う。ところがこのような不平を口にするにもかかわらず、そういう人は人生の多くの時間をかけて人間の行動を導く諸々の動機を研究し、その成果を通じてみずからの願望をかなえようとする。さらには個人の性格についての理論を考え出し、諸々の事実の新たな組み合わせがどんな効果をもたらすかを計算する。そして自分の予測が間違いだと発覚した場合は、当然、証拠が偽物ないし不完全だったか、自分の判断に欠陥があったに違いない、と考えることで、みずからの推論に真の科学的探究としての無上の性格を与えようとするのである。そういう人は、社会との複雑な関係に費やされた長年の経験を振り返り、次のような確信を吐露することだろう。すなわち、人生のあらゆることには理由がある。出来事が説明不可能に見えるときに肝心なのは、問題を解く鍵がいつかは見つかるという希望を胸に、じっと事態を見守ることだ、と。彼が観察してきた世界は狭く、その狭さに応じて彼の推論は粗雑であり、先入観を含んでもいる。それでも彼は「四十年以上も、それとは知らずに」帰納的哲学者であり続けたのである。彼は実践の面では人間の思考と行動の明確な法則を受け入れ、人生に関するみずからの研究から、動機なき意志と原因なき自発性が絡み合う領域のいっさいをあっさりと捨て去ってきたのである。

ここで踏まえるべき前提は、まず、動機なき意志や原因なき自発性といった観念は、より広い研究における説明からきっぱりと捨て去られるべきだということ、そして真の歴史哲学は、素朴な人々が諸々の事実についての判断を形成し、それを新たな事実に照らして検証する際の方法を拡張し、改善することのなかにこそある、ということである。この原則が全面的に正しいにせよ、あるいは部分的にしか正しくないにせよ、われわれが経験による学びのなかで新たな知識を得ようとする際の条件そのものには符合している。要するに、われわれの合理的な生活の道行き全体が、この方針に基礎を置いているのだ。

「一つの出来事はつねに、もう一つの出来事の息子である。われわれはその親子関係をけっして忘れはしない」。[*]これはアフリカ宣教に従事したカザリ〔Jean-Eugène Casalis 一八一二‐一八九一。改革派教会のフランス人宣教師〕に対してベチュアナ族〔現在ではツワナ。南アフリカ北部とボツワナに住むバントゥー語系民族〕の首長が語った言葉である。このように、いつの時代にも歴史家がたんなる年代記の作者以上の者であろうとするかぎり、彼らはたんに出来事の継起を記述するにとどまらず、得られた記録に基づいて出来事のつながりを示すことに最善を尽くしてきた。さらに彼らは、人間行動の一般原理を引き出し、それによって個別の出来事を説明しようと奮闘しながら、なんらかの歴史哲学の存在を明言し、あるいは暗黙裡に自明のこととしてきた。歴史の法則がこのようにして確立される可能性を、誰が否定するだろうか。この問いへの答えは、ボズウェルがジョンソンとの対話で返した次の言葉に示されている〔イギリスの文学者 Samuel Johnson（一七〇九－一七八四）とその伝記の著者 James Boswell（一七四〇－一七九五）〕。「そういうお話ですと、あなたは歴史のすべてを暦同然のものに還元することになりますよ」。それにもかかわらず、実にたくさんの傑出した思想家たちによる努力も、いまだ歴史を科学の入り口まで運んだにすぎない。多くの歴史家の前に現われるさまざまな問題の途方に暮れるほどの複雑さを考えれば、このことはなんら驚くべきことではない。歴史家がみずからの結論を引き出すのに使う証拠資料はきわめて雑多であり、かつ疑わしい要素をもつものであるため、その史料が個々の問題に対してもつ意義について十全かつ判明な見解に達することはほとんど不可能である。そのため、事の成り行きに関する便利ではあるが粗雑な理論を受け入れて証拠を歪めてしまうことへの誘惑は、ほとんど抗いえないものとなる。

歴史哲学は、全体としては一般的法則を参照することで、世界における人類の生活について過去の現象を説明するとともに、その未来の現象を予測するものだが、これは実際には、天賦の才と広範囲にわたる調査の助けを手にした者ですら、ほとんど歯が立たない試みである。しかしながら歴史哲学のなかには、はなはだ困難ではあるが比較的近づきやすいと思われる領域がある。考察の範囲を総体としての〈歴史〉から、その一分野であり、ここで〈文化〉と呼んでいるものに、つまり諸部族や諸民族の歴史ではなく、そこに見られる知識、宗教、芸術、慣習、その他これに類するものの状態の歴史に絞れば、研究上の課題はかなり穏当な範囲まで狭まるはずである。それでもなお、より広い範囲について論じるときと同種の困難に悩まされはするが、その度合いははるかに小さくなる。扱うべき証拠資料はもはや、それほどひどく種々雑多なものではなく、より単純に分類し、比較することができるものとなるだろう。無関係な要素を取り除き、一つ一つの問題をそれに見合う固有の事実の集合に照らして扱う力があれば、歴史全般を扱うよりも厳密な推論が総じて可能になる。このことを明らかにするために、〈文化〉の諸現象が進化のたどりうる道筋のなかで、それぞれの段階ごとにどのように分類され、配置されるのか、という問題について、手短な予備的考察を行なうことにしよう。

いかにして証拠資料を分類し、議論を行なうか〔六－一四〕

＊広く見回すと、人間の性格と習慣には、イタリアの格言家に「この世はすべて一つの国」と言わしめた現象の類似性と一貫性があることがただちにわかる。これが一方では人間本性の一般的類似に由来し、他方では生活環境の一般的類似に由来することは確かである。ならばこの類似性と一貫性を研究するのに適した方法は、ほぼ同水準の文明をもつ種族を比較することだろう。そのような比較を行なうに際しては、歴史上の時代の違いや地図上の場所の違いはさほど気にする必要がない。たとえば古代スイスの湖上居住民は、中世のアステカ族と比較できるだろうし、北アメリカのオジブワ族〔アルゴンキン＝ワカシュ語族に属しアメリカ合衆国北部とカナダ南部に居住する先住民〕は南アフリカのズールー族〔南アフリカのバントゥー語系民族〕と比較できるだろう。ジョンソン博士がパタゴニア人や南洋諸島の人々に関する文献を読んだ際に侮蔑的に述べたように、「いずこの野蛮人も似たりよったり」なのだ。これが一般論としていかに的を射ているかは、どこか民族博物館に行ってみればわかるだろう。たとえば、そこにある収蔵品のうち、鋭利な尖った道具を調べてみるとよい。目録には斧、鍬、鑿《のみ》、小刀、鋸《のこぎり》、箆《へら》、目打ち、針、槍、鏃《やじり》があり、これらは皆、細部にこそ違いはあるものの、実に多様な種族に共通して見られる。同じことは、野蛮な段階の労働についても言える。木を伐ること、網や釣り針で魚を採ること、獲物を矢で射ち、あるいは槍で突くこと、火をおこし、調理すること、縄をない、籠を編むこと。これらの仕事は、カムチャツカ

からティエラ・デル・フエゴ〔アルゼンチン最南部の准州〕まで、また、ダオメ〔ダホメとも。アフリカ、ベナンの旧称、元王国〕からハワイにいたるまで、博物館内でも比較的低い段階の人種の生活を説明する棚の随所に見られ、驚くべき斉一性を示している。

野蛮な集落の人々と文明化した民族を比較した場合ですら、われわれはある思いを抱かずにはいられない。すなわち、低い段階の人々の生活に見られるあれこれの要素が、より高い段階の人々の行動と近似して見えることに、われわれは驚かされるのだ。そこにはさほど大きな変化は認められず、時にはほとんど変化していないことに気づく。現代のヨーロッパの農夫が斧や鍬を使うのを見よ。彼らが薪に火をつけて食物を焼いたり炙ったりするのを見よ。彼らの幸せの尺度にビールが占めている位置を、正確に見定めよ。さらには近所の幽霊屋敷の幽霊について話したり、農場主の姪が魔法の結び目の術にかけられて痙攣を起こし、死んでしまったことを語ったりするのを聞いてみよ。こうして、数世紀の長きにわたってほとんど変わっていない物事を選び出していけば、イングランドの農夫と中央アフリカの黒人のあいだにたいして違いのないような世界の姿を、われわれは描くことになるだろう。

人類におけるこの種の一致を示す証拠は枚挙に暇がないだろうから、ここではその詳細にこだわることはしない。しかしながら、こうした一致に注目することは、同時に、議論を複雑にする一つの問題を取り除いておくためにも有用だろう。すなわち人種の問題である。ここでの目的のためには、遺伝による多様性や人種については度外視し、人類を本性的に同質でありながら文明上の段階を異にするものとして扱うことが可能であり、かつ望ましいと思われる。考察が詳細に及べば、文化の諸々の段階を比較するうえで、同じ道具を使っていたり、あるいは同じ慣習に従っていたり、同じ神話を信じていたりする複数の部族に関して、彼らの体型や肌や毛髪の色の違いを考慮する必要がないことは明白になるだろう。

文明*の研究における最初の一歩は、文明を細部に分け、これら細部を適切な集合に分類することである。たとえば武器を調べる際には、槍、棍棒、投石器、弓矢などに分類しなければならない。布を作る技術は莫蓙《ござ》や網に始まり、糸を編み、糸から布を織るいくつかの段階まで、さまざまなものがあるだろう。神話については次のような見出しのもとに分類できる。日の出・日没の神話、日蝕神話、地震神話。それに地域神話、つまり各地の名称をなんらかの想像力豊かな物語によって説明するもの。さらには部族の名前を想像上の先祖の名前と重ねることによって部族の起源を説明しようとする、名祖《なおや》神話と呼ばれるものもある。儀礼や儀式には、死霊その他の霊的存在に対してさまざまな生け贄を捧げる実践のほかに、東を向いて崇敬の念を示すこと、儀式的ないし道徳的な穢れを水や火で浄化することなどがある。これらは何百ものリストから抽出した雑多な例の一部である。民族誌家の仕事は、それらの細目を地理的・歴史的な位置や、相互の関係が明確に見て取れるように分類することである。

この仕事がどのようなものかは、文化の細目を、自然学者が研究する動植物の種《しゅ》に喩えれば、ほぼ完全にわかってもらえるだろう。民族誌家にとって、弓矢はいわば、弓矢という一個の種である。子どもの頭の良さを誉めそやす習慣も、十を単位に数を計算する方法もまた一個の種である。博物学者が動植物の種の地理的条件を考察するのと同じように、これらのものごとの地理的な分布や、ある地域から別の地域への伝播といった問題を研究する必要がある。ある動植物が特定の地域に固有のものであるのとちょうど同じことが、オーストラリア原住民のブーメランや、ポリネシア人が火をおこすのに使う木の棒と溝付きの板や、パナマ地峡周辺に住む諸部族がランセットやフリーム〔いずれもメスのような小型の刃物〕として使う小さな弓矢などについても言える。そのように数多くの技術、神話、慣習が、それぞれ特定の場所に孤立して見いだされる。ちょうど、ある地域に生息する植物と動物の種すべての目録がその地の植物相と動物相を示すように、ある民族の生活全般に見られる要素すべてのリストは、われわれがその民族の文化と呼ぶものの全体を表わすことになる。また、遠く離れた地域に、けっして同一とは言えないものの、よく似た野菜や動物が見られることもしばしばあるが、これと同じようなことが、双方の地域に住む人々の文明の細部にも認められる。

動植物の分布と文明の分布の間にいかに見事な類比が成り立つかは、実際、同一の原因がいかにしばしば動植物と文明を同時に生み出してきたかに注目すればわかる。どの地域を見ても、そこで栽培される植物と家畜化した動物を生み出したのと同一の原因が、それらの動植物とともに、対応する技術と知識をもたらしてきた。アメリカに馬と小麦がもたらされたのと同時に銃や鉄斧がもたらされたのであり、反対に世界はアメリカからトウモロコシやジャガイモ、七面鳥だけではなく、喫煙の習慣や船員のハンモックをも受け取ったのである。

類似した文化現象に関する報告が世界のさまざまな地域で繰り返し見られる場合、そのこと自体がはからずも報告の信頼性を証明していることは一考に値する。数年前、私はある偉大な歴史家から、そのことに気づかせてくれるような問いを投げかけられた。「野蛮な部族に見られる慣習や神話、信念などに関する記述を、どうして証拠として扱うことができるのか。その種の記述は旅行者や宣教師による証言をもとにしているが、彼らは上辺しか見ない観察者で、現地の言語については中途半端な知識しかもたなかったり、まるで知らなかったりするのではないか。ふるいにかけてもいない話を吹聴しているかもしれないし、偏見に満ち、時には故意に人を欺きさえするような人間かもしれないではないか」。確かにこの問いは、あらゆる民族誌家がはっきりと、たえず心にとどめておくべきものである。民族誌家は当然、自分の引用する資料の書き手の信頼性に関して最善の判断をするべきだし、個々の地域における個々の事実を確証するうえで、できるだけ複数の報告を入手しておくべきことは言うまでもない。

しかし、これらの予防措置以上に重要なのは、同じような報告が繰り返し生じているかどうかを検証することである。仮に、二人の人間がそれぞれ別々の国を訪れたとしよう。たとえばタタール地方〔ヨーロッパ東部から中央アジアの一帯を指す歴史的呼称〕を訪れた中世のイスラーム教徒とダオメを訪れた現代のイギリス人、あるいは、ブラジルを訪れたイエズス会の宣教師とフィジー諸島を訪れたメソディストが皆、それぞれの場所でよく似た技術、儀礼、神話を目にして書きとめている場合、この符合をたんなる偶然や意図的な虚偽に帰することは困難もしくは不可能である。オーストラリアの森に住む一人の人間が語る話は、単独ではおそらく誤りか作り話として退けられるだろう。しかし、ギニアを訪れたメソディストの宣教師がその人と共謀し、同じ話をして大衆を欺くなどということがあるだろうか。意図的か否かにかかわらず神秘化が生じる可能性は、次のような場合にはうまく排除できることが多い。まず、二人の目撃者が遠く離れた二つの場所で同様の証言をしている場合。しかも、この二人のうち、AはBよりも一世紀前の人であり、BはAのことを聞いたことすらないと思われる場合である。広義の文明に関する諸事実の目録を眺めるにあたり、それぞれの報告がもたらされた地域がどのくらい離れているか、年代はどのくらい離れているか、観察者の宗教的信条や性格はどの程度異なるか、等々を確認するには、本書の脚注〔本訳書では章末注〕を一瞥すれば十分だろう。証言が奇異であればあるほど、複数の場所で複数の人がそれを間違って口にしたにすぎない可能性は低くなる。そのような場合、そうした証言はおおむね事実を語っており、そこに顕著で一貫した符合が見られるのは、それらがさまざまな地域の文化に共通する事実の所産だからだと考えるのが合理的な判断である。今や、民族誌におけるきわめて重要な事実はこのようにして裏付けられるのだ。

　研究者が経験を重ねるなかでやがて予期し、見いだすにいたるのは、文化的現象は広範囲にわたって働く類似した原因に由来するため、世界の随所に繰り返し発生しているということである。研究者はまた、他の場所に類例が見られない孤立した証言を信頼せず、符合する報告が地球の裏側やかけ離れた時代から得られるまで真偽の判断を留保する。実際、この確証方法はきわめて有効であるため、民族誌家は書斎の中で、個々の調査者が慎重かつ誠実な観察者であるか否かだけではなく、その報告内容が文明の一般法則に合致するか否かをも判断しようとすることがある。つまり「誰がではなく、何が」、ということである。

＊文化がさまざまな国にまたがって分布している、ということには目を通したので、今度は、文化がこれらの

国々の内部においてどのように伝播しているかに目を転じよう。文明の体系的研究を可能にするうえで最も重要な人類の特質は、驚くべき暗黙の合意ないし合致である。これが集団全体を誘引し、同一の言語の使用によって統一させたり、同一の宗教や慣習法に従わせたり、同一の一般的水準にある技術や知識へと到達させたりするのである。このような事情があればこそ、例外的な事実を無視し、個々の民族をある種の一般的平均値によって記述することがいくらかの程度まで可能なのだ。また、このような事情があればこそ、膨大な数にのぼる詳細な事項を少数の典型的な事実によってある程度代表させることができるのであり、いったんそのような一般性が確立されれば、新たな観察者が新たな事実を記録しても、それらは容易にあるべき場所に収まり、その分類の適切さを証明することになる。人間社会の構成にはそのような規則性が見られるため、われわれは個々の差異を視野からはずし、諸民族全体の技術や考え方について一般化ができるのである。それはちょうど、われわれが丘の上から軍隊を見下ろすとき、個々の兵士のことを忘れるのと同じである。実際、その集団の中に個々の兵士を見分けることはほとんど不可能である。その一方で、われわれは兵士たちが作る隊列を一個の有機的な身体として眺め、その拡散・集中や、前進・後退の様子を見て取るのである。

社会における法律に関する研究のいくつかの分野では、今日、大規模で混成的な共同体の特定の動きを統計学の助けを借りて抽出したり、収税官や保険会社の資料から割り出したりすることができる。人間行動の法則について今日行なわれている諸々の議論において、ケトレー氏〔Lambert Adolphe Jacques Quetelet 一七九六－一八七四。ベルギーの数学者、天文学者、統計学者〕による一般化ほど甚大な影響を与えたものはない。彼は、誕生年の平均的な数値や年次比率といった素材のみならず、計算不可能と思えるような民族生活の所産、すなわち殺人と自殺の数や、武器を使った犯罪の割合などが示す毎年の反復性をも扱っている。その他、一年間にロンドンの街路で偶発的に命を落とした人の数や、郵便局のポストに投函された宛名のない手紙の数に見られる規則性なども印象的な事例である。

しかし、低級な種族の文化を分析する際には、現代統計学がはじきだした数学的事実もまるで役に立たない。諸々の部族の状態を判断するにあたっては、旅行者や宣教師がもたらした不完全な報告に頼らざるをえないだろう。さらにはわれわれがその名前も、使用していた言語も知りえないような有史以前の人々が残した遺跡についてさえ、推論しなければならないのである。ところで、こうした資料は一見すると、科学的探究の対象とするにはあまりに不明確で当てにならないように見える。しかし実際には、それは不明確でも当てにならないものでもなく、それなりに良質で明確な証拠を提供してくれる。それらの資料は、帰属する各部族の状態を明確に示す点において、実際のところ統計学者のもたらす成果にも比肩するようなデータなのである。事実、石の鏃であれ、彫刻を施された棍棒であれ、偶像であれ、死者があの世で使えるようにと奴隷や財産を埋葬した墳墓であれ、邪術師による雨乞い儀礼に関する報告であれ、数詞の一覧表や動詞の活用形であれ、その一つ一つが文化の一面に関してある民族の状態を正確に表わす資料なのである。さらには毒殺による死者数も、輸入された茶葉の箱数も、共同体全体の生活全般から生じた物事の一端を、それぞれの仕方でやはり正確に表わしている。

ある民族の全体が特有の衣服をもち、特有の道具や武器をもち、結婚や所有に関する特有の法律をもち、特有の道徳や宗教的教理をもっていることは、注目すべき事実である。しかし、われわれは自分自身がそうしたもののただなかで全人生を生きてきたため、このことにほとんど気づかない。このような、人々からなる組織体の一般的特性こそが、民族誌が特に扱わなければならないものなのである。部族や民族の文化に関して一般化を行なう際、それを構成する個々人の特殊性については、主要な結論にとってさほど重要ではない要素として脇に置くのがつねだが、他方においてわれわれは、この結論を成立させているものを忘れないように注意しなければならない。確かに、個人それぞれの生活に関心を寄せるあまり、共同体全体の行動に関する見解をなんら得ることのできない人々はいる――そのような観察者は、社会に対する広い視野を欠いているため、「木を見て森を見ず」と評されやすい。だがその一方で、哲学者は、社会の一般法則と考えるものに没頭するあまり、社会を構成する個々の行動者を無視しかねない。その場合、この哲学者は「森を見て木を見ず」と評されることになるだろう。

われわれは自分たちのもっている諸々の技術、慣習、観念がいかに多くの人々の行動の連携によって形づくられているかを知っている。そうした行動の動機や効果はしばしば、きわめて鮮明にわれわれの目に入ってくる。なんらかの発明や、ものの考え方、儀式などの歴史は、提案と修正の歴史であり、奨励と反発の歴史であり、個人的利得と党派的偏見の歴史である。そのような歴史に関与する個々人はそれぞれ自分自身の動機に従って行動するが、その動機を規定しているのは各人の性格と環境である。そのため、われわれは個々人を自分自身の目的のために行動するものとして観察し、彼らの行動が社会全体に及ぼす影響をほとんど考慮しないこともあるが、民族の生活全体の動向を研究する必要に迫られることもあり、その際にはそうした全体的動向のなかで協働している個人の姿は完全に視野から外れている。しかしながら、集団的な社会行動があまたの個人的行動の結果にほかならない以上、これら二つの探究方法がそれぞれ正しく遂行されるなら、両者は完全に一貫したものになるに違いない。

特殊*な習慣や観念がいくつかの地域に繰り返し現われ、しかも各地域で広く普及している事例を研究していると、人間生活の諸現象を生み出す一定の因果関係の存在を示すような証拠が次々と浮かび上がってくる。同時にそれらの証拠から、その現象を特定の文化段階にある社会の標準的状態の一部として定着させるような持続と普及の法則が存在することも見えてくる。しかしながら、われわれはこのような社会の標準的状態を示す証拠を最大限に重視する一方で、不注意な研究者が陥りかねない罠を慎重に避けなければならない。なるほど、多くの人類に共通するものの考え方や習慣は、かなりの程度まで健全な判断と実践的な知恵の賜物と言える。しかしながら、そうではないということもまた、かなりの程度言えるのである。数え切れないほど多くの人間社会が、邪視の影響や天界の存在を信じ、死者の亡霊に奴隷や物品を捧げ、怪物を退治する巨人や野獣に変貌する人間の伝説を継承してきた。こうしたことのすべては、その種の観念がなんらかの作用因によって人々の頭のなかに現に創出されたと考える根拠にはなる。しかしながら、当の生け贄の儀式が有益だとか、邪視その他の信念が健全なものだとか、巨人その他の歴史が真実だと考えることの根拠にはならない。このことは一見すると自明の理のように思われるかもしれないが、実のところ、ここで私が否定している誤謬は、人類のなかでも批評眼のあるほんの一部を除いたすべての精神に深く影響を及ぼしている。一般大衆というのは、みんなが言っていることは本当に違いない、みんながやっていることは正しいに違いない、と考えるものだ。「どこでも、いつでも、誰によっても信じられてきたこと、これこそ真にまさしく普遍的なことである。それがまさに正しくカトリック的であるがゆえに……」〔五世紀のフランスの修道士、レランのウィンケンティウスによる信ずべき教理の基準〕というわけである。

とりわけ歴史、法律、哲学、神学については、そのさまざまな論点について、われわれの周囲にいる教養ある人々ですら、次のことをほとんど理解するにいたっていない。すなわち、人々にある見解を抱かせたり、ある慣習を実践させたりする原因は、必ずしも彼らがそのようにすべき理由とはならない、ということである。それなのに、なんらかの伝統、信念、しきたりに数えきれないほど多くの民衆が賛同していることを、収集された民族誌の証拠資料が明白に示していると、奇妙なことに、それらの証拠資料は不適切にも、そうした慣行自体を直接的に擁護することに使われてしまう傾向にある。たとえ、過去の未開民族がいわゆる現代的な考え方に反する意見を主張している場合であっても、そのようなことは行なわれる。私は、自分がもっている諸々の伝説や信念に関する資料の数々が、実際どのような背景で入手されたのか適切に検証されないまま、そこに記された事柄自体の客観的な真実性を証拠づけるものとして使われるのを一度ならず体験してきた。そのように議論を進めるのであれば、複数の民族のあいだに熱烈にして広範にわたる同意があるからという同様の理屈で、地球は平面であるとか、悪夢は悪魔の訪問だなどと主張することもできてしまうということを、この機会に指摘しておきたい。

文化の歩みにおける各段階の間には〈不変〉〈改良〉〈残存〉が認められる〔一四―二〇〕

〈文化*〉の細目が技術、信念、慣習などのさまざまな民族誌的なまとまりに分類できることが明らかになった今、次に考慮すべきは、このように分類された諸事実が、どの程度まで進化によってもたらされるのかである。あえて指摘するまでもないが、ここで扱われる諸々のまとまりは、それぞれ共通の特性によってまとめられているとはいえ、けっして厳密に規定されているわけではない。再び自然史〔博物学〕になぞらえるなら、そうしたまとまりは、多様な変種へと広がっていく傾向を持つ生物種のようなものである。そして、一つのまとまりが他のまとまりに対してどのような関係にあるか、という問題になると、はるかに有利なのは動植物の種を研究する人々よりもむしろ、人類における諸々の習慣を研究する人々の方である。博物学者にとって、ある種から別の種への発展という理論が現実に起こった変化の記録なのか、それとも実際には互いに無関係な起源をもつ種を分類するために有用な、たんなる理念的図式でしかないのかは、なお未解決の問題である。しかし特定の種と見なしうる道具、習慣、信念がある形から別の形へと発展を遂げる可能性に関しては、民族誌家に疑問の余地はない。なぜなら〈文化〉が発展するものであることは、われわれの最も身近な知識によって確認されているからである。たとえば諸々の器具の発明は、文明全般に影響を与える発展の好例である。小火器の歴史で言うと、当初の引き金は回転式で、切れ目の入った鋼鉄の円盤をバネで回転させて黄鉄鉱の欠片に当て、点火薬に火花を飛ばすというぎこちないものだったが、それに続く、より実用的な火打石式の引き金の発明を導いた。今も農家の台所には、男の子たちがクリスマスに小さな鳥を仕留めるための火打石式の銃が、何挺か掛かっているはずだ。しかし、この方式の銃もやがて打撃式の引き金に改良された。今では銃口から弾を込める前装式さえも時代遅れになり、銃口に対して後ろの方から弾を込める後装式が主流となりつつある。また、四分儀は中世の天体観測儀アストロラーベに取って代わったが、今の船乗りたちはこれにも背を向け、もっと繊細な六分儀を使っている。このように、歴史を通じて次から次へと新たな技術や道具が現われてくる。

　今挙げたような進歩の例を、われわれはじかに触れることのできる歴史として知っている。しかし、このような発展の観念はわれわれの心に完全に馴染んでいるため、われわれはなんら躊躇することなくこの観念を用い、失われた歴史を再構成している。諸事実に適切な位置を与えるにあたり、人間の思考と行動の諸原理についての一般的な知識を信頼して、これを導きとするのである。たとえば長弓と石弓を比較するとき、石弓がより単純な長弓から発展を遂げたものであることを疑う人はいない。年代記がその点について何か語っていようが、あるいは黙して語らずにいようが、おかまいなしである。また、弓切り式の火おこし器が、両手で棒を挟んで回転させる原始的で厄介な方法よりものちに現われた道具であることは、一目見て明らかな事実である。古物収集家が時おり見つける学術的価値の高い青銅の斧の標本は、重い石斧を見本にして作られたものであり、石器時代から青銅器時代に移行する第一段階の産物だと考える以外には説明しがたい。そしてこの青銅器時代もまた、より扱いやすく、浪費も少ない生産方式に適する新たな素材が発見されるや、進歩の次なる段階に取って代わられたのである。

同様に、われわれの歴史のその他の分野においても幾度となく確認されるのは、つねに特定の発展順序をたどったものとして理解される一連の事実である。これらの事実が途中から反転して逆向きの順序をたどるというようなことは、ほとんど想定できない。典型的な例は、本書の「数を扱う技能」に関する〔第七〕章で私が述べているような諸事実である。それらの事実が少なくともこの面での文化に関して立証しているのは、野蛮な部族は学習によってその水準に達したのであり、忘却によってその水準に落ち込んだのではないということである。彼らはより低い段階から進歩したのであって、より高い状態から退化したのではないのだ。

世界の文明が実際にたどった道を明らかにするうえで手助けになる証拠資料のなかには、「残存*」という言葉を用いるのが便利だと思われるような一群の事実が含まれている。元来ある社会状態に馴染んでいた物事の手順、慣習、考え方その他が、習慣の力により、以前とは異なる新たな社会状態へと持ち込まれた場合、これを「残存」と呼ぶことができる。この場合、そうした手順その他は、より新しい文化が生まれてくる以前の、より古い文化状態を示す諸々の証拠や事例となる。たとえば、私の知人で〔イングランド南西部〕サマーセットシャー州在住の高齢の女性が使っている手織り機は、「飛び杼」が導入される以前の時代のもので、彼女はその最新式の装置の使い方を習ったことがない。私は彼女が古典的な方法で杼を一方の手から他方の手へと投げているのを見たことがある。この老女は自分が生きている時代から一世紀遅れているというのではなく、残存の一例なのである。われわれは、そのような事例に導かれて何百年、あるいは何千年も以前の習慣に出会うことがしばしばある。鍵と聖書を使った神判は今も行なわれており、これは残存である。夏至に焚かれる篝火〔いわゆる「聖ヨハネの火」〕も残存である。ブルターニュ地域の農民に見られる、死者の霊のために用意される「万霊の晩餐」も残存である。古来の習慣をそのまま守るのは、古い時代から新しい時代への移行の一部にすぎない。古代社会では真面目な仕事だったものが、のちの時代には娯楽に格下げになることもある。また、古代社会の子育てに関する民話が長い間真面目に信じられていて、古い世界の生活習慣が乗り越えられてもなお、その民話が新たな形に変容を遂げつつ、善悪の判断をする際に強い力を発揮することもある。また時には、古い想念や実践が突如として再び現われて、それらがずっと前に死に絶えたか、もしくは死に絶えつつあると思っていた人々を驚かせることもある。この場合の残存は復興となる。最近、現代心霊主義の歴史において顕著な仕方で生じているのがその例であり、この問題に関しては民族誌家の観点から得られる教訓が多い。

実際、残存の原理に関する研究が有する実践的な意義は、けっして小さくない。というのも、われわれが迷信と呼んでいるもののほとんどは残存に含まれるものであり、そのために最も激しく対立する敵、すなわち合理的説明という敵の攻撃にさらされているからである。さらに、残存を示す膨大な事実は、それ自体は取るに足りないものだが、その研究は歴史的発展の道筋をたどるうえできわめて有効である。そこで明らかにされる発展の道筋を通してこそ、それらの事実の意味もまた理解されるだろう。したがって、それらの事実の本性に関して可能なかぎり明確で説得力ある洞察を得ることが、民族誌的調査の決め手となる。このような重要性からすれば、ここで残存について詳細に検討することも正当化されるに違いない。この検討はさまざまな遊び、諺、慣習、迷信、その他の証拠資料に依拠して進められるが、これは残存という現象がいかにして生じるかを示すのにきわめて有用だろう。

進歩、退歩、残存、復興、修正。この五つが、文明の複雑な網の目をまとめあげている繋がりの様相のすべてである。自分自身の日常生活の取るに足りない細部を少し眺めてみただけで、われわれは実際にはそれら細部の要素をみずから作り出したわけではまったくないことに気がつく。われわれはむしろ、長大な過去の所産をたんに受け取って手を加えたにすぎないのである。自分の住む部屋を見渡しながら、同時代のことしか知りえない人間が、はたしてこの時代のことですらどのくらい正しく理解できるのか、考えてみるとよい。今私のいる部屋を眺めると、こちらにアッシリアの「スイカズラ」、あちらにアンジューのフルール・ド・リス〔いずれも装飾の模様のことで、アッシリアのスイカズラは唐草模様の原型、フルール・ド・リスは特にフランス王家と結びつきが深いアヤメの意匠〕が使われている。天井の近くにはギリシア風の縞模様の入ったコーニスがある。ルイ十四世が好んだ様式と、その大もとであるルネサンス様式の間に、古風な姿見が置かれている。そのような技術の要素は変形され、転換され、断片化されながらも、今なお、その歴史の刻印をはっきりとどめている。さらに歴史の古いものとなると見つけ出すのは難しくなるが、明確にそれと見わけることができないからといって、そこに歴史が存在しないと言うことはできない。男性の衣服の流行についても同様のことが言える。ドイツの御者の外套には小さくて滑稽な尾がついているが、これは退化することでそのような馬鹿げた形になったのであろうことが一見してわかる。しかしイングランドの聖職者の垂れ襟は、もはや見た目からはその歴史を知ることはできない。もっと便宜性にすぐれた広い襟――たとえばミルトンが肖像画の中で身につけているものがそうであり、それが保管される箱は、その名から「襟箱」と呼ばれていた――から、今の形の襟になるまでのいくつかの中間段階を見ないかぎり、この襟の意味はわからないだろう。実際、衣装に関する書物を見ると、ある服がどのように発展を遂げ、しだいに廃れ、新たなものに取って代わられていくかがわかる。そこには変化と成長、復興と衰退の本質が、力強く、明確に示されている。そしてそのような変化は、生活上のもっと重要な問題においても、一年、また一年と進行しているのである。さらにさまざまな書物に関しても、われわれは、いかなる著者も独力で立っているのでも孤立しているのでもなく、歴史のなかに固有の位置を占めていることに気づく。個々の哲学者や数学者、化学者、詩人の向こうには、彼らが教育を受けた時代背景が見て取れる。ライプニッツの向こうにデカルトを見、ダルトン〔イギリスの科学者、物理学者 John Dalton（一七六六－一八四四）か〕の向こうにプリーストリー〔イギリスの自然哲学者 Joseph Priestley（一七三三－一八〇四）か〕を見、ミルトンの向こうにホメロスを見るのである。

思うに言語の研究ほど、人間の思考と行動に関するわれわれの見解から偶然や恣意的な思いつきといった観念を取り除き、代わりに諸個人の協力によって実現する発展についての理論を打ち立てるうえで大きな貢献をなしたものはないかもしれない。しかもその貢献は、すでに諸々の事実が十分明らかになっている領域で、合理的かつ明瞭な手続きで行なわれたのである。なるほど文化の科学はいまだ初歩的な段階にある。しかしながら最も自然発生的でこれといった原因がなさそうに見える現象ですら、力学に属する諸事実と同じくらい確実に、明確な因果関係の範囲に収まることが明らかになってくるだろう。すでにその兆候は、きわめて強いものになっている。およそ神話と伝説に見られる想像の産物ほど、多くの人が曖昧で支離滅裂と見ているものもないだろう。ところが広く集められた証拠に基づいて神話に関する体系的な考察を行ないさえすれば、そのような空想的な努力のなかに、ある段階から別の段階への発展が存在し、原因の斉一性から結果の斉一性が生じていることが、ただちに明白になるのである。ここでもまた、原因なき自発性という観念が、無知の暗闇の奥深くへと退いていくのが認められる。偶然性の観念についても同じことが言えるが、無教養な人々のあいだには今なお、それ以外に説明がつかない出来事については偶然を実際の原因として語る習いがある。他方、教養ある人々にとっては、それが無知そのものを指す言葉として意識されるようになってすでに久しい。人々が恣意的な衝動や原因なき異常現象、偶然性、無意味、不明確な説明不可能性といった観念に依拠してしまうのは、諸々の出来事をつなぐ脈絡を見落としているときだけである。成立の経緯が正確には誰にもわからないことを理由に、子どもの遊びや無意味な慣習、不条理な迷信が自然発生的なものだと見なされるのなら、そうした主張は、野生のイネの特異な習性が褐色のインディアンのある部族の哲学に及ぼした、似たような作用を思い出させる。彼らは通常、自然の調和のなかにそれを支配する単一の人格的な意志の働きを見ようとする。これらスー族〔スー語系のダコタ、ナコタ、ラコタ語を話す諸族の総称〕の神学者たちは言う。「偉大な精霊がすべてのものをつくったが、野生のイネだけは別だ。それは偶然に生まれたのである」。

ヴィルヘルム・フォン・フンボルト*は、「人間はいつも手近なものから関連づける（der Mensch knüpft immer an Vorhandenes an）」と言っている。この金言に含まれる文明の連続性という観念は、無益な哲学的原理などではまったくない。むしろこの観念が実践的な意義をもつことは、以下のことを考えてみればすぐに理解できる。すなわち、われわれがもしみずからの生活を理解したいと思うなら、自分の考え方や習慣が今の形のものとなるまでの諸段階を知るべきだということである。オーギュスト・コントは、その著書『実証哲学』の冒頭で、「いかなる概念も、その歴史を抜きにして理解することはできない」と述べているが、この言葉もまた、思考の発展過程についての研究の必要性を表わすものとして、さほど大げさではない。むしろ彼の言葉を文化全般にまで拡張してもよいだろう。目の前の現代の生活を眺めて少し調べさえすればそれを理解できるだろうなどという考えは、その脆弱さが容易に証明できるものである。「小鳥が私に語りかけた」というありふれた言葉を、鳥や獣の言語が存在するという古来の信念を抜きにして説明することを想像していただきたい。ダセント博士〔George Webbe Dasent 一八一七－一八九六。西インド諸島生まれの翻訳家〕は『ノルウェーのおとぎ話』の序文で、きわめて理路整然とこの言い回しの起源をそこへとさかのぼらせている。

歴史の光によってその意味が示されるべき事柄を理性の光によって説明する試みの一例として、ブラックストーン〔Sir William Blackstone 一七二三 - 一七八〇。イングランドの法学者〕による注解が挙げられよう。ブラックストーンの考えによると、入会権《いりあいけん》の保有者が共有地に自身の家畜を放牧できる権利は、封建制のうちにその起源と説明が見つかる。「つまり、こういうことである。荘園領主たちは、小作人が現になしている、または将来なすであろう貢献のために領地の一区画の使用を許可する。しかし、小作人は家畜がいなければ土地を耕し肥えさせることができなかっただろう。家畜を養うには牧草地が必要である。牧草を育てるには領主のもつ原野が必要であり、また、それを育てる場所として、囲い込まれていない耕地が領主にも他の借地人にも必要である。それゆえに法律は、この入会権を不可分の付随事項として耕作地の使用許可に付加しているのである。これが入会地の付帯権利の起源的な形態である」云々(1)。こうしてみると、この説明にはなんら非合理的なところはないが、これはゲルマン的な土地法とはまったく合致しない。ゲルマン的な法は、ノルマン人による征服のはるか以前にイングランドに普及したものであり、今もその残滓は完全に消え去ってはいない。古い村落共同体では、広大な共有地のうち耕作に適した土地でさえも、いまだ個別の不動産へと移譲させられていなかった。わが国では今なお、そのような共有地の痕跡をたどることができるだろう。またその一方で、休閑地や収穫後の農地や未開墾地での放牧権は、各戸主に共同で与えられていた。そうした時代ののち、共同での所有から個人による所有への変化が、このような古い世界のシステムを大部分変容させてしまったが、小作農が享受していた共有地で家畜を放牧する権利は今も残っている。それは封建制下の小作人への譲歩ではなく、未開墾地の所有権を一貫して要求する領主を前にして入会権の保有者がもっていた権利である。慣習を過去の出来事との連関から切り離して孤立した事実として扱い、それに何かもっともらしい説明をつけて簡単に片づけてしまうことには、つねに危険が伴っている。

本書で検討する主な論点〔二〇 - 二五〕

*合理的な民族誌学の大きな課題は、文化の諸事象を引き起こした原因や、それらを支配している法則を探究す

ることである。この仕事を進めていくうえでは、その文化の発展図式を、多様な脈絡に従って可能なかぎり体系的に描き出すことが望ましい。「文化の発展」を論ずる次章では、人類における文明の発展の理論的な道筋を、総体として証拠資料と最も合致するような形で素描することを試みる。歴史上知られている諸種族における文明のさまざまな段階を、先史時代の諸部族の残滓に基づく考古学的推察を助けとしながら比較することによって、人類の初期段階の一般的状態について一定の判断を下すことができるだろう。この初期状態は、実際にはその背後にさらに早期の段階が存在していた可能性があるとしても、われわれの観点からは原始的状態と見なしうるものである。このような仮説上の原始的状態は、かなりの程度、現代の野蛮な諸部族の状態と対応している。それらの諸部族は、互いに相違し空間的に隔てられているにもかかわらず、共通して文明の特定の諸要素を有しており、それらは総じて人類の初期状態の残滓と思われるものである。したがって、この仮説が正しいとすれば、原始から現代にいたる文化の主たる傾向は、退化という妨害が繰り返し生じたにもかかわらず、野蛮から文明への歩みであったはずである。

以下の各章で論じられる無数の事実のほとんどすべては、野蛮の生活と文明の生活とのこの関係性の問題に直接に関わるものである。〈文化における残存〉は、文明の進歩の道筋全体にわたって道標を残している。この道標は、そのしるしを読み解くことのできる者にとっては意味に満ちたものであり、今もなお、われわれの真っただなかに未開の思考と生活を刻む太古のモニュメントを打ち立てている。このような残存をたどってゆけば、以下のような見解が有力となる。すなわちヨーロッパ人は、グリーンランドの部族やマオリ族のなかに、自分たち自身の原始的祖先の姿を再構成する手がかりとなるような特徴を見いだせるかもしれない、ということである。

次に問題となるのは〈言語の起源〉である。この問題はいまだ大部分が曖昧なままだが、発話行為の起源が野蛮な状態の人類に認められるかどうかについての研究が進むにつれて、問題の所在がより明確になるだろう。そしてその研究の結果は、これまでに知られているすべての証拠資料と整合的であり、これが真相であったと考えることができよう。「数を扱う技能」についての検討からは、いっそう明快な結論が示される。そこでは、次のことが確信をもって主張される。すなわち、この重要な技能は、野蛮な部族における初歩的段階にも見いだせるのみならず、そこから今日のわれわれがそれを用いているような段階へと合理的な発明によって発展を遂げてきたことを示すに十分な証拠資料もまた、存在するのである。

同じく上巻に収められている「神話論」の検討は、その大部分において、ある特殊な観点から、つまりある特殊な目的のために収集された証拠資料に基づいて行なわれている。その目的とは、野蛮な諸部族の神話と、それに類似する、より文明化した諸民族の神話との関係を明らかにすることである。こうした探究の成果は、次の事柄を証明するまでにいたる。すなわち、最初期の神話創作者は野蛮なホルド〔狩猟採集民に多く見られる社会的組織の最も単純な形態。バンドとも〕に現われて活躍し、彼が確立した技能はさらに文化的な発展を遂げた後継者たちに引き継がれた。ところがその遺産はやがて形骸化して迷信となったり、歴史と混同されたり、詩的表現へとその姿や装いを変えたり、さらには誤った愚論として捨て去られたりしたのである。

思うに、*宗教の研究ほど歴史的発展に関して広い視野が求められる領域はないかもしれない。低級な神学に関する知識を世に広めるべく多くの書物が著わされたにもかかわらず、そうした神学の歴史的な位置づけや、高級な諸民族の信仰との関係について一般の人々が抱いている観念は、今なお前時代的なものである。たとえば宣教師たちの日誌をマックス・ミュラーの著作と対比してみると、両者の違いには驚くべきものがある。宣教師の日誌からは、バラモン教、仏教、ゾロアスター教に対する狭量な敵対感情から、正しい理解を欠いた憎悪と嘲笑が溢れ出している。他方、ミュラーにおいては、普遍的な共感を伴う深く広汎な知識によって、人類の宗教意識における古来の高貴な側面が探し求められている。つまり野蛮な諸部族の宗教がアジアの偉大な宗教体系に比べて粗野で原始的に思えるからと言って、それらが関心や敬意に値しないほど低級だ、などということはないのである。真に問われているのは、それらの宗教への理解と誤解のいずれを選ぶかである。野蛮な宗教の一般原理を把握することに関心を向ける人ならば、その宗教が馬鹿げたものだとか、それについての知識が他の人類にとって無用のものだとかと考えることは、もはやほとんどないだろう。野蛮な宗教の信念と実践は、種々雑多な愚考や愚行が集まったがらくたの山などではいささかもなく、きわめて高度に首尾一貫しており、かつ論理的である。したがって大まかな分類を行ないさえすれば、それらの形成と発展の諸原理がただちに見えてくる。さらに、それらの諸原理はたとえ強烈で根強い無知がつきまとう精神状態のなかで働いているとしても、本質的に合理的なものであることも明らかになる。

私自身、低級な人種におけるアニミズムの発展を体系的に考察することにしたのは、それがまさにわれわれ自身が生きている現代の神学と、きわめて密接に関わる探究だと感じたからである。アニミズムとはすなわち、霊魂その他の霊的存在一般に関する教えのことである。本書の半分以上は世界のあらゆる地域から得られた大量の証拠資料で占められているが、これらはいずれも〈宗教哲学〉におけるこの重大な要素〔アニミズム〕の本質と意味を明らかにするとともに、その伝達、拡張、限定、改変の軌跡を、歴史の道筋に沿って、われわれの現代的思考のただなかにいたるまでたどるものである。これらの問題の実践的重要性はけっして小さなものではなく、いくつかの重要な〈儀礼・式典〉の発展の道筋をたどる同様の試みに際しても提起されなければならない――というのも、儀礼と式典は宗教の最も内奥の力への示唆に満ちた慣習であり、その力の外的な表現と実践的な所産にほかならないからである。

とはいえ[*]、このような考察は神学的観点というよりは民族誌的観点から行なわれたので、論争的な問題に直接足を踏み入れる必要性はほとんどなかったように思われる。実際、私もできるかぎりその種の問題を避けようと努めてきた。最も粗雑な形態から啓蒙されたキリスト教の高みまで、宗教に一貫して流れる脈絡は、教理神学にほとんど頼らずとも不都合なく扱えるだろう。供犠や浄化の儀礼については、その権威や価値の問題に立ち入らずとも、それらが位置する諸々の発展段階において研究することができる。また、世界各地における来世への信仰がたどった継起的な諸局面を考察するうえでは、その教理自体の肯定や否定のために持ち出された議論についてはなんら論じる必要がない。それゆえ民族誌の成果は、専門の神学者たちのための資料として残される可能性がある。もしかしたら、これほどに豊かな意味をもつ証拠がそれにふさわしい場所を得るのには、それほど時間がかからないかもしれない。再び自然史〔博物学〕の喩えに立ち返れば、こうである。生理学者が低級な生命形態から得られた証拠に対して時代遅れの軽蔑の眼差しを向け、たんなる無脊椎生物の構造などは自分が従事している科学的研究にとってなんの価値もないと考えるとすれば、それは不合理だろう。これと同じように、科学的精神をもつ神学研究者が低級な種族の宗教の諸原理について十分な知識を備えていないこともまた不合理だと見なされる時代が、まもなくやって来るだろう。

文明*の起源や初期の発展状況の調査は、たんに興味を引く考察の主題としてのみならず、現在を理解し、未来を形成していくための重要な実践的指針としても、熱意をもって押し進めるべきである。知識へのあらゆる可能な道筋が探し求められなければならない。あらゆる扉が、開いているかどうか確かめられなければならないのである。遠く隔たっているとか、複雑だとか、つまらないとかありふれているといった理由で放っておいてよい証拠など存在しない。今日の研究の潮流は、どこかに法則があるなら、それはあらゆる場所にある、という結論に向かってますます進んでいる。事実を丹念に収集し研究することによって得られるはずのものをあきらめてしまうこと、またいかなる問題についてであれ、難解だとか縁遠いとかいった理由で解決不可能と宣言してしまうことは、科学においては明らかに誤りである。確かに、望みのない仕事を選ぶと、みずから発見の限界を見いだしてしまう、ということはありうる。ここで想起されるのは、コントが天文学の説明を始めるにあたって、個々の星についてのわれわれの知識には避けがたい限界があると述べていたことである。星々の形態、距離、大きさ、運動を究明する可能性については考えられるとしても、星々の化学的成分や鉱物学的構造などは、いかなる手段をもってしても研究することができない、と彼は言う。だがこの哲学者がもし生き永らえて、まさにこの問題にスペクトル分析が適用されるようになるのを目にしたならば、必然的な不可知という、人々の意欲をそぐような信条の宣言はおそらく取り消され、もっと希望に満ちた見解へと置き換えられていたことだろう。

そしてこのことは、天体の性質に関する研究と同様に、遠く離れた人間生活の哲学についても言えるように思われる。星々がわれわれから空間的に離れたところにあるように、人類の精神的進化の初期段階に見いだされる過程は、われわれからは時間的に離れたところにある。しかしながら、宇宙の法則は、われわれの感覚による直接的観察の範囲に限定されてはいない。同じように、われわれの探究には、使用されるべき材料が膨大に存在する。多くの研究者は今、寸暇を惜しんでこれらの素材に形を与えることに没頭しているが、手つかずの領域の大きさに比べると、成果はまだほんのわずかである。それでも、原初の時代の哲学のおぼろげな輪郭が、今、われわれの視界に浮かび上がりつつあると言ったとしても、もはや言い過ぎではないだろう。

原注

（1） Blackstone, 'Commentaries on the Laws of England,' bk. II., ch. 3. この事例は以前の版に掲載されていたものに代わって掲載されている。ブラックストーンが贖罪物（deodand）の起源について述べた同書の第一巻八章のなかに、別の事例が見つかるもしれない。教皇権に盲目的に服従していた時代には、突然の死によって運び去られるなどした魂の贖いとして、贖罪物というものが考案された。本書三六〇頁も見よ［第三版への追記］。

第二章　文化の発展

産業、知性、政治、道徳の各面における文化の諸段階〔二六－二七〕

民族学的研究の一環として文化の発展の問題に取り組む際、最初の一歩となるのは測定の手段を手に入れることである。文明の進歩や退歩を測定するための物差しとなる明確な一線のようなものを探し求めるなら、おそらくそれは過去と現在に存在する諸部族や諸民族の分類のうちに見いだせるだろう。さまざまなレベルの人類において現に存在する文明を、われわれは実証的な事例によって評価し、比較することができる。ヨーロッパやアメリカのように教育の行き届いた世界の人々は、実質的には社会の発達段階の一方の極に自分たちの民族を、他方の極に野蛮な諸部族をそれぞれ単純に位置づけることで、ある基準を設定している。そのうえで、野蛮な生活と文化的な生活のいずれに近いかに応じてその他の人類を両極の間に並べていくのである。

そこでの分類の主な基準は、以下のとおりである。まず、諸々の産業に関わる技術、特に金属加工、道具や器の製造、農業、建築、その他に関わる技術の有無と、発展段階の高低。次に科学的知識の程度、道徳的原則の明確性、宗教的な信念や儀式の状態、社会的・政治的な組織化の程度、等々である。こうして比較された諸事実を明確な基礎とすれば、民族誌家は少なくとも文明の大まかな物差しを設定できる。以下の人種が文化の序列に応じて正確に並べられることに異論を唱える人はほとんどいないだろう――オーストラリア先住民、タヒチ島民、アステカ人、中国人、そしてイタリア人である。このような明白な民族誌的基礎の上で考察を進めることによって、これまで文明の発展についての議論を滞らせてきた困難の多くを避けることができる。このことは、文明の理論的な原則が野蛮と文化的生活の両極の間で実際に観察される諸々の推移とどのような関係にあるかを一瞥することで、理解されるだろう。

文化の発展は、総じて野蛮な生活から未開の生活へ、そして文明生活へ、という道筋をたどる〔二七―三三〕

理念的観点*をとれば、文明とは、個人や社会がより高度に組織化されることによって人類が全般的に改善の道をたどり、人間の善良さや力、幸福を同時に増進するという最終目標にいたる過程と言えそうである。野蛮な状態と未開の状態との比較、および未開の状態と教育の行き届いた現代の生活との比較によって検証したかぎりでは、理論上の文明化は現実における文明化とかなりの程度符合する。これは文化の物質的および知的側面のみを考慮した場合にはとりわけ確実に言えることである。世界の物理的な諸法則に精通し、それによって人間みずからの目的に合わせて自然を改造する力をどの程度もっているかに注目するならば、総じて野蛮人の能力は最も低く、未開の人々は貧弱で、教育の行き届いた現代の諸民族が最も高いと言える。野蛮な状態からわれわれの状態への移行は、事実上、技術と知識の進歩にほかならない。こうした進歩は文化の発展の主要な要素の一つである。このように、文明の行程を野蛮人からわれわれにいたる諸人種の歩みとして見た場合、その全体は概して人類を利する方向に向かっていると考えることができる。

しかしながら*そのことを強く確信している研究者たちでさえ、そこにたくさんの、かつ多様な例外があることは認めざるをえない。産業文化と知的文化はすべての部門において一様な進歩を遂げていくわけではけっしてないし、実際、さまざまな細部での卓越性は、全体としての文化が遅滞している状況で生まれることもよくある。〔確かに〕こうした例外が、一般的法則を無効化することは滅多にない。実際、イギリス人は未開のオーストラリア人のように木登りせず、ブラジルの森の野蛮人のように獲物を追うこともなく、金細工や象牙細工の精巧さを古代エトルリア人や現代の中国人と競わず、古代ギリシア人の雄弁術や彫刻のレベルには達しないことを認めつつも、自分たちのほうが彼らより一般的にはすぐれた状態にあると主張できる。それでも実際に考慮しておくべきなのは、文化に直接対立するような形で科学と技術が発展することもあるということである。ひそかに、かつ効果的に毒を盛ることを学んだり、有害の極みにまで文学を堕落させたり、自由な探究を阻害し、自由な表現を禁じることができるようになるのも、確かに知識と技能の所産ではあるが、そうした進歩が一般的な善を導くとはとても認められない。このように、いくつかの民族の精神的、技能的文化を比較する場合でさえ、その善悪を天秤にかけるのは容易なことではない。

知識*と技術のみではなく、道徳や政治の面での優越性をも同時に考慮に入れるならば、文化がある段階から別な段階へとどのくらい前進し、あるいはどのくらい後退したのかを観念的な尺度で見積もることはいっそう困難になる。実のところ研究者は、人間の発達状態を知性と道徳の両面の組み合わせで測る手段を、いまだ適切に扱えるようにはなっていない。知的、道徳的、政治的な生活が巨視的にはともに前進していくように見えることは認めるにせよ、それらが同じ歩幅で前進していくわけではまったくないことは明白である。たんに何かを見つけるだけではなく、それが何であるかを知ろうと努力すべきであり、たんに方法を知っているだけでなく実際に遂行すべきだというのが、世に認められた人間の本分というものだろう。しかしこの二つの原理がばらばらになること、すなわち知性と徳との分離は、人類が犯してきた過ちの数々を説明するものであり、それは今も文明の大きな潮流のなかでたえず生じているように見える。歴史の全体が証明しているわかりやすい事例として、初期キリスト教の時代を見てみれば、そこには義務、神聖、愛を掲げるこの新たな宗教に心を奪われると同時に、知的生活においては事実上堕落していった人々の姿が認められるだろう。つまり彼らは文明の半分を力強くつかみ取ると同時に、残りの半分を侮蔑し、捨て去ったのである。

発達の高低を問わず、人間の生活における文化の進歩が、最終的に純然たる善に帰着することは滅多にないように見える。勇気、正直、寛容といった徳性は、生命と所有についての価値の感覚が発達すると、少なくとも一時的には苦境に立たされやすい。野蛮人が異国の文明から何かを採用する際、自分たちがそれまでもっていた未開の徳性と釣り合う代替物を手に入れることのないまま、それを失うことが、あまりに多いのである。白人の侵略者ないし植民者は、改善や撲滅の対象である野蛮人よりも概して高度な道徳的基準を示すが、多くの場合それをきわめて歪んだ形で表現してしまう。そのため、彼らが提供する生活が剥奪する生活よりもあらゆる点において力強く、高貴で、純粋であるなどということは、ほとんど主張できそうにない。

未開状態からの進歩の運動が同時に取りこぼしていくものには、文化の発達した現代人が後悔とともに振り返り、取り戻そうとさえするような未開の特徴をもつ性質が、一つならずある。現代人はそれを回復すべく、歴史の進行を押しとどめようとしたり、過去を現在のただなかに復元しようとしたりして、無駄な試みを行なうのである。同様のことは社会制度についても言える。野蛮および未開の種族が受け入れていた奴隷制度は、のちのヨーロッパの植民地に数世紀にわたって存在した奴隷制度に比べればまだましである。多くの野蛮な部族における男女両性の関係は、イスラーム世界の裕福な階級に見られる男女の関係よりは健康的である。統治における至高の権威のあり方としては、野蛮な社会の首長や年長者が行なう会議は、文化の発達したあまたの種族が苦しんできた無制約の専制と比べれば、むしろ好ましいものである。クリーク・インディアン〔アメリカ合衆国南東部の先住民〕たちは、彼らの宗教について問われ、合意に達せそうにないときは、「みんなが自分のカヌーを自分の漕ぎ方で漕ぐようにする」のが一番だ、と答えている。他方、現代世界に住む者たちは、神学的闘争と迫害の長い時代を経て、ようやく彼ら野蛮人がさほど間違っていなかったという考えにたどり着きつつあるようだ。

野蛮人*の生活に関する報告のなかに、尊敬に値する道徳性や社会的な美点についての詳しい記述を見いだすのは、実際珍しいことではない。顕著な事例の一つとして、東方諸島に住む未開のパプア人の生活習慣には誠実さや正義感、親切心が認められるという、ブルイン大尉〔オランダ海軍軍人でオランダ領東インドの調査を行なった Antonie

Augustus Bruijn〔一八四二−一八九〇〕か〕とウォレス氏〔Alfred Russel Wallace 一八二三−一九一三。イギリスの博物学者〕の記述がある。これに相当するものをペルシアやインドの一般的な道徳生活に見いだすのは難しい。文明化したヨーロッパ各地の生活にはもっと見込みがなさそうだ。(1) われわれはそのような諸部族を、〔ホメロスが『イリアス』で言うところの〕「清廉なるエチオピア人」の現代版と見なし、彼らから大切なことを学ぶべきかもしれない。現代の野蛮人に、はるか昔の一般的な人類の姿を見いだそうとする民族誌家は、そうした実例から考えるかぎり、古代人の未開生活は好条件がそろった状況下ではそれなりに良好で幸福なものだった、との見解にいたっている。他方、旅行者のなかには野蛮を一種の楽園状態と見なすようなイメージを描いている人がいるが、これはもっぱら明るい側面ばかりを見ているせいだろう。同じパプア人のことでも、敵対関係にあったヨーロッパ人には彼らが攻撃してくるときに見せる野獣のような狡猾さが印象に残っているため、ヨーロッパ人はパプア人が文明人と共通の感情をもっていることをなかなか信じようとしない。北極を探検した人々であれば、おそらくエスキモー〔ロシアのチュコトカ半島からアラスカ、カナダ、グリーンランドなどに暮らす先住民の総称。現在のカナダでの正式呼称はイヌイト〕の勤勉さ、正直さ、快活にして思慮深い礼儀正しさについて、穏やかな言葉で語ることだろう。

ただし忘れてはならないのは、こうした粗野な人々は異国人の前ではごく丁重に振る舞っているということであり、相手に対してなんの期待も恐れももたないときは、彼らの性格は下品で乱暴になりがちだということである。カリブ族〔南米北部からカリブ海のプエルトリコ東部にかけて居住していた狩猟採集民。食人種と見なされて虐殺され減少した〕は快活で控えめで礼儀正しい種族であり、仲間内ではきわめて正直だとされている。そのため家の中で何かがなくなると、ごく自然にこう言うそうだ。「ここにキリスト教徒がやってきたようだ」。しかしこの立派な人々が、戦争で得た捕虜に対してはナイフや松明やトウガラシで拷問を行ない、さらには儀式的な乱痴気騒ぎのただなかで彼らを調理し、食したのである。彼らのこうした邪悪な残忍さは、「カリブ」〔カンニバル〕という言葉がヨーロッパの諸言語において人食い人種を意味する総称となる十分な理由となっている。(2) それゆえ北米インディアンの客人へのもてなし、勇敢さ、深い宗教感情についての記述を読むとき、われわれは率直に称賛はするものの、その一方で次のことを忘れてはならない。すなわち、彼らの親切さはあまりにも度が過ぎていて、一瞬の怒りによって逆上へと転化しかねないようなやさしさであり、その勇敢さには、残酷さや裏切りも辞さない悪意の影がつきまとっている。しかも彼らの宗教は、不条理な信念と無益な儀式として表われるようなものだったのである。

十八世紀に理想化して語られていた野蛮人像は、邪悪で浮わついた当時のロンドンへの非難を含意して引き合いに出されることもある。しかし実際の野蛮人の生活が罪を問われることなく、尊敬さえ受けているからといって、それと同じ非道な生活をロンドンの住人が送ろうとすれば、それが犯罪であることは冷静に考えれば明らかだ。野蛮人を手本にして振る舞おうとしただけでも、すぐに刑務所送りとなるだろう。野蛮人の道徳的基準は確かに存在しているが、われわれの従う基準に比べればはるかにゆるくて脆弱なものである。われわれはよく野蛮人と子どもを比較するが、知性の状態と同様に、道徳についても両者は比較可能であるように私には思われる。比較的良好な野蛮状態での社会生活は、いわば不安定な平衡状態にあるにすぎず、なんらかの災難や誘惑、暴力などにちょっと接しただけで容易に覆りかねない。その結果、いっそう悪しき野蛮な生活へと転じてしまうことを、われわれはきわめて多くの惨憺たる実例によって知っている。全体的に見れば、粗野な部族のなかには、未開種族の一部や、高度に発達した民族のなかの制外者《アウトカースト》が羨むような生活を営んでいる人々もいる。もちろん、道徳主義者ならば、知られるかぎりのいかなる野蛮な部族も賢明な文明によって改善される見込みはない、などとあえて主張することはあるまい。しかし証拠の一般的な傾向から正当化できるのは、文明化した人間の方が野蛮人よりも概して賢明で有能であるのみならず、より善良で幸福でもあり、未開人は文明人と野蛮人の中間に位置しているという見方である。

二つの異なる民族の文明や、同じ民族が別々の時代に経験した文明状況の全般的な平均値をとって比較するこ*

とは、実行できそうに思えるかもしれない。方法としては、たとえば税関の査定官が質も量も異なる二種類の在庫商品の価値を比較するのと同様に、各文明の一つ一つの項目について算定して総計を出し、双方を天秤に掛けてみるといったことが考えられる。しかしすでに少し述べてきたように、このように大雑把な見積もりがいかに当てにならないかはすぐに明らかになるだろう。その証拠に、文明の進歩と退行を調べるために、あまりにも膨大な労力が今まで無駄に費やされてきた。それはこの種の問題を扱う試みが、どうしても個々別々の研究に傾きがちで、全体として対象を扱うには未熟な段階にとどまっていたからである。

本書では、文化の発展について比較的狭い議論を行なうことによって、少なくともそうした多大な混乱を避けることにする。ここで主に考察の対象にするのは知識、技術、慣習であり、実際に扱うのはさらにそれら各領域の一部のみである。広く自然科学、政治、社会、倫理といった領域にまたがる部分については、ほぼ手を付けずにおくつもりである。進歩と退化を測る基準は善悪の理念に関わるものではなく、現存の野蛮、未開、文明を段階的に並べた尺度のうえでの運動に関するものである。ここで私が一定の限定のもとにあえて主張したい命題は、現存の野蛮人の生活が、人類の初期の状態をある程度は表象しているということだ。より高度な文化はそこから少しずつ発達し、発展を遂げてきたのであり、その過程は今も昔と同じように規則正しく進んでいる。その結果が示唆しているのは、概して〔文化は〕退化をはるかに凌駕する勢いで進歩してきたということである。

この命題[*]によれば、人類社会はその長きにわたる歴史を通じて、主に野蛮から文明化した状態へと進む傾向を示してきたのである。今やこのことの大部分を、すべての人が真理としてのみならず自明の理として受け入れなければなるまい。歴史を直視するならば、そのうちのかなりの部分がたんなる思弁ではなく実証的な知識の領域に属していることがわかる。近代文明が中世の文明の発展形であること、また中世の文明がギリシア、アッシリア、エジプトに代表される、より古い文明の発展形であることは、年代記上の端的な事実にほかならない。このように、比較的高度な文化の由来がいわゆる中間的文化にさかのぼるものであることが明らかである以上、残る問題は、この中間的文化の由来がさらに程度の低い文化、つまり野蛮状態に求められるかどうかである。この問いに肯定的に答えることは、われわれが知っている範囲内で進行してきた文化の発展と同様のことが、われわれの知識の及ばぬところでも進行してきたのだ、と主張することにほかならない。つまりその進歩の道筋は、なんらかの報告がなされるかどうかに関係なく、変わらず進行し続けてきたのだ、と断じることを意味するのである。もしも、原始時代の人間は現代世界とは本質的に異なる法則に沿って考え、行動していたと考える人がいるならば、その人はなんらかの妥当な証拠を挙げて、この異例な事態を証明しなければなるまい。それができないなら、天文学や地理学においてと同様、ここでも永続する原理の支配を認めるべきだ。文化〔発展〕の傾向は人類社会の存在を通じて類似していること、また、既知の歴史のなかで文化がたどってきた道筋から、有史以前の文化の道筋がどのようであったかを判断することが妥当であることは、明らかに民族誌的研究の根本原理としてその優位性を認めるべき理論なのである。

進歩理論〔三三―三五〕

ギボン*は『ローマ帝国衰亡史』において、文化の道筋を野蛮からの上昇として描く自身の論述を力強い文章で表現している。それからほぼ一世紀を経た現在の知見から判断すれば、彼の見解をまったく検証せずに済ますことはできない。特に気になるのは、ギボンが旧式の粗雑なものの見方の伝統に固執して、野蛮時代の生活の低級さを誇張し、粗野な技能が衰退しやすいものであることを過小評価している点である。また、程度の高い文明が低い文明に与える影響について見解を述べた部分では、あまりにも明るい側面のみにこだわり過ぎている。とはいえ全体として見れば、この偉大な歴史家の判断は現代の進歩論者のなかでも比較的偏見のない研究者の下す判断と実質的に変わらない。それゆえ私は彼の文章を文化の発展理論の代表的なものと見なし、いささか長くはなるが、ここで喜んで引用させてもらうことにする。

古代および現代の航海士たちによる発見〔の記録〕や、最も教養豊かな諸民族の歴史や伝統が描き出しているのは、心身ともに裸で、法も技能も観念ももたず、言語すらほとんどもたないような野蛮人の姿である。この惨めな状態こそは、おそらく人間の原初にして普遍的な状態であり、人はここからしだいに発達を遂げ、動物たちを統率し、大地を肥沃にし、大海を渡り、天空を観測するようになったのである。人間の自己改善と精神的・身体的な能力の訓練は、不規則で多様な進歩の仕方をした。初めはきわめてゆっくりと、その後は速度を倍化しながら、しだいに大きな変化が生じていった。何世代ものあいだ苦労して能力を向上させたかと思えば、一瞬にして堕落することもあった。世界全体の趨勢は、いくたびか光と闇との移り変わりを体験してきた。しかしながら四千年の経験はわれわれの希望を増し、憂慮を減じてくれることだろう。なるほどわれわれには、人類が完成へと向かう前進においていかなる高みまで到達するのかを決することはできない。しかし間違いなく言えそうなのは、いかなる人々も、自然の相貌が変わらぬかぎり、当初の未開状態へと堕落することはないだろう、ということである。社会の進歩は、以下の三つの局面から見ることができそうである。一、詩人や哲学者が、自己の生きる時代と国を、単独の知性の努力によって描き出す。ただしこのような卓越した理性の力や想像力は、稀有にして自然発生的な所産である。ホメロスやキケロ、ニュートンらの非凡な才能が、もし君主の意志や指導者の手ほどきによって生み出されうるのだとしたら、これほどまでに人々を感嘆させはしないだろう。二、法や政策、貿易や製造業、芸術や科学のもたらす利益は、いっそう強固で永続的である。この局面においては、教育と訓練により、多くの個人がそれぞれの持ち場で共同体の利益を増進する資格を得ることになるだろう。しかしこの一般的秩序は、練達と労働の効果である。複雑な機構は時とともに崩壊し、あるいは暴力によって損傷を受けることがある。三、人間にとって幸運なのは、より有用な技能、あるいは、少なくともより必要な技能が、卓越した才能や国家への服従なしに行使されうるということである。つまり、そのような技能は単一の人間の力にも、多くの人々の一致団結をも必須としないのである。それぞれの村落、それぞれの家族、それぞれの個人はつねに、以下のようなものを永続化していく能力と傾向の双方をそなえているに違いない。すなわち、火と金属の使用、家畜の繁殖と世話、狩猟や漁撈の手法、基礎的な航海術、不完全ながらも小麦その他の滋養豊かな穀類を栽培する技術、機械を扱う単純な技量などである。私人における天賦の才と公的な産業は、場合によっては根絶やしにされることもある。しかし今挙げたような草の根の技能は、大嵐をも生き抜き、不利な条件のなかでも、たいていの場合、永続的に根を張ることができるのである。〔たとえば〕アウグストゥスとトラヤヌスの活躍した輝かしい時代は無知の暗雲によって覆い隠され、ローマの法と宮殿は野蛮人たちによって破壊された。しかし、草刈り鎌という発明〔は生き伸び〕、この〔農耕神〕サトゥルヌスの象徴は、なお毎年イタリアの作物を刈り取り続けたのである。また人間を食べるレストリゴンの祝祭が、カンパニアの沿岸で再開されるようなことはけっしてなかった。諸々の技能、戦争、商業、宗教的情熱が初めて見いだされたことで、〈旧世界〉と〈新世界〉双方の野蛮人たちのあいだに計り知れない贈り物が届けられたからである。そうした事物は次々と各地に伝えられており、失われることはけっしてないだろう。それゆえ、われわれは次のような喜ばしい結論を出してもよいだろう。すなわち、世界中であらゆる時代にわたって、人類にとっての真の富、幸福、知識、そしておそらくは美徳が増進してきたし、その過程は今でも続いているのである。(3)

退化理論〔三五‐三七〕

*このような文明の進歩理論は、競合する退化理論と対比できるだろう。両者の対立を、ジョセフ・ド・メーストル伯爵〔Joseph de Maistre 一七五三‐一八二一。フランスの哲学者、外交官、著述家〕が十九世紀の幕開けを前にして書きつけた激しい非難のなかに見ておこう。「普通われわれは、人間はつねに野蛮から科学へ、文明へと徐々に向

上してきたという月並みな仮説から出発する。それはお気に入りの夢想だが、過ちのもとであり、学校で教わる現代の偽りの源だ。この不幸な時代の哲学者たちはよく知られた恐るべき背徳にまみれ、彼らは警告を受けていたにもかかわらずその悪徳はびこり続けている。しかしもし彼らが、最初の人類が必ずや有していたに違いない知識を、いくらか多く持っていたとしたら……」[4]。

「近代的観念」への雄弁な反対者たるこの著述家がこのように実に極端な形で言明した退化の理論は、高い教養と能力をそなえた人々に支持されている。この理論は、実際には二つの仮定に分けられる。一つは、文化の歴史が、なかば文明化した種族の登場とともに始まったということであり、もう一つはこの段階から文化が二方向に、つまり後退して野蛮を生み出す道と、前進して文明人を生み出す道に分かれて進んできたということである。原始時代に本来的状態のままの人間がいたという観念は、多少とも高度の文化に属する観念であり、少なからず世論の支持を得ているため、確かに一目置かれてきた。しかしながら明確な証拠があるかと言えば、この観念は特になんらかの民族学的な基礎をもっているわけではない。実際、ありきたりの退化理論に傾いている知的な学者に対して逆の立場から説得を試みるなら、彼の与する側の論客たちの議論を批判的かつ公平に検証するよう勧めること以上に強力な説得法はおそらくないだろう。

ただし留意しておくべきなのは、これまでこの理論を支えてきた根拠が、民族学的というよりは神学的なものであったということである。この理論がいかにその種のものによって強固な地盤を固めていたかは、十八世紀の傑出した二人の著述家の持論が実によく物語っている。彼らの理論は、注目すべき方法で、退化への信念と進歩を支持する議論とをつなぎ合わせている。ド・ブロス〔Charles de Brosses 一七〇九－一七七七。フランスの司法官、歴史家、著述家。「フェティシズム」という語の生みの親〕は、おおまかな知的性質としては進歩理論に傾いていたが、当時、実際に起きていた事柄を考察した結果、「われわれは、人間が洪水と離散によって陥った野蛮状態から発展を遂げてきたと考えるべきかもしれない」と論じている[5]。また、ゴゲ〔Antoine-Yves Goguet 一七一六－一七五八。フランスの法学者、フランス史家〕はかつて存在していた技能が大洪水によってすべて失われたと考えつつも、徹底した進歩主義の原則に基づき、火、調理、農業、法、その他の発明についての自説を自由に展開している。すなわち、低級な野蛮状態に陥った部族のなかから、そのような進歩が生まれたというわけだ(6)。現在では、文明の起源が教理神学の問題として取り上げられるのも珍しいことではない。私自身演台から語りながら、人間が低級な起源の状態から発展してきたという民族学者たちの理論は思い違いの空想で、人間はもともと高い状態にあったという真実が明らかになりつつあるのだと、認めそうになったことも一度ならずある。もっとも、現代の神学者の大部分は、聖書批評の問題としてはそのような教義をけっして受け入れていないことを忘れてはならない。しかし、初期文明の問題を調査するときに、科学的見解の基礎を啓示に求めようとすること自体、あるまじきことである。天文学や地質学において科学を宗教によって基礎づけようとすることがいかに不幸な帰結を招いてきたかを知りながら、民族学における同様の試みを研究者たちが黙認することは許されないと私は思う。

発展理論は進歩と退化の双方を含んでいるが、前者が主要であり、後者は副次的である〔三七—三九〕

人間社会の歩みにおける長期間の経験のなかで、文化の発展の理論はわれわれの哲学に非常に深く浸透してきたため、どの学派の民族学者であれ、以下のことをほぼ確信している。すなわち、進歩と退化のいずれによってであれ、野蛮と文明とは同一の構造のより低い段階とより高い段階として互いに関連するものだということである。そして両者の関係を説明するために、二つの主要な理論が登場している。

第一の仮説は、野蛮な生活が人間の初期段階の状態をなんらかの仕方で表象するものと考え、この野蛮な状態からより高度な状態へ発展してきたと論じるものである。この進歩説を掲げる人々は、人類の過去をさらに低級な起源の状態へと遡及しようとする傾向がある。すでに指摘されているとおり、現代の博物学者が主張する進歩的発展の教説が推進してきた思考の脈絡は、この世に誕生して間もない頃の人間の状態を低級な動物とさほど変わらないものとして描くエピクロス派の理論ときわめてよく合致している。その種の見解に従うなら、野蛮な段階の生活そのものが、起源よりもはるかに進んだ状態だということになるだろう。もし文化の進歩が単一の一般的な道筋に沿って生じたと考えるなら、現存する野蛮人は、動物と文明生活を直接に媒介する存在ということになる。他方、もしも複数の道筋に沿って文化が進歩してきたとすれば、野蛮人と文明人は共通の起源をもつ点で少なくとも間接的につながっていると言えるだろう。ただし、ここで用いている方法と証拠は、文明の問題のうち、このようにかなり周縁的な部分を論じるのには適さない。この理論を採る場合にせよ、他のなんらかの理論を採る場合にせよ、野蛮な状態が最初にどのようにして存在し始めたのかを問う必要はない。なんらかの仕方で、それは現に存在し始めたのだと言えばそれで十分である。ある議論が人類の早期の状態を推察するための手引きとなるかぎりにおいて、それは想像ではなく現実の社会状態に向けられた議論としては、かなり実用に耐えるものとなるのである。

第二の仮説は、比較的高い文化を原初の状態と見なし、野蛮状態はそこからの退化によって生まれたと考えるものである。これは文化の起源をめぐる難問を一挙に断ち切る見方であり、これを採る人々は、〔初めに〕超自然的な介入があったと見なしている。たとえばウェイトリー大主教〔Richard Whately 一七八七－一八六三。ダブリン大主教、神学者、経済学者〕は、人類の最初の状態は未開段階以上であったと推測し、そうした条件を整える奇跡的な啓示があったであろうと単純に述べている。(7) ただここで付言しておきたいのは、最初の文明が神的な介入によって授けられたと考えるとしても、その文明が最初から高い水準のものだったと見なさなければならない必然性はないということである。つまりこの教理を支持する人々は、文化の出発点として、野蛮段階そのものか、それより高い状態か低い状態かのいずれかを、自分が最も合理的だと思う証拠に基づいて自由に選び取ることができるのである。

このように、野蛮状態と文明化した生活との関係を説明する二つの理論は、その主要な性質に着目すれば、進*

歩理論と堕落理論として対比できるだろう。もちろん、進歩理論であっても文化の歩みのなかで堕落が強い影響力をもっていたことは認めるし、堕落理論も同様に進歩の影響を認めている。双方の理論は、それぞれに固有の限界のもとで歴史的知識に適合している。つまり、高い水準にある民族の状態が低い状態からの進歩によって到達される一方、進歩によって得られた文化が堕落によって失われることもある、ということである。もしこの探究が暗礁に乗り上げるのなら、われわれは少なくともその暗礁を出発点とする必要はない。歴史というものを、われわれが文明のさまざまな段階を説明するための手引きと捉えるならば、それが提供してくれるのは、現実の経験に基礎を置く理論である。それは歴史が展開していくという理論であり、そこでは進歩と逆行の両方が、それぞれに認められた場所を占めている。

しかし歴史をわれわれの判断基準とするかぎり、進歩が一次的なものであり、堕落は二次的なものとなる。なぜなら、文化は失われる以前に、まず獲得されなければならないからである。さらに、文明において前進と後退の運動がもたらす効果を天秤に掛ける際に留意すべきは、進歩の成果を堕落という攻撃から守るうえで、文化の伝播が強力な助けとなることである。文化の先進的な運動は各地に広がり、その創始者たちのたどる運命とは独立した道を歩むようになる。ある限定された地域で生み出されたものは、どんどん広い地域へと伝播していき、それにつれて、燃え広がる炎のように「踏み消す」ことは困難になっていく。そのため、ずっと以前に消滅した種族の習慣や発明が、現存する民族の共通の財産として残るといったことも可能となる。破壊的な行為によって特定地域の文明を滅茶苦茶にしたとしても、世界に広がる文明を破壊することはできないのである。

低い段階の文化に関しては、歴史的および伝統的な証拠が得られない〔三九‐四二〕

野蛮と未開および半開[*]との関係に関する探究は、ほぼ完全に、歴史以前ないし歴史の外の領域で行なわれる。これはもちろん不利な条件だが、率直に受け入れざるをえない。確認しうる歴史からは、野蛮な文化の変化については何もわからない。異国の文明の支配下や影響下にあった場所の歴史についてはいくらかわかるが、そこでの状況は、われわれの目的にとってほとんど意味がない。そのままであったならば他から孤立してみずからの宿命を生きるであろう低級な種族たちに対して、もしも定期的な調査が行なえるなら、それは文明を研究する者にとって興味深い証拠となるだろうが、残念ながらそのような調査は行なえない。低級な種族は文書化された記録をもたず、伝統を厳格に保存する気もなく、神話を独自の形態に粉飾しようとしさえする。そのため、遠い過去の時代について彼らが物語ることは、めったに信用できない。歴史とは、記述されている出来事との接点が申し分なくたどれるように、口頭もしくは書面で記録されたもののことである。しかし文化がその低い段階においてたどる道筋についての説明は、おそらく、このような厳格な基準を満たすことはできまい。伝統は、進歩理論と堕落理論のいずれを支持する際にも持ち出されることだろう。そうした伝統には真実の部分もあるが、真実ではない部分もある。しかし、いかなる真実や誤謬がそこに含まれていようと、何が起こったのかについての記憶と、何が起こりえたかについての思弁とを分かつことは、きわめて困難である。したがって、民族学が伝統的な基準に基づいて文明の初期段階についての判断を下そうとしても、さほどの成果は得られそうにない。

この種の問題は、野蛮および未開段階の生活においてさえ哲学的精神をもった人々を悩ませてきたが、その解決は事実と混同された思弁や、大部分がたんなる理論を具体化したにすぎない伝統によって行なわれてきた。中国人は自分たちの古代王朝の記録を非常に厳かに持ち出してきて次のように語る。自分たちの祖先はかつて洞窟に住み、葉でその身を覆い、生の肉を食べていた。しかし、しかじかの支配者たちが現われてからはその教えを受けることにより、小屋を建て、獣の皮で衣服を作り、火をおこしたりできるようになったのだと[8]。またルクレティウスはその有名な詩のなかで、大柄で頑強で無法者、という原始人の姿を描いている。それによれば、彼らは野獣を石や重い棍棒で撃退しながら、自身も獣のような放浪生活を送っており、ベリーやドングリなどを貪って、火の扱い方も、農業も、獣の皮で服を作ることもまだ知らなかったという。エピクロス派の詩人だった彼が描き出す文化の発展の道筋は、このように人間の記憶の領域外から始まっているが、最後はその領域内に到達して終わっている(9)。同じ類型に属するものとしては、文化が往古の野蛮状態から始まり、開化を促す神的存在によってしだいに高められたとする伝説の数々がある。超自然的な進歩理論とでも呼ぶべきこの類型は、ペルーやイタリアのよく知られた文化的伝統にもその例が見いだせる。

他*方、現在から過去への理念的な道筋を別様にたどり、人間の生活の初期段階をまるで違ったものとして捉える人々もいる。彼らはその眼差しをつねに古代人の英知に向けており、よくある思い違いにより、年老いた人々の知恵を昔の人々の知恵に由来すると考える。彼らはまた、眼前で新たな生活様式に取って代わられつつあるにもかかわらず、かつて栄華をきわめた生活様式にしがみつこうとする。そのため、現在は堕落しているという自分たちの思いをしばしばはるか昔の時代に関連づけ、栄光の原始時代を思い描くにいたるのである。パールシー教徒〔イランから移住してきたインド西部に居住するゾロアスター教徒〕はイマ王による幸福な支配を振り返る。そこでは人も牛も不死であり、水も木々も乾きを知らず、食物が尽きることもなかった。また寒さも暑さもなく、妬みも老いもなかったという(10)。仏教徒は、罪も性別もなく、食物への欲もない、輝かしい高みをなした人々の時代を懐古する。しかし人間が地面にできる甘美な浮き滓〔甘露のことか〕を味わったのが不幸の始まりであり、以来、人々は米を食べ、子を育て、家を建て、財産を分け、カーストを形成するほどに堕落したという。のちの時代の記録には、今に続く堕落の歩みの詳細が保存されている。最初に嘘をついたのはチェーティヤ王だったが、それを聞いた市民たちは嘘のなんたるかがわからず、それは白いのか黒いのか、それとも青いのかと尋ねた。また、初めて白髪を見つけて憂鬱になったのはマハー・サーガラ王である。そのころまでに人々の寿命はどんどん短くなっており、王が白髪を見つけたときは、即位してからまだほんの二五万二〇〇〇年しか経っていなかったという(11)。

低*い段階の文化については歴史的記録が不完全であることを認めつつ、われわれはそれが二つの道を示していることを心に留めておかねばならない。ニーブール〔Barthold Georg Niebuhr 一七七六－一八三一。コペンハーゲン生まれ、ドイツで活動した歴史家、史料批判に基づく近代歴史学の先駆者〕は、十八世紀の進歩論者たちが「実際に野蛮な民族が独自に文明的になったという事例はただの一つも示されていない」という事実を見落としていると非難している。[12]ウェイトリーはこの発言を借用し、彼の有名な「文化の起源に関する講義」の中核にした。いわく、「事実は堅固なものである。野蛮人がかつて助けを借りずにその状態から現に脱却しおおせたという信頼に足る事例は一つも提出されていないが、このことは理論などではなく事実問題についての言明であり、それは今日まで反証されたことがないのである」。彼はこれを、人間は野蛮状態から文明的状態へと独力で上昇することはできず、野蛮人は文明人の堕落した子孫なのだ、というみずからの全体的な結論を支える議論として用いている。[13]しかし彼は逆の問いを投げかけることを怠っている。すなわち、文明化した人々が自ら野蛮状態に堕したという事例の記録が一つでもあるのか、それを問うていないのだ。その種の記録が直接かつ十分に裏付けられたものとして得られたなら、民族学者の高い関心を集めることだろう。もちろんそれは発展理論と矛盾するものではない。〔文明の〕喪失の証明は、それ以前に獲得していたことの反証とはならないからである。しかしそのような記録はいったいどこにあるのだろうか。野蛮状態と高度の文化との間の推移を示す歴史的証拠の欠落は、両面的な事実であるにもかかわらず、ウェイトリー大主教の一方的な議論ではその半面しか考慮していないのである。

幸いこの欠落はいささかも致命的なものではない。歴史は野蛮人の存在を直接的に明らかにしたり、その位置づけを説明したりするものではないが、少なくとも事実と密接に関係する証拠をもたらしてくれる。さらに言えば、われわれはさまざまな方法で低い段階の文化の歩みを研究することができるのだが、その際に基礎となる証拠は、任意の理論を支えるために書き換えられたようなものではありえない。諸々の出来事についての直接の記録がいかにあてにならないとしても、古い伝承には諸々の風習や慣習についての最も忠実な記述が付随して含まれている。たとえば考古学は、遠い過去の古い建造物や埋もれた遺跡をあらわにする。また言語学は、言語の意図されざる〔展開の〕歴史を明らかにする。つまり言語というものは、それほどの意義をもつとは考えられることもないままに世々継承されてきたのである。世界の種族についての民族学的調査からも多くのことを知ることができる。それらの種族の状況の民族誌を比較すれば、さらに多くのことがわかるのだ。

退化の原理に関する歴史的証拠〔四二‐四八〕

文明*における停止や退歩は、民族の生活にかなり頻繁に強い影響をもたらす要素と見る必要がある。知識、技能、制度が特定の地域で衰退しうるということ、また、ひとたび進歩を遂げた民族が遅れをとり、躍進する近隣の民族に追い越されることもあること、さらには複数の人間社会が、粗野で悲惨な状態へ退行することさえあること。これらはいずれも、現代の歴史では見慣れた現象である。文明の発展における低い段階と高い段階との関係を見きわめるうえで欠かせないのは、そのような退化によって文明がどの程度大きな影響を被るかについて、ある程度見当を付けることである。文明の状態から野蛮の状態への人間の堕落に関して、直接の観察と歴史はいかなる種類の証拠をもたらしうるだろうか。今日の大都市では、いわゆる「危険な階級」は忌まわしい悲惨と堕落に浸っている。かりにニューカレドニアのパプア人と、ヨーロッパの物乞いや泥棒の集団とを比較するなら、われわれは自分たちの社会のただなかに野蛮よりも悪いものがあることを、残念ながら認めるべきだろう。

しかし、それは野蛮そのものではない。それはむしろ、壊れた文明である。消極的に言えば、〔ロンドン市内にある〕ホワイトチャペルの浮浪者収容棟とホッテントット族〔アフリカ南西部の先住民の古い蔑称、現在ではコイ族と呼ばれる〕の粗末な小屋のそれぞれに暮らす人々は、高度の文化に見られる知識と美徳を欠いている点では同じである。しかし積極的に見れば、両者の精神的、道徳的な特性はまったく異なっている。まず野蛮な生活は本質的に自然から食料を得ることに向けられているが、それはプロレタリアの生活とは端的に異なる。また両者が文明的生活に対して有する関係は、一方は独立、他方は依存であり、正反対である。私の印象では、「都会の野蛮人」だとか「街路のアラブ人」といった一般的な言い回しは、荒廃した家屋を大工の材料置き場と比較するようなものだと思う。むしろここで留意しておくべきは、戦争や悪政、および飢饉や伝染病がどれほど繰り返し国を荒廃させ、そこに暮らす人々を見るも無残な生存者のみに減少させ、文明の水準を低下させてきたかである。また、田舎での孤立した生活がいかに野蛮に傾斜しがちなものかも見落としてはなるまい。とはいえわれわれの知るかぎり、いずれの原因も、これまで実際に野蛮な共同体を再び生み出したことはない。黒海沿岸の不幸な植民地トミス〔前七世紀にギリシア人の植民都市として建設〕についてオウィディウス〔前四三－後一八。ローマの詩人〕が述べたことは、その内容を文字通りに受け取るべきではないにせよ、古代人が逆境のなかで堕落について説明を試みた好例である。ギリシア人と野蛮な民族が混じりあって暮らすなか、ちょうどのちのペルシア人がトルクメン人に苦しめられたように、馬に乗ったサルマートたち〔ローマ帝国北東辺境の脅威であったイラン系騎馬民族〕に苦しめられ、奴隷の身となった詩人オウィディウスは、庭師の技が省みられず、織物の文化は衰退し、獣の皮をまとう野蛮な風習が横行する様を書き記している。

しかし、この地はいかなる金属にも恵まれていません。
敵は農夫が地面を掘ることをほとんど許さないし、
輝く深紅色がしばしばあなたの外衣の縁を飾るけれど、
サルマティアの海ではその色は染められません。
羊はきめの粗い羊毛しかもたらさず、トミスの女は
パラスの技術〔糸紡ぎの技術〕を学んではいない。
女は羊毛の代わりにケレスの贈り物を碾き、
重い水を頭に乗せて運ぶ。

ここでは楡の木が葡萄の蔓に絡まれることもなく、
果実が重みで枝を押し下げることもない。
醜い野原は厭うべき苦艾《にがよもぎ》を生み、
この土地がその生み出すものによっていかに苦いかを教えてくれる。(14)

ヨーロッパ*に例外的に存在する低い文明の事例には、あるいはこの種の退化によって説明できるものもあるかもしれない。しかし古代の未開性が変わらずに残った例の方が多いだろう。二、三世紀ほど前のアイルランドの粗暴な地域から得られた証拠は、この観点から興味深い。その頃、馬の尾に犂を固定する習慣や、脱穀の手間を省くために麦わらを焼く習慣など、当地に根深い習慣を退ける法案が可決されたのである。十八世紀には、アイルランドはまだ、以下のように風刺されることがあった。

西の島といえば、沼地。
トーリー党と狼犬、それに尻尾で犂を引く馬もお馴染みさ。
あそこじゃ燃えさかる殻ざおで、脱穀するのさ。(15)

ファインズ・モリソン〔Fynes Moryson 一五六六－一六三〇。イングランド出身の旅行記作家〕が一六〇〇年頃に記した、粗暴な「沼地の」アイルランド人についての記述には驚かされる。モリソンによれば、アイルランド人の領主たちは土でできたみすぼらしい家や、大枝の骨組みを芝土で覆った小屋に住んでいた。たいていの場所で、男も女も真冬でも腰に亜麻のぼろ切れを巻いたり、羊毛のマントで全身を覆ったりしているだけだったので、朝食の前に老いた女の姿を見るのは男たちにとって気分の悪いことだったという。モリソンは、オート麦を焼き、その焼いた麦で菓子を作る彼らの習慣に注目している。彼らはテーブルをもたず、草わらの上で肉を食べていた。倒れた馬をご馳走にし、牛や豚の肉を洗いもしない獣の内臓と一緒に木製の筒に詰めて煮込み、それを牛の生皮で巻いたものを火にかけて調理した。また、最初に火の中に投げ込んでおいた石で牛乳を温めて飲んだという。(16)

未開生活の簡素さを示す注目すべきもう一つの地域は、〔スコットランド西岸沖の〕ヘブリディーズ諸島である。そこでは近年まで、実際に土製の器が使われていた。釉薬《ゆうやく》も塗らず、ろくろも使わずに手作りされた器であり、野蛮な工芸品の平凡な標本として、博物館に入れられそうなものである。こうした器、クラガンはバルバスでは今も、骨董品として売るために年老いた女たちの手で作られている。ヘブリディーズ諸島における陶工の技が置かれている現状は、十六世紀にジョージ・ブキャナン〔George Buchanan 一五〇六－一五八二。スコットランドの歴史家、人文主義者〕が語ったこと、つまり島民たちが肉を獣自身の胃や皮に詰めて茹でていたという彼の証言と見事に合致する。(17) 十八世紀の初め、マーティン〔Martin Martin 生年不詳－一七一八。スコットランドの作家〕は、穀物を穂から素早く焼いて下ごしらえする古代の方法がその地で普及していることに触れている。彼はその作業のたいへんな手早さに注目し、それを「グラダン」〔graddan ゲール語で「早い」を意味する *grad* から〕と呼んでいる。(18)

穀類を焼く習慣は「生粋のアイルランド人」が非難されるもとだったが、実際にはケルト人に古くから伝わる技能を継承したものであり、そこには実際的な用途が十分にあった。それゆえ、今日ケルトと結びつけられる地域に低級な文化に属する技能の普及が見られるのは、高い水準からの堕落というよりもむしろ、低い水準の文明の残存にあてはまると考えられる。アイルランド人とヘブリディーズ諸島の住民たちは長年にわたり、かなり高度の文明の影響下にあったが、それにもかかわらず、この高度の文明が人々の旧式で粗野な習慣を変えることは、ほとんどなかったのである。

世界各地の辺境*で粗野な生活に馴染み、文明の道具を手に入れたり欲したりするのをやめてしまう文明人の事例は、堕落についていっそう明確な証拠をもたらしてくれる。このような状況に関連して、外からの影響を無視して文明から野蛮状態へと向かう退化についての手がかりが、ごく最近になってよく知られるようになっている。それは混合的な種族に見られるもので、彼らの文明の水準は、高度な方の種族よりもいくぶん低くなるらしい。武装船バウンティ号の暴徒たちは、ポリネシア人の妻を連れてピトケアン島〔南太平洋の現・英国領〕に小規模ながら野蛮とは言えない共同体を作り上げている。[19] ポルトガル人と東南アジア島嶼部やアフリカの土着民が混じり合った人々が送っている生活は、ヨーロッパの標準よりは程度が低いが野蛮ではない。[20] 南アメリカ、パンパの住民ガウチョは、ヨーロッパ人とインディオ〔南米先住民〕の混血で、雄牛の頭蓋骨の上に漫然と座り、山盛りにした熱い燃えかすで肉のスープを作り、野菜は摂らず肉のみで暮らしているらしい。概して不潔で残忍でわびしく堕落した生活を送っているが、それでも野蛮に暮らしているわけではないという。[21] ここから一歩進むと、個人としては文明人でありながら野蛮な部族に呑み込まれ、野蛮な生き方を選んだ人々の事例に行きあたる。彼らがそのような生活の改善に向けて影響力を行使することはほとんどない。したがって、その子どもたちが野蛮人となっていくのは明らかである。ただし、このような混血の事例は、実際に低い文化が高い文化からの退化の結果として生まれるということを証明するものではない。こうした事例から導かれるのは、二つの種族の一方が比較的高い文明、他方が比較的低い文明をもつ場合、両者が混血した種族は低い方の状態、ないしは折衷的な状態になるという考え方である。

退化*はおそらく、高い文化よりも低い文化においていっそう強く作用する。未開の民族や野蛮な集団は、貧弱な知識とわずかな道具しか持ち合わせていないため、堕落を促す影響にとりわけさらされやすいのだろう。たとえばアフリカでは、現代になって文化の衰退が生じているが、これはおそらくかなりの程度まで他国からの影響に起因する。J・L・ウィルソン氏〔John Leighton Wilson 一八〇九－一八八六。アメリカ合衆国の西アフリカ宣教師〕は、十六、十七世紀の西アフリカに黒人たちの強大な王国が存在していたという記述を現在の小規模な共同体と対比し、後者ではかつて彼らの祖先が広汎に展開していた政治組織の伝統がまったくと言っていいほど失われているとする。そして、そうした状況の悪化をもたらした要因として、特に奴隷貿易に注目している。[22] 南東アフリカでは、比較的高水準だった未開文化が崩壊の道をたどったようである。われわれが念頭に置いているのは、モノモタパ王国〔現在のジンバブエ周辺地域で十五－十七世紀に繁栄した部族的連合王国〕についての古い記述である。黄金によって栄えたこの地域には、モルタルを使わずに荒削りの石を組み合わせた珍しい建造物が造られていた。そこからより文明化した異邦人の介入があったことが窺われるが、現在ではその遺跡が残るのみである。[23] 北アメリカでは、シャルルボワ神父〔Pierre François Xavier de Charlevoix 一六八二－一七六一。フランスのイエズス会司祭〕が前世紀〔十八世紀〕のイロクォイ族〔アメリカのニューヨーク州、カナダなどに住む東部森林部族〕について次のように述べている。彼らはかつて他の民族よりも、そして現在のイロクォイ族よりも立派な小屋を建てる技術をもっていた。彼らはその小屋に素朴な浮き彫りの彫刻さえ施したものだ。しかし〔入植者による〕遠征が相次ぐなか、ほとんどすべての村が焼かれ、彼らはそれを昔の状態にわざわざ修復することはなかった。[24] シャイアン族〔アルゴンキン語族に属し、ミネソタ州中部に居住、ヨーロッパ人入植者に追われて十八世紀には大平原西部に移住〕の堕落は歴史的な事柄である。仲間の敵であるスー族に迫害され、要塞化した村からもついに追い払われて、部族の魂が破壊されたのである。仲間の数はわずかになり、もはやあえて永続的な住まいに身を落ち着けようともしなくなった彼らは、大地を耕すこともあきらめて、さまよう狩猟民となった。価値ある財産は馬だけで、それを毎年、トウモロコシや豆やカボチャ、ヨーロッパの物品と物々交換しては、やがて大草原の真ん中へと帰る暮らしを続けたのである。[25] ロッキー山脈では、ミルトン卿〔William Wentworth-Fitzwilliam, Viscount Milton 一八三九－一八七七。イギリスの貴族、政治家、探検家〕とチードル博士〔Walter Butler Cheadle 一八三六－一九一〇。イギリスの小児科医、カナダ西部を探検〕が辺境のシュスワップ族〔北米北西高原地帯に住んでいたとされる〕の一部に遭遇している。彼らは馬も犬ももたず、木の皮やむしろで粗雑な仮の住まいを作って暮らしていたが、年々ひどい状況に陥り、急速に消滅していった。これもまた、堕落が野蛮な民族の水準を引き下げ、消滅へと向かわせた明白な事例である。[26]

野蛮な生活からまさに追放された人々と言える部族もある。北アメリカの哀れなディガー・インディアン〔アメリカのグレート＝ベースン地域に住んでいた先住民に対する蔑称〕と南アメリカの未開人たちを、かつて幸福な日々を味わいながら追放の憂き目を見た生き残りの部族と見なすのには理由がある。(27) 低級な種族の人々にとって、先祖のよりよい生活から受け継いだ伝統は、時に、さほど遠くない過去をありありと想起させることがあるようだ。アルゴンキン・インディアン〔狭義にはカナダのオタワ北方に住む先住民集団、広義にはアルゴンキン系言語を話す先住民の総称〕は、古き時代を、今よりもよい人生を送ることのできた黄金時代として懐かしむ。その頃にはもっとよい法律があり、よい指導者がいて、風習も今ほど粗暴ではなかったというのである。(28) 実際、われわれが彼らの歴史に対して現に行なっていることを考えれば、彼らには悲しみのなかで過ぎ去った幸福を思い出す理由があることが理解できるだろう。また、粗野なカムチャダール族〔カムチャツカ半島先住民、ただしロシア化が進んでいる。自称はイテリメン〕が、世界はどんどん悪くなっており、人間は減少し、下劣になっていると断言するのも無理はない。彼らによれば、食物は狩人にとっても熊にとっても乏しくなり、トナカイはもっと幸せな生活を求め、そそくさとこの土地を離れて下流に向かっているという。(29)

衰退や堕落のもたらす作用について、従来の試みよりも広範囲から厳密な証拠を集めて考察を加えるならば、文明の研究に対して価値ある貢献となるだろう。ここで言及した事例はおそらく、次のことを証明するために持ち出されるべき一連の膨大な事例の一部にすぎない。すなわち、文化における退化は、世界に未開や野蛮が存在する主要な原因ではけっしてなく、むしろ文明の一般的な発展の歩みに大きく深い影響を与える副次的作用だということである。文化の退化を、その作用の種類と規模の大きさの両面から、地質学的歴史で言う地表の削剥に喩えても、おそらく大げさではないだろう。

文化の向上と低下に関する民族学的証拠は、同一種族から枝分かれした諸集団に認められる、異なる文化段階

の比較から得られる〔四八－五四〕

野蛮な生活と文明的な生活との関係について判断を下す際、人類の区分を一瞥することで学べることがあるかもしれない。この目的のためには、身体的な特徴に関する証拠を確認したうえでならば、語族による分類を用いるのも便利だろう。もちろん話し言葉そのものは、民族の系譜をたどるうえで十分な導きにならないことは明らかである。それはたとえば、イングランドのユダヤ人や西インド諸島の三つの黒人種が、いずれも英語を母語として話す例からもわかる。とはいえ通常の環境のもとでは、話し言葉のつながりは、先祖にあたる種族とのつながりを多少なりとも示すものである。文明史をたどるうえでの導きとして、言語は今も比較的よい証拠を与えてくれる。というのも言語の共通性は、かなりの程度まで文化の共通性を含意するからである。みずからの言語を維持し、他民族にそれを強制できるだけの支配力をもつ種族は、みずからの文明についても多かれ少なかれそれを維持し、他民族に強制するのがつねである。そのため、インド人、ギリシア人、ゲルマン人の言語が語族上共通の系譜に属するのは、かなりの程度、これらの民族が共通の祖先をもつことに起因するのは間違いない。しかしこの言語的なつながりはさらに、共通の社会史や思想史、マックス・ミュラーがたくみにも「霊的関係」と呼んだものとも密接に結びついている。われわれは言語の驚異的な持続性のおかげで、時間的にも空間的にも遠く離れた複数の部族の間に文明上のつながりを見いだすことがしばしばできるのである。ではこうした前提のうえで、同系統の言語をもつことによって歴史的な結びつきをもつ多様な集団の内部において、野蛮な部族と文明化した部族はどのような関係にあると見なすことができるだろうか。

セム語族は最古の文明世界の一つを象徴する概念であり、アラブ人、ユダヤ人、フェニキア人、シリア人その他を含み、北アフリカとも古く、かつ長いつながりをもっている。この語族にはいくつかの粗野な部族が含まれるが、それらは野蛮人に分類されるような人々ではない。アーリア系語族が何千年も前からアジアとヨーロッパに存在すること〔いわゆる印欧語族の存在〕は確かであり、その初期には未開の状況にあったことをはっきり示す痕跡が存在することはよく知られている。そしてその状態がほとんど変化せずに残存しているのは、人里離れたヒンドゥークシュやヒマラヤの渓谷に住む部族においてである。繰り返すが、印欧語族に属する部族で、その全体が野蛮な状態に陥ったケースは、ただの一つも知られていない。ジプシー〔現在の名称はロマ。インド、中近東、ヨーロッパ、アメリカなどで独自の移住生活様式と集団をもつ人々〕その他のアウトカーストの一部が血縁においてアーリア系に属することは疑いえないが、彼らの示す堕落した状況は、野蛮というほどひどいものではない。インドには、言語的にはアーリア系でありながら、その体格はむしろ土着の型に属す部族が存在する。彼らは支配的だったヒンドゥー人〔狭義ではヒンドゥー教徒、広義ではインド人を指す〕と多少は混血していたが、出自としては基本的には土着の種族だった。このカテゴリーには、ボンベイ行政区に住むビール族やクーリ族などいくつかの部族が入るが、彼らの話す方言は、文法構造においてはともかく、少なくとも語彙の面ではヒンディー語に属する。ただしこうした人々自身は、たとえばタミル族のように、ヒンドゥー化されつつもみずからのルーツであるドラヴィダ語の話し言葉を保存しているいくつかの民族に比べると、文化の面で低級である。しかしそれでも彼らは、ほぼ野蛮人と見なしうる半島部の野生の森に住む諸部族に比べれば、全面的により高い段階の文明に位置しているように見える。そしてその森の部族たちは、血縁的にも言語的にもアーリア的ではない(30)。

しかしながらセイロンには注目すべき現象として、アーリア系の方言を話すにもかかわらず野蛮な生活を営んでいる人々の事例がある。それはヴェッダ族のなかでも「狩猟民」と呼ばれる粗野な部類の人々であり、その生き残りが今も森林地域に住んでいる。彼らは色黒で、鼻は低く、骨格はきゃしゃである。頭蓋骨は小さく、身長は男性の平均で五フィート〔約一五二cm〕である。内気で悪意のない素朴な人々で、主に狩猟で生活を営んでいる。鳥もちで鳥をつかまえ、水に毒をまいて魚を採り、蜂蜜を採取するのに長けている。鉄製の鏃のついた矢を弓で射るが、この弓矢は彼らにとって、狩猟犬とともに最も貴重な所有物である。洞穴か樹皮葺きの小屋に住んでおり、「家」のことをシンハラ語で「うろのある木」を意味するルクラと呼んでいる。以前は樹皮の切れ端を衣服にしていたが、現在では亜麻布を腰紐にぶらさげている。いくらか耕作を行なうようになったのは最近のことだという。彼らは指で数を数え、最も単純な形の火切り棒を手で回して火をおこす。なんとも誠実で正直な人々である。彼らは一夫一婦制を維持し、夫婦間の貞節を重んじていて、より文明化の進んだシンハラ族とは真逆とも言える慣習をもっている。婚姻に関するヴェッダ族の慣習で注目すべきは、男性が自分の妹（姉であってはならない）を妻とすることが許されていることである。シンハラ族にも姉妹との婚姻は存在するが、それは王家の場合に限られる。ヴェッダ族に関してはこれまで、宗教をもたないとか、個人の名前も言語ももたないといった誤った説明がなされてきた。実際には、彼らの宗教は、より粗野なインドの諸部族のアニミズムと合致する。彼らの名前には、注目すべきことに、インド的な名前ではあるが現代のシンハラ語では使われていないものがある。彼らの言語はシンハラ語の方言である。ヴェッダ族は主に「ヤッカ」、すなわち悪霊の子孫だという一般的な見解には、明らかに別の含意がある。つまり彼らは島の土着の部族の子孫なのである。伝説と言語はいずれも、アーリア系の血筋とともにアーリア系の言語がヴェッダ族のなかに流入した可能性を示しているが、身体的な諸特徴から見れば、彼らが基本的にはアーリア人以前の土着の類型に属することは明らかである。(31)

北アジアとヨーロッパのタタール系諸族*（限定した意味で用いられる言葉ではトゥーラーン系民族）については、まったく異なる種類の人々である証拠が示されている。広範囲に分布するタタール系諸族のなかには、古代のみならず現代においてすら、かなり、ないしほとんど野蛮の範疇に近い集団も含まれている。野蛮に近いのは、たとえばオスチャーク族〔西シベリアに居住。現在の民族名称は自称のハンティ〕、トゥングース族〔シベリア各地と中国東北地方、内モンゴル自治区に居住、現在ではエヴェンキ。広義では満州＝トゥングース語を話す民族の総称〕、サモイエード族〔ネネツ、エネツ、ガナサンなど主にシベリアに住む諸民族のかつての総称〕、ラップ人〔北欧北部とロシアのコラ半島に居住。現在の呼称はサーミ人〕などであり、他方、多少とも高い水準の文化を代表しているのはモンゴル人、トルコ人、ハンガリー人である。しかしながら、粗野な部族が概してタタール人の比較的初期の状況を示しているのは間違いない

〔タタール人は現在ではウラル山脈の西に住むトルコ系民族を指すが、かつての西欧ではテュルク＝モンゴル系遊牧民をまとめてタタールと呼んだ〕。よく知られているとおり、より混合的で文明化した人々はこうした状況のなかから出現したのである。彼らの経験した文明化は、主に仏教やイスラーム、キリスト教を信じる諸民族の外来文化を身に着けたことによるものだが、内発的に発展した部分もあった。

東南アジアの民族分布はいくぶん曖昧である。しかし、シャム人、ビルマ人〔シャムはタイ系民族やタイ王国の古称、ビルマは現在のミャンマー〕、その他の土着の種族を単一の見出しのもとに分類するとすれば、粗野な部族ほど古い段階の状況を示していると考えられる。というのも、この地域に見られる比較的高い文化は明らかに外来のものであり、特に仏教圏に起源をもつものだからである。マレー人種もまた、その下位カテゴリーの諸部族が幅広い文明的偏差を示す点で注目に値する。マレー半島やボルネオに住む粗野な部族をジャワやスマトラの半開の民族と比較すると、前者は依然として野蛮の初期状態を示しているのに対して、後者の人々がもっている文化は、ほとんどがヒンドゥー圏やイスラーム圏からの借り物であることが一目でわかる。半島部の森に住むいくつかの部族は、最低水準の文化に属するマレー人種の代表と思われるが、その低さがどの程度まで本来のものであり、どの程度衰退によるものなのかを明言することは難しい。なかでもきわめて粗野なオラン・サビンバ族は、農耕もせず、小舟も持たないが、注目すべきことに自分たちのことを次のように語っている。自分たちはブギス族の国から船出して難破したマレー人の子孫なのだが、海賊からひどく痛めつけられたので、文明や農耕を放棄した。鶏は鳴き声を立てて自分たちを裏切ったので、その肉はけっして口にしないと誓ったのだという。そのため彼らは何も植えず、野生の果実と野菜、それに鶏以外ならばどんな動物でも食べるのである。このことがもしすべて事実に基づいているとすれば、退化の事例として興味深い。しかし野蛮人が、奇妙な習慣を説明するために神話を創作するのはよくあることだ。それはちょうど、同じ地域でビドゥアンダ・カラン族が土地を耕さない理由を、自分たちの祖先が農場を作らないという誓いを立てたという物語によって説明するのと同様である。マレー半島に住む粗野な民族のもう一つの例はジャクン族である。彼らは素朴で親切な種族であり、そのなかには血脈が一組の白猿にさかのぼるという人々がいる一方、自分たちは白人の子孫だと明言する人々もいる。後者については、彼らが実際に混淆した種族であると見なせそうな根拠が存在する。彼らはポルトガル語の語彙をいくつか用いているし、何人かの亡命者がいたという報告も存在する。(32)

メラネシア人、パプア人、オーストラリア人は野蛮な諸段階を代表している。彼らの文化はもともとそれぞれが住んでいた広大な領域を越えて広がったが、その広がり方は比較的同質的である。

最後に付け加えれば、アメリカ大陸における野蛮状態とより高い状態との関係は注目すべきものではあるが、なお曖昧である。エスキモー、アルゴンキン族、グアラニ族〔ボリビア、パラグアイ、アルゼンチン北東部、ブラジル南部にかけて居住。入植ヨーロッパ人と友好的関係を築き、早くから同化傾向にあった〕の諸集団のように、完全な野蛮状態で発見された、いくつかの大きな語族が存在するが、他方、明らかに互いの影響関係なしに、野蛮よりは高い未開の水準に達した半開の地域もある。すなわちメキシコ、中央アメリカ、ボゴタ、ペルーである。このような高低の状態の中間に、ルイジアナのナチェズ族〔のちにオクラホマに移住〕と、フロリダのアパラチ族〔アパラチア山脈南部の山岳地帯に住む人々〕が位置している。比較的進歩した人々と、その周囲に住んでいるより低い種族との間に言語的なつながりがあることは、知られていないわけではない。(33)しかしより高い文化がより低い文化から生まれたのか、それともより低い文化がより高い文化から退化したのかを明らかにする決定的な証拠はほとんど見つかっていない。進歩と退化、いずれの作用もある程度は生じたのではなかろうか。

*このような民族学的問題に関する一般的な考察から明らかなのは、この種の問題に関してはこれまでよりもいっそう綿密な研究が必要だということである。目下の証拠が示すとおり、いかなる種族においてであれ、そこから枝分かれした集団が他の集団よりも文化の面ではるかに上回る場合、このことは〔他の集団の水準の〕低下よりも、〔当の集団の〕向上によって生じることの方がはるかに多いと思われる。ただしその向上は、その集団

内部ではなく外部からの働きによってもたらされる傾向がある。文明という植物は、成長よりも繁殖によってもたらされることの方がはるかに多い。低級な種族に関して言えば、このことはここ三、四百年のあいだにおけるヨーロッパ人と野蛮な部族との交流の事情と合致する。すなわち、これらの部族はこのような交流の過程を生き抜いたかぎりにおいて、多少ともヨーロッパの文化を吸収し、ヨーロッパ人の水準に向かって上昇したのである。そのような例は、ポリネシアや南アフリカ、南アメリカなどに認められる。もう一つ重要な点が、この民族学的調査から明らかとなる。それは、知られるかぎりの何千年ものあいだ、アーリア族とセム族が、いずれもいかなる野蛮な分枝をも直接には生み出さなかったということだ。この事実は、高水準の文明から野蛮な水準への退化がこれまでに起きたという可能性を、それなりに強力に退けるものである。

進歩論者*であれ、退化論者であれ、かつての著述家たちが初期の文明について記した見解を扱うに際しては、彼らの扱いえた証拠が、今日入手しうるひどく不完全なデータと比較してさえ、はるかに少なかったことを念頭に置かなければならない。十八世紀の民族学者を批判することは、十八世紀の地質学者を批判するようなものである。批判される側の過去の著述家は、批判する側の現代の著述家よりも有能だったかもしれないが、批判者が用いるような資料はもっていなかったのだ。とりわけ彼らが先史考古学の手引きを受けられなかったことに留意すべきである。この研究領域はここ数年間に得られた科学的基礎の上にようやく確立されたにすぎない。古くからの問題に対して、このように新たな学識がもたらしうる知見について明確な認識をもつことがきわめて重要である。

歴史的に記録された古代文明の範囲〔五四－五五〕

エジプト*、インド、中国の王朝の壮大な事績についての年代記はいくぶん虚構に属すものであり、長い年月を単位とする暗号書と化している。それでもなお年代記は、現存する諸々の遺跡が、五千年以上前の比較的高次な文明の痕跡にさかのぼることを認めている。東洋と西洋の資料的証拠をつなぎあわせると、現代のバラモン教、ゾロアスター教、仏教のもととなったアーリア人の宗教の大分裂は、はるか古代の歴史にさかのぼると思われる。マックス・ミュラー教授は自らの手がけた英訳『リグ・ヴェーダ』の序文において、このアーリア人の聖歌の集成が「人類の図書館における最古の書物の位置を獲得し、かつ永遠に維持する」だろうと述べているが、われわれはこの見解を共有しない。また、ミュラー教授がそれらの書物を紀元前に位置づけた推算が厳密かどうかも疑問である。とはいえ、われわれは次のことを認めなければならない。すなわち、この書物がきわめて古い時代に成立し、それゆえこの時代に野蛮ではあるが比較的高次の発達を遂げた文化がすでに存在したことを、教授が証明したということである。インド・ヨーロッパ諸民族が、身体的特徴よりも、むしろその文明において共通の起源をはるか昔に有するとする言語学的な議論もまた、同様の帰結に向かっている。

そのことはエジプトに関しても言える。エジプト王朝は数千年間にわたって続いたとされており、その算定結果は詳細についてはいくらでも議論の余地があるにせよ、長大な年代記を〔史料として〕受容することを多少とも正当化できるような諸々の事実に基づいている。聖書やギリシア・ローマの古典に記された歴史のなかで言及されているエジプト人の名前をいくつか同定するだけで、はるか古代の強烈な印象を得るのに十分だろう。たとえばそれはシシャク〔エジプト王〕の名前であり、あるいは、ローマにそのオベリスクも見えるサミティコス家の名前であり、フィレンツェ博物館に乳母の棺があるエチオピアの王、ティルハカーの名前であり、エジプト学者たちが第十九王朝と呼んでいるラムセスの偉大な系譜と明白に結びつくラムセス市の名前である。

ここで、ギリシア・ローマ文化が成立する以前に、エジプトの文化が最盛期を迎えていたことに留意されたい。しかもこの時代ののちにピラミッドの王たちの時代ほどには進歩的でない時代がきて、さらにその後、ギリシア・ローマ時代の文明が生まれるまでには果てしない堕落の時代を経なければならなかったのである。旧約聖書のいかなる部分も、その成立年代が最初期のエジプトのヒエログラフ碑文の成立期に近いことを単独で証明するにはいたらないものの、聖書学者ならば以下の事柄は認めざるをえないだろう。すなわち、歴史的文献のなかでもかなり古いものに属する〔旧約聖書という〕書物は、一方では古代ギリシア・ローマ史よりも古い当時のセム族の世界に、すでに注目に値する文化が存在したことを立証していると同時に、それが年代記として書かれたことによって、比較的進んだ未開文明の記録をさらに古い時代へとさかのぼらせる証拠にもなっているということである。

さて、もしもこのような現象を発展説で説明するとなれば、年代学的な吟味が非常に重要になってくる。しかもより低級な文化のなかで起こる進歩は、すでにはるかに発展を遂げている民族の経験が示す進歩に比べて非常に緩慢であることを認めるならば、その要求はさらに大きくなるだろう。中程度の文明が最初に出現する時期がこれほど遠い古代であったとなると、その遅々たる発展に要したたいへんな作業は、さらにその前から続けられていなければならないことになる。この問題を快く引き受けるのが先史考古学である。悠久の時間に対して厳密な算定を行なわなければならないというのに、先史考古学者たちは意気消沈するどころか、数千年という時代測定を大いに楽しんでいるように見える。まるで資本家が、数千ポンドの見積もりを気前よく、いささか向こう見ずに行なうような調子である。

先史考古学は、低い段階にある人類について知られている古代文化の範囲を拡張する〔五五―五八〕

先史考古学*は、文化の退化を意味するかもしれない事実に対して非常に敏感である。イースター島にある、荒削りな岩で作られた巨大な人物像もその一つで、おそらく現在の住民の先祖が作ったものと思われるが、今の島民が有している技量は、あのように巨大な作品を制作するにはまったく釣り合わない(34)。それよりも重要な事例は、ミシシッピー渓谷の先住民が残した作品である。現代になってその存在が知られるようになったこの土着の部族は、野蛮段階に位置づけられており、彼らの住んでいる地域にはかつて、民族学者がマウンド・ビルダー〔盛り土を造る人々」と呼ぶ種族が住んでいた。その名の由来は、一つの集団が四平方マイルという広い地域のなかに多数の盛り土や囲い地を築いていたことによる。盛り土の示す四角や丸い形には規則性があり、囲い地もいろいろな面で同じように繰り返し模倣されていたため、それらがどのように立案されたのか、その方法が興味深い問題となった。こういったものを造ったということは、マウンド・ビルダーは主に農耕に従事しながら多くの人口を維持していたに違いない。現に、彼らの古代の耕作地の跡が今でも発見されている。とはいえ彼らの工業技術は、メキシコの水準には遠く及ばなかった。たとえば彼らは地元の銅を刃物づくりなどに使っていたが、その手法は極北の野蛮な部族と類似している。彼らの残した土塁群や畑、陶器、石器その他の遺物から全体的に判断すると、彼らは南部諸州に居住する比較的進んだ野蛮、ないしは未開の水準にある部族に属していたと思われる。それはバートラム〔William Bartram　一七三九－一八二三。アメリカの博物学者〕がクリーク族、チェロキー族〔アパラチア山脈南部に居住し、イロクォイ語族に属す〕などを典型的民族として描いた一群である。[35]このあたりで移動を繰り返してきた野性的な狩猟部族の人々が、マウンド・ビルダーの残した巨大な土塁群の近くに住んでいることが最近わかってきたが、もしそのなかにこのいくらか先進的だった人々の子孫がいるとすれば、非常に注目すべき退化が起こっていたことになる。この問いへの答えはまだ出ていない。耕作地の跡については、この事例はボルネオの古い水田耕作地の跡と同様の説明ができるかもしれない。これを作ったのは中国人入植者だが、彼らの子孫は現地の慣習に従い、すでに土地の人々にほとんど溶け込んでいる。[36]

他方、その土地に固有の証拠を特定の人種に固有のものと見なすのは間違いのもとである。たとえばグリーンランドを旅する人が〔南部の港町〕カコルトクの石造建築の廃墟を見たからといって、エスキモーはこのような建築技術をもつ祖先から退化した子孫だと主張するとすれば、それは正しくない。そうした教会や洗礼堂の遺跡は、実際には古代のスカンディナヴィア人移住者が作ったものだからである。[37]

概して、退化のもっともらしい証拠が考古学によって見つかることはほとんどないということは特筆すべきだろう。むしろ退化論に対して否定的な証拠のほうが雄弁である。たとえば、現在において冶金術や陶芸を知らない部族は、以前習得していた技術を失ったのだという退化論の主張に反対する意見として、ジョン・ラボック卿〔John Lubbock 一八三四－一九一三。イギリスの銀行家、政治家、考古学者〕の次の言葉を引用してもいいだろう。「われわれはまた、一般的な命題として、冶金術をまったく知らない野蛮人が住む場所からは、鉄の道具や武器はいっさい見つからないと主張することができる。もっと説得力があるのは陶器の場合である。陶器はそう簡単に壊せない。陶器が知られているところでは、つねに大量に残されている。そして陶器には二つの特質がある。それは壊れやすいものだが、完全に壊してしまうことはなかなかできない。こうした性質は、考古学的観点から見た場合、大きな価値となっている。しかも陶器は多くの場合、埋葬と関係がある。そのためオーストラリア、ニュージーランド、およびポリネシアの島々といった地域で陶器が一かけらも見つからないというのはきわめて重要な事実なのである(38)」。通俗的な退化理論から予想される状況が実際とはいかに異なるかについて、チャールズ・ライエル卿〔Charles Lyell 一七九七－一八七五。斉一説を提唱したイギリスの地質学者〕は『人類のいにしえ』において皮肉な調子でほのめかしている。彼によれば、もしも最初の人類がすぐれた知的能力と傑出した知識を本当に授かっていて、なおかつ彼らの子孫と同様、進歩できる性質をもっていたならば、彼らは計り知れない高みにまで進展を遂げていたことだろう。「あまりに形がまちまちで、素人目には本当にきちんとデザインされたのかどうかが疑わしく思えるような粗雑な陶器や火打ち石の類の代わりに、われわれはフィディアス〔紀元前五世紀頃のギリシアの彫刻家〕やプラクシテレス〔紀元前四世紀頃のギリシアの彫刻家〕の作品よりもはるかに美しい彫刻を、今頃は目にしているはずだ。鉄道や電線も発掘されて、現代の最高水準の技術者が貴重なヒントを得たかもしれない。天文学で使う機器や顕微鏡、その他、ヨーロッパで知られているよりももっと先進的な建築物や、十九世紀の技術や科学にとって未踏の完成領域に達していた形跡などもあるはずだ。銅の時代や鉄の時代と呼ばれている、もっと後代の堆積層ができあがる頃には、さらに天才的な発明がなされていたのでなければならない。おそらくは、空を飛んだり深海を探検したり、現代の数学者の希求や想像をも超えるような計算問題を解くことのできる機械が発明されていただろう。そしてわれわれはそうした遺物を前に、どう使えばいいのか、どういう意味があるのかを理解するために、必死に想像をめぐらすのだが、徒労に終わってしまうのだ[39]」。

石器時代の痕跡は、原初の低級文化が世界中に存在していたことを証明し、それは巨石構造物、湖上住居、貝塚、埋葬所などによって裏付けられる〔五八－六二〕

*人間の原始状態を研究するうえで最大の鍵を握っているのは先史考古学である。その鍵とは、はるか古代の人類が野蛮な状態にあったことを示す石器時代の形跡である。ブーシェ・ド・ペルト氏〔Boucher de Perthes 一七八八－一八六八。フランスの先史学者〕は〔一八四一年以来〕、〔フランス北部にある〕ソンム渓谷の砂礫層から打製石器を発見していたが、そのことが認められるまでにはかなりの時間を要した。しかしその後は、旧石器や尖頭器に代表される比較的粗野な石器時代〔の文化〕が、地質学上の第四紀の野蛮な部族のあいだで一般的となっていたことを示す形跡が、広くヨーロッパの全域にわたって蓄積されてきた。この時代はマンモスや全身を毛で覆われたサイが生きていた時代であり、〈歴史〉が人類に関して証拠を提供しうるよりもはるかに古い時代であることを、〈地質学〉は明らかにしている。ジョン・フレア氏〔John Frere 一七四〇－一八〇七。イングランドの遺物研究者〕は、その種の打製石器がイングランドのサフォーク州にあるホクスン〔古代から存続する集落〕で発見されたことに関して、すでに一七九七年に次のように書いている。「発見された状況から、われわれはこれらの武器をはるか昔、今の世の時代を跳び越えたところにさえ位置づけたい衝動に駆られる[40]」。ロンドンの歴史が重ねてきた長大な時間が、人類の文明史を象徴するものでもあることは、私にとって、考古学が明らかにした最も示唆的な事実の一つである。考古学の心得のある者であれば、ほんの数ヤード掘っただけで、今日の近代的生活を象徴する瓦礫から中世の科学技術の遺物へ、ノルマン、サクソン、ローマン・ブリテン時代の形跡へ、さらには後期石器時代の

痕跡へと、時代をさかのぼって行けるだろう。そしてテンプル・バーからグレートノーザン駅に向かう途上では、〔砂礫層に埋まっていた〕黒い打製石器が発見された場所の近くを通り過ぎることになる（それはグレイズイン通り付近の「黒い聖母」の向かい側である）。コンヤース氏〔John Conyers 一六三三頃－一六九四。イングランドの薬種商。ロンドン周辺の古物蒐集で知られる〕がその石器を見つけたとき、その近くには約一世紀半前の象の骨もあった。つまりこの遺物は、ロンドンのマンモスとロンドンの野蛮人が隣り合って暮らしていたことを示しているのである。(41)

旧石器時代の遺跡が見つかるのは、ヨーロッパの砂礫層や、インドのラテライト層、その他の比較的表面に近い地層である。その時代の人類の状態としては、主に彼らの作った石器がきわめて粗雑であり、研磨の技術さえも存在していなかったということが示されている。これが低級な野蛮状態を示すものだという推論が自然であることを裏付ける証拠が、中央フランスの渓谷で見つかっている。そこに住んでいた種族はまことに芸術的な絵画を残しており、そこには彼ら自身の姿や、周囲に暮らしていたトナカイやマンモスが描かれている。武器や道具の遺物からは、彼らが営んでいた生活はいくぶんエスキモーに似ているものの、家畜化した動物を飼っていない点ではエスキモーよりも低級なものだったと見られる。

粗雑で原始的な尖頭器が見つかった地域は、一定の範囲内にとどまっている。新石器や磨製石器が出土するのは時間的に言えばもっとあとであり、発展段階で言えばより進んだ時代である。この時代に石器の製作技術は飛躍的に進歩し、石を研いだり磨いたりすることが一般に行なわれるようになった。この状況が長きにわたって広く普及するあいだに、人類は地球上、居住可能な場所のほぼすべてに拡散したものと見られる。世界各地で次々と調査が行なわれた結果、見えてきたのは、金属の時代が存在したところにはつねに、その基層に石器時代（時には骨や貝殻が代用されている）が存在したという普遍の法則である。歴史上、古代文明の中心地として知られる地域でさえ、他の地域と同様、より古い石器時代の痕跡を示している。小アジア、エジプト、パレスティナ、インド、中国で見つかった具体的な標本や歴史上の言及、残存などは、現存する野蛮な部族と類似した社会状態が

ずっと以前に普及していたことを証明している。(42)

アーガイル公爵〔George Douglas Campbell, Duke of Argyll 一八二三―一九〇〇。イギリスの貴族政治家、著述家〕はその著書『原始人』で、発見された尖頭器は氷河時代の終わり頃にヨーロッパに住んでいた人々が使っていたピッケルや初歩的なナイフだったと見ている。そして、「今日、エスキモーの習慣や技術からロンドンやパリの文明の状態を論じることが許容されるのと同様に、こうした出土品からその時代に人類の『原始の故郷』にあたる地域に暮らした人々の状況を論じることは妥当である」、と結論づけている。(43)

しかし過去数年間における考古学の進歩は、この種の議論が立脚する地盤を一貫して切り崩してきたため、今ではこの議論はほぼ完全に退けられている。今、地球上のどこに、人類の「原始の故郷」として指し示せる地域があるだろうか。土中に埋まっていた素朴な石器から、かつてそこに暮らしていた人々の野蛮な生活状況を偲べないような場所がどこかにあるだろうか。かつて野蛮人が住んでいたと確言できないような地域はほとんど知られていない。こういう状況で、もし民族学者の誰かが、これらの野蛮人は文明化した民族の子孫や後継者だと主張するならば、その人は証明の重荷を背負わなければならない。確かに、青銅器時代と鉄器時代は総じて歴史時代に属しているが、それらが石器時代と関係があるという事実は、ルクレティウスの判断の健全さを証明している。彼は現在の経験を記憶と過去からの推論に結びつけ、今や考古学の信条となった石器時代・青銅器時代・鉄器時代という連鎖を提唱したのである。

古代の武器は、手、爪、および歯、
又石とか林の枝の折れたものとか、
〔一行省略〕
鉄および銅の強さが発見されたのは、その後のことである。

銅の使用の方が鉄の使用よりも先に認められた(44)

先史考古学*がさまざまな主題を通して、文化の発展の道筋を明らかにするときの力強さと集中度は圧倒的である。砂礫帯、洞窟、貝塚、杭上住居、湖上家屋、土塁などから発見された諸々の遺物や、さまざまな地域の表層の土壌を調べた結果や、地質学的証拠、歴史的資料、現代の野蛮人の生活の比較研究などは、相互に証拠と説明を与え合っている。巨石構造物やメンヒル〔単一で直立した巨石構造物。モノリス、メガリスとも〕、環状列石、支石墓などは、神秘的な過去の種族の作品としてイングランドやフランス、アルジェリアにのみ見られるが、インドの比較的粗野な土着部族にとっては現代的建築の課題と捉えられ、目標と見なされてきた。古代の住居遺跡が湖畔に多数残っていることは、スイスの湖畔に集っていた人々も数世紀にわたって居住し続けていたことを示すに違いないが、その典型的な残存形態は東南アジア島嶼部やアフリカ、南アメリカの比較的粗野な諸部族に見られる。辺境の地に住む野蛮人たちは、はるか古代のスカンディナヴィア人が造っていたような貝塚を今も築いている。文明化した国々に今も見られる埋葬墓は、古代文化の博物館として役立つと同時に、そうした文明国家にも野蛮ないし粗野な種類の文化が存在したことを示す証拠としても役立つ。

先史考古学が文化の発展理論に一般的な支持を与えてくれることを示すために、これ以上、現代の専門的著作で十全に論じられている主題に立ち入る必要はないだろう。この学問の意義についての真の理解を示したものとして、その創設者の一人である尊敬すべきスヴェン・ニルソン教授〔Sven Nilsson 一七八七－一八八三。スウェーデンの動物学者、考古学者〕が一八四三年に『スカンディナヴィアの原始的住民』の序文に記した宣言を挙げたい。すなわち、「いかなる地域の遺物であれ、その意味するところを正しく理解するためには、それが文明の進展の断片であることを知ると同時に、人類がつねに着々と文明において進歩してきたし、今も進歩していることを明確に理解しなければならない」のである(45)。

産業技術の進展の諸段階〔六二-六九〕

物質的技術[*]の起源とその発展の初期段階についての探究は、それらの技術の存在が認められるさまざまな段階を比較して判断するかぎり、一致した結論に行き着く。ただこの議論を全面的に展開する余裕はないので、ここではいくつかの典型的な例を挙げてその一般的な特徴を示すことにしよう。諸々の技術が示す多様な段階のなかで、当該の技術が進歩と退化のいずれの途上にあるのか、たんなる調査だけでわかるものは少数にとどまる。そのような事実のほとんどは、ちょうどインディアンのカヌーのように、船首と船尾がよく似ているため、どちらに進むのかが見た目だけではわからない船に喩えられるかもしれない。しかし、われわれが今日使っているボートのように、実際の進路を明白に示してくれる事実もある。そうした事実こそは文明研究において指針となるものであり、われわれはそれを、枝分かれした文化の細目のすべてにおいて探し出さなければならない。

その種の事実の好例が、ウォレス氏によって記録されている。セレベス島では家を竹で作るのだが、そういう家は強い偏西風に吹かれると傾きやすい。現地の住民は家屋の側面に曲がった木材を固定すれば家は倒れないことをすでに発見しているので、見つけられるかぎり最も曲がった木材を選ぶのだが、その仕掛けの原理を理解していない。そのため彼らは、まっすぐな支柱を斜めに取り付けても、構造を堅固にする上で得られる効果は同じだという考えには思いいたらない[46]。実際、彼らは建築家の言う「筋交い」の発見の半ばまできているのだが、なおその手前でとどまっている。こうなると、そういう建築の仕方はより高次の建築の名残ではなく発明の途上にあるということが、この家を一目見ればただちにわかる。この事実は進歩の途上に位置しているのであって、退化の途上にあるのではない。

私はこれまでにも、別の場所で同様の事例に数多く言及してきた。たとえば、紐を利用した火おこしの道具は、明らかにより単純な、素手で木を回転させる道具を改良したものである。また糸をつむぐのに糸巻きを用いるのは、素手で行なう、より無骨な技法の改善である。(47) もしもこの見方を逆にして、人々が紐を使って火をおこすのをやめて手だけでこれを行なうようになったとか、すでに糸巻きを知っている人々が痛々しくも素手で糸をつむぎだしたなどと仮定するとすれば、それは馬鹿げたことである。

さらに言えば、ある技術が他の地域から借用されたとは説明しがたい地域に見られることは、その技術がこの土地固有の発明であることの証拠となる。その技術がその土地の特徴的な産物と結びついている場合、とりわけそのことは確実となる。ハンモックの発明や、毒のあるキャッサバから健康によい可食部分を取り出すといういっそう見事な発見は、それらをわが物としている南アメリカや西インド諸島の土着民以外に誰が思いつくことができただろうか。ある技術が発見された地域にのみ孤立して見られる場合、まさにその場所で発見されたという見方が有力になるように、なんらかの技術が特定の場所に見られない場合、そこには一度も存在したことがないという見方が有力になる。立証責任は反対陣営が負わなければならない。すなわち、もしも誰かが、東アフリカの先人はかつてランプや轆轤《ろくろ》をもっていたとか、北アメリカのインディアンはかつてメキシコ人のようにビールをつくる技術をもっていたなどと考え、にもかかわらずこれらの技術がのちに失われたのだと論じるならば、何はともあれ、この見解の根拠を示してもらわなければならない。私はそこまで言う必要はないと思うが、冗談好きの民族学者の友人に言わせれば、女性にキスをしない野蛮な部族が存在するということが、原始時代の人類が未開状態にあったことの証拠だという。なぜなら、もしこの部族がかつてキスの実践を行なっていたなら、それを忘れてしまうことなどありえないからだ。

最後に強調しておきたいのは、経験的証拠から見て、文明生活に属する諸々の技術が一連の改善の段階をとおして発展を遂げたことは明らかであり、野蛮な技術ですら、その発展の初期から同様の過程を経たものと想定できるということである。したがって、低級な種族の保有する技術の多様な段階を見いだすことにより、われわれはそうした諸段階を、おそらくは現実の歴史的な前後関係を反映する形で並べることができるだろう。仮に、野蛮な部族のもつある技術が、その部族の知性の限界内で発明が可能であるような初歩的状態にまでさかのぼることができれば、この技術の真の起源を突き止めたと言えそうである。特に、その技術が自然現象の模倣か、自然から得た直接的な示唆に従って生み出されたと考えられる場合、それを起源の状態だと見なすことには正当な根拠があると言える。

ニルソン教授*は、低級な種族が使う狩猟および漁獲の道具に注目すべき類似性があることを認め、そうした道具がある種の自然的必然性によって本能的に考案されたと考えている。その一例として、彼は弓と矢を挙げる(48)。しかしこの事例は、以下の事実から見て不適切と思われる。すなわち、想定されている弓矢製作の本能は、その種の道具がきわめて有用であるはずのタスマニアの住民のうちには認められない。オーストラリア人も、自ら弓を考案するにはいたっていない。パプア地域の内部においてさえ、ニューギニアではきわめて広く用いられている弓が、ニューカレドニアには存在しないか、もしくはほとんど見られない。

私としては、クレム博士〔Gustav Klemm 一八〇二－一八六七。ドイツの人類学者〕がさまざまな道具と武器について考察した学位論文において、またレイン・フォックス陸軍大佐〔Augustus Henry Lane-Fox Pitt-Rivers 一八二七－一九〇〇。イギリスの民族学者、考古学者〕が原始時代の戦争に関する講義において提起した方向性の方がより啓発的だと思える。彼らは諸技術の発展の初期段階を、盲目の本能に由来するものとはしていない。むしろ原始人は〈自然〉を教師とし、それが手本として見せてくれる諸々の事物や働きを選択し、模倣し、徐々に応用し、改良することによって、そうした技術を手に入れたというのが彼らの見方である。

そのような観点からクレムは、粗野な棒から洗練された槍や棍棒へ、あるいは角の尖った石や丸い石から芸術的な斧や槍の先、ハンマーといった道具にいたる進歩の諸段階をたどっている(49)。レイン・フォックスは、多様なタイプの武器のあいだのつながりをたどり、いったん獲得された形態が、槍や弓の先端など、実にさまざまなサイズのものに繰り返し用いられることを指摘している。フォックスはまた、諸々の技術がいまだ粗削りな状況下で、同じ道具がいかに多様な目的のために使用されるかを論じている。たとえばティエラ・デル・フエゴの人々は槍先をナイフにも用い、カフィール族〔アフリカ南部に入植した白人が黒人一般を指す蔑称として使っていた。現在の呼称はバントゥー〕は槍で彫り物をする。個々の目的に即して別個の形態の道具が採用されるようになるまでは、そうした状況が続くのである。フォックスはさらに、打撃や切断や穿孔などを行なうために用いられる道具の歴史において、最も粗野な初期状態から最も改善の進んだ近代的技能の水準にいたるまで、段階的な進展を示すような一貫性がいかに明確に認められるかも論じている。諸々の軍事的技術の初期段階における発展がいかに人間の模倣能力に依存しているかを示すため、彼は諸々の動物と人間のあいだに、闘争の手法に関して類縁関係が見られることを指摘している。たとえば、防御の道具に分類できるのは、皮膚、硬い板、板をつなぎあわせたもの、鱗などであり、攻撃用の武器としては敵を刺したり叩いたりするものや、鋸《のこぎり》状のもの、あるいは毒をもつものなどが挙げられている。さらに戦略の項目には飛行、潜伏、指揮官、前哨部隊、さらには士気を鼓舞する鬨《とき》の声などが挙げられている。[50]

*石器の製作方法については、今や考古学者らがほぼ完全に把握している。現代の野蛮人が用いている手順も観察され、模倣も行なわれた。たとえばジョン・エヴァンズ〔John Evans 一八二三―一九〇八。イギリスの考古学者、地質学者〕は、小石で叩いたり、雄鹿の角で圧力を加えたり、石器の欠片で切断したり、棒切れと砂で穴を開けたり、石の上で研いだりすることによって、最も精巧なもの以外のほとんどの石器を再現することに成功している。[51] 詳細にわたる学識に基づいて、今やわれわれは、石製の箆《へら》やナイフ、手斧、槍および矢の先端、その他、諸々の道具には、異なる時代や離れた場所で見つかる場合でも、注目すべき類似性があること、そしてそうした類似性は、総じて自然のなかのモデルや素材、および野蛮な生活から生じる諸々の要求の類似性に由来するものと考えることができる。石器時代の歴史は、明らかに発展の歴史と見てよいのである。自然の尖った石から始まり、粗削りながらも人工的に尖らせた石器へと移行する過程は、気づかれにくいほど徐々に進み、さらにこの粗雑な段階か

ら、さまざまな方向へと個々独立の進歩の歩みをたどっていく。そして最終的には、石器製作は驚嘆すべき芸術的な水準でその完成を見るとともに、金属の導入によって乗り越えられるのである。

その他の道具や織物もまた、たんなる自然物から完全なる芸術品へと発展していく諸段階において、同様の歩みをたどることが知られている。棍棒はきわめて粗雑な自然の棒切れから始まり、完成された形態と彫刻の紋様をそなえた武器へと発展を遂げている。おそらく博物館で、手に握って物を打ち据えるための小石を見ることがあるだろう。また、手で握って使うために片側だけ丸みを帯びた形に削られていたり、あるいは元来の丸みを帯びた形をそのままにしてあったりするような石のナイフも見たことがあるに違いない。こういった道具を眺めていると、取っ手のついた道具を作るための重要な技術が、本能の所産ではなく発明の所産であることに気づくだろう。武器として用いられる石斧は、〔西洋中世に見られるような〕戦闘用の斧へと発展を遂げている。また、たんなる尖った棒や竿であった槍は、木の棒の先端部を炎であぶって硬くしたものから、やがて鋭く尖った動物の角や骨、削った石などを先端部に固定したものへと改良された。投石はまず手で行なわれ、その後、投石器が現われる。この発明品は野蛮な部族に広く見られるが、彼らにくまなく普及しているわけではない。

最古の戦争が行なわれた時代から今日まで、槍の類を握り締めて敵の身体を突き刺そうとする戦法はどこにでも見受けられる。飛び道具としての槍の使用法もかなり古くから見られるが、文明化した社会ではもはや、ほとんど残存していない。槍を遠方に投げる行為は、多くの場合素手で行なわれたが、パチンコ状の道具を使って槍を飛ばす例もまた、さまざまな野蛮な部族に見られる。ニュー・ヘブリディーズ諸島〔南太平洋、現、バヌアツ共和国周辺〕で用いられていて、キャプテン・クックが「ベケット」と呼んでいる、小さな穴の開いた短いロープ状の道具や、ニュージーランドに見られる鞭に似た道具なども、やはり槍を投げる道具である。しかし、もっと有用な道具は、三〇cmから六〇cmほどの木製のハンドルである。このタイプの投槍器は北アメリカの北部高地に広く認められるが、南アメリカのいくつかの部族やオーストラリアでも見られる。こういった人々は、すでに見たとおり、今なお未開状態にあり、その種の道具をみずから発明することはできなかったと言われてきた。しかしながら注目すべきことに、投槍器が見られるのは特に野蛮な社会においてであり、文明化した社会ではないのである。比較的高い段階に達した民族では、投槍器に最も近いものとして、槍の中ほどに固定するタイプの古風な皮ひもが用いられてきた。完全な形の投槍器を用いていたことがわかっている人々のうち、最も高度の発展を遂げたのは、メキシコと中央アメリカの諸民族である。彼らの暮らしに投槍器が存在していたことは、神話を表現した絵画に、それとおぼしき道具が描かれていることから確証されている。この投槍器はメキシコでは「アトラトル」と呼ばれており、クリスティ博物館に収められた芸術的とも言える美しい標本からも、その存在は明らかである。しかしながらスペインによる征服ののちには、この投槍器がメキシコで実際に使われたという話は途絶えている。

　この道具の歴史が、退化理論とはまるで反対の経緯を示していることは確かである。この歴史が示しているのは、より低い段階の文明でも発明は行なわれていて、しかもその発明が時代を超えて残ることはめったにないということなのである。同様のことは吹矢の筒についても言えそうである。この道具が本物の武器として用いられたのは東南アジア島嶼部や南アメリカの粗野な諸部族においてであり、より高い段階の人々には、かろうじて娯楽の道具として使われ続けただけである。オーストラリアに見られるブーメランは、より高い段階に達していたとされる他の文化に由来すると言われてきたが、一般的な棍棒からブーメランへの移行的な段階は、ほかならぬオーストラリアで明らかになりつつある。他方、文明化した種族にはこの種の武器はいっさい見られない。

　木*の枝でバネ式の罠を作ったり、小型の飛び道具のスイッチを作ったり、パラオ諸島に見られる特殊なバネ構造の矢を作る技術は、弓の発明につながったと考えられる。また、矢はもともと、槍を小型化したものである。矢に毒を塗る方法は、蜂などの毒針や蛇の毒牙に倣ったものであり、文明化した社会にはまったく見られない仕掛けである。かなり低級な生活に見られる特徴の一つであり、未開の段階においてさえ、一般的には打ち捨てられている。魚を麻痺状態にする技術は、高度の文明にも記憶されているとはいえ、もはや賢明な漁法とは見なされていない。この技術が見られるのは多くの野蛮な部族においてであり、つまり、それを行なうのに適した植物が落ちている池の場所を森の中で簡単に見つけられるような人々が行なっているのである。引き潮に乗じて魚を捕まえるための簗を仕掛ける技術は、低級な種族のあいだではかなり一般的なものであり、野蛮人にとってそれは、ほぼ必ず起こる自然現象を補助するための単純な装置である。強烈な空腹を抱えても、彼らの頭の働きが鈍ることはない。

同様のことは他の技術についても言える。火おこし、調理、陶器、織物の技術など、いずれも段階的な改良の歩みをたどってきたものと考えられる。[52] 音楽はガラガラのような道具や太鼓から始まり、多様な形を取りつつ文明の隅々にいたるまで確かな位置を占めている。そして諸々の管楽器や弦楽器に代表される進んだ音楽技術は、今も発展し続けている。建築や農業についても同様である。こうした技術はより高い段階においては複雑で手の込んだものであり高度の思考力を要するが、低い段階ではたんなる自然の直接的な模倣から始まったことに留意すべきである。すなわち、建築は自然の所与の避難所を模倣することに始まり、農業は自然が演じる植物の繁殖を模倣することに始まるのである。

これ以上、同様の趣旨のもとに野蛮な生活に由来する産業を数え上げるまでもないだろう。ここで認められる諸事実が一般に、より高い文化からの退歩という理論による説明を必要とするよりは、むしろこれに抵抗するものであることは、すでに明らかである。それらの事実は、われわれが自分の周囲にある諸々の技術の起源や進歩に関する説明として経験的に知っている発展の見方と一致するし、多くの場合、そういう見方をせずには説明できないのである。

＊以下、さまざまな形でわれわれの関心を占めるのは、野蛮人と文明人が精神的状態においてどのような関係にあるかを見きわめることだが、そこで最良の導きとなり、安全策にもなるのは、物質的な面での諸々の技術に関

する発展理論をたえず念頭に置くことである。そうすれば人間知性がどのような形で発揮されようとも、それぞれの事実が同一の発展過程のうえに位置づけられることが見えてくるだろう。野蛮人の知的状態が、かつてあった高度の知識が失われたことの結果である、という考え方を支持する証拠はほとんどないように思われる。それは石斧がシェフィールドから出土した鉄斧の退化したものだとか、素朴な盛り土型の墓がエジプトのピラミッドの劣化した模倣である、といった主張を支える証拠が見つからないのと同様である。野蛮な生活と文明生活の研究は、いずれも人間知性の黎明期の歴史に寄与したのが超越的な知性の贈り物ではなく、粗野ながらも明敏な感覚であることを明らかにするのに役立つ。すなわち、共同生活に伴う諸々の事実を取り上げ、それらの事実から原始的な哲学の枠組みを生み出すような人間の感覚こそが、そのような段階の知性の歴史に寄与したのである。

言語、神話、習慣、宗教といった主題を検討することによって繰り返し見いだされることになるのは、野蛮人のものの見方は多少とも初歩的な段階にあるということであり、他方、文明化した心は今なお過去の状態の痕跡を少なからず有しているということである。そうした状態からきわめてわずかしか進歩を遂げていないのが野蛮人であり、他方、最も大きな進歩を遂げているのが文明人である。人類の思考と習慣についての長大な歴史の全体を見渡せば、文明が闘わなければならないのは低い段階からの残存のみではなく、当の文明それ自体の内側からの退化もまた、闘うべき相手であったことがわかる。文明がこれら両者を克服し、みずからの歩みをなしえたこともまた、明らかである。歴史はそれ固有の領域において、また民族誌はより広い範囲において、互いに一致して以下のことを示している。すなわち、その世界で最もよく持ちこたえる諸制度が、より不適合な諸制度をしだいに乗り越えていくのであり、このようなたえまのない競争によって、結果的には文化の一般的な歩みが定まっていく。

文化の一般的な歩みにおける進歩、逸脱、逆行といったプロセスがそれぞれ私の頭のなかでどのように対比されているのか、あえて神話的に表現してみよう。われわれは今、文明を、世界を横断する女性の姿として眺めているとしよう。彼女は立ち止まって物思いにふけったり、あるいは休息したりする。途中で進路を逸れ、せっかくの苦労を振り出しに戻すような道を行き、ずいぶん前に通り過ぎたはずの場所へと舞い戻ることもしばしばである。しかしまっすぐであれ遠回りであれ、彼女の歩む道は前に向かって延びている。ときには数歩の後戻りを試みるが、彼女の足はどうしてもすぐに何かに躓いてしまう。それは、彼女の本質にそぐわないためである。彼女の足は、みずからの後方へと不確かな歩みをなすようにはできていない。前方に視界を持ち、前方へと歩むようにできている点で、彼女はまさに人間的なのだ。

原注

(1) G. W. Earl, 'Papuans,' p. 79; A. R. Wallace, 'Eastern Archipelago.'
(2) Rochefort, 'Iles Antilles,' pp. 400-480.
(3) Gibbon, 'Decline and Fall of the Roman Empire,' ch. xxxviii.
(4) De Maistre, 'Soirées de St. Pétersbourg,' vol. ii, p. 150.
(5) De Brosses, 'Dieux Fétiches,' p. 15; 'Formation des Langues,' vol. i. p. 49; vol. ii. p. 32.
(6) Goguet, 'Origine des Lois, des Arts,' &c., vol. i. p. 88.
(7) Whately, 'Essay on the Origin of Civilisation,' in Miscellaneous Lectures, &c. ウェイトリーの提供する証拠資料については、拙著 'Early History of Mankind,' ch. vii で詳細に検証している。W. Cooke Taylor, 'Natural History of Society' も見よ。
(8) Goguet, vol. iii. p. 270.
(9) Lucret, v. 923, &c.; Hor. Sat. i. 3 も見よ。
(10) 'Avesta,' trans. Spiegel & Bleeck, vol. ii. p. 50.
(11) Hardy, 'Manual of Budhism,' pp. 64, 128.
(12) Niebuhr, 'Römische Geschichte,' part i. p. 88.
(13) Whately, 'Essay on Origin of Civilisation.'
(14) Ovid. Ex Ponto,iii.8〔オウィディウス「黒海からの手紙」第三巻、『悲しみの歌/黒海からの手紙』木村健治訳、京都大学学術出版会、三八五-三八六頁〕; また Grote, 'History of Greece,' vol. xii. p. 641 も見よ。
(15) W. C. Taylor, 'Nat. Hist. of Society,' vol. i. p. 202.

（16）Fynes Moryson, 'Itinerary,' London, 1617, part iii. p. 162, &c.; J. Evans in 'Archæologia,' vol. xli. 一五五〇年頃の粗野なアイルランド人たちによる皮の煮込み等に関しては、Andrew Boorde, 'Introduction of Knowledge,' ed. by F. J. Furnivall, Early English Text Soc. 1870 を見よ。
（17）Buchanan, 'Rerum Scoticarum Historia,' Edinburgh, 1528, p. 7. また 'Early History of Mankind,' 2nd ed. p. 272 も見よ。
（18）Martin, 'Description of Western Islands,' in Pinkerton, vol. iii. p. 639.
（19）Barrow, 'Mutiny of the Bounty'; W. Brodie, 'Pitcairn's Island.'
（20）Wallace, 'Malay Archipelago,' vol. i. pp. 42, 471; vol. ii. pp. 11, 43, 48; Latham, 'Descr. Eth.,' vol. ii. pp. 492-5; D. and C. Livingstone, 'Exp. to Zambesi,' p. 45.
（21）Southey, 'History of Brazil,' vol. iii. p. 422.
（22）J. L. Wilson, 'W. Afr.,' p. 189.
（23）Waitz, 'Anthropologie,' vol. ii. p. 359 また 91 も見よ。Du Chaillu, 'Ashangoland,' p.116; T. H. Bent, 'Ruined Cities of Mashonaland.'
（24）Charlevoix, 'Nouvelle France,' vol. vi. p. 51.
（25）Irving, 'Astoria,' vol. ii. ch. v.
（26）Milton and Cheadle, 'North West Passage by Land,' p. 241; Waitz, vol. iii. pp. 74-6.
（27）'Early History of Mankind,' p. 187.
（28）Schoolcraft, 'Algic Res.,' vol. i. p. 50.
（29）Steller, 'Kamtschatka,' p. 272.
（30）G. C. Campbell, 'Ethnology of India,' in Journ. As. Soc. Bengal, 1866, part ii を見よ。
（31）J. Bailey, 'Veddahs,' in Tr. Eth. Soc., vol. ii. p. 278; また vol. iii. p. 70 も見よ。Knox, 'Historical Relation of Ceylon,' London, 1681, part iii. chap. i. さらに A. Thomson, 'Osteology of the Veddas,' in Journ. Anthrop. Inst. 1889, vol. xix. p.

125; L. de Zoysa, 'Origin of Veddas,' in Journ. Ceylon Branch Royal Asiatic Soc., vol. vii.; B. F. Hartshorne in Fortnightly Rev., Mar.1876も見よ。〔第三版への追記〕

（32） Journ, Ind. Archip., vol. i. pp. 295-9; vol. ii. p. 237.

（33） アステカの言語と、ミズーリ川上流に向かって北西に広がるソノラの諸語族との関係については Buschmann, 'Spuren der Aztekischen Sprache im Nördlichen Mexico,' &c., in Abh. der Akad. der Wissensch, 1854; Berlin, 1859を見よ。また Tr. Eth. Soc., vol.ii. p. 130も見よ。ナチェズとマヤの諸言語の関係については、Daniel G. Brinton, in 'American Historical Magazine,' 1867, vol. i. p. 16および 'Myths of the New World,' p. 28を見よ。

（34） J. H. Lamprey, in Trans. of Prehistoric Congress, Norwich, 1868, p. 60; J. Linton Palmer, in Journ. Eth. Soc., vol. i. 1869.

（35） Squier and Davis, 'Mon. of Mississippi Valley,' &c., in Smithsonian Contr., vol. i. 1848; Lubbock, 'Prehistoric Times,' chap. vii.; Waitz, 'Anthropologie,' vol. iii. p. 72; Bartram, 'Creek and Cherokee Ind.,' in Tr. Amer. Ethnol. Soc., vol. iii. part i. また Petrie, 'Inductive Metrology,' 1877, p. 122も見よ。〔第三版への追記〕

（36） St. John, 'Life in Forests of Far East,' vol. ii. p. 327.

（37） Rafn, 'Americas Arctiske Landes Gamle Geographic,' pl. vii., viii.

（38） Lubbock（Lord Avebury）, in 'Report of British Association, 1867,' p. 121.

（39） Lyell, 'Antiquity of Man,' chap. xix.

（40） Frere, in 'Archæologia,' 1800.

（41） J. Evans, in 'Archæologia,' 1861; Lubbock, 'Prehistoric Times,' 2nd ed., p. 335.

（42） 'Early History of Mankind,' 2nd ed. chap. viii を見よ。

（43） Argyll, 'Primeval Man,' p. 129.

（44） Lucret, De Rerum Natura, v.1281〔ルクレティウス『物の本質について』樋口勝彦訳、岩波書店（岩波文庫）、二六一頁〕.

（45）　Lyell, 'Antiquity of Man,' 3rd ed. 1863; Lubbock, 'Prehistoric Times,' 2nd ed. 1870; 'Trans, of Congress of Prehistoric Archæology'（Norwich, 1868）; Stevens, 'Flint Chips, &c.,' 1870; Nilsson, 'Primitive Inhabitants of Scandinavia'（ed. by Lubbock, 1868）; Falconer, 'Palæontological Memoirs, &c.'; Lartet and Christy, 'Reliquiæ Aquitanicæ'（ed. by T. R. Jones）; Keller, 'Lake Dwellings'（Tr. and Ed. by J. E. Lee）等々を見よ。

（46）　Wallace, 'Indian Archipelago,' vol. i. p. 357.

（47）　'Early History of Mankind,' pp. 192, 243 等々。

（48）　Nilsson, 'Primitive Inhabitants of Scandinavia,' p. 104.

（49）　Klemm, 'Allg. Culturwissenschaft,' part ii., Werkzeuge und Waffen.

（50）　Lane Fox（Pitt-Rivers）, 'Lectures on Primitive Warfare,' Journ. United Service Inst., 1867-9.

（51）　Evans in 'Trans. of Congress of Prehistoric Archæology'（Norwich, 1868）, p. 191; Rau in 'Smithsonian Reports,' 1868〔Rau は寄稿者の名 Charles Raw の誤記か〕; Sir E. Belcher in Tr. Eth. Soc., vol. i. p. 129.

（52）　詳細は 'Early History of Mankind,' chap. viii.-ix を見よ。

第三章　文化における残存（一）

残存と迷信〔七〇-七二〕

ある慣習、技術、思想などがこの世に生まれて着実に歩み始めると、その方向性は何世代にもわたって維持されることが多い。それに干渉するさまざまな作用は、長い時間をかけてわずかにしか影響を与えないため、その慣習等々の方向性はちょうど、ひとたび一定の流路に収まった小川にも似て、長期間同じように流れ続ける。これは文化の恒久性にすぎないが、このことに関してとりわけ驚かされるのは、人々の状況の変化・変革が実に多くの微細な支流を生み出し、しかもそれがきわめて長きにわたって存続してきたことである。

今から六百年前、タタール人〔かつての西欧ではテュルク＝モンゴル系遊牧民をまとめてタタールと呼んだ〕の暮らす大平原では、テントに入る際に敷居を踏んだり、入り口の縄に触れたりすることは攻撃と見なされた。今でもこれは変わらないようだ(1)。今から千八百年前には、詩人オウィディウスが、五月の結婚を嫌うローマの俗習に言及している。この俗習に関する彼の説明は、五月が葬式儀礼のレムーラーリア〔死者の霊を戸外に追い出すための祭り〕が行なわれる月だったからだというものであり、あながち不合理ではない。

また、この時期は、寡婦にも、乙女にも婚儀を結ぶにはかんばしくなく、結婚した女性は長生きしたためしがありません。この同じ理由から、諺を気になさる向きがあれば、マイユスの月の嫁は災いの種、と俗に申

します。(2)

五月の結婚は不吉だという言い伝えは、イングランドには今も残っている。ある観念が、意味はとうの昔に忘れられたにもかかわらず、たんにかつて存在したというだけで存続しうることの例として、これは特筆すべきものだろう。

この種のことが文化の進路のなかでいわば記念物となっている事例は、数え上げればきりがない。時代の流れのなかで人々を取り巻く状況に一般的な変化が生じてきたのは確かである。とはいえ、新たな状況のなかで生じたようには見えない事柄が、状況の変化を超えて今日まで難なく続いてきた例もまた数多く見受けられる。このような残存の強固さから明言できることは、その種の要素が見て取れる人々の文明は、彼らの過去の状態に由来するものであり、それらの要素の本来の位置や意義はそこに見いだされるべきだということである。したがって、そうした事実を集めた資料は歴史的知識の宝庫として活用されなければならないのである。

そのような資料を扱う際に主要な導きとなるのは、現に起こっている事柄についての経験である。歴史を直接に経験することからわれわれが真っ先に学ぶのは、諸々の古い習慣が、新たな文化のなかでいかにしてその地盤を維持していくかである。新たな文化が古い習慣を受け入れるどころか、むしろ強く排除しようとすることは確かである。

ここでの直接的情報とはいったいどのようなものか、一つの例によって説明しよう。ボルネオのダヤク族〔プロト・マレー系諸民族の総称〕たちには、木を伐り倒す際にわれわれが今日行なうような、幹にV字状の切込みを入れる習慣がなかった。そのため、白人がその他の新奇な習慣とともにこの伐採法を携えて彼らの世界に侵入したとき、彼らはある行為によって、この変革に対する不快感を表現した。すなわち、ダヤク族でありながらヨーロッパ式の方法で木を伐る者に対して、例外なく罰金を課したのである。とはいえ、この土地の木こりたちは、白人の方法を取り入れる方が従来の手法の改善になることに十分に気づいていた。そのため互いに口外しないと信頼している場合には、ひそかに白人流の伐り方を採用したようである。[3] もっともこれは二十年前の話で、おそらく異国の伐採法はもはや、ダヤク族の保守性に敵対するものではないだろう。しかし、かつてそれが禁じられたという事実は、祖先の権威が時として常識の抵抗をも乗り越えて旧習を存続させる事例として、特筆すべきものである。

このような社会の反応は迷信として記述されるのがつねだが、これは不適切である。実際、残存の大部分には迷信というラベルが付与されており、そのような記述は民間伝承やオカルト科学に関する書物などに、何百となく含まれていることだろう。しかし、迷信という言葉には今日、ある種の非難が込められている。なるほど、現存する高度な文化のなかに、すでに廃れた低級な文化の断片が埋没している状態を「迷信」と呼ぶのは妥当かもしれない。しかし、多くの場合この言葉の用法は乱暴で、事実に反するものでさえある。いずれにせよ、民族誌家の目的にとって望ましいのは、もはや「迷信」という言葉では表現できない歴史的事実を端的に指し示すために、「残存」という言葉を用いることである。さらに言えば、部分的な残存と見るべき事例も多い。古い習慣が原形を残しつつも新たな形をとり、それが本来もっている価値によってみずからの場所を得て、新しい環境に適応しているような事例がそれである。

子どもの遊び〔七二－七七〕

したがって、今日のヨーロッパに見られる諸々の子どもの遊びを迷信と呼ぶことは、妥当とは言いがたい。多くはむしろ残存と呼ぶべきものであり、実のところそれらは残存のなかでも注目すべき事例である。子どもや大人の遊びを、そこから得られる民族学的な知見のもとに検討するとき真っ先に驚かされることの一つは、そうした遊びのなかに、生活上の真面目な仕事を戯れに模倣したにすぎないものがきわめて多く見られることである。

現代文明の下の子どもたちがままごとや乗馬ごっこやお祈りごっこをして遊ぶように、野蛮な社会の子どもたちの主な娯楽は、彼らが数年後には真剣に行なうことになるであろう諸々の仕事の真似をすることである。したがって彼らの遊びは事実上、学習なのである。

たとえばエスキモーの子どもたちの娯楽は、小さな弓矢で的を射たり、雪で小さな家〔イグルー〕を作ったりすることである。母親にせがんで手に入れたランプの芯の切れ端を使い、できあがった雪の家の内部を明るく照らしたりもするようだ。(4) ミニチュアのブーメランや槍は、オーストラリアの子どもたちの玩具の一部になっている。また、その土地の父親たちが妻を手に入れる際に女性を力ずくでさらってくることが正当な手段として認められているため、そこで生まれ育った少年少女にとっては、そうしたサビニ人との結婚〔ローマ建国の際にローマ人が近隣のサビニ人の女たちを略奪して結婚したという伝説〕がごく普通の遊びの一つになっているという事実も知られている。(5)

今や世界では、真剣な実践よりもむしろそれを模倣した遊びの方が長きにわたって存続している例も、けっして珍しくない。弓矢はその明白な一例である。その歴史は古く、野蛮な文化に広く分布している。われわれはその痕跡を、未開やギリシア・ローマ時代の生活はもちろん、高度に発達した中世の生活にも認めることができる。しかし今では、アーチェリーの大会を見物したり、子どもたちのあいだで玩具の弓矢が「旬」な季節に田舎を訪れてみたりすれば、たんなる娯楽としての残存にすぎない形で古代の武器を目にすることができる。いくつかの野蛮な部族のあいだではなお、それらは狩りや戦いのなかで揺るぎない位置を占めている。

西洋のクロスボウは、比較的後代になって、また一部地域において、長弓が改良されたものである。もはや実用の武器としては消滅していることは言うまでもないが、玩具としてはヨーロッパ全域で見られ、今後も残存する見込みである。投石器もまた古い歴史をもつ。野蛮時代から古典・中世期まで、世界各地に広汎に見られる点では弓矢に匹敵するが、以降は実践的兵器としては使われなくなった。十五世紀の詩人は、投石の技術をすぐれた軍人の訓練法の一つとして推奨しているが、それもすでに虚しい言葉となっていた。

　また、投石を用いよ、投石器ないし素手によって
　それが幾度も降り注げば、他に何を射ることなくとも
　鋼に身を固めし者も持ち堪えられまい。
　数多の力強い石どもの投擲には
　実に石たちは、至るところにあり
　投石器は持ち運ぶのに煩わしくない。[6]

おそらく、文明化の波から取り残されて今も投石器を真剣な用途で用いているのは、スペイン語圏の南アメリカの牧夫たちくらいだろう。彼らは羊の角の一方を自在に狙い撃ちし、望みの方角に羊の向きを変えることができるほど、実に巧妙に投石器を使うという。しかし粗野な旧式の武器としての用途は、とりわけ少年たちの遊びのなかで保存されている。彼らはここでもまた、遠い昔の文化の代弁者なのである。

　*このように、遊びはときに、原始的な兵術の痕跡を保存する。それらは娯楽であると同時に、幼い子どもたちの訓練でもある実践を通して、人類の幼年期を生きる諸部族の歴史の初期段階の状態を再現しているのである。〔同様の例は以下の擬音による遊びにも見られる。〕イギリスの子どもたちは動物の鳴き声を真似て楽しみ、ニュージーランドではノコギリを挽く音、木を削る音、マスケット銃を撃つときの音など、それぞれの道具に特有の音を真似るのが人々のお気に入りの遊びになっている。この二例からは言語の形成にとって模倣の要素が根本的に重要であることがわかるだろう。[7]

　数を扱う技能の発展の初期段階に注目してみると、自分の指で数える原始的な段階を経て、やがて各部族が

次々と数字というものを獲得するにいたったことの証拠が見えてくる。このような最初期の計算の手ほどきとなる遊びに対しては、ある種の民族誌学的な関心が湧く。たとえばニュージーランドの「ティ」は、指で数を数えることを利用した遊びとして記録されている。一人が任意の数を口にして、彼が即座にその数字に対応する指に触れるという遊びである。他方、サモアの数遊びでは、一人が多くの指を突き出したら、対戦相手もすぐに同じようにしないと一点減点となる。(8)

これらの遊びはもともとポリネシア生まれかもしれないが、われわれ西洋人の子どもの遊びが借用された可能性もある。イギリスの幼稚園では、子どもは保母が見せた指の数を正しく言うことを学ぶ。この遊びの決まり文句は、「シカさん、シカさん、角は何本?」である。ストラット〔Joseph Strutt 一七四九―一八〇二。イギリスの版画家、著述家〕の著作には、一人で指を立てる遊びと、ほかの人に合わせて指を立てる遊びについての言及がある。学校に通う男の子たちが、路上で数の当てっこをしているのも見かけるが、そのとき彼らがよくやっているのは、一人がもう一人の背中におぶさって何本かの指を立て、その数を相手に当てさせるという遊びである。

皇帝ネロの時代に書かれた審判官ペトロニウス〔一世紀のローマの政治家、作家〕の著作を読んでいると、この他愛のない遊びが広範囲に分布し、しかも歴史のなかで長きにわたって存続していたことがわかって興味深い。その記述は、『サテュリコン』のなかでトリマルキオが、勝負に負けても動揺することなく相手の少年に口づけをし、自分の背中に乗るよう指示する場面に見える。少年は即座にトリマルキオの背中に馬乗りになり、その両肩を手で叩き、笑いながらこう叫ぶのだ。「馬さん馬さん、この指なーんぼ」(9)。

指を使って数を数える単純な遊びは、足し算遊びとは区別する必要がある。後者では、双方の遊び手が同時に片方の手を出しながら、両者の指の数の和と思われる数を叫び、見事正解を言い当てた方が点を獲得する。両者ともに、相手の手を見る前に数字を叫ばなければならないので、とりわけ鋭敏な推測力が要求される。この遊びは南欧でこよなく愛されており、イタリアでは「モッラ」、フランスでは「ムール」として知られている。中国でも「ツァイ・メイ（数を当てて！）」などと呼ばれて民間に普及している。一つの遊びがヨーロッパとアジアで、あわせて二度も発明されたとすればいささか奇妙な話だ。中国でのこの遊びの呼び名はさほど古いものではなさそうなので、この遊びを日本に伝えたのがほぼ確実にポルトガルの商人たちだったことから見て、中国に持ち込んだのも彼らだったと考えるのが自然だろう。

古代エジプト人も、彼らの残した彫刻が示すとおり、ある種の指遊びを行なっていたようだ。他方、ローマ人たちは「震える指」と呼ばれる俊敏な指さばきの技をもっており、肉屋たちがそれを駆使して、客と肉を賭けて勝負をすることも珍しくなかったようである。もっとも、このとき行なわれたのがモッラその他の遊びであったかどうかは定かではない(10)。

スコットランド*の少年たちが行なうタッピータウジーという遊びでは、相手の前髪をつかみ、「俺の子分になるか？」と口にする(11)。この仕草がかつて、人々が奴隷を受け取るときの象徴的な振る舞いだったことを、少年たちは知る由もないだろう。きわめて粗野な段階の種族、もしくは大昔の種族が、摩擦で火をおこす木のドリルを日用品として用いていたことはよく知られているが、ヒンドゥー教徒たちは清らかな生け贄の炎をともす伝統的な道具として今でもこれを用いている(12)。同様の物がスイスでは子どもたちが火をおこして遊ぶ道具として残存し、エスキモーたちにはもっと真剣に使用されている。記録によれば、かつてゴート人の国では野生のイノシシを生け贄にしていたが、今では黒塗りの顔にペイントを施し、仮装した少年たちがそれを模倣して楽しむ慣習となっている。生け贄のイノシシ役を演じる少年は毛皮を体に巻きつけて椅子に座らされ、口にはイノシシの剛毛を模した麦わらの束を咥えるのだという(13)。

現代のあどけない子どもたちが行なう遊びのなかには、奇妙なことに千年前の醜悪な物語にさかのぼるものがある。その遊びというのは、フランスでは次のように行なわれる。まず子どもたちが円陣を作る。そのなかの一人が火付け用の紙片に点火し、「ちっちゃなおじさん、まだ生きてる」と言いながらそれを隣の子どもに渡す。

受け取った子どもは同じようにして隣の子へ、その子はまた隣の子へと、同じ言葉を言いながら火のついた紙を手早く渡していく。その紙を手から落とした子どもは罰金を払わなければならず、このとき、「ちっちゃなおじさん、死んじゃった」と宣告されるのである。グリムは、ドイツでは同様の遊びが火のついた棒で行なわれていたことに言及している。また、ハリウェル〔James Orchard Halliwell-Phillipps 一八二〇－一八八九。イギリスのシェイクスピア研究者、好古家〕によれば、イングランドでこの遊びが行なわれる際には、次のような童歌がつきものだと言う。

「ジャックは生きてる、元気いっぱいだ。
もしもジャックがおまえの手の中で死んじゃったら、おまえのせいだぞ」。

ところで、教会史を読んだことのある者なら誰でも知っていることだが、正統とされる信仰の立場を信奉する人々にとって、おぞましい乱交を宗教的秘儀として繰り広げるような異端の集団を罵ることは、議論に火をつける恰好の話題だった。異教徒たちはユダヤ人についてこの種の話をし、ユダヤ人はキリスト教徒について同様のことを話題にした。キリスト教徒はといえば、みずからの宗教上の敵を中傷する技術にかけては悪い意味で卓越していた。彼らが敵視した人々の生活は、実際には道徳面においてしばしば例外的なほど清らかと言ってもよいものだったようだ。とりわけマニ教徒はそうした面で中傷の的となったが、同様の中傷はその後、彼らの後継者と見なされたパウロ派〔パウリキアノイ派とも呼ばれる二元論的立場の異端分派、アルメニアに起こり七世紀にビザンティン帝国東部で拡大した〕に向けられた。なお、異端としてのパウロ派の呼称は、中世にはカタリ派に結びつけられる形で再び現われている。カタリ派に対してはラテン語で「善人」を意味するボニ・ホミネスという呼称も用いられた。この言葉は明らかに、彼らの信仰箇条の一つにある表現に由来するものだが、〔一般的にはカタリ派の別称とされる〕アルビジョア派を指す言葉としても一般的なものとなった。初期パウロ派が聖像に異を唱え、それを崇拝する人々を偶像崇拝者と呼んだことで正統派の怒りを買ったのは明らかである。

西暦七〇〇年頃、アルメニアの長老、オスンのヨハネは、パウロ派への痛烈な批判を記している。その論調は基本的には反マニ教的な糾弾の典型に属するものだが、ある奇異な特徴が彼の言述を非凡なものにしている。彼の主張によれば、パウロ派の人々は冒瀆的にも正統派を「偶像崇拝者」と呼んでおきながら、自分たちは太陽を崇拝しているという。さらには小麦粉と幼児の血液を混ぜ合わせ、それを使って自派の絆を祝福している。そして、「どこかの母親が最初に生んだ第一子である男の子を手から手へと、その息の根が止まるまで、順繰りに投げ渡していく。ついに男の子が息を引き取るとき、その体を手にしていた者は、この宗派内における至高の地位に達したとされ、他の者たちの崇拝の対象となるという」。このような残虐な行為が「ちっちゃなおじさん」と呼ばれる先述の遊びと似ているのはなぜだろうか。この遊びがいにしえの「善人」伝説の記憶をとどめ、反復するものだと考えるよりは、八世紀にはすでにこの遊びが今日と同様、よく知られていたのだと考える方が自然である。アルメニアの長老がパウロ派を非難しているのは、たんに彼らがこの遊びを生身の赤ん坊で行なっていたからだろう。[14]

偶然性の遊び〔七八－八三〕

*野蛮な哲学の一枝からの残存として、その歩みをたどることができそうな興味深い遊びが、もう一グループある。それらの遊びは一度は栄華を見たものの、当然ながら今では廃れている。偶然性による遊びは、すでに野蛮な文化にそなわっていた占いの技術ときわめて密接に対応している。その種の遊びのいくつかについては、次のような法則がよくあてはまりそうだ。すなわち、最初は真剣に実践されていたことが、やがて娯楽としての残存形態へと落ちぶれる、という法則である。現代の教養人にとって、くじ引きやコイン投げは偶然性に訴える手段であり、みずからをあえて無知の状態に置く手段でもある。そうした行為は、ある問題についての決断を、一種

の機械的な過程に任せるものである。その過程自体はいささかも不自然ではないし、常軌を逸脱したものでもない。ただその展開を追うことがとても難しく、そこで何が生じるかを前もって判じることは誰にもできない。

しかしながら、偶然性についてのこのような科学的理法が早期の文明に属するものではないことは明らかである。このような考え方は確率の数学的理論とはほとんど共通点をもたず、むしろマッテヤ〔新約聖書でイスカリオテのユダの代わりに加えられた使徒〕がくじ引きで十二人目の使徒として選ばれたような、聖なる占いと共通するところが大きい。より後代の例を挙げるなら、モラヴィア兄弟団〔十五世紀にキリスト教フス派の分裂から生まれたボヘミア東部の宗教運動〕が若い団員たちのために妻を選ぶとき、祈りながらくじを放り投げる儀礼もまた、このような考え方と通じるところが大きい。マオリ族は疑わしい一味のなかから窃盗犯を見つけるために、くじを投げ上げて占いを行なうが、このとき彼らは、ことの成り行きをまったくの運に任せているわけではない[15]。また、ギニアには皮ひもの束をごちゃごちゃと混ぜて神託を授ける呪術師がいる。黒人たちは彼のもとを訪ねて神託を授かるが、このときもまた、彼らはたんに運に身を任せているのではない[16]。

古代ギリシアでは全軍が手を上げて神々に祈りを捧げるなか、英雄たちがアトレウスの子アガメムノンの兜の中にくじを投げ入れた。悲嘆にくれるギリシア軍を苦境から救うためにヘクトールと一騎打ちをするのにふさわしい者を選ぼうとしたのである[17]。タキトゥスの記述によれば、ゲルマンの祭司あるいは家長は神々に祈り、天を仰ぎながらくじ引きを行なった。純白の布の上にさまざまなしるしのついた果樹の若枝をばらまき、そのなかから三本の枝を選んで、そこに記された模様から答えを読み取ったという[18]。古代イタリアの神官たちが彫刻されたくじを使って託宣を与えたように[19]、現代のヒンドゥー教徒たちは寺院の前でくじを投げて論争に決着を付ける。「どうか正義を顕わしたまえ！　誰が潔白か、お示しください！」と神々に訴えるのである[20]。

＊

くじやサイコロを使うとき、文明化以前の人間はその行為になんらかの意味を付与しようとし、くじやサイコロはそれに応じた振る舞いをするはずだと考えている。とりわけ、易者や賭博師がくじを混ぜたりサイコロを転がしたりして答えを出そうとしているとき、その傍らでさまざまな霊的存在が見守っていると思い込みやすい。このようなものの見方は中世には揺るぎない地位を占めていたが、歴史が下ってもなお、運を伴う遊びでは、その結果が超自然的作用によるものと見なされることがある。この点に関する観念が中世から近代にかけて総体的に変化したことは、一六一九年に出版された注目すべき書物のなかによく示されている。この書物自体が、そうした変化をもたらすうえで大きく貢献したようにも思われる。その著者トマス・ガタカー〔Thomas Gataker 一五七四―一六五四。イギリスの聖職者、神学者〕はピューリタンの牧師であった。彼は「くじの本質と使い方について」と題する論文において、偶然性に基づく遊びに対して当時投げかけられていた諸々の批判に反論するため、その一つを以下のように記している。「くじは、大いなる崇敬の念なしに扱われてはならない。なぜなら、その時々のくじの出方は直接に神からもたらされるからである。……くじの本質は神聖なる託宣であり、神の判断や言葉である。それを軽々しく扱うことは神の名を乱用するに等しく、十戒の第三戒〔主の御名をみだりに唱えてはならない〕に対する罪を犯すことになる」。

ガタカーはこの見解に対する異論を次のように述べる。「神による通常の計らいによってよい兆しがもたらされることを期待したり、その兆しのとおりよいことが起こることを期待したりするのは、あらゆる行動に共通することである。しかし、〔神による〕直接的で並外れた働きによってそうしたことが起こると期待するのは、くじに限らず何に関しても正しくない。そのような期待は実際には迷信にすぎない」[21]。

このような見解が教育の進んだ世界に広まるには時間が必要だった。ガタカーの論文から四十年を経てなお、ジェレミー・テイラー〔Jeremy Taylor 一六一三―一六六七。イングランド国教会の聖職者〕は古い観念の残る意見を世に問うことができた。それは、金銭目的ではなく気分転換のために行なわれるかぎりにおいて運試しの遊びを擁護する意見であり、全体的には筋の通った議論だった。テイラーは次にように書いている。「その種の技能をもつ人々から聞いた話によれば、奇妙な偶然というものがあり、幻想やちょっとした土占いが、これぞという手をほのめかすことがある。その結果、一方がずっと勝ち続けたり、他方が理不尽な負けを喫したりすることもある。このような奇妙な偶然性が生み出す効果は絶大なもので、運試しの遊びを神が悪魔の手に委ねるのもけっしてありえない話ではない。悪魔が悪さをやりたい放題の場所では、悪魔は実際、ゲームの成り行きを支配する。しかし金銭の助けがなければ、悪魔には何もできはしない(22)」。

偶然性による遊びに超自然的な力が介入するという観念が今も根強くヨーロッパに残っていることは、賭博者たちがさかんに魔術の技能を競っている現状から明らかである。現代の民間伝承には、今も聖金曜日に卵を食べると賭け事の運がよくなる、とか、誰かの椅子の向きを変えると、その人の運も変わる、といった言い伝えがある。トランプやサイコロでの勝利を悪魔から授かるための護符は、チロル人〔アルプス山脈東部のドイツ系住民〕には馴染み深いものである。大陸の国々では今も、宝くじに当たりそうな数字を夢のなかから読み取る方法について書かれた本がよく売れている。ルサティア地方〔ドイツ東部からポーランド南西部にかけての地域〕の農民は宝くじを祭壇の布の下に隠したりもする。これは秘跡の祝福を受けるためであり、そうすれば勝利のチャンスに近づけると彼らは信じているのである(23)。

運による遊び*と占いは原則においてよく似ている。そのため、まったく同じ道具が一方から他方に持ち込まれることがある。ポリネシアの人々が「ニウ」と呼ばれるココヤシの実を〔コマのように〕回転させて行なう占いは、それを説明するのにきわめて示唆的な事例である。マリナー〔William Mariner 一七九一－一八五三。トンガ諸島に数年暮らして記録を残した船員〕が訪れた頃のトンガ諸島では、この占いは厳かに行なわれ、その主要な目的は病人が回復できるかどうかを神に問うことだった。人々は病人の家族の守り神に椰子の実を差し向けながら大きな声で祈り、その実を回転させた。回転が止んだとき、椰子の実がどちらを向いているかが、神の意志を示すと考えられたのである。これとは別に、人々はたんに楽しみのために椰子の実を回転させることもあり、そこではいかなる祈りも行なわれず、結果として何かが得られることもなかった。ここには、原始的なコマとも言えるものの二つの用法、つまり真面目な用法と娯楽的な用法の両方が見て取れる。

しかし、G・ターナー牧師〔George Turner 一八一七－一八九一。ロンドン伝道協会の宣教師〕はのちの時代にサモア諸島で、そうした実践が異なる段階においても存続しているのを発見している。そこでは輪になった人々が真ん中で椰子の実を回し、その回転が止まったとき、椰子の実の猿の顔に似た側面が誰の方に向いているかによって神託が与えられるのである。ただしサモア人たちは、かつては泥棒を見つけるための占いの一種として行なっていたものの、今ではくじ引きの方法の一つ、ないし罰金を伴う遊びの一種として、これを保持しているにすぎない(24)。

次は、真剣な占いの方が娯楽的な用法よりも古いものだという見方を支持するのに恰好の事例である。ニュージーランドの人々の暮らしに椰子の実はないが、彼らの祖先はかつて椰子が育つ熱帯の島々に住んでおり、その実で占いをしていた。そのような先祖の時代の暮らしの痕跡を、人々は今も伝えている。たとえばポリネシア語の「ニウ」は、よく知られるとおりココヤシの実を意味するが、マオリ族は今では別の意味でこの語を使っている。彼らは椰子の実を使わない占い、特に棒を使った占いを「ニウ」と呼ぶのである。

テイラー氏はこのようなきわめてよくまとまった民族学的証拠の断片を示すとともに、ここでの論点に見合うもう一つの事例を書き留めている。それは占いの方法の一つで、そのときの目的に応じたまじないを繰り返しながら手を叩き、両手の指がきれいに重なれば吉兆、ずれると凶兆と解くものである。戦時において、ある部隊が山野を横断する際、すべての指がうまく組み合えば横断成功、何本かの指が引っかかれば別の部隊と合流できるが、すべての指が引っかかったらまったく進めなくなると解釈されるのが普通だった。この占いの風変わりでささやかな象徴的方法は、今では「プニプニ」と呼ばれて、たんなる遊びとしてのみ存続しているようだ(25)。

このような占いと賭け事との密接な関係は、さらに身近な道具にも現われている。古代ローマでは動物の距骨などで作られたサイコロ状のものが占いに使われたが、これらはその後、四面に数字を付された素朴なサイコロへと形を変えた。ローマの賭博者は、そうした距骨を使って賭け事をするとき、それをサイコロのように振る前に神や女神を呼び出そうとした[26]。そうした道具は、今ではほとんどが娯楽のために用いられるが、それでも占い道具として使われるのは、古代世界だけに限ったことではない。距骨は運勢判断の道具の一つとして十七世紀に言及されており、若い娘たちはそれを使って未来の夫を占っていた[27]。また、黒人の呪術師たちは今も泥棒を見つけ出す手段としてサイコロを振っている[28]。くじは娯楽と占いという二つの目的に、同じようによく使われているのである。

　中国人は現金や砂糖菓子を賭けてくじ引きをすることもある一方、寺廟に置いてあるくじを引いたときには、神妙な面持ちでそのお告げを真面目に受け止めている。また、職業占い師たちは市場のなかに座を占め、訪れる客たちに進むべき道を示している[29]。ヨーロッパでは今もトランプが占いに使われている。「タロット」として知られる種類のカードはその古形であり、通常のトランプよりも占い師たちに好まれているという。フランスでは「トランプおよびタロット」を売る者の認可証があったことを覚えている読者もあろう。人気の理由は、タロットの一式には数多くの複雑な絵柄があり、そこにきわめて多様性に富んだ徴《きざし》を読み込むことができるということである。こうした事例では、占いと遊びのうち、どちらの用法が先に生じたかは、歴史から直接に判定することはできない。

　この点で、ギリシアの「コッタボス」〔酒の残りを杯に投げ入れる遊び。アテナイオス『食卓の賢人たち』柳沼重剛訳、京都大学学術出版会、第十巻、および第十五巻を参照〕の歴史は示唆的である。この占いで求められる技能は、ワインを杯の外へと飛ばし、いくぶん離れたところにある金属製の容器の中に見事、一滴もこぼさずに投げ入れることである。その際、挑戦者は恋する相手の名前を言ったり、思い浮かべたりしながらこれを行ない、飛び散ったワインが容器に描いた模様が鮮明かぼやけているかによって、恋のゆくえを判断した。しかし、この占いがもっていた呪術の要素は時とともに薄れ、器用さを競って賞を得ようとするたんなるゲームへと変わった[30]。もしもこれが典型的な事例であり、真剣な用法が遊びに先立つという法則に従っているとすれば、運による遊びはその原則か細部において、同様の呪術の手順からの残存だと考えられるだろう。遊び気分の占いが、本気の賭け事を生んだように、である。

伝統的な諺〔八三－八六〕

広く人類に定着し、今も存続している慣習の例として、伝統的な一群の言い伝えについても一瞥しておこう。*古い諺には、残存の実例として特に興味を引く面がある。成句の本当の意味が人々から忘れられてたんに無意味なものに成り下がったり、現代風の皮相な意味に覆い隠されたりしたとしても、古くからの成句そのものは今に伝わり、失った意味以上に大きな神秘性を獲得することもしばしばである。英語では今も「袋（poke）詰めの豚を買う」という言葉〔価値も分からずに物を買う〕を使うことがあるが、この言い方はよく知られていてもpokeが何かはあまり知られていない。また、自分が何かに大きな関心を寄せていると言おうとするとき、「月々の関心（a month's mind〔転じて「愛好」〕）」があるという言い方で表現する人々は、自分たちがその古い言葉をひどく無意味なものにしているということをまったく理解していない。この言葉は、実際には死者の魂のために月に一度行なわれる儀礼を意味する。そうした儀礼によって、死者は生者の心のなかに、あるいは思い出のなかに、生き続けることができるのである。

「カラスムギを撒き散らす」という言葉〔結婚前に多数の異性と遊びまわる〕の本来の意味は、一般的には現在の語法から失われているように思われる。この言葉がもともと、悪い雑草はあとから生えてくること、それをそのときになって抜こうとしても難しいことを意味していたのは間違いない。寓話に出てくる悪党のように、スカンディナヴィアのロキは災難を撒き散らす者であり、ユトランド半島ではよく、ロキがカラスムギを撒く（nu saaer Lokken sin havre）と言う〔ユトランドでは、春、強い日差しで地面から蒸気が立ち上る様をこう表現するらしい〕。また、デンマーク語で「ロキの麦（Lokeshavre）」と言えば野生のカラスムギ（avena fatua）のことである。[31]過ぎ去った時代の慣習や物語に起源をもつ言い伝えは、当然ながら、このようにとりわけ誤用される傾向が強い。「舐められていない獣の子」、つまり「舐めて形を整える必要がある」未熟者という言い方は、すでに普通の英語になっている。しかしプリニウスの語りのなかに、この言い方についての説明があることを覚えている人は、ほとんどいない。それによればクマは生まれたときには目も開かず、毛もなく、形もはっきりしない白い肉の塊であり、親熊に舐めてもらってようやく形になる、というのである。[32]

*

過去の呪術や宗教の遺産のなかには、その言葉が現在連想させる外面的な意味の奥にある深い意味を探り求めるべき慣習的な言い回しがある。あるいは、現在は無意味に思える言葉でも、そのなかに真の意味を探り求めるべきものもある。通俗的な言い伝えが民族誌的な記録の実に具体的な表現となっていることは、南インドで今も使われている次のような諺に、見事に示されている。AがBを殴ったとき、その一撃でBではなくCが泣き出すのを見て人々は次のように言う。「こりゃまるで、自分のカミさんが朝寝坊している間にアギ〔阿魏、アサフェティダ。セリ科の野草〕を食うコラヴァン人みたいだ！」と。コラヴァン人は現在、マドラスに住む低級な種族に分類されていて、その土地では「ジプシー、放浪者、盗人、ネズミ喰い、テント生活者、易者、怪しい連中」などと呼ばれている。この諺の意味するところはつまり、マドラスでは女たちが子どもを生んだあと、滋養強壮の薬としてアギを食するのが普通なのに、コラヴァン人はそのような場合、産婦ではなくその夫が自分の強壮剤としてアギを口にするということである。実際、これは世界各地に見られるさまざまな「擬娩」の慣習の一種である。擬娩とは、出産時に産婦の夫が医療的な世話を受ける慣習であり、多くの場合は数日間にわたって床に就く。コラヴァン人は、この奇妙な慣習を行なう種族の一つである。彼らよりも文明の進んだ隣人であるタミル人は、この奇習に驚いたものの、今では忘れられたその本来の意味に気づかぬまま、諺にしてしまったようだ。[33]

この種の民族誌的な手がかりを、われわれの用いる現代語に隠れた古い諺に適用してみよう。「人を噛んだ犬の毛」という言葉は、もともと喩えでも冗談でもなく、犬に噛まれた傷を治すための実際の療法を指すものであり、あまたある古代のホメオパシー〔同種療法〕的理論の一つである。その基本は、傷を与えたものはその傷を癒すこともできる、という原理である。スカンディナヴィアのエッダ〔北欧の神話・歌謡群〕のなかでも、「犬の毛は犬の噛み傷を治す」と言われている。(34)「風を持ち上げる」という言い回しは現在ではユーモラスな俗語として通用しているが、かつては魔法使いの技のなかでも最も恐ろしいものの一つを指す、大真面目な言葉だった。この技を用いるとされたのは特にフィンランドの魔女たちだが、その不可解な力が人々に与えたかつての恐怖はもはや忘れ去られている。

ブリテン諸島では、炎の上を歩いて渡ったり、燃えさかる薪を飛び越えたりする古代の儀式や試練が、今も活き活きと継承されている。したがってジェイミソンの『スコットランド英語辞典』が「石炭の上で引きずる」という言葉〔厳しく叱責する〕をこの儀礼に由来するものとしているのは、けっしてこじつけではない。少し前のことだが、ニューヨークで、アイルランド系の女がわが子を殺そうとした事件があった。彼女は、その子どもが本当に自分の子か、取替え子かをはっきりさせるために、燃える薪の上に立たせたのである。(35)イギリスの乳母は、駄々をこねる子どもに「今朝はベッドから最初に出す足を間違えたのね」と言うが、その言葉の意味を知っていることはほとんどない。これはドイツの民間伝承では今も広く知られる規則で、ベッドから起きるときに左足を先に出すと、その日は悪い日になる、というものである。(36)左と右をそれぞれ吉と凶に結びつける単純な観念連合の例は数多く知られており、これもその一つである。

最後に、「悪魔を欺く」という言葉は、悪魔と盟約を結ぼうとする人がまさに危機一髪というところで難を逃れるという、馴染みの伝説に由来するものと思われる。この危機を救うのは、聖人の介入であったり、その他非合理な理由だったりする。後者の例としては、その人が悪魔に禁じられていた福音を口走ったり、最後の一葉が落ちるときに成就するはずの盟約を、教会の壁に彫られた木の葉がまだ枝についている、と言って拒否したりすることが挙げられよう。中世における契約の形式の一つに、悪魔との盟約に関する次のような話に由来するものがある。神学者たちに黒魔術を授けた悪魔は、秘密の知識を授けた代償として学者の一人をさらっていく。悪魔はその際、学者たちをいっせいに逃げ出させ、遅れを取った最後の一人を捕まえるのである。この話が「悪魔は残り物をもっていく」という慣用句〔早い者勝ち〕とつながっていることは明らかである。しかし、このようなゲームにおいてすら欺かれる愚鈍な悪魔もいるようだ。そういう話はスペインやスコットランドの民話にあって、サラマンカやパドヴァの悪魔の魔術学校に出席したというヴィラノ侯爵やサウセスク伯爵の伝説がその例である。りこうな学者は最後の一人の身代わりとして、自分の影だけを教師たる悪魔の前に残す。悪魔はこの実質を伴わない報酬に満足せざるをえない。晴れて新人魔術師となった学者は自由の身となるが、かわりに影なし人間になってしまうのである。(37)

子どものための詩〔八六－八七〕

*ある民話が最も意義深く、高い水準にあるのは、最も原形に近い状態においてだと考えるのは妥当な推論である。したがって、ある詩句や言い伝えが特定の地域では哲学的、宗教的に厳粛な意味をもつのに、別の場所ではたんなるおとぎ話になっていたならば、真面目なほうがより元来の形に近く、ふざけたものはただの言語上の残存だと見てよいだろう。この見方はなお議論の余地を残すものではあるが、少なくとも無視すべきではあるまい。たとえば、現代のユダヤ人たちの記憶にとどまる二篇の詩があり、それらは過越しの祭りについての本の最後にヘブライ語と英語で印刷されている。二篇のうち、一つはハド・ガドヤーとして知られている。「仔山羊、仔山羊。僕の父さんが硬貨二枚で仔山羊を買ってきたのさ」と始まり、その後、これこれの経緯で猫がやってきてその子どもを食べた、とか、さらには犬がやってきてその猫を嚙んだ、といった内容が続いていく。

「次にやってきたのは聖なるお方、偉大なるあのお方！　あのお方が、死の天使を殺したのさ。その死の天使ってのが、肉屋を殺したのさ。その肉屋ってのが牛を殺して、その牛が水を飲んだのさ。その水が火を消して、その火が薪を燃やしたのさ。その薪が犬を打って、その犬が猫を噛み、その猫が子どもを食べた、それがうちの父さんに硬貨二枚で買われた仔山羊なのさ。仔山羊、仔山羊」。

この一節は「セーフェル・ハガダー〔伝説の書〕」のなかにあり、ユダヤ人のなかにはこれを聖地パレスティナの過去と未来に関する寓話と見る人もいる。ある解釈によれば、パレスティナである仔山羊はバビロンである猫に食われるのである。バビロンはペルシアによって、ペルシアはギリシアによって、ギリシアはローマによって倒され、最後にトルコが聖地を支配する。しかし、エドム人（すなわちヨーロッパの諸民族）はやがてトルコを駆逐し、死の天使はイスラエルの敵を壊滅させることだろう。そしてイスラエルの子どもたちが、メシアの支配のもとで聖地を建て直すのである。このような解釈の妥当性は別として、この詩句の末尾に感じられる荘厳さからすると、これは元来の形に近いものであり、なんらかの神秘的な意味を込めて書かれたものだと考えたくなってくる。だとすれば思い当たるのは、仔山羊（または豚）を柵から出すことができず、夜中になるまで家に帰れないおばあさんの話である。われわれにとって馴染み深いこの童話は、こうしたユダヤの古い詩の断片が取り込まれたものと考えなければなるまい。

過越祭の本の末尾に記されたもう一つの詩は数に関するもので、次のように始まる。

「誰か、一なるものを知っているか」「我、一を知る」（と、イスラエル）
「一なるものは神様。天と地をともに越えたお方ゆえに」
「誰か、二を知っているか」「我、二を知る」（と、またもやイスラエル）
「二なるは契約の石板」「ただし、一なるものは天国とこの世の両方を越えた神さまのみ」

（以下、数を追って詩は続き、最後の一節にその全体が集約されている。）

「誰か、十三を知っているか」「我、十三を知る」〔と、イスラエル〕「十三は神の属性。十二の部族に、十一の星々、十の戒律。子どもが生まれるまでは九ヵ月。割礼までは八日。一週間は七日。ミシュナ〔ユダヤの口伝律法〕は六冊。律法の書は五冊。マトロン〔女性後見人〕は四人。長老は三人。十戒の石板は二枚。ただし一なるものは天と地をともに超えた神のみ」

これは数え歌の一種である。この詩が今なお、各地の田園地方ではいくらか人々の記憶にとどまっていることからみても、中世キリスト教の時代には広く好まれていたことは明らかである。いにしえのラテン語における同類の数え歌には、「一は神、云々」と続くものがあり、他方、今も残存する英語の数え歌には「一は一人ぼっち、いつまでもそう」から始まり、以下、「十二は十二人の使徒」まで続いていくものがある。ユダヤ人の歌とキリスト教徒の歌はどちらも真面目な形式で書かれていたし、現在でもそうである。したがって、ユダヤ人がキリスト教徒を真似たと考えることも可能だが、この場合はやはり、より高貴な雰囲気をもつヘブライ語の詩の方が、より古いものと考えた方が妥当だろう(38)。

格言〔八七–九〇〕

長い時間を経て現代の話し言葉のなかに継承されている格言*は、けっしてつまらないものではない。そこにはしばしば、今も変わらず新鮮な機知や、的を射た知恵が込められている。そのような実践的な価値に加え、民族誌に占めている位置においても、諺は示唆に富んでいる。文明の〔諸段階の〕なかで、諺が現われる範囲は限られている。諺が最も低級な部族に属するものだとは考えにくい。むしろ最初に定着したのは、比較的発展を遂げた野蛮人の社会においてだろう。

フィジーの人々は、考古学者なら後期石器時代と呼ぶだろう時代の生活をわずか数年前まで営んでいたことがわかっているが、いかにもそれらしい諺をいくつかもっている。彼らは事前に熟慮しないことを、「ナコンドの人々は真っ先にマストを作り始める」〔つまり実際にカヌーを作る前に〕ということわざで嘲笑する。また、貧しい人が高くて買えないものを物欲しげに眺めているときには、「船が進まないから魚を見ている」と言う。[39]「ワカタウキ」と呼ばれるニュージーランドの諺のリストのなかには、怠け者の大食漢について以下のような表現がある。「のどはたくましいけど、筋肉はガリガリ」。また、怠け者はしばしば働き者の仕事から利益を得る、とも言う。「堅木から出た大きな切れ端は、怠け者の分け前になる」。さらなる教訓はこうだ。「トイトイ〔ニュージーランド産のイネ科植物〕の茎が曲がっているのは目に見えるが、心が曲がっているのは目に見えない[40]」。

南アフリカのソト族のあいだでは、「水は疲れを知らず流れ続ける」というのが、おしゃべりな人々のことを非難する表現となる。「ライオンは食事中にすら咆哮する」という言葉は、楽しむことを知らぬ人々がいる、という意味である。「種蒔きの季節は、頭の痛い季節でもある」というのは、しなければならない仕事があるときに言い訳をする怠け者たちのことを表現した言葉である。「泥棒は落雷を食らう」は、盗みを働く者は天からしっぺ返しを受ける、という意味である。[41]

西アフリカの諸民族は、とりわけ諺の哲学に富んでいる。それがあまりにおもしろいので、バートン船長〔Richard Francis Burton 一八二一－一八九〇。イギリスの探検家、作家、『千夜一夜物語』の英訳者〕はフェルナンド・ポー島〔赤道ギニア、ビオコ島の旧称〕で雨季を過ごすあいだ、その地の諺を収集するのを楽しみにしていた。[42]そのなかには、ヨーロッパの諺と比べてもほとんど遜色のない知的水準に属するものが、何百も含まれている。「剣から逃げて鞘に隠れる」は、われわれが使う「フライパンから出て火の中へ」〔一難去ってまた一難〕に劣らぬ表現である。「クロスボウの代わりに弓なりの眉毛しかもたない男には、一頭の獣すら仕留めることができない」は、われわれに馴染みの「きつい言葉で骨折はしない」に比べて簡潔さには欠けるが、絵画的なイメージの鮮明さにおいてはむしろまさっている。

仏教の古くからの警句には、「憎しみに溺れるのは風上に向かって灰を捨てるようなものだ」とある。「捨てた灰は元の場所に戻ってきて、自分自身が灰まみれになる」というわけだ。これを黒人のいっそう興趣に富み、かつ簡明な諺に置き換えるなら、「捨てた灰は捨てた人の顔に帰ってくる」となるだろう。関係者が不在なところで事件を解決しようとする人に対して、黒人たちは「そこにいない奴の頭を丸めることはできない」と言って異を唱える。また、使用人の愚かさから主人についてあれこれ判断すべきではない、ということを説明する際には、「馬が愚かだからといって、乗った人間も愚かだとは限らない」と言う。「剣は鍛冶屋の苦労を知らない」という言葉は、忘恩という主題をほのめかしている。さらに明確な表現としては、「食糧難のときヒョウタンに助けられた人々が、そのあとで『これを切ってコップにしよう』と言った」という諺がある。貧者の知恵を軽んじる一般的な風潮は、次の諺に巧みに示されている。「貧者が諺を作っても広まらない」。

しかし、そもそも諺を作るということがありそうな事柄として語られること自体が、今も諺作りが技能として生きている地域があることの証左である。西インド諸島に移り住んだアフリカ人もまた、以下のような諺の存在が示すとおり、この技能を保持している。「犬の後ろにいるのは犬だが、犬の前にいるのはドッグ氏」、また「あらゆる部屋にはそこを棲み処とする蚊がいる」などである。

諺*が歴史の流れのなかでその性格を変えたことはない。むしろ終始きわめて厳密な類型を保持してきた。世界各地の比較的水準の高い民族のなかで記録されてきた諺風の表現は、何万という数にのぼると見られ、それらを主な対象とする文献も、よく知られたものがすでに大量に存在する。諺の存在自体は、最も高い水準の文明にまで広がっているものの、その発展の歩みは滞っている。中世ヨーロッパの文化的水準では、諺は実際、一般の人々の教育においてきわめて重要な役割を占めている。しかしそれが実質的な成長を遂げる時代はすでに終わりを迎えたと思われる。〔『ドン・キホーテ』の著者〕セルバンテスは、諺を操る技能をもはや超えることのできない水準まで押し上げた。しかし忘れてはならないのは、比類なきサンチョ・パンサの語り口のほとんどが、先祖伝来の宝だったということである。つまり諺はその時代においてすら、すでに過去の社会の名残に属するものになりつつあったのである。諺はそのようなものとして残存し、われわれもまた、同じ祖先の知恵の遺産を、あたかも名士の豊かな懐から取り出された金銭のごとく使い続けている。古い諺はすでに変化を遂げた現代においてもなお、簡単に変わったり新しいものが加わったりすることはなさそうである。われわれは古い諺を収集して使うことはできるが、新しい諺を作ろうとしても、所詮は弱々しく精気のない模倣になってしまう。それはちょうど、新たな神話や新たな童謡を作り出そうと試みるときに似ている。

なぞなぞ〔九〇－九四〕

なぞなぞ*は文明の歴史上、諺と近い時期に生まれている。両者は長きにわたって旅路をともにしたが、最終的には異なる地点に到達することとなった。ここで言うなぞなぞとは、古風な問いに、見つけられるべき本当の答えが付随するものを意味し、典型としてスフィンクスの謎がある。問いと答えという伝統的な形式をとっていても、なんの意味もない洒落として提示される現代の言葉遊び風の問いは、これと区別したい。初期のなぞなぞは、「意味のなぞなぞ」として規定できるだろう。比較的発展を遂げた野蛮人のあいだで大いに親しまれ、比較的低級、ないし中程度の文明にも広がったようである。ただしその成長はこの段階で止まり、現代では過去の遺産として保育園や炉端談義のなかに生き続けている。

なぞなぞが比較的高い段階の野蛮人にのみ見られる理由は簡単である。なぞなぞを作るには、観念的な比較の能力がかなりの程度要求される。そのため、人々がそうした作業に真面目な仕事としてのみならず娯楽としても親しめるようになるには、相当の知的進歩を遂げる必要があったのである。文化が高度の発展を遂げた段階になると、なぞなぞは最終的につまらぬものと見なされて成長をやめ、わずかに子どもの遊びとして残滓をとどめるのみとなった。ここでは、比較的水準の高い野蛮段階の諸種族の事例をいくつか選び、なぞなぞが精神史上に占める位置をより正確に示しておこう。

*以下はズールー族〔南アフリカのバントゥー語系民族〕のなぞなぞ集からの実例である。現地の人々が添えた簡潔なコメントもおもしろい。

問い――「たくさんの人が一列になって、真っ白な衣装でおめかしして、結婚式のダンスを踊っています。これなあに?」

答え――「歯」。なぜなら歯はちょうど、結婚式の準備が整った男の人たちのように見えるから。彼らはきっと上手に踊ることだろう。「真っ白な衣装でおめかしして」と聞いて、人々は最初、歯のことは考えないかもしれない。しかし、「白い衣装を着るのは男の人たちだ」と考えることで、思い込みから離れて、考えをまとめることができるのである。

問い――「夜になっても寝ない人。朝になると横になり、日が沈むまでは寝ています。日が沈むと起きてきて、夜はずっと働きますが、日中は働きません。その人が働く姿を誰も見ていません。さて、これなあに?」

答え――「牛小屋の柵を閉じる棒」。

問い――「その人が笑うのを、みんな嫌がります。その人の笑いはとても不吉で、あとには必ず悲しみがやってきて、楽しいときも終わりになってしまうのです。人々は泣き、木や草も涙を流します。その人が笑うとき、その村ではあらゆるものが泣いている声が聞こえてきます。いつもは笑わない人が笑ったと、人々は言います。さて、これなあに？」
答え――「火」。「人」という言葉のおかげで、何のことを言っているのかが、すぐにはわからないかもしれない。問題を出された人たちはいろんなことを言いながら、競い合ってこの言葉の意味するものを探すことだろう。それでヒントを見落とすのである。なぞなぞは、すぐには答えがわからないのがよいのである。(43)

ソト族のあいだでは、なぞなぞは教育の一部としてはっきりと認められていて、子どもたち皆が頭をひねるための練習問題のようなものと位置づけられている。

問い――「山の頂上から跳び降りても壊れないもの、なあに？」
答え――「滝」。
問い――「脚も翼もないのにまたたく間に旅をして、どんな崖も、どんな川も、どんな壁も、その行く手を阻めはしない。さて、これなあに？」
答え――「声」。
問い――「先っぽに平たい石のついた五本の木を何と言う？」
答え――「指」。
問い――「動くこともしゃべることもできない小さな男の子で、昼間は厚着、夜は裸。これ、なあに？」
答え――「ベッド・カバーを掛ける金具(44)」。

東アフリカから、スワヒリ語のなぞなぞを一つ。

問い―「俺のめんどりが、いばらのなかで卵を産んだ?」

答え―「それはパイナップル」(45)。

西アフリカからは、ヨルバ族のなぞなぞを。

問い―「のっぽでやせっぽっちの女貿易商。けっして市場にはたどり着けないのは?」

答え―「カヌー」(行けるのは荷揚げ場までだから)(46)。

ポリネシアでは、サモア諸島の人々がなぞなぞに熱中している。

問い―「四人兄弟がいて、いつもお父さんのことを支えています。これってなあに?」

答え―「サモアの枕」。三インチほどの竹製で、四脚のもの。

問い―「白髪頭のおじさんが塀の上に立っていて、天まで手が伸びているよ」。

答え―「炉の煙」。

問い―「二匹の腹ペコの魚のあいだに、人が立っているよ」。

答え——「舌」(47)。（ズールー族のなぞなぞにも、これとよく似たものがある。舌を、互いに闘っている人の真ん中に住んでいる人に喩えている。）

以下は古いメキシコのなぞなぞである。

問い——「体にくっついている十個の石って、なあに？」

答え——「指の爪」。

問い——「入口は三ヵ所で出口は一ヵ所、これなあに？」

答え——「シャツ」。

問い——「溝を通り抜けて、はらわたをずるずると引きずっていくものって、なあに？」

答え——「針」(48)。

これらのなぞなぞは比較的低級な種族のあいだに見られるが、性質そのものは今なお伝えられるものとなんら異ならない。ただし、ヨーロッパの子育てに関わる伝承の一部として、現代的な形で伝わっている例もある。スペインの子どもたちは今でもこう問う。「昼間には集められて、夜にはばら撒かれる一皿の木の実。これなあに？」（答えは星）

わが国イギリスのなぞなぞでは、火箸が「足が長くて、腿は曲がってて、頭は小さくて、目がない」と表現されるが、これは南の島に住む人が作ったと考えるに十分なほど原始的なものである。また、次の例はズールー族のなぞなぞと同じ主題〔歯〕を扱っている。「白い羊の群れが、赤い丘の上にいます。こちらに来たかと思えば、今度はあちらへ。今はじっとしているよ」。

もう一つの例は、アステカ人のなぞなぞの一つときわめてよく似ている。「トゥイチェットおばさんには片目しかない。おばさんの長い尻尾は、どこかに消えてしまった。隙間を跳び越えるたびに、少しずつ尻尾が罠にとられちゃったのかな？」〔答えは針と糸〕

なぞなぞ作り*は完全に神話的思考の段階に属すものなので、どんな詩人の用いる比喩でも、よほど突飛な工夫をするまでもなく、語順を入れ替えるだけで即座になぞなぞへと形を変えることができた。たとえばインド人は太陽をサプターシュヴァ、すなわち「七頭の馬に乗るもの」と呼ぶ。これと同様の発想に立つものとして、ドイツの古いなぞなぞに、「七頭の白馬と七頭の黒い馬が引く馬車とは何か」、というものもある〔答えは年。七つの昼と七つの夜からなる「週」の導きで進んでいくから〕(49)。同様にギリシアには、昼と夜という二人の姉妹にまつわるなぞなぞがある〔スフィンクスの第二のなぞなぞ〕。この姉妹は、一方が他方を生むと次は他方が一方を生んで、交互に再生を繰り返すとされる。

二人の姉妹あり。一は他を生み、
生みたるのちに、他によって生を受く。

〔アテナイオス『食卓の賢人たち 四』柳沼重剛訳、京都大学学術出版会、一二三頁〕

そしてクレオブロスのなぞなぞは、原初的な神話から生じた、前記のものと似たような断片を含んでいる。

父親は一人で、その子供は十二人いる。そしてその子一人一人が三十の二倍の娘たちをもち、その娘たちは二通りの姿をしている。

一方の娘たちは見た目にも色は白いが、もう一方の娘たちは色が黒い。

そして両方とも不死なるものではあるが、しかしそれでいてみんな滅んでしまうのだ。[50]

こういった類の問いは、昔も今も簡単に当てることができそうなので、答えを得るためにありそうもない出来事についてのヒントが必要となるような種類の問いとは区別されなければならない。その希少な問いの典型的な例はサムソンの謎であり、スカンディナヴィアにもこれに類する古い例がある。その〔ヒントとなる〕物語は、ゲストル〔男の名〕が角の生えた雄牛の頭骸骨の中に巣を作って座っていた一羽のアヒルを見つけ、なぞなぞを出すというものである。角の生えた雄牛の姿は北欧に特徴的なメタファーによって表現され、すでに杯へと加工された角として描かれている。以下の翻訳は、原典本来の奇妙さを誇張していない。

はるか昔に育った嘴ガチョウ
子どもとおどけて材木取り集めた
噛みつくように草刈る男はその巣を覆った
頭上に流れる酪酊の川で[51]

昔の神託のような返答の多くは、まさにこの種の謎解きを迫るものである。テメノス〔のちにアルゴス王となる英雄〕に対して、三つの目をもつ男を見つけて軍の導きとせよ、と命じたというデルフォイの神託の物語なども、その典型である。テメノスは、馬に乗った片目の男に出会うことで、この神託を成就することができた。[52]
ちなみに、これと同じ観念がスカンディナヴィアにも見られるのも興味深い。そこではオーディン〔北欧神話の最高神）がハイドレク王になぞなぞを出す。「三つの目、十本の足、一本の尻尾をもつようになる二者とは誰か？」。答えは八本足の馬スレイプニルとそれにまたがる片目の神、オーディン自身である[53]。

慣習における意味と残存〔九四－九七〕

残存*の原理が風習や慣習の研究にいかに密接に関わるかは、民族誌的研究においてますます注目されつつある。今日無意味に思える慣習は、かつての慣習の残存に違いないと断言してもよいだろう。その慣習が最初に形成された時にはなんらかの実践的意図や、少なくとも儀式上の意図が伴っていた。しかし今日まで継承され、新たな社会状況へと持ち込まれると、それらはもはや非合理なものへと没落し、その元来の意味は捨て去られてしまったのである。もちろん、ある特定の時代に新たに導入された慣習のなかには、もともと馬鹿げたものや不道徳なものもあるだろうが、それらが導入された動機は理解できるのが普通である。したがって、由来がよくわからず、ある種突発的に生じたように見える愚かな慣習については、本来の意味が忘れられたのだと考えるのが、概して最も妥当であろう。

重厚な『地理学的人類史』を十八世紀に発表したツィンマーマン〔Eberhardt August Wilhelm von Zimmermann 一七四三－一八一五。ドイツの地理学者、動物学者〕は、無意味で馬鹿げた同一の慣習が距離を隔てた国々に広がっていることについて、以下のように述べている。「仮に知能に秀でた二人の人間がそれぞれ別個に賢明な発明や発見にたどりつくとしよう。だとしたら、彼らのような知者よりもずっと多くの馬鹿や間抜けが存在するのだから、遠く距離を隔てた二つの土地で同じような愚行が見られる可能性ははるかに高くなるはずだ。もし、発明の才に恵まれた愚者が知者と同様に重要性や影響力をそなえていれば、双方の民族のあいだに似たような愚かな慣習が定着する可能性も非常に高くなる。数世紀後には、これら二つの民族の一方が他方から派生した証拠を探し出そうとする歴史学者も現われることだろう[54]」。

人類の愚かさに関する痛烈な見解は、フランス革命前後の時代には広まっていたと思われる。チェスターフィールド伯爵＊〔Philip Dormer Stanhope, 4th Earl of Chesterfield 一六九四－一七七三。イギリスの政治家、文人、息子に宛てた教育的書簡が有名〕は前述のドイツの学者とはまったく違うタイプの人間だが、慣習の非合理性という点に関しては、両者の意見は一致している。伯爵は息子への手紙で、宮廷での作法についてのアドバイスとして、次のように書いている。「たとえば、イングランド王にお辞儀をするのは当然の礼儀だが、フランス王にお辞儀をするのは非礼にあたる。これはもともと皇帝に対する礼儀作法である。また、東方の君主に対しては体全体を低くして、ひれ伏すことが求められる。これらは伝統として決まりきった儀式であり、遵守しなければならない。しかし、そもそもなぜそんなふうに決まっているのかといえば、そこに納得しうる意味や理由などないと言わざるをえない。これはあらゆる階級に共通のことである。つまり、ひとたび特定の慣習を受け入れれば、意味や理由などいっさい関係なしにそれを遵守せざるをえないのである。たとえば、人々の健康を祝して乾杯する慣習はきわめて馬鹿げているが、ほとんど普遍的に行なわれている。私がグラス一杯のワインを飲むことほど、他の誰かの健康に無関係なことがいったいあるだろうか。ただ、常識的に考えればもちろんそんなことをする意味はないのだが、その慣習に従わなければならないということは常識になっているのだ(55)」。

なるほど、宮廷の作法に関する些細な事柄に意味を見いだすことはかなり難しいが、チェスターフィールド伯爵がここで挙げている例は、人類の非合理性を示すのにけっして適切なものではない。さまざまな社会において、人々が自国の支配者に対してどのような関係にあるかを手短に説明せよと言われたら、シャムの国王の前では顔を伏せ、ヨーロッパの君主の前では跪いたり帽子を脱いだりし、アメリカ合衆国大統領に対してはその手を握り、まるでポンプのハンドルを上げ下げするように大きく握手をする、などと答えるのが実際のところだからだ。これらは理解可能であり、重要な儀式なのである。一方、チェスターフィールド伯爵が二つ目に挙げた、健康を祝して乾杯するという慣習は本当に由来が不確かなものなので、事例として比較的適切であると言えよう。

ただし、この儀式は実践的には確かに馬鹿げているものの、実はある古代の儀礼と結びついており、真面目な意図をもって意識的に行なわれていたので、これを無意味なものと片づけることはけっしてできない。これは神々や死者のための儀礼的宴会で捧げ物の酒を注いで飲むという慣習だったのである。北欧人もトールやオーディン、フレイヤといった神々の「ミンニ」を飲み、王の葬儀においても、やはりその王のミンニを飲んでいた。この慣習は、スカンディナヴィア人やチュートン人〔ゲルマン人〕といった諸民族がキリスト教化されてもなお、絶えることはなかった。「神のミンニ！」や「天の神に一献！」といった定型的な掛け声の記録が残っており、異教の神々に代わって、キリストやマリア、諸聖人に向けて以前と変わらぬやり方で乾杯していたことがわかる。同一の祝祭で、死者と生者のいずれに対しても同じ言葉で乾杯する習慣があるということは、双方の儀式が共通の起源をもつことの証左だろう。「ミンニ」は不在の人への愛でもあり思い出でもあり、ただその人のことを考えることでもある。イングランドでは「ミンニの日」(mimying days ないし mynde days) として長く残存し、諸々の儀式や祝宴によって死者の記憶を祝福する行事が行なわれていた。

このような事実は、ここで見てきた儀式的な飲酒の用途を新旧の著述家たちが本質的に供犠として扱ってきたことの妥当性を示す証拠となる[56]。健康を祝して飲酒する素朴な習慣について言えば、その古い歴史はかつてアーリア民族が暮らしていたいくつかの地域にまでさかのぼる。ギリシア人は酒宴において互いに杯を交わし、ローマ人もその「ギリシア風に飲む」(プロピナーレ) 習慣を取り入れていた。ゴート人は杯を交わすとき、「万歳！」と叫んでいたらしく、ラテン詞華集「蛮族の饗宴について」の冒頭の一節に、そのことを示す興味深い一文がある。そこには五世紀前後のゴート人たちの酒宴の掛け声が書きとめられているが、その言い回しは、現在のイギリス人が聞いても部分的には理解しうる意味を保っている。

ゴート人のあいだではエイルス・スカピア・マツィアイア・ドリンカン

礼に適った詩句を唱えんとする者一人としてなしわれわれイギリス人について言えば、古くからの酒宴の挨拶である'was hæl!'〔お元気ですか？〕はもはや一般的な英語ではないが、一個の名詞となって今も残っている。総じて言えば、生きている者の健康のために酒を飲む慣習が、歴史的には神々や死者に杯を捧げた宗教的儀式に関連していると信じるに足る証拠が、決定的ではないにせよ存在する。

ここで三つの注目すべき慣習のグループを挙げながら、残存理論をいくぶん厳しいテストにかけてみよう。文明化した観念ではまったく説明できないが、そうした慣習がなお現代の文明社会の内部における実践や記憶として存在している事実をどのように説明できるか模索してみたい。これらの慣習の動機に、はたして明快かつ決定的な説明を与えられるかどうかはわからないが、いずれにせよ、それらの慣習が人類の野蛮ないし未開の時代に起源をもつことを明らかにするうえで、一歩前進になるだろう。現代の実践的な観点からこれらの慣習を見れば、そのうち一つは馬鹿げており、残りの二つは残虐であり、三つすべてが無意味である。一つ目は、くしゃみをしたときの挨拶の実践であり、二つ目は、建物の土台を据える際に人間を犠牲にすること〔人柱〕であり、三つ目は溺れる人を助けることに反対する先入観である。

くしゃみの作法〔九七－一〇四〕

くしゃみに関する慣習を解釈する際、それが比較的低い段階の種族にかなり広汎に見られるある教えに基づくものであることを認識しておく必要がある。この教えについての全体的な説明は別の章で行なうが、〔簡単に言えば〕人の魂がその人の体に入ったり出たりすると考えられていて、その他の霊もまた、特に病人の体に入ってその人を支配したり、病気で苦しめたりすると考えられている。教養の低い種族の人々は、このような観念とくしゃみを関連づけており、その典型的な例がズールー族に認められる。彼らは死者の心やさしい霊や怒った霊が自分たちの周りをさまよっていると教えられ、そう思い込んでもいる。そうした霊は人間に良くも悪くも影響を及ぼし、夢で姿を現わして体の中に入り、諸々の病いをもたらすという。

以下の例は、土地の人々から聞き取った話を、キャラウェイ博士〔Henry Callaway 一八一七―一八九〇。イングランド国教会の宣教師〕が要約したものである。ズールー族はくしゃみをすると、「こりゃ幸運だ。イズロズィ（先祖の霊）がついてる。俺のところに来てくれたんだ」と言う。「急いでお祈りしなくちゃ。くしゃみをさせたのは、きっと霊に違いない！」。そう言ってこの人は自分の家の祖霊を称え、家畜や嫁や幸運がやってくるよう、この霊に頼むのである。くしゃみは病人が健康を回復する兆しである。それゆえ、病人はくしゃみのあと、感謝の言葉を返し、こう言う。「おかげさまで念願かないました。どうかこれからもお見守りください！」。くしゃみをした人は、ただちに自分の家のイトンゴ（祖霊）の名を呼ばなければならないと考える。なぜなら、くしゃみをもたらすのはイトンゴであり、くしゃみをすることで、自分の中にイトンゴがいるとわかるからである。病気にかかっている人がくしゃみをしないでいると、見舞いに来た人たちはくしゃみは出たかと聞く。そして出ていないと知ると、「病いは重いようだ」とつぶやくのである。小さな子どもがくしゃみをするのは健康のしるしだと考えられており、人々は「大きくなあれ！」と言う。それゆえ、仲間の黒人たちが見守るなかでくしゃみが出ると、その人は元気になり、自分の中にイトンゴが入ってきて今も傍らにいることに気がつくのである。ズールー族の占い師や邪術師はきわめて頻繁にくしゃみをする。彼らはそれを、霊がそこにいることのしるしと見なし、その霊に対して「マコシ！（主人ないし親方の意）」と言って祈るのである。

以下は、この種の慣習が、ある宗教から別の宗教へと移入された例である。コサ族〔アフリカ南東部に居住する部族〕はかつて、くしゃみをしたときには聖なる祖先神、ウティソに呼びかけていたが、キリスト教への改宗以降は、「神よ見守りたまえ」とか「天と地の創造者よ」と言うようになった(57)。アフリカの別の地域でも、同様の観念についての言及がある。トーマス・ブラウン卿〔Thomas Browne 一六〇五－一六八二。十七世紀イングランドの作家〕は、その著作『誤てる俗説』のなかで、モノモタパ〔アフリカ南東部に十六－十七世紀頃に存在した王国〕の王がくしゃみをしたとき、町中の人々が口々に祝福の声を上げたという話を有名にした。しかし、ブラウン卿は、この話を最初に記したゴディーニョ〔Nicolao Godinho 一五五九－一六一六。ポルトガル出身のイエズス会修道士〕が言及している次の点にも触れておくべきだった。すなわち、この出来事は王がくしゃみをしたときだけではなく、酔っ払ったり咳をしたりしたときにも起こったということである。[58] これよりも後代の報告だが、大陸の反対側から得られたものの方が、ここでの趣旨に適っている。前世紀〔十八世紀〕のギニアでは有力者がくしゃみをすると、居合わせた人々は皆跪いて地面に口づけをし、手を叩き、その人のあらゆる幸福と繁栄を祈ったという。[59] それとは異なる観念に基づくものとして、カラバル〔ナイジェリアの古都で港湾都市〕の黒人たちは、子どもがくしゃみをすると邪悪なものを投げ捨てるかのような身振りをしながら「この子から去れ！」と叫ぶことがある。[60]

ポリネシアもまた、くしゃみのときの挨拶が明瞭に見て取れる地域である。ニュージーランドには、子どもがくしゃみをしたときに使われる、災いを防ぐためのまじないがある。[61] サモア人がくしゃみをすると、それを見ていた人たちは「お元気で！」と言う。[62] 他方、トンガの人々にとって、長旅に出る際にくしゃみをするのは最も不吉な予兆である。[63] アメリカの興味深い事例としては、エルナンド・デ・ソト〔Hernando de Soto 一五〇〇頃－一五四二。スペイン人探検家、中米ならびに現在のアメリカ合衆国に遠征した〕が、かの有名なフロリダへの遠征を敢行した際、その地の首長グアチョヤが彼のもとを訪ねてきたときの話がある。「そうするうちに、首長のグアチョヤが大きなくしゃみをした。首長と一緒に来た紳士たちはスペイン人たちとともに集会所の壁に並んでいたが、いっせいに頭を下げてお辞儀をし、腕を開いてはまた閉じて、ほかにも深い崇敬と尊敬の念を示す身振りをした。彼らはさまざまな言葉で首長に挨拶をし、同じ方向を向いてこう言った。『太陽が汝を守護し、汝とともにあり、汝に知恵を与え、汝を強くし、汝の盾となり、汝を助け、汝の敵を阻み、汝を繁栄させ、汝を救いますように、云々』。

こうした言葉がゆったりと唱えられるなか、〔植民地〕総督は不思議そうに紳士や船長たちにこう言った。『世界はどうやら皆一つのようだね？』。このように、これほど未開の人々でさえ、かなり文明化された形でこの慣習を保持している人々よりもむしろ盛大にこうした挨拶をしていたことは、スペイン人のあいだではよく知られていた。したがって、このような挨拶の作法はあらゆる民族にとって自然なものであり、俗に言われるように伝染病の流行から始まったのではないと考えていいだろう[64]」。

　*アジアとヨーロッパでは、くしゃみにまつわる迷信は広くさまざまな人種、時代、国々に見られる[65]。ギリシア・ローマの古典時代にこれに触れている記述としては、以下のものが最も特徴的である。まず、『オデュッセイア』におけるテレマコスの幸運のくしゃみ[66]。次に、兵士のくしゃみと、隊列をなして叫ばれる神への祈りの言葉で、クセノフォンはこれが好ましい予兆だと論じている[67]。そしてアリストテレスは、くしゃみは神的なものと見なされる（「われわれはくさめを神的なものと考える」）が、咳はそうではないと述べている[68]。また、ギリシアの警句のなかに、ある鼻の長い男についての記述がある。彼はくしゃみをするとき、「ゼウスの御加護を」とは言わなかった。あまりにも鼻が〔耳から〕遠くて、その音が聞こえなかったのだ[69]。ペトロニウスは、くしゃみをした人に対して「癒されよ！」というような挨拶を口にする慣習に言及している[70]。それについて、プリニウスは「なぜわれわれはくしゃみをした人に挨拶をするのか」と問いかけ、あのティベリウス帝、最も悲劇的人物であるカエサルでさえ、このしきたりを強いたと述べている[71]。

　くしゃみに関する同様の儀式は、東アジアでも古くから認められている[72]。インド人がくしゃみをすると、見ていた人々は「お大事に！」と言い、くしゃみをした本人も「あなたも！」と答える。これは凶兆の一つであり、タグ〔破壊の女神への供物として旅人を殺害し略奪を行なった北部インドの盗賊団〕が長旅に出る際も、これを大いに重んじた。彼らはその不吉な兆しを理由に、旅人たちを解放することさえあったのである[73]。

　*ユダヤ人がくしゃみをしたときの決まり文句は「トビーン・ハイム！」、つまり「よき人生を！」である[74]。ム

スリムがくしゃみをしたときには「アッラーを称えよ！」と言い、彼の友人たちは、その場にふさわしい言葉で彼を褒める。これは人種の別なく、イスラームが広がっている地域ならどこでも行なわれる慣習のようだ[75]。最後に加えれば、この慣習はヨーロッパでは中世を通じて普及し、現代にまで及んでいる。ドイツの古い事例を引いておこう。「異教徒はくしゃみをしてはならなかった、というのも人は『神が今（お前たちを）助けるよ！』と言うのだから。くしゃみをする人には誰でも、神がお前を助けてくれる、と私たちは言う[76]」。イングランドのノルマン・フランス人の言い回しの例としては、以下の詩句（西暦一一〇〇年）が有用だろう。そこには、われわれイギリス人の古い定型句 was hal!（「お元気で！」〔「乾杯」の意味で使われる〕wassail! の原型）もまた、くしゃみのあとに病いにかかることを避けるために使われていたことが読み取れる。

一度くしゃみがなされたら
具合が悪くなってしまうと彼らは考えている
もしもそのあとに「ウェスヘイル」と言わないならば[77]。

『礼節の法則』（一六八五年にフランス語から翻訳された）には、次のような一節がある。「もしも王様がくしゃみをしても、『神のご加護を！』などと大声で叫んではいけない。帽子を取ってしっかりとお辞儀をし、祈りの言葉はむしろ自分のなかでつぶやくがよい[78]」。再洗礼派とクエーカー教徒が、これらの定型句をその他の挨拶とともに拒んだことは知られている。しかし半世紀ほど前までは、それらがイギリスのよいマナーとして社会の上層から下層まで共有されていたし、今でもほとんど忘れられていない。だからこそ多くの人々は今も、バイオリン弾きとその妻の物語の要点を理解できる。バイオリン弾きのくしゃみと「神のご加護がありますように！」という妻の温かい言葉が、二人を隔てていたバイオリン・ケースを取り除くきっかけとなったあの話である※。ドイツで

※ Cervantes Hogg の風刺恋愛小説 *The Rising Sun*（一八〇七）で言及されているよく知られたエピソード。バイオリン弾きとその妻が夫婦喧嘩をし、一つしかないベッドをバイオリン・ケースで仕切った。数日後双方とも仲直りしたいと思いながらきっかけがつかめずにいたところ、夫のくしゃみに妻が思わず応答し、夫が「本気でそう思っているのなら、いっしょにバイオリン・ケースをどけよう」と提案して仲直りした。

は「神のご加護を！」、イタリアでは「お幸せに！」という挨拶が今でも聞けることだろう。

このように非合理な慣習の存在が、好奇心の強い探求者たちの頭を長年にわたって悩ませてきたのも無理はない。とりわけ言い伝えの語り手たちは、手近な素材を取り上げては歴史的説明を考え出そうとしてきた。彼らの試みは、ギリシア、ユダヤ、キリスト教などに属する一群の哲学的神話のなかに記録されている。たとえばプロメテウスは自分が命を吹き込んだ人間の無事を祈るが、その生命の最初のしるしとなったのは、くしゃみだった。ヤコブは人間の魂がくしゃみをしても、これまでどおり肉体から離れずにいるよう祈っていた。教皇グレゴリウスは伝染病を回避できるよう祈っているが、当時、大気は致命的に汚染されており、くしゃみをした人は命を落としたともいう。言い伝えでは、このような想像上の出来事に基づいて、くしゃみのときの挨拶が伝えられたのだとされている。

ここではむしろ、あくびについてもくしゃみの場合に対応する一組の観念と慣習が存在することに注目したい。ズールー族のあいだでは、あくびとくしゃみを繰り返すのは、いずれも霊的なものの憑依状態が迫りつつあることの徴候と見なされている。[79] ヒンドゥー教徒は、あくびをすると手の指を鳴らしながらラーマなどの神の名前を繰り返し唱える。これを怠ることはバラモンを殺すのに匹敵するような大罪だという。[80] ペルシア人は、あくび、くしゃみ、その他を悪魔の憑依のせいだと考える。一般に、現代のムスリムはあくびが出ると左の手の甲を口元にもっていき、「アッラーよ、どうか呪わしい悪魔から逃れられますように！」と言う。そのようにしてあくびの動作を避けるのは、悪魔にはあくびしている口の中に飛び込む習性があるからだそうだ。[81] これはおそらく、

「口を開けていると悪魔が入ってくるぞ！」というユダヤの言い伝えの意味に重なるものだろう。
この観念の別の半面は、ヨセフス〔Flavius Josephus 三七頃－一〇〇頃、ユダヤの歴史家〕の物語にはっきりと現われている。それによるとヨセフスは、ウェスパシアヌス帝〔ローマ帝国皇帝、在位六九－七九〕の時代に、エレアザルという名のユダヤ人が悪魔に取り憑かれた人を癒すのを見た。このユダヤ人はソロモンが語った神秘的な力をもつ輪を使い、取り憑かれた人の鼻の穴から悪魔を引っ張り出したと言う。[82] メッサリア派〔四世紀末に異端として断罪された教派、ユーカイトとも呼ばれる〕の人々は呼吸によって入ってきた悪魔を、唾を吐いたり鼻をかんだりして追い出したとされる。[83] 中世の悪魔祓い師が病人の鼻の穴から悪魔を追い出したという記録もある。[84] またチロル人には、あくびをしたときには悪いものが口から入ってこないように十字を切る慣習が今も残るといい、ここにも同様の観念が含まれている。[85]
現代のカフィール族〔アフリカ南部に入植した白人が黒人一般を指す蔑称として使っていた。現在の呼称はバントゥー〕の諸観念を各地の類似の観念と比較してみると、くしゃみはなんらかの霊的現われによるものだという考え方が鮮明に見えてくる。このことは実際、問題の全体への鍵となると思われるが、ハリバートン氏〔Robert Grant Haliburton 一八三一－一九〇一。カナダの法律家、人類学者〕はこれを、ケルト民話に現われた例を引いて巧みに視野に収めている。そこには、くしゃみをした人は誰であれ、諸々の妖精に連れ去られかねないという迷信を育てるような、一群の物語が存在する。そのような妖精の力に抵抗するために必要なのが、「神のご加護がありますように」などのまじないだというのである。[86] あくびに関しても、これに対応する観念がアイスランドの民話に認められる。そこではトロル〔北欧に伝わる妖精の一種〕が美しい女王に姿を変え、こう言う。「私が小さくあくびをすると、私は小さな可愛らしい乙女になるの。私が半分あくびをすると、私は半分だけトロルになるわ。そして私が思い切りあくびをすると、私はすっかりトロルになるのよ」。[87]
総じて言えば、くしゃみにまつわる迷信は人類にとって普遍的なレベルにまで達するものではないが、その分布範囲の広大さはきわめて注目に値する。その分布の広さがはたしてどこまで個々の地域それぞれにおける成長によるものであり、どこまでがある人種から別の人種への伝播によるものであり、さらにどこまでが祖先の遺産によるものなのかを見きわめることは、興味深い課題である。ここではただ、それが元来、恣意的で無意味な慣習ではなく、ある原則の所産だということを主張するにとどめよう。(88) 現代のズールー族が素朴に言明していることとは、他の種族の迷信や民話が示唆する事柄と一致する。すなわち、くしゃみに関する諸々の観念や実践は、諸々の霊に関する古代人や野蛮人の思想と結びついているということである。それらの霊はこの世に充満し、人間の体に侵入してくるものであり、善とも悪とも見なされ、その善悪によって扱われ方も異なる。現代のヨーロッパに今も古臭い奇異な物言いが残存しているのは、それらが過去の時代の無意識のうちでの記録だからなのかもしれない。つまりそれは、くしゃみについての説明が生理学の手に渡されず、いまだ「神学的段階」〔オーギュスト・コントの論じた「三段階の法則」の第一段階。形而上学的、実証的段階へと続く〕の範囲にあった時代の記録なのである。

人柱の供犠〔一〇四－一〇八〕

ピクト人*〔スコットランド北部に居住していた古代民族〕は、地元の言い伝えによれば先史時代の建造物の製作者であり、礎石を人間の血の風呂に入れていたと信じられていて、それは今でもスコットランドで語り継がれている。また、伝説ではさらに、聖コルンバ〔Columba アイルランド名 Colmcille 五二一－五九七。アイルランドの宣教師、アイルランド守護聖人の一人〕が、昼に建てられたものを夜には破壊してしまう土地の精霊たちをなだめるため、自分の修道院〔スコットランドの聖アイオナ修道院〕の土台の下に聖オラン〔Oran of Iona 生年不詳－五四八。コルンバのスコットランド伝道の同行者〕を生き埋めにしなければならないと決断した、とも伝えられている。一八四三年の段階ですら、ドイツでは、〔西部の都市〕ハレで新しい橋を架けるときには子どもを一人、土台に埋め込まなければならないという考えが広く流布していた。このように、教会や壁や橋の土台を強固にするためには人間の血や、犠牲として生き埋めになる人間が必要だという考え方は、ヨーロッパの民話にのみ見られるわけではない。地域の年代記や言い伝えでも、その種のことがあちらこちらで歴史的事実としてはっきりと語られている。

実際、一四六三年に〔ポーランドの〕ノガト川の堰堤が決壊して修理が必要になったとき、農夫たちは流れる川に生きた人間を投げ込むよう忠告を受け、一人の乞食を酒に酔わせ、川に沈めたと言われている。〔ドイツ中部の州〕チューリンゲンの言い伝えでは、リーベンシュタイン城を難攻不落とするためにある母親からその子を現金で買い取り、壁に閉じ込めたとされる。石工たちが作業するあいだ、この子どもは菓子を食べていたという。物語はこう続く。子どもは「ママ、僕、ママがまだ見えるよ」と大声で叫んでいた。しばらくして、「ちょっとだけまだ見えるよ、ママ」。そして最後の石が据えられたとき、「もう全然見えないよ」と子どもは叫んだ。

コペンハーゲンの伝説によれば、建てたばかりの城壁がすぐに沈んでしまったので、人々は無邪気な少女を一人そこへ連れて行き、おもちゃや食べ物の載ったテーブルのそばの椅子に座らせた。少女が遊んだり食べたりしているあいだに、十二人の熟練石工が少女の頭上の丸天井を閉じた。それからやかましい音楽とともに壁が建てられ、もはや揺らぐことはなかったという。イタリアの伝説では、〔東部の山間の町〕アルタの橋が何度も落ちたので、人々はついに棟梁の妻をその中に埋め込んだ。この妻は死の間際、橋は今後、花の茎のように震えるだろうと呪いの言葉を叫んだという。デティネツ〔城塞〕を建設したスラヴ人の首長たちは、古い異教の慣習に則って使いを出し、彼らが最初に会った少年を連れてこさせて建物の土台の中に埋め込んだとされる。

セルビアの伝説は、三人の兄弟が〔アルバニア北部の町〕シュコダル（スコタリ）の砦を建築するにあたり、どのように団結して取り組んだかを物語っている。三百人もの石工が昼間に建てた家を夜には悪魔（ヴィーラ）が破壊してしまうということが何年も続いたので、悪魔をなだめるには人間の生け贄が必要だということになった。犠牲になるのは三兄弟の妻のうち、大工たちに最初に食べ物を持ってくる妻である。三兄弟は、この恐ろしい秘密を妻たちには伝えないよう誓いあうが、年長の二人の兄弟はひそかに裏切り、自分の妻に警告を与える。結局、なんの疑いももたずにやってきた一番下の弟の妻が、砦の壁に埋め込まれてしまった。この妻は、自分が産んだ赤ん坊に授乳するために、どうか少しの隙間を残してほしいと懇願した。十二ヵ月の間、その願いは聞き入れられたという。セルビア人の妻たちは今もなお、このよき母の墓を訪れる。砦の壁をつたって滴り落ちる水の流れが、この墓の目印である。流れる水は乳白色で、ライムの香りが漂うという。最後に、自分の住む城の塔を完成させるためには父親なしに母から生まれた子どもの血に礎石を浸さなければならないと考えた、わが国に伝わるヴォーティガン侯〔五世紀の古代ブリトン人の王侯〕の伝説を挙げておこう。

犠牲の歴史においては、こうした被害者には身代わりが現われるのがつねである。ドイツでは壁に閉じ込められた棺桶の中が空っぽだったり、デンマークでは教会の土台を固めるために祭壇の下に仔羊が閉じ込められていたり、教会墓地を開くときにも同様にまず馬を生き埋めにしたりする。現代のギリシアには、その種の観念の明白な痕跡をとどめる次のような迷信がある。すなわち、礎石が据えられたあと、最初にそこを通った人は、その年内に命を落とすというのである。そこで、石工は仔羊や黒い鶏をその石の上で殺すことにより、そうした借りを相殺しようとする。これとまったく同じ観念が橋の建立にまつわるドイツの伝説にもある。それは、最初に鶏を駆け出させて橋を渡らせるように仕向けることで悪魔が欺かれ、約束の謝礼である〔人間の〕魂を手に入れ損なうという話である。ドイツにはまた、新しい家に自分たちが入る前に、まず猫か犬を駆け込ませるとよい、という民間伝承もある。(89)

幾度となく現われ、多様な形をとってきた神話的主題につらなる観念を十分考慮に入れるならば、以上から考えられるのは、成文化されているか否かを問わず伝統というものは血なまぐさい儀式の記憶を保存しているということである。その種の儀式は遠い昔に確かに存在したのみならず、その後もヨーロッパ史に長く残存した。さほど教育の進んでいない国々に目を向ければ、そこでは今もその種の儀礼が明らかに宗教的な目的のもとに行なわれていることがわかる。つまり生け贄によって地霊をなだめたり、生け贄になる人の魂そのものを守護霊に転化したりするために行なわれているのである。

*アフリカのガラム〔セネガルにあった王国の名〕では、しばしば少年や少女が町の大きな門の前で生き埋めにされた。その町を難攻不落のものとすることが目的であり、この種の行ないはかつてバンバラという暴君によって大規模に実行された。〔コートジボワール南部の都市〕グラン・バッサムやヨルバ〔ナイジェリア西部、かつてヨルバランドがあった〕でも、そのような供犠の実践は家や村を作るときには一般的なものだった。[90]

エリス〔William Ellis　一七九四－一八七二。ロンドン伝道協会の宣教師〕はポリネシアで伝え聞いた慣習の例として、マエヴァ〔タヒチのファヒネ島の地名、遺跡で知られる〕のある神殿では生け贄となる人間の体の上に中央の支柱が据えられたという事実を記している。[91]ボルネオのミラナウ・ダヤク族〔ダヤクはボルネオ島に住むプロト・マレー系民族の総称。ミラナウはそのうちの西部海岸に住む民族〕は最も大きな家を建てる際、最初の支柱を入れるための深い穴を掘り、支柱となる材木をその上に吊り下げておく。それから奴隷の少女を穴の中に座らせる。合図とともに縄を切ると、巨大な木材が少女めがけて落ちてくる。少女は死に、精霊たちへの生け贄となるのである。セント・ジョン〔Spencer St. John　一八二五－一九一〇。在ブルネイ・イギリス領事〕が見たのは、もう少し穏やかな形式の儀礼の様子である。クオップ・ダヤク族〔ボルネオ島北部サラワクに居住するダヤク族〕の首長が自分の家の近くに旗棒を立てるとき、一羽の鶏が投げ込まれ、落下してくる棒でつぶされるというものである。[92]

比較的発展した文化をもつ南アジアの諸民族もまた、土台固めのための供犠を今日まで続けている。十七世紀の日本についての報告のなかに、自ら生け贄となることを志願した者の体の上に壁を作ると事故が減ると信じられていたという記述がある。[93]同様に、大きな砦を築くときには不幸な奴隷が礎となるために我が身を差し出し、溝に体を横たえて、上から降ろされる巨石の下敷きになった。ある目撃者の証言をもとにメイソン〔Francis Mason　一七九九－一八七四。アメリカ出身のバプティスト派宣教師、博物学者〕が記しているところによれば、一七八〇年前後にテナセリム〔ミャンマー最南部のタニンダーリ地域の旧名〕の新都市タヴォイに門が築かれたとき、柱を据える穴のそれぞれに犯罪者が埋められ、守護霊にされたという。ほかにも、守護霊としてマンダレーの門の下に埋められた犠牲者や、水路の安全のためにビルマの貯水池で溺死した女王や、タトゥンの砦を頑丈なものにするために死体を切り刻まれて埋められた英雄の話などがある。この種の物語は、歴史的なものであれ神話的なものであれ、その土地に実際に存在した慣習を記録するものと言える。(94)

イギリス領内の例を挙げるなら、かつてサラ・バーン王（Rajah Sala Byne）がパンジャーブ地方のシアールコートの砦を築いたとき、南東の砦があまりにも繰り返し崩れたため、ある予言者に頼った話がある。この予言者が、一人息子の血が流されないかぎり、砦はけっしてしっかりしたものにならないと言ったため、王は、ある未亡人の一人息子を犠牲にしたという。(95) このような恐ろしい儀礼はヨーロッパでは、もはやかすかな記憶以上のものではなくなっているが、アフリカ、ポリネシア、アジアでは明らかに、その古めかしい実践と意味を確固として保持している。それらを保持している人々は、時間的な意味で文明の初期に位置するわけではないが、発展の段階としてはなお文明の初期的状態を表わしている。

溺れる人を助けることへの先入観〔一〇八‐一一一〕

ウォルター・スコット卿*〔Sir Walter Scott 一七七一‐一八三二。スコットランドの詩人、小説家〕は小説『海賊』のなかで、行商人のブライスが、難破船の船員を助けようとするモータントに手を貸すのを拒む場面を描いている。行商人はさらに、そのような行ないに出ることは軽率だといさめ、シェットランド諸島に伝わる古い迷信を口にする。「お前、気は確かか？　溺れてる奴を助ける危険を冒そうとするなんて、この島でよくこれまで生きてこれたな。あいつを生き返らせてやったらとんでもない大損になるってことがわからないのか？」

もしもこの冷酷な考え方が、この一地域にだけ見られるのであれば、今では説明不可能ななんらかの局所的観念がそれを生んだのだと想像してよいだろう。しかし、同様の迷信についての言及が〔スコットランドの西方〕セント・キルダ島の島民やドナウ川の船頭、フランスやイギリスの船乗り、さらにヨーロッパ以外の地域や、さほど文明化されていない種族からも得られている以上、これを一部地域のみの奇想と片付けることはできまい。インド人は聖なるガンジス川で溺れる人を助けはしないし、マレー諸島の島民たちも、この冷酷な考えを共有している[96]。

なかでも粗野なカムチャダール族〔カムチャツカ半島先住民、ただしロシア化が進んでいる。自称はイテリメン〕の人々は、このタブーをきわめて注目すべき形で守っている。クラシェニンニコフ〔Stepan Petrovič Krašeninnikov 一七一一－一七五五。ロシアの地理学者〕によれば、彼らは溺れる人を助けることをたいへんな過ちと考えているという。溺れる人を助ける者は自分も溺れる、というのである[97]。ステラー〔Georg Wilhelm Steller 一七〇九－一七四六。ロシアの探検家ヴィトゥス・ベーリングの航海に同行したドイツ出身の博物学者、医師〕の報告はさらに途方もない話で、おそらく犠牲者が現に溺れている場合のみ当てはまるものだろう。彼の言によれば、人がたまたま水に落ちた場合、その人が水から出ることは大罪である。彼は溺れる運命にあったのだから、溺れないのは間違っているというのである。したがって水から上がった人には住む家が与えられず、話しかけられることもない。食べ物や嫁も与えられず、死に際しても誰にも省みられない。さらには、ある人が水に落ちたときに人々が近くにいたとしても、彼を助けるどころか、むしろ力ずくで溺れさせるのである。

また、これら未開人たちは、火山を忌避したようだ。火山には諸々の霊が住んでいて、食事の用意をしているからだという。同じ理由で、彼らは温泉に入ることも罪と見なした。海に住む、魚によく似た霊を畏怖の念とともに信じ、それをミトゥクと呼んでいた[98]。このような心霊主義的信念が、溺れる人の救出に関して彼らがもっている迷信を解く鍵であることは疑いの余地がない。

現代ヨーロッパの迷信のなかにさえ、その種の慣習が認められるのみならず、それに対する古くさい心霊主義的な意味づけもまた、なかなか消えずに残存していることがわかる。ボヘミアに関する近年の報告〔一八六四年〕によれば、漁師たちは溺れる人をあえて救出しようとはしない。彼らは「ウォーターマン」〔水霊〕が漁撈の運を奪い、隙あらば自分たちを溺れさせるのではないかと恐れるのである。[99] 水霊の生け贄となるべき人を救出することに抵抗する先入観についてのこのような説明方法は、世界のさまざまな地域からもたらされる膨大な証拠によって裏付けられるだろう。したがって生け贄の思想について言えば、井戸や川、湖、海などへの供え物の仕方は、たいてい財産や牛、人間を水中に投げ込むという行為だったのである。そうした生け贄を我が物にするのは、水自身や水に宿る霊だった。[100]

このように人が溺れるという事故は何者かにつかまることと捉えられていたが、このことは野蛮人のみならず文明人の民話においても数多くの例から明らかである。たとえばスー族〔スー語系のダコタ、ナコタ、ラコタ語を話す諸族の総称〕インディアンは、洪水や急流の中で人を溺れさせるのはアンク・タへという水生の化け物だと考える。[101] ニュージーランドでは、タニワと呼ばれる巨大な爬虫類に似た超自然的な化け物が川の彎曲部に住んでいて、溺れる人を引きずり込むと言われる。[102] シャム人が怖れているのはプニークという水霊で、この霊は水浴びをしている人をつかまえて自分の住み処に引きずっていく。[103] スラヴの国々では、トピーレク〔潜る者〕のせいで、人間がしばしば溺れさせられると言われる。[104] さらにドイツでは、誰かが溺れると、人々は先祖の宗教を思い出して、「川の霊が今年の生け贄を欲しがったのだ」とか、あるいはもっと簡潔に、「ニクス〔水霊、あるいは水の妖精〕が、あいつを連れてっちまった」[105] と言う。

浪間に沈むるひとも舟も
神怪《くすし》き魔歌《まがうた》謡《うた》うローレライ〔ハインリヒ・ハイネ「ローレライ」近藤朔風訳詞〕

このような観点から見ると、溺れそうな人を助けることは犠牲者を水霊の手からすんでのところで奪い取ることになる。霊に対する向こう見ずな反逆は、おそらく水霊の仕返しをもたらさずには済まないだろう。文明化した世界では、こうした溺死に関する粗野で古臭い神学的な考え方が物理的な説明に取って代わられて久しい。そうした死から人を助けることに反対するような先入観も、今ではほとんどすっかり消え去っている。しかし過去の観念は、現代の民話や詩のなかに流れ込んでいる。そのためわれわれは、過去の原始的な教理と今も残存する慣習との間に明白な絆を認めることができるのである。

世界各地で社会の発展が進行するにつれ、発展の重荷となるような考え方や行動はたんなる残存へと縮小していくことだろう。元来の意味はしだいに廃れ、それを心にとどめる人々は世代とともにどんどん減っていき、やがて一般の人々の記憶から消え去ってしまう。その後は民族誌を扱う人々が、互いに切り離され、あるいは忘れ去られた諸々の事実をつなぎ合わせて全体像を復元しようと試み、多少ともそれに成功することだろう。子どもの遊びや民衆の言い習わし、不条理な慣習といったものは実践的には重要性をもたないかもしれない。しかし、かつてそれらが初期の文化のきわめて教訓的な側面において大きな役割を果たしたように、哲学的に見ればそれらはたんに無意味というわけではない。醜悪で残酷な迷信の数々は、原始時代の未開性の遺産であることが明らかになるだろう。そのような旧習を失わない点において、人間はシェイクスピアが語る狐によく似ている。

「いかに飼いならし、小屋に入れてかわいがろうと、先祖伝来の野生の血を失いはせぬ」

〔『ヘンリー四世・第一部』小田島雄志訳、白水社（白水Uブックス）、一七三頁（第五幕第二場）〕

原注

（1）Will, de Rubruquis in Pinkerton, vol. vii. pp. 46, 67, 132; Michie, 'Siberian Overland Route,' p. 96.

（2）Ovid. Fast.v. 487〔オウィディウス『祭暦』高橋宏幸訳、国文社、二〇二頁〕。現代のイタリアとフランスについては、Edélestane du Meril, 'Études d'Archéol.' p. 121 を見よ。

（3）'Journ. Ind. Archip.'（ed. by J. R. Logan）, vol. ii. p. liv.

（4）Klemm, 'Cultur-Geschichte,' vol. ii. p. 209.

（5）Oldfield in 'Tr. Eth. Soc.' vol. iii. p. 266; Dumont d'Urville, 'Voy. de l'Astrolabe,' vol. i. p. 411.

（6）Strutt, 'Sports and Pastimes,' book ii. chap. ii.

（7）Polack, 'New Zealanders,' vol. ii. p. 171.

（8）Polack, ibid.; Wilkes, 'U.S. Exp.' vol. i. p. 194.〔トンガの〕リアギのゲームについての説明は、Mariner, 'Tonga Is.' vol. ii. p. 339; and Yate, 'New Zealand,' p. 113.

（9）Petron. 'Arbitri, Satiræ rec.' Büchler, p. 64（別の表記では *buccæ* または *bucco*）〔ペトロニウス『サテュリコン』国原吉之助訳、岩波書店（岩波文庫）、一一四頁〕。

（10）Davis, 'Chinese,' vol. i, p. 317; Wilkinson, 'Ancient Egyptians,' vol. i, p.188; Facciolati, Lexicon, s. v. 'micare,' 等を比較せよ。

（11）Jamieson, 'Dict. of Scottish Lang.' s. v.

（12）'Early History of Mankind,' p. 244, &c.; Grimm, 'Deutsche Myth.,' p. 573.

（13）Grimm, *ibid.*, p. 1200.

（14）Halliwell, 'Popular Rhymes,' p. 112; Grimm, 'D. M.' p. 812. Bastian, 'Mensch,' vol. iii. p. 106. Aucher, 'Johannis

Philosophi Ozniensis Opera,' Venice, 1834, pp. 78-89.「あの者たちは幼子の血に小麦粉を混ぜ合わせて許されざる聖体を飲み下す。そのようにして、おぞましくもみずからの子を喰らう豚どもの貪食をも凌駕しているのだ。そして幼子の死体を屋根の上に隠し、目を空に向けて上方を眺めつつ、言葉もその意味も奇怪だがこう誓う――『至高なる者は知れり』。また、太陽に祈ろうとして、『おお、我らの太陽、その光よ』と述べ、空気のごとくさまよう悪魔どもをひそかに呼び出しているが、これらはマニ教徒や魔術師シモンの誤謬に沿ったものである。同じく、女が産んだ初子の男児を彼らは手に手に互いに投げ回し、最悪の死によって殺してしまったらば、その男児が手の中で息を引き取ったその者のことを、宗派の第一の地位へと持ち上げて崇めるのである。そして、正気ではないが両者の名にかけて厚かましくも誓うのである。曰く、『私はこの独り子にかけて誓います』。また、『この独り子が自らの息をその手へと譲り渡した者の栄光こそ、あなたへの証しです』。……彼らはこれらの者〔正教会〕に抗い、みずからを省みずその不敬虔な怒りを吐き出さんと企て、気でも違っていることに、悪しき霊による冒瀆に走り、〔正教会を〕『像を拝む者』呼ばわりしている」。

（15）Polack, vol. i. p. 270.
（16）Bosman, 'Guinese Kust,' letter x.; Eng. Trans. in Pinkerton, vol. xvi., p. 399.
（17）Homer. 'Iliad.' vii. 171; Pindar. 'Pyth.' iv. 338.
（18）Tacit. 'Germania.' 10.
（19）Smith's 'Dic. of Gr. and Rom. Ant.,' arts. 'oraculum,' 'sortes.'
（20）Roberts, 'Oriental Illustrations,' p. 163.
（21）Gataker, pp. 91, 141; Lecky, 'History of Rationalism,' vol. i. p. 307 も見よ。
（22）Jeremy Taylor, 'Ductor Dubitantium,' in Works, vol. xiv. p. 337.
（23）Wuttke, 'Deutsche Volksaberglaube,' pp. 95, 115, 178 を見よ。
（24）Mariner, 'Tonga Islands,' vol. ii. p. 239; Turner, 'Polynesia,' p. 214. Williams, 'Fiji,' vol. i. p. 228. また Cranz, 'Grönland,'

p. 231と比較せよ。

（25）R. Taylor, 'New Zealand,' pp. 206, 348, 387.

（26）Smith, Dic., art. 'talus.'

（27）Brand, 'Popular Antiquities' vol. ii. p. 412.

（28）D. & C. Livingstone, 'Exp. to Zambesi,' p. 51.

（29）Doolittle, 'Chinese,' vol. ii. pp. 108, 285-7; また384も見よ。 Bastian, 'Oestl. Asien,' vol. iii. pp. 76, 125.

（30）Smith, Dic., art. 'cottabos.'

（31）Grimm, 'Deutsche Myth.' p. 222.

（32）Plin. viii. 54.

（33）ナーガパッティナム〔南インド、タミルナードゥ州の都市〕在住のMr. H. J. StokesからMr. F. M. Jenningsへの手紙より。擬娩の詳細については'Early History of Mankind,' p. 293.

（34）Hâvamâl, 138.

（35）Jamieson, 'Scottish Dictionary,' s.v. 'coals'; R. Hunt, 'Popular Romances,' 1st ser. p. 83.

（36）Wuttke, 'Volksaberglaube,' p. 131.

（37）Rochholz, 'Deutscher Glaube und Branch,' vol. i. p. 120; R. Chambers, 'Popular Rhymes of Scotland,' Miscellaneous; Grimm, pp. 969, 976; Wuttke, p. 115.

（38）Mendes, 'Service for the First Nights of Passover,' London, 1862（ユダヤ教的な解釈では、*sbunra*「猫」という単語は*sbinâr*に対応するとされる）. Halliwell, 'Nursery Rhymes,' p. 288; 'Popular Rhymes,' p. 6.

（39）Williams, 'Fiji,' vol. i. p. 110.

（40）Shortland, 'Traditions of N. Z.' p 196.

（41）Casalis, 'Etudes sur la langue Séchuana.'

（42）R. F. Burton, 'Wit and Wisdom from West Africa.' また Waitz, vol. ii. p. 245 も見よ。
（43）Callaway, 'Nursery Tales, &c. of Zulus,' vol. i. p. 364, &c.
（44）Casalis, 'Etudes sur la langue Séchuana,' p. 91; 'Basutos,' p. 337.
（45）Steere, 'Swahili Tales,' p. 418.
（46）Burton, 'Wit and Wisdom from West Africa,' p. 212.
（47）Turner, 'Polynesia,' p. 216. また Polack, 'New Zealanders,' vol. ii. p. 171 も見よ。
（48）Sahagun, 'Historia de Nueva España,' in Kingsborough's 'Antiquities of Mexico,' vol. vii. p. 178.
（49）Grimm, p. 699.
（50）Diog. Laert. i. 91〔ディオゲネス・ラエルティオス『ギリシア哲学者列伝（上）』加来彰俊訳、岩波書店（岩波文庫）、八四頁（第一巻第六章九一）〕; Athenagoras. x, 451.
（51）Mannhardt, 'Zeitschr. für Deutsche Mythologie,' vol.iii. p.2, &c.
（52）Grote, 'Hist, of Greece,' vol. ii. p. 5 を見よ。
（53）Mannhardt, 'Zeitschr.' l. c.
（54）E. A. W. Zimmermann, 'Geographische Geschichte des Menschen,'&c., 1778-83, vol. iii. ロルストン教授〔George Rolleston 一八二九－一八八一。イギリスの医師、動物学者〕の一八七〇年の英国科学協会における開会の辞も見よ。
（55）Earl of Chesterfield, 'Letters to his Son,' vol. ii. No. lxviii.
（56）Hylten-Cavallius, 'Wärend och Wirdarne,' vol. i. pp. 161-70 を見よ。Grimm, pp. 52-5, 1201; Brand, vol. ii. pp. 314, 325, &c.
（57）Callaway, 'Religion of Amazulu,' pp. 64, 222-5, 263.
（58）Godignus, 'Vita Patris Gonzali Sylveriæ.' Col. Agripp. 1616; lib. ii. c. x.
（59）Bosman, 'Guinea,' letter xviii. in Pinkerton, vol. xvi. p. 478.

（60）Burton, 'Wit and Wisdom from West Africa,' p. 373.

（61）Shortland, 'Trads. of New Zealand,' p. 131.

（62）Turner, 'Polynesia,' p. 348; また Williams, 'Fiji,' vol. i. p. 250 も見よ。

（63）Mariner, 'Tonga Is.' vol. i. p. 456.

（64）Garcilaso de la Vega, 'Hist, de la Florida,' vol. iii. ch. xli.

（65）この主題に関する論文のなかでは、特に Sir Thos. Browne, 'Pseudodoxia Epidemica'〔誤てる俗説〕, book iv. chap. ix.; Brand 'Popular Antiquities,' vol. iii. p. 119, &c.; R. G. Haliburton, 'New Materials for the History of Man.' Halifax, N. S. 1863; 'Encyclopædia Britannica,'（5th ed.）art. 'sneezing;' Wernsdorf, 'De Ritu Sternutantibus bene precandi.' Leipzig, 1741 を見よ。また Grimm, 'D. M.' p. 1070, note も見よ。

（66）Homer, Odyss. xvii. 541.

（67）Xenophon, Anabasis, iii. 2, 9.

（68）Aristot. Problem, xxxiii. 7〔『アリストテレス全集11　問題集』戸塚七郎訳、岩波書店、四五一頁（第三三巻九六一a）〕.

（69）Anthologia Græca, Brunck, vol. iii. p. 95〔「プロクロスは自分の鼻が拭けないのだ、手よりも鼻のほうが長いんでね。くしゃみをしても『ゼウスの御加護を』とも言えないんだ、その音が聞こえないからね、なにしろ耳からひどく遠いところにあるもんで」『ギリシア詞華集3』沓掛良彦訳、京都大学学術出版会、二〇一六年、六八四頁〕.

（70）Petron. Arb. Sat. 98.

（71）Plin. xxviii. 5〔プリニウス『博物誌』第二八巻第五章二三〕.

（72）Noel, 'Dic. des Origines;' 'Migne, 'Dic. des Superstitions,' &c.; Bastian, 'Oestl. Asien,' vol. ii. p. 129.

（73）Ward, 'Hindoos,' vol. i. p. 142; Dubois, 'Peuples de l'Inde,' vol. i. p. 465; Sleeman, 'Ramaseeana,' p. 120.

（74）Buxtorf, 'Lexicon Chaldaicum;' Tendlau, 'Sprichwörter, &c. Deutsch-Jüdischer Vorzeit.' Frankf. a. M., 1860, p. 142.

（75）Lane, 'Modern Egyptians,' vol. i. p. 282. Grant, in 'Tr. Eth. Soc.' vol. iii. p. 90 も見よ。

（76）Grimm, 'D. M.' pp. 1070, 1110.

（77）'Manuel des Pecchés,' in Wedgwood, 'Dic. English Etymology,' s. v. 'wassail.'

（78）Brand, vol. iii. p. 126.

（79）Callaway, p. 263.

（80）Ward, l. c.

（81）'Pend-Nameh,' tr. de Sacy, ch. lxiii.; Maury, 'Magie,' &c., p. 302; Lane, l.c.

（82）G. Brecher, 'Das Transcendentale im Talmud,' p. 168; Joseph. Ant. Jud. viii. 2. 5.

（83）Migne, 'Dic. des Hérésies,' s. v.

（84）Bastian, 'Mensch,' vol. ii. pp. 115, 322.

（85）Wuttke, 'Deutsche Volksaberglaube,' p. 137.

（86）Haliburton, op. cit.

（87）Powell and Magnussen, 'Legends of Iceland,' 2nd ser. p. 448.

（88）左右や早朝との関連など、くしゃみが特殊な条件に即して解釈される事例については、ここでは考察しない（Plutarch, 'De Genio Socratis,' &c. を見よ）。その種の事例は、通常の占いに属する。

（89）W. Scott, 'Minstrelsy of Scottish Border,' Forbes Leslie, 'Early Races of Scotland,' vol. i. pp. 194, 487; Grimm, 'Deutsche Mythologie,' pp. 972, 1095; Bastian, 'Mensch,' vol. ii. pp. 92, 407, vol. iii. pp. 105, 112; Bowring, 'Servian Popular Poetry,' p. 64. 本書初版への書評（'Nature,' June 15, 1871）に、以下の一節がある。「たとえば、現在のリー男爵〔William Henry Leigh, 2nd Baron Leigh 一八二四－一九〇五。イギリスの政治家〕が不快な人物をストンリー橋の基礎に埋め込んだとの非難を受けたのは、さほど昔のことではない。私の記憶が正しければ、ある報告ではその数は八人にものぼったとされる。もちろん、あまりに非常識なこの非難に対しては、ただちに反論が提起された。しかし、そのような批判がなされたという事実そのものが、古い伝統の信じがたいほどの生命力を示す特筆すべき事例なのである」。

(90) Waitz, vol. ii. p. 197.

(91) Ellis, 'Polyn. Res.' vol. i. p. 346; Tyerman and Bennet, vol. ii. p. 39.

(92) St. John, 'Far East,' vol. i. p. 46; Bastian, vol. ii. p. 407 も見よ。中国の書物『玉匣記』にある土台とされた生け贄の意味についての完璧な事例を提供してくれたことに関して、R・K・ダグラス氏に謝意を記したい。「建築を始める前に、労働者たちは近隣の神々、つまり大地や木の神々に対して生け贄を捧げなければならない。大工たちは、建物が崩壊することを非常に心配し、支柱を固定する際にはなんらかの生き物を捕まえ、支柱の下敷きにする。〔邪悪な力を〕雲散霧消させるべく、彼らは支柱を斧で打ちながら、こんな言葉を繰り返す。――『大丈夫、大丈夫。どうかこのなかで、いつまでも温かく、たんと食べられますように』」〔『玉匣記』の「禳造作魘時法」篇の一節を翻訳、引用したものと思われるが、原典の趣旨はタイラーの理解とは異なり、柱を立てる時の土地神への祭祀ではなく、逆木という呪詛を受けた時の対抗呪術についての記述である。中国宗教研究の池澤優氏のご教示による〕。

(93) Caron, 'Japan,' in Pinkerton, vol. vii. p. 623.

(94) F. Mason, 'Burmah,' p. 100; Bastian, 'Oestl. Asien,' vol. i. pp. 193, 214; vol. ii. pp. 91, 270; vol. iii. p. 16; Roberts, 'Oriental Illustrations,' p. 283.

(95) Bastian, 'Mensch,' vol. iii. p. 107. 現代のアーナウト〔アルバニアおよび近辺の山岳地帯の住人〕の物語については、Prof. Liebrecht in, 'Philologus,' vol. xxiii (1865), p. 682.

(96) Bastian, 'Mensch,' vol. iii. p. 210; Ward, 'Hindoos,' vol. ii. p. 318.

(97) Kracheninnikow, 'Descr. du Kamchatka, Voy. en Sibérie,' vol. iii. p. 72.

(98) Steller, 'Kamtschatka,' pp. 265, 274.

(99) J. V. Grohmann, 'Aberglauben und Gebräuche aus Böhmen,' p. 12.

(100) 本書第十八章。

（101）Eastman, 'Dacotah,' pp. 118, 125.
（102）R. Taylor, 'New Zealand,' p. 48.
（103）Bastian, 'Oestl. Asien,' vol. iii. p. 34.
（104）Hanusch, 'Wissenschaft des Slawischen Mythus,' p. 299.
（105）Grimm, 'Deutsche Myth,' p. 462.

第四章　文化における残存（二）

オカルト科学〔一二二—一二三〕

社会の変化によって周縁に追いやられ、ついには完全に抑圧されるような状況のただなかでもなお、残存する臆見がある。この事態を考察するうえで、これまで人類を悩ませてきた悪性の妄想の一つ、すなわち〈呪術〉信仰の歴史から学べることは多いだろう。ここではこのような民族誌的観点から〈オカルト科学〉に注目し、知性的側面での文化の歩みを示す事例として、その種の科学の分枝のいくつかを挙げてみたい。

オカルト科学が歴史に占める位置は、端的に言えば以下のとおりである。まず、その主要な原理において、オカルト科学は知られるかぎり最も低級な文明に属しており、進んだ地域に見るような教育の大部分をまだ享受するにいたっていない低級な人々は、今もこれを熱心に信奉している。科学はこの低級な水準からしだいに上昇の道をたどってきたと考えられるが、その途上で、野蛮な技術の多くが実質的に同じ位置を占めてきた一方、多くの新たな実践が時代とともに発展を遂げてきた。これら新旧の実践の数々は、現代の教養ある諸民族のなかで、多少とも存続してきたのである。しかし、進歩的な種族が自分たちの臆見を経験的な検証によって徐々に修正していくことを学んだ時代にあっては、オカルト科学はたんなる残存物へと堕ちていくことになる。現在のわれわれにとって、その種の科学が大方そのような状態にあることは明白である。

より高級な種族は、より低級な種族に呪術的力を帰する〔一一三―一一五〕

＊現代の教養ある世界では、オカルト科学は卑しむべき迷信として拒絶される。つまり呪術は低級な水準の文明に属するものだという見解が、事実上すでに表明されているのである。この判断の健全性は、呪術そのものへの信仰を破壊できる水準にまで教育が発達していない民族の存在によって、はからずも確証されている。このことはきわめて示唆的である。遠い過去の民族の特徴をとどめる生き残りとして、孤立したり辺境に暮らしたりしている種族は、どこの国でも、邪術にふけっていると噂されやすい。たとえばビルマのラヴァ族は、古代の文化的種族から零落した人々の生き残りと考えられており、虎人間として怖れられている。[1] アビシニア〔エチオピアの旧称〕のブダ族も類例で、こちらはその土地の鍛冶工にして陶工であり、邪術師にして狼男である。[2] だが示唆的なのは、呪術の効力を本気で恐れ、信じている諸民族が、次の事実を率直に認めているということである。すなわち呪術は自分たちよりも文明の遅れた種族にこそ、本質的かつ徹底的に根付いているということである。

　マレー半島のマレー人は、ムハンマドの宗教と文明〔イスラームおよびイスラーム文明〕を受け入れてきたが、この地に住む、彼らよりも低級な部族について〔前述のような〕観念を共有している。そうした部族は〔イスラーム化した〕マレー人と多少なりとも同じ種族に属すとはいえ、発展段階としては原初の野蛮な状態にとどまっている。マレー系の人々は、自民族の魔術師のことを、粗野なミンティラ族の邪術師やポヤン〔シャーマン〕に比べたら劣ると考えている。それゆえ彼らは、病いを治療したり、敵に不幸や死をもたらしたりするときは、ミンティラ族の邪術師の力を借りるのである。実際、ミンティラ族にとってはこの役割こそが、自分たちよりも強いマレー人という隣人に対する最善の防御となっている。マレー人は、ミンティラ族から呪術で仕返しされることを恐れ、彼らを怒らせないように用心しているのである。

　ジャクン族〔マレー半島のプロト・マレー系諸民族の総称〕もまた、粗野で野性的な種族である。マレー人はジャクン族のことを、不信心者で動物とさほど変わらぬ水準の人々として軽蔑しているが、同時に極度に恐れてもいる。

マレー人にとって、占いや邪術、幻惑などに長けたジャクン族は、あたかも超自然的な存在であり、気分の赴くままに善をも悪をもなしうるように見える。その祝福は最高に幸運な成功をもたらし、その呪いは最も恐ろしい結果を導くと信じられている。敵の住み処がどんなに遠くにあっても、彼らがそこに狙いを定めて二本の棒を打ち鳴らせば、敵は必ずや病いや死に斃れる。ジャクン族は薬草の知識にも長けており、最も獰猛な野獣をも手なずける力をもっている。それゆえマレー人はジャクン族を軽蔑しながらも、多くの場合、虐待することは控えたのである。(3)

かつてのインドでは、支配階級のアーリア人が、粗野な土着の人々のことを「呪術的な力をもっている」とか、「意のままに姿を変えられる」といった言葉で形容していた。(4) 現在でもなお、チョーター・ナーグプル高原〔デカン高原北東部の高原地帯〕やシンバン〔チョーター・ナーグプル高原南部〕に住んでいるインド人は、ムンダー族〔インド東部に住むムンダー系諸民族の一つ〕が諸々の魔力をもっていて、敵を貪り食うために虎などの肉食獣に姿を変えたり、人や獣の命を魔力で奪ったりすることができると固く信じている。つまりそのような力をもつとされるのは、一般に最も野性的で最も野蛮な部族なのである。(5) 南インドでも、ヒンドゥー化したドラヴィダ人の時代には、カナラ地方〔インド南西部カルナータカ州のデカン高原地域〕のシュードラが、自分たちよりもさらに下層の奴隷階級がもつ悪魔的な力を恐れながら暮らしていたという。(6) 今でもニルギリ地方〔カルナータカ州の丘陵地帯〕のドラヴィダ人のうち、トダ族〔形質的には北方インド系だがドラヴィダ語を話す部族〕やバダガ族〔タミルナードゥ州のニルギリ丘陵地帯に居住する部族〕の人々はクルンバ族〔形質的にはヴェッダ族に類似、クルンバ語などを話す部族〕を非常に恐れている。森に住むクルンバ族は、惨めなアウトカーストとして忌避されると同時に、人、動物、財産を魔術で破壊する力をもつと信じられているのである。(7)

北欧でも、これと同様の対比がはっきりと見て取れる。フィン人とラップ人は、タタール人〔かつての西欧ではテュルク＝モンゴル系遊牧民をまとめてタタールと呼んだ〕と同じような低級な未開性を特徴とし、それはシベリアに住む同じ血統の人々に今も濃厚に見られる。そのため彼らは、同じ北欧に住む隣人や敵対者である諸民族にとって、迷信混じりの恐怖の対象となっている。中世においてフィンという呼称は、今も船乗りのあいだではそうであるように邪術師に等しく、他方、ラップランドの魔女たちは黒魔術を行なう者としてよく知られていた。やがてフィン人の社会的水準は向上したが、ラップ人は古くからの半ば野蛮な習慣の大半を維持し、それと結びつく魔術も保持し続けた。そのため魔術に長けたフィン人でさえ、自分たちよりも原始的な民族がもつオカルト的な力を崇めたのである。ルース〔Friedrich Rühs 一七八一－一八二〇。ドイツの歴史家〕は今世紀〔十九世紀〕の初めにこう記している。「フィンランドには今も邪術師がいる。しかし、そのなかで最も有能な者たちですら、自分たちはラップ人にはとうていかなわないと信じている。経験豊かな魔術師のことを、『まるでラップだ』と彼らは言う。そしてそういう知識を求めて、ラップランドへと旅立つのである」(8)。

この種の観念は、文明化した世界のあらゆる場所で、無知な人々のあいだに今も残存している。西インド諸島やアフリカに住む白人の多くは、オビの施術者〔オビはかつて黒人のあいだにはやった呪術〕のまじないを恐れるし、ヨーロッパ人は、軽蔑すべき賤民である「呪われた種族」、すなわちジプシーやカゴ〔フランス西部やスペイン北部の被差別民〕といった人々には邪術を行なう力があると見なしている。民族から宗派に目を向ければ、この点に関してプロテスタントがカトリックに示している姿勢には、興味深いものがある。そのことはスコットランドで、次のように指摘されている。「多くの人が受け入れている一つの見解がある。それは、カトリックの聖職者は悪魔を退け、狂気を癒すことができるが、長老派の聖職者にはそのような力はないということだ」。ボーンによる報告でも、民衆はイングランド国教会の牧師たちが魔術を使うとはまったく考えておらず、霊を鎮められるのはカトリックの神父だけだと言っている、とされている(9)。これらは最近の証言ではないが、ドイツでは今もこのような状況が存在する。魔術に対抗したり、霊を鎮めたり、薬草を清めたり、泥棒を見つけ出したりしたいとき、プロテスタントの人々がカトリックの神父や修道士に助けを求めるのだ(10)。このとき彼らは、カトリック教会が現代文明に対してどのような関係にあるかを、無意識とはいえ皮肉なまなざしで判定しているのである。

呪術的行為の基礎は観念連合にある〔一一五－一一九〕

オカルト科学*を理解するうえで大きな鍵となるのは、その基礎が観念連合にあると考えることである。観念連合は、まさに人間理性の地盤に位置する作用だが、それはまた、少なからず人間の非合理性の地盤に位置するものでもある。人間は、知的にまだ低級な段階にいたあいだは、経験によって事実上の関連があると思われた諸々の事物を、思考のうえでも関連づけていた。しかしその後、人間はこの作業を逆立ちさせる誤謬に陥り、思考において関連するものは現実においても同様のつながりをもつに違いない、と結論づけるようになった。現在でこそわれわれは、そうしたことにはたんに観念上の意味しかないと理解しているが、当時の人々はそのような観念連合によって、現実の出来事を発見し、予見し、さらには発生させようとしたのである。呪術はこのように、観念上の関係を実際上の関係と見誤ったところに生じた。野蛮、未開、文明といった各段階の生活から得られた膨大な証拠からすれば、呪術的な営みは低級な文化のなかに生まれ、育まれ、やがて高次の文化へと入り込んでいった形跡が明らかに見て取れるだろう(11)。

その種の営みの一例として、遠く離れた人に対し、その人に密接に関連するもの――その人の持ち物、着ていた服、わけても代表的なのは切った髪の毛や爪――に働きかけることで影響を与えるという実践が挙げられる。オーストラリア人やポリネシア人、ギニアの諸民族といった野蛮人は、同じ野蛮人でも発展段階の高低差はあるものの、いずれも悪意に満ちた呪術を極度に恐れながら生きている。また、パールシー教徒〔イランから移住してきたインド西部に居住するゾロアスター教徒〕は悪魔や邪術師に危害を加えられないよう、自分の髪の毛や爪を切ったものを土に埋めるという聖なる儀礼をもっている。切った髪の毛や爪などを置きっぱなしにすると、もとの持ち主が害を被るのではないかという恐れも、ヨーロッパの民間信仰からけっして消え去ってはいない。ドイツの農夫は、自分の子どもが誕生してから洗礼を受けるまでのあいだ、どんなものであれ家の中のものを他に貸し出すことに異を唱える。それを持ち出したことで、まだ清められていない赤ん坊に魔術の災いがもたらされるのではないかと恐れるのである。[12] 黒人の呪医は、診察すべき患者本人が来ないときには、その患者の汚れた衣服や帽子を使って病いを占う。[13] 現代でも、誰かの髪の毛やその人が触れたことのある物体を通じて、離れた場所にいる人の感覚がわかると称する透視能力者が存在する。[14]

このような方法で実際にコミュニケーションを成立させたり、影響力を波及させていくことができるという前提のもと、二つの物体を一本の縄でつなぐような単純な考え方が、これまで世界各地でさまざまな方法で実践されてきた。オーストラリアでは、土着の医者が患者の患部に紐の端を結び、もう一方の端から吸うしぐさをする。こうして血を抜き取るふりをして、患者に安堵を与えるのである。[15]〔インド南東部〕オリッサのジャイプルの魔女は、敵対する人の住む家の屋根から、その人の身体に届く位置まで糸の塊を下ろす。糸のもう一方の端を口に含んで、相手の血を吸おうとする。[16] オスチャーク族〔西シベリアに居住。現在の民族名称は自称のハンティ〕は病いにかかると、その人の住む家の入り口でトナカイを一頭、生け贄にする。このとき病人は、自分の犠牲となるトナカイに結ばれた紐を握りしめている。[17]

古代ギリシアにも、同様の観念が見られる。たとえばエフェソスの市民はクロイソス〔生年不詳－前五四六。小アジア南西海岸にあったリュディアの王〕の攻撃から守ってもらおうと、自分の家の壁からアルテミス神殿まで七ハロン〔およそ一・四㎞〕にわたって縄を張った。さらに目を引くのはキュロン〔前七世紀頃。アテネの僭主になろうとして失敗し、逃亡〕の一族の物語だ。彼らは聖域から立ち退くとき、アルテミス像に紐を結びつけて、不浄な地面を横切るあいだその加護にすがろうとした。しかし不運なことにその紐は切れ、無慈悲にも死に追いやられたのである。[18] 今日でも、仏教の僧侶たちは厳かな儀式が行なわれるあいだ、聖なる宝物の近辺と寺院の周りに結ばれた長い糸を各々が手にし、その宝物とのコミュニケーションを図っている。[19]

呪術*における一連の手続きがもっぱら類推やシンボリズムにのみ依拠しているような事例は、文明のあらゆる段階を通じて枚挙に暇がない。そこに共通する理論は、少数の典型的な事例から容易に理解でき、確実に多くの事例について一般化できそうである。オーストラリア人は、墓の近くにいる昆虫が移動した道すじを観察し、どちらの方角に行けば故人を呪い殺した邪術師が見つかるかを突き止めようとする。[20]ズールー族〔南アフリカのバントゥー語系民族〕は木片を咀嚼しているところがよく目撃されるようだが、彼らはこのような象徴的行為によって、自分に雄牛を売ってほしい相手や、自分の妻になってほしい相手の気持ちをやわらげようとしている。[21]西アフリカのオビの施術者は、墓場の塵や血、骨などを一包みにする。このように死を暗示的に表現するものにより、敵を墓場に送ろうとするのである。[22]コンド族〔インド、オリッサ州の少数民族〕は、米の籠の中に闘いの神の鉄の矢を立てて戦況を占う。矢がまっすぐであれば戦争を続けたほうがよく、矢が倒れればやめたほうがよいと判断する。彼らはまた、大地の女神への生け贄となる人々に苦痛を与えたとき、犠牲者たちがとめどなく涙を流すのを見て歓喜する。その涙のように、やがて大雨が降るという前兆を認めるからである。[23]

これらは低級な種族における象徴を用いた呪術の好例だが、ヨーロッパに根付いている迷信にも、同等の例が数多くある。ドイツの小作人は、なんとも単純なことに、犬が下を向いて吠えるのは誰かの死の予兆であり、上を向いて吠えるのは病いからの快復の兆しだと断言する。[24]また、魂をいたずらに引き留めるべきではないので、死に瀕した人がいれば、その人の家の鍵を開け、かんぬきを抜いておかなければならない。[25]ヘッセンの少年は、ポケットに女の子の帽子を入れておけば象徴的に男らしさと縁を切ることになるので、徴兵されずに済むかもしれないと考える。[26]現代のセルビア人たちは雨を降らせるために、葉や花を身にまとった少女を連れて歌い踊りつつ練り歩き、お椀の水を何杯も少女の頭の上から浴びせかける。[27]船乗りたちは、風のないときには口笛を吹いて風を呼ぼうとすることがあるが、それ以外のときは海で口笛を吹くのは強風のもとだとして、これを忌み嫌うのである。[28]

コーンウォール人〔イングランド南西端の地域、コーンウォールの住民〕に言わせると、魚は尻尾から頭に向かって食べなければならない。それは他の魚たちの頭を海岸に向けるためであり、食べ方を間違えれば魚たちは海岸に背を向けてしまうというのである。(29) ナイフを使っていて切り傷を負ったときは、そのナイフを油でこすると、ナイフが乾くにつれて傷が癒えると言う人がいる。これは、薬局方〔薬品の基準を定めた公定書〕のなかに共感的原理による軟膏の処方箋が見られるようになった時代以来、いまだになくならない残存の一つである。(30) このような観念は空想的なものだが、留意すべきは、それらが明確な精神的法則に完全に従っていること、つまり、ある種の観念連合の原理に依拠しているということだ。われわれはその原理が実際になんらかの結果をもたらすという考え方を受け入れることはできないが、その精神的な作用は完全に理解することができる。

これを証明するために、もう一度チェスターフィールド卿〔Philip Dormer Stanhope, 4th Earl of Chesterfield 一六九四－一七七三。イギリスの政治家、文人、息子に宛てた教育的書簡が有名〕の議論を引用しよう。彼はその賢明さゆえに愚かな考えを理解することができないらしい。彼の手紙のなかに、以下のような記述がある。王が病いを患ったとき、多くの人々はその病気が致命的なものだと考えた。なぜなら、王と同じくらいの年齢で、ロンドン塔に住んでいた老いぼれのライオンがちょうどその頃、死んだからだ。チェスターフィールド卿はこれを受けて、「人の知性はなんとでたらめでいい加減なものか」と驚きの声を上げている。しかしながら、この考え方は実際にはでたらめでもいい加減でもない。それはたんに類推による論証なのである。それが役に立たないことを、教育の進んだ世界は長い年月をかけ、やっとの思いで学んだ。しかし、これは断言してよいと思われるが、今日なお、その種の観念が全人類の五分の四の人々の心に多大なる影響を及ぼしている。

予兆[*]〔一一九－一二一〕

このように疑似科学として体系化された呪術を一瞥してみれば、そこに同一の原理が横たわっていることがわかる。動物の姿を見かけたり、動物と出くわしたりすることからなんらかの予兆を読み取ることは、占いも含め、ブラジルのトゥピ族[31]〔トゥピ語族の言語を話す南アメリカ先住民の総称〕やボルネオのダヤク族[32]などの野蛮人にとっては一般的な営みであり、より高い段階に達したギリシア・ローマの古典的文明にも随所に認められる。マオリ族には、その種の呪術的法則の特徴を示す事例がある。彼らは、病いの診断の途中でフクロウの声が聞こえると、それを不吉と見なす。しかし戦争の協議の最中にタカが頭上を飛んでいくと、その場に居合わせた人々は勝利への期待に大いに活気づく。戦死者の右側に向かって鳥が飛んでいくことは、部族の村がその区域にある場合には吉兆である。ただし敵のいる方角に向かって鳥が飛んでいった場合には、その戦争はやめるべきだと見なされる[33]。

これらの事例をタタール人における呪術の法則と比較すると、両者が同一の考え方に由来することは明白である。小型のフクロウの鳴き声は恐ろしい音とされるが、白色のフクロウの姿を見るのは幸運とされる。あらゆる鳥のなかでも白いハヤブサは最も予言的な存在とされ、カルムーク族〔モンゴル系オイラート族の遊牧民に対するヨーロッパ人の呼称〕はこの鳥が右方向を飛んでいくと、それをよい兆しと見て感謝の祈りを捧げる。しかし同じハヤブサでも、見えたのが左方向に飛び去って行く様子だと、彼らの表情は一変し、何か災難が起こるに違いないと考えるのである[34]。同様に、昔のカラバル〔ナイジェリア南東部の港町〕の黒人にとって、大型のカワセミの鳴き声は、それが右から聞こえてくるか左から聞こえてくるかによって、良いことの前触れにも悪いことの前触れにもなる[35]。ここには右手と左手の明白なシンボリズムがある。フクロウの悲しげな鳴き声に病いの前兆を聞き取り、獰猛なタカの急降下に勝利の暗示を見て取る思考がある。昔のヨーロッパで兵士たちが猛禽類を勝利の前兆と見なしたのも、この考え方による。

同種の意味づけは、いわゆる「アンガン」、つまり動物や人間との遭遇に諸々の前兆を読み取ることにも現われている。特に重視されるのは朝、最初に出かけたときに遭遇する相手であり、たとえば古代のスレイヴ族〔アサバスカン語族に属すカナダの先住民〕は、病人や老女と最初に出会うことを、不運の兆しと考えた。この主題に関する詳細にあえて踏み込み、諸々の古典的、中世的、東洋的な法則を読み解く鍵を研究しようとする者は皆、今もそれらのかなりの部分が直接的なシンボリズムの原理によって説明可能であることに気づくだろう。その他のものは、元来の意味をすでに失っていたり、初めからなんらかの別の理由に由来するものであったり、あるいは体系における隙間を埋めるべく、恣意的に考え出されたものであったりするようだ（そのようにして考案されたもののほとんどは、その種のものであるに違いない）。

以下のような問いの数々に対する答えは、今もわれわれにとって明白である。なぜカラスが右側に見えるか左側に見えるかによって、その予示するものが異なるのか。ハゲワシが強欲を、コウノトリが調和を、ペリカンが敬虔を、ロバが労働を意味するのはなぜか。獰猛な狼が吉兆とされ、臆病なウサギは凶兆とされるのはなぜか。従順なタイプの民族を思わせる蜂が王にとって幸運のしるしとされたのに対し、何度追い払っても戻ってくる蠅がしつこさや図々しさの象徴とされたのはなぜか(36)。さまざまな動物が、遭遇した人にとって不吉な存在になるという一般的な法則についてさらに例を挙げれば、ドイツの農夫たちは、羊の群れは吉兆だが、豚の群れに会うのは凶兆だと言う。コーンウォールの鉱夫たちは、坑道に向かう途中で老女やウサギに出会うと、恐怖心で背を向ける。こうした人々は、はるか昔の野蛮時代の遺産と言うべきそれらの観念を、古墳から出土する石器にも劣らぬ真実味をもつものとして、今日まで保っているのである。

夢占い（一二一 - 一二三）

低級＊および中間的な水準の種族には、夢を霊的な交流と見なす考え方が認められるが、これは呪術よりもむしろ宗教に属する。しかし夢占い、すなわち夢を類推的に解釈することによってそこから諸々の前兆を引き出す技法は、呪術に位置する。そのような神秘的説明を支える原理を考察するうえで、ヨセフの夢（「創世記」三七、四〇、四一章）にまつわる詳細や解釈ほど好ましい事例はないだろう。そこには作物の束、太陽、月、十一の星、ブドウの木、肉の入った籠、太った雌牛と痩せた雌牛、穀類のたわわに実った穂と干からびた穂などが登場する。

夢占いは、このように夢で見た事柄を象徴的に解釈するものであり、低級な種族にもよく知られている。オーストラリアのある部族は、誰か一人がある種のフクロウを夢に見ると、それを理由に皆で野営地を引き払うことで知られている。部族の賢者たちによれば、その夢は他部族による進攻の前兆だという。(37) カムチャダール族〔カムチャツカ半島先住民、ただしロシア化が進んでいる。自称はイテリメン〕の心は夢に左右されやすく、いくつかの夢については特殊な解釈をもっていた。たとえば、シラミや犬の夢はロシアからの旅人の訪れの前兆だといった具合である。(38) ズールー族は経験的に夢がそのまま現実になるはずだという誤った考えをもっているが、場合によっては反対の極に走ることで事の成り行きを修正しようとする。たとえば現実に病いを患っている人が、夢のなかではすでに死んでいたり、同じく夢のなかの葬式でその人への哀悼の言葉が述べられていたり、その人の持ち物がことごとく破壊されていたり、あるいは地面が墓の中へと流れ込んでいくさまを見たりすると、「彼が死ぬのはもう夢で見たから、実際には死なないだろう」と言う。他方、結婚式のダンスの夢を見ると、彼らはそれを葬式の前触れだと言うのである。同様にマオリ族では、病人が瀕死の状態にある夢を親類が見ると、その人は快復すると言われるが、元気にしている夢を見ると、それは死の予兆だとされる。(39) いずれの種族も、共通の歪んだ論理によって結論を出しているが、この奇妙な論理はわれわれの祖先もまた従っていたものであり、いわば「夢は現実の正反対になる」という公理であった。

古代ギリシア・ローマやオリエント、さらには現代における夢解釈の通俗的な格言の長大なリストを眺めるかぎり、そうした解釈すべての元来の意味を探り当てることは期待できそうにない。それぞれの時代には、多くの人々が理解できる暗示のようなものがあったに違いないが、今ではそれも曖昧である。ムスリムの夢解釈では卵は女性に関連づけられるが、これはムハンマドが女性は巣に隠れた卵のようだと語ったことに由来する。これは夢の法則がいかにして突拍子もない観念にたどり着くかを示す好例だが、鍵となる逸話が運よく保存されていなければ、このような事情が知られることもないだろう。さまざまな予兆と、それに対応する偶発事のリストを完成させるために、たくさんの法則が手当たり次第に適用されたに違いない。

なぜ、肉を焼く夢は誰かの陰口を言う予兆だとか、眠りながら笑うのは苦境に陥る予兆だとか、クラヴィコード〔鍵盤楽器の一種〕を弾く夢は親類の死の予兆だ、などと言われるのか、今は知る由もない。しかし、別な側面から言えば、きわめて多くの夢解釈に、無意味ながらも一種の合理性があることはやはり明白であり、このことこそ、はるかに注目すべき点である。そのような妄想の根源には同一のシンボリズムが存在し、自己保存を図るとともに、明白な意味を伝えるような新たな法則の創作にも関わっているとしか言いようがない。たとえばムスリムの観念では、白いものや緑色のものの夢、および水に関する夢は吉兆だとされる。反対に、黒いものや赤いものの夢、および火に関する夢は凶兆だと言われている。椰子の樹は浮浪者、孔雀は王をそれぞれ暗示しているという。また、星々を貪り食う夢を見た人は、偉大な人物の食卓に招かれ、何不自由ない暮らしをするだろう、と言われている。

まず、アルテミドロス〔前二世紀末ギリシアの地理学者〕の『夢判断の書』のなかの古典的な法則を参照し、その後、中世の文献、さらには今でも家政婦たちが祭りで買い求める安物の通俗的な夢辞典のたぐいへと視線を移せば、はるか昔の法則が、今も意外なほど居場所を失っていないことがわかるはずである。膨大な格言の半分ほどは元来の神秘的意味を残しており、その多くは直接に現実を暗示するが、場合によっては現実とは正反対になるという法則に則ったものもある。神経を逆なでするような臭いは厄介ごとの前兆であり、手を洗うのは不安からの解放を象徴する。最愛の人を抱きしめる夢はこの上ない幸運を意味し、自分の足が切断される夢は旅を妨げ、眠りながら泣くことは喜びのしるしである。歯が一本抜けてしまう夢を見た人は友を一人失い、わき腹から肋骨を一本抜き取られる夢を見た人は、まもなく妻を失うだろう。蜂を追いかける夢は何かを得られる予兆である。結婚の夢を見るのは誰か親族が死んだことのしるしである。たくさんの鶏が集まっている様子は嫉妬や非難を意味する。夢のなかで蛇に追いかけられたら、悪い女に気をつけたほうがいい。死の夢は幸福や長寿を意味する。泳いだり、水の中を歩いて渡る夢は吉兆であり、溺れずに助かるだろう。橋を渡る夢は、今のよい状況を離れ、さらによい何かを求めることを意味する。夢で竜を見たら、どこかの偉大な君主をみずからの主人や教師とすることになるだろう(40)。

動物の内臓や肩甲骨による占い、手相占い〔一二三―一二五〕

動物の内臓による占いは低級な種族のなかでも特にマレー人やポリネシア人(41)、さらにはアジアの諸部族(42)に属するものである。それはまた、インカ帝国時代のペルーでも行なわれたと言われている(43)。バートン船長〔Richard Francis Burton 一八二一―一八九〇。イギリスの探検家、作家、『千夜一夜物語』の英訳者〕による中央アフリカからの報告書は、おそらくその象徴的な原理を正しく捉えている。この報告書の記述によれば、ムガンガと呼ばれる邪術師は鶏を殺し、その肉を切り分けて神判を行なうという。黒ずんでいたりくすんだ部分が羽根の周りにあれば、それは子どもや親族が裏切ったことを意味する。汚れているのが背中であれば、母や祖母が有罪となり、それが尻尾ならば犯人は妻である、等々の記述もある(44)。

古代ローマでは、動物の肝臓による占いが公的な事柄に関してきわめて重要な位置を占めており、すでに見てきた種類の解釈も普通に行なわれていた。アウグストゥスについての予言を例に挙げると、生け贄たちの肝臓が折り重なっていたことから、占い師がアウグストゥスに、将来二倍の領土をもつことになると予言したというのがある(45)。この逸話を最後に、動物の内臓による占いは他のいかなる呪術的儀礼にもほとんど類例を見ないほど完全に廃れている。とはいえ、ブランデンブルク〔ドイツ、ベルリン周辺の州〕では今も、その特徴をとどめた遺物のような事例が認められる。それは、豚を殺した際にその脾臓が逆さまになっていると、もう一つの転倒が生じるというものであり、つまり年内に家族のなかで死者が出るだろうと言われている(46)。

動物の骨による占いもまた、内臓占いと同じ部類に属するものと言えよう。たとえば北米インディアンは、ヤマアラシの骨のうち、平たいものを一本、火中に投じ、その色の変化によって、ヤマアラシ狩りがうまくいくかどうかを判じる。(47) この種の技法のなかでも特に多いのは肩甲骨による占いであり、術語としては肩甲骨占い〔scapulimancy あるいは omoplatoscopy〕と呼ばれる。この技法は、亀の甲羅を焼き、その割れ目によって占いを行なう中国古来の亀甲占いと関係があり、特にタタール地方でさかんに行なわれている。その単純なシンボリズムは、パラス〔Peter Simon Pallas 一七四一－一八一一。ドイツの動物学者、植物学者〕が図解入りで丁寧に記した説明に明瞭に見て取れる。火中に投じられた肩甲骨は、さまざまな方向にひびが入るまで熱せられる。縦方向のひびが「人生の歩み」を示すのに対し、左右に走る横方向のひびは、将来におけるさまざまな種類や程度の吉事・凶事を象徴するとされる。あるいは、その占いが特定の出来事に限定したものである場合、縦方向のひびは事態が順調に進むことを意味し、横方向のひびは、妨げに遭うことを象徴する。また、焼いた骨に白い部分が目立てばそれは大雪の予兆であり、黒い部分が目立てば暖冬になるとも言われている。(48)

この風変わりな技法が現代まで存続している例をヨーロッパのなかで探すとすれば、おそらくわが国ほどふさわしい場所はないだろう。英語に固有の表現では、この占いは「肩の骨を読む〔reading the speal bone〕」〔*speal* はフランス語の *espaule*〔肩〕と呼ばれている。カムデン〔William Camden 一五五一－一六二三。イギリスの歴史家〕の記述によれば、アイルランドでは、羊の肩甲骨に色のくすんだ場所があるのは死の前兆だと言われており、詩人のドレートン〔Michael Drayton 一五六三－一六三一。イギリスの詩人〕もまた、詩集『ポリ＝オルビオン』のなかでこの種のト占を称えている。

雄羊の右側の肩を煮込むと、肩甲骨が現われる。
魔術師はそれを取り上げてつぶさに眺め、

まるで大昔の出来事のように、遠い未来に起こることを予見する。(49)

手相占い（chiromancy）や手相判断（palmistry）もまた、これとよく似たものと思われるが、それは同時に占星術とも混合している。手相占いの技法が開花したのは古代のギリシアやイタリアだが、インドでは今もさかんに行なわれている。インドでは、「それは私の手の平に書かれている」という言葉が、避けられない運命の感覚を印象づける際に用いられる、ごく一般的な表現になっている。手相占いでは、手の平に見えるさまざまなしるしが、運勢や人生を表わすものとされる。たとえば土星の宮と言われる箇所に複数の線が交叉していると、それはメランコリー気質の証拠だとされる。また、爪の中に黒い点があると、悲しみや死の前触れだとされる。このような子どもじみた象徴的思考が最終的に使い果たされたところに、手相占い特有の体系が結実した。その細部に見られる不条理の数々については、観念的な解釈を施したところでもはや意味がない。この占いを今日なお支持する人々は、ジプシーの占い師のなかだけではなく、いわゆる「上等な社会」のなかにも存在する。(50)

棒占い〔一二五－一二六〕

呪術*の技法に関して繰り返し述べておきたいのは、あるところまでは、それを支える観念連合が明白だということである。たとえばニュージーランドの邪術師は、複数の占い棒（諸々の霊によって導かれているとされる）を一緒に落とし、そこからさまざまな予言を引き出す。この際、自分の属する部族を象徴する棒が、敵対する部族を象徴する棒の上になって落ちれば吉兆だと彼らは言い、その逆になれば凶兆だと言うのだが、これはごく自然なことだろう。ズールー族の占い師は、今もこれとよく似た手順で占いを行なう。占い用の棒が立てば肯定の意味、倒れれば否定の意味、と彼らは見る。棒が頭の上や胃の上など、患者の身体に影響する箇所に跳んでいくと、それは患者の病いがどこにあるかを表わすとされる。また倒れた棒が指し示している方角に、その患者を治すことができる医者の住まいがあると考えられている。

トランプ占い〔一一八〕

これときわめてよく似た仕掛けを用いた占いが、はるか昔のヨーロッパでも行なわれていた。複数の棒が〔神霊の作用によって〕倒れる際、後方に倒れるか前方に倒れるか、また左右どちらに倒れるかによって、さまざまなお告げが示されたのである。(51) しかしこの種の手続きは発展するにつれて複雑なものとなり、当然ながらより恣意的な改変が加えられる形で一個の体系として完成されるにいたった。このことは、前章において偶然性の遊びとの関連で言及した卜占法の一つによく表われている。トランプ占い、すなわち一揃いのカードを使った占いの技法において、以下のような法則には一種の無意味な意味とでも言うべきものがある。すなわち、二枚のクイーンは友情を意味し、四枚のクイーンはおしゃべりを意味する、とか、ハートのジャックは、やがてその家にとって助けとなる若者がやってくることの前触れだが、そのカードが裏返しになるとジャックの企てもまた台無しになる、といったものである。しかし、一揃いのカードに与えられる比較的合理的な解釈の数にはもちろん限界があるので、残りは恣意的な空想で埋め合わせねばならなくなることは言うまでもない。たとえば、ダイヤの七はくじで当選することを意味し、同じくダイヤの十は思いがけない旅を意味するといった解釈は、その種の空想によるものにすぎない。(52)

指輪占い、ざる占いなど〔一二六－一二八〕

さらに、すでに述べた原理とは異なるものを基礎とするような、一群の注目すべき占い道具がある。東南アジアのスゴー・カレン族〔タイの少数民族〕は葬礼に際し、飾り輪や金属製の輪を真鍮の器の上に紐で吊り下げ、死者の親族が次々とその器の縁の部分を竹の小片で叩く。死者にとって最愛の存在だった人がその器に触れると、死者の霊が紐をねじったり、伸ばしたりして応答する。やがて紐は切れ、吊り下げられた輪が下の器に落ちるか、少なくとも器に反響して音を立てるのである。(53)

中央アジア近隣、インド北東の端に位置する地域では、ボド〔西部アッサム平原を中心にインド北東部全域に分布するモンゴロイド系統の人々〕やディマル〔北インド一体の河川で水上運輸に従事した集団〕といった人々のなかに専門の悪魔祓い師がいて、どんな神霊が患者の身体の中に入り込んだのかを突き止める役目を負う。神霊はその人が犯したなんらかの不信心を罰するべく、突然の病いという攻撃を与えると考えられている。悪魔祓い師は自分の周囲の地面に神々を表わす十三枚の葉を置き、紐で親指に振り子を結びつけて吊り下げる。患者の身体に入り込んだ神霊は祈りによって説得され、自分を象徴する葉の方向へと振り子を動かすことで、自分の正体を示すのである。(54)

このような神秘的技法は〔これらの諸部族がいかにしてこれを用いるようになったかは、今は問わないが〕、古代ギリシア・ローマ時代の指輪占いの素朴な形態である。これに関しては、パトリキウスとヒラリウスという二人の陰謀者に対する審理のなかに、きわめて興味深い説明がある。彼らはローマ皇帝ウァレンス〔Flavius Iulius Valens 三二八−三七八〕の地位を奪おうとしているのが誰なのかを明らかにするために、指輪占いを行なっている。それによれば、まず円卓の縁にアルファベットの文字を書き連ね、次いで諸々の祈りや儀式を行ないながら円卓の上方に紐で指輪を吊るす。そして、吊るされた指輪が揺れたり止まったりした方向にある文字を綴り合わせ、託宣の言葉として読むのである。(55)

指輪占いはヨーロッパでは徐々に衰退し、今では時刻を言い当てる技法となっている。器の内側に紐で指輪を吊るすと、操作するものが何ら意識的に動かそうとしないのに指輪が揺れ動き始め、〔器に当って音を立て〕時刻を知らせるというものである。ショット神父〔Gaspar Schott 一六〇八−一六六六。ドイツ人イエズス会修道士〕は、その著書『珍奇なる自然学』〔一六六二〕のなかで、この現象をすべて悪霊の影響に帰するのは危険だとし、それを避けているが、この姿勢は称賛に値する。この技法はわれわれのあいだでも、子どもの遊びという形ではなお存続している。もちろん、われわれは「魔術師などではない」のだが、この小さなまじないの仕掛けから学べるものはある。つまりそれは不随意運動の影響を見事に示しているのだ。操作者は、実際には微細な脈動を伝えており、それが積もり積もって最終的にかなりの振動となる。ちょうど教会の鐘が、時間どおりにそっと引っ張るだけで鳴るようなものである。操作者が無意識に指輪を揺らし、無意識にその揺れを方向づけてもいるわけだが、それを明らかにするには操作者が目を閉じて同様の手順を踏んでみるとよい。きっとうまくいかず、指輪を導く力は失われるはずである。

水にも鉱石にも宝物にも泥棒にも反応するという、奇妙な万能の占い棒の話はよく知られているが、この棒の動きの一部は、職業的なペテン師、ダウスタースヴィヴェル〔小説の登場人物として知られるドイツのペテン師〕によるごまかしの類であると思われる。また、彼らよりは正直な操作者が、多少とも意識的に棒の動きを方向づけてしまう部分もあるだろう。占い棒はイングランドでは今でも知られているし、ドイツでは人々が赤ん坊の衣類の中に忍び込ませることも多い。占い棒にも一緒に洗礼を受けさせ、その効力を強めようというのである。[56]

この種の卜占法に関して最後に述べておきたいのは、ギリシア・ローマ時代、および中世における試罪法のなかでも最も有名なものの一つである、いわゆるざる占い（coscinomancy）もまた、偶然ないし操作者による方向づけによって、その成り行きが決定されているのかもしれないということである。これはすなわち『ヒューディブラス』〔十七世紀後半に書かれた風刺詩〕に記されているように、「球体のようにコロコロと向きを変える、ざるやハサミによる託宣」と言ってもよい。その手順はこうである。まず、ざるを紐で吊るすか、もしくはハサミの先端をざるの縁に固定する。盗みの犯人の名前に言及すると、ざるが回転したり、揺れ動いたり、下に落ちたりする。この種のしるしは他の目的に関しても現われるという。聖書と鍵を使うキリスト教的な試罪法は今もさかんに用いられているが、それもまた、ここに見た古来の儀式の変種の一つである。この試罪法によって泥棒を探し出す適切な方法とは、鍵に「詩篇」第五〇章を読み聞かせることである。「盗人と見ればこれにくみし」、という一節を鍵が耳にしたとき、それは犯人を指し示しているはずなのである[57]。

占星術（一二八－一三二）

ド・メーストル伯爵*〔Joseph-Marie, Comte de Maistre 一七五三－一八二一。フランスの作家、政治家〕は、真っ当な占星術が第一級の真理を掌握していることは疑いようがないと言う。むしろわれわれのほうが、そうした真理を無意味であるとか危険であるなどと考えたり、新しい装いでその真理が現われているときにそれと認識できなかったりするのだそうだ。しかしこれは、いつも議論を誤った方向に導いてしまう伯爵らしい結論である[58]。この主題を冷静に吟味すれば、むしろ正反対の見解こそ妥当だとわかるだろう。すなわち占星術は、第一級の誤謬、つまり観念的な類推を現実的な関係と取り違えるという誤謬に依拠しているのだ。占星術は、人類を迷わせたその影響力の膨大さという点で、オカルト科学のなかでも最高位に置かれるにふさわしいものだろう。比較的近代にいたるまで、哲学の誉れ高き一分枝として存在し続けたという点でも、やはり特筆すべきである。確かに占星術は、きわめて低級な水準の文明にはほとんど見られない。しかしその土台をなす考え方の一つ、すなわち諸々の天体に霊魂や生ける知性を想定する考え方は、野蛮な生活に深く根ざしているのである。

とはいえマオリ族に見られる次のような一種の占星術的推論は、パラケルススやアグリッパに劣らず現実的な議論である。しかもそれが彼らの生まれ育った地で形成されたものであることは確かであり、疑いの余地がない。ニュージーランドでは包囲攻撃「パ」が続くなか、金星が月の近くにあれば、現地人はごく自然に両者を敵と自分たちの要塞に見立てる。金星が月よりも上にあれば、敵が優勢だが、金星の方が下にあれば、土地の者は自分たちを守ることができそうである[59]。

占星術の初期の歴史ははっきりしないが、それを大きく発展させ、精緻に体系化したのが一定の文明化を遂げた諸民族であり、古代および中世の世界に生きた人々であることは間違いない。予想されるとおり、占星術の教えの大部分は、理解可能な意味をすでに失っており、そのような意味とはもともと無縁だったものも多い。しかし、その他の多くの教えが、かなりの程度まで直接的なシンボリズムに依拠して生まれたことは、現代のわれわれの目にも明白である。たとえば太陽を金と結びつけるのは、まさに直接的なシンボリズムの法則である。その他、太陽が向日性の植物や、牡丹の花や、一日の始まりを告げるニワトリや、ライオンや雄牛といった風格ある動物と結びつけられるのも、その種の法則による。他方、月は銀と結びつけられ、さらに変幻自在のカメレオンや、月ごとに発芽すると考えられていた椰子の木とも結びつけられる。

直接的シンボリズムは、出生日の計算に関わる主要な原理にも明白に見て取れる。ホロスコープの「上昇」という観念によると、天界における東方の一部が、子どもの生まれるその瞬間、せり上がるという。その部分は生まれた子ども自身と関連づけられ、その子の将来の人生に関して予言的な意味をもつとされる(60)。ある伝説によれば、二人の兄弟が同時に病いにかかったとき、医師のヒポクラテスがこの一致から、彼らは双子だと結論づけたのに対し、占星術師のポセイドニオスはむしろ、彼らは同じ星座のもとに生まれたと考えたという。ちなみに野蛮人ならば、どちらの議論を聞いても筋が通っていると考えたことだろう。

占星術の教理のなかには、現代の通俗哲学に一定の位置を維持しているものもある。なかでも最も考えさせられるのは、自然界における盛衰と、月の満ち欠けとのあいだに共感的な関係を認める考え方である。古典的な教えには、新月の夜に卵をニワトリの下に置くとよい、だとか、三日月の夜や昼下がりに木の根を抜いてはならない、といったものがある。リトアニアの格言では、男の子は下限の月のとき、女の子は上弦の月のときに、それぞれ乳離れさせよ、と言われている。男の子は頑丈に、女の子は細身で優美に育つように、との思いからであることは間違いない。この格言に見事に合致しているのは、〔英国北部の〕オークニー諸島の伝統である。この島々では、結婚は上弦の月のときでなければならない、と言われている。潮が満ちていくときが望ましい、と言う人々さえいる。以下はトーマス・タッサー〔Thomas Tusser 一五二四–一五八〇。イギリスの詩人〕の『農業に関する五百の心得』の一節だが、単一の状況のなかに、月の相反する二つの影響が巧みに示されている。

豆類は下弦の月のときに蒔くとよい
早すぎるのはよくない
豆は地球と一緒に休み、成長して
豊かな実を付ける
それが一番実り多い方法[61]

月の満ち欠けに応じて天候が変わるという観念は、イングランドには今も根強く存在する。ところが、事実に合致する法則であればなんであれ、それに跳びつくのが気象学者というものだが、この法則については、彼らは頑なに拒んでいる。実際、この法則は、もっぱら通俗的な占星術に属するもののようだ。植物の成長と衰萎が月の満ち欠けを連想させるようになったのと同じように、天候の変化もまた、月の変容を連想させるようになった。しかし占星術師の論理では、新月と満月のときに月が現実に変容しているのかどうかとか、上弦の月と下弦の月が同じものかどうかといったことは、問題とされなかった。正確な天候の記録が手に入るにもかかわらず、今も空想的な月の法則に満足感を得ている教養人が存在しているのは、知的な残存の興味深い事例である。

こうした事例では、占星術師はみずからの奉ずる法則を、欺瞞を含むものとはいえ、それなりに現実的な類推に依拠させている。ところが、彼らが繰り広げる疑似科学の大半は、さらに脆弱で恣意的な類推に依拠しているように見える。それは事物そのものからの類推ではなく、事物の名前からの類推である。星や星座の名前、空の特定の場所、特定の日、特定の年などを記号的に指し示す名前は、いかに恣意的に与えられたものであっても、占星術師が扱う素材となりうる。彼らはそれを、さまざまな地上の出来事との観念的なつながりのなかに持ち込む。古代の天文学者である彼らは、太陽の軌跡を黄道帯の想像上のしるしに合わせて分割したが、このことは占星術的な諸法則を生み出すのに十分だった。すなわち、それら天界のしるしの数々が、実在する地上の羊や雄牛、カニ、獅子、乙女などに実際に影響を及ぼすという法則が生まれたのである。獅子座のもとに生まれた子どもは勇敢になるが、カニ座のもとで生まれた子の人生は、なかなか前に進まないだろうだとか、水瓶座のもとで生まれた子は溺れやすいといった法則がそこから生まれたのである。

一五二四年を迎える頃、ヨーロッパの人々はその年の二月にやってくると予言された第二の大洪水に対し、ただ祈るしかない恐怖に苦しみつつ、身がまえていた。運命の二月が目前に迫ると、海岸近くに住む人々は群れをなして丘の上に移動し、救命用のボートを提供する人々も現われた。トゥールーズのオーリアル市長などは自分のためにノアの箱舟のようなものを作らせたほどだった。この異変を予言したのは、偉大な占星術師ストフラー〔Johannes Stöffler 一四五二―一五三一。ドイツの数学者、天文学者、占星術師〕である〔現代の年鑑に記されている天候予測の創始者と言われている〕。彼の議論がわれわれにとって好都合なのは、問題となる期日の推定方法が今でも完全に理解可能なことだ。すなわちその日は水にまつわる星座である魚座のなかに、三つの惑星が見えることになっていたのである。

改めて記すが、初期の天文学者たちが諸々の惑星に特定の神々の名前を配置することを選んだという、ただそれだけの理由で、そうした神々の名前にちなむ特徴が惑星に与えられた。こうして水星〔Mercury〕が〔ローマ神話の商人の神、メルクリウスから〕旅や交易、盗みに結びつけられ、金星〔Venus〕が〔同じく愛と美の女神ウェヌスから〕愛や歓楽に、火星〔Mars〕が〔軍神マルスから〕戦争に、木星〔Jupiter〕が〔ローマ神話の最高神であり、ギリシア神話のゼウスと同一視されるユピテルから〕権力や「陽気さ〔原語の *joviality* は「ジュピターのような」という意味〕」と結びつけられるようになったのである。

東洋全域では、占星術は今なお一個の科学として、大いに尊ばれている。中世ヨーロッパの状況は、ペルシアを旅してみれば完全に実感できるだろう。そこではシャーでさえみずからの支配する都の壁の外側に何日もとどまり、星座が許すまでは都に足を踏み入れない。また、血を放出せよ、と星が命ずる日には、床屋で行われる瀉血〔治療目的で体内の血の一部を体外に排出すること。放血とも〕の血が、文字どおり街路へと流されるのである。

ヴトケ教授〔Karl Friedrich Adolf Wuttke 一八一九－一八七〇。ドイツのプロテスタント神学者〕によれば、今でもドイツには、子どもが生まれたときの天宮図が洗礼証明書と一緒に各家の箪笥にしまってある地域がたくさんあるという。これほどに保守的な気風をイングランドで見いだすことは難しい。しかし私自身、偶然にも占星術師の住む家から一マイルも隔てていない場所に住んだことがある。また、私は最近出生に関する一枚の重要書類を見つけ、全幅の信頼を込めて英国学術協会に進呈した。クリスマスが近づくと、地方の書店のショーウィンドウに『サドキエルの暦』が山積みにされる様子は、一般の人々の教育においていかに多くの課題が残っているかを示す徴候である。占星術的推論が残存している事実と、そうした推論の意味の双方を同時に例示するものとして、一八六一年に出版された『占星術の手引き』という書物から、その一節を引用するのが一番よいだろう。著者はサドキエル・タオ＝ゼとある。同書初版の七二頁で、この占星術師は次のように書いている。

「四五頁の天界の地図は、一人の若い女性が幼い弟を殺したかどで逮捕された際に描かれたものである。この著者は、当時の新聞記事のなかに、一八六〇年七月二三日、午後零時二四分に、C・K嬢が弟を殺したかどで逮捕された、とあるのを読み、この女性が有罪か否かを確かめたいという欲求に駆られ、この図を描いた。月は十二番目の宮〔占星術では天を十二に分割したものをhouseと言い、日本語では一般に宮ないし宿と訳される〕の中にあるので、それが囚人を意味していることは明らかだ。月は可動的な星座の中にあり、二十四時間で十四度十七分、移動する。つまり、すばやく動くのである。こうした事柄は、囚人が迅速に釈放されることを示していた。さらにわれわれは、十二番目の宮の境目に可動的な星座を見つけ、そのなかの支配者が金星♀であることを知った。これも、迅速に釈放されるさらなる兆しである。こうして著者は、被告が迅速に解放されると判断し、多くの友人にもそう宣言した。そして、事実そうなったのである。われわれは、この囚人がこの件に関して有罪か否かを知ろうと天界に目を向け、月が天秤座の中にあるのを見つけた。天秤座は人情味のある星座であり、太陽と木星♃のセクスタイル＊〔占星術の用語で、二つの天体が六十度の角度をとる状態〕をちょうど過ぎたところにあった。また、どちらもM・C〔同じく天頂（Midheaven）を意味する用語で、Medium Coeli（ミディアム・コエリ）の略〕の上にあったので、われわれはこの少女が慈悲深く思いやりのある、立派な人間に違いないと感じた。彼女がそのような非道な犯罪を犯すことなど断じてありえないと実感したのである。われわれは彼女が完全に無実であると宣言し、月が十番目の宮から見事なアスペクト〔天体間の黄経差〕をなすことから、彼女の名誉はただちに完全に確立されるだろうと宣言した」。

もしもこの占星術師があと二、三ヵ月ほど待ち、哀れな少女コンスタンス・ケント〔Constance Emily Kent 一八四四－一九四四。一八六〇年の幼児殺害事件の犯人で、五年後に罪を告白した〕の告白を読んでいたならば、彼はおそらく、みずからが論じた可動的な星座や正義の天秤や、明るく陽気なアスペクトに対して、また違った意味を与えていたことだろう。この種の空想は際限なく多様な解釈を新たに生んでいく傾向にあるので、おそらくそれはけっして難しいことではない。星々に関するこの偉大な科学は実のところ徹頭徹尾、その種の空想、その種の解釈に基礎づけられてきたのである。

呪術の存続を説明する諸々の知的条件〔一三三－一三六〕

象徴的呪術＊の適切な事例としてここで取り上げてきたさまざまな具体例を眺めるとき、われわれは、こう問わずにはいられまい。この、ばかげた寄せ集めのいっさいには、いかなる真理も価値もないのだろうか、と。一見、そこには実践的なものは何もないようだし、世界は長い間、期待される結果とはまったく関係のない手続きに対する盲信のとりこにされてきた。そんな手続きはむしろ逆効果と考えたほうがましなくらいだっただろう。

ただ、プリニウスは正当にも、呪術のなかに格別の注目に値する考察対象を認めている。それは、「数ある技芸のうちでも最も人を欺くものが、全地において幾世代にもわたって栄えたという、まさしくそのことのゆえに」である〔プリニウス『博物誌』第二八巻第五章一―三〕。このような体系が、いかにして地盤を保ってきたのかという問いに対しては、もしそれがたんに体系自体の存続理由を問うものではなく、事実に逆らってなぜ存続してきたのか、という問いであるならば、理にかなった答えをすることは難しくないように思う。

第一に、呪術がみずからの強度に支えられて存在したわけではまったくないということを、心にとどめておかなければならない。呪術の技法そのものは無益だが、それらは実践において、けっして無益ではない他の諸々の営みと結ばれている。聖なる託宣としてまかりとおっているものは、現実にはしばしば狡猾な人間による、過去や未来に対する抜け目のない推測である。占いは邪術師にとって、ごく現実的な調査を進めるためのカムフラージュとして役立つ。たとえば神明裁判は、罪人を調べ上げる絶好の機会となる。罪人たちの手の震えや曖昧な発言には、彼らが隠し事をしているうえに、邪術師の洞察力を信じきってもいることが露呈しているのである。

予言はみずから成就する傾向をもつ。たとえば呪術師は犠牲者の心のなかに、自分が致命的な施術を受けたという信念を植えつけることで、物理的な武器を用いるのと同じように、観念を用いて犠牲者を実際に殺すことができる。宗教の全権力を背後に担う聖職者もまた往々にして権力者であり、つねに悪辣な陰謀家であって、その点は呪術師とあまり変わらない。聖職者は妖術と政治的手腕をともに行使することができ、いわば左手で右手を助けることができるのである。

医師もまた、しばしば薬や毒を使って人の生死に関わる託宣を与えることがある。われわれが今も「奇術師の技」と呼ぶ技能が、医師の超自然的威信を維持するうえで大いに貢献してきた。知られるかぎり最も初期の文明段階から、職業的な呪術師たちが存在し、その技能によって生き、今も生き続けている。もし誰かが講師たちにお金を渡して、三角形の二辺の和が残りの一辺の長さに等しいと〔ありえないことを〕教えさせたとしたら、われわれのうちのほとんどはそれを支持するだろうと言われてきた。いずれにせよ呪術の存在は、たんなる証拠によって支えられてきたのではない。むしろそれは、呪術というものを信頼と権力を伴うものとして維持することに関心をもつ職能者たち〔職業的呪術師や占い師のほか、聖職者や医師など〕の影響力によってこそ、支えられてきたのである。

続く第二の論点は、その証拠に関わるものである。呪術はペテンに由来するものではないし、まったくの奸詐として行なわれることもまれだろう。邪術師は一般に、伝統ある自分の職業を真剣に学ぶものであり、その職業に対する信念を多少なりとも一貫して持ち続ける。彼は騙される者であると同時に騙す者でもあり、信者としての活力と偽善者としての狡猾さとが、彼のなかで一つに結びついている。もしもオカルト科学がもっぱら人を欺く目的のためだけに作られたとすれば、それはたんなるでたらめで十分だったはずである。ところがわれわれがそこに見いだすのは、念入りに仕上げられ、体系化された疑似科学である。実際、オカルト科学は誠実ではあるが誤った哲学体系なのだ。それは確かに人間知性の所産であり、その発展の道筋は、われわれ現代人の知性にとってもかなりの程度理解可能なものである。そもそもオカルト科学が発生の地盤をこの世にもちえたのも、やはり人間知性によってである。その種の科学への反証となるような事実は最初は無力だったが、やがて徐々にこうした証拠が決定的なものとして人々に受け取られていった。体系化された知識の実践的な効果に対する全体的な検討というのは、多少ともこのように行なわれるのだろう。

この種の科学における成功例の多くは、実際には呪術の装いのもとに自然の手段が功を奏したものである。たんなる偶然による成功も、一定数あったに違いない。しかしながら、これらよりもはるかに多くの割合を占めるのは、われわれならば失敗と呼ぶであろう事例である。これらを勘定から外しておくのも呪術師の仕事の一部であり、彼らはそれを、途方もない量の修辞的なすりかえと鉄面皮の図太さでやってのけるのである。呪術師はあれこれと曖昧な表現を使って、一回しかないチャンスを三、四回に増やしてしまう。彼らはいかにして困難な状況をでっちあげ、失敗に対する非難をなかったことにするかを完璧にわきまえている。諸君が金を造り出したいと思うなら、中央アジアの錬金術師にでも頼めばその方法を教えてくれるかもしれない。ただ、それを実践するには三日間、猿のことを考えてはならないという条件つきで、である。これとちょうど同じ論法が、イギリスの俗信にもある。自分のまつげが抜けているのを一本見つけて親指に乗せれば願いはなんでも叶うが、そのためには肝心な時に狐の尻尾のことを考えてはならない。あるいは、何か悪いことが起きたら、魔法使いが少なくともその理由を教えてくれる。たとえば男の子が生まれるという約束だったのに、もしも女の子が生まれたなら、それはどこかに敵対する魔法使いがいて男の子を女の子に変えてしまったのである。また、魔法使いが晴天になるよう祈っているちょうどそのときに大嵐がやってきたならば、彼は動じることなく、さらに強力な儀式を行なうべく、より高額の報酬を要求することだろう。それどころか依頼者たちに、自分に対する感謝を要求するかもしれない。なぜなら、もしこうして自分が祈っていなければ、これとは比べ物にならないほど悪いことが起きていたはずだからである。

こうした付随するいかさまをすべて脇に置き、オカルト科学を実践する正直だが非科学的な人々に善意の目を向けつつ事実をしっかり吟味してみると、次のことがわかってくる。すなわち、われわれから見ればその種の科学にとって痛手となるはずの失敗の数々が、彼らにとってはさほど重要ではないということである。一部には、「ほんのちょっとだけ多かった／少なかった」という、伸縮自在の口実で言い逃れをする人々もいる。くじ引きで負けた人が、自分の番号は当選番号と一つ、ないし二つしか違っていなかった、と言って自分を慰めるのは、その典型である。月を観察している人が、半月の前後、二、三日のあいだに天候が変わったことを勝ち誇ったように言うのも同様である。そういう人々は、半月に近い、というのはその七日〔新月から半月へ、半月から満月への変化にはおよそ七日間を要する〕のうち四日から六日のあいだを指すのだという、自分にとって都合のよい定義を適用しては得意げに語るのである。他方、否定的な証拠をまともに評価する能力が欠けているために言い逃れをしている人々もいる。五回や六回の失敗よりもたった一回の成功を重視できるのは、この種の無能力あればこそである。今日の知識階級のなかでさえ、『ノヴム・オルガヌム』〔イギリスの哲学者フランシス・ベーコンの主著。一六二〇年刊〕の忘れがたい一節の趣意をわきまえている人が、いったいどれほどいるだろうか。「人間の知性は〔或いは迎えられ信じられているという理由で、或いは気に入ったからという理由で〕一旦こうと認めたことには、これを支持しこれと合致するように、他の一切のことを引き寄せるものである。そしてたとい反証として働く事例の力や数がより大であっても、かの最初の理解にその権威が犯されずにいるためには、〔ときには〕大きな悪意ある予断をあえてして、それら〔反証〕をば或いは観察しないか、或いは軽視するか、或いはまた何か区別を立てて遠ざけ、かつ退けるかするのである(62)」。

残存はやがて復興となる〔一三六－一三七〕

*総じて言えば、象徴的呪術が中世を通じて行なわれ、さらに現代にいたるまで残存してきた事実は、好ましくないことではあれ、不思議なことではない。ひとたび確立された見解は、いかに人を欺くようなものであっても、時代を越えて生き永らえる。なぜなら信念というものは、みずからの出所に関する合理的な言及なしに増殖しうるからである。それはちょうど、植物が種から新たな発芽を生じることなく、挿し枝から繁殖できるのと同じである。

*ここまで考察してきた民間伝承やオカルト的呪術のような事例における残存の歴史は、大部分が減少と衰退の歴史だった。文化が進化するにつれて人間の知性のあり方も変化し、古い慣習や考え方は適応しづらい新しい雰囲気のなかで徐々に力を失うか、新しい生活様式に調和した段階へと移行していく。とはいえ、これは例外なき法則というわけではない。狭い範囲の歴史に限って言えば、それは法則ですらない。歴史の流れは曲がりくねり、時に大きく方向を変えていく。ある時代には輝かしい前進と見える事柄が、次の時代には目も眩むような渦に巻

き込まれていくかもしれないし、薄暗い有毒な泥沼へと進んでいくかもしれない。

人々の物の見方の歩みを広い視野で考察するならば、折に触れて、その歩みがまさに曲がり角を越え、受動的な残存から能動的な復興へと変化する様子が見えてくるだろう。広く知られる信念や慣習のなかには、何世紀にもわたって衰退の徴候を示しているものがある。その場合、社会状態がそうした信念や慣習の発達を阻んでいるのではなく、むしろその新たな成長に力を貸していることがわかってくる。それらが再び、突如として勢いを取り戻すとき、その活力はしばしば病的なほど驚異的なものとなるのである。こうして復興した信念や慣習は、いつまでも持ちこたえる運命にはないし、人々の考え方が再び変わるときには、それらの崩壊は以前にもまして無情なものになるかもしれない。それでも、この復興状態は長年にわたって続き、社会の最奥の構造へと進入して、その時代をまさに特徴づけ、象徴するものにさえなりうるのである。

魔術は野蛮な文化に生まれ、未開の文明において存続する。中世初期のヨーロッパで衰退したのち復興する〔一三七－一四〇〕

われわれ現代人が数々の欠点をもつにもかかわらず、先祖よりは賢く、善良であることを証明しようとする著述家たちは、中世から現代にいたる妖術の歴史を嬉々として長々と論じる。彼らはマルティン・ルターが魔女について述べた次のような言葉を引くかもしれない。「魔女は農家のバターや卵を腐らせる。私はこのような魔女たちには少しの憐れみも抱かない。魔女は皆、火あぶりにすべきである」。あるいは聖書の権威と万民共通の知恵に訴えて、サフォーク州で魔女たちを絞首刑に処した善良なるマシュー・ヘイル卿〔Matthew Hale 一六〇九－一六七六。イギリスの裁判官〕を例に挙げたり、フィアン博士〔John Fian 生年不詳－一五九一。スコットランドの学校教師、魔術師として火刑に処せられた〕を拷問にかけさせたジェームズ王〔James Charles Stuart 一五六六－一六二五。スコットランド王。のちイングランド王、アイルランド王を兼ねた〕を引き合いに出したりするかもしれない。フィアン博士は洗礼を受けた猫を海に投げ捨てることによって、老朽化した船に棲む魔女の一団の助けを借り、デンマークから帰還する王の船を嵐に巻き込んだと言われている。

このような恐ろしい時代にあっては、かすんだ目のしわくちゃな肢体不自由者は、魔女狩り請負人の手にわたる二十シリングとつりあうほどの価値しかもたない存在だった。女性にとって、魔女狩り請負人が嬉々として悪魔の印と見なしたたぐいの身体的特徴をもつことは、死刑宣告を予示するものだったのである。血も涙も出ず、池にも沈まないといったことが最初は拷問のなかで試され、最終的には火刑が行なわれた。宗教改革は、人々の病める思考の治療には少しもならなかった。こうしたことについてピューリタンが示した態度は、カトリックの宗教裁判官と比べて、良くも悪くもなかった。カトリックとプロテスタントは互いに争っていたが、醜い老女を人類の敵と見なした点では同じである。みずからを悪魔に売り渡した老女は、ほうきの柄に乗って空を飛び、赤ん坊の血を吸う者であり、あらゆる生者、死者のなかでも最も邪悪な存在とされた。

しかし、新たな啓蒙の時代とともに、当時の法と権威に逆らって、ヨーロッパのものの考え方に一つの変化が訪れた。十七世紀の末に近づくにつれ、人々のあいだで忌まわしい迷信は弱まり始めた。『聖徒の永遠の休息』の著者リチャード・バクスター〔Richard Baxter 一六一五－一六九一。イギリスのピューリタン著述家〕は、ニュー・イングランドの魔女狩りに火をつけるような狂信的運動と闘ったが、その戦いは実を結ばなかった。魔女への迫害は年々、知識階級への憎悪に満ちたものになっていった。迫害はなかなか止まなかったが、最終的には痕跡を残しつつも、魔女への迫害の時代は終わりを迎えた。今日われわれは、一八六〇年に〔メキシコ北部の町〕カマルゴで一人の魔女が火あぶりになったという記録を目にすると、メキシコを文明の遅れた憐れな国と見なしたくなる。今もイングランドの片田舎で、貧しい老女を虐待したとの罪で村のならず者が四季裁判所〔四季ごとに開廷され、軽い刑事事件を扱う〕への出頭を命じられている、などという話に触れることがある。老女が牛の乳を出なくし、畑の蕪を台無しにしたと人々は空想するのである。その種の話を耳にするにつけ、われわれはすでに破綻した愚考にしがみつく田舎者の石頭について苦言を呈したくなるし、もっと教師を増やすよう、声を上げたくもなる。

＊こういったことはすべて真実ではあるが、民族誌家が自分の主題を適切に扱おうとするならば、調査の範囲をさらに広げるとともに深めなければならない。十三世紀から十七世紀にかけての世論に悪夢のごとく居座った魔術信仰の蔓延は、中世の所産などではまったくなく、はるかいにしえの原始時代にさかのぼるものの復興だった。ヨーロッパにおいて新たに出現したその病いは、より低級な種族のなかではすでに、どれほど長い間続いているかわからないほどに慢性のものだったのである。魔術は野蛮な生活の不可欠の部分である。オーストラリアや南米の粗野な種族には、強固な魔術信仰のために、魔術か暴力で殺されたりすることさえなければ、人はまったく死なないだろう、と主張する人々もいる。

オーストラリア人と同様アフリカ人もまた、身内に死者が出ると、どの邪術師が邪悪な術を使って殺したのかを突き止めようとする。満足できる答えが見いだされたならば、血は血によって償われなければならない。西アフリカについては、妖術信仰の犠牲となって死んだ人は、奴隷貿易による死者より多いと大胆な主張をする者もいる。東アフリカについてはバートン船長が訪れた社会の輪郭を鮮やかに描いているが、その言によれば、奴隷労働やら黒魔術やらで、ワクトゥ人〔ルワンダ、ブルンジ等に居住するフツ族の別称〕の人生は危険きわまりない状態にある。「ある日突然、火あぶりを言い渡される危険と無縁の者は誰もいない。年をとればなおのこと」だという。さらにザラモ人〔タンザニアに居住するバントゥー語系民族〕の国を旅したときには、二、三マイル進むたびに山積みになった灰と炭を目にしたと述べている。おそらく誰かの父親や母親が焼かれた跡であり、その傍らに見える一回り小さな灰と炭の山は、子どものものだった[63]。英領インドのいくつかの地域においてさえ、このような恐怖をもよおしそうな心理状態が存在することはよく知られている。恐怖を鎮めるのは説得よりもむしろ、力ずくの抑圧である。

われわれは妖術が野蛮な生活の水準から出発し、未開や文明化への端緒といった段階を通じて残存してきたものと見ている。ヨーロッパでは、特段目立ってはいないが、十世紀になるまで妖術が存続していた。一方、ロタールやシャルルマーニュの法令は実際には、男女の別にかかわらず妖術の嫌疑で死刑を主張する者を罰するものだった。十一世紀には、教会の影響力が邪術に対する迷信的な信念を弱めかけたが、その後は反動の時期が始まっている。修道院にまつわる伝説が多数作り出され、奇跡譚がさかんに喧伝されることで、超自然的なことに対する有害で軽はずみな信仰がますます強まっていった。十三世紀になると、宗教的迫害の精神が陰気で残酷な狂気でヨーロッパ全域を支配し、妖術の教理は未開時代の活力を完全に復活させることとなった。[64] ヨーロッパを知性と道徳の両面においてアフリカの黒人社会の水準にまで堕落させた罪は、主としてカトリック教会にある。グレゴリウス九世〔教皇在位一二二七―一二四一〕やインノケンティウス八世〔教皇在位一四八四―一四九二〕時代の記録、および宗教裁判の歴史はその決定的な証拠である。

われわれがここで中世の魔術に向けている関心は、主にそれが残存の理論によってどの範囲まで、またどのくらい正確に説明できるのかということである。魔女たちに投げかけられた、紋切り型の露骨な罵言の数々に、たいていは未開や野蛮の時代からほとんど変わらぬような伝統の痕跡をたどることができる。それによれば、魔女たちは呪術的な儀式を行なって嵐を起こし、武器による攻撃を魔力で払いのけ、荒野や山頂で集会を繰り広げた。生獣に乗って空を飛んだり、猫や狼に姿を変えることも自在であり、使い魔たちをあやつり、夢魔と交わった。生け贄の身体に針やとげ、羽根などを埋め込んだり、悪霊を取り憑かせて病気にしたりした。呪文や邪視を駆使し、あるいはさまざまな図像や象徴、食物や財産に呪いをかけるなどして、人を苦しませたのである。こうしたことのいっさいは、キリスト教以前の時代からの残存であり、ヴォルムスの司教ブルハルト〔Burchard von Worms 九六五―一〇二七。教会法学者〕が当時の迷信について言ったように、「過てる異教の回帰」だった。[65]

魔術および対抗魔術の実践は比較的初期の文化段階に属する〔一四〇―一四一〕

中世における魔女への対抗手段として最もよく知られる二つのものを紹介すれば、技術全体が文明のなかで占める位置を示すのに役立つだろう。東洋のジン〔アラブ世界における霊的存在の総称〕は、まさに血も凍るような恐怖の対象であり、その名前自体が魔女に対抗する護符となっている。また、ヨーロッパの伝承では、鉄は精霊や妖精を追い払い、その力を断つとされている。そうした諸々の霊的存在は本質的にはるか昔の石器時代に創造されたもののように思われる。そうした存在にとって新奇な金属は忌むべき危険に満ちたものである。鉄との関係において、魔女は妖精や夢魔と同じカテゴリーに属する。鉄製の道具は魔女の侵入を防ぐとされ、この目的のために特によく使われたのが蹄鉄である。そのことは今もイギリスの馬小屋の扉の半数ほどに見て取れる(66)。

イギリスにおける魔女裁判の方法として最もよく知られるのは「水審」と呼ばれるものである。被告は手足を縛られ、深い水の中へ投げ込まれた。無罪であれば沈み、有罪ならば泳ぐとされ、後者の場合は、ヒューディブラス〔イギリスの詩人バトラーによる同名の風刺詩の主人公〕のように、溺死を免れたとはいえ吊るし首にされたのである。ジェームズ王はこの儀式の真に原始的な意味を理解していたらしく、自著『悪魔学』に次のように記している。「神は、魔女のおぞましい不信心に超自然的なしるしをお与えになったようだ。なぜなら水は彼女たちをその懐中に受け入れることを拒み、神聖なる洗礼水の外へと振り払ってきたからである。……」。

ところでドイツ初期の歴史においては、これと同様の水による裁判がよく知られており、人々はその意味について、水という元素は意識をもっていて罪人を拒むのだと理解していた（「もし水がその者を罪なき者として受け入れたならば――罪なき者は水に沈み、罪ある者は浮かぶのである」）。すでに九世紀には、諸々の法律により、この慣習は迷信の遺産として禁じられていた。最後に、この種の水審は、ヒンドゥー教の『マヌ法典』においては正規の法的裁判の一つとして認識されている。すなわち、被告人を水に沈めても浮かんでこなければ、彼の誓いは真実だというのである。この古代インドの法典自体が、さらにそれに先立つ時代の資料から編纂されているのだが、これと同様に、ヨーロッパやアジア各地に分布するアーリア人種に一致して見られる水審についても、その起源をは

るかいにしえの時代に想定できそうである。(67)

心霊主義はごく初期段階の文化にその源泉を有しており、魔術と密接な関係にある〔一四一―一四四〕

仮に現存する魔術信仰とそれにつきまとう迫害が、文明化された世界で再びさかんになることがあるとしても、それは過去における事例よりも穏当な形をとり、人間性と寛容の精神の強まりによって鎮められることを期待したい。しかし、目下その種の信仰や迫害が見られないからと言って、それが永遠に消え去ったに違いないなどと空想するような人々は、歴史を学んだ甲斐がないと言わざるをえない。そういう人々は、「文化における復興」が、たんなる空疎で衒学的な言葉ではけっしてないことを、いまだ理解していない。現に今日、魔術が最初に現われた頃の、いわば思考の古層に深々と根を下ろしている一群の信念と実践が、復活を遂げている。そうした信仰と実践は、今日では一般に〈心霊主義《スピリチュアリズム》〉として知られている。

魔術と心霊主義は、数千年にわたり、ほとんど表裏一体のものとして存在してきた。ジョン・ベイル〔John Bale 一四九五―一五六三。イギリス人聖職者、歴史家〕が十六世紀に書いた『自然をめぐる幕間劇』の以下の一節は、そうした魔術や心霊主義の特質を、かなりうまく捉えている。そのなかのある箇所に、野菜やニワトリに術をかけたり、椅子や陶器に超自然的な動きをもたらしたりする力のことが記されている。

私は彼らの井戸を干上がらせて
木や草を枯らし、
家禽もすべて殺す
一方、人々は私を感動させる
私は衣を躍らせ

陶器の甕を飛び跳ねさせる
誰もそれ以上はできはしない
私は手袋を投げつけて挑戦しよう

魔術と心霊主義は、ともに同一の知的変動によって衰退へと導かれた。そしてついに、前世紀〔十八世紀〕の初頭には、それらはいずれも瀕死か、もしくは死んだも同然だと思われたのである。ところが現在、アメリカとイギリスの心霊主義者は何万人にものぼり、そのなかには卓越した知性の持ち主もいる。いわゆる「霊の顕現」が、事象そのものの価値に即して議論されるべき問題の一つであることは私もよくわかっている。たとえそれが、科学による評価や説明が不十分な諸事実や、迷信、妄想、たんなるインチキなどと長々と付き合うことになったとしても、そのような議論なしには、明確な見解に達することはできないだろう。そのような研究は、科学的精神に基づく注意深い観察によって行なわれなければならず、きわめて興味深いいくつかの心理学的問題に光を当てることにもつながることだろう。

心霊主義に関する証拠それ自体を検証することはここでの議論の範囲を越えるが、この問題についての民族誌的な見解には価値がある。そうした観点から明らかなのは、総じて現代の心霊主義は、野蛮な思考や農夫の伝承の世界から直接に復活を遂げたものだということである。それはたんに特定の心理的および物質的な現象の存在を問うものではない。むしろ問題は、こうした諸現象と結びつきながら、低級文化において栄えつつも高級文化においては衰退しつつあった偉大な哲学的・宗教的な教理が、これまでにないほどの活力を発揮して、再度、自らの地盤を獲得したということである。世界は再び、肉体をもたないものの、知的で強力な霊的存在者たちの群がる世界となりつつある。霊が人間の思考や物質に働きかけるという考えが、再び確信をもって語られている。まるで、物理科学がまだ霊とかその影響を自然の体系から締め出す段階に達していない時代や国にいるようである。

アパリション［*］〔霊の顕現〕は、中世ヨーロッパが低級な種族の段階から脱した時期にもっていた位置と意味を改めて獲得するにいたっている。死者の霊が目に見える姿で徘徊したり、生身の人間との交わりをもったりするお決まりの幽霊物語は今や再構築され、「自然の闇の側面をかいま見る」ような新たな事例とともに引用されている。こうした物語が、その種の話を信じる傾向のある人々に訴えかけるその力強さは、以前となんら変わるところがない。同様に、そうした傾向とは無縁の人々に対してそれらの話が訴えかける力の微弱さもまた、以前と変わるところはない。過去におけると同様、人々は死者の霊との日常的な交わりのなかで暮らしている。

たとえば降霊術は、一個の宗教である。中国の祖先崇拝者は、彼方の未開人たちが数世紀にわたる異教の時代を経て回帰し、自分たちの伝統的な信条に共感するようになると期待しているのかもしれない。未開部族の邪術師たちは、その魂が遠方への旅に出かけているあいだ、身体的には昏睡状態ないし睡眠状態にあるが、現代の心霊主義の物語でも、ある人の生霊が遠くの場所を訪れるとき、その人の肉体が無感覚な状態になるというのはけっして珍しい話ではない。その間、生霊はなんらかの知らせを持ち帰ったり、生身の人間と交流したりしている。アウグスティヌスやヒエロニムスのみならず、シュトラウス〔David Friedrich Strauss 一八〇七－一八七四。ヘーゲル左派を代表するドイツ人哲学者、神学者。著書『イエスの生涯』で福音書を「神話」として論じ、当時の神学・哲学界を震撼させた〕やカール・フォークト〔Karl Vogt 一八一七－一八九五。唯物論の立場に立つ自然科学者〕の魂も、つまり死者のみならず生者の霊魂も、はるばる降霊会の場へと霊媒によって呼び出されている。バスティアン博士〔Adolf Bastian 一八二六－一九〇五。ドイツの民族学者〕が述べるとおり、ヨーロッパの著名人がふと憂鬱な気分になったとき、自分の魂がアメリカに運ばれ、「難局」にある辺境の住人を助けるのだと思い描くことは自らの慰めとなることだろう。

今から五十年前、マカロック博士〔John Macculloch 一七七三－一八三五。スコットランドの地理学者〕は『スコットランド西方の島々』と題する著作のなかで、有名なハイランド地方の千里眼について次のように書いている。「実際、事態は魔術と同じ運命をたどった。すなわち、信じる者がいなくなるにつれ、〔千里眼なるものは〕存在しなくなったのである」。しかしほんの一世代を隔てた今日、博士がもし生きていたならば、以前よりも社会のはるかに広い範囲で、しかも教育や物質的豊かさの点ではるかに良好な環境のなかで千里眼が復活しているのを目の当たりにしたことだろう。

さまざまな要因が組み合わさって心霊主義の復興が引き起こされているが、なかでも特に顕著なのは、私見によれば、十八世紀のエマニュエル・スウェーデンボリ〔一六八八－一七七二。スウェーデンの哲学者、神秘主義者〕のきわめてアニミズム的な教えが欧米人の宗教心にもたらした影響である。この非凡な幻視者が、ある特殊な心霊主義的教説に対してどのような姿勢を示しているかは、『真のキリスト教』における以下のような言明から判断できるだろう。霊魂はその人の心であり、死後も完全に人間の姿で生き続ける。この霊は、身体が休んでいるあいだに、ある場所から別の場所へと移動することがある。そのような事態が、まさにスウェーデンボリその人にもいくたびか生じた。彼は次のように述べている。「私は自分の親族や友人、また王や王子、学者たちと、彼らがこの世から旅立ったあとに対話してきた。そしてこの交友は、二十七年間、途切れることなく続いてきたのである」。みずからが綴った「忘れえぬ関係」を読む人々の多くが、その内容を想像に基づく虚構だと信じるであろうことを見越した彼は、そこに書かれていることが虚構ではなく、本当に見たこと、聞いたことなのだと抗弁している。それも眠っているときの心理状態ではなく、完全に覚醒した状態で見たり聞いたりしたと言うのである。[68]

現代心霊主義*の教説の一端については、別の場所で論じなければならないだろうが、それらはアニミズムに関する研究のなかに位置づけられることになるだろう。ここでは、新旧の心霊主義的観念が互いにどのような関係にあるかを明らかにするために、まず、霊界と意思を交わす手段として最も有名な二つの方法である叩音と筆記に関する民族誌を概観しておこう。その後、霊の顕現とされる二つの傑出した事例、すなわち空中浮遊の離れ業と、ダヴェンポート兄弟によるトリックに関する記録を一瞥したい。

霊による叩音と筆記〔一四四−一四九〕

夜間に家の周りをコツコツ叩いたり叫び声を上げたりする妖精は、ドイツ語では「ポルターガイスト」という名で呼ばれており、ヨーロッパの民間伝承では古くから馴染みの登場人物である。[69] そのような説明不可能な物音は、昔からなんらかの人格的な霊、たいていは人間の霊と考えられるものの作用に帰せられてきた。現代のダヤク族、シャム族、シンハラ族は、エストニア人とともに、そのような叫び声や叩音の原因を諸々の霊と考える点で一致している。[70] 家のあちこちをノックする音は、不思議ではあるが害はないものと考えられている。人々のこのような受け止め方は、たとえば〔それぞれドイツ南西部と中南部の〕シュワーベン地区やフランケン地方において、「小さな訪問者の夜」が近づいてくるあいだ、その種のことが予期されているのと似ている。[71] また、こうした物音は時に有益と見なされる。たとえばウェールズの鉱夫たちが地下で耳にする「ノックする者たち」の鳴らす音を、そこに鉛や銀の豊かな鉱脈があることのしるしだと考えるのは、その典型的な事例である。[72] その一方で、その種の音がたんに迷惑なものと解されることもある。たとえば九世紀、ある教区で悪質な霊がまるでハンマーで壁を叩くような音を立てて家々をまわり、人々を悩ませる事件があったという。この霊は連禱と聖水によって打ち負かされると、自分は悪い神父と懇意にしていて、今までその神父の外套の裏に隠れていたのだと白状したそうだ。同じく十七世紀には、グランヴィル〔Joseph Glanvill 一六三六−一六八〇。イギリスの著述家〕の著書『サドカイ派への勝利』で賞賛され、「ティドワースのドラマー」として有名な悪霊の話がある。この悪霊はドアの辺りや家の外でドンドンと音を立て、「一時間にわたり、『円頂派〔ピューリタン革命における議会派への蔑称〕と寝取られ男』や『タトゥー』、『戦場の前線』といった曲を、どんなドラマーにも劣らぬほど見事に演奏した」という。[73]

しかし一般の人々の考えでは、その種の不可思議な物音はたいてい、死を予感させるものと意味づけられてきた。ノックは人間の世界と同様、霊のあいだでも合図や呼び出しの意味をもつと解されたのである。ローマ人はかつて、死神がこのようにして到来を告げると考えた。今に伝わる民間伝承でも、床の下でコンコン、ゴツゴツと叩く音がするのは、もうじき訪れる死の前兆とされる。あるいは、死にゆく人自身がそのような奇妙な音によって、友人たちに別れを告げているのだとも言われている。イギリス式の説明にも、これら両方の場合がある。「病人の枕元をノックする音が三回、大きくはっきりと聞こえると、それは死の前兆である。病人の親族の枕元や、親族が住む家のドアでそのような音が鳴る場合も、同様である」。

この種の法則を確立するためには、予兆とその後の出来事の一致を示す膨大な事例が必要だが、そうした事例を吟味するのにちょうどよい方法がある。たとえば「死の時計」と呼ばれる種類のカブトムシ〔シンバムシ〕のカチカチという音が、その後に家の中で起こる死とつながっている、という話がある。このような話に納得することのできた非論理的な人々（そういう人々は今でもいる）は、その他の不可思議な物音に関しても、同じようにやすやすと予言的な解釈を行なうに違いない(74)。

一五三四年のことだが、オルレアンのカトリック教会で、幽霊がこちらの問いかけにノックで答えたという話がある。この教会には町長の妻でルター派だった女性が埋葬されていたが、彼女を別の場所に移葬するよう、その幽霊が要求したのだという。しかし、この幽霊はのちに、フランシスコ会の修道士が仕組んだトリックであったことが判明している(75)。叩音の数によってアルファベットを綴っていく仕掛けは、独房では馴染みの方法である。この交信法は、長いあいだ看守たちにとって絶望であると同時に、犯罪者たちの属する階級にすら、教育が普及していたことの証左でもあった。そして一八四七年には、かの有名な叩音が、ニューヨーク州のアーケイディアに住む人々を悩ませ始めた。ロチェスターのフォックス家は、これによって近代心霊主義運動の礎を築いた。つまりフォックス家の人々は、霊が叩音を発するという、かつては一般的だったがすでに誰も信用しない迷信になりかけていた信仰を復活させるとともに、霊と交流する方法を手中に収めたのである。叩音によって文字を伝える方法は最大限に用いられ、そのようにして受け取られた無数のメッセージが活字印刷されている。なかでも一番長いものは小説になっている。ここではそのタイトルのみを記しておく。'*Juanita, Nouvelle par une Chaise. A l'Imprimerie du Gouvernement, Basse Terre*' (Guadeloupe), 1853.

記録された交信のなかでは、出てくる名前にせよ、日付にせよ、それが驚くべき状況で語られたことが繰り返し強調されているが、そこに見て取れる思考や言葉、綴りなどはむしろ霊媒自身の知的水準に見合うものになっている。交信の大部分が誤謬であり、馬鹿げたものであることは明白である。「霊」が過去の偉大な政治家や道徳家、哲学者などの名前を語る場合でさえ、愚かで嘘つきの霊たちがそうした高位の人々を演じ、その名においてメッセージを送ってきていると心霊主義者たちは解釈する。

霊*による筆記は、物理的手段を用いるか否かによって二種に分かれる。一つは中国でさかんに行なわれている種類のもので、他の卜占儀礼と同様、この国ではおそらく古代から続いているのだろう。その方法は「筆の降下」と呼ばれており、主に識字階層の人々によって行なわれている。この方法で神霊の言葉を聞きたいとき、中国人は専門の霊媒を家に呼ぶ。そこでは神像の前に蠟燭と香が置かれ、茶や紙銭が供えられている。これらの手前にもう一つのテーブルがあり、その上には、乾燥した砂の入った長方形の皿が置かれている。筆記具は長さ二、三フィートほどのV字型の木製ハンドルで、先端には木製の突起が付いている。この道具を二人の人間が持ち、それぞれが一方の足をつかむと、真ん中の先端部が砂の上に降りる。適切な祈りやまじないをすると、神霊が砂の上を動くことによってみずからの存在を示し、返事を書いてくれるとされる。あとは、いささか困難でどこか疑わしくもある解釈作業を行なうだけである。この儀式に対する人々の捉え方は、次の事実から判断できる。すなわち、霊言を記す筆を作る目的で聖なる杏の樹から枝を一本盗み出そうとする人は、その幹に弁解の言葉を刻むのである。[76]

中国とイギリスにおける〔広義の〕神学の違いにもかかわらず、霊による筆記の要領は両国において著しく一致している。十七世紀のヨーロッパでは、すでに「プランシェット」〔ヨーロッパの心霊研究で用いられた、自動筆記のための用具〕のようなものが登場していたらしい[77]。この道具は長さ三インチほどのハート型の板が三点で支えられているもので、今では玩具店で買えるはずである。ハートの丸みを帯びた二つの部分にはそれぞれキャスターがついており、ハートの先端部には穴が開いていて、それを貫く形で、三つ目の支えとなる鉛筆が取り付けられている。この道具を一枚の紙の上に置き、二人の人間がその上に指を軽く乗せてしばらく待っていると、この二人がなんら意識的な力を加えないのに板が動き出し、質問への答えを書くのである。霊言を記す能力は誰もがもつものではないが、強力な霊媒は、単独でそれをやって見せる。その種の霊媒は時として、自分が何か自分とは別個の力によって操られていると考える。要するに、自分は何かに取り憑かれているというのだ。

教会史*には、ニカイア公会議〔三二五年〕の閉幕時に起こったある奇跡が記録されている。クリュサントスとミュソニウスという二人の司教が議場に座ったまま死んでしまったので、他の神父たちは署名を済ませた議事録を墓に持っていき、二人の司教がまだ生きているかのように語りかけ、議事録をそのまま残して立ち去った。翌日彼らが墓に戻ってみると、議事録には次のような趣旨で死んだ二人の署名が加えられていた。「われわれクリュサントスとミュソニウスは、神聖なる第一公会議において肉体を離れるも、すべての教父たちとの合意のもと、みずからの手で書類に署名した[78]」。

物理的手段によらないこの種の霊言は、最近、グルデンシュトゥッベ男爵〔Baron de Guldenstubbé 一八二〇－一八七三。十九世紀に活躍した霊媒の一人〕によって再び耳目を引いている。この著述家は、すべての民族が死者の魂について抱いてきた伝統的見解が真実であることを、新たな証拠を示しつつ確言している。すなわち、死者の魂が自分の死体との絆を死後も保ち、「この世で肉体をもっていたとき」の住まいの周辺をうろつくというものだ。かくしてフランシスコ一世は主にフォンテーヌブロー宮殿に現われ、ルイ十五世とマリー・アントワネットはトリアノン宮殿の周囲を徘徊するというわけである。さらに、適当な場所に一枚の白紙を置けば、幽体をまとう諸々の霊たちが、その意志力によって電流を紙の上に集中させ、そこに文字を浮かび上がらせるという。

男爵は、そのようにして得られた霊言の大量の複写を『実証的プネウマ論』として出版している。〔それによれば〕ユリウス・カエサルとアウグストゥス・カエサルはルーブルにある自分たちの彫像の近くにみずから署名し、風刺詩人ユウェナリウスは詩集の写本に滑稽ないたずら書きをしているという。ペール・ラシェーズ墓地のエロイーズは、今はアベラールと一緒にいられて幸せだと、現代フランス語でこの世の人々に報告しているし、聖パウロは自らのことを「エルジストス・アポストロン」と記しているという（おそらく正しくは「使徒たちのなかでもいちばん小さな者」の意味で「エラキストス・アポストローン」と綴るべきところだろう〔「コリントの信徒への手紙一」一五―九〕）。さらに医師のヒポクラテス（彼は自分の名をHippōkratēsと綴っている）も、パリに滞在していたグルデンシュトゥッベ男爵のもとを訪れて署名を残し、その文字はほどなくして男爵のリューマチの激痛を癒したという。[79]

空中浮遊の奇跡〔一四九―一五二〕

空中*に浮揚したり、浮遊したりする奇跡については、古代インドの文献に大量の記述がある。高い階梯に達した仏教の聖者は、「神通力」(irdhi)を手にする。それによって彼は宙に浮かび上がり、大地を反転させ、太陽を止めることすらできるのだという。人間が通常の状態で跳び上がろうと思えば跳び上がることができるのと同じように、聖者がただこの力を使おうと心に決めさえすれば、その身体はいっさいの重さをもたなくなる。仏教における年代記にも、ゴータマ〔釈迦牟尼、仏陀〕自身のみならず、他の聖者もまた、奇跡的な宙吊り状態を実演したことが記されている。たとえばゴータマの祖先マハー・サンマタは空中で座ってみせたが、彼の身体を支えるものは何も見えなかったという。これほど超絶した能力ではないにせよ、法悦(udwega prîti)の力によって、空中で浮いたり動いたりすることは可能だと考えられている。

インドのバラモンたちもまた、この種の離れ業をやってのけたと言われるが、三世紀に書かれたテュアナのアポロニオス〔一世紀初め頃の新ピュタゴラス派の賢者〕の伝記にも、同様の能力に関する注目すべき記述が見られる。これらのバラモンたちは、地面から二キュービットほど〔一キュービットは肘から中指までの長さで、約五〇cm〕浮いた状態で動き回ったと記されている。しかもそれは、奇跡（彼らはそのような観念を軽蔑した）によってではなく、太陽を称える儀礼を行なうのにそうするのがふさわしいからだと説明される。[80]

二世紀に極北から来た異邦人の奇術師がギリシア人の前で空中浮揚の奇跡を演じたことについて、ルキアノスは次のような冗談交じりの報告を残している。「『茶化しちゃいかん』クレオデモスが言った、『わたし自身、以前はそんなことには君以上に不信感を抱いていたものだ。――どう考えてもそんなことは起きるわけがないと思っていたからね――ところが異国から来た客人――ヒュペルボレオス人〔世界の極北の地に住むとされる伝説的民族〕の国から来たと言っていたが――が空を飛ぶのをはじめて見たとき、信じたね、長いこと抵抗したけど負かされてしまった。彼が昼日中空中を運ばれて行き、水の上を歩行し、火の中をゆっくり渡り歩いて行くのを見たとき、いったいどうしたらよかったろうか』。『あなたは見たのですか』わたしは言った、『そのヒュペルボレオス人が空中を飛んだり水上を歩いたりするのを』。『見たとも』彼は言った、『あの連中がふだんよく履く靴を履いてね。彼がしてみせたのは取るに足らん些事だ。それをなんで喋々せねばならん、エロスを送り込んだり、神霊（ダイモーン）を連れ出したり、日の経った骸を甦らせたり、女神へカテその人を人目に晒したり、月の女神セレネを引きずり降ろしたりもできるのだぞ。……』」〔ルキアノス「嘘好き人間」一三、『ルキアノス全集　3　食客』丹下和彦訳、京都大学学術出版会、二三八頁〕

それからクレオデモスはその魔術師が供犠の代金に四ムナ〔古代ギリシアの貨幣単位〕を要求し、粘土でキューピッドを作り、それを空中に飛ばして、グラウキアスが思いを寄せていた少女〔デメアスの妻のクリュシス〕を誘い出したことを語った。しかも驚くなかれ、はたして少女はただちにグラウキアスの家の玄関をノックしたのである。しかし、その話に対してクレオデモスの話し相手は懐疑的な調子で論評する。わざわざ少女を呼び出すのに粘土を使ったり、極北から魔術師を呼んだり、月〔の女神〕を降ろしたりする必要はほとんどないと言うのである。なぜなら、二十ドラクマ〔ギリシアの通貨単位〕ももらえば、少女はみずから極北人たちに自分の身をゆだねたはずだ。実際、少女は亡霊たちとはまるで反対の仕方で突き動かされたようだ。亡霊というのは真鍮や鉄の音を聞くと逃げ去ってしまうものだが、少女はといえば、どこかで銀貨がチャリンと鳴るとすぐさまそちらへ向かって行くからである(81)。

空中浮揚の奇跡が信じられていたことを示す初期の事例としてはほかに、偉大なネオ・プラトニズムの神秘家、イアンブリコス〔三－四世紀〕の生涯にも見られる。彼の弟子たちが師の召使いたちから聞いた話としてエウナピウスに語ったところによれば、イアンブリコスは神々に祈るあいだ、地面から十キュービット以上もの高さに浮かんでいた。その間、彼の身体と衣服は美しい金色に変わったが、祈るのをやめると身体は元通りになり、再び地面に降りてきて、信者たちの輪の中へと戻った。そこで信者たちは、イアンブリコスに懇願した。「まことに神々しき師よ、あなたはなぜ、ご自身でそんなことがおできになるのに、われわれにもっと完全なる知恵を授けてくださらないのですか」。すると、めったに笑うことのないイアンブリコスが、信者たちの話を笑い飛ばしてこう言ったのである。「お前たちをからかったわけではないが、今のは本当ではないのだよ(82)」。

しかしその後、このプラトン主義者〔＝イアンブリコス〕が否認した不思議な能力は、やがてキリスト教の聖人には付きものの特徴と見なされるようになった。たとえば聖リチャード〔Richard of Chichester 一一九七－一二五三。イギリス、サセックスの守護聖人〕がカンタベリーの大司教、聖エドマンド〔Edmund of Abingdon 一一七四頃－一二四〇。一二四六年に列聖〕の書記官だった頃、ある日大司教が夕食にやってこないのをいぶかった彼は、チャペルの扉をそっと開け、その理由を知った。大司教は膝を曲げ、腕をいっぱいに伸ばした状態で、高々と宙に上げられていたのである。彼はゆっくりと地面に降り、書記官を見て、大いなる霊的喜びと慰めをあなたに妨げられた、と不満そうに語ったという。同じく聖フィリッポ・ネリ〔Philip Neri　一五一五－一五九五。イタリアの聖職者、オラトリオ会創設者〕も熱狂的な祈禱のさなか、時おり地面から数ヤードの高さまで上げられたと言われ、その際、彼の顔からは明るい光が放たれていたという。

聖イグナティウス・ロヨラもまた、同様の状況において二フィートほど上がったと言われている。敬虔な禁欲者が形而上学的な意味のみならず、物理的にも「地上から持ち上げられ」たという伝説は、さらに聖ドミニク、聖ドゥンスタン、聖テレサ、そのほかさほどよく知られていない聖人の生涯のなかでも語られている。前世紀〔十八世紀〕においても、カルメ師〔Antoine Augustin Calmet　一六七二－一七五七。フランス出身のベネディクト会修道士〕がある善良な修道士について次のように述べている。その修道士は、特に何か礼拝用の絵画を見たり、真心からの祈りの声を耳にしたりすると、地面から浮かび上がり、自分の意志とは関係なく宙吊り状態になることがあるという。カルメ師はまた、ある修道女が、知らず知らずに地面から一定の距離まで浮かび上がるという話も聞いたことがある、と述べている。ただ残念ながら、同師は偉大な解説者であるにもかかわらず、修道士や修道女が宙に浮かぶのを目撃したのが誰なのかを述べていない。もしも、たんに自分は浮かんだのだと彼らが考えただけならば、彼らの話はド・メーストルが言及している若者の話と同じ水準のものでしかないことになる。この若者は、自分自身が宙に浮いているような感覚を頻繁に抱くあまり、重力は人間にとって不自然なものではあるまいか、と疑うようになったという(83)。地面から浮いたり空中を浮遊したり、といった幻覚はきわめて一般的なものであり、あらゆる宗教における禁欲者は、特にその種の幻覚を見る傾向にある。

悪霊憑き*に関する近代の報告においても、空中浮揚は主観的ではなく客観的に生じる事柄として記述されている。一六五七年、シェプトン・マレット〔イングランド南西部サマセット州の町〕に住む活発な十二歳の少年リチャード・ジョーンズが、ジェーン・ブルックスという女性によって魔術にかけられたのが目撃された。少年は宙に浮かぶとそのまま庭の塀を飛び越えて三〇ヤード〔約二七メートル〕も移動した。また時には、少年の身体が地面から二、三フィートも浮き上がり、部屋の天井の梁に手をぴったりつけていたこともあり、その姿は同時に九人に目撃されている。これにより、ジェーン・ブルックスは罪に問われ、一六五八年三月に行なわれたチャード〔イングランド南西部サウスサマセット州の町〕の巡回裁判で処刑された。

一六八九年には、サリー〔ロンドン南西部の近郊地域〕の悪霊憑きと呼ばれる事件で有名になったもう一人のリチャードが、悪魔にぐっと持ち上げられてから下に落とされている。発作が始まると、彼はいわば突如として椅子から吹き飛ばされ、つかみ取られ、持ち上げられた。あたかもどこかへ飛んで行きそうだったが、周囲の者が少年の腕や脚をつかんで必死に引き止めた。また、一八六四年にサヴォワのモルジヌ〔フランス東部、スイスとの国境の町〕で起こった悪霊憑きに関する報告書の一つ（ただし公式の医学的報告ではない）によれば、ある患者が大司教の目の前で、不可視の力によって共同墓地の上に、数秒もしくは数分間にわたって浮揚し続けたとされる[84]。

現代の心霊主義者たちの主張によれば、現存する一流の霊媒のなかにはこのような力をもつ人々がいるという。そうした人々は、自分たちの能力が、率直な事実として、仏教やカトリックの伝説に出てくる空中の奇跡に比肩しうると称している。ここで駆使されている力が諸々の霊に属するものと見なされていることは言うまでもない。

縛られた霊媒のパフォーマンス〔一五二－一五六〕

霊媒が縛られた状態での実演の例としては、イギリスでは特に、ダヴェンポート兄弟*〔アメリカ出身の魔術師、Ira Erastus Davenport（1839-1911）と William Henry Davenport（1841-1877）〕によるものがその代表とされてきた。彼ら兄弟は「一般に心霊主義者たちから本物の霊媒と認められてきた」。「正反対の意見が世論に根強いことについては、それはロンドンの新聞その他、多くの新聞が事実を偽っているせいだ、と彼らは主張した」。実演では、霊媒たちは身体をきつく縛られ、いくつかの楽器と一緒に真っ暗な小部屋の中に閉じ込められた。すると中から楽器の音がしてくるばかりか、霊媒たちはその中で上着を脱ぎ、別のものに着替えまでしていた。ところが箱の中を覗いてみると、身体は縛られたままだったのである。人々がどんなに注意深く霊媒たちを縛りつけても、諸霊がその紐をほどいてみせた。(85)

ところで、超自然的な力によって縄抜けするという考えはきわめて古く、それは策士として名高いオデュッセウスその人によって裏付けられている。テスプロトイ人〔古代ギリシアの部族名〕たちの船での〔偽りの〕危うい出来事について、オデュッセウスは〔別人のふりをして〕こう語っている。

「この時彼らは、頑丈に綯った綱でわしを堅牢な船の中に堅く縛り付けると、自分らは船を降りて浜の渚で急いで食事をとった。ところでわしの方だが、有難や神々が自ら手を貸して、造作もなく縄を解いて下さった」〔『オデュッセイア　下』松平千秋訳、岩波書店（岩波文庫）、五一頁（第十四歌、三三一－三五九）〕。

イギリスの古い年代記にも、同様の事例を含む物語がベーダ・ヴェネラビリス〔Bede the Venerable 六七三頃－七三五。アングロサクソン期イングランドの聖職者、歴史家〕によって語られている。インマという男が戦場で瀕死の状態になり、囚われの身となる。その後、回復し始めた彼は、逃げ出さないように縛られてしまう。ところが彼を縛り上げた人々が彼のもとを離れるやいなや、縄はほどけてしまった。彼の所有者となった伯爵は、おまえは伝説に聞く「縄抜けの奥義」（literas solutorias）をどこかに隠しもっているのか、と尋ねた。すると男は、そんなものはまるで知らない、と答えた。しかし伯爵が彼を別の者に売り渡したあとも、やはりその新たな主人が彼を縛ることはできなかった。この奇妙な力に関する説明として受け入れられているのは、きわめて霊的な性格の強いものである。すなわちインマの亡骸を捜していた兄弟が、彼に似た別人の死体を見つけて、それを埋葬し、その魂のためにミサを行なった。そしてまさにこの儀式のおかげで、インマを縛ることは誰にもできなくなったというのである。というのも、最初に縄がほどけたのはまさにちょうどその時刻だったからだ。結局、人々はインマをケント〔ロンドンの南東の当たる地域〕に送り返し、彼はそこで正式に保釈金を支払った。この男の物語は人々の信仰心を大いに刺激し、ミサが魂と肉体双方の救済にとても有益であることを人々に知らしめたとされる。

さらに言えば、このような観念は、スコットランドでは十八世紀に入るまで蔓延していた。たとえば、聖フィラン〔アイルランド出身のスコットランドの伝説的な聖人〕の溜め池に水浴させるために連れてこられた狂人たちは、水浴後の夜はこの聖地の近くにある教会に縛りつけられることになっていた。彼らを縛った縄が翌朝もしもほどけていたら彼らの回復が見込めるが、もしも縛られたままであれば、回復は望みがたいとされたのである。

野蛮人*のあいだで行なわれている縄抜けのトリックは、われわれの社会に見られるいかさま師のトリックときわめてよく似ている。北米インディアンの曲芸師たちは、それに加えてやはりわれわれに馴染み深い、口から火を噴く芸も行なう。こうなると、両方の芸当が彼ら自身の野蛮な先祖から受け継がれたものなのか、それとも白人から借用したものなのか、判断に迷ってしまう。しかしここで問題なのは、たんに縄抜けのトリックそのものではなく、それを諸々の霊的存在の助力によるものと考えることである。この観念は、野蛮な文化のなかに深く根付いており、十八世紀初頭にさかのぼるエスキモーの資料にも、同様の観念がはっきりと確認できる。

たとえば、宣教師クランツ〔David Cranz 一七二三－一七七七。グリーンランドに派遣されたことのあるドイツ人神学者〕の記述によれば、グリーンランドではアンガコックと呼ばれる呪術師が、天国と地獄への神秘的な旅に出かけるという。アンガコックがしばらくのあいだ、太鼓を叩き、あらゆる種類の驚くべき曲芸をやって見せているさなか、彼は弟子の一人に皮ひもで縛られ、その頭は両脚のあいだに、その両手は背中のうしろに曲げられた状態になる。すると、室内のランプがすべて消され、窓は閉め切られる。彼が霊と通じあうのを見ることは誰にもできないし、彼の頭を動かすことはおろか、くすぐることすらできない。こうなると、霊のやることに邪魔が入る余地はない。あるいは、この宣教師の言い方に従えば、真っ昼間に天国に昇ることなどできるはずはないのだから、いんちきが行なわれているのは明白であるにもかかわらず、誰もそれを目撃できないのである。奇妙な物音がしたあと、呪術師はついに、トーンガク、つまり霊との面会を成し遂げる。再び明かりがついたときには彼を縛っていたはずの革紐はほどけていて、彼は青ざめ興奮した様子で、どんな冒険をしてきたかを語って聞かせるのである。

シベリアのシャーマンについてのカストレン〔Matthias Alexander Castrén　一八一三－一八五二。フィンランド出身でシベリア研究の先駆者〕による報告もまた、以下のごとく、同様の要領を記している。「それはすべて、あらゆる種類の曲芸的なトリックを駆使して行なわれる。彼らはそれがいかに素朴な群集の目を眩ませ、自分たちのことをもっと深く信じさせることができるかを理解している。〔シベリア西部〕トムスク県のシャーマンが行なう芸当のうち最も一般的なものの一つで、ロシア人のみならず、サモイェード族も不思議がる技があるのだが、それは以下のようなまやかしからなる。まず、トナカイの皮を乾燥させたものを、通常とは反対に裏返しにして床の真ん中に広げ、その上にシャーマンが腰を下ろす。彼は助手に命じて、自分の手と足を縛らせる。扉が閉められ、シャーマンはみずからに仕える霊たちを呼び出す。すると暗闇に、突如として霊妙な気配が立ち込めてくる。テントの中からも外からも、いろんな方向から声が聞こえてくる。その間、トナカイの皮の上でも一定の間隔で、ガタガタ音がしたり、太鼓を打つような音がしてくる。部屋の中では熊が唸り、蛇がシューシュー音を立て、リスが跳ね回っているようだ。この異様な現象がようやく終わると、人々はこの見世物の結果を今か今かと待ちかまえる。そのような期待のなか、ほどなくして、なんとシャーマンはすでにすっかり自由な身となって、外から入ってくるのである。太鼓を叩いたり、うなり声を上げたり、シューシュー音を立てたりしていたのが諸々の霊たちであることを疑う者は誰一人としていない。霊がシャーマンを縛っていた縄をほどき、秘密の方法で彼をテントの外へと運び出したのだと、誰もが信じるのである[86]」。

総[*]じて言えば、心霊主義に関する民族誌は、以下のような実践的な見解に関わっている。憑依や名前占い、分身や霊感、あるいは家具が動くとか空中に浮揚するなどと称する現象が結局のところ本当なのか嘘なのか、という問いに加えて、われわれは心霊主義の信念が一個の思想としてたどってきた歴史を問わなければならない。この問題に関して言えば、くだんの現象の説明として広く受け入れられている心霊主義的な理論は、野蛮人の哲学に属するものと思われる。このことは特に、アパリションや憑依といった問題に関しては明白であり、さらに極端な事例についても確認できるだろう。

いま仮に、野蛮な北米インディアンが、ロンドンの降霊会の様子を目にしたとしよう。そこに肉体をもたない霊がいて、みずからの存在を諸々の叩音や雑音、声その他の物理的行動によって示しているといった話に関して、この野蛮人はそれを、なんら抵抗なく身近な話として受け止めることだろう。なぜならその種のものは、彼にとってはすでに受け入れられている自然の体系の重要な一部分だからである。ロンドンの降霊会の様子のうち、彼にとって真に奇異な部分は、霊が文字や文章を書くという芸当を取り入れている部分だろう。言語の記述自体が、野蛮人たる彼の暮らす世界とは異なる段階の文明に属するからである。

野蛮、未開、文明それぞれの段階に属する心霊主義の比較から、以下のような問題が浮かび上がる。褐色のインディアンの呪医、タタール人の魔術師、ハイランドの霊視者、そしてボストンの霊媒といった人々は、至高の真実や重要事についての信念と知識を共有しているのだろうか。そして、そうした信念や知識は、ここ二世紀にわたって人間の知性に生じた大きな運動によって、たんに無価値なものとして廃棄されてしまったのだろうか。だとすれば、われわれがつねづね誇りとし、新たな啓蒙と呼んでいるものは、実は知識の衰退なのだろうか。もしそれが事実だとすれば、これは文明の退化を示す真に注目すべき事例だということになる。一部の民族誌家たちが、高次の文明から退化した人々と見なしている野蛮人が、今度は自分たちを非難してきた人々の方に向きなおり、彼らを非難し始める。むしろ君たちの方こそ、より高次のものである野蛮な知識の水準から堕落したのではないか、というわけだ。

残存の研究の実践的な含意〔一五六―一五九〕

＊ここまで行なってきた考察は、衰えつつある古い文化の残存に関わる考察にせよ、その爆発的な復興に関する考察にせよ、全体を通じて読者に次のような不満を抱かせるものだったかもしれない。すなわち、どうしてこんなに陳腐で無価値で取るに足りない事柄や、まぎれもなく有害な愚行としか思えない事例ばかりを例証として選ぶのか、と。その不満は至極もっともだが、私はこのような議論の筋道をきわめて自覚的かつ意図的に選んだのである。というのは、実際、この種の研究においてはつねに、愚者たちに感謝すべき理由があるからだ。たとえ、この主題に関して表面的な考察を超えることが困難だとしても、人類の歴史の痕跡のうちいかに多くの部分が、人間の愚かさや役に立たない保守性や根強い迷信といったもののおかげで失われずに済んできたかを知るのは、まことにすばらしいことだ。もしも人類が実用を重んじる功利主義に徹していたなら、そうした痕跡はおそらくなんのとまどいもなく一掃され、自分自身の歴史を跡づけることはできなくなっていたことだろう。

野蛮人は頑迷かつ執拗に保守的である。先例を作った過去の偉大な人々に対して、なんのためらいもなく確信をもって物申すことができる者は、彼らのなかにはいない。先祖の知恵は、それがいかに明白な証拠に反していようと、後世の人々自身の意見と行動とを統制することができるのである。粗野なインディアンたちが文明に属する科学や経験に背を向けて、自分たちと同様に粗野だった先祖の権威を守っているという話を耳にするにつけ、われわれは憐れみの情を禁じえない。中国人が近代的な革新に抗って孔子の金言に執着する様子も微笑ましい。その孔子自身もまた、彼の時代には、さらに古い時代の賢人たちを同じように平身低頭して敬い、弟子たちには夏王朝の暦に従い、殷代と同じ型の馬車に乗り、周王朝の儀式的な帽子をかぶるように指導したのである。

＊進歩的な文化、なかんずく科学的な文化がもつ気高さは、死者の前にひれ伏すことなしに、その名誉を称えるという傾向にある。それは過去のために現在を犠牲にすることはせず、過去によって利益を得ることでもある。ところが現代の文明的世界ですら、この教訓を十分に学び取ってはいない。先入観なしに見渡せば、われわれの

観念と慣習のうち実に多くのものが、その良さによってではなく、その古さによって存在していると言わざるをえない。進歩を阻害する諸々の迷信を研究するなかで、野蛮にはその種の迷信を生み出す傾向があり、高級な文化にはそれを破壊する傾向があるという証拠が、一考に値する議論として受け入れられている。ある信念や慣習を純粋に歴史的な観点から位置づけようとすれば、その起源についてなんらかの推定を行なうことになるだろうが、それは結局、当の信念なり慣習なりの正当性を推定することになる。ミドルトン博士〔Conyers Middleton 一六八三－一七五〇。イギリス人聖職者〕がローマから綴った名高い手紙が、まさに好例である。博士によれば、カラブリア様式で造られた聖ドミニク像は、伝統に忠実な立場では、天から降りてきたものとされている。しかしエフェソスのディアナ像も天から降りてきたという先例があるため、そういうものとしての聖ドミニク像のありがたみは薄れることになる。博士は聖ヤヌアリウスの血が、温められてもいないのに奇跡的に融けることについても同様の指摘をしている。すなわち、何世代も前にグナティアの神官たちがブリンディジに向かうホラティウスに、自分たちの神殿の乳香に同じように融ける習性があると説得していたのである。

続くは水の精たちの怒りによって生まれたと言い伝えられるグナティアの町であったが、その町の神殿の敷居においてある香が、火の気もない所でとけて消えると、人々が主張するのを、我々は笑い冷やかすのであった。あのユダヤ人のアペッラなら本気にするかも知れないが　この私には信じられない。[87]

こうして民族誌家たちは、愚かで邪悪な迷信に対し、それに反する証拠を突きつける手段を見つけては、一種の残酷な満足感に浸らずにはいられないのだ。

さらに言えば、*知的運動の一般法則への洞察を得ようとすることには実践的な利益がある。というのは、それらの法則を、目下紛糾している諸問題、すなわちそれをめぐる動乱と激しい争いのなかで行動を選びとらなければばならないような諸問題のなかではなく、むしろ現代人がさして関心を向けないような好古趣味的な遺物のただなかで研究することができるからである。道徳家や政治家のなかには、実践的な動機に欠けた主題を研究することの空しさを侮蔑的に語る人々もいるかもしれない。しかしそのような批判者自身が事柄をどのように扱っているかと言えば、たいていの場合、今日の諸問題について党派心に満ちた痛罵を加えているにすぎない。それは、すでに自分に同意してくれている人々に確信を与えるという面では、十分に実践的な意味をもつ行為である。しかしそれは、真理を導き出す科学的な方法とは正反対の営みである。

民族誌家の歩みは、解剖学者のそれとよく似ている。解剖学者は自分の研究を、できることなら生きているものよりも死んでいるものを使って行なうべきだ。生体解剖は神経を磨り減らす仕事であり、人情味のある研究者ならば、無用な痛みを負わせることを嫌うだろう。同じように、沸騰する議論の意味を理解したり、とっくに廃れてしまった発明の歴史を解きほぐしたりすることに没頭する研究者は、自己の論拠とするものを、自分および周囲の人々が強烈な党派感情をもって担っているような議論のなかにではなく、むしろ死せる歴史のなかに進んで探し求めるのである。党派的議論のただなかにあっては、自分の判断は個人的な共感の圧力によって偏向してしまうし、個人的な損得にすら影響されてしまうことだろう。そのため研究者は、さほどの重要性をけっしてもたないような事柄、つまり一般の人々が重視するものの埒外にあり、人々の記憶の埒外にすら置かれているような事柄のなかから、文化の一般法則を導こうとする。現代の哲学や政治の競技場に身を置くよりもむしろ、その種の事柄に目を向けたほうが、容易かつ十全にそのような法則を得られることが多いのである。

しかし*、使い古された昔の文化から抽出された見解は、それが形成された場所にずっととどまっているわけではない。穴居人の時代のオーストラリアやイングランドで形成された心の法則が、薄鉄板の住居を建てる人々の時代に形成された心の法則とは異なると考えるのは、夾炭層の時代における化学結合の法則が、今日のそれと別のものだと考えるのと同様、非合理なことなのだ。

これまで続いてきたことは、これからも続くだろう。良きにつけ悪しきにつけ、新たな環境のもとでわれわれ自身の発展に作用している諸法則を知るためには、野蛮人や過去の民族について研究すべきなのである。古きものや野蛮なものがわれわれの現代的な生活にいかに直接的に影響しているかを明らかにするための事例が必要なら、往古の邪術と〔それよりは新しい〕魔術への信念との関係を示すような諸事実のなかから、それを選ぶとよい。実際、魔術への信念はつい最近までヨーロッパ史における最も厳粛な事実の一つだったのである。あるいは、野蛮人の心霊主義と、今もわれわれの文明にきわめて深く影響する同種の信念との関係を示す事実から一例を選ぶこともできるだろう。読者がもし、これらの事例のほか、本書が提供する数多くの事例のなかに、現代文化と最も粗野で野蛮な状態とのあいだにいかに直接的で密接な関係があるかを見て取るならば、民族誌のなかでも最も低級にして最も取るに足らない諸事実の考察に労力を割く研究者たちを非難したり、彼らがたんに軽薄な好奇心を充たすために時間を無駄にしているなどと責めることもないだろう。

原注

（1）Bastian, ‘Oestl. Asien,’ vol. i. p. 119.

（2）‘Life of Nath. Pearce,’ ed. by J. J. Halls, vol. i. p. 286.

（3）‘Journ. Ind. Archip.’ vol. i. p. 328; vol. ii. p. 273; vol. iv. p. 425 も見よ。

（4）Muir, ‘Sanskrit Texts,’ part ii. p. 435.

（5）Dalton, ‘Kols,’ in ‘Tr. Eth. Soc.’ vol. vi. p. 6; また p. 16 も見よ。

（6）Jas. Gardner, ‘Faiths of the World,’ s.v. ‘Exorcism.’

（7）Shortt, ‘Tribes of Neilgherries,’ in ‘Tr. Eth. Soc.’ vol. vii. pp. 247, 277; Sir W. Elliot in ‘Trans. Congress of Prehistoric Archæology,’ 1868, p.253.

（8）F. Rühs, ‘Finland,’ p. 296; Bastian, ‘Mensch.’ vol. iii. p. 202.

（9）Brand, ‘Pop. Ant.’ vol. iii. pp. 81-3; また p. 313 を見よ。

（10）Wuttke, ‘Deutsche Volksaberglaube,’ p. 128; また p. 239 を見よ。

（11）‘Early History of Mankind,’ 第六章、第十章を見よ。この書物に見えるあまたの呪術のほとんどが、ここで論じた範疇に属する。

（12）Stanbridge, ‘Abor. of Victoria,’ in ‘Tr. Eth. Soc.’ vol. i. p. 299; Ellis, Polyn. Res.’ vol. i. p. 364; J. L. Wilson, ‘W. Africa,’ p. 215; Spiegel, ‘Avesta,’ vol. i. p. 124; Wuttke, ‘Deutsche Volksaberglaube,’ p. 195; また ‘Early History of Mankind,’ p. 129 における参照箇所も見よ。

（13）Burton, ‘W. and W. from West Africa,’ p. 411.

（14）W. Gregory, ‘Letters on Animal Magnetism,’ p. 128.

(15) Eyre, 'Australia,' vol. ii. p. 361; Collins, 'New South Wales,' vol. i. pp. 561, 594.
(16) Shortt, in 'Tr. Eth. Soc.' vol. vi. p. 278.
(17) Bastian, 'Mensch,' vol. iii. p. 117.
(18) Grote, vol. iii. pp. 113, 351 を見よ。
(19) Hardy, 'Eastern Monachism,' p. 241.
(20) Oldfield, in 'Tr. Eth. Soc.' vol. iii. p. 246.
(21) Grout, 'Zulu-land,' p. 134.
(22) クリスティ博物館の展示と説明を参照せよ。
(23) Macpherson, 'India,' pp. 130, 363.
(24) Wuttke, 'Volksaberglaube,' p. 31.
(25) R. Hunt, 'Pop. Rom. of W. of England,' 2nd ser. p. 165; Brand, 'Pop. Ant.' vol. ii. p. 231.
(26) Wuttke, p. 100.
(27) Grimm, 'D. M.' p. 560.
(28) Brand, vol. iii. p. 240.
(29) Hunt, *ibid*. p. 148.
(30) Wuttke, p.165; Brand, vol.iii, p.305.
(31) Magalhanes de Gandavo, p. 125; D'Orbigny, vol. ii. p. 168.
(32) St. John, 'Far East,' vol. i. p. 202; 'Journ. Ind. Archip.' vol. ii. p. 357.
(33) Yate, 'New Zealanc,' p.90; Polack, vol.i, p.248.
(34) Klemm, 'Cultur-Gesch.' vol. iii. p. 202.
(35) Burton, 'Wit and Wisdom from West Africa,' p. 381.

（36）Cornelius Agrippa, 'De Occulta Philosophia,' i. 53を見よ。また'De Vanitate Scient.' 37; Grimm, 'D. M.' p. 1073; Hanusch, 'Slaw. Myth.' p. 285; Brand, vol. iii. pp. 184-227.
（37）Oldfield in 'Tr. Eth. Soc.' vol. iii. p. 241.
（38）Steller, 'Kamtschatka,' p. 279.
（39）Callaway, 'Rel. of Amazulu,' pp. 236, 241; R. Taylor, 'N. Z.' p. 334.
（40）Artemidorus, 'Oneirocritica;' Cockayne, 'Leechdoms, &c. of Early England,' vol. iii.; Seafield, 'Literature, &c. of Dreams;' Brand, vol. iii; Halliwell, 'Pop. Rhymes, &c.,' p. 217等々。
（41）St. John, 'Far East,' vol. i. pp. 74, 115; Ellis, 'Polyn. Res.' vol. iv. p. 150; Polack, 'New Zealanders,' voL i. p. 255.
（42）Georgi, 'Reise im Russ.' Reich, vol. i. p. 281; Hooker, 'Himalayan Journals,' vol. i. p. 135; 'As. Res.' vol. iii. p. 27; Latham, 'Descr. Eth.' vol. i. p. 61.
（43）Cieza de Leon, p. 289; Rivero and Tschudi, 'Peru,' p. 183.
（44）Burton, 'Central Afr.' vol. ii. p. 32; Waitz, vol. ii. pp. 417, 518.
（45）Plin. xi. 73. またCic. de Divinatione, ii. 12も見よ。
（46）Wuttke, 'Volksaberglaube,' p. 32.
（47）Le Jeune, 'Nouvelle France,' vol. i. p. 90.
（48）J. H. Plath, 'Rel. d. alten Chinesen,' part i. p. 89; Klemm, 'Cultur. Gesch.' vol. iii. pp. 109, 199; vol. iv. p. 221; Rubruquis, in Pinkerton, vol. vii. p. 65; Grimm, 'D. M.' p. 1067; R. F. Burton, 'Sindh,' p. 189; M. A. Walker, 'Macedonia,' p. 169.
（49）Brand, vol. iii. p. 339; Forbes Leslie, vol. ii. p. 491.
（50）Maury, 'Magie, &c.', p. 74; Brand, vol. iii. p. 348, &c. またCornelius Agrippa, 'De Occult. Philosoph,' ii. 27も見よ。
（51）R. Taylor, 'New Zealand,' p. 205; Shortland, p. 139; Callaway, 'Religion of Amazulu,' p. 330, &c.; Theophylact. in Brand, vol. iii. p. 332;（スキタイについては）Herodot. iv. 67; Burton, 'Central Africa,' vol. ii. p. 350における同様の仕組みにつ

いての記述を比較せよ。

（52）Migne, 'Die. des Sciences Occultes.'

（53）Mason, 'Karens,' in 'Journ. As. Soc. Bengal,' 1865, part ii. p. 200; Bastian, 'Oestl. Asien,' vol. i. p. 146.

（54）Hodgson, 'Abor. of India,' p. 170.（コンド族については）Macpherson, p. 106 を見よ。

（55）Ammian. Marcellin. xxix. i.

（56）Chevreul, 'De la Baguette Divinatoire, du Pendule dit Explorateur et des Tables Tournantes,' Paris, 1854; Brand, vol. iii. p. 332; Grimm 'D. M.' p. 926; H. B. Woodward, in 'Geological Mag.,' Nov. 1872; Wuttke p. 94.

（57）Cornelius Agrippa, 'De Speciebus Magiæ,' xxi.; Brand, vol. iii. p. 351; Grimm, 'D. M.' p. 1062.

（58）De Maistre, 'Soirées de St. Petersbourg,' vol. ii. p. 212.

（59）Shortland, 'Trads., &c. of New Zealand,' p. 138.

（60）Cicero, 'De Div.' i.; Lucian. 'De Astrolog' を見よ。また Cornelius Agrippa, 'De Occulta Philosophia;' Sibly, 'Occult Sciences;' Brand, vol. iii.

（61）Plin. xvi. 75; xviii. 75; Grimm, 'D. M.' p. 676; Brand, vol. ii. p. 169; vol. iii. p. 144.

（62）Bacon, 'Novum Organum'〔『ノヴム・オルガヌム』桂寿一訳、岩波書店（岩波文庫）、八七頁〕。この物語の典拠はディアゴラスの問答である。Cicero, 'De Natura Deorum,' iii. 37; Diog. Laërt. lib. vi., Diogenes, 6 を見よ。

（63）Du Chaillu, 'Ashango-land,' pp. 428, 435; Burton, 'Central Afr.' vol. i. pp. 57, 113, 121.

（64）Grimm, 'D. M.' ch. xxxiv を見よ。Lecky, 'Hist. of Rationalism,' vol. i. chap. i.; Horst, 'Zauber-Bibliothek;' Raynald, 'Annales Ecclesiastici,' vol. ii., Greg. IX.（1233）, xli.-ii.; Innoc. VIII.（1484）, lxxiv.

（65）Dasent, 'Introd. to Norse Tales' も見よ。Maury, 'Magie, &c.,' ch. vii.

（66）Lane, 'Thousand and One Nights,' vol. i. p. 30; Grimm, 'D. M.' pp. 435, 465, 1056; Bastian, 'Mensch,' vol. ii. pp. 265, 287; vol. iii. p. 204; D. Wilson, 'Prehistoric Annals of Scotland,' vol. ii. p. 126; Wuttke, 'Volksaberglaube,' pp. 15, 20, 122,

220.

（67）Brand, 'Pop. Ant.' vol. iii. pp. 1-43; Wuttke, 'Volksaberglaube,' p. 50; Grimm, 'Deutsche Rechtsalterthümer,' p. 923; Pictet, 'Origines Indo-Europ.' part ii. p. 459; Manu, viii., 114-5. また Plin. vii. 2 も見よ。

（68）Swedenborg, 'The True Christian Religion,' London, 1855, Nos. 156, 157, 281, 851.

（69）Grimm, 'Deutsche Myth,' pp. 473, 481.

（70）St. John, 'Far East,' vol. i. p. 82; Bastian, 'Psychologie,' p. 111; 'Oestl. Asien.' vol. iii. pp. 232, 259, 288; Boecler, 'Ehsten Aberglaube,' p. 147.

（71）Bastian, 'Mensch,' vol. ii. p. 74.

（72）Brand, vol. ii. p. 486.

（73）Glanvil, 'Saducismus Triumphatus,' part ii. 目に見えないドラマーはかつてウィリアム・ドラリーという人物としても現われたようだ。'Pepys' Diary,' vol. i. p. 227 も見よ。

（74）Brand, vol. iii. pp. 225, 233; Grimm, pp. 801, 1089, 1141; Wuttke, pp. 38-9, 208; Shortland, 'Trads. of New Zealand,' p. 137（昆虫の立てる不吉な音という観念が土着のものか、それとも他国から導入されたものかは不明である）.

（75）Bastian, 'Mensch,' vol. ii. p. 393.

（76）Doolittle, 'Chinese,' vol. ii. p. 112; Bastian, 'Oestl. Asien,' vol. iii. p. 252; 'Psychologie,' p. 159.

（77）Toehla. 'Aurifontina Chymica,' K. R. H. Mackenzie, in 'Spiritualist,' Mar. 15, 1870 に引用。

（78）Nicephor. Callist. Ecclesiast. Hist. viii. 23; Stanley, 'Eastern Church,' p. 172.

（79）'Pneumatologie Positive et Expérimentale; La Réalité des Esprits et le Phénomène Merveilleux de leur Écriture Directe démontrés,' par le Baron L. de Guldenstubbé. Paris, 1857.

（80）Hardy, 'Manual of Budhism,' pp. 38, 126, 150; 'Eastern Monachism,' pp. 272, 285, 382; Köppen, 'Religion des Buddha,' vol. i. p. 412; Bastian, 'Oestl. Asien,' vol. iii. p. 390; Philostrati Vita Apollon. Tyan. iii. 15. インドの修行者たちのあいだ

での言及を参照せよ。Trant, in 'Missionary Register,' July, 1820, pp. 294-6.

（81）Lucian. Philopseudes, 13.

（82）Eunapius in Iambl.

（83）Alban Butler, 'Lives of the Saints,' vol. i. p. 674; Calmet, 'Diss. sur les Apparitions, &c.,' chap. xxi.; De Maistre, 'Soirées de St. Pétersbourg,' vol. ii. pp. 158, 175. また Bastian, 'Mensch,' vol. ii. p. 578; 'Psychologie,' p. 159 も見よ。

（84）Glanvil, 'Saducismus Triumphatus,' part ii.; Bastian, 'Psychologie.' p. 161.

（85）'Spiritualist,' Feb. 15, 1870. Orrin Abbott, 'The Davenport Brothers,' New York, 1864.

（86）Homer. Odyss. xiv. 345（Worsley's Trans.）; Beda, 'Historia Ecclesias tica,' iv. 22; Grimm, 'D. M.,' p. 1180（ドイツの古い縄抜けの呪文が、メルゼブルク写本に見られる〔一八四一年に発見された「メルゼブルクの呪文」のことだろう〕）; J. Y. Simpson, in 'Proc. Ant. Soc. Scotland,' vol. iv.; Keating, 'Long's Exp. to St. Peter's River,' vol. ii. p. 159; Egede, 'Greenland,' p. 189; Cranz, 'Grönland,' p. 269; Castrén, 'Reiseberichte,' 1845-9, p. 173.

（87）Conyers Middleton, 'A Letter from Rome,' 1729; Hor. Sat. I. v. 98〔ホラティウス「諷刺詩」『ホラティウス全集』鈴木一郎訳、玉川大学出版部、七八頁（第一巻第五歌九七－一〇一行）〕.

第五章　感情言語と模倣言語（一）

言語における音声の直接的表現の要素〔一六〇－一六二〕

引き続き本章でも文化の発展過程を検証するが、言語の研究から得られる証拠は、そのうえで一定の重要性をもつことになるだろう。さまざまな水準の文明に属する諸種族の文法や語彙を比較してみると、今日の教養人が見事な演説において使いこなしている方法は、実質的には野蛮人の用いているものと変わらないことがわかる。ただ細部の運用に関して、前者が後者を拡充し、改善しているにすぎない。タスマニア人、中国人、グリーンランド人、ギリシア人の言語は、確かに構造上はさまざまに異なるものの、それは二次的な違いにすぎず、根底には基本的に共通した方法がある。すなわち、いずれの言語においても、諸々の観念が、それらに習慣的に配分された分節音によって表現されているのである。すでに調査の結果、あらゆる言語には自然に直接に由来し、即座に理解可能な分節音が含まれることがわかっている。それはつまり、諸々の感嘆詞的な語や、模倣的な特質をもつ音声のことである。その種の音声がもつ意味は、異国からの借用に由来するものではない。それは直接に音声の世界から意味の世界へと運び込まれたものなのである。これらの音声は、ちょうどパントマイムのジェスチャーのように、通常関連づけられている特定言語を参照せずとも、それぞれに固有の意味を伝えることができる。

このような見地に立つと、言語の起源について次のような考えが浮かんでくる。パントマイムになぞらえうるそれらの表情豊かな音声を、言語一般の基礎的な構成要素として扱ってみてはどうだろうか。そうした音声は多少ともその最初期の状態にとどまっており、今でも即座にそれと認識できるのではないか。あらゆる言語が長きにわたって経験した適応と変容の過程において、そのような音声から大量の語が生み出されたと考えられるが、変容したあとの語からはもはや観念と音声のつながりを確実に見抜くことはできなくなっているのである。

こうして、言語の「自然的」起源をめぐる諸々の学説が成立した。その種の学説は古代ギリシア・ローマ時代に端を発し、十八世紀にはシャルル・ド・ブロス評定官〔Charles de Brosses 一七〇九－一七七七。『フェティシュ諸神の崇拝』などで知られるフランス啓蒙主義時代の思想家、著述家。高等法院の部長評定官を務めた〕のようなすぐれた思想家によって一個の体系へと発展を遂げた。さらに今日では、言語学者のある一派がこれを拡充・強化しており、なかでも最も傑出しているのはヘンズリー・ウェッジウッド氏〔Hensleigh Wedgwood 一八〇三－一八九一。イギリスの語源学者、言語学者〕である。(1)

ただ、これらの学説が軽率に用いられ、また空想を交えて用いられていることは否定しがたい。分節言語の現実的・直接的な源泉は自然のなかに、つまり *ah! ugh! h'm! sh!* といった感嘆の声や、*puur, whiz, tomtom, cuckoo* といった模倣的音声のなかにあると考える学者たちもいる。彼らが言語の秘密はこれらの音声的起源の把握にあると考え、そこで見いだされる鍵が一つ一つ鍵穴へと差し込まれることですべての謎は解かれるに違いないと考えるのは、当然のことである。理論家は一般に、ある真理を手に入れるや、その適用範囲を過度に拡大しがちである。魔法の傘はどんどん大きくなり、ついには王様の軍隊をもかくまえるほどの幕営となる。

とはいえ、否定されるべきはこれらの見解を誇張することであって、これらの見解の妥当性そのものではないことに留意しなければならない。感嘆詞や模倣語がある程度まで、あるいは多少とも、言語の組織自体や構造の内部に取り込まれていることを否定する人はいないだろう。もし、否定する人がいるなら、くだんの学説を主張する論者たちは、そのような連中に「やいのやいの」言われる筋合いはない、と擬音語を使って切り返せばよい。

いずれにせよ、言語の起源は自然で直接的な意味を伴う音声にあるという仮説によって、現存する語彙体系（copia verborum）の少なからぬ部分が解明されるに違いない。このことは厳格かつ冷静な議論の範囲内で十分に明らかにできるはずである。さらに、われわれが諸々の言葉の歴史をもっと十全にたどることができれば、さらに多くの事柄を説明できる期待ももてる。

異なる言語に属する独立の要素間に見られる対応関係〔一六二－一六三〕

感嘆詞*や模倣的音声、その派生語、そして多少とも同種の起源をもっていそうなその他の言葉について考察するために、ここで野蛮および粗野な種族の言語から、可能なかぎり新しい証拠を提供しておこう。そうすることで、この種の考察に伴う不確かさや誤りのもとをかなりの程度減じることができる。不確かさや誤りの主な源は、諸々の言葉の語源を強引に、たいていは軽はずみな空想によって導き出そうとする言語学者の習慣である。言語の調査範囲を広げてさえいけば、想像力の支配する領域は狭まってくるはずである。同一の語族として明確に分類できない複数の言語であっても、それらがある観念を表現する際に感嘆詞的ないし模倣的と見てよさそうな特定の音声を共通して使っていれば、それらの言語が単一の語族に属することを証明するに足る証拠が双方から得られたと見てよいだろう。

このような見解に対して、それらの言葉はすでにほとんど痕跡を残していない共通の源泉から、複数の言語のなかに取り入れられたのではないかという反論があるかもしれない。これに対しては次のように問いたい。だとすればなぜ、音声そのものに特に意味があるとは見受けられない他の大多数の語に関して、それら複数の言語のあいだに同じ割合で共通性が見られないのか。もし、複数の言語において、似通った意味を表現するために、やはり似通った語が独立に選ばれたとすれば、それらの語こそは、まさにこの目的にきわめてふさわしいものだと考えたとしてもおそらく的外れではないはずである。これらの語は、最初期の言語の状態に合致するものであり、トマス・アクィナスの「事物の名称はそれら事物の性質と一致しなければならない(nomina debent naturi rerum con-gruere)」という格言とも符合する。

この比較に当てはめた場合、低級種族の言語はこの問題についてきわめて良質な証拠を提供してくれる。野蛮人たちは、自分たちの心を感情的音声や感嘆詞によって直接に表出したり、模倣的音声を身につけるために率直に自然に向き合ったりする能力を、高い水準においてもっているものと見える。そのような能力には、みずからの感情を直接に発する音声を取り込んで諸々の観念を表現する手段にしたり、そのようにして生み出された言葉を正規の言語に組み込んだりする能力も含まれる。こうしたことから、彼ら野蛮人が言語を生み出す手段と力をもっていることは明らかである。言語の最初の形成に関し、これまでさまざまな理論的観点から考察が重ねられ、説明が試みられているが、そこで支持されているのは、言語は当初、野蛮状態の人類のなかで形成されたという見方である。しかも、それに反するかに見える事柄がいくらあろうとも、現存する諸々の低級な文化よりもさらに低級な段階の文化のなかで言語は形成されたという見方が支持されている。(2)

言語の構成要素となる諸々の行為、身振り〔一六二―一六六〕

＊そのような考察の第一歩は、話し言葉を構成するさまざまな要素を明確に理解することである。要素を列挙すれば、身振り、表情、感情的な音声、発話に伴う強勢や力の込め方、話す速度、音楽的なリズムと抑揚、そして明確な発話の骨子をなす母音と子音の構成などである。

＊人々のごく日常的なやり取りのなかで、発話は習慣的に身振りや手振り、頭や体の動きと連動している。ここまでの議論から、はるか昔から現在にいたるまで、人々は目に見える身振りと耳に聞こえる言葉を互いに組み合わせて用いてきたことがわかる。ただし、身振りは低級種族の日常の会話において、今日われわれがそれに対して慣例的に認めているよりもはるかに重要な位置を占めているものと思われる。つまり、低級種族の場合、われわれ

われの生活で音声言語が占めている領域のかなりの部分を身振りが占めているのである。

ボンウィック氏〔James Bonwick 一八一七－一九〇六。イギリス生まれのオーストラリア人作家〕は、ミリガン博士〔Joseph Milligan 一八〇七－一八八四。スコットランド出身の医師、タスマニア探検、先住民の医療行政に従事した〕によるタスマニア人の言語についての解説を、みずからの経験から確証している。ミリガン博士によれば、タスマニア人は「諸々の身振りを用いることで、単音節からなる言葉の意味を補ったり、発話の音声に力強さや正確さ、および特殊な性格を与えたりする」という。またウィルソン船長〔Charles William Wilson 一八三六－一九〇五。イギリスの軍人、地理学者、考古学者〕は、チヌーク・ジャーゴン〔アメリカのコロンビア川流域の先住民のチヌーク語と英仏語が混成した通商用語〕では言葉の意味を調節するのに大げさな身振りが使われていると述べている。ブラジルの低級部族の人々は貧弱な文章の意味を身振りで補うという、スピックス〔Johann Baptist Ritter von Spix 一七八一－一八二六。ドイツの博物学者〕とマルティウス〔Carl Friedrich Philipp von Martius 一七九四－一八六八。ドイツの植物学者〕の記述も確かなものとされる。この部族の人々は、言葉では表現しきれない意味を身振りによって完成させるという。たとえば「森、行く」という言葉は、口をキュッととがらせて実際に森の方向を指し示すことにより、「私は森に行こうと思う」と言っていることになる。J・L・ウィルソン牧師〔John Leighton Wilson 一八〇九－一八八六。アメリカ合衆国の西アフリカ宣教師〕は西アフリカのグレボ族〔リベリア在住の部族〕の言語について記しているが、そのなかで、彼らの言語には人称代名詞があるものの、彼らがそれを会話のなかで用いることはほとんどないと述べている。ある動詞が第一人称と第二人称のどちらで用いられているかは、そこでは身振りで示される。たとえば「ニネ」という言葉の意味は話し手の身振りによって左右され、「私はそれをする」という意味にも、「あなたがそれをする」という意味にもなるという。(3)

この種の事例に加え、ここでさらに注目すべきは低級な種族が数を数える際、高級な種族ならば狭義の言語を用いるような場面でも身振り言語を用いるということである。このように、粗野な部族にとって身振りが表現の手段となっている状況が顕著に見られる。また、現代のナポリ人のように、パントマイムが公共の場での見世物や私的な会話のなかで大いに発展を遂げている例もある。他方、これらの事例と最も際立った対比をなすのはイングランドの状況だろう。イングランドでは今や、社交の場はおろか、公共の場での演説においてさえ、諸々の意味を示唆するパントマイムの役割がごく小さな範囲に限られているのである。

身体上の態度の変化は、微妙な濃淡をはらみながらさまざまな感情の変化に呼応し、身体の外見的な状態として現われる。手脚の態様のほか、特に表現力豊かなのは顔の表情であり、私たちが互いを見る際に特に注意を向けるのもそれである。目に見える表情の変化は、話し手の快・不快、自尊心や羞恥心、信念や疑念など、さまざまな心の状態を目に見える兆候として示す。感情とその身体的表現とのあいだには、初めから意図的に作られた絆はいっさい存在しない。われわれは自分たちの身体のしくみに基づく特定の運動が、同じく特定の精神的要因を指し示す兆候であることを、経験によって学んだにすぎない。たとえばある人が汗をかいていたり、足を引きずっていたりするのを目にして、暑いらしいとか、足を痛めているらしいといった判断をわれわれは下している。赤面は特定の感情によって引き起こされることから、欧州人にとって、そうした感情の目に見える表現でもある。ところが南米インディアンでは事情が異なる。デイヴィッド・フォーブス氏〔David Forbes 一八二八－一八七六。南米各地の調査に赴いた英国の鉱物学者〕の指摘によれば、彼らが赤面しているかどうかは、額に手を当てたり、体温計を使えばわかるかもしれないが、通常は黒い皮膚に隠されており、感情の可視的な記号としては役に立たない(4)。人々はこれら自然な過程を考慮に入れ、眉をひそめたり微笑んだりするなど、身体的表現をある程度まで意図的に行なおうとすることもある。その目的は、それらの身体的表現を自然に生み出すような感情を装うためであったり、あるいは、たんにそのような感情を他者に伝えるためであったりする。

顔の表情その他の身体的表現が普遍的な身振り言語の一部になっていて、話し言葉への重要な付加として役立っていることは、誰もがすでに熟知していることである。しかし、これから検討を加えていけば真実が判明するだろうが、顔の表情そのものが話し言葉において一種の形成力として作用していることは、それほど自明な事柄ではない。表情の変化は、たんなる身振りによる表現をこえた作用をもたらす。特定の心の状態が生み出す身体上の態度は、喉頭など発話に関わる身体内部の器官の状態に影響を与えると同時に、第三者の目にも明らかな変化を話し手の表情に及ぼす。たとえ、話し手の顔の表情が聞き手には見えなかったとしても、その表情が話し手の身体上の態度全体に及ぼす影響は、それだけで無になるわけではない。というのも、すでに見た発話に関するさまざまな器官の状態に応じて、話し手の感情を直接に表現する音声の様態、すなわち私が「情緒的音調」と呼んでいるものもまた、変化するからである。

情緒的音調〔一六六―一六七〕

内的および外的な表情における特定の態度が、具体的にどのような身体的作用によって特定の心の情態に対応するようになるのか、これはまだほとんどわかっていない生理学的問題である。しかし、特定の顔の表情が、それに対応し、あるいは依存する情緒的な音声表現を伴うという事実は、他人の目や鏡を通して観察してみれば十分に検証されるはずである。たとえば謹厳や軽蔑や皮肉の表情を伴う笑いは、快活な笑いとはまったく異なる。「あぁ！」「おぉ！」「ほぉ！」「へぇ！」等の音声は、そのような表情に見合うように、笑いの抑揚を変化させる。情緒的音調の効果を発揮するうえで、そのときの言葉の意味との合致は必ずしも不可欠ではない。というのも、意味のない言葉や未知の言葉であっても、それが表情豊かなイントネーションとともに発せられるなら、話し手の顔に表われている感情を伝えることもあるからである。こうした表現は、強調されている声の調子に注意を向ければ、たとえ暗闇のなかであってもそれと認められるかもしれない。他方、外観上の表情とそぐわない声を出すことで、どうしても出てくるぎこちなさは、熟練の腹話術師ですら隠し通すことが難しい。そのように無理した状態ではいずれ、顔の表情の方が声に引っ張られて目に見えて変化してしまうだろう。

情緒的な音調によるコミュニケーションは、多少ともこのような性質を伴うと思われる。特定の音調それ自体が特定の情緒に直接属するわけではまったくないが、音調の作用は、話し手や聞き手の音声的な器官に依存する。他の動物は人間とは異なる発声器官をもっているため、われわれの知るかぎり、情緒的な音調のコードも人間とは異なる。人間の音声器官に変化が加われば、それに応じて、感情表現における音調の効果にも変化が生じることだろう。たとえば、われわれにとって驚きや怒りを表現する音調が、喜びその他を表現するものになるかもしれない。だからこそ、子どもたちはどの音調がどの感情を表わすかを、早期の経験から学び取るのである。しかも彼らはこれを、部分的には自分たちがある音調を発する際に自分の顔にどのような表情が生じるかを知ることで学び、同じく部分的には、他の人々の声の表現を観察することによって学ぶ。このような知識は三、四歳の頃に身に付くと思われるが、そうした学びの一環として、この年代の子どもたちが音調の意味を理解するために向きなおり、話し手の顔や身振りを見ようとする様子が認められる。しかし、この種の知識は成長するにつれてごく自然に馴染んでいき、むしろ直観的なものと見なされるようになる。

こうして、会話において聞き手は、一つ一つの情緒の音調から話し手の身体的態度の兆候やシグナルを察知し、それを通して話し手の心の状態を把握する。聞き手はこうした作業を認識し、自分のなかで再現することさえできる。それはちょうど、電信ワイヤの一方の端にいるオペレーターが、目の前の針の動きを通して、ワイヤの他方の端にいる同僚の動作をたどることができるのに似ている。このように、人間は諸々の感情が各人の声の音調に与えるさまざまの身体的な効果を通して、他者の感情の模写を手に入れることができるのだが、このプロセスを眺めていると、一つのきわめて単純な道具がしだいに完成に向かい、やがてきわめて複雑な帰結に到達することに感服せずにはいられない。

発話*から、あらゆる身振り、顔の表情、情緒的な音調の効果を取り除けば、われわれは慣習的な音声体系へと発話を縮減する方向に、大きく歩を進めることになるだろう。そこで得られる音声体系こそは、文法家や比較言語学者たちがつねづね言語と考えているものである。そのような体系をなす音声は、母音と子音を表わす記号と、それを補助するアクセント記号、その他の重要な記号によっておおまかに書き記すことができる。一つ一つの文字に適切な音声を与えることを学んだ人であれば、逆にそれら書き記された記号から、もとの音声を再現して読み上げることもできる。

音声の音楽的性質と高低、響きが母音に与える影響〔一六七－一七三〕

＊母音のなんたるかは、ここ数年のあいだに理解が深まってきた問題である。[5] 母音はちょうど、パイプオルガンのヴォックス・フマナ〔人の声に似た音を出すオルガンの調整機構〕のなかで、特殊な構造をもつパイプにリード〔振動を発生させる舌のような部分〕が触れ合うことで生まれる音声と同様、合成された楽音的な調子である。人間の声によって母音が形成される要領は、手短に記せば以下のとおりである。まず、喉頭に、振動する一対の膜がある。いわゆる声帯である。大雑把な喩えになるが、この声帯は、管の端の開口部に、弾性ゴムをシート状に引き延ばしたものを当て、両側からこの開口部に半ば蓋をするような状態になっている。「ドラムの羊皮紙が真ん中で分かれて隙間が空いている状態」にも似ているかもしれない。管の中に息を吹き込むとゴムが振動し始めるように、声帯もまた喉頭の中で振動し音を出すのである。人間の声の場合、声帯のもたらす音楽的な効果は口の中の空洞によって増幅される。この空洞は、共鳴器や共鳴箱のように作用し、自在にその形を変えることにより、生み出される音の質感や色合い、つまり「音質」や「音色」を変えることができる。こうした微妙な差異は、その効果が記譜法上、表記されないにもかかわらず、はっきりと感じられる。音質や音色は、基本となる音に随伴する倍音に左右されるが、記譜の対象となるのは前者のみである。たとえばフルートとピアノなど、二つの楽器で同じ音を鳴らしたときの違いは、こうして生まれる。また、ヴァイオリンのように、同じ音をきわめて多様な音質で演奏し分けることができる楽器もある。そのような音の質に、母音の構成は依存している。

このことを明白に示すものとして、一般的なジューズ・ハープ〔字義は「ユダヤ人のハープ」。アイヌの伝統楽器ムックリによく似る〕は申し分のない構造をもっている。ジューズ・ハープは口琴の一種であり、はじくことによって「ア、エ、イ、オ、ウ」などの母音を出すことができる。これらの母音を発音するには、それぞれの音に対応する適切な位置に口を当てるだけでよい。このとき演奏者自身はいっさい声を発しないが、口の前に置かれたジューズ・ハープの振動部が、声帯の代わりとして機能する。口腔の状態をさまざまに変えることによって母音が生み出され、息の強弱を調整することによって一連の倍音を構成し、音色が修正されるのである。音楽理論によれば、情緒的音調と母音の音調のあいだには密接な関係があるという。実際、個々の情緒的音調を、それぞれ個別の母音と考えてもよいかもしれない。その個別特殊な音質は、人間の発声器官によって生み出されるが、この発声器官の状態そのものが、その時の感情の状態に応じて調整される。

＊ヨーロッパ人は音の高低の変化を、文中の単語を強調するために使いはするものの、それによって単語の辞書的な意味そのものを変える方法については何も知らない。しかし、この仕掛けはヨーロッパ以外の地域ではどこでも知られている。特に東南アジアでは声の音調の上下が強調や疑問、答えなどを伝えるのにある程度役立っており、実際に多様な意味をもっている。たとえばシャム語では、*há* は「探す」こと、*hã* は「悪疫」、*hà* は「五」をそれぞれ意味する。音の抑揚に関する手の込んだ体系が結果的にもたらしたのは、修辞的ないし強調的なイントネーションの場所を提供するために、膨大な数の補足的な虚辞が必要になったということである。こうして辞書に付け加えられた虚辞の数々は、文法的な位置づけが難しい。声調の体系がもたらすもう一つの帰結は、詩を音楽にする体系が、われわれの場合とは根本的に異なるものとなる点である。シャムの歌詞をヨーロッパ風のメロディーに乗せて歌うためには、音の高低に合わせて音節を変えなければならず、その結果、音節の意味をでたらめで無意味なものにしてしまうことになる。(6) 西アフリカにも同様の仕組みが見られる。ダオメ族では *so* は棒、*sò* は馬、*sò* は雷を意味する。ヨルバ族の場合は *bá* が英語の with にあたり、*bà* は曲げる、の意味である。(7)

このような言語の音楽的要素は、実用の面ではほとんど価値をもたないが、理論的には以下のことを示す点で興味深い。すなわち、人間は言語の枠組みに関して直観的な図式や継承された図式に屈従するのではなく、むしろ音声という資源をさまざまな方法で一つの表現手段へと練り上げていくということである。

子音*の理論は、母音のそれよりもはるかに曖昧である。子音は母音のような音楽的な振動ではなく、付随する雑音にすぎない。音楽家にとって、たとえばオルガンのパイプから出る風のような音や、ヴァイオリンの弓がキーキーいう音、うまく吹けない時のフルートのかすれた変な音などは、いずれも自分の奏でる音の邪魔をする迷惑な雑音にすぎない。だからこそ、できるだけその種の音を減らそうと骨を折る。しかし、言語の技能においては、この種の雑音は忌避されるどころか、音楽的な母音と結ばれ、子音として大いに重用されるのである。子音を生み出す際の発声器官の位置や運動に関しては、マックス・ミュラー教授の第二期『講義集』のなかで、解剖学的図解とともに卓越した説明が与えられている。対して本書の目的は、音声を思考の表現手段とするために言語の作り手が考案してきた多様な仕組みを再検討することである。

そうした仕組みをわかりやすく説明したものとしては、おそらく、チャールズ・ホイートストーン卿〔Sir Charles Wheatstone　一八〇二－一八七五。イギリスの物理学者〕がみずから製作した発話機械について行なった説明ほど適切なものはないだろう。(8) 難解な現象を研究する最善の方法の一つは、それらを人工的に模倣したものを観察することである。ホイートストーン卿の作った器具は、ラテン語、フランス語、イタリア語を見事に発音したという。たとえば Je vous aime de tout mon cœur〔心からあなたを愛しています〕とか、Leopoldus Secundus Romanorum Imperator〔ローマ皇帝レオポルト二世〕、等々の言葉を発することができたのである。ただしドイツ語は、そのようにうまくはいかなかったようだ。母音に関しては、もちろん、たんにそれぞれに見合ったリードやパイプによって音が出ていただけである。それを子音に結びつけるために、諸々の装置が人間の器官のように働くように調整されていた。たとえば *p* は、操作者が人形の口からすばやく手を離すことによって作られた。*b* も、人形の口を完全には閉じない点を除けば、これと同じ方法で作られた。他方、*m* を形成するためには、鼻腔のような穴が使われた。*f* と *v* は、手で口の形を変えることで表現された。歯擦音の *s* や *sh* は、細い管に勢いよく空気を送り込むことで生み出された。流音の *r* や *l* は、小刻みに振動するリードで作られた。

ホイートストーンが述べているように、この精巧な模倣機械の最も重要な使用法は、異なる言語の発音について、その適切な記録をとどめ、保存することだろう。実際、完璧に調整された発話機械ができあがれば、純粋に母音と子音だけで成り立つ言語の枠組みを、われわれに代わって示してくれることになりそうだ。ただし、生身の人間同士の会話を作り上げるにいたるような表情豊かな付加物は、そこにはない。

言語*に使用可能な母音と子音に関して、人間は途方もなく多様な音声を発し分け、また聞き分けることができる。しかし、これら判別可能な音声のいわば大量の在庫品をすべて使用するような言語はどこにもない。世界各地の言語や方言は、明確に限定された母音と子音の系列を選択し、これをそれなりの正確さで保っているのが実情であることが見て取れる。また、そのことにより、言語や方言はそれぞれの音声的な文字体系とも言うべきものを選び取っている。個人や小集団内の発話に生じる小さな差異を無視すれば、世界各地の方言はそれぞれの音声体系をもっていると言えるかもしれない。しかも、これらの音声体系はきわめて多様である。たとえばわれわれイギリス人の母音は、フランス人やドイツ人のそれとは大きく異なる。われわれが *thin* や *that* と綴る際の *th* という音を、フランス人は知らない。他方、スペイン語訛りの *c*、〔s を th のように発音する〕いわゆるセセオは改めて *th* に書き換えなければならない第三の子音だが、われわれイギリス人の *c* や *th* とは音声上明らかに異なる。

外国語のなかに、音声上はわれわれの言語に近い音があるにもかかわらず、それに対応する文字が欠けていることに気づく場合があるが、こうしたことはけっして珍しいことではない。たとえば中国人にとって *r* の発音が困難であることや、オーストラリアの方言に *s* や *f* が欠けていることが挙げられる。また、モホーク族〔北米ニューヨーク州北部からカナダにかけて居住する先住民〕の言語には唇音がない。異国の者が彼らに*p*や*b*を含む単語の発音を教えようとしたとき、彼らは言葉をしゃべるために口をいったん閉じるなんて、あまりに滑稽で考えられないと言い張ったという。また、ブラジルを発見したポルトガル人たちは、その土地の人々が*f*も*l*も*r*も言語のなかにもっていないことに気づき、*fé*も*ley*も*rey*もないことから、信仰も法律も王〔ポルトガル語でそれぞれ*fé*, lei, rei〕ももたない民として巧みに記述した。

　また、ある民族ではたんに感嘆詞的な雑音としてしか使われておらず、記述されることもなく、そもそも記述することができないような音声が、他の民族では明瞭に弁別された言葉として利用されることもある。この種の現象は「舌打ち音（clicks）」と呼ばれる雑音に見られる。われわれにとっては感嘆詞として馴染みの音である。頬の内側（たいていは左頬の内側）で出す舌打ち音は、馬を操る際に昔から使われている。他方、舌を歯や口蓋に密着させて鳴らすさまざまな舌打ち音は、驚き、とがめ、満足などを表現する手段として、子育ての場面では当たり前のものになっている。同様に、ティエラ・デル・フエゴの原住民は独特の舌打ちで「否《ノー》」を表現する。トルコ人の場合はそれに、頭をうしろに振るような身振りが加わる。また、オーストラリアを旅した人々の報告によれば、現地の人々が驚きや感嘆を示す舌打ち音は、われわれがよく耳にしているものと非常に似ているという。

　これらの舌打ち音は、ここではたんに感嘆詞的にしか用いられないが、よく知られるとおり、南アフリカの諸種族はその種の音を発話のなかで弁別して用い、それらを示す記号、あるいは文字と言ってよいものまで作り上げている。たとえばホッテントット族〔アフリカ南西部の先住民の古い蔑称、現在ではコイ族と呼ばれる〕という名称が、ナマ族〔南アフリカ西部のナマクアランドに住むコイサン語系言語を話す部族〕とその同系統の部族に対して用いられるが、これはもともと現地で使われていた名称ではなく、彼らの言語を粗雑に真似て作った言葉だろう（この点についてはペーター・コルブ〔Peter Kolb　一六七五－一七二六。ドイツの天文学者、民族学者〕の見解のとおりである）。すなわち、オランダ人が「ホットとトット〔*hot en tot*〕」という舌打ち音から造語したものであり、このことから、ホッテントッティズムという言葉が、多様な吃音症状のうちの一種を医学的に説明するものとして採用されたのである。北西アメリカもまた、奇妙な舌打ちや喉を鳴らす音、唸り声などを表わす文字を生んだ点で、特異な地域である。これらの音をヨーロッパ人が発声することは難しく、あるいは不可能である。

このほかにも弁別的な発話のなかで使用可能な音声はたくさんある。さえずるような音や口笛のような音、息を吹き込んだり吸い込んだりする音などである。それらのなかには動物への呼びかけや、軽蔑や驚きを示す感嘆詞的な雑音としてわれわれにとっても馴染み深いものもある。しかし、それを文字体系に当てはめてみせた部族は今のところ知られていない。既知の言語に見られる音声の途方もない多様性をもってしても、人間に可能な発声の限界はまだまだ汲み尽くされてはいないのだ。

人類[*]の多様な部族はいかなる根拠によって、それぞれに多様な文字体系を選択するにいたったのか。われわれはあるところまでは、この問いに答えることができる。話者にとって発音しやすいこと、それが聞き手にとってもわかりやすいことなどが、そうした選択の原理の一部であることは間違いない。最もかけ離れた言語の音声体系同士のあいだに一般的な共通性が見られる理由を、人間の発話器官が世界中どこでもきわめてよく一致しているという事実と結びつけることも、おそらく妥当だろう。また、そのような音声体系上の共通性があればこそ、どんな言語であれ、そのかなりの部分を別の任意の言語の文字体系を使って記述することができるのである。

しかし、われわれは一種の人類共通の自然的文字体系が存在することを身体的な共通性によって説明する一方、個々の言語で用いられる音声の選択を決定づける別の要因にも目を向けて、なぜ、共通の系統に属する言語のなかで、さまざまに異なる変化の過程が生じたのかを説明しなければならない。たとえばヨーロッパには同じ語源をもちつつも多様な形をした語、たとえば *pater, father, vater*〔順にラテン語、英語、ドイツ語で「父」〕の例があるし、ポリネシアの島々には数字の五を意味する語が *lima, rima, dima, nima, hima* というふうに奇妙な変形を示す例が見られる。この種の変化はきわめて広汎に、規則的に生じるため、グリムの法則〔印欧語とゲルマン語とのあいだの子音の対応に関する規則〕の発表以降、それを研究することは言語学の主要な部分の一つになっている。そうした変化の要因はいまだ明白ではないが、少なくとも広汎で決定的な変形が偶然や恣意的な空想に起因するとは考えられず、なんらかの法則の所産に違いないということ、なおかつその法則自体が、それによって生まれた変化と同様、広汎で決定的な性格をもつはずだということは確かだろう。

強調とアクセント〔一七三―一七四〕

いま仮に、それなりに正確な文字体系で書かれた一冊の本、つまり良質の表音文字体系で書かれた本があるとしよう。たとえばイタリア語の本や英語の本のことを考えてみるとよい。ただし、われわれが今でも用いているような急場しのぎの文字で書かれた英語を想定すると、新たに不要な問題が生じて目下の問題が複雑になってしまう。

さて、もしもその本が確かな文字で書かれており、それが読み手に渡されれば、この読み手はけっしてつまずくことなく、そこに記された母音や子音を明確な音声に復元できるだろう。この作業はあたかも出版社に戻すための校正刷りを読み返しているかのように〔淡々と〕行なわれるはずである。なぜそうなるかと言えば、言葉を文字で書き記す際に、先述の情緒の音調が脱落してしまったからである。抜け落ちてしまった情緒の音調がどのようなものであるのかを言葉の意味から推測し、それに従って再び文字に音調を当てはめていくのは、読み手の仕事である。読み手はさらに、特定の音節や単語にアクセントや強調を置くことで、そうした音節や単語が文中で発揮する効果に変化を与えなければならない。たとえば、'I never sold you that horse' という文を読むとき、これら六つの単語のどれか一つに強調を置くだけで、文全体の趣旨が変わってくる。

強調を加えた発音に関しては、さらに二つの注目すべき操作について述べておかなければならない。すなわち、一つは声の大きさを変えること、もう一つは音の長さを変えることで生み出される効果である。これは直接的な模倣に属するものであり、いわば声による身振りにほかならない。たとえば誰かが a *short sharp* answer〔完結にして鋭い返事〕や a *long weary* year〔長くて退屈な一年〕、あるいは a *loud burst* of music〔けたたましく鳴り響く音楽〕や a *gentle gliding* motion〔穏やかで滑るような動き〕といった言葉を口にする際の形容詞の発音の仕方を想起すれば、そのことに気がつくはずである。身振り言語〔ジェスチャー〕を使うとき、それに対応する行為の種類に合わせて力の度合いや速度を調節するが、それと同じことが声による身振りにも適用される。われわれはこうした模倣能力を使って、自分が話す言葉の音声の一つ一つにその言葉の意味を反映させようとつねに努力しており、それによって話し言葉にそなわる効果には目覚ましいものがある。この効果を、書き言葉によって文脈だけで伝えることはほとんど不可能である。このことは、ある小話を話すときと書き記すときの違いを考えるとわかる。その話とは、ある人が「よい本」について話しかけられて、〔意味がよくわからずに〕困惑した、というものである。その人は〔意味を確認するために〕落ち着いた好意的な面持ちで手短にまずこう聞いた。「あなたが言っているのはよいい本のことですか?」。それから今度はむやみににやにやしながらゆっくり付け加えた。「それとも、いーぃ、本のことですか?」〔Do you mean *goo-d* books?〕。

句の旋律〔一七四―一七五〕

右の例では音楽的なアクセント〔アクセントゥス[9]、すなわち楽音的な調子〕が強調の手段として利用されている。われわれは、ある文中で特定の音節や単語を際立たせるときにも、半音ないしそれ以上の幅でその部分の音程を上げ下げしている。読み手は、書かれた文のところどころで間を取りながら、区切って読まなければならない。このとき、ある程度は句読点が頼りになる。詩はもちろん、散文を読み上げるときでさえ、リズムの調整が必ずそれなりの効果をもたらす。そこで読み手は、それぞれの文を不完全ながらも一種のメロディーに合わせることで、改めて音楽的な要素を取り込むのである。ヘルムホルツ教授〔Hermann Ludwig Ferdinand von Helmholtz 一八二一―一八九四。ドイツの物理学者、生理学者〕は、低い声のドイツ人が 'Ich bin spatzieren gegangen.—Bist du spatzieren gegangen?'〔「私は散歩に出かけた」。「君は散歩に出かけましたか？」〕という肯定文と疑問文をBフラットの音から話し始めたときの音程を、音符で記述するという試みを行なった。それによると、肯定文を発音した場合、末尾はBフラットから四度下がり（つまりFの音となり）、疑問文の末尾は逆にBフラットから五度上がる（つまり一オクターブ上のFとなる）という。(10) また、英語の話し手がシャム語の母音の上げ下げを自分の言語で説明する場合、英語の疑問文とその答え、たとえば 'Will you go?—Yes' といった組み合わせに見られる音程の上下になぞらえたりする。(11)

このように日常会話に見られる不完全ながらも音楽的なイントネーションの法則は、まだほんのわずかしか研究されていない。しかし、厳粛さや悲哀の調子を言語に与える手段としては、イントネーションはすでに十全に発展を遂げており、厳密なメロディーの法則のもとに体系化されてさえいる。そのため一方では教会での詠唱や、宗教的な集会でしばしば耳にする、さほど定型化されていない中途半端な歌唱が存在し、他方では古代的ないし現代的な形式をとる演劇的な叙唱が存在するのである。そのような中間的な諸段階を橋渡しとして、われわれは散文の読み上げから完全な歌にいたるまでの広大な隔たりを考慮に入れることができる。前者、つまり散文の読み上げに伴う母音の音程はさほど慎重に保たれてはおらず、子音の介在によってかなり曖昧になっているため、明確に同定することさえ難しい。他方、後者においては、子音は可能なかぎり抑制されているため、それが母音の正確で表現豊かな音楽的要素に干渉することはないのである。

間投詞〔一七五－一七七〕

＊ここからは、人類の有する語彙のうち、特に音声によって直接的に意味が表現されており、理解しやすい起源をもつと思われる部分への考察に進もう。まずは間投詞について検証する。「野蛮《ブルーティシュ》で未分化な間投詞」というホーン・トゥック〔John Horne Tooke 一七三六－一八一二。イギリスの政治家、言語学者〕の言い方は、多くの人々に繰り

返し言及されてきたが、この表現を彼が使ったとき、そこにある種の侮蔑の感情が込められていたことは確かである。すなわち、彼自身のあまりに狭い言語観からはみ出るような表現様式に対する侮蔑である。しかし、その形容自体は十分に正当化しうる。間投詞が、動物の鳴き声と似ている点で「獣じみている《ブルーティシュ》」ことは間違いないのだ。その事実あればこそ、間投詞は現代の観察者たちに格別の関心を抱かせるものとなっているのであり、彼ら観察者もまた、その事実のおかげで、低級な動物の心理状態に由来するような現象を、最も高度に発達した人間の言語のただなかにまでたどることができるのである。また、間投詞が「未分化」なのも本当である。少なくとも、間投詞の記述を試みるときほど、文法家が子音と母音からなる体系と見なすものが機能不全に陥る状況はないという意味で、その形容は間違っていない。体系化された文字による記述法は、間投詞の特異にして多様な変調を伴う音声を表現するにはあまりに不完全で、融通がきかない。かわりに、間投詞を記述するための慣習的な語がいくつか存在するのだが、これらも十分にその役目を果たしているとは言いがたい。誰かが文章を大きな声で読み上げるとき、また、生身の現実世界よりもむしろ本の世界から学んだ人々の会話のなかにも、この種のぎこちない模倣を耳にすることがある。*ahem! hein! tush! tut! pshaw!* といった表現は、書物に印刷された言語の疑いえない権威を伝えており、滑稽なまでに正確さをきわめた文字で音声を再現している。

しかし、ホーン・トゥックが不運なイタリアの文法家を標的にして、「この勤勉にして正確無比なるチノーニオ」は、「どうやら根拠というものをまるで意に介されないようだ」とまで書いたとき、英語学の開拓者たる彼がはたして、次のようなチノーニオの明らかに正しい見解のどこに反論すべき点を見いだしたのかは判然としない。チノーニオは、ある単一の間投詞、たとえば「アァ」は、それを発する際の音調次第で、痛みや懇願、脅し、ため息、軽蔑など、二十種類以上もの感情や意図を表現することができると指摘している。(12) 間投詞が諸々の感情を表現するという事実には、議論の余地はまったくない。したがって間投詞に対する言語学者の関心は、一方では感情表現におけるその作用を研究することであり、他方では、それらがさらに十全に形成された語へと発展を遂げていく際の道筋をたどることである。十全に形成された語というのはつまり、統語の連なりのなかに固有の位置を占め、論理的な命題の一部となるような語のことである。

*とはいえ、まずは真に間投詞と呼ぶべきものと、あまたの感覚語、すなわち感覚を表現している言葉を区別することが必要である。後者はしばしば断片化したり古風な表現をとって存続したりするが、外見と用途のいずれの面でも間投詞と紛らわしいほど似ている。ギリシア語やラテン語の例としては、*φέρε! δεῦτε! age! macte!* がある。*hail!* も同種の語であり、ゴート語訳の聖書に見られるとおり、もともとは「完全な、強壮な、繁栄した」といった意味の形容詞の呼格として用いられていた。ちょうど、イタリア語の *bravo! brava! bravi! brave!* といった掛け声にあたるものである。アフリカの黒人が恐怖や驚きから「ママ！　ママ！」と叫ぶとき、[13] 彼らはまさに感動詞としての間投詞、つまりリンドリー・マレー〔Lindley Murray　一七四五－一八二六。米国出身、イギリスに移住した言語学者〕が言うところの「ある情念や感情を表現するために使われる語」を口にしていると見なされるかもしれない。しかし実際には、彼らは成長した赤ん坊なのであって、たんに母親を呼んでいるだけである。これとまったく同じことが、カリフォルニア北部のインディアンにも見られる。彼らは痛みの表現としてアナ！「お母さん！」と叫ぶのである。[14] ほかに、純粋な間投詞が代名詞や形容詞と結びついてできた感嘆詞もある。代名詞との組み合わせでできているものに *οἴμοι! oimè! ah me!* などがあり、形容詞との組み合わせでできたものには *alas!*〔ah「ああ」＋las「哀れな」〕や *hélas!*〔ah「ああ」＋weary「うんざり」〕がある。間投詞を見分けるにあたり、実際には感覚語にすぎないものを言語の起源である基礎的音声として扱ってしまうことを避けるには、どのようなことに注意すればよいだろうか。それは、一般的な英語の感嘆 *well! well!* がコプト語の *ouelouele* という、まぎれもなく間投詞的な音声に似ている例からわかるだろう。この *ouelouele* は泣き叫ぶことを指すのに使われる語で、ラテン語の *ululare* にあたる。十八世紀のある博学な旅行者の事例はもっと好都合かもしれない。彼は、古代ギリシアの鬨《とき》の声である *ἀλαλά! ἀλαλά!*〔アララ！　アララ！〕に関して、今日のトルコ人もやはり戦場で同じように Allah!

Allah! Allah!〔アッラー！　アッラー！　アッラー！〕と叫んでいる、と大真面目に指摘しているのだ。(15)

動物への呼び掛け〔一七七―一八三〕

＊さまざまな国で慣習的に使われている動物への呼び掛けは(16)、かなりの程度まで間投詞的に用いられている。とはいえ、その種の呼び声を一括して説明しようとすると、言語学の領域内の不確かな場所に足を踏み入れざるをえない。確かに、そうした呼び掛けのなかには、昔のドイツ人が鳥追いに用いたとされる「シュッシュッ！」という声のように、純粋な間投詞に属するものもある。われわれが同じ目的で口にする「シッシッ！」や、ブラジルの現地民が飼い犬を呼ぶときの「アアッ！」もまた、純粋な間投詞と考えてよい。あるいは、それらはたんに動物自身の鳴き声を模倣したものと見なされるかもしれない。たとえば、われわれ自身が飼育場で家禽を呼ぶときの「コッコッ」という掛け声や、オーストラリア人が鶏を呼ぶときの「ピピ！」「チッチッ！」といった声がその典型である。〔ドイツ南西部の〕シュヴァーベンの人々が七面鳥に向かって叫ぶ「カウテ、カウト！」や、インドの羊飼いが羊を呼ぶときの「バー」という声もまた、同種のものである。

しかし、感覚語が多少とも崩れた形になったものと思われるケースもある。典型的なのは、それぞれの動物が、一般的な名称に由来するとおぼしき音声で呼ばれる場合である。たとえばイギリスの田舎の人は、道に迷った牧羊犬に出会うと、たんに「シップ、シップ」と声を掛ける。「シャップ、シャップ」はオーストラリア人が羊を呼ぶときの声であり、牛に対しては「コス、クーヘル、コス」である。ドイツの複数の地域では、ガチョウを呼ぶときの声は「ガスガス、ガッシュガッシュ、ゴスゴス」である。ボヘミアの農夫がガチョウを「フッシィ」と呼ぶことから思い出されるのは、彼らの言語でガチョウを指す名称が、「フサ」だということである。この言葉はイギリス人の耳にはヤン・フス〔Jan Hus　一三六九頃―一四一五。ボヘミア出身の宗教家。宗教改革の先駆と見なされる運動を起こしたが、異端として火刑に処された〕の名前を通して馴染みがある。ボヘミア人はまた、自分の飼い犬に「プスプス」と呼びかけるが、「ペス」は「犬」を意味する単語である。動物に向けられるその他の感覚語も、長きにわたる反復を通して崩れ、断片化した形になっている。ポルトガル人が犬を呼ぶときの「トト」は、「トマトマ」〔「取れ、取れ」〕の省略であり、犬にこちらへ来て食事をするよう語りかけているのだと言われている。これは妥当な説だろう。また、「クープクープ」はロンドンの下町訛りでは純粋な間投詞と誤解されがちだが、これはCome up! Come up!〔おいで、おいで〕にほかならない。

'Come uppe, Whitefoot, come uppe, Lightfoot,〔おいで白い足、おいで軽い足〕
Come uppe, Jetty, rise and follow,〔おいでジェティ、立って付いてきて〕
Jetty, to the milking shed.'〔ジェティ、搾乳小屋まで〕

〔イギリスの詩人・児童文学者 Jean Ingelow（1820－1897）の詩
"The High Tide on the Coast of Lincolnshire" の一節〕

ただ、馬を呼ぶときの「ハフハフ」や、ガチョウを呼ぶときの「フールフール」や、羊を呼ぶときの「デッケルデッケル」の由来については、うまい説明が思い浮かばない。幸い、こうした些細な語には、語源学者が由来の解明に苦心するほどの重要性はない。だが「プス！」という語は、言語学的に興味深い問題を提起している。イギリス人の子どもが〔猫を呼ぶときに〕「プス！　プス！」と言うのは、猫を意味する古いケルト語の痕跡を残している可能性がきわめて高い。アイルランド語のプス、アース語〔スコットランド、アイルランドのゲール語〕のプサグ、ゲール語のプイスもおそらく同様である。似たような呼び方は〔〔ドイツ〕ザクセン州の「プスプス！」のように〕ヨーロッパならどこでも知られている。それゆえ、東方由来の動物である猫が、それぞれの土地で呼ばれていたときの名前の一つと一緒に〔ヨーロッパに〕やって来たという考えには一理ある。実際、タミール語のプセイ、アフガニスタン語〔パシュトー語〕のプシャ、ペルシア語のプシャクなどは、現在でもその土地で使われている。ウェッジウッド氏はこの呼び掛けの起源は猫が唾を吐く音にあると見ており、セルビア人は猫を追い払うときに「ピス！」と叫ぶのに対し、アルバニア人は同じ音声を猫を呼ぶときに使うと述べている。興味深いことに、「ピス！」という叫びが猫そのものの名前になっているのは、この動物が比較的近年になってイギリス人によって持ち込まれた国々である。実際、トンガ諸島では「ブーシ」が猫を意味する語として認識されているが、この語がクック船長の時代から使われていることは間違いない。北西アメリカのインディアン諸部族にあっては、土着の言語でプーシュ、ピシュピシュが猫を意味する語のようだ。チヌーク・ジャーゴンという興味深い方言では、ヨーロッパ産の猫が「プス・プス」と呼ばれるのみならず、地元の獣であるクーガーも今では「ヒャス・プスプス」、つまり「巨大なネコ」と呼ばれている。(17)

動物の名称が呼び掛けに由来する事例は、おそらく珍しくはない。スイスでは、「フス！」という叫びが犬を戦わせる際に用いられていたようである。イギリスなら「スース！」という叫びがこれにあたるだろう。スイス人が犬を「フス」や「ハウス」と呼ぶのは、おそらくこれに由来する。*イングランドでは「ディル！　ディリィ！」がアヒルを呼ぶときの声であることは一般に認められているが、これがもともと英語に属するなんらかの語句が崩れたものだとは考えにくい。というのも、ボヘミア人もまた、飼っているアヒルに「ドゥリドゥリ！」と呼び掛けるからである。ディルやディリィがアヒルを指す名詞として辞書に載っているわけではないが、いずれは自然と辞書的語彙へと容易に移行する可能性はある。フッド〔Thomas Hood 一七九九－一八四五。イギリスの詩人〕が名高い喜劇的な詩のなかで見せたこの語の用法は、その可能性を申し分なく示している。

'For Death among the water-lilies,〔睡蓮のなかで死ぬために〕

Cried "Duc ad me" to all her dillies.'〔すべてのアヒルたちに「私に連れてきておくれ」と叫んだ。〕

〔詩 "The Drowning Ducks" の一節〕

これとちょうど同じように、イギリスの荷馬車の御者が馬を呼ぶときに「ジー！」という掛け声を用いることから、「ジージー」が馬を意味する幼児語として広く用いられている。このように幼児語や、言葉遊びのなかの造語には、言語の起源に関する事実として扱うに値しない、と片付けてよいものは一つもない。というのも、民族学の一つの公式と言ってもよさそうな事柄として、文明化した社会において大人たちが戯れに行なったり、子どもたちが保育所で行なったりしていることは、たいてい野蛮人や原始人のまじめで知的な努力のなかにも類似のものを見いだせるからである。

御者が「ジー、ジーホ！」と叫んで馬を急き立てたり、「ウェイ！」「ウォ！」と叫んで止めたりすることは、各地の方言の一部になっている。「ジホ！」という掛け声はおそらく、ノルマン・フランス語とともにイングランドに入ってきたものだろう。今もフランスでその掛け声が知られており、イタリア語の辞書にも「ジオ！」として記載されているからである。〔スイス東部の〕グラウビュンデン地方を旅すると、御者が「ブルルー」と長く叫んで馬を止めるのが聞こえたかと思えば、通りの反対側に出ると「フー」という掛け声が聞こえてくる。農夫が群れの先導馬を右や左に方向転換させるときの掛け声は、諺のなかにも残っている。フランスでは、人々は愚かな道化師について、Il n'entend ni à *dia!* ni à *hurhaut!*〔「あいつは右も左もわからない」。dia は右へ、hurhaut は左への掛け声〕と言う。これに対応する低地ドイツ語方言の言い方は、He weet nich *hutt!* noch *hoh!* である。バートン船長〔Richard Francis Burton　一八二一－一八九〇。イギリスの探検家、作家、『千夜一夜物語』の英訳者〕がメッカへの旅の途上で記しているように、ラクダに対して使われる言葉も決まっている。「イクイク！」と叫ぶとラクダは膝を折り、「ヤーヤー」でその歩みは速くなり、「ハイハイ」は警戒せよ、の呼び掛けになる、といった具合である。

こうした独特の表現の形成には、二つの要因が関与してきた。音声は時として、完全に間投詞的な性質をもつようだ。たとえばアラビア語で注意を呼び掛けるのは「ハイ！」であり、フランス語では「フー！」、北部ドイツでは「ホー！」である。その由来がなんであれ、いずれの音声も馬と人間の双方の耳に訴えかける模倣的な調子によって、その意味を伝えるようになったものと思われる。このことは、スイス人が馬の歩みを速めるときの、短くて鋭い高音の「ハッ！」という掛け声と、同じく馬を立ち止まらせるときの長く引きずるような「フーゥゥ！」という掛け声の違いを聞けば誰もが納得するだろう。また、一般的な感覚語が *gee-up!*〔右へ曲がれ〕や *woh-back!*〔止まれ〕といった掛け声に取り入れられた経緯からすれば、形式的に整った言語の一覧表のなかから、そのさまざまな古い断片を見つけることもできそうだ。以下は、「マイクロシニコン」〔一五九九年作〔イギリスの劇作家・詩人のトマス・ミドルトン（Thomas Middleton 一五八〇－一六二七）の詩〕の一節をハリーウェル〔James Orchard Halliwell 一八二〇－一八八九。イギリスのシェイクスピア研究者、民俗学者〕が引いたものである。

A base borne issue of a baser syer,〔卑しい者の抱く卑しい問題〕
Bred in a cottage, wandering in the myer,〔小屋で育てられ、湿地をさまよい〕
With nailed shooes and whipstaffe in his hand,〔鋲を打った靴を履き、鞭の柄を握り〕
Who with a *hey* and *ree* the beasts command.〔左へ、右へと獣を率いる者の〕

ここでの *ree* は right と同義であり（たとえば riddle-me-ree は riddle me right で「でたらめの話」の意）、先導馬に対して右に曲がれと指示するものである。また *hey!* は *heit!* や *comether!* に対応し、「こっち」、つまり左に曲がれという呼びかけである。ドイツ語では、*har! här! har-üh!* も her や hither と同様「左へ」の意味である。したがって *swude! schwude! zwuder!* つまり「左へ」という呼び掛けは、もちろんたんに '*zuwider*' すなわち「反対側へ」という意味である。ドイツ語圏の国々で「右」と「左」を意味する呼び掛けはそれぞれ *hot!* と *har!* または *hott!* と *wist!* である。この *wist!* は、古代の単語がこのような民衆的伝統のなかに保存されている事例として興味深い。これは明らかに、左手を意味する古いドイツ語の単語である *winistrā* やアングロサクソンの *winstre* が断片化したものである。こうした古い単語は、われわれがいま用いている近代英語と同様、近代の高地ドイツ語においても長いあいだ忘却されていた(18)。

＊このように、通常の単語と間投詞的な叫びが古い時代に混合した例は、権威あるフランスの百科事典(19)のなかにも見られる。猟の技術を詳細に述べた部分に、獲物を追う際に生じうるあらゆる状況において、猟師が猟犬にどのように叫ぶかが正確に記述されている。もしも猟犬に文法と統語論が理解できたなら、そこまで細分化した犬向けの言葉ができ上がることもなかっただろう。それらの言葉のなかには、純粋に間投詞的な叫びに聞こえるものもある。たとえば猟犬に仕事をさせるときの猟師の掛け声は *hà halle halle halle!* であり、革紐から解き放たずに狩り場まで連れてくるときは、*hau hau!* ないし *hau tahaut!* と声を掛けることになっている。猟犬たちを解き放つときには、掛け声は *hau la y la la y la tayau!* に変わるが、これは英語の *tally-ho!* のもととなるノルマン語の原型であることを示唆するものだという。この種の叫び声はフランス語の簡素な単語と混合し、*hà bellement là ila, là ila, hau valet!—hau l'ami, tau tau après après, à route à route!* といった掛け声になる。また、単語がたんなる叫び声に断片化しても意味が失われない場合もあって、‘vois le ci’ や ‘vois le ce l'est’ がその例である。これは追跡中の雄鹿が方向転換したことを猟犬たちに伝える *vauleci revari vaulecelez!* という呼び掛けのなかに、今でも認められる。しかし、この事典の記述で最も滑稽な部分は、イギリスの犬に呼び掛けるための一連の英単語（かなりフランス風ではあるが）が大真面目に記されていることだ。著者によれば、「フランスにはイギリス産の猟犬がたくさんおり、未知の言語で呼びかけたのではなかなかうまく操れない。犬が訓練を受けたときの言語でないと困るのだ」。そのため、猟師たちは猟犬たちを呼ぶとき *here do-do ho ho!* と叫び、元の道に戻れと指示するときは *houpe boy, houpe boy!* と言う。何頭かの猟犬が先走って群れから離れてしまったときは、猟師はそれを馬で追いかけて、*saf me boy! saf me boy!* と叫ぶ。それでも犬たちが言うことを聞かず、いっこうに止まろうとしないときには、*cobat, cobat!* と叫んで引き返させるのである。

低級な動物たちが、間投詞的な音声にどの程度まで固有の意味を付与しているのかは、なかなか難しい問題である。しかし、ここに見たほとんどの事例において、動物たちがそうした音声をたんに規則的な連想によって記号とわかって受け取っているにすぎないことは明らかである。たとえば、彼らはある音が鳴ると餌を与えられ、別の音が鳴ると追い払われることを記憶したり、飼い主の呼び声に伴う身振りに注意を払ったりはする。猫を呼ぶときのスペイン流の呼び声は、よく知られるとおり *miz miz!* だし、追い払うときの呼び掛けは *zape zape!* である。ある古い辞書の記述によれば、miz と zape という言葉のあいだには、慣習による以外、実質的な区別は何もないらしい。なぜそんな慣習ができたかについて、この辞書ではとても賢い猫たちを飼っていたある修道院に関する言い伝えを記している。その修道院では、食堂を管理していた修道士が猫たちに餌を与えるときは *zape zape!* と叫び、追い払うときは棒を振り回しながら腹立たしげに *miz miz!* と叫ぶことを思いついた。これはもちろん、外部の人間が猫たちを呼び寄せて盗み出すのを避けるための工夫であり、この秘密を知っていたのは彼と猫たちだけだったのである。[20]

言語学者によれば、このような動物への呼び掛けが特定の地域で慣習化される過程には、ある語の用法が定着する際の合意形成の過程がよく表われているという。この種のさまざまな事例からわかるのは、ある言葉の普及の背後には、特定の人間社会における選択があるということである。諸々の語がある区域内で定着する主な理由を個別のケースについて正確に特定するのは難しい。しかし、第一の理由はおそらくその語自体に備わる適切さであり、第二は伝統の継承だろう。

情緒的な叫び〔一八三一—一八七〕

曖昧なものや断片化した感覚語を環境から取り除けば、そのあとに残るのは紛れもない音声語、つまり純粋な間投詞である。こうした表現の歴史的な位置は、きわめて原始的なものだと当然のように長らく考えられてきた。実際、ド・ブロスはそれらが人類に共通の不可欠で自然な言葉であり、人間の身体的な構造と、心に内在する諸々の感情との組み合わせから生まれたものだと記している。間投詞的な発声と、それが表わす諸々の感情との関係を見きわめるうえで最良の方法の一つは、低級な動物の声とわれわれ人間の声を比較することである。かなりの程度まで、そこには共通性がある。動物たちの身体的、精神的な構造が、われわれ人間のものとのあいだに一定の類似性を有するように、動物たちが自分たちの心を表現する際の音声もまた、それが意味すると思われる心情にふさわしい音として、われわれの耳に響くのである。犬が吠えたり遠吠えをしたり、情けない声を出したりするのはその典型であり、ガチョウが怒ったようにシューッと声を立てたり、猫が喉を鳴らしたり、雄鶏が時を告げたり、雌鶏がコッコッと鳴いたりするのも同様である。しかしながら別種の事例、たとえばフクロウのホーホー言う声や、オウムその他、さまざまな鳥の甲高い声などが、人間の叫び声ならば伝えられるであろう憂鬱や苦痛のようなものを表現しようとしているとは考えにくい。音声の意味についてのわれわれの観念に従えば、憤怒や不快の表現ととれる鳴き声はもつものの、それ以外にはいっさい声を上げることのない動物もたくさんいる。野生動物が吠えたりうなったりするのを、このような仕方でどこまで解釈できるだろうか。ここで、ヴァイオリンの音色が痛々しく響いたり、風のうなりが悲哀を表現したりすることを想起してもよいだろう。間投詞と感情との絆は、その音を発したり聞いたりする動物の身体的構造に依存している。このことから帰結するのは、多様な種族からなる人類すべてに認められる間投詞的発声の一般的な共通性が、人類の身体的および知的側面における統一性を示す重要なものだということである。

人間が自分の感情を表現するために発する間投詞的な音声は、感情を他者に知らせる記号としても機能する。

そのような間投詞の長大なリストは、いかなる動物よりも多様な言語を話す人類にあってなお共通のものであり、大まかには溜め息やうめき、うなり、叫び、悲鳴、咆哮などを表わすものとしてまとめることができるかもしれない。人間はそれによってさまざまな感情に音声をあてがうのである。そのリストには、*ah! oh! ahi! aie!* といった表記では十分に表現できない音声も数多含まれる。その一つは溜め息で、これはアフリカのウォロフ族〔西アフリカ、セネガル周辺に居住する民族〕の言語では *hihhe!*、英語では *heigho!*、ギリシア語とラテン語ではそれぞれ *ɛ̃ɛ̃! ɛ̃ɛ̃!* および *heu! cheu!* となる。また、びっくりしたときに口を大きく開いて *wah wah!* と叫ぶのは東洋ではごく一般的だが、アメリカのチヌーク・ジャーゴンの *hwah! hwah-wa!* という叫び声にも同様の音声が認められる。また、ヨーロッパの言語で *weh! ouais! oïai! vae!* などと表記される種類のうめき声は、コプト語では *ouae!*、ガラ語〔エチオピアなどに分布。オロモ語とも〕では *wayo!*、コーカサス地方のオセット語〔ロシア連邦内の北オセチア・アラニア共和国、およびジョージア内の南オセチア自治州に分布する言語〕では *voy!*、ブリティッシュ・コロンビア州〔カナダ太平洋岸の州〕のインディアンたちのあいだでは *woi!* となる。

間投詞がわれわれの用いている言語とは異なる語彙で表わされるような地域でも、われわれはそれをなんとか理解し、そこにどのような意味が込められているかを窺い知ることができる。同様のことは、マダガスカル語で歓喜を表わす *u-u!* や北米インディアンに関してしばしば *ugh!* と記されるしわがれ声の叫びについても言える。ほかにも、チヌーク・ジャーゴンで軽蔑を表わす *kwish!* や、トゥングース語で痛みを表わす *yo yo!*、アイルランド語で嘆きを表わす *wb wb!*、ブラジル先住民の驚異や尊敬を表わす *teh teh!*、中国の港で話されるピジン英語としてよく知られている *hai-yah!* などがある。さらに極端な例としては、アルゴンキン・インディアンのあいだでは驚きを表わす間投詞が男性だと *tiau!*、女性だと *nyau!* になる。

話し手の満足のために発される声ではなく、他者に向けての呼び掛けである諸々の表現もまた、事情はまったく同じである。英語の 'lo! behold!'〔なんとまぁ！〕に対応するシャム語の *hē!* やヘブライ語の *he! ha!* があり、同じ

く 'stop!'〔止まれ！〕にあたるクララム・インディアン〔米国ワシントン州、カナダのブリティッシュ・コロンビア州に居住する先住民〕の *hói!* や、'hold, enough!'〔やめろ、たくさんだ〕にあたるラミー語〔米国ワシントン州居住の先住民の言語〕の *hái!* がある。その他これらに類するものも含めて、英語にも同種のものが数多く見られる。また別種の間投詞に区分されるものとして、野蛮人や聾唖の身ぶりの意味に精通している人ならばそれ自体が一種の言語であるとよくわかっているものがある。それは人間の声によって作られる身振りであり、いわば声の身振りである。唇を閉ざして作られる *m'm, m'n* といった音は、明らかに、話そうとしているが話せない人の表現である。聾唖の子どもには自分の声すら聞こえないが、彼らはこの音を使って、自分が話せないということを伝えようとする。西アフリカの黒人であるヴェイ族〔リベリア、シエラレオネに居住〕は、聾唖者のことを *mu mu* と呼ぶ。われわれが *mum!* と記す音声を、今まさに話している相手に対して発することは、その相手にはっきりと「黙って！」、あるいは '*mum*'s the word' と言うに等しい。実際、このような意味に即して、ムムという音声はさまざまな模倣的な語を形成する役割を果たしてきた。タヒチ語で「静かに」を意味する *mamu* はその典型である。この種の音声は、多くの場合は少し努力すれば気音で発音することができ、さらに訓練を続ければ、'*m, 'n, h'm, h'n* といった文字で綴られるような音を出すことができるようになる。つまり慣習的に *hem! ahem! hein!* といった単語で書き記される間投詞の発声が可能になるのである。これらの第一義的な意味は、話すのを躊躇すること、つまり「口ごもる（humming and hawing）」ことだが、これにさまざまなイントネーションを加えれば、はっきりした言葉を発するのを躊躇したり差し控えたりする態度を表わすのにも役立つ。つまり自分が伝えたいのが驚きや疑いなのか、それとも質問なのか、あるいは賛同なのか軽蔑なのか、といったことを明確にすることを避けられるのである。

西アフリカのヨルバ族の語彙では、鼻音の間投詞 *huñ* は、ちょうど英語の場合と同じように、「ばかな！」の意味で理解される。ロシュフォール〔César de Rochefort　一六三〇－一六九一。フランスの法律家、言語学者〕の記述によれば、カリブ族〔南米北部からカリブ海のプエルトリコ東部にかけて居住していた狩猟採集民。食人種と見なされて虐殺され滅少した〕は自分たちの首長の話に厳粛な静けさをもって耳を傾け、賛同の意を *hun-hun!* という叫びで公然と表わすという。ちょうど、彼の時代（十七世紀）に、イギリスの議会が人気説教師に喝采を浴びせたのと同じ音声である。[21]

息を吐く仕草は軽蔑や嫌悪の表現としてよく知られているが、これに声を加えると唇音の間投詞となる。*pah! bah! pugh! pooh!* などと記されるが、ウェールズ語では *pw!*、ラテン語の俗語では *puppup!* である。これらの間投詞は、息を吐くしぐさを表現する数々の模倣語に対応する。マレー語で「息を吐く」を意味する *puput* などはその典型である。息を吐くときの唇の動きは、さらに唾を吐くときの仕草にも通じている。英語やオランダ語で *tut tut!* と記される舌端歯音による間投詞 *t't't'!* も、そのような仕草の一種から作られる。このことがたんなる空想ではないことを示すものとして、さまざまな国々に見られる模倣的な動詞の数々は重要である。タヒチ語で「唾を吐く」を意味する *tutua* は、その典型的な例である。

*野蛮人の会話に占める間投詞の位置については、クランツ〔David Cranz 一七二三－一七七七。グリーンランドに派遣されたことのあるドイツ人宣教師〕による記述を読むとよくわかる。彼によれば、グリーンランド人、特に女たちは、多くの言葉を諸々の表情や眼差しとともに用いるため、このことをうまく理解できない男は、女たちの言葉の意味するところを往々にして捉え損なうのだという。たとえば、グリーンランドの人々があることを喜んで肯定するときには、喉で息を吸い込んで一定の音を発する。他方、あることを軽蔑や恐怖とともに拒むときには、その土地の人々は鼻を上に向けて、かすかな音を出す。特に彼らが不機嫌なときには、彼らの言葉よりも身振りから多くのことを理解しなければならない。[22] 間投詞と身振りとは互いに結びつき、会話の実践的な手段となりうるものを形成している。たとえばクリミア戦争時のフランス軍とイギリス軍のあいだのコミュニケーションも、その「大部分は間投詞的な声で成り立っており、表情豊かな強調とかなり多くの身振り手振りによって繰り返し表現された」と記されている。[23] この記述は、現実の生活のなかでどのような対話のシステムが実際に機能しうるかを

見事に示している。ただしこの場合、伝承されてきた意味を伝えるような弁別された音声の用法は、まだ存在していない。辞書に載るような継承された言葉の数々は、まだ存在しないのである。

間投詞から作られた感覚語〔一八七一－一九二〕

しかし、これら継承された感覚語そのものを仔細に眺めると、その形成に、間投詞の音声が多少とも関与していることが見えてくる。文法研究者たちが間投詞に認めている機能は、論理的な文の枠外のどこかに位置づけられるようなことにすぎない。しかし間投詞には、動詞や代名詞、その他、発話の諸々の部分が形成されるもととなるような根本的な音声として機能する側面もある。間投詞が十分に発展を遂げて言語となるまでの過程をたどるために、話し手が実際に抱いている感情のみを表現する音声から検討を始めよう。

まず、*ah! ugh! pooh!* といった表意的な音声が、話し手がその瞬間に実際に抱いている感情の表出のためではなく、称賛や嫌悪といった思考を他者に暗に伝えるためにのみ発せられる場合、そうした間投詞を、十分な形成を遂げた単語から区別する要素はほぼないに等しい。次に行なうべきは、その種の音声が取り上げられ、通常の文法に属する規則的形式の一部となっていく経緯をたどることである。そのような形式化の身近な例は、*woh* が「止まれ」の意味で使われているなど、われわれ自身の社会における幼児語や、*boo-hoo*〔わーわー泣きわめく〕という動詞のように、実際にあるのにほとんど意識されていない英語表現のなかに見いだせる。そうした語のなかで最もわかりやすいのは、ある間投詞を実際に口にするに等しい意味をもつものや、それに近接した意味を伝えるような言葉である。たとえばフィジーの女性たちの悲嘆の叫びである *oile!* は、「嘆き悲しむ」を意味する *oile* や、「～のことを嘆く」を意味する *oile-taka* といった動詞になっており（男性の場合は *ule!*）、これは「声を上げて泣く」を意味する *ululare* のような語と完全な類比をなしている。

その他の文法的形式化の例として、ズールー語の動詞 *gigiteka* や、それに対応する英語の *giggle*〔くすくす笑う〕

もまた、共通の音声に由来するものだろう。ガラ語の *iya* は「叫ぶ、金切り声を上げる、ときの声を上げる」といった意味をもつが、これに似たものとして、たとえばギリシア語で「叫び」を意味する ἰά, ἰή や、「泣き叫んで、悲しみに沈んだ」を意味する ἰήϊος などがある。アメリカ北西部のチヌーク・ジャーゴンのように、明白な音声語を使用する傾向を強くもつ点で興味深い現代の方言からも、恰好の事例が取り出せそうだ。ここで目にとまるのは、たとえばインディアンの方言から取り込まれた動詞 *kish-kish* で、これは「牛馬を追い立てる」を意味する。「悪臭を放つ」を意味する動詞および名詞にあたる *humm* も同種の例である。笑いを意味する *heehee* は、この地ではおもしろいこと、楽しいことを意味する語として広く認められている。この語はたとえば「楽しませる」を意味する *mamook heehee*（ヒーヒーをもたらす）や、「居酒屋」を意味するヒーヒー屋といった表現のなかで用いられている。

ハワイでは、「アー」は「侮辱する」の意味である。トンガ諸島では、「ウイ！」は「おい、こら！」という叫びのほか、「〜に対して反対の声を上げる」という動詞にもなる。ニュージーランドでは、「ヘー！」という声が、何か間違ったときの驚きを意味する間投詞であり、「失敗、間違い」を意味する名詞や、「失敗する、道を誤る」といった意味をもつ動詞としても用いられる。グアテマラのキチェ族〔グアテマラ南部のマヤ族の一種族〕の言語では「アイ」「オイ」「ボイ」といった動詞がさまざまな仕方で「呼び掛ける」という観念を表現する。ブラジルのカラハ語〔ブラジル中央部アラグアイア川沿いの先住民カラハ族の言語〕に関して言えば、「悲しげな」を意味する形容詞「エイ」に、間投詞に由来する要素を推察できるのではないか。また、「走り去る」を意味する動詞「ハイ・ハイ」のなかに、その動作を表現する音声からの派生を見て取るのはおそらく間違っていないだろう（*aie-aie* という単語は現代フランス語の俗語では「乗合馬車」の意味で用いられるが、この語はもともと、つま先を踏まれた通行人の叫び声をおかしげにまねたものだと言われている）。

〔ブラジル東部バイーア州の町〕カマカンのインディアンは、「たくさん」とか「たっぷり」といった観念を表現したいとき、手の指を広げて「ハイ」と言う。これが大きな数量を表現する仕草として野蛮人に一般的なものであるように、「ハイ」はたんなる間投詞にすぎず、その意味を十分に伝えるには目に見えるしるしが必要なのだろう[24]。ペルーのケチュア語〔かつてのインカ帝国の公用語〕では、「アララゥ！」が寒さへの不平を示す間投詞であり、「アララウニ」は「寒いと不平を言う」という意味の動詞である。ペルー人の太陽への讃歌では、各節の終わりごとに、意気揚々たる感嘆の声「ハイリ！」が添えられるが、この音は「歌う」という意味の動詞「ハイリニ」や、「勝利を祝う」を意味する「ハイリクニ」とつながっている。ズールー語の歓喜の叫びである「ハララ！」は、「喜んで叫び声を上げる」という意味の動詞でもある。これに類するものとして、同じく喜びを意味するチベット語の「アララ！」や、ギリシア語で「鬨の声」や闘いの開始そのものを意味する名詞 *ἀλαλά*、および「鬨の声を上げる」を意味する *ἀλαλάζω* などがある。ヘブライ語で「栄唱する」を意味する *hillel* もまた「ハレルヤ！」という語になっている。北米の褐色インディアンが「失われた十部族」〔イスラエルの十二部族のうち、姿を消したとされる十部族〕だという説を信じている人々は、現地の呪医が「ヒレリラ！」と唱えるのを聞いて、当然のようにこれを「ハレルヤ！」と同一視している。ズールー族は、息切れとともに発する「ハ！　ハ！」という声によって熱気を表現する。天候の暑さを意味する場合は「ハァハァ言う」と言う。彼らは「ハ！　ハ！」という発声で歌声の調子を合わせるが、これが「歌の音頭をとる」という意味の動詞「ハヤ」に反映しているのは明らかである。また、「開会の歌」や、「ハヤを行なった歌の先導者に支払われる謝礼」は「ハヨ」と呼ばれる。間投詞的な表現の「バ、バ！」は、苦味を感じたときに唇で出す音がもとになっているが、これは味に関する「苦い」とか「辛い」、また「痛む」「ズキズキする」といった意味をもつ動詞の語根となっている。

ガラ語は、単語になった間投詞に関していくつかの好例を提供してくれる。たとえば *birr-djeda*〔「ブルル！」と言う〕や *birēfada*〔「ブルル！」をする〕などの動詞には、「恐れる」という意味がある。また、「オ！」は呼び掛けに対する応答として一般的だが、牛を追い立てるときの掛け声にもなる。この掛け声に、動詞の接尾辞が加わって形成された語として、「答える」を意味する*oada*や、「追い立てる」を意味する*ofa*などの動詞がある。

もしも、日本語の文法において壮麗さや敬意を示す「お」もまた間投詞に起源をもつことが確かめられれば、この音がもつ意味を調整する能力はわれわれの考察上、有益なものとなる。(25) この音は尊称の接頭辞として名詞相当語句の前に置かれる。たとえば「国」を意味する「くに」にこれが付くと、「おくに」となる。ある人が自分よりも目上の人々に話しかけるときには、その人々に属するあらゆる対象の名前の前に「お」を付ける。他方、この目上の人々が自分自身に属するもの、あるいは自分よりも目下にあたる相手に属するものについて話すときには、「お」を付けない。上流階級の場合、同等の階級に属する人々同士のあいだでは、相手に属するものの名前には「お」をつけるが、自分に属するものには付けない。

すべての女性の名前の前に「お」をつけるのは丁寧な言い方である。また、育ちのよい子どもは、農夫の子どもとは異なり、ヨーロッパのパパ、ママに相当する幼児語の前にさえ「お」を付けることを忘れず、父母を「おとと」「おかか」と呼ぶのである。書き言葉においては、皇室に関するものに付される「お」と、偉大さを意味する「おお」が区別される。たとえば見張り役を意味する「目付け」という語の用法が好例である。「お目付け」が皇子や皇室の見張り役であるのに対し、「大目付け」は最高位の見張り役を意味する。このように「偉大な」を意味する間投詞的な形容詞「おお」は、首都の名称の前にも付けられるのが普通である。たとえば、江戸に住む人と話すときや、役人同士で江戸について話すときなどには、この都市を「大江戸」と呼ぶのが慣例となっている。最後にもう一点述べれば、尊敬の「お」は、動詞のあらゆる活用形に接頭辞として付く。たとえば、庶民的な「見なはいませ」に代えて「お見なはいませ」というのは丁寧な言い方であり、これは「どうぞご覧ください」の意味である。今やイギリスの六歳の子どもでも、間投詞として理解するならば、このような語の成り立ちをただちに理解することだろう。われわれの文法に相手への尊敬や自己卑下を暗示する「お」が組み込まれなかったのは、われわれがこのような原始的な表現手段に利点を認めようとしなかったからである。

もう一つの驚きの叫び、「イオ！」については、語源学のなかで一定の位置づけがなされている。ドイツ人は*Feuerio!*「火事だ！」や、*Mordio!*「人殺しだ！」などの叫びの末尾にこの*io*を加えるが、それでも*io*がたんなる間投詞にすぎないことには変わりがない。このことはわれわれが街路で'Pease-o!'とか'Dust-o!'と叫ぶときに末尾に付く*o!*や、古いドイツ語で*wafenâ!*「戦闘準備！」とか*hilfâ!*「助けて！」と叫ぶときに末尾に付く*â!*についても言える。しかし、北米のイロクォイ族はこの素材をさらに存分に使い、敬服の「イオ！」を合成的な単語の形成そのものに活かしている。すなわち、この音を名詞に付け加えることにより、そのものが美しいとか良いといったことを表現するのである。たとえばモホーク族の言葉では、ガロンタが木を意味するのに対し、ガロンティオは美しい木を意味する。同様に、オハイオは「美しい川」を、オンタリオは「美しい岩山」を意味しており、やはり同じ仕方で生まれた言葉である。かつてカナダがフランス占領下にあった時代、ニュー・フランス〔米国創立以前の北米におけるフランス植民地〕の総督として送られたド・モンマニー氏〔Charles Jacques Huault de Montmagny　一五九九頃 − 一六五七。一六三六年から四八年に同総督〕という人物がいた。イロクォイ族の人々は、〔Montmagnyという名前のフランス語における含意から〕彼らの言葉で「山」を意味するオノンテをもとに、彼をオノンティオ、つまり「大いなる山」と呼んだ。そしてこのことから、オノンティオという名前は、かつてのシーザーという名前のように代々の総督の称号となり、その後長年にわたり受け継がれていくこととなる。他方、フランス王のためにはさらに高位の称号として「偉大なるオノンティオ」という名が特別に用いられたのである。(26)

間投詞*から感覚語への派生の跡をたどろうとするとき、語源学者は性急な思弁へと向かいがちになる。そのような傾向を食い止める最善の予防手段は、間投詞的と見なされている諸々の形式を検証することである。すなわち、決定的に異なる複数の言語において、実際に同一のものが使用されてきたのかどうかを確かめるのである。たとえば、スペインを旅する人の耳に入ってくる音としてよく知られているのは、*arre! arre!*というラバ追いの掛け声である。この間投詞から、一群のスペイン語の単語が派生すると考えるのはもっともなことだ。たとえば

「ラバを追う」を意味する動詞 *arrear* や、「ラバ追い」自身を指す名詞 *arriero* などである。[27]

ところで、この「アレ！」という音自体は、紛れもなく間投詞だと言えるだろうか。おそらく、そう言えるだろう。というのも、ウィルソン船長〔Henry Wilson 一七四〇－一八一〇。イギリス東インド会社所属、パラオ文化をイギリスに紹介した〕はこの音がパラオ諸島で使われているのを発見しており、そこではカヌーの漕ぎ手たちがカヌーに「アッレー！　アッレー！」と掛け声をかけることで士気を維持していた。同じような間投詞が、他の地域ではたんなる肯定の意味を伴うものとして確認されている。「ア・レー」が「確かに」の意味で用いられているオーストラリアの一部地域は、その一例である。ケチュア語で「アリ！」は「はい！」を意味し、そこから「アリニ」という動詞が「肯定する」を意味する言葉になっている。

このような考察においては、さらに二つの点に留意することが望ましい。第一点は、強力な確証となるような証拠がないかぎり、間投詞が確かに表現している意味から過度にかけ離れたところへと推論を飛躍させないことである。第二に、派生的な語をあたかも根源的なものであるかのように扱うことで、通常の語源学を無視するようなことがあってはならない。これらの検証を欠くならば、ごく健全な原則までが、適用されるうちになし崩しになってしまう。

このことは以下の二つの例がよく示している。*h'm!* が共通の間投詞的な呼び掛けであり、オランダ人がこの音から、ある人に「呼び掛ける」という意味の動詞 *hemmen* を作ったことは確かである。これと同様のものを、西アフリカの「ンマ！」という呼び掛けのなかに認めることができるかもしれない。これはフェルナンド・ポー島〔赤道ギニア、ビオコ島の旧称〕の言語では「おーい、止まれ！」という意味に翻訳される。しかし、ウェッジウッド氏がなんの躊躇もなく行なっているように、これを「止まる、点検する、抑止する」といった意味のドイツ語 *hemmen* の語源にまで重ね合わせ、*hem* in〔取り巻く〕とか、衣服の「裾」といった語の派生にまで躊躇なく適用することは[28]、あまりに記録からかけ離れた議論である。

また、唇で音を出すのが満足の表現として世界共通であることも確かである。この種の音に由来する言葉はさまざまで、たとえば北西アメリカのチヌーク語の語彙には、「よい」を意味する *t'k-tok-te* や *e-tok-te* といった言葉がある。そうした語は吸着音そのものを忠実に書きとめようとするものではないかもしれないが、唇による吸着音に由来することは間違いない。しかし、だからといってまたもやウェッジウッド氏のように、ラテン語のような高度に組織化された言語に属する *deliciæ* や *delicatus* といった語を取り上げて、これが満足を表わす間投詞的発声である *dlick!* から生まれたものだと考えたり述べたりすることはできない[29]。そのような推論は、言葉の構成を完全に無視するものである。それよりはむしろ、ラテン語の *dilectus* や英語の *delight* といった語が、表現的な音声から直接に形成されたと説明する方がましだろう。

間投詞についてのこれまで議論を結論づけるならば、数多くの言語から集められた証拠のなかから、こうした適用の事例として提示できそうなのは二つないし三つのグループからなる単語の数々であり、その多くは低級な種族のものである。

肯定的および否定的な要素など〔一九二一‐一九九〕

＊肯定的または否定的な不変化詞、つまり言語のなかで「はい！」「確かに！」「いいえ！」「～ではない」といった意味をもつ語の派生過程には、数々の異なる源泉が存在するようだ。オーストラリアのさまざまな方言は、いずれも単一の系統に属すると考えられるが、それぞれが「いいえ」「はい」の意味で用いる音声が非常に異なっており、識別手段として便利なので、個々の部族が現にこれらの言葉にちなんで名づけられている。かくして、グレアン族、カミラロイ族、コガイ族、ウォラロイ族、ワイルン族、ウィラセロイ族として知られている諸部族は、それぞれが「いいえ」の意味で用いる以下の語にちなんで名づけられた。すなわち、「グレ」「カミル」「コ」「ウォル」「ワイル」「ウィラ」である。他方、ピカンブル族は、彼らの言葉で「はい」を意味する「ピカ」

という語にちなんで、そのように呼ばれていると言われている。オーストラリアの野蛮人は部族を名づける仕組みをこうして発明したが、ブラジルでもコカタプヤ族の名称に、同じことが起こったようである。〔コカは「いいえ」、タプヤは「人間」である〕。

きわめて興味深いのは、中世におけるオック諸語〔ラング・ドック〕とオイル諸語〔ライング・ドイル〕の区別にも、これと同様の仕組みが認められることである。両者はフランスの南部と北部それぞれにおいて一般に「はい」を意味する語にしたがって区別されていた。*oc!* はラテン語の *hoc* にあたり、これをわれわれの言葉で言えば、'that's it!'〔そのとおり！〕といったところだろう。それに対して、より長い *hoc illud* という言葉は、*oïl!* さらには *oui!* というように短縮される。ほかにも「はい」「いいえ」を意味する多くの語は、フランス語とイタリア語の *si!* がラテン語の *sic* にあたるように、感覚語かもしれない。しかしその一方で、これら多様な言語で使用されている不変化詞の多くは感覚語ではなく、純粋に間投詞的な音声語である、という考えにも理がある。

あるいは、これとほとんど同じことになると思われるが、特定の音が特定の意味にぴったりだという感じが、感覚語の選択と形成に影響を与えてきたのではないだろうか。これは目下行なっている考察に、かなり広く適用できる見解である。たとえば *non* のような語のもととなる原始的な音声が、疑念や不同意を示す鼻声の間投詞ではないかというのは、古くから提起されている見方である。[30] それは音声上、唇を閉じるという目に見えるしぐさと対応する。それに対して母音の間投詞は、呼吸を伴うにせよ伴わないにせよ、むしろ口を開いた発音となる。そのせいか、あるいは別の原因があるのかわからないが、とにかく世界各地に離れて存在する多くの言語のあいだに、一方では、静かな、または激しい呼吸とともに母音を使って「はい」を表現する傾向が見られ、他方では鼻音を使って「いいえ」を表わそうとする傾向が見られる。とりわけ肯定形には顕著な共通性がある。西オーストラリアの「イイ！」という喉音や、ダリエン族〔パナマ－コロンビア間の地峡部の先住民〕の「エーエ！」、クララム族の「アア！」、ヤカマ・インディアン〔アメリカ西部ワシントン州等に居住の先住民〕の「エッ！」、ソト族〔アフリカ南部のバントゥー系民族〕の「エ！」、カヌリ族〔ナイジェリア北東部の部族〕の「アイ！」なども同様の分類に属する事例である。これらの語は大きなグループを形成しており、以下、ポリネシアと南アメリカ諸地域で記録されたほんの一部の例として、ポリネシアには「イイ！」「エッ！」「イア！」「アイオ！」「イオ！」「ヤ！」「エイ！」などがあり、南アメリカには「フ！」「へゥ！」「へェ！」「ヒュー！」「ホーハー！」「アーハー！」などがある。

この考え方が最も重要性をもつのは、「はい」と「いいえ」を指す言葉のペアが、どちらも同じ規則に従っているとわかる場合である。これについては、南アメリカのアビポン族〔アルゼンチンのチャコ低地にいた遊牧民〕に関するドブリゾファァ〔Martin Dobrizhoffer 一七一七－一七九一。南米への宣教に従事したオーストリア出身のイエズス会修道士〕の記述がきわめて示唆的である。それによれば、アビポン族の男性および若者たちは「はい」の意味で「へェ！」と言い、女たちは「ハァ！」と言い、年老いた男たちは唸り声を上げるのだという。他方、「いいえ」に関しては、誰もが「イナ！」と言い、その声の大きさによって拒否の強さを示すのだという。

マルティウス博士が収集したブラジル諸部族の語彙集は言語学的にきわめて傑出したものだが、そこには肯定と否定のペアがいくつか含まれている。「はい」と「いいえ」に相当するものは、トゥピ語では「アイェ」と「アアン！」ないし「アアニ！」、グアト語〔パラグアイ川上流部、ブラジル・ボリビア国境付近の先住民グアト族の言語〕では「イイ！」と「マウ！」、ユマナ語〔アラワク語族に属する言語〕では「アエアエ！」と「マーイウ！」、ミランハ語〔ブラジル、コロンビア居住の先住民ミランハ族の言語〕では「ハ・ウ！」と「ナニ！」である。ペルーのケチュア族は、「イ！」「フ！」によって肯定し、「アマ！」「マナン！」によって「いいえ」や「ではない」「全然〜ない」などを表現する。グアテマラのキチェ族には肯定の言葉として「エ」「ヴェ」があり、否定の言葉として「マ」「マン」「マナ」がある。再びアフリカに戻れば、ガラ語の「はい」は「エエ！」であり、「いいえ」にあたる語としては「フン」「ヒン」「フム」がある。フェルナンド人の「はい」は「エエ！」で、「いいえ」は「ント」である。一方、コプト語の辞書では肯定（ラテン語ではサネ）は *eie, ie* だけなのに対し、否定を示す音は *an, emmen, en, mmn* など、長大な鼻音のリストとなる。サンスクリットの不変化詞 *hi!* は「なるほど、確かに」の意味で、*na* は「いいえ」の意味だが、これも印欧系諸言語における形式の一致の実例であり、われわれの用いる *aye!* と *no!* に重なる。(31)

こうしたことのすべてには、なんらかの意味があるに違いない。でなければ、全体を調べようとしたわけでもないのに、こんなにも異なる言語からたくさんの事例を引くことは、ほぼ不可能だったはずだ。しかも、それらの事例のうち、前述の規則に矛盾するものは、かなり少なかったのである。(32)

ド・ブロス*は、「立つ」を意味するラテン語の *stare* は、音声表現にその由来をたどることができるのではないかと述べている。彼の想像では、この語の響きには固定性を意味する本質的かつ決定的な指示が含まれており、これによって、なぜ *st!* が人を「静止」させる呼び掛けとして使われるのか、という疑問に対する説明ができるという。止まれ、を意味する呼びかけと、その音とのつながりは、比較的新しい書物では頻繁に論じられている。あるドイツの哲学者などは実に想像力豊かであり、それらの語が野蛮人たちのあいだから生じたと、あたかも自分がその場で目にしたかのように活き活きと述べている。〔それによると〕ある人が手招きをしても、相手がそれを見ていなければ伝わらない。しかし、その人の努力は、発声をつかさどる神経系の助けによって最終的には救われる。つまりこのとき、その人から意図せずして *st!* という音が発せられるのだ。そこで相手の人はこの音を聞きつけ、そちらに向き直り、手を振る動作を目にして、自分が立ち止まるように求められていることに気づくのである。このようなことが幾度となく繰り返されるなかで、その行動は、現在われわれが馴染んでいる *st!* という音によって表現されるのがつねになっていく。こうして *sta* は語根となり、立つという抽象的な観念の象徴となるのである。(33)

これはきわめて精巧な憶測だと思うが、残念ながらそれ以上のものではない。もし、この議論を支持する人々が以下の事実を証明してくれれば、ここでの推論は確証されるとまでは言わないにせよ、少なくとも説得力を増すことだろう。すなわち、人々への呼び掛けとしてドイツで使われる *st!* やスペインで使われる *pst!* が、それら自体、純粋に間投詞的な音声だということが証明されたならば、である。だがこのことですら、いまだ立証されてはいない。その種の呼び掛けが、われわれ自身の印欧語族諸言語の外側でも用いられているという事例は、今のところ見つかっていないのだ。そして、このような限界の内部でしか使用の事例が見つからないかぎり、前述の理論ではそれ以上さかのぼれない初発のものと仮定されている *st!* などの音声が、むしろ *sta!*（stay! stop!）という言葉の省略形だという反対論者の主張も一理あると言わざるをえないだろう(34)。

ある音が純粋に間投詞的なものだと判断するために、単一の語族に見られる事例で満足せず、もっと十分な証拠を要求するのは当然である。このことは別の間投詞のグループを考察してみればわかるはずである。それは最も辺境の地に住む部族に見られる音声群なので、言語を形成する基本的な音声に属すると考えるに十分な資格をもっている。それは特に鳥を追い払うときに使われる「シッ！」という歯擦音で、男たちはこれを嫌悪感の表現や静寂を求める際にも使う。ケイトリン〔George Catlin 一七九六－一八七二。アメリカ先住民の肖像を好んで描いたアメリカ人画家〕は、スー族の一団が、死んだ酋長の肖像の前にやってきたとき、それぞれが「シッ！」と言いながら自分の手で口を覆う様子を記している。また、ケイトリン自身がマンダン族〔ミズーリ川流域に住み、スー語を話す北米先住民〕の小屋で聖なる「薬物」に手を伸ばそうとしたときにも、やはり「シッ！」という声でそれを止められている。

われわれのあいだでは、歯擦音による間投詞は、二つの正反対の意味をもつにいたっている。つまり話し手本人を沈黙させる意味をもつ一方、話し手の話を黙って聞くよう命じる意味ももつ。ところが他の地域における用法を観察すると、この歯擦音が、これら二つのうち前者の意味でのみ用いられていたり、後者の意味でのみ用いられていたりすることがわかる。セイロン島に住む粗野なヴェッダ族にとって「イッス！」と叫ぶことは相手の意見に同意しないことを意味するが、これは古代ないし近代のヨーロッパと同じである。また、シッシッと言うことを意味する *shârak* という動詞は、ヘブライ語では「ある人を、その人のいる場所から退かせる」といった意味合いで用いられる。ところが日本では、シッという音で〔周囲に〕沈黙を要求することで、むしろ〔目の前の人への〕尊敬の念が表現される。また、クック船長の報告によると、ニュー・ヘブリディーズ諸島で生まれ育った人々はガチョウの声に似たシッという音を出すことで称賛の意を表わす。また、カザリ〔Jean-Eugène Casalis 一八一二―一八九一。改革派教会のフランス人宣教師〕はソト族について次のように述べている。「シッと言うのは明白な喝采のしるしである。それゆえこの声はアフリカの議会では強烈に求められている。ちょうど大衆に好かれようとするわれわれイギリス人の候補者がその声を嫌うのと同じくらい強烈に」(35)。

歯擦音を含む間投詞の他の例としては、「静かに！」にあたるトルコ語の「スーサ！」やオセット語の「シュ！」「ソス！」、「聞きなさい！」や〔苛立ちなどを伴う〕「チェッ！」にあたるフェルナンド語の「シア！」、〔軽蔑などを伴う〕「フン」にあたるヨルバ語の「シオ！」などがある。こうした音声は単一の語族に特有のものであるどころか、むしろ人間の発話にきわめて広く伴う要素だと思われる。それらの音声が、十分に形づくられた語へと発展を遂げたことにも、疑問の余地はない。たとえばわれわれが用いる動詞としてのハッシュ *hush* は、「静める」「眠らせる」といった意味をもつようになっている〔形容詞としては 'as *hush* as death'「死んだように静かな」といった表現もある〕。隠喩的表現として *hush* up a matter〔問題を「もみ消す」〕という言い方もあり、ギリシア語の σίζω は「黙らせる、『シー』と言う、沈黙を命じる」などの意味をもつ。「静かである」を意味するラテン語の *silere* やゴート語の *silan* についてさえ、ある程度は妥当な議論として、沈黙を意味する間投詞の *s!* に由来するものと説明できるかもしれない。

*複数のサンスクリットの辞書には、間投詞に由来することが明白に言及されている単語がいくつかある。たとえば「神秘的で宗教的な叫びフーンを発すること」(*hûm*-making) に由来するとされるフーンカーラや「シシュと

言うこと」に由来するとされるシッシャブダ（*çiç*-sound）などである。このような明白な形成過程を示すもののほかに、サンスクリットの語根のリストのなかにも、さまざまな程度において間投詞的な要素が見受けられる。おそらく、古代アーリア語族に属する動詞の語根の痕跡を残しているという点では、他のいかなる言語にもまさるだろう。「怒鳴る、叫ぶ、泣き叫ぶ」にあたる *ru* や、「笑う」にあたる *kakh* には、たんに音を記述しただけの、より単純なかたちの間投詞の派生が認められる。

もっと複雑な種類の派生としては、意味を新たな段階へと移し入れるものがある。ウェッジウッド氏は、*pooh!* や *fie!* といった嫌悪感を示す間投詞と、英語の *foul*〔不潔な〕や *fiend*〔悪鬼〕に代表される一群の単語との関係について、説得力に富む事例を提出している。そこにはまた、サンスクリットで「不潔になる、悪臭を放つ」にあたる「プーイ」や、同じく「罵る、憎む」にあたる「ピユ、ピーユ」なども、同種のグループに属する語として挙げられている[36]。この理論を補強するために、ここでさらに証拠を加えて提示しておこう。低級な種族の言語では、プーという音は悪臭を表わすのに用いられる。たとえばズールー族は、肉が悪臭を放っていることを「肉がプーと言っている（inyama iti *pu*）」と言う。また、ティモール人には「腐った」を意味する「プープ」という言葉がある。キチェ語には「腐敗、膿」を意味する「プー」「ポー」があり、「悪くなる、腐る」は「ポヒール」、「腐敗、悪臭を放つもの」は「プズ」である。不潔を意味するトゥピ語の *puxi* は、ラテン語の *putidus* と比較できるかもしれない。コロンビア川周辺の人々はスカンクをオ・プン・プンと名づけており、同様に悪臭を放つその他の動物にも似かよった名前を付けている。サンスクリットで *pûtikâ* と呼ばれるジャコウネコや、フランス語で *putois* と呼ばれるヨーロッパ・ケナガイタチもその種の動物の例である。学界のお墨付きは得ていないものの、フランス語の間投詞 *fi!* から生まれた語には、長い年月を経て発展を遂げ、言語の一部になったものがある。中世フランスでは maistre *fi-fi* がくず物屋を意味する語として認知されていたが、今も *fifi* books〔くず本〕のたぐいは消えていない。

今日の言語学は、語の究極の起源を探究するいわゆる発生言語学と、その伝播や変化をたどる歴史言語学とに分かれており、これは残念なことである。この二つの分野における探究をもっと密接に統合していけば、言語の科学は大きな利益を得ることだろう。両者が関心を寄せている過程は、人類が初めて言葉を話した頃からともに歩んできたもののはずである。目下、グリムとボップの学派に属する歴史言語学者たちの大きな仕事は、印欧語族に属する今日の各地の言語がたどってきた道を、初期のアーリア系の言語形態へと遡及することである。彼らの強みは、十分な証拠があること、また、それらの証拠の扱いの厳密さにある。他方、ド・ブロス以降、発生言語学者たちが音声に関する原理に一定の形を与えていること、また、情緒的言語やその他の直接的表現を伴う言葉に関して収集されている証拠の多くが、議論のうえできわめて高い価値を有することも明らかである。しかし、そのような言葉の形成の詳細を考察する際に忘れてはならないのは、いずれの分野の言語学も、アウグスティヌスが〔初期の著作『弁証論』において〕当時の語源学者たちに向けて行なった指摘に対して、他よりも有利な立場にはないということである。すなわち、「人は夢の解釈と同様に、言葉の由来についてもまた、自分の空想によって語る」のである（Ut somniorum interpretatio ita verborum origo pro cujusque ingenio prædicatur）。

原注

（1）C. de Brosses, 'Traité de la Formation Mécanique des Langues,' & c.（1st ed. 1765）; Wedgwood,'Origin of Language'（1866）;'Dic. of English Etymology'（1859, 2nd ed. 1872）; Farrar, 'Chapters on Language'（1865）.

（2）ここで証拠として挙げている、野蛮および未開の主たる諸言語は以下の通り。アフリカ—ガラ語（Tutschek, Gr. and Dic.）、ヨルバ語（Bowen, Gr. and Dic.）、ズールー語（Dōhne, Dic.）。ポリネシアその他—マオリ語（Kendall, Vocab., Williams, Dic.）、トンガ語（Mariner, Vocab.）、フィジー語（Hazlewood, Dic.）、メラネシア語（Gabelentz, Melan. Spr.）、オーストラリア語（Grey, Moore, Schūrmann, Oldfield, Vocabs.）。北アメリカ—ピマ語、ヤカマ語、クララム語、ルンミー語、チヌーク語、モホーク語、ミックマック語（Smithson, Contr. vol. iii）、チヌーク・ジャーゴン（Gibbs, Dic.）、キチェ語（Brasseur, Gr. and Dic.）。南アメリカ—トゥピ語（Diaz, Dic.）、カリブ語（Rochefort, Vocab.）、キチュア語（Markham, Gr. and Dic.）、チリ語（Febres, Dic.）、ブラジル諸部族語（Martius, 'Glossaria linguarum Brasiliensium'）。詳細は Pott, 'Doppelung,' その他を参照。

（3）Bonwick, 'Daily Life of Tasmanians,' p. 140; Capt. Wilson, in 'Tr. Eth. Soc.,' vol iv. p. 322, &c.; J. L. Wilson, in 'Journ. Amer. Oriental Soc.,' vol. i. 1849, No. 4; また Cranz., 'Grönland,' p. 279（本章二三四頁に引用）. その他の記述として 'Early Hist. of Mankind,' p. 77 も見よ。

（4）Forbes, 'Aymara Indians,' in Journ. Eth. Soc. 1870, vol. ii. p. 208.

（5）Helmholtz, 'Tonempfindungen,' 2nd ed. p. 163; McKendrick,'Text Book of Physiology,' p. 681, &c., 720, &c.; Max Müller, 'Lectures,' 2nd series, p. 95, &c. を見よ。

（6）Pallegoix, 'Gramm. Ling. Thai.'; Bastian, in 'Monatsb. Berlin. Akad.' June 6, 1867, および 'Roy. Asiatic Soc.,' June, 1867 を見よ。

（7）Burton, in 'Mem. Anthrop. Soc.,' vol. i. p. 313; Bowen, 'Yoruba Gr. and Dic.'p. 5; また J. L. Wilson, 'W. Afr.,' p. 461 も見よ。

（8）C. W., in 'London and Westminster Review,' Oct. 1837.

（9）「語調とは語ることにおけるあまり明瞭でない歌である」――キケロ『弁論家について』〔17, 57〕。

（10）Helmholtz, p. 364.

（11）Caswell, in Bastian, 'Berlin. Akad.' l. c.

（12）Horne Tooke, 'Diversions of Purley,' 2nd ed. London, 1798, pt. i. pp. 60-3.

（13）R. F. Burton, 'Lake Regions of Central Africa,' vol. ii. p. 333; Livingstone, 'Missionary Tr. in S. Africa,' p. 298; 'Gr. of Mpongwe lang,' A. B. C. F. Missions, Rev. J. L. Wilson, p. 27. また Callaway, 'Zulu Tales,' vol. i. p. 59 も見よ。

（14）Arroyo de la Cuesta, 'Gr. of Mutsun Lang.' p. 39, in Smithsonian Contr., vol. iii.; ナポリ人のマンマ・ミーア！、驚嘆の叫び声などについては Liebrecht in Götting. Gel. Anz 1872, p. 1287.

（15）Shaw, 'Travels in Barbary,' in Pinkerton, vol. xv. p. 669.

（16）ここで引用した事例のいくつかは、以下に記載されている。Grimm, 'Deutsche Gr.' vol. iii. p. 308; Pott, 'Doppelung.' p. 27; Wedgwood, 'Origin of Language.'

（17）Pictet, 'Origines Indo-Europ.' part i. p. 382; Caldwell, 'Gr. of Dravidian Langs.' p. 465; Wedgwood, Dic. s. v. 'puss,' &c.; Mariner, 'Tonga Is.（Vocab.）'; Gibbs, 'Dic. of Chinook Jargon,' Smithsonian Coll. No. 161; Pandosy, 'Gr. and Dic. of Yakama,' Smithson. Contr. vol. iii を見よ。また J. L. Wilson, 'Mpongwe Gr.' p. 57 と比較せよ。ヒンドゥーの子どもたちが猫を呼ぶときの *mun mun!* は、おそらくヒンドゥスターニー語の *mâno* = 猫からきている。イタリア語の *micio*、フランス語の *mite* や *minon*、ドイツ語の *mieze* なども「猫」である。スペイン語の *miz!* ドイツ語の *minz!* などは *puss!* に等しく、これらは猫の鳴き声 *mew* の模倣からきている。

（18）御者の言葉の一覧表については、Grimm, l. c.; Pott, 'Zählmethode,' p. 261; Halliwell, 'Dic. of Archaic and Provincial

English,' s. v. 'ree;' Brand, vol. ii. p. 15; Pictet, part ii. p. 489を見よ。

（19）'Encyclopédie, ou Dictionnaire Raisonné des Sciences, &c.' Recueil de Planches, Paris, 1763, art. 'Chasses.' 伝統的な叫び声は依然として多少とも用いられている。'A Week in a French Country-house' も見よ。

（20）Aldrete, 'Lengua Castellana,' Madrid, 1673, s.vv. *barre, exe.*

（21）「最近ではあまり感心しない慣習が広まっている。説教者の話が聴衆の好む話題に及んだとき、聴衆はその賛意をフムという大きな声で表わす。彼らがその話題を特に好きだったり、聞きたがっていたりすると、その声は長く響く。あるときバーネットが説教をしていたところ、一部の聴衆が大きな声で長い間この声を上げたので、彼は座ってしばらくそれを楽しみ、ハンカチで顔をこすった。スプラットが説教したときも、同じようにフムという声で称賛されたが、彼は聴衆のほうに手を伸ばしてこう叫んだ。『静粛に、静粛に。お願いですから静かにしてください』」。Johnson, 'Life of Sprat.'

（22）Cranz, 'Grönland,' p. 279.

（23）D. Wilson, 'Prehistoric Man,' p. 65.

（24）同じ地域において、以下のものと比較せよ。Camé ii, Cotoxó *biebie, eubiäbiä*, multus, -a, -um.

（25）J. H. Donker Curtius, 'Essai de Grammaire Japonaise,' p. 34, &c. 199. 本書の前の版では、「お」の明らかに間投詞的な性質がなんの留保もなく認められていた。しかしB・H・チェンバレン教授らの文法研究では、この「お」や「おん」は、共通の語根を示唆する他の音形と関連づけられている。このため、この語根の原点を間投詞であるとする想定に、全面的あるいは部分的に依拠してよいものかどうかは議論の余地がある。〔第三版への付記〕

（26）Bruyas, 'Mohawk Lang.,' p. 16, in Smithson. Contr. vol. iii. Schoolcraft, 'Indian Tribes,' Part iii. p. 328, 502, 507. Charlevoix, 'Nouv. France,' vol. i. p. 350.

（27）この「アレ！」はおそらくムーア人〔北西アフリカのムスリム〕によってヨーロッパに広められたものと思われる。アラビア語では今でも使われているし、ヨーロッパでの使用範囲はスペインの「アレ！」やプロヴァンス地方の「アリ！」などで、ムーア人による征服圏とほぼ一致する。

（28）Wedgwood, 'Origin of Language,' p. 92.

（29）Ibid., p. 72.

（30）De Brosses, vol. i. p. 203. Wedgwood も見よ。

（31）そしてまた Oraon *bae—ambo*; Micmac *é—mw*.

（32）両方が矛盾しているのはカリブ語だけで、*anhan!* が「イエス」、*oua!* が「ノー」である。一方が矛盾している例としては、カトゥキナル語〔ペルー、ボリビアの遊牧先住民カトゥキナル族の言語〕の *hang!* やトゥピ語の *eém!* やボトクド語〔ブラジル東部のアイモレ族のポルトガル語による他称によるボトクド族の言語〕の *hemhem!* やヨルバ語の *eñ!* がそれぞれ「イエス」を表わし、クリノ語〔ブラジル、アマゾン河流域居住の先住民クリナ・パノ族の言語〕の *aiy!* やオーストラリア語の *yo!* が「ノー」を表わす、などである。こうした音がいかに特殊な音調に依存するかは、われわれ自身が普段から *h'm!* を「イエス」と「ノー」両方の意味で使っていることからよく理解できるだろう。

（33）（Charles de Brosses）'Traité de la Formation Mécanique des Langues, &c.' Paris, An. ix., vol. i. p. 238; vol. ii. p. 313. Lazarus and Steinthal, 'Zeitschrift für Völkerpsychologie,' &c., vol. i. p. 421. Heyse, 'System der Sprachwissenschaft,' p. 73, Farrar, 'Chapters on Language,' p. 202.

（34）同じような音が、静粛を求めたり、話を止めさせたり、行くのを止めたりするのに使われる。英語の *hush! whist! hist!*、ウェールズ語の *ust!*、フランス語の *chut!*、イタリア語の *zitto!*、スウェーデン語の *tyst!*、ロシア語の *st'!* などである。そしてラテン語の *st!* については、ファーラー氏〔Frederic William Farrar 一八三一－一九〇三。イングランド国教会聖職者〕が引用した興味深い昔のセリフのなかに活き活きと描写されている。そこではこの音が唇に指をあてるしぐさに比定されている。'Isis, et Harpocrates digito qui significat st!' この種の間投詞も、やはりアーリア人の影響圏外では、使われていた証拠が見つかっていない。

（35）Catlin, 'North American Indians,' vol. i. pp. 221, 39, 151, 162. Bailey in 'Tr. Eth. Soc.,' vol. ii. p. 318. Job xxvii. 23.〔*shârak*

という動詞も、シッという声で何かを呼ぶことを示す。「そして彼は地の果てから彼らに向かってシッと声をかけ、彼らが急いでやってくるのを見るだろう」「イザヤ書」五－二六を参照）。Alcock, 'The Capital of the Tycoon,' vol. i. p. 394. Cook, '2nd Voy.' vol. ii. p. 36. Casalis, 'Basutos,' p. 234.

（36） Wedgwood, 'Origin of Language,' p. 83, 'Dictionary,' Introd. p. xlix. and s. v. 'foul.' マックス・ミュラー博士は 'Lectures,' 2nd series, p. 92 で、そうした叫び声や間投詞が明確な語根の介在なしに直接的に言葉を生み出すという安易な語源説に異議を唱えている。ここでの話題について言えば、ラテン語の *pus, putridus*、ゴート語の *fuls* や英語の *foul* はグリムの法則のとおり、単一の語根から派生した語であるかのように見える、とミュラー博士は指摘する。しかし、それを認めるとしても、ここに一つの疑問が生じざるをえない。自己表出的な、いわゆる生きた音であるとはいえ、純粋な間投詞とその直接的な派生語は、グリムの法則のような発音の変化に、どれほど影響されるものなのだろうか。グリムの法則が働くのは、意味ある言語音に分けられる音に対してである。そうした音はもはや十分にそれ自身で表現的ではないが、純粋な伝統として受け継がれている。したがって、*p* と *f* はある一つの同じ方言のなかで、嫌悪と反感を表わす間投詞のなかに現われる。*pub!* や *fi!* はヴェネツィアやパリで使われるが、同じような音はロンドンでも使われている。古いアーリア系の語形のなかからこの種の語を探してみると、サンスクリットは非常に不完全な手がかりしか与えてくれないことに気づかざるをえない。なぜなら、サンスクリットのアルファベットには *f* がないため、この問題については *p* と *f* 両方の音をもつ言語にこの法則を適用することはできない。また、だからこそこの種の間投詞について、より的確な評価が可能となるのだ。

第六章　感情言語と模倣言語（二）

模倣的な語〔二〇〇－二〇三〕

言語の草創期から今日にいたるまで、人類が自分たちの使っている言葉のなかに身の回りから聞こえてくるありふれた音声の模倣に由来するものがあることを、まるで意識しなくなったことはおそらくないだろう。われわれが今使っている英語にも、その種の模倣の産物は明白に認められる。たとえば、ハエや蜂はブンブン飛び（*buzz, hum*）、蛇はシューシューいう（*hiss*）。クラッカーやジンジャー・ビールのボトルはポンとはじけ（*pop*）、大砲のドカーンと鳴り（*boom*）、サンカノゴイ〔サギ科の鳥〕はブーンと鳴く（*boom*）。世界各地のさまざまな言語において、動物や楽器を表わす言葉にはそれぞれの発する声や音の模倣がしばしばはっきりと聞き取れる。動物の名称にはホープー〔鳥の一種。ヤツガシラ〕やアイアイ（ナマケモノ）、カカ（オウムの一種）などがあり、楽器の名称には東方の太鼓のタムタム〔アジアやアフリカに見られる太鼓〕や、アフリカの横笛ウルル、シャム族が用いる木琴のコンボン（*khong-bong*）など、同様の由来をもつ言葉が数多く見られる。しかし、こうした明白な事例は言語の発展における模倣の効果の全体を代表するものとはとうていなりえない。それらは言語学の領域への入り口を照らしてはくれるが、その光は探究が進むにつれて弱まってしまう。

世界各地で今実際に使われている言語には諸々の操作の影響が含まれているように見えるが、その操作はおよそ次のようなものだったと考えられる。人類はみずからの感情を表出する声や間投詞のほか、動物の鳴き声、楽器の音、何者かの叫び声や咆哮や足音、さらには何かを壊したり引き裂いたりこすったりする音など、自分たちの耳に一日中聞こえてくるさまざまな音声を模倣してきた。現在使われている言語のなかにも、このような模倣に間違いなく由来する単語が数多く存在する。しかし、そうした語は実際の使われ方を見ればわかるように、その由来である音声とはしばしば大きく異なっており、もはやその絆を認めがたい例も多い。そもそも人間の声は、自分の耳に聞こえる音声のほとんどをきわめて粗雑な仕方でしか複製できない。人間が出せる母音の範囲は自然界の音に比べてきわめて限られているし、子音となると、自然界の雑多な音を模倣する手段としてはいっそう頼りないものだからである。そのうえ、この不完全な模倣を行なう能力のうち、人間の声が実際に使えるのはほんの一部にすぎない。というのも、各々の言語がそれぞれの都合上、母音と子音の組み合わせの数を少なく制限していて、模倣的音声はその制限に従わざるをえないからである。模倣的音声はそれによって分節化した単語として慣習化されると同時に、模倣としての正確さを大幅に失うのである。

模倣に由来することを最も完全に示しているのは、特定の音を人間の声で真似たものであることを率直に告白しているような一群の単語である。通常のアルファベットがそうした音声を記述することにある程度成功していると同時に、ある程度失敗してもいることは、いくつかの事例からわかるだろう。たとえば、オーストラリア人は槍や銃の発射音を「トゥープ」という言葉で模倣する。ズールー族〔南アフリカのバントゥー語系民族〕にとって、カラバッシュ〔瓢箪でできた楽器〕を打つときの音は「ブー」である。カレン族〔ミャンマーからタイ西部にかけて居住する山地民〕の人々には、風の音にまぎれ、飛び回る死者の霊たちが人々を呼ぶ「レ、レ、ロ、ロ」という声が聞こえるという。往時の旅人ピエトロ・デッラ・ヴァッレ〔Pietro della Valle 一五八六－一六五二。イタリアの作曲家、旅行家〕は、ペルシアのシャーがティムールとその民タタール人〔かつての西欧ではテュルク＝モンゴル系遊牧民をまとめてタタールと呼んだ〕を冷笑するとき、彼らの弓が「タァタァ」飛んで行く、という表現を用いたと語っている。また、異端の仏教徒のなかには水は生きていると主張した人々がいる。水が沸騰すると「チチタ、チティチタ」と言うからだという。この音は生命の兆候とされ、冷水やお湯を飲むことをめぐって大きな教学的論争を巻き起こした。

言語の一般的な創出に組み込まれる音声語は、最終的には言語の有機的な変化に従わざるをえない。そして、その音声上の推移や結合、衰退、切断といった経過をたどっていくなかで、もともとの形態をどんどん失っていく。一つだけ例を挙げよう。「叫ぶ」を意味するフランス語の *huer*（ウェールズ語では *hwa*）は、おそらく完全な模倣語だろうが、それが近代英語のなかに入って *hue* となり、さらには cry という語になると、英語における母音の発音の変化の影響により、叫び声の模倣であった部分はすべて失われてしまう。

言語を作った人々にとって、こうしたことのいっさいは些細なことにすぎない。彼らはただ、一般に認められている言葉によって、一般に認められている思考を表現することを目指したにすぎない。彼らが何度も試行錯誤を繰り返した末に、この目的にかなう実用的な体系を見いだしたことは間違いない。しかし、この問題を反対側から解こうとしている言語学者にとって、それぞれの語がたどった道をさかのぼり、その由来である模倣的音声を見つけだすのは、戸惑いを覚えるほど困難な作業である。そうした模倣に由来する何千という語がすでに繰り返し変化を遂げてきてしまったために、その歴史の確かな痕跡がほぼすべて失われたことも困難さの理由の一つだが、そのようなたんなる知識不足は小さな問題にすぎない。それよりもはるかに厄介なのは、たどるべき道が無数の間違った解釈に開かれていて、しかも歴史的に正しいと証明された諸々の真理と同じく、それが間違いないものであるかのように見えてしまうことだ。

明白なのは、乱暴な手段に訴えてもなんの助けにもならないということである。さまざまな語を性急に取り上げて、それを模倣的音声の強引な適用に由来するものとして次から次へと説明してみせたところで、なんの解決にもならないだろう。ところが模倣理論の提唱者たちが試みているのはまさにそうしたことなのだ。彼らはみずからの判別力を信じ、わざわざ危うい仕事を手がけてきたのである。実際のところ、ここでの問題についての判断に関して、彼らはみずから最悪のものになるようにみずからを育成し訓練してきたようなものである。模倣論者の想像力がひそかに指し示すのはいつも、自分自身が真実であってほしいと願っているものである。それはちょうど、自分自身の立場で弁護人の質問に答える証人のようなものだ。彼は誠意をもって答えているのだが、その証言には誰の目にも明らかな偏見がつきまとっている。

同様のことは、この分野の言語学に多大な貢献をなしたド・ブロス〔Charles de Brosses 一七〇九－一七八八。フランスの民族学者、言語学者〕についても言える。彼が〈自然〉の声に対して鋭敏な聴覚をもっていたことは言うまでもない。自然は彼に対して、ある種の体系的な言語ではっきりと語りかけていたに違いない。というのも、彼は「掘る」を意味する σκάπτω の *sk* に含まれる空ろな響きや、*callosity*〔冷淡、無感覚〕の *cal* の硬い響き、また、*trans* や *intra* の *tr* に含まれる二つのあいだに何かが挿入されることを示す音を聞き取っているからである。ともすると誤謬を孕む空想へと傾きやすい性質をもつ研究においては、断片的な証言の信頼性を確かめるための労苦を惜しむべきではない。その種の証拠のもととなる資料が現に入手可能であることは幸運である。それらを徹底的に活用すれば、模倣語に関する理論はもっと適切なものになるだろう。その面での改善はやがて、広義の言語学に属するその他の問題においてすでに達成されたのと同様の適切性の水準へと、この理論を近づけることになるかもしれない。

模倣的性格をもつことに関して議論の余地がないような一群の単語を得るには、まず、全体的な体系においても、それを構成する要素においても隔たりのある数多くの言語を比較することが必要である。そのうえで、考察対象となる単語の一致が、音声上の同一性の印象からそれらの語が形成されたとしか説明できないような性質のものであることを確かめなければならない。ここで考察する一群の言葉は、概して模倣語のなかでも比較的単純なものに属しており、もとになる特定の音声と直接的につながっている。しかし、それらの検証に際しては、ある程度まで事情の異なる語を含めて行なう必要がある。事情の異なる語というのはつまり、表現されている観念と模倣された音声との距離が比較的遠い語である。このことは最終的に、はるかに広大で困難な問題を招き寄せることになる。すなわち、世界中の言語の膨大な語彙のなかで、音声の模倣が多くの単語の形成要因としてどこまで重要なのか、という問いである。〔現に成立している〕語の音と意味のあいだには、直接的なつながりは見られないのだ。

音にちなんで名づけられた人間行動〔二〇三―二〇六〕

音声*を伴う人間行動を表現する言葉からなる模倣のグループは、きわめて大きく明瞭である。地理的にも性質的にも隔たりのある言語のなかに、英語の *puffing* や *fuffing* のように、「吹く」という意味の語に用いられる *pu, puf, bu, buf, fu, fuf* といった形が認められる。すなわちマレー語の *pupui*、トンガ語の *buhi*、マオリ語の *pupui*、オーストラリア語の *bobun, bwa-bun*、ガラ語〔エチオピア周辺オロモ人の言語〕の *bufa, afufa*、ズールー語の *futa, punga, pupuza*〔*fu, pu* は表出型の不変化詞〕、キチェ語〔グアテマラ南西部の先住民マヤの言語〕の *puba*、ケチュア語〔エクアドル、コロンビア等の先住民の言語〕の *puhuni*、トゥピ語〔ブラジル先住民トゥピ族の言語〕の *ypeu*、フィン語の *puhkia*、ヘブライ語の *puach*、デンマーク語の *puste*、リトアニア語の *pucиu* などであり、その他の言語にも数多くの例がある。(1) この場合、文法的な付加物は別として、模倣的な音節のなかに重要な影響力が含まれている。ヨーロッパのマスケット銃を目にした野蛮人たちは、プーという音によってそれを名づけた。彼らは銃の詳細を書き記すのではなく、銃口から立ち昇る煙を音で描写したのである。ソシエテ諸島〔南太平洋、フランス領ポリネシアの諸島〕の人々は当初、白人たちが銃身のなかに息を吹き込んでいるのではないかと考え、「吹く」を意味する動詞 *puhi* に由来するププヒという呼び名をこの銃に与えた。他方、ニュージーランドの人々はより簡素に、これをプと呼んでいる。南アフリカのコサ族〔アフリカ南東部に居住する部族〕もまた、「プッ！」という音の模倣から、この銃をウンプと呼んでいる。アメリカ北西部のチヌーク・ジャーゴン〔コロンビア川流域の先住民のチヌーク語と英仏語が混成した通商用語〕では、「撃つ」動作を示すのに単一の動詞の代わりにマムーク・プー（make *poo*）という句が用いられ、六つの薬室をもつタイプの回転式拳銃（リボルバー）はトフム・プー、つまり六つのプーと呼ばれている。ヨーロッパ人が銃の発射を指してパフという言葉を使うとき、彼らはたんに銃口から吐き出される煙を指しているにすぎない。風の *puff*〔一陣の風〕とか、化粧用パフ、ホコリタケ〔もしくは冠毛のあるタンポポなどの頭〕の *puff* などというのと同じである。また、ドイツ語の口語表現でピストルは *puffer* と呼ばれているが、これにはちょうど、フランス語でピストルを指す隠語として用いられる 'soufflant' と意味上の対応がある。多くの場合、*puff* は実際に銃を撃ったときの発砲音 *bang* を模倣するものと考えられてきた。そのため、単一かつ同一の音声の模倣からきわめて多様な単語が生まれたことの例としてこのことが持ち出されるのだが、これは誤りである。(2) 銃の名称がこのように発砲の観念から派生していることは、鳥類の狩猟用のあまり音のしない吹き矢筒への命名方法と比べることができる。たとえばユカタンのインディアンは *pub*、南アメリカのチキート族は *pucuna*、コカマ族は *puna* と呼ぶ。「吹く」という動詞をもつ言語の語彙を調べると、それと明らかに関連性があるものの、多少とも遠い観念を表現する語群が見つかるのがつねである。たとえばオーストラリア語の *poo-yu* とか *puyu* は「煙」を意味し、ケチュア語では *puhucuni* が「火をつける」、*punquini* が「膨れる」、*puyu* や *puhuyu* が「雲」を表わす。マオリ語の *puku* は「あえぐ」で、*puka* は「膨れる」、トゥピ語の *pipi* や *pupire* は「沸騰させる」、ガラ語の *bube* は「風」、*bubiza* は「吹いて冷ます」である。カヌリ語〔ナイジェリア北部のムスリム部族の言語〕では *fungin*（語根は *fu*）が「吹く、膨れる」を、*furidu* が「詰め物や当て物」などを表わし、*bubute* は「ふいご」を意味する（*bubute fungin* は「私はふいごを吹く」）。ズールー語では〔接頭辞を落として〕*puku* や *pukupu* が「泡立てる、泡」を表わす。その一方、*pukupuku* と言えば「中身のない浮わついた奴」のことで、*pupuma* は「ブクブクいう、沸騰する」、*fu* は「雲」、*fumfu* は「風に吹かれた丈の長い草のようになびく」を意味する。また、*fumfuta* は「混乱する、騒乱に巻き込まれる」を、*futo* は「ふいご」を、*fuba* は「乳房、胸」、そして比喩的に「胸中、良心」を意味する。

唇を閉じて発音する一群の言葉のなかには、*mum, mumming, mumble* など、ヨーロッパの諸言語に属する多様な形の語も見られるが、[3] その多くは、やはり比較的低級な種族のものであることがわかる。ヴェイ族〔リベリア、シエラレオネ周辺に居住する部族〕が使う *mu mu* という語や、ポングウェ族の使う *imamu* といった語は「物が言えないこと」を意味する。ズールー語の *momata*〔「何かをつぶやくときのような口の動き」を意味する *moma* に由来〕は「口ないし唇を動かすこと」を意味し、同じくズールー語の *mumata* は「口に水がたっぷりと入っているときのように唇を閉じること」を意味し、*mumuta* や *mumuza* は「唇を閉じてトウモロコシなどを口いっぱい頬張ること」を意味する。タヒチ語の *mamu* は「沈黙する」、*omumu* は「ささやく」を意味する。フィジー語の *nomo* や *nomo-nomo* は「沈黙する」、チリ語の *ñomn* も「沈黙する」の意である。キチェ語の *mem* は無言、*memer* は「無言になる」を意味する。ケチュア語の *amu* は「無言の、沈黙の」を意味し、*amullini* は「口の中に何か入っている」状態のこと、*amullayacuni simicta* は「つぶやく、ぶつぶつ言う」ことを意味する。

サンスクリットの *t'hût'hû* に代表される「つばを吐くときの音」には、ほかにペルシア語で「つばを吐く」を意味する *thu kerdan*〔*thu* をする〕や、ギリシア語の *πτύω* などがあるが、チヌーク語〔アメリカ北西部に居住する先住民の言語〕の *mamook toh* や *tooh*〔*toh* する、ないし *tooh* する〕や、チリ語の *tuvcùtun*〔*tuv* する〕、さらにはタヒチ語の *tutua* やガラ語の *twu*、ヨルバ語〔ナイジェリアとその周辺に居住するヨルバ族の言語〕の *tu* といった語も、同類のものと言えるかもしれない。サンスクリットの動詞語根のなかで、「くしゃみをする」を意味する *kshu* ほど模倣的な性質をもつものはほかにない。以下、同類の形態をもつ言葉を南米の事例に求めるなら、まず、チリ語の *echiun*、ケチュア語の *achhini* が挙げられる。また、ブラジルの諸部族の用いるさまざまな言語のなかには、*techa-ai, haitschu, atchian, natschun, aritischune* 等々がある。

その他、模倣的な動詞としてよく知られているのは、スリナムの黒人英語に見られる方言に属するものである。すなわち、「食べる」を意味する *njam*〔発音はニャム〕、「食べ物」を意味する *njam-njam* などである〔たとえば「エン・ヘム・ニャムニャム・ベン・デ・スプリンカン・ナンガ・ボエシホニ」は、「そして彼の食事はイナゴと野蜜だった」〕。オーストラリアでは、「食べる」を意味する模倣的な動詞が、*g'nam-ang* という形でも見られる。アフリカの場合、スス語〔西アフリカに居住するスス族の言語〕に「味わう」を意味する *nimnim* がある。これに類する形をもつ語に、ズールー語の *nambita* があるが、これは「食後に舌を鳴らす」ことを意味し、そこから「おいしい、心地よい」といった意味にもなる。これは、たんなる模倣的な音声が精神的な情緒の表現へと移行した最良の事例である。また、ヤカマ語〔米国ワシントン州等に居住の先住民の言語〕では幼児や愛玩動物について語る際、「かわいがる」という意味の動詞として *nem-no-sha*（*n'm-n'* する）を使うが、これもまた、同種の事例と言えるだろう。

もっと文明化の進んだ国々では、このような形をもつ語の例はほとんど幼児語に限定される。食べることを意味する子ども言葉は、たとえば中国語では *nam* であり、英語の場合、保育園で使われている *nim* がそれにあたる。また、スウェーデン語の辞書には、米語の *'tid-bit'* つまり「（おいしいものの）一口」にあたる語として *nammam* という語が記載されている。

鳴き声にちなんで名づけられた動物〔二〇六－二〇八〕

動物の名称には、その動物が発する鳴き声などの音声の模倣に由来するものがある。オーストラリア語の *twonk*「カエル」やヤカマ語の *rol-rol*「ヒバリ」から、コプト語の *eeiō*「ロバ」や中国語の *maou*「猫」、英語の *cuckoo*〔カッコウ〕や *peewit*〔ユリカモメ〕まで、その例はあらゆる言語に見いだせる。それらの形成に共通する一般的な原則がわかると、そこから先の文献学的な関心のほとんどは次のような事例に注がれる。それはまず、同じような語が遠く離れた地域にそれぞれ独立に形成されている事例であり、次に、動物の模倣的な名称や、その習性を示す音声が、その特性によって暗示されるなんらかの新たな観念を表現するようになる事例である。サンスクリットでカラスを指す *kāka* という名称と同様のものは、ブリティッシュ・コロンビアで同種の鳥を指す *káh-káh* という語にも見られる。オーストラリアの土着民はハエやアブを *bumberoo* と呼ぶが、サンスクリットで

は *bambharâlî*、ギリシア語では Βομ-βύλιος〔ブンブリオス〕、われわれの用いる英語ではバンブル蜂〔今日の辞書では「マルハナ蜂」〕である。アフリカ旅行者が恐れるツェツェバエ〔吸血性で、種々の病原体の媒介種とされる〕の名称に類するものとして、ソト族の言葉でハエを指す *ntsintsi* があるが、この語はさらに、単純な隠喩として「寄生者」という観念を表わすのにも使われる。

H・W・ベイツ氏〔Henry Walter Bates 一八二五－一八九二。イギリスの博物学者、探検家〕の記述は、トゥーカン〔熱帯に住む鳥。オオハシ〕の名称が鳴き声に由来するものかどうかをめぐる博物学者たちの議論に決着をつけるものとなりそうだ。彼はこの鳥の発する大きくて鋭く甲高い鳴き声について、「トカーノ、トカーノという音になんとなく似ており、それがインディアンの言葉でこの種類の鳥を呼ぶ名前になっている」と記している。この報告を信頼すれば、われわれはこの音声語を、きわめて新しい意味をもつ語のなかにたどることができる。というのも、この鳥がもつ奇怪なくちばしは、大きな鼻が特徴的なインディアンのある部族のことを思わせるもので、彼らはそのことからトゥカノ族と呼ばれているのである。(4)

雄鶏〔スペイン語で gallo〕は、たとえばスペインの幼児語では *quiquiriqui* と呼ばれるように、その鳴き声をさまざまに異なる仕方で模倣した名称をもつ。多様な言語からそれらの名称を集めれば長大なリストとなることだろう。その一部を記せば、ヨルバ語の *koklo*、イボ語〔南島ナイジェリア居住のイボ族の言語〕の *okoko, akoka*、ズールー語の *kuku*、フィン語の *kukko*、サンスクリットの *kukkuta* 等々である。『ゼンド・アヴェスター』〔ゾロアスター教の聖典集成〕にも、この鳥について奇妙な言及がある。そこで用いられている名称は、この鳥の鳴き声を念入りに模倣したものだが、古代ペルシア人たちはこの聖なる鳥に対して失礼な呼び名だと思っていたらしい。彼らにとって雄鶏は、人々を眠りから目覚めさせ、まっとうな思考と言葉と労働へと駆り立てる鳥だったのだ。

その鳥の名はパロダールだというのに、ああ、聖なるツァラトゥストラ〔ゾロアスター〕よ、口の悪い男たちはカブルカタクなる名前を背負わせるのだ[5]。

雄鶏の鳴き声（マレー語では *kâluruk, kukuk*）は、ある時刻、つまり夜明けを示すのに役立つ。興味深いことに、同じように鳥の鳴き声の模倣に由来する言葉が、その他諸々の意味に変換されて用いられてきた。古フランス語の *cocart* は「うぬぼれた」、現代フランス語のコケット *coquet* は「鶏のように胸を張ること」や「媚を見せること」、「気取り屋」などの意味をもつ。さらに *cocarde* は（鶏のトサカからの連想で）コケード〔花形の黒皮帽章〕を意味する。ここで引くべき最もよい例の一つに、コクリコ *coquelicot* がある。これもまた、トサカを連想させるところから野生のケシに与えられた名前である。ラングドック地方ではさらに明確に、*cacaracá* という語が鶏の鳴き声とケシの花の両方を意味する。他方、雌鶏の場合、いくつかの言語には雄鶏を指す語と対応する名称が見られる。たとえばクーサ語〔原文では Kussa だが、一般に Xhosa と表記されるコサ語のことか〕では雄鶏を *kukuduna*、雌鶏を *kukukasi* と呼ぶ。エウェ語〔ガーナに居住する一部族の言語〕の場合は雄鶏が *koklo-tsu*、雌鶏が *koklo-no* である。また、雌鶏のクワックワッという声を模した英語のカックル cackle（スイスでは雌鶏はその声から *gugel*、ないし *güggel* と呼ばれている）は、*caquet, caqueter, gackern* など、根も葉もない噂話や女性たちのおしゃべりを意味する言葉になっている。これはちょうど、鶏とはまったく異なる生き物であるセミの発する音声が、イタリア語の *cicala* のような名称を生み出すのみならず、「甲高い声でしゃべる、おしゃべりをする、中身のない話をする」などを意味する *cicalar* に代表される一群の言葉を生み出してきたのと同様の現象である。

英語の *pigeon*「鳩」は、音声と意味の両面において、この種の言語形成の好例である。この語はラテン語の *pipio*、イタリア語の *pippione, piccione, pigione* にあたり、現代ギリシア語では πιπίνιον、フランス語では古くは *pipion*、現在は *pigeon* に対応する。これらは幼鳥のピーピーという声から派生したものであり、この声はラテン語では *pipire*、イタリア語では *pipiare, pigiolare*、現代ギリシア語では πιπινίζω などと表現され、いずれも雛のさえずりを意味する。単純な隠喩により、英語の「鳩」は「いとも簡単に捕まる愚かな若造」を、*to pigion* は「騙すこと」を、イタリア語の *pipione* は「すぐに捕まり、罠にかけられる愚か者」を意味する。また、同じくイタリア語の *pippionare* は「騙し取ること」「欺くこと」を意味する。以上とはまったく別の語族に属する言語から、ウェッジウッド氏〔Hensleigh Wedgwood 一八〇三－一八九一。イギリスの言語学者、法律家〕は同じような派生過程の興味深い事例を以下のように挙げている。マジャール語〔ハンガリー語〕の *pipegni, pipelni* は、英語の *peep*「ピーピー鳴く」に対応する。同じく *pipe, pipök* は鶏やガチョウの子を指す。*pipe-ember*〔鶏人間〕は「愚かな若造、まぬけ」である。(6) ギリシア語の βοῦς、ラテン語の *bos*、ウェールズ語の *bu* などは、雄牛のモーと鳴く声、つまりイングランド北部では *booing* と呼ばれているものから派生した語であり、これについてはすでに多くの議論がある。印欧語の一般類型をサンスクリットに見いだすことに並々ならぬ意欲を示していたボップ〔Franz Bopp 一七九一－一八六七。ドイツの言語学者、インド＝ヨーロッパ語族の比較言語学の先駆者の一人〕は、〔牛の鳴き声に関連する〕これらの語を、サンスクリットの *go*、古ドイツ語の *chuo*、英語の *cow* と関連づけた。その議論の根底にあるのは、喉音から唇音への変化に関する特異にして不自然な前提である。(7) しかし牛の声から直接的に派生する語は、コーチシナ〔ヴェトナム最南部地域〕の *bo*、ホッテントット族〔南西アフリカの遊牧民コイ族の古称〕の *bou* など、むしろ他の諸言語で好まれている。もしかしたらこの動物みずからが、以下のようなスペインの諺を通してここでの問題に答えを出しているといってよいのかもしれない。「牛がしゃべった。ブー！と言った」――その心は、人はみずからの本性のままに語る、である。

楽器〔二〇八－二一一〕

模倣的な名称をもつ楽器*には、たとえば以下のようなものがある。まず、褐色のインディアンの呪医が使う神秘的なガラガラはシーシーコイと呼ばれているが、これはダリエン・インディアン〔パナマ－コロンビア間の地峡部の先住民〕のシャクシャクや、アラワク族〔南米北部、またかつてはカリブ海諸島に居住していた先住民〕のシュクシュク、チヌーク族のシュー〔およびそこから派生するシューオプーツ、直訳すれば「ガラガラの尻尾」、つまりガラガラヘビのこと〕などと同様の模倣に由来する言葉である。次に、太鼓はハウサ語〔西アフリカの交易語〕ではガンガ、ヨルバ族の国ではガンガン、ガラ語ではガングマと呼ばれ、東方のゴングもこれとよく似ている。鐘はアメリカ北部のヤカマ語ではクワラルクワラルと呼ばれており、西アフリカのヤロフ語〔セネガル、ガンビア国境域のヤロフ族の言語〕ではワルワル、ロシア語ではコロコルと呼ばれる。角笛の音は英語の幼児語ではトゥー・トゥーだが、さらにこの音が出発の合図となっている「乗合馬車」の名称にも変化を遂げている。これと同じグループに属する幼児語に、ほら貝を指すペルー語のプトゥトゥやゴート語のトゥトハウルン〔トゥトのホルン〕などがある。後者は、ゴート語の聖書で審判の日の到来を告げる終末のラッパを指す語としても使われている――'In spêdistin thuthaúrna. Thuthaúrneith auk jah daúthans ustandand'(「コリントの信徒への手紙一」一五－五二)。

この種の模倣語は言語の体系に完全に取り込まれることで発音の変化を被り、もともとの音声と意味との絆を失うことになる。その経緯は英語の *tabor*〔笛を吹きながら片手で打つ小太鼓。テイバー〕という語にも見て取れる。この語がフランス語のタブール(*tabour*)に由来することに気づかなければ、これを音声語とはまったく認識できないだろう。タブールがもともとタンブール(*tambour*)という形で太鼓の一種を指す名称に属することは明白である。これと同種のものは小さくてガタガタ鳴るアラビアの *tubl* から、インドの *dundhubi*、さらに中身をくり抜いた木材でできたモキ族〔アメリカ先住民ホピ族の別称〕の太鼓 *tombe* まで広域にわたって見られる。このグループのなかには、太鼓の音を模したこの種の語が、用途においては似た道具であるものの、発する音声の面では無関係な事物を指す言葉へと変化を遂げている例も見られる。たとえば、「タンブール仕事〔円形の刺繍枠を使って刺繍すること〕」という言葉を使うときに太鼓の発する音を連想する人は少ないし、ましてや足載せ台のことをタブレット(*tabouret*)と呼ぶときにそれを連想する人はほとんどいない。それでも、そうした言葉と太鼓の音のつながりは十分に明らかである。

これら二つの過程が同時に進行し、一方では音声語がその本来の音声を変え、他方では別の意味をもつ語に変化を遂げた場合、偶然にも何か歴史的な証拠が出てこないかぎり、その結果として言語学的な分析はたちまち無力なものとなるだろう。英単語の *pipe* はその典型である。われわれが現在この語に与えている特殊な発音をいったん脇に置き、中世ラテン語やフランス語の *pipa, pipe* といった語の音声に立ち返るなら、ある種の楽器が明白に模倣的な名称を持っていることが見えてくる。つまり、その名称はラテン語の *pipire* や、英語の *peep* など、鶏の鳴き声を表わす音としても使われてきた馴染みの音声に由来するのである。英語については、「イザヤ書」八章一九節の以下の英訳を引いておこう。'Seek . . . unto wizards that *peep*, and that mutter'〔「さえずり、ささやく魔術者に……求めよ」〕。アルゴンキン・インディアン〔狭義にはカナダのオタワ北方に住む先住民集団、広義にはアルゴンキン系言語を話す先住民の総称〕は、同じく鳥の声から *pib* という音を取り出し、（文法上の接尾辞と合わせて）*pib-e-gwun* と呼ばれるその土地固有の縦笛を指す名称を形成したものと見える。「大型のラッパ」（trumpet、この語自体もおそらく模倣語である）を意味するチューバ（*tuba*）やチュバス（*tubus*）が、特定の種類の管《チューブ》に対する呼び名となったのとちょうど同じように、パイプという語もまた、もともとの楽器の名称としての用法から変化を遂げ、今やさまざまな種類の管、たとえばガス管や水道管、さらには管一般を表わす語として用いられている。これらの意味変化には、異常なところは何もない。実際、意味の変容は例外というより、法則なのである。たとえば *chibouk* は、もともと中央アジアの牧夫が使うパイプないし縦笛のことだった。また、カリュメット（*calumet*）〔長パイプの一種で、平和の象徴とされる〕は、トマホーク〔斧の一種〕やモカシン〔一枚革製の靴〕と同様、褐色のインディアンを象徴する言葉として広く知られているが、これはもともと、ノルマンディー地方で羊飼いのパイプを指す言葉（ラテン語の *calamus*）として使われていたにすぎないのである。これはフランス語の文語表現の *chalumeau* に対応する語だが、このような関連性があるのは以下の理由による。まず、カナダへの初期の入植者たちは、インディアンがやって見せたなんとも奇妙なタバコの吸い方を目にした。ジャック・カルティエ〔Jacques Cartier 一四九一－一五五七。フランス出身の北米探検家〕の記述によれば、「石や木の中身をくり抜いてパイプのようにしたもの」を使って煙を吸い込んでいたのである。そこで入植者たちは、この土地固有の喫煙用パイプに対し、それとよく似たフランスの楽器の名称を与えたのだった。英単語 *pipe* に見られるこのような音声と意味の変化は、何百という言語に一貫して現われた作用であったに違いないが、その証明の糸口になるような証拠をわれわれはもっていないし、おそらく今後も入手できないだろう。しかしながら、わかっていることが少ないからこそ、われわれは、音声の模倣を現に存在する過程として正当に扱わなければならない。まさにこの模倣という手続きによって、もともとの音声とは必然的な関係をもたない事物や行動にまで、膨大な数の言葉が与えられるのである。変化の痕跡が失われている場合、われわれの手元に残る莫大な言葉の数々は、言語学者を失望させるものにすぎない。それでもなお、たんに既知の観念を表わすための既知の象徴があれば満足できるような人々にとっては、それら膨大な言葉の数々は、おそらく実際の使用に耐えうるものなのである。

東方のタムタム*の名前が、たんにその音の模倣に由来するものだという主張が妥当であることは、すでに議論の余地がないようにも思える。しかし、何かよく響く物体を叩くことを *tum, tumb, tump, tup* といった音で表現する言語がいかに多岐に及んでいるかに注目するなら、この種の事例は当初の印象以上に数多く存在することが明らかになる。「乳鉢で突き砕く」ことを意味するジャワ語の *tumbuk* やコプト語の *tmno* なども、そうした例に含まれるだろう。マレーでは、*timpa, tampa* といった語が「打ち鳴らす、ドンドン叩く、鍛造する」という意味をもつ。チヌーク・ジャーゴンの用法では *tum-tum* は「心臓」を意味する。彼らはさらに、この音を英語の 'water' と組み合わせることにより、「滝」のことを *tum-wâta* と呼んでいる。東アフリカのガラ族〔エチオピア周辺オロモ人の旧称〕の人々の主張によれば、耳の上に箱のようなものがあって、それが *tub* というような音を出しているように感じるのだと言う。そのため彼らは、その音を「*tub* と言うこと」を意味する *tubdjeda* という言葉で呼んでいる。同じくガラ語の *tuma* は「打つ」を意味し、そこから *tumtu* は労働者、なかでも打つことが仕事である「鍛冶屋」を意味する。さらに別の模倣語である *bufa* という「吹くこと」を意味する語の助けを借りて、彼らは全体が模倣的である以下のような文を構成するにいたっている。すなわち *tumtun bufa bufti*「鍛冶屋がふいごで風を送り込む」という意味の文である。これはたとえばイギリスの子どもが 'the *tumtum puffs* the *puffer*' と言うのと同種のものである〔tumtum は「おなか」の幼児語「ぽんぽん」にあたる。文意は「ぽんぽん（おなか）が膨れる」「ぽんぽん（おなか）がはぁはぁする」といったところか〕。この模倣的な音声は、アーリア語の動詞語根、たとえばサンスクリットで「殴る」を意味する *tup, tubh* といった要素のなかにその基礎を見いだすことができそうである。ギリシア語においても *tup, tump* といった音が「打つこと、殴ること」などを意味し、「タムタムという太鼓」を指す *τύμπανον*、ティンパヌムといった語を作るもととなっている。

複製される音声〔二一一-二一四〕

また、*crack* という動詞は、英語ならではのものと言えるほどに、現代英語ではすっかり基礎的な単語の一つとなっている。たんに物が壊れる音を模倣したにすぎないものが、壊すという意味の動詞になったのである。われわれは a *craked* cup〔割れたカップ〕とか a *cracked* reputation〔傷ついた評判〕といった言い方をするが、このとき、自分が音声を模倣しているなどとは思いもしない。しかしながら、われわれはドイツ語の *krachen* とかフランス語の *craquer* といった語を、そのように多様な意味で使うことはできない。これらの語は、英語ほどに意味上の発展を遂げてはおらず、純粋に模倣的な段階にとどまっている。

サンスクリットには、のこぎりを意味する語が二つある。*kra-kara* と *kra-kacha* の二つであり、それぞれ「クラ作成者」と「クラと叫ぶ人」を意味する。これらの語はいずれも、音声の模倣であることを明白に示すものであり、ここでの考察において格別の価値を有すると言えよう。本当に模倣的音声に由来するかどうか、ほかの語についてはいかなる疑念があろうとも、これらの語に関して疑いの余地がないことは言うまでもない。さらに言えば、これと同種の音が、系統を異にする言語で模倣語の形成をもたらした例もある。すなわち、ダオメ語〔西アフリカのベナンに居住するフォン族の言語〕の *kra-kra*「夜警のガラガラ」、グレボ語〔リベリアのグレボ族の言語〕の *grikâ*「のこぎり」、アイヌ語の *chacha*「のこぎりを引くこと」、マレー語の *graji*「のこぎり」、*karat*「歯ぎしりする」、*karot*「耳障りな音を出す」、コプト語の *khrij*「歯ぎしりする」、*khrajrej*「いらいらする」等々である。ガラ語の記述的表現には、*cacakdjeda* という、別の形の模倣の例もある。直訳すれば「*cacak* と言う」であり、「割る、砕く」などを意味する。この音に、ペルー語の一群の単語が対応する。その語根は、のどの奥から発せられる喉頭音の *cca* だと思われ、ここから派生するものとして、*ccallani*「壊す」、*ccatatani*「歯ぎしりする」がある。また、*ccacñiy*「雷鳴」、その他、雷雨の表現に使われる語も同様である。*ccaccaccahay* という語に連なる模倣の過程は、雷鳴〔の轟音〕thunder-*clap* や donner-*klapf* といったヨーロッパに見られる語よりもはるかに長大なものである。マオリ語の *pata* は「水滴や雨粒のようにパタパタ音を立てる」ことをいう。満州語では、木から果実が落下する音を、*pata pata* と表現する（ヒンドゥスターニー語では *bhadbhad*）。これは、われわれの言葉では *pat* に近い。英語では fruit comes *pattering* down と言うし、フランス語で *patatra* が、何かの落ちる様子を模倣するものと認識されている。コプト語の *potpt* は「落ちる」、オーストラリア語の *badbadin*（または *papatin*）はほぼ文字どおり英語の *pipatting* に翻訳されている。これら非アーリア系の言語を根拠として、この種の模倣の起源をサンスクリットの動詞語根 *pat*「落ちる」、およびギリシア語の *πίπτω*〔ピプトー〕に求めることはできないだろうか。

曖昧*な問題に首を突っ込むよりは、むしろ言語形成の原則について明瞭な概観を得たい。それゆえ、ここでは込み入った詳細に関する問題を論じる必要はないと考える。一貫して浮かび上がっている論点は、以下の通りである。理論上、ある特定の音声から意味への移行が可能であるなら、このことは特定の事例においても確実に言えるのだろうか。世界各地の語彙を広く見渡せば、ほとんどの言語には、明白に似ていたり、あるいは別の場所で同形態のものが見られたりすることから、模倣的なものと見なすべき正当な理由をもつ語の数々が含まれている。

また、アステカ語やモホーク語〔米国、カナダ東部の先住民モホーク族の言語〕のように、その種の語をわずかしか含まない言語がある一方、むしろ枚挙に暇がないほどの事例を含む言語も存在する。オーストラリア語の事例を見てみよう。*walle*「泣き叫ぶ」、*bung-bung-ween*「雷」、*wirriti*「風のように吹く」、*wirrirriti*「嵐になる、戦闘などの際の怒り」、*wirri, bwirri*「土着の投げ棒」、これはおそらく空を切って飛ぶときの *whir* という音に由来する。*kurarriti*「ブンブンいう、ブンブンという音」、*kurrirurriri*「回りくどい、わかりにくい」等。*pitata*「叩く、雨が叩きつける」、*pitapitata*「打つ」、*wiiti*「笑う、喜ぶ」。これはわれわれには馴染みの『トットナムの馬上槍試合』〔十五世紀前半に書かれたとされる諧謔的な詩〕の例が示している。

「ウィーティーヒー！」と、ティブ〔娘の名〕は言って笑った。
「なんと勇敢なお方でしょう！」

*ブリティッシュ・コロンビアのいわゆるチヌーク・ジャーゴンには模倣語があふれている。そのなかには土着のインディアンの言語から取り入れられたものもあれば、白人とインディアンが相互理解に苦心した、まさにその現場から生まれたものもある。後者の性格を持つ語の例を挙げれば、*hóh-hoh* は「咳をする」、*kó-ko* は「ノックする」、*kwa-lal-kwa-lal* は「疾走する」、*muck-a-muck* は「食べる」、*chak-chak* は（その鳴き声から）「ハクトウワシ」、*mamook tsish*（*tsish* をする）は「砥石で研ぐ」を意味する。マックス・ミュラー教授の指摘によれば、ろうそくを吹き消すときの独特の音は文明的な言語では好まれないという。しかし、この地域ではそれが認められているようだ。というのも、現地の語彙をまとめた人が「ろうそくの火のように吹き消すこと」のチヌーク的な表現

を巧みにも *mamook poh*（*poh* をする）と書き留めているからである。チヌーク・ジャーゴンは概して言えばここ七十年、もしくは八十年の間に成長を遂げた比較的新しい言語である。しかし、そこに含まれる模倣語は、世界各地のもっと平凡で古い歴史をもつ言語に見られる模倣語の事例と性質の異なるものではない。

同様に、ブラジルの諸部族には、いびきをかくことを意味するトゥピ語の *cororóng* や *cururuc* といった語が見られる（コプト語の *kherkher* やケチュア語の *ccorcuni*（*ccor*）と比較せよ）。他方、いびきの真似は、おそらくカラハ・インディアン〔ブラジル中央部の先住民〕の人々に、眠ることを表わす *arourou-cré* という語や、それと関連する「夜」の観念である *roou* をもたらしたものと見える。また「殴る」「打つ」を意味するピメンテイラ語〔南米カリブ語族の一言語〕の *ebaung* はヨルバ語で平手打ちを意味する *gba* や、「大きな音を立てる」「激しく打つ」を意味する *gbă*（gbang）その他に対応する。アフリカの言語では、ズールー語が特に模倣語に富んでいるようだ。「子どものようによだれを垂らす」「子どもじみた話し方をする」は *bibiza*（英語の *bib*〔よだれ掛け〕と比較せよ）、大型のレイヨウは（メスがバアと鳴くことから）*babala*、「ぺちゃくちゃしゃべる」「おしゃべりする」「やかましいこと」は *boba*、「おしゃべりな人」は *bobi*、「ツグミ」は（ボ！　ボ！と鳴くことから）*boboni*（アメリカの *bobolink*〔コメクイドリ〕と比較せよ）、「おなかがゴロゴロする」「腹の調子が悪いこと」は *bomboloza*、「蜂などがブンブンいう」のは *bubula*、「蜂の群れやざわめく群集」は *bubulela*、「泡立つビールや熱した油のようなにぎやかな音を立てること」は *bubuluza* である。これらの例は、単一の野蛮な言語から選んだものにすぎず、しかも一冊の辞書における、単一の頭文字の項目に属するものにすぎない。このことから推察すれば、低級な種族の言語には、当面の問題に関係する証拠が膨大に存在するものと思われる。

音声が意味に合うように修正された語〔二一四－二一九〕

ここでの目的は模倣的音声が比較的たどりやすい語について手短な例示を行なうことだが、そのための最も強力で、かつ最も扱いやすい証拠は、言うまでもなく諸々の音声そのものや、それを生み出すものを直接に表現する語である。つまり、動物の鳴き声を模倣した語や、鳴き声をあげる動物の名前になっている語、あるいは特定の音声に伴う行動を示す語や、それらの行動の材料や対象を表わす語である。さらに考察を進めるために不可欠なのは、文法や発音の調整のために修正・追加された要素から、発音の原型や語根を切り離すことである。

この問題の広がりと複雑さを理解するためには、ヨーロッパの一言語に属する、次のような語の集合を一瞥しておくのがよいだろう。すなわち、ドイツ語の *klapf* を取り巻く語源学的なつながりに属する一群の語であり、グリムの辞書によれば、*klappen, klippen, klopfen, kläffen, klimpern, klampern, klateren, kloteren, klitteren, klatzen, klacken* 等々である。ドイツ語以外の言語にも、これと類似の形態をもつ語の数々が認められるだろう。文法上の変化についての考察はさておき、ここで留意しておくべきは、人間が言語において示す模倣能力は、たんに音声を直接に写し取り、それを言葉に落とし込むだけのものではない、ということである。その種の能力は、いかなる起源をもつものであれ、既存の語をつかみあげ、その語の音がその意味に合致するように変更・調整を加え、そうしてできあがった大量の語を辞書のなかに注ぎ込む。それらの語のなかでも最も分析が難しいのは、全面的に語源学的なものでも、また全面的に模倣的なものでもなく、両者の性格をあわせもつタイプの語である。諸々の語は、いわば一定の骨格を保ちながら、さまざまな音声、力強さ、長さ、大きさなどに対応できるようにできている。以下のようにいくつかの模倣語を数珠なりに並べてみると、そのことがわかるはずである。*crick, creak, crack, crash, crush, crunch, craunch, scrunch, scraunch*。ある語が模倣的および象徴的な変化を受けたからと言って、その語が初めから模倣的な性格をもつとは言えない。たとえば、ブドウ弾を発射する旧式の大砲は *patterero* と呼ばれたが、これほど模倣的な音声もないだろう。しかし、この語の語源は、スペイン語の *pedrero* やフランス語の *perrier* に認められる。これらはたんに石（*piedra, pierre*）を投げる道具を意味する。スペイン語の *pedrero* がイングランドで採り上げられて初めて、人間の模倣の才がこの語を捉え、動詞の *patter* に似た明白な音声語へと変形させたのである。

　言語、特に俗語には、奇異な語をそれにふさわしい意味をもつものに変えることで理解可能にする傾向があり、文献学者もこれをしばしば論じてきた。しかし、それよりもはるかに重要な結果をもたらしてきたのは、諸々の語をそれにふさわしい音声を伴うものに変える傾向である。音声の象徴的変化が動詞語根に及ぼす影響はほとんど無限大にも思える。たとえば *waddle* という動詞は、模倣的な印象を強く与える。そのため、ドイツ語では模倣的音声が *wandern*〔歩く〕と *wandeln*〔ぶらつく、変化させる〕との差異に関わるにちがいない、という推察は退けがたい。しかし、これらの動詞はすべて、「行く」を意味するサンスクリットの *vad* やラテン語 *vado* に代表される系統の語に属する。そしてこの語根には、模倣的起源をもつことを保証するに十分な根拠は存在しないように思われる。たとえかつてはその痕跡があったとしても、今やすでに失われているのである。それゆえ、*stamp*〔足を踏み鳴らす〕は音声の模倣と言われてきたが、たんにそのように「色づけされた」語にすぎないようだ。「立つ」を意味する語根 *sta*、サンスクリットでは *sthâ* は、「立たせる」を意味する〔語根 sta の〕使役形 *stap*、サンスクリットでは *sthâpay*、英語の *stop* などを形成している。また、足が止まると、foot-*step*〔足音〕は、foot-*stop* となる。しかし、アングロサクソン語には *stapan, stæpan, steppan* など、英語の *step* に対応する語があり、この音声に含まれる意味を表現する語は *staup, stamp, stump, stomp* などさまざまだが、これらはその粗暴さ、ないしぎこちない強調において、バーンズ〔William Barnes 一八〇一－一八八六。イギリスの詩人、牧師、言語学者〕の詩〔"At the Door"〕のなかのドーセットの家の敷居に関する詩脚と明瞭な対比をなしている。

'Where love do seek the maiden's evenèn vloor〔Where lovers seek the maidens' evening floor〕,
Wi' *stip-step* light, an tip-tap slight〔With stip-step light, and tip-tap slight〕
Ageän the door〔Against the door〕.'

拡張し、修正し、いわば色付けすることによって、音声は身振り言語に近接するような効果を生みだすことができる。まずは時間の長短、行動の強弱を表わせるようになり、次にサイズの大小や距離を示し、さらには隠喩という最も広大な領野へと突き進むのである。しかも、その展開の力強さは、そこで用いられる手段の子どもじみた単純さからすると、実に驚くべきものである。アフリカのバチャピン族〔アフリカ南部の部族〕はヘラ！と叫んで人を呼ぶが、相手が遠くにいる場合は、その距離に応じ、ヘェラ！とかヘェェラ！というふうに音が長くなっていく。マクレガー氏〔John MacGregor 一八二五－一八九二。スコットランド出身の探検家〕は、その著作『ヨルダン川のロブ・ロイ』*において、この表現方法を活き活きと描きだしている。「『で、ザルムダはどこだい？』……するとドワナ一派で一番屈強な男が荒々しく人差し指を前に突き出し、その指をまっすぐに伸ばして見せる。しかし、いったいどこを指しているのか。すると男は一気に言葉をまくし立て、最後にアーアーアアア、アア、と叫ぶのである。初めてバシャン〔現在のシリア南部地域〕の羊飼いから聞いてからというもの、この奇妙な表現は、長きにわたって私の頭を悩ませてきた。……しかし、このように短縮され、加速され、最終的には音程を低められる『アー』の長い連なりは、たんに指差す場所が『ずっと遠く』であることを意味するにすぎない」。

チヌーク・ジャーゴンもまた、原始的な段階の言語によく見られるように、距離を示すために語の音を長くするという同様の仕掛けを用いている。シャム人は「そこ」を意味するノンという音節のアクセントを変えることにより、それをごく近くを意味するようにも、距離のはっきりしない場所を意味するようにも、ずっと遠くを意味するようにもできる。彼らはまた、同じ要領で、たとえば「小さい」を意味するニイという語の意味を変えることもできる。〔ガボン共和国西部の〕ガブーン地域では、たとえば「大きな」を意味するンプルという語が、発音の強さによって、たんに大きいのか、とても大きいのか、あるいはとてつもなく大きいのか、を表現するのに使われる。ウィルソン氏〔John Leighton Wilson 一八〇九－一八八五。アメリカ合衆国の西アフリカ宣教師〕が『ポングウェ文法』のなかで述べるように、「大きさ、小ささ、固さ、速さ、強さなどの相対的な度合いは、これまで考えられてきた以上に適切かつ正確に伝えられているらしい」。マダガスカルでは*ratchi*は「悪い」、*râtchi*は「とても悪い」を意味する。オールドフィールド〔Augustus Frederick Oldfield 一八二〇－一八八七。イギリスの動植物学者〕によれば、オーストラリアの原住民には、この手続きを象徴的な反復と組み合わせて用いる場面が見られるという。また、ウォッチャンディー族〔西オーストラリアに居住する先住民ナンダ族の別称〕では、*jir-ric*は「すでに」または「過去」を意味し、*jir-rie jir-rie*は「昔」、*jie-r-rie jirrie*〔最初の音節をかなり長く伸ばす〕は「大昔」を意味するという。さらに、*boo-rie*は「小さい」、*boo-rie-boo-rie*は「とても小さい」、*b-o-rie boorie*は「ものすごく小さい」である。ヴィルヘルム・フォン・フンボルト〔Wilhelm von Humboldt 一七六七－一八三五。ドイツの言語学者、政治家〕の指摘によれば、南米の南グアラニの方言には、ある行動が生じた時がどれだけ古いかを表わすために、完了時制の接尾辞(*yma, y–ma*)を多少とも長く伸ばす習慣があるという。また、同様の工夫がインド系の土着の諸部族でも用いられていることも興味深い。彼らの用いるホー語〔インド東部で用いられるムンダ語派の一言語〕では、語根に*á*を加え、語の音を延長することで未来時制を作る。たとえば*kajee*は「話す」にあたるが、*kajēēá*になると想像どおり'I will speak'の意味になる。予想されるとおり、ごく粗野な部族の言語を見れば、このような原始的な操作の帰結が、いかにして広く認知された語彙体系の一部となるかが、非常によくわかる。最もよい例と思われるのは、現存する最も粗野な種族の一つであるブラジルのボトクド族〔ブラジル東部のアイモレ族のポルトガル語による他称。ショクレン族、クレナキ族を含む〕の人々が海を表現するのに使う諸々の語だろう。彼らの言語には小川を意味するオウアトウという語があり、他方、大きいことを意味するイジパキジウという形容詞もある。それゆえ二つの語を「小川・大きい」という具合に並べ、母音を強めてオウアトウ・イジイイパキイイジウとすると、川を意味する言葉になる。英語に置き換えれば'stream-grea-at'のようなものであり、これはさらに強められるとオウアトウ・イイジパキイジウ・オウ・オウ・オウ・オウ・オウとなり、大海の広大さを表現する言葉になる。同じ系統の別部族は、同じ結果をもっと単純な形で得ている。「小川」を意味するオウアトウという語が、「海」を意味するオウアトウ・オウ・オウ・オウとなっているのである。シャバンテ族〔ブラジル南西部居住の先住民〕の人々は、「私は遠くまで行く」という意味のロム・オ・ウォディという文をごく自然に引き伸ばし、「私はずっと遠くまで行く」を意味するロム・オ・オ・オ・オ・ウォディという文を作り出している。また、彼らは五より大きな数を言うように求められると、カオオオキと答える。とてもたくさん、の意味であることは明らかだ。カウイハナス族〔ブラジル、アマゾン川流域テフェ近辺の先住民〕は、ある用語集の記述によれば数字の四をラワウガビと言うそうだが、五を表現するときには同じ語を、あたかも「長い四」と言わんとするかのように発音するという。これはちょうど、六をイタウナと表現するアポニェクラ族〔ブラジル、アラニャン州等に居住の先住民〕が、この語を拡張して七をイタウーナと言うのと同じ要領である。これが「長い六」を意味することは明らかである。

こうした人々が位置する初期的で単純な発達段階においては、いわば語の絵画的な変形ほど理解しやすいものはない。筆記という方法は、たとえイタリックや大文字の助けを借りたとしても、このような話し言葉における象徴性のほとんどを取りこぼしてしまう。しかし、子どもは誰でもその用法と意味を解する。いくら学校で本の読み方を教わり、不完全な象徴では表現できず、それらの狭い法則では統御しきれない要素はすべて脇に置くように教えられても、そうなのである。しかし、この方法がもたらす結果のすべてをたどろうとすると、最初は簡単にその軌跡を跡付け、理解できるように思えるのだが、その後すぐに、それらがわれわれの理解を超えるものであることに気づく。

サハプティン・インディアン〔米国オレゴン、ワシントン州の先住民〕の言語に注目すると、諸々の語がいかにして変容を遂げるかがわかる。その過程はけっして明瞭ではないが、とはいえまったく不明瞭ということもない。これらのインディアンたちは、ある語のなかの *n* を *l* に変えることで貶義の指小辞の一種を作るという方法をもっている。たとえば *twinwt* は「尻尾がない」を意味するが、格別に小さいことを表わしたり、軽蔑を表現したりするために、彼らはこの語の発音の調子を適度に変え、*twiwt*という語を作る。また、「川」を意味する*wana*は、「*n*が*l*に変えられることにより」、指小辞*wala*となる。それは「話すときに唇を外側に押し出すようにし、そのまま顎の方に下げておくことで、音に変化を与える」。このような報告により、われわれはすでに、どのように発音を変化させれば小ささや軽蔑の概念を伝えられるかを推察するのに十分な知識を得ている。しかしポングウェ語の話者が、「語根の母音の音調や長さを微妙に変化させることによって、肯定的動詞を否定的動詞に転換する」際の手続きをたどるのは、それほど容易ではない。たとえば「愛する」は*tõnda*、「愛さない」は*tõnda*、「愛される」は*tõndo*、「愛されない」は*tõndo*である。同様に、ヨルバ語の*bàba*は「大きなもの」、*bàba*は「小さなもの」であり、この対比は'*Bàba bo, baba* molle'、すなわち「大きな問題は小さな問題を見えなくする」という諺にも明瞭である。実際、言語は音声変容に満ちている。象徴的音声がそれら変容の生成にどのように関係するかを厳密に言うことは難しいが、なんらかの仕方で関係するのではないか、との疑いそのものは、この事実によって正当化されるだろう。

反復〔二一九–二二〇〕

さらに、同じ音をそのまま、あるいは変形して反復する馴染みの操作によって、*murmur, pitpat, helterskelter*といった形態の語が生み出されることがある。これらはいずれも文芸的な語法に限られているが、子どもや野蛮人の語りのなかではきわめて広く見られる事象である。そのため、この種のものを扱ったポット教授[8]〔August Friedrich Pott 一八〇二–一八八七。ドイツの言語学者〕の論文は、初期的段階の言語に関してこれまでにまとめられてきた事例の集成のなかでも、最も価値あるものの一つになっている。子どもなら誰でも、そのような反復がどのように、またなぜ行なわれるかをある程度理解する。それがもともとの観念にどのような効果を加えるかも、彼らにはわかるのである。その種の語は誇張表現を作るか、でなければ言葉を増強する。たとえばポリネシア語の

loa は「長い」で *lololoa* は「とても長い」である。マンディンカ語〔アフリカ西部の部族の言語〕の *ding* は「子ども」で *dingding* は「とても小さな子ども」である。マレー語の *raja-raja* が「王子たち」、*orang-orang* が「人々」を意味するように、複数形を作ることもある。また、数を足したり、分けたりすることもできる。たとえばミスキート語〔ニカラグアとホンジュラスに住む先住民の言語〕で *walwal* と言えば二足す二で四を示すのに対し、コプト語で *ouai ouai* と言えば一と一で「一つずつ」の意味になる。こうした例は発音を反復する意図が比較的わかりやすいものである。もっとわかりにくい例としては、完了形の反復が〔われわれには〕馴染み深い。ギリシア語で γράφω〔グラフォ〕からできる γέγραφα〔ゲグラファ〕や、ラテン語で *mordeo*〔噛む〕からできる *momordi*、ゴート語で「つかむ」を意味する *haldan* からできる *haihald* などがそれである。模倣語において、反復は基本的に意味を強調するために使われるが、それ以上に、その音が繰り返されたり長く続いたりすることを示すためにも使われる。その種の語は膨大な数にのぼるが、たとえば次のようなものである。ボトクド語でホウホウホウホウギチャは「吸う」こと〔トンガ語で「胸」を意味するフフ *hūhū* と比較せよ〕、キアク・キック・キックは蝶を意味する。ケチュア語のチウイウイウイニチは風が木々のあいだでピューピューと音を出すこと、マオリ語のハルルは風の音、ホホロは急ぐことをそれぞれ意味する。ダヤク語〔ボルネオ島居住の先住民の言語の一つ〕のカカッカカは大声で笑い出すこと、アイヌ語のシリウシリウカンニは物が削れるような音、タミル語のムルムルはつぶやくことを指し、エイクラ語〔アフリカ西部、ギニア湾岸の言語〕のエウィウィウィウィは「彼は繰り返し切れ目なく話した」という意味である。このような例は世界中どこの言語にも認められる。

距離や差異を表わすために母音が調整される事例〔二二〇－二二五〕

＊母音の長さを段階づけることによってさまざまな距離の観念を表わす工夫は、私にとって大いに言語学的な関心を掻き立てるものである。世界各地の言語製作者たちは互いにきわめて遠く離れていながらも、いずれ劣らぬ

独創性で多種多様な音による表現方法を編み出している。そうした彼らの仕事ぶりが言語学的に示唆するところは大きい。たとえば次の一連のジャワ語は典型的である。*iki*「これ」（近接）、*ika*「それ」（一定の距離）、*iku*「あれ」（さらに遠方）。以下のリストは、世界各地の言語における同種の事例の全体を尽くすにはほど遠い。このうち半数ほどは今回改めて探し出したものではなく、私が低級な種族の語彙を見渡した時にたまたま目についたものを書き出したにすぎない。(9)

ジャワ語………*iki* これ、*ika* それ（中間的）、*iku* あれ

マダガスカル語………*ao* そこ（近く）、*eo* そこ（もっと近く）、*io* そこ（手元）
atsy そこ（あまり遠くない）、*etsy* そこ（わりと近く）、*itsy* これ、あるいはそこ

日本語………*ko* ここ、*ka* そこ
korera これら、*karera* 彼ら（あれら）

タミル語………*î* これ、*â* あれ

カンナダ語〔インド西部のドラヴィダ語族の一言語〕………*ivanu* これ、*uvanu* あれ（中間的）、*avanu* あれ

ラージマハール語〔インド東部のドラヴィダ語族の一言語〕………*îh* これ、*âh* あれ

ディマル語〔ネパールのトト族の言語〕………*isho, ita* ここ、*usho, uta* あそこ
iti, idong これ、*uti, udong* あれ〔それぞれ物と人について〕

アブハズ語〔ジョージア西部の黒海沿岸地域アブハジア住民の言語〕………*abri* これ、*ubri* あれ

オセット語〔ロシアからジョージアにかけてのコーカサス地方の一部で話されるイラン語派の一言語〕………
am ここ、*um* あそこ

マジャール語………*ez* これ、*az* あれ

ズールー語………*apa* ここ、*apo* あそこ
　lesi, leso, lesiya; abu, abo, abuya; &c. ＝これ、あれ、あれ（遠くの）
ヨルバ語………*na* これ、*ni* あれ
フェルナンディーノ語〔赤道ギニアのブビ族の言語〕………*olo* これ、*ole* あれ
トゥマル語〔スーダンのタゴイ語の一方言〕………*re* これ、*ri* あれ
　ngi 私、*ngo* あなた、*ngu* 彼
グリーンランド語………*uv* ここ、あそこ（人が指し示す方向について）、*iv* あそこ、むこう〔比較の用法〕
スジェルパ語（コルヴィル・インディアン）………*axa* これ、*ixi* あれ
サハプティン語………*kina* ここ、*kuna* あそこ
ムツン語〔米国カリフォルニア州先住民が話すウティ語族の一言語〕………*ne* ここ、*nu* あそこ
タラフマラ語〔メキシコ先住民タラフマラ族の言語〕………*ibe* ここ、*abe* あそこ
グアラニ語………*nde, ne* あなた、*ndi, ni* 彼
ボトクド語………*ati* 私、*oti* あなた、きみ（前置詞）～へ
カリブ語………*ne* あなた、*ni* 彼
チリ語………*tva, vacbi* これ、*tvey, veychi* あれ

右のリストを見ると、これらの代名詞や副詞は「ここ」と「そこ」、「これ」と「あれ」といった対比に呼応するように、それぞれの母音もまた対立をなしてきたことがわかる。こうした事例のなかには、たんなる偶然によって説明しうるものもあるだろう。たとえば、英語の *this* と *that* が、その形成において部分的に別個のものであることは、言語学者にはよく知られている。*thi-s* はおそらく二つの代名詞が一つになったものだが、オラン

ダ語の中性名詞 *dit*「これ」と *dat*「あれ」は、単一の語が対立的な母音をもっているものと見なされてきた[10]。しかし、このような対比をなす二つ、ないし三つの語が、多様な言語のなかでしばしば見られることは、たんに偶然では説明できまい。そこにはなんらかの共通の意図が働いており、これらの言語のなかに音声変化を距離の表現手段とするものがあることは明白である。たとえばフェルナンド・ポー〔赤道ギニア、ビオコ島の旧称〕の言語は、*olo, ole* という対によって「これ」「あれ」を表わせるだけではない。*o boehe, oh boehe* というように母音の発音を変化させることで、英語で言えば「今月（this month）」と「あの月（that month）」の区別ができるのである。同じようにグレボ語もまた「私」と「あなた」、「私たち」と「あなたたち」の違いを、「第二人称の *mâh* と *ăh* の最後の *h* が表わそうとしている違いを、声の抑揚だけで区別することができる」。

mâ di 私は食す／*mâh* di あなたは食す
ā di 私たちは食す／*ăh* di あなたたちは食す

近い、遠い、とても遠い、という三つの距離を表わすズールー語の指示詞の組み合わせは、きわめて複雑だが、その用法に注目すると、語の性質に象徴的な音声がいかに深く入り込んでいるかがわかる。ズールー族はナンシ「ここにある」、ナンソ「そこにある」、ナンシヤ「遠くにある」、といった表現を使いわけるだけではなく、ナンシヤの「ヤ」の音の強さや長さによって、それがどれくらい遠くにあるかを表現する。前記のリストから、距離の程度とそれを表現する母音の変化とのあいだに対応関係が認められれば、ここでの問題はすべて容易に説明できるだろう。しかし、そのような単純な対応は認めにくい。たとえば母音「イ」で終わる語が、母音「ア」で終わる語よりも近くを示すこともあれば、逆に遠くを示すこともある。ここで言えるのはただ、子どもにもわかるように、母音の長さは距離の長さの最もわかりやすい指標であり、おそらく世界各地で使われている多くの代名詞や副詞が、この単純な工夫の影響で、それぞれの形態をとるにいたったということであり、また、そのことによって互いに対照的な語、または「差異化された」語とでも呼ぶべきもののセットが生まれてきたということである。

＊母音の変化によって語を差異化する方法が、どのようにして性別の区分に使われるかについては、マックス・ミュラー教授の所見で的確に論じられている。「ジェンダーの区別は……時に、その表現力が多少とも曖昧な母音の音声に由来するものと考えるしか、説明できないような方法で表現されることもある。フィン語のウッコは老いた男、同じくアッカは老いた女を指す。……満州では、チャチャは男であり……チェチェは女である。同じく満州ではアマは父、エメは母、またアムチャは義父、エムチェは義母を指す」(11)。ブラジルのコレトゥ語〔トゥカノ語族に含まれる言語〕には、また別の興味深い対義語として、父を指す *tsáackö* と母を指す *tsaacko* という組み合わせがある。他方、カリブ族は父をババ、母をビビと呼ぶ。アフリカのイボ族は父をンナ、母をンネと呼ぶ。しかしながらこのように、母音の違いによって男女の別を言う工夫は、言語の形成過程のほんの一部にすぎない。しかもそれは、父母を指す言葉の範囲でたどりうるかぎりでの過程の一部にすぎない。これらの考察は、「子どもの言語」という、学問的にきわめて興味深い領域へとわれわれを導いてくれる。

＊まったく異質で距離も遠い言語における、父と母を指す言葉のペアのいくつかを書きだしてみよう。まず、パパとママ。同様の順に並べると、ウェールズ語の *tad*（*dad*）と *mam*'、ハンガリー語の *atya* と *anya*'、マンディンカ語の *fa* と *ba*'、ラミー語〔北アメリカ〔ワシントン州の先住民ラミー族の言語〕〕の *man* と *tan*'、カトゥキナ語〔南アメリカ〕の *payi* と *nayi*'、ワッチャンディー語〔オーストラリア〕の *amo* と *ago* などである。これらの対語の場合、対比はそれぞれの子音のなかにあるように思われる。他方、これとはまったく事情の異なる対語も多い。たとえばヘブライ語の *ab* と *im*、クキ語〔インド、アッサム州クキ族の言語〕の *p'ha* と *noo*'、カヤン語〔主にミャンマーのカヤー州とシャン州の一部に居住し、現在は一般にパダウンと呼ばれるカヤン族の言語〕の *amay* と *inei*'、タラウマラ語〔メキシ

コ中北部の先住民の言語〕の *nono* と *jeje* などである。パパとママと同類の言葉が地理的にかけ離れた場所に見られる事実は、かつては諸々の言語の共通の起源を示す証拠として、躊躇なく用いられた。しかし、一八五三年に刊行されたブッシュマン教授〔Johann Carl Eduard Buschmann 一八〇五－一八八〇。ドイツの言語学者〕の論文「自然の音」[12]は、この議論を見事に覆し、その種の符合は、〔共通の起源からの派生というよりもむしろ〕個々独立の形成によって繰り返し生じたのではないか、という見方を確立した。カリブ語と英語のどちらにもパパ「父」という語があるからといって、両者に結びつきがあると論じることがなんの役にも立たないのは明らかである。同じく、ホッテントット語と英語のどちらにもママ「母」という語があることも、両者が同系の言語であることの証拠にはならない。これら子ども特有の発音は、まったく反対の仕方で用いられることもある。たとえばチリ語では母をパパと呼び、トゥラッカニー語〔クラッカニー語とも。北米西海岸先住民の言語〕では父をママと呼ぶ。

とはいえ、父と母を指す語の使いわけという、この容易にして些細な区別が、たんに行き当たりばったりに行なわれたものとは考えにくい。ブッシュマンが集めたその種の語の膨大なリストを見れば、「父」を指す言葉としては *pa* 型と *ta* 型の二つが、これと同種のものと言える *ap* や *at* とともに世界各地で優勢であることがわかる。他方、「母」を指す言葉としては *ma* と *na*、*am* と *an* が優勢である。教授はこの状況を、父には硬質の音、母にはやさしい感じの音をそれぞれ選ぶという、直接的な象徴作用の影響によるものとして説明している。この説明には、きわめて真実に近いものがあると思われるが、その妥当性を過度に拡張すべきではあるまい。たとえば、ウェールズ人は「父」を *tad*、「母」を *mam* と呼び、ブリティッシュ・コロンビアのインディアンは「父」を *maan*、「母」を *taan* と呼び、ジョージア人は「父」を *mama*、「母」を *deda* と呼ぶ。これらを同一の象徴原理の支配によるものと考えることはできない。しかしながら、われわれにとって馴染みのパパとママが同一言語のなかで逆転している事例は、今のところどこにも見つかっていない。そのような逆転を示すものとして、入手可能なかぎり最も近い事例は、*mama* が「父、男」を指し、*babi* が「母、女性」を指すミャン島〔南太平洋、ツバルの

島〕の例である。(13)

幼児語*のpapaとmama、およびより正式なfatherとmotherとのあいだには、音声上、明白な類似性がある。では、fatherとmotherという語の起源はなんだろうか。ある程度までは、これらの語の歴史は明らかである。これらはその形成に関して、vaterとmutter、paterとmater、πατήρとμήτηρ、pitarとmâtarその他、印欧語全般に見られる同形の語の数々と同一のグループに属する。これらの対語がいずれも遠い過去において共通のアーリア的源泉に由来することは、疑いの余地がない。また、可能な限り起源に遡及した場合、これらの語は大まかにはpatarとmatarという語の対に由来するものと見えるが、両者はそれぞれ語根paとmaに、行為者を示す接尾辞tarが加わって形成されたものだろう。サンスクリットの動詞にはちょうどpâとmâがあることから、語源学的にはpatarを「守り手」、matarを「生み手」の意と解することができる。この一対のアーリア語が非常に古いものであり、のちに英語のfatherとmotherに対応するものを生み出すことになる、はるか昔の共通の源であることは間違いない。それがやがてギリシア語やペルシア語、古代ノルウェー語やアルメニア語に入り込み、印欧語の波乱に富む歴史のただなかで決まった形を保持し続けたのである。ただ、こうした語がいくら古いと言っても、子どもの言語という、さらに単純で基礎的な言葉がこれらに先立って存在していたことは間違いない。というのも、原始時代のアーリア人たちが、「守り手」や「生み手」といった観念を表現するために動詞語根を加えることができるような言語体系を獲得するにいたるまで、父母を指す赤ちゃん言葉をもたずにいたとは考えにくいからである。また、たんなる偶然によって、ほかでもないpaとmaという音が語根として選択され、それを含む語が父と母の名称として遠く離れた場所できわめて頻繁に現われているとは、どうにも考えられない。アドルフ・ピクテ教授〔Adolphe Pictet　一七九九－一八七五。スイスの文献学・言語学者〕は、こうした符合に関する説明を、以下のように変更した。彼はまず、pâとmâとの対を、それぞれ「守る」ことと「創る」ことを意味するアーリア系の動詞語根と仮定し、ただしその起源は不明としている。次に、もう一つの対であるpaとmaを、父と母を指すために共通して使われる子どもの言葉と仮定する。そして最後に、すでに通用している馴染みの赤ちゃん語に似ていることから、*pâ* と *mâ* が両親を指す印欧語を形成するものとして選ばれたと仮定し、これにより第一、第二の仮定を結びつけている。このような回りくどい説明によって、これら聖なる単音節語であるサンスクリットの動詞語根は、起源不詳という不名誉から、どうにか救い出されることになる。

とはいえ、これらの動詞語根が言語の発展における特定の一時期に、特定の地域の言語で用いられた粗野な形態にすぎないことを念頭に置けば、諸々の事実をもっと単純かつ十全に説明できるかもしれない。たとえば以下は一つの妥当な推論である。まず、世界中いたるところで子どもの言語に見られる *pa* と *ma* を始源的形態であると見なす。次に、両者はアーリア人の言語の発展の初期には、名詞と動詞の厳密な区分なしに用いられたと考える。ちょうど、現代の英語が *father* という名詞から動詞の *father*〔「父となる」など〕を形成することができるのと同じように、である。そして最後に、両者が動詞語根となると同時に、これに接尾辞を加えることで *patar* と *matar* が形成された、というわけである。(14)

子どもの言語〔二二五－二二九〕

*赤ん坊の両親に対する呼称は、それがあたかも言語のなかで孤立したものであるかのように研究されてはならない。それらは大きなグループをなす語彙のなかにおいてのみ重要なのである。そのグループは、われわれの経験しうるすべての時代と国々に属しており、子どもの言語を形成する。子どもの言語に共通する特質は、まず、それが関わる観念が、小さな子どもたちが関心をもつものに限定されていることである。そして次に、そうした観念を表現するための発音の組み合わせが、初めてしゃべろうとする子どもに適合するものに限られていることである。この独特の言語は、オーストラリアの低級で野蛮な部族のあいだに、特徴的に認められる。具体的には、*mamman*「父」、*ngangan*「母」、さらには隠喩的に「親指」「大きなつま先」（もっとわかりやすいのは *jinnamamman* で、

「大きなつま先」つまり足の父ということである）、*tammin*「祖父または祖母」、*bab-ba*「悪い、愚かな、子どもっぽい」、*bee-bee, beep*「おっぱい」、*pappi*「父」、*pappa*「若い父」、*pup*「子犬」、などである（ここから、動詞*papparniti*「若者になる、生まれる」が文法的に形成される）。あるいはインドから事例を探す場合、それをヒンディー語から選ぶか非ヒンディー語から選ぶかはどうでもよい。というのも、赤ちゃん語においては、すべての人種が同じ立脚点に立つからである。タミル語の*appâ*「父」、*ammâ*「母」、ボド語〔北東インド、ネパールに居住するボド族の言語〕の*aphâ*「父」、*âyâ*「母」、コチ語グループ〔インドのアッサム、西ベンガル、バングラデシュ等に居住のコチ族の諸言語〕の*nânâ*と*nâni*「父方の祖父と祖父母」、*mâmâ*「おじ〔伯父あるいは叔父〕」、*dâdâ*「従兄弟」、これらはサンスクリットの*tata*「父」と*nanâ*「母」と似たものかもしれない。また、同じグループのヒンドゥスタン語のなかには、インド英語に採用されたため、イギリス人にも馴染みのものがある。たとえば*bâbâ*「父」、*bâbû*「子ども、王子、紳士」、*bîbî*「淑女」、*dadâ*「乳母」（*âyâ*も同じく乳母を指すが、これはポルトガル語からの借用だろう）などがその例である。

この種の語は、どこでも続々と新たに誕生してくる。それらの運命を決めるのは、自然選択の法則である。育児語のナナやダダに類する語は膨大な一群をなすが、形成されるや否や、そのほとんどが死に絶える。なかには、少数ながらしっかりと根を張り、一般に認知された育児語として広大な領域に広がるものもあり、好奇心の強い言語学者によって採集されることもある。それらの語の多くが、もともとは長い語が切り詰められたものであることは明白である。たとえばフランス語で「眠る」を意味するfaire *dodo*のdodo（dormir〔眠る〕に由来）や、ブランデンブルク〔ドイツ北東部の州〕で一般的な子守唄を指す*wiwi*（wiegen〔揺らす〕に由来）が、その例である。しかしその他の語は、起源がなんであれ、選択可能な音の種類が少ないために、きわめて無差別で無意味な語の集積の一部となっていく。スイスの方言で「引っかき傷」を意味する*bobo*や、「品切れ」を意味する*bambam*などはその典型である。イタリア語の*bobò*は「飲み物」、*gogo*は「小さな男の子」、*dede*は「遊ぶ」である。これらはポット教授によって引用され、英語の例としては「乳母」を意味する*nana*や、「さようなら！」を意味する*tata!*

が役に立つ。しかし、すべての「赤ちゃん語」は、まさにこの呼称が証明するとおり、このような普及段階で立ち止まりはしない。これらの語は、成長した男女の日常会話のなかにも、そのままの形で小さいながら一定の部分を占めている。さらに、これらがひとたび一般的な言語の構成要素として然るべき位置を占めるようになれば、その後も世代を越えて継承されていくことになる。ここで引用した部類の幼児語は、お父さん、お母さん、おばあちゃん、おばさん〔伯母あるいは叔母〕、子ども、おっぱい、おもちゃ、お人形などなど、きわめて多様な言語に共通して見られる膨大な名称の起源を知るための糸口を与えてくれる。たとえばフェルナンド・ポー島の黒人は、「小さな男の子」を指すのに *bubboh* という語を使うが、これはドイツ人が使う *bube* という語と共通する。「父」を指して *tata* と言うコンゴ人は、同じ語が古ラテン語では「父」を指し、中世ラテン語では「先生」を指すことを理解できるかもしれない。カリブ族やカロリン諸島〔フィリピン南東ミクロネシアの群島〕の住民たちは、パパが「父」を表わすのにぴったりの言葉だというイギリス人の意見に同意することだろう。それゆえパパはもっぱら字義どおりの意味をもつ一方、この赤ちゃん語が東方教会の司祭たちや、西方教会の偉大なるパパ〔ローマ教皇〕への呼称となる。同時に、入手可能な資料の一部に基づいて、同一の音声がきわめて多様な観念を示すのに用いられるという、その無頓着さが証拠づけられる。なぜママがある場所では「母」を指し、別の場所では「父」、また別の場所では「おじ」を指すのか。ダダがある場所では「父」、別の場所では「乳母」、あるいは「おっぱい」など、場所によって異なる意味をもつのはなぜか。タタがある場所では「父」、別の場所では「息子」を指すのも同様である。

　このような独特の言語領域の特徴を示すうえで、ある単一のグループをなす語の数々に注目することは有用である。すなわち、ブラックフット・インディアン〔北米グレート＝プレーンズ北部にあった先住民族の連合体〕の *ninnah*「父」、ギリシア語の *νέννος*「おじ」や *νέννα*「叔母」、ズールー語の *nina*、サンギヘ語〔インドネシア北東部サンギヘ諸島とその周辺のサンギヘ族の言語〕の *nina* やマダガスカル語の *nini*、いずれも「母」、ジャワ語の *nini*「祖父または祖母」、ハユ語〔ネパールのハユ族の言語〕の *nini*「父方のおば」、ダリエン・インディアンの *ninah*「娘」、スペイン語の *niño, niña*「子ども」、イタリア語の *ninna*「小さな女の子」、ミラノ方言の *ninin*「ベッド」、イタリア語の *ninnare*「ゆりかごを揺らす」、などである。

このように[*]、*ba, na, ti, de, pa, ma* など、子どもが発しやすい十数個程度の簡単な音が、子どもの抱くちょうど同数くらいの観念を表現するうえで、ほとんど無差別に働いている。それはあたかも、それらの音が、同じかばんの中で乱雑に揺さぶられたあとで、最初に出会った観念、それは人形かもしれないし、おじさん、乳母、おじいちゃんのどれかかもしれないが、ともあれその観念を表現するために無作為に取り出されたかのようである。音声上、そのように乏しい選択肢に拘束された語のなかでは、語の派生に関する思弁が通常以上に危ういものとならざるをえないのは明らかである。このような観点からは、子どもの言語は言語学者にとって価値ある教訓を与えてくれることだろう。ここで言語学者が目にしているのは、独特の条件のもとで形成された言語の一種であり、しかもそれは言語学的な研究方法の弱点を露呈させるものである。言語学の方法は並外れて正確であるかのように見なされがちだが、それは誇張にすぎない。通常の言語の場合、音と意味を結びつける難しさの大部分は、数少ない発音の組み合わせでは音調や雑音の無限の多様性を表現することができないということに起因する。子どもの言語の場合、さらに乏しい発音の組み合わせでそのような多様性を明確にすることは、いっそう望みが薄くなる。諸々の語の起源を見いだすのが困難なのは、多少とも共通する語根を、きわめて多様な目的のために使わなければならないことにある。意味の異なる二つの語が、たんにそれぞれの音がどことなく似ているからといって、共通の起源をもつと断定することは、通常の言語においてさえ、悪しき語源論を生む大きな源泉となる。しかし、子どもの言語においては、語根となる音に関する理論はまったく成り立たない。たとえば、*papa* と *pap* が共通の起源ないし共通の根をもつとあえて断定しようとする人は、ほとんどいないだろう。両者のつながりについて確かに言えるのは、どちらの語も共通して子どもの言語のなかに受け入れられているという関係だけである。両者のそうした性格は、現代のイングランドと同様、古代ローマにおいても明確に認識されている。*papas* は「養い親」ないし「養育者」、*pappus* は「老人〔あるいは家長〕」に等しい。「〔子どもは〕食べ物や飲み物のことを *bua* とか *papa* と言うが、また母親を *mamma*、父親を *tata*（または *papa*）とも言う(15)」。

*子どもの言語からはさらに、社会の総意がもつ力についても際立った証拠が得られる。その力は、それぞれの語が元来もっていた表現上の豊かさの痕跡を捨て置いて、それらの語の用法を一定のものへと確立することを可能にする。子どもたちが情緒的かつ模倣的な音声の用法に慣れ親しんでいることは確かである。実際、子どもたちが互いの声を介して行なう交わりの大部分が、その種の表現からなる。このことがもたらす諸々の効果は、われわれが目下考察の対象としている部類の言葉のなかに、ある程度まで見て取ることができる。しかし、それらの言葉の形成を支配する原理は、発音に付随する表意的な特性に応じて区別された語をその都度採用する、というものではなく、所与の目的に対しては一貫して特定の語を選ぶ、というものである。このためさまざまな言語は、きわめて多様であり、時に相反するような観念を表現する際にも、共通の発音を伴う言葉を選んできた。大人が使う言語においても、社会的な総意が同様の仕方で作用することは明らかである。仮に言語を構成するあらゆる語の究極の起源が、その語に伴う表意的な音声にあるという大胆な前提を受け入れるとしても、このことが現実の事例に与える影響は部分的なものにすぎない。というのも、現実の言語においては、ほとんどの語はその起源である表意的な段階からすでに、音声的にも意味的にも遠く隔てられており、あらゆる意図や目的に対して当初は恣意的に選ばれてきたからである。言語を支配する主要な原理は、本源的な音声と意味の一体性の痕跡を未来の語源学者たちのために保存することを目指すものではなく、むしろ言語が諸々の観念を実践的に区分し、拾い上げていくための道具として働くように、その諸要素をしっかりと固定することを目指すものなのである。そのためこの過程のなかで、本来の表現性は間違いなくほとんど失われ、それを復元する望みも完全に断たれてしまうのだ。

意味語との関連における音声語〔二二九－二三二〕

そうしたことはたとえば、発せられる音声が言語の作り手の心に働きかけ、伝えようとする意味の表現として適合するように促し、実際にそういう意味の語として使用され続けることによって起こる。もちろん私は、〈感嘆詞理論〉ないし〈模倣理論〉と呼ばれるものを打ち立てれば、言語の起源に関するこれまでの議論に最終的な解決がもたらされるなどということが、ここで例示した証拠によって示せるとは考えていない。この理論それ自体は、ある限定された範囲内では明らかに妥当である。しかしたとえば、ある言語に見られる素朴な型の二十分の一の事例について十分に説明できる仮説があるからといって、それをいまだ起源の定かではない残り十九の事例についても同じように適用できる確実で絶対的な説明として受け入れるならば、それは軽率である。この仮説がマスターキーと見なされるにはもっと多くのドアを開けることが必要である。さらに言えば、理論化に際してそのような用心がどうしても必要であることは、本書において考察してきたいくつかの個別の論点によっても示されている。音声の意味への適用に関する理論をあまり狭く限定してしまうと、さまざまな地域の言語の説明の鍵となるような諸々の仕掛けの多様性を包摂し損ねてしまう。たとえば、ある語の意味を音声上のアクセントによって区別したり、あるいは等級化された母音によって相手との距離を示したりするケースなどが、狭い理論では説明からこぼれてしまうのである。これらは土着的かつ知的な工夫だが、そこには直接に感情的ないし模倣的な起源は、ほとんど認められない。

言語の自然的起源に関する理論を基礎づけるうえでより安全な方法は、諸々の観念が本来どのような音で表現されたかを、いわば自己表出的音声とも言うべきものとして位置づけることである。その際、そうした表出がアクセントや母音、子音などと対比される情緒的音調や模倣的音声に区分されるべきものなのか、それともほかの音声学的性質のものに区分されるべきものなのかは、あえて厳密に規定しなくてよいだろう。ここでもなお、諸個人がある観念を表現する際に選び取る音声に関して、未知にしておそらくは膨大なほどの例外を想定しなければならない。その選択がどのような動機に基づくものかは、当人ですら判別できない。とはいえ、それら選ばれた音声がそれぞれの親族、部族、民族のなかで用いられる言語に深く根づいてきたことは確かである。また、識別可能な音声表現の様式にすら、なおわれわれにとって未知のものがあるかもしれない。それでも、すでに本書において跡づけることができたかぎりでは、そのような様式が共通して訴えているのは、それらがある特定の地域の図式にのみ属するのではなく、むしろ言語形成に関するかなり広汎な原則に属するものだということである。それらの事例は、サンスクリットからであれヘブライ語からであれ、ロンバルディア〔ローマを含むイタリア北西部の地域、州〕の幼児語からであれバンクーバー島の半ばインディアン的で半ばヨーロッパ的な混合語からであれ、変わらぬ説得力をもつものとして引用できるはずである。そしてそれらの事例は、見いだされる場所がどこであろうと、音声語のグループを確立するのに役立つことになる。ここでの音声語とはつまり、本来の表現的起源の痕跡を失ってはおらず、そこに明白に刻印された直接的な意味合いを今も伴っているような言葉のことである。実際、今こそ〈発生言語学〉とも言うべきものの実質的な基礎が与えられるべき時である。自己表出的な性質を強く示すものに分類される言葉の数々は、すでに千種類以上が知られている世界各地の言語や方言から集められなければならない。そのようにして作成された〈音声語の辞書〉のなかで、おそらく半数の事例は無価値なものだろう。しかしながら、そうした事例の集積が、それ自身を修正する実践的な手段をもたらしてくれるはずだ。というのも、そこに集められた語の数々を通して、諸々の個別特殊な観念を伝えるうえで具体的にどのような音声が適切さを示してきたかが全体として明らかになるからである。すなわち、同一の観念を伝えるものとして多様な種族のあいだで繰り返し選ばれてきた音声には、表現上、一定の適切さが認められてきたと言えるのである。

本書[*]において記述してきた過程を詳細にたどることによって言語の原初的な形成にさかのぼるような説明を行なおうとする試みは、われわれの知識を確実かつ着実に前進させてくれることだろう。想像力というものが諸々の事実のまともな比較に勝るものではない以上、この種の試みの意義はつねに大きい。しかしながら、〈言語の起源〉に関するこのような問題には、そうした研究がどのようにしても有望な努力とはなりえないような側面も存在する。一般の人々がこの種の主題に抱く関心の中心は、たいていの場合、世界各地の既知の言語が単一の原始的言語に起源をもつのか、それとも、複数の言語に起源をもつのか、という問いにある。この問題をめぐる見解は、膨大な数の言語の比較を行なってきた言語学者たちのあいだでもきわめて多様である。誰一人として、たんなる曖昧な意見を超えて正当化しうる所見を示すに足るような、強力で直接的な言語学的証拠を提出するにはいたっていない。

模倣言語や象徴言語の成長のような過程は、大なり小なり〈言語の起源〉の一部を形成するが、いかなる特定の場所や時代にも限定されないし、実際、多少とも現在進行中の過程でもある。ある単一の言語に属する二つの方言にその種の過程が生じた場合、それぞれの方言において多数の新奇で独立した語の成立が促されるだろう。また、こうした直接的な仕方で形成されたと推測されていた語の数々は、それぞれが帰属する異言語同士の系譜的つながりを示す証拠としては、もはや価値を失う。発生上のつながりを検証するための対象は、事実上、音と意味に関してすでにきわめて慣例的なものになっているような語と文法的形式へと、総じて限定されなければならない。そのような検証からは、二つの部族がそうした語や形式にそれぞれ独立にたどり着いたと想定することはできず、われわれはむしろ、両者が共通の源泉からそれらを受け継いだに違いないと考えることになる。したがって、ある言語に新たな音声語が導入されることは、その言語体系のなかで当初の語彙群が占めていた重要性を事実上減少させる傾向にある。また、そのような直接的形成に関する言語学者の知識が増していけば、いかなる言語についても、歴史上、比較的後代に加わった要素である可能性が見えてくるものが増えていき、それらを考察対象からはずさざるをえなくなるに違いない。やがて最終的には、言語学者たちは原始的な発話の時代からの直接的継承によって残留したと見なせる諸々の語に依拠して議論を展開できるようになるだろう。

低級な文化独自の産物としての言語〔二三三一―二三九〕

本章の考察を結論づけるに際して、言語の本質および最初の萌芽に関して、いくつかの一般的な考察が浮かび上がってくる。われわれ自身よりもはるかに低級な精神文化しかもたない人々のあいだで用いられる表現手段を研究するうえで最初に必要なことは、一つには分節化された発話を取り扱う際にごく一般的な感情として伴う迷信的な畏敬の念を、きれいに取り除くことである。すなわち、人がみずからの考えを声で表わす手段として、明晰な言語がたんに主要な手段であるにとどまらず、あたかも唯一の手段であるかのように扱おうとする姿勢に見られる畏敬の念である。われわれは、感嘆の叫び、身振りによる信号、描画などがもつ歴史的な重要性を、現代の文明生活においてそれらがあまり重要ではないからといって過小評価することをやめなければならない。むしろ取り組むべきは、辞書に記された一群の分節的単語を、諸々の叫び声や身振りや絵と結びつけることである。それらの叫び声その他はどれも、内心の働きを外に表わす手段である。それを一種の言語として認めることを、たんに科学的分類の枝葉の一つなどと見なすべきではない。それは〈言語の起源〉の問題を扱ううえで最も重要な指針の一つなのだ。

というのも、個々の語が、なぜ諸々の観念を表わすために使われているのかに関して、その理由がほとんどわかっていないため、言語というものが一個の神秘と見なされるにいたったからである。言語という現象を説明するために、隠れた哲学的原因が要請されたり、あるいは、人間に与えられた思考と発語の資質は十分なものではなかったとの見方から、何か特殊な啓示によって特定言語の語彙が人間の口に流し込まれたに違いない、などと論じられたりしてきたのである。このように諸説わかれる問題をめぐって長年にわたって行なわれてきた議論のなかで繰り返し想起されてきたのは、『クラテュロス』〔プラトンの初期対話編の一つ〕の記述である。そこでソクラテスが描いている語源学者たちは、次のような理由づけのもと、言葉の起源という難問をすり抜けている。すなわち、最初の言葉は神によって造られたのであり、それゆえ正しいというのである。ちょうど、悲劇作家たちが物語に行き詰まり、みずからの舞台設定に手を入れて神々を持ち出すようなものである[16]〔いわゆる「機械仕掛けの神」（デウス・エクス・マキナ）〕。

私見によれば、本書においていくつかの考察を行なってきたように、叫び、うめき、笑い、その他の情緒的な声の作用をまじめに考察している人々は、少なくとも次のことを認めるはずである。すなわち、この種の表現に関する今日の荒削りな理解に従えば、われわれはこれを人間の身心の自然な活動の一つと分類する見方に行き着くだろう。身振り言語や絵による伝達に関して少しでも理解のある人ならば、隠れた原因や、何か超自然的な干渉といった考えに基づいて人間知性の発展の歩みを見ることを正当化はしないに違いない。それらの原因が人間精神の自然な作用にあることは明らかである。そのような自然の作用はかつての人類の状況では効力をもっていたがその後は消えていった、などというものではなく、今もわれわれのただなかに存在する諸々の過程において働いており、そうした過程をわれわれは理解し、みずから実践することもできるのである。野蛮人や聾啞者が自分の心を表現するのに使う絵や身振りを研究するとき、外から見える記号と、それが示している心の内面との直接的な関係はたいてい一目でわかるものである。たとえば目をつぶって頭を横に傾けて、その重みを片方の手のひらにかけるような仕草を見れば、われわれは「睡眠」という観念を受け取る。胸を張って口を半開きにし、肘と肩を思い切り後方に振っている姿勢からは「走る」という観念を受け取る。人差し指をまっすぐに立て、その先にふっと息を吹きかける仕草からは「ろうそく」の観念、親指と人差し指をこすりあわせるように何かを振りかけるような仕草からは「塩」の観念を、われわれは即座に受け取るのである。子どもの絵本のなかの眠る人、走る人、ろうそく、塩入れといった絵柄は、いずれも思考と記号とのあいだに成り立つ同種の明白な関係によって各々の意味を表わしている。われわれはある程度、これらの表現様式を理解しており、そのような手段によって思考を次々と表現する準備ができている。だからこそわれわれが用いる諸々の記号を目にする人々は、われわれの言わんとするところを認識するのである。

[*]しかしながら、こうした粗野な表現方法の性質と作用の理解に成功しかけていることに勇気を得て、もっと高度な表現技術へと視点を移し、特定の語がいかにして特定の思考を表現するようになったかを問うてみると、われわれは今までのところほんの一部しか解決されていない巨大な問題に直面することになる。これまでの調査の成功は、確かに研究をさらに推し進める勇気を与えるには十分だが、現在の調査状況は、なお未知の領域に関して点々とした成果を伝えるにとどまっている。とはいえ、すでに得られた結果から、身振りや絵による表現を言語形成の原理に即して分節的言語と結びつけることはできる。一般の人々もまた、現実の生活のなかで身振りと言葉を同時に使うことによって、両者を結びつけているのである。もちろん、分節化した言語は、きわめて複雑で手の込んだ発展を通して、より単純で粗野な伝達手段とは比較すべくもないほどの仕組みをすでに作り上げている。しかしそれでも言語は、すでに理解されているその構造に関して言えば、文章や音楽、あるいは狩りをしたりや火をおこしたりする活動と同様に、純粋に人間の能力によって、純粋に人間的な方法のもとで発展を遂げてきたと思われるのである。そうした事情は、たとえば諸々の観念の名称として、それに対応する表現的音声を選択する、といった原始的な言語操作についてのみ言えるのではない。より高度な発話の領域においては、新たな意味を表わしたり、新たな区別を加えたりするために既存の言葉が利用されるが、このとき、それらの目的を達するために用いられる装置には、きわめて精妙なものからひどくぎこちないものまで、幅があることがわかる。

一つ例を挙げると、古くからある音声に新たな意味を付与するすぐれた方法の一つが比喩である。比喩は聞くことから見ることへ、感触から思考へ、ある種の具体的なものから別種の抽象的なものへと観念を移転させる。そして世の中のほとんどどんなものでも他の何かを描写したり示唆したりする助けとなる。ドイツの哲学者が牛と彗星の関係と書いたもの、つまりどちらもしっぽがある、という関係は、言語制作者にとって十分、または十分以上のものである。オーストラリアの人々は、ヨーロッパで作られた絵本がムール貝のように開いたり閉じたりするのを見て驚き、本のことを「ムール貝」（*mūyūm*）と呼び始めたという。蒸気機関が動く様子は、われわれの英語において、その種の連想が一群をなしたものと結びついている。すなわち、蒸気は「横笛」や「トランペット」を思わせるパイプや管の中を通り、「折りたたみ式ドア」のようなバルブの中に入り、「延べ棒」のようなシリンダーの中で、ピストンを「杵」のように上下させる。その間、かまどからは馬車の「轅」や「輻」のような光線が放射されるのである。

辞書には、このようなことが明白かつ単純に見て取れる事例がたくさん載っている。実際、諸々の言葉が現実に生まれる過程は、「私が考えているのはどんなことでしょうか？」と呼ばれる遊びを思い起こさせる。答えがわかってみれば、*junketting*〔宴会〕と cathedral *canon*〔司教座聖堂の聖職者〕がどちらも葦に関係することは容易に理解できる。ラテン語の *juncus* は「葦」、俗ラテン語の *juncata* は「葦で編んだ籠の中で作られたチーズ」を意味する。イタリア語の *giuncata* は「イグサ製の籠の中のクリームチーズ」、フランス語の *joncade* や英語の *junket* はクリーム製品を指す。そして *junketting* party では、それらのご馳走が食されるのである。他方、ギリシア語の *κάννη* も「葦、籐」を意味するが、*κανων* は「基準、規則」を意味し、さらには *canonicus*、すなわち「教会法に仕える聖職者」を意味する。しかし、これらの間接的なつながりをたまたま知るにいたった人でなければ、いったい誰が、これらの語の歴史を言い当てられるだろうか。

＊とはいえ、このような派生過程には徹底して人間的で人為的な性質がある。いかなる事例であれ、それについての事実の全体を知れば、われわれはたいてい、ただちにそれを理解できる。また、自分たちにも同じことが起きれば、同じことをしただろうと理解できるのである。本書においてすでに詳述してきた音声語の形成過程に関しても、同じことが言える。ただしこのような見解は、その種の過程に関して一般化を行なおうとする試みと、なんら矛盾するものではない。また、それらの過程を人類における言語の発展の諸局面として論じることとも矛盾しない。ある特定の状況下で、ある特定の人々が、ある特定の結果をもたらすとすれば、われわれは少なくと

も、彼らとよく似た他の人々が、大まかには同じような状況下において、多少とも似たような結果をもたらすだろうと考えるはずだ。そして、これが実際に起こることが、本書において繰り返し示されてきたのである。

ヴィルヘルム・フォン・フンボルトの、言語は一個の「有機体」であるという見方は、言語学的考察における偉大な一歩と見なされてきた。なるほど、研究者たちの関心を一般法則の探求へと向かわせたという意味では確かにそのとおりである。しかし、同時にこの見方が曖昧な思考や議論を増やし、少なからず思慮分別を鈍らせる原因になってきたのも事実である。もしもフンボルトの言わんとするところが、人間の思考、言語、行動がその性質において総じて有機的だという意味であれば事情は異なり、そうした批判は当たらないだろう。しかし、これは明らかに彼の趣旨とは異なる。彼が言語を有機体と呼ぶその目的は、ほかでもなく、言語をたんなる人間の技術や考案とは別物として扱うことである。フンボルトにとって、「言語をたんなる悟性の作用へと引きおろす」のは苛立ちを禁じえないことだった。彼は次のように述べている。「人間は、言語をみずから形成するよりもむしろ、言語そのものがみずから発展を遂げていくさまを一種の喜ばしい驚きをもって認める」のである。

とはいえ、諸々の語が新たな意味に合うように形成されたり適用されたりといった実用上の変化がもしも悟性の作用の所産でないとすれば、戦場の兵士が練り上げる諸々の戦略や、職人が椅子に腰掛けて作り上げる諸々の装置といったものは、本能や意図せざる行動といった暗闇の領域へと運び込まれなければ筋が通らないことになる。個々人の行動は互いに結びつき、われわれが法則と呼ぶ事実についての一般的言明のなかに位置づけられるような帰結をもたらす。改めてこのことを〈文化の科学〉の主要命題の一つとして述べておくべきかもしれない。ただし事実の性質は、それが他の同種のものと一緒に分類されたからといって変わるものではない。ある人が新たな語や新たな隠喩を発明したときに、他の多数の賢者も別な場所ですでに同じ発明に行き着いていたかもしれないが、だからといって先の発明者の知性が劣っていることにはならないのである。

言語の初期形態を論じるには往古の人類における低級ないし野蛮な文化の条件に注目すべきだという考え方は、

言語学における既知の諸事実と総じて整合的である。言語を生み出す諸原因に関して注目すべきは、理解されるかぎり、それらが人類文明の幼年期にふさわしい、子どもじみた単純な操作からなるという点である。諸々の観念を表わすために諸々の音声が最初に選ばれ整えられる際の方法は、幼児の発想の水準に属するような実践的なものである。子どもは五歳くらいになれば、模倣的音声や間投詞の意味、および母音の対比による性別や距離の象徴表現といったものを受け取ることができる。子ども向けの物語の真価についてよほど鋭敏な感覚をもつ人でないかぎり、神話がもつ本当の性質に分け入るのは難しい。ちょうどこれと同じように、低級な段階の言語を理解するためには、なぞなぞの答えを考えたり、子どもの遊びに興じたりするときの精神が必要なのである。こうした事情は、以下のような見解とも整合する。すなわち、その種の初歩的な発話の起源が、子どもじみた知性しかもたない人々のうちにあるという見解であり、また、野蛮な言語のうちでも特に自己表出的な部分にこそ、原始的な言語の問題に関する資料的な価値を認めうる、という見解である。人類の初歩的な段階の会話に想像をめぐらせてみれば、そこで身振りと自己表出的な発話がもつ重要性は、現代のわれわれにおけるよりもはるかに大きかっただろう。身振りと自己表現的な発話も、われわれが考えるよりずっと重要なものだったはずだ。しかしそうしたことを想像しても、先ほど述べた〔初歩的な発話の起源が低水準の知性の人々にあるという〕見解が、問題に新たな要素を導入するわけではない。というのも、この問題に対して多少なりとも回答となるような状況が、ある種の低級で野蛮な部族について描写されているからだ。

自己表現的な発話から分節化した言語へと視点を移し、そのなかでももっぱら伝統的かつ恣意的にも見える慣習によってのみ意味を伝える部分に注目してみても、ここでの仮説に矛盾するところは何もないことがわかるだろう。直接的な意味を伝達する音声が言語の要素として取り上げられることもあるが、この場合、その当初における意味は同じ民族の後世の人々にも認識可能なものであり続ける。しかし、それ以上に可能性が高いのは、それらの語が元来の発音の磨耗と意味の変化により、まるで純粋な恣意性のもとに選択されたかのように表現性を欠いた象徴になってしまうことであり、このような言語学的過程の存在については、諸々の野蛮な方言のなかに十全な証拠を見ることができる。

言語の発展の歩みにおいては、たんに継承された意味しかもたない伝統的な語の数々が、自己表出的な語を少なからず後方に追いやってしまう。たとえば2、3、4といった東方の〔アラビア〕数字は自己表出的ではないが、これがⅡ、Ⅲ、Ⅳといった〔自己表出的な〕ローマ数字を退けたのである。このような変化は、洗練された言語と同様に、野蛮な言語においても生じる。さらに言えば、言語というものを、思考を表現する実践的手段として詳細に観察するならば、われわれは文明の歴史に大いに関連する証拠と対峙することになる。ここでわれわれは十分な示唆を得て、世界各地の言語が実質的には同じ知的技能を示すものであるという事実に立ち返ることになる。なるほど、より高度の発展を遂げた民族は、より低級な部族よりも大きな表現力を手にするには違いない。しかし、そのような進展は、新しくてより効果的な中心原理を導入することによってではなく、むしろ細部における追加と改善によって生じるのである。隠喩と統語法は、いずれも諸々の観念を名づけ、それらを互いに関連づける重要な方法だが、これらは人間の表現法の発展史において幼年期に属するものであり、いずれも学者の言語にとってと同じくらい、野蛮人の言語にとっても完全に馴染みのものである。

言語の原理にこのような均一性が認められるのは、野蛮な部族が高度の文化から堕落したためだという議論がある。野蛮な人々は祖先に由来する卓越した表現法を、自分たちの言語生活への遺産として引き継いだというのである。しかし、実際には諸々の言語的な道具立ては野蛮人においてこそ最大限の独自性とともに駆使されていると言えよう。彼らはそれを文明人よりも有益に、とは言えないにせよ、もっと縦横無尽に用いているのである。例としては、アルゴンキン族が諸々の語を作るシステムと、エスキモーに見られる文法的屈折の広大な図式を取り上げておこう。

言語は本質的原理において低級な文明にも高級な文明にも内在するが、その起源はどちらに求められるだろうか。言語の使い方を実際に果たすべき仕事と比較してみれば、答えは明らかだろう。世界中の言語を取り上げてみれば、諸々の語が作られ適用されるその手続きは、体系的な配列法や科学的分類よりもむしろ粗野な手持ちの仕掛けや経験則に基づく手法に、はるかに大きく関わる。哲学的概念や科学的概念を理解し、それを言葉で表現することをなりわいとしている人は自問してみてほしい。日常言語ははたして、そのような仕事を企図して作られた道具だろうか。もちろんそうではない。

言語による思考の表現における科学的体系の欠如は目を引くものだが、そうした言語の不完全性を乗り越えるべく細部で発揮される際限なき知恵もまた注目に値する。ある考えを抱いた人は、それを自分と他人の心に照らしてなんとか明確に言語化しようと大いに知恵を絞るのである。高度に発展を遂げた技術と知識と情緒をそなえた民族であっても、みずからの思考を表現するには言語に頼るしかない。ところが、言語はそのような特殊な仕事のために考案された最適の機械などではない。むしろ古めかしい粗野なエンジンが追加の部品や部分的修正を加えられ、あるいは修理・修繕を経て、ようやく一定の能力をそなえるにいたったようなものである。民族誌は言語がもつ巨大な力と同時に、その明白な脆弱性、すなわち近代的教育を受けた人間の思考を表現する手段としての脆弱性についても理に適った説明を与える。それが可能なのは、民族誌が言語というものを、当初は低級文化において生み出され、その後、長年にわたる進化と選択によって諸々の現代文明の要求に多少とも満足しうる仕方で応答できるようになったものとして扱うためである。

原注

（1）ポングウェ語〔ガボンのポングウェ族の言語〕の *punjina*; ソト語〔アフリカ南部のバントゥー系民族ソト族の言語〕の *loka*; カリブ語〔南米北部からカリブ海のプエルトリコ東部にかけて居住していた狩猟採集民カリブ族の言語〕の *phoubäe*;（「火を吹き消す」については）アラワク語〔南米北部、またかつてはカリブ海諸島に居住していた先住民アラワク族の言語〕の *appüdüin*. その他の事例については Wedgwood, 'Or. of Lang.' p. 83.

（2）Wedgwood, 'Dic.' Introd. p. viii を見よ。

（3）Wedgwood, Dic., s. v. 'mum,' &c. を見よ。

（4）Bates, 'Naturalist on the Amazons,' 2nd ed., p. 404: Markham in 'Tr. Eth. Soc.,' vol. iii. p. 143.

（5）'Avesta,' Farg. xviii. 34-5.

（6）Wedgwood, Dic., s. v. 'pigeon;' Diez, 'Etym. Wörterb.,' s. v. 'piccione.'

（7）Bopp, 'Gloss. Sanscr.,' s. v. 'go.' また Pott, 'Wurzel-Wörterb. der Indo-Germ. Spr.,' s. v. 'gu,' 'Zählmethode,' p. 227 も見よ。

（8）Pott, 'Doppelung（Reduplication, Gemination）als eines der wichtigsten Bildungsmittel der Sprache,' 1862. ここではこの作品から頻繁に引用している。

（9）出典としては特に、Pott, 'Doppelung,' p. 30, 47-49; W. v. Humboldt, 'Kawi-Spr.' vol. ii. p. 36; Max Müller in Bunsen, 'Philos. of Univ. Hist.' vol. i. p. 329; Latham, 'Comp. Phil.' p. 200; ほかに特定の言語の文法書や辞書も参照した。グアラニ語とカリブ語については D'Orbigny, 'L'Homme Américain,' vol. ii. p. 268; ディマル語については Hodgson, 'Abor. of India,' p. 69, 79, 115; コルヴィル・インディアンについては Wilson in 'Tr. Eth. Soc.' vol. iv. p. 331; ボトクド語については Martius, 'Gloss. Brasil.' を参照。

（10）ほかに古期高地ドイツ語の *diz* と *daz* がある。

（11）Max Müller, l. c.

（12）J. C. E. Buschmann, 'Ueber den Naturlaut,' Berlin, 1853; and in 'Abh. der K. Akad. d. Wissensch,' 1852. 英訳は 'Proc. Philological Society,' vol. vi. 所収。De Brosses, 'Form, des L.,' vol i. p. 211 も見よ。

（13）アサバスカ語族では、タクリー族〔北米西海岸の先住民〕とトゥラツカニー族に、「父」を意味する語として *appá* と *mama* の両方が使われる例がある。

（14）Pott, 'Indo-Ger. Wurzelwörterb.' s. v. 'pâ'; Böhtlingk and Roth, 'Sanskrit-Wörterb.' s. v. mâtar; Pictet, 'Origines Indo-Europ.,' part ii. p. 349; Max Müller, 'Lectures,' 2nd series, p. 212 を見よ。

（15）Facciolati, 'Lexicon;' Varro, ap. Nonn., ii. 97.

（16）Plato, 'Cratylus' 90.

第七章　数を扱う技能

数の観念は経験に由来する〔二四〇－二四一〕

J・S・ミル氏*はその著書『論理学体系』において、数学という技能の土台の検証を試みている。二と三を足すと五になるといった命題は「必然的真理」であり、たんに経験によって与えられるものを越えた要素がそこにはある、というヒューウェル博士〔William Whewell 一七九四－一八六六。イギリスの科学者、神学者〕の主張に異を唱え、ミル氏はこう述べている。「二と一は三に等しい」はたんに「初期的で持続的な経験によって知られる真理、すなわち帰納的真理にすぎない。帰納的真理こそは〈数〉による科学の基礎である。この科学の基礎的な真理はすべて、感覚的な証拠に依存する。それらはわれわれの目と指に示されることによって証明される。任意の数の対象、たとえば十個のボールは、分けたり整理しなおしたりすることで、われわれの感覚にまったく違った印象を与える複数のまとまりとなるが、その総和は依然として十である。子どもたちに数学を教える方法は、この事実に関する知識を基礎にして初めて、改善に向けて進展する。子どもたちの関心を数学の学習に向けたいと願うすべての人、たんなる暗号ではなく、数を教えたいと願うすべての人は、今後はこのような方法によって感覚的な証拠を通してそれを教えるべきである」。

ミル氏の議論は、すでに高度の発展を遂げた数学をもつ人々の精神状態をもとにしたものだが、同じ主題を民族誌家の観点から研究することもまた有益である。低級種族に見られる数の数え方を検討してみると、諸々の数の関係についてのわれわれの知識が実際の経験に基づくものだというミル氏の見解が完全に確証される。それだけではなく、数えるという人間の技能をその起源までたどり、いかなる段階を経て、その技能が特定の種族のなかに目覚め、そしておそらくはすべての人類において目覚めたのかを明らかにすることもできる。

文明以前の種族における算数の水準〔二四一－二四二〕

われわれ*の進んだ計算法の体系においては、大きな数も小さな数も際限なく扱うことができる。哲学者はあまりに大きな数量や、あまりに小さな原子の構造について、その構造を考えることはできないが、数学者は哲学者の歩調に合わせて、そのような構造を記号の単純な組み合わせによって規定することができる。ところが文化程度の低い方へと進むにつれ、大きな数に関する明確な観念を形成する能力が弱まっていくことがわかる。使用言語のなかに何百、何千といった数を表わす言葉があるような文化でも、その面での能力はかなり弱い。低級な文化になるほど、数える人は自分の指に頼るようになり、その文化のなかで最も知的な人々のあいだでさえ、まるでわれわれが今日、子どものうちに見るような不正確な数え方が目立ってくる。街路に出ている人は千人はいないとしても百人は確実にいた、あるいは少なくとも二十人はいた、といった次第である。数学における能力は、文化全般の水準に応じて規則的に変化するわけではないというのが真実である。

野蛮や未開の段階に属しながらも、例外的に計算能力の高い人々もいる。トンガ諸島の人々は、実際、十万まで数えられる独自の数詞を持っている。フランスの探検家ラビヤルディエール〔Jacques-Julien Houtou de Labillardière 一七五五－一八三四。フランスの博物学者、探検家〕はこれに飽き足らず、さらに彼らをたきつけて千ビリオンにいたる数詞を聞き取っている。それらの数詞は刊行された彼の書物に記載されているが、その後の検証により、一部は無意味な言葉や野卑な表現であることがわかった[(1)]。大きな数を示す一連の数詞と思われたものは、実際にはトンガのいささか猥褻な言葉であり、それはまた、質問攻めに窮した野蛮人の答えを検討も加えずに書きとめたことの当然の結果に対する警告にもなった。

西アフリカでは、値切ることが慣習として日々たえまなく行なわれているため、人々の計算力は相当に鍛えられていて、小さな子どもでさえ、たくさんのコヤスガイによる計算を見事にやってのける。〔ナイジェリア南西部の町〕アベオクタのヨルバ族のあいだでは、「九かける九もわからない奴」というのは、実際には「おまえはうすのろだ」と相手を侮辱する表現となる。(2) 愚鈍さの極限を示す際のヨーロッパの慣用表現に見られる基準と比較すると、これは類まれな慣用句である。ドイツ人は「あいつは五すらまともに数えられない」と言い、スペイン人は「いくつで五になるのか、教えてやろうか」(cuantos son cinco) と言う。同様の言い回しは、イングランドにも見られる。

「自分が生きてるのと同じくらい確かに、どれだけの豆が五になるか知っている」。

シャムの法廷では、十まで数えられない証人による証言は、採用されない。この規則は、シュルーズベリー〔イングランド、ウエスト・ミッドランズ地方の都市〕の往古の慣習を思い起こさせる。そこではかつて、人は十二ペンスまでの数え方がわかれば成人と見なされたのである。(3)

低級部族における数表現の若干の発達〔二四二 – 二四三〕

*南アメリカの森やオーストラリアの砂漠に住む野蛮人のように、現存する最も低級な人々には、五を表わす特定の語がない言語をもつ部族もあることがわかっている。その地を訪れた人々が、二、三、四よりも大きな数の名称を聞きだせずに終わっているのみならず、彼らの数詞には実際に限界があるという見方が強まっている。彼らの使うなかで最も大きな数が、同時に大きな数量を曖昧に表わす言葉としても使われているためである。ス

ピックス〔Johann Baptist Ritter von Spix 一七八一－一八二六。ドイツの博物学者〕とマルティウス〔Carl Friedrich Philipp von Martius 一七九四－一八六八。ドイツの植物学者〕は、ブラジルの低級部族についてこう述べている。「彼らは皆、自分の指の関節で数えるため、三までしか数えられない。それより大きな数は『たくさん』を意味する言葉で表現する」[4]。

〔インドの〕プリーの語彙に属する数詞には、一を指すオミ、二を指すキュリリ、三を指すプリカがあるが、このプリカは「たくさん」をも意味する。ボトクド族〔ブラジル東部のアイモレ族のポルトガル語による他称。ショクレン族、クレナキ族を含む〕の言葉ではモケナムが一、ウルフが二、および「たくさん」を意味する。タスマニア人の数え方は、ヨルゲンセン〔Jørgen Jørgensen 一七八〇－一八四一。デンマークの冒険家〕によれば、一がパルメリ、二がカラバワ、二より大きい数はカルディアだという。つまりバックハウス〔James Backhouse 一七九四－一八六九。イングランド出身のクエーカーでオーストラリア宣教に従事した植物学者〕が指摘する通り、彼らの数え方は「一、二、たくさん」なのである。格別な観察の好機を得たミリガン博士〔Joseph Milligan 一八〇七－一八八四。スコットランド出身の医師、タスマニア探検、先住民の医療行政に従事した〕は、五にあたるプガナという数詞の存在を確認しているが、これについてはのちにまた述べる[5]。オールドフィールド氏〔Augustus Frederick Oldfield 一八二〇－一八八七。イギリスの植物学者、動物学者〕は〔特にその記述が西方の諸部族に及んだとき〕こう述べている。「ニューホランド人〔オーストラリア先住民〕は二以上の数を指す言葉をもたない。ウォチャンディー族〔オーストラリア西部の先住民、ナンダ族、ナンタ族の別称〕の数え方は、コ・オテ・オン（一）、ウ・タウ・ラ（二）、ブール・タ（たくさん）、ブール・タ・バット（とてもたくさん）である。三や四といった数を表わすよう強く求められた際には、彼らは三のことをウ・タル・ラ、コー・テ・オーと言い、四のことをウ・タル・ラ、ウ・タル・ラと言う」。つまり、彼らは一、二、三、四を「一、二、二・一、二・二」と呼んでいたのである。

ラング博士〔John Dunmore Lang 一七九九－一八七八。スコットランド出身の長老派教会牧師、オーストラリアで司牧と著述に従事した〕がクイーンズランドから集めた数詞も、言葉は異なるが原理はこれとまったく同じである。一はガナル、二はブルラであり、三はブルラ・ガナル、つまり「二・一」であり、四はブルラ・ブルラ、つまり「二・二」である。続くコルンバは「四以上、多い、たくさん」を意味する。カミラロイ方言〔オーストラリア、ニューサウスウェールズ州等に居住の先住民カミラロイ族の言語〕でも、数は二までしかなかったが、これに三を加えることで改善がなされている。新たに加わった三の助けにより、六まで数えられる。すなわち、一はマル、二はブラル、三はグリバ、四はブラル・ブラル（二・二）、五はブラグリバ（二・三）、六はグリバ・グリバ（三・三）である。このようなオーストラリアの事例は、特定の部族については、たんに扱いにくいばかりかきわめて貧弱な数体系しかないことを少なくとも証明している(6)。とはいえ、ここにはまた、比較的高度な水準に属する形態も認められ、ある地域では少なくとも十五から二十まで数えられる土着の数詞が存在する。

手や足の指による計数〔二四三―二四六〕

野蛮*な部族が三ないし五よりも上の数を指す言葉をもたないからと言って、彼らがそれ以上数えられないとは言えない。彼らは三や五よりもかなり多くまで数えられるし、実際数えている。ただしそれは話し言葉よりも低級で粗野な表現方法、すなわち身振り言語によってである。シカール神父〔Roch-Ambroise Cucurron Sicard 一七四二―一八二二。フランスのカトリック司祭、聴覚障害教育者〕の弟子にマシューという聾唖者がいたが、彼の記述には指で数える技能が知性の発展においてどのような位置を占めるかがよく表われている。マシューはあまり教育を受けていなかった子ども時代にもっていた数の観念について次のように述べる。「私は他人から教えられる前に、数を知っていた。私の指が私に教えてくれたのである。私が知らなかったのは記号である。私は指で数え、十になると木材の上に切り込みを入れた(7)」。このように、あらゆる野蛮な部族は手指によって計算を教わってきたのである。オールドフィールド氏は、すでに引いたウォチャンディー族の言語に関する説明に続けて、彼らがさらに難しい計算を工夫して行なう際の方法を書き記している。

「私はかつて、ある事件で殺された現地の人々の正確な数を把握しようとしたことがある。私が聞き取りを行なった人は、犠牲になった人々の名前を思い起こし始めた。……その数を指折り数えていたが、何度も間違えては最初からやり直したあと、彼はようやく、かなり多くの数まで数え上げることができた。三度にわたって片手を挙げ、長い時間これを行なって、彼はこの難しい計算問題の答えが十五であることを私に教えてくれたのである」。

ヴィクトリアのアボリジニについては、スタンブリッジ氏〔William Edward Stanbridge 一八一六－一八九四。イングランド出身のオーストラリア開拓者、先住民文化研究者〕が次のように述べている。「彼らは二よりも上の数の呼び名をもたないが、反復によって五まで数える。また、満月がめぐってくるまでの日数を手の指、腕の骨や関節、頭などを使って記録する」(8)。ブラジルのボロロ族〔マットグロッソ州居住の先住民〕は、一、コウアイ、二、マコウアイ、三、オウアイまで数えたあと、さらに手指を使い、このオウアイを繰り返して数え続ける(9)。もちろん、ある人が指を使って数えているからと言って、数えたい数を表わす言葉が、その人の使用する言語には欠けているのだ、などということはない。この点ではわれわれも野蛮人も同じである。たとえば、記録によればカムチャツカの原住民たちは数を数える際、手の指をすべて使ったあと、足の指をすべて使って二十まで数えてからこう問いかけるそうである。「次はどうしたらいい？」。ところが調査の結果、彼らの言語には百までの数が存在することが明らかになっている(10)。

旅行家たちは、指を使って数える部族の人々が、やろうと思えば数を声に出して数えることもできるし、指を使って黙って数えることもできるし、さらに双方をあわせて行なうのもごく日常的なことであるのを現に目にしている。現代のヨーロッパでも、こういう数え方は少しも珍しいものではない。グミリャ神父〔Joseph Gumilla 一六八六－一七五〇。スペイン人修道士〕はイエズス会が南米に送った初期の宣教師の一人だが、計数における身振りと発話の関係を記すとともに、同意という行為に関するきわめて興味深い〔他地域と比較可能な〕事例を提供してくれている。この行為によって、諸々の慣習的な規則が人類社会に固定されるのである。指で数を数えるといったきわめて単純な技能においてさえ、そのような規則が不可欠である。彼はこう書いている。

「偶発的な場合を除けば、われわれのうちの誰一人として、たとえば『一』『二』などと言いながら片方の手の指をもう片方の手で触れて数を示したりすることはない。だがちょうど反対のことが、インディアンには起こる。彼らはたとえば『ハサミを一つくれ』と言いながら即座に指を一本立てる。『二つくれ』と言うときは、二本の指を立てる。五と言うときには必ず手を見せるし、十と言うときには必ず両手を差し出す。『二十』と言うときには、すべての手指を足の指の近くにもっていく。

さらに言えば、指で数を示す方法は民族によって異なる。混乱を避けるため、『三』を例にとろう。オトマク族〔南ベネズエラの絶滅した先住民族〕は『三』を言うとき親指、人差し指、中指の指先をくっつけ、他の指は曲げたままにする。タマナコ族〔ベネズエラの先住民〕は、同じく「三」と言うとき小指、薬指、中指を見せ、残りの二本は曲げておく。最後に、マイプレ族〔コロンビアの先住民〕は、人差し指、中指、薬指を立て、残りの二本は隠しておく[11]」。

世界中どこであれ、指による数え方と言葉による数え方のあいだには一般に次のような関係があると言えそうである。迅速さ、容易さ、数の理解といった点から、手指やその関節、小石や豆、数珠やそろばんなどの人工的な道具を利用した諸々の簡明な計算法には、言葉による計算にはるかにまさる利点がある。それらの計算法が言葉による方法よりも先に現われたのも、その意味でほぼ必然と言えるだろう。実際、野蛮人や無教養な人々にとって、手指による計算法が人々の精神作用の一部を担い、言語はたんにそれに追随するにすぎないことは明らかである。それればかりか、手指による計算法は、最も文明化された民族においてさえ、より高度な計算法を獲得するための準備や手段として、一定の位置と確固たる用途を持ち続けているのである[12]。

手・数詞の存在は、数的な言語表現が身振りに由来することを示している〔二四六－二五一〕

今や、次のような一連の事実を示す明白な証拠が存在する。指で数を学ぶ子どもは、人類の精神史の一過程を再現しているということ。人間が数を表わす言葉を見いだすよりも前に、自らの手指を使って数えた事実があること。そして、このような文化の領域において、いわゆる〈言葉による言語〉が〈身振りによる言語〉のあとを追うかたちとなったのみならず、実際それを母体として育ったということである。これらを示す証拠は、主に言語そのものに関連するものである。すなわち、多くの、しかも互いに距離を隔てた諸部族において、人々は五を言葉で表わしたいとき、たんにそれを数えるのに使う「手」を意味する言葉を用いているのである。同様に十を表わすには「二つの手」とか、「人間一人の半分」と言い、十五や二十まで数える際には「足」を指す言葉を使って身振りによる数え方をなぞるように、「両手と片足」とか「人間一人」と表現する。最後に、手や足の指で数を数える身振りを直接的に指す多様な表現によって、人々がその他のきりの悪い数に名称を与えたこともまた、すでに一連の証拠から明らかである。

この分類に属する有意味な数詞を記述するために、何か明確な用語が必要である。そこでこれらをさしあたり「手・数詞（hand-numerals）」ないし「指・数詞（digit-numerals）」と呼ぶことにする。次の主張を説得的にするには、典型的な事例を選んで説明するのが有益だろう。すなわち、このように手指を使う巧妙な工夫は、少なくとも一般的にはある部族から別の部族へと模倣されたのではなく、共通の源泉から継承されたのでもない。むしろそれが独自に創出され、各々が細部において興味深い多様性に満ちていることから明らかなのは、共通かつ互いに独立の精神的な発展過程が、多様な種族に繰り返し現われたということである。

ジリイ神父〔Filippo Salvatore Gilii 一七二一－一七八九。イタリアのイエズス会修道士〕は、オリノコ河流域のタマナコ族の計算法を記述した際、彼らに四までの数詞を見いだしている。五に行き当たると、彼らはそれをアムグナイトメという語で表現する。この語を訳せば、「片手全部」である。六はそれに見合う身振りを言葉に翻訳した語で表現される。イタコノ・アムグナポナ・テヴィニトペ「もう片方の手で一つ」の意味であり、彼らはこの要領で九まで数える。十になると、アムグナ・アセポナーレ「両手」と彼らは言う。十一は両手を開き、これに片足を加えてプイッタポナ・テヴィニトペ「片足で一つ」、この調子で十五までできて、十五はイプタイトネ「片足全部」となる。さらに十六は「もう片方の足で一つ」で同様に続き、二十はテヴィン・イトト「インディアン一人」、二十一はイタコノ・イトト・ジャムグナル・ボナ・テヴィニトペ「もう一人のインディアンの手で一つ」、四十はアシアシェ・イトト「インディアン二人」となる。六十、八十、百は「インディアンが三人、四人、五人」で、必要とあらば、さらに続く。

南アメリカには、指による数え方の初期の形態が話し言葉に記録されている例が、数多く見られる。指・数詞をもつ多くの言語のなかでは、カリリ族〔キリリ族とも。ブラジル東部の先住民〕、トゥピ族〔ブラジルの先住民〕、アビポン族〔アルゼンチン、グランチャコの先住民〕、カリブ族〔南米北部からカリブ海のプエルトリコ東部にかけて居住していた狩猟採集民。食人種と見なされて虐殺され減少した〕にも、タマナコ族と同様、「手」や「足」の単数形と複数形などを利用した体系的方法が見られる。他の言語にも同様の過程のかすかな痕跡があり、たとえば五や十といった数が「手」を表わす語とつながっていることがわかる。オマグア族〔ペルーのアマゾン河上流域に居住する先住民〕が五を表わすのにプア「手」を用い、これを重ねて、ウパプアで十を示すのも同じである。南米のいくつかの言語では、一人の人間はその手指と足指で二十まで数えられる。これとは対照的に、悲惨なほど低級な精神段階を示している言語が二つある。数を数えるのに片方の手しか使わないために五で止まってしまうのである。実際、ユリ族〔ブラジルからコロンビアにかけて居住する先住民〕ではゴメン・アパ「人間一人」は五を表わす。カリリ族もイビチョを「人」と五の両方の意味で使う。

指・数詞は、広義の野蛮の枠内に位置する諸部族にのみ見られるわけではない。〔コロンビアの〕ボゴタのムイスカ族は、アメリカの比較的文明化した種族に属し、文化的にはペルー人と同等だが、粗野なタマナコ族の言語と同種の指・数詞の用法をもっている。彼らは十一、十二、十三といった数に達するとキヒチャ・アタ、ボサ、ミカ「足で一、二、三」と数えたのである。(13)

北米に目を転じると、今から一世紀前にモラヴィア兄弟団の宣教師クランツ〔David Cranz 一七二三 - 一七七七。グリーンランドに派遣されたことのあるドイツ人宣教師〕が、グリーンランドの人々の計算法についてこう記している。「彼らの数詞は多くはない。ある諺によれば、彼らはかろうじて五まで数える。五本の指で五まで数え、さらに足の指の助けを得て、苦心して二十まで数えるのである」。現代のグリーンランドの文法は、クランツが記したのと同様に、しかしより十全な仕方で数詞を規定している。五を指す言葉はタッドリマトで、これがかつては「手」を意味したという推察を支える多少の根拠がある。六はアルフィネク・アッタウセク、つまり「もう片方の手で、一」か、短縮してアルフィニグリト「もう片方の手のもの」となる。七はアルフィネク・マルドリュク、つまり「もう片方の手で、二」、十三はアルカネク・ピンガスト、つまり「最初の足で、三」、十八はアルフェルサネク・ピンガスト、つまり「もう片方の足で、三」である。二十になると、イヌク・ナヴドルゴ、つまり「人間一人、おしまい」とか、イヌプ・アヴァタイ・ナヴドルギト、つまり「その人の外側のメンバー、おしまい」と言う。このようにして幾人かの人を数えることにより、彼らは大きな数に到達し、たとえば五十三をイヌプ・ピンガジュグサネ・アルカネク・ピンガスト、つまり「三人目の人の最初の足で、三」と言い表わすのである。(14)

粗野なグリーンランド人から比較的文明化したアステカ人に目を転じると、大陸の南方と同様、北方にもまた、指による計算の初期の形態が比較的高い種族に存続していることを示す痕跡が見いだせる。最初の四つの数詞に対するメキシコの名称は、われわれ自身の数詞と同様、語源が曖昧である。しかし五はマクイリと表現されており、これが「手」を意味する「マ（マイトル）」と、「描く、または書く」を意味するクイロアの合成であることがわかる。この語はおそらく、もともと「手の形」のような意味合いをもっていたものと思われる。十はマトラクトリであり、「手」を意味する「マ」がまたしても見て取れる。トラクトリは半分の意味で、メキシコでは人間の腰から上だけを描いた絵で表現される。したがってアステカの十は人間の「半分」を意味するものと見える。これはちょうど、南米のトウカ・インディアンにおいて、人間一人が二十を意味することから十が「一人の半分」と表現されるのと同じである。アステカ人が二十に行き着くと、彼らはそれをセンポアリ、つまり「一回数え終わり」と言う。これが他の地域と同様、一人の人間の全体、つまり手と足の指全部を意味することは明らかである。

*このほかどこであれ、低級文化に属する種族のあいだでは、同種の事実が観察される。タスマニアの言語でも、片手を掲げて五まで数えたところで終わり、それ以上は自分の体を使って数えない。前出のミリガンのリストにあるとおり、この言語における数は五を指すプガナ「人間」で終わるのである。南オーストラリアの部族のなかには、これよりもはるかによい方法をもつ集団もある。彼らは「手」を表わす語、マルラを使い、マルジンバンガ「両手の半分」が五、マルジンバンガ・グジルジン「両手の半分と一つ」が六、という要領で数える。マルジン・ベリベリ・グジルジナ・バンガ「両手と足の半分」は十五である[15]。メラネシア語のなかでは、マレ族〔ニューカレドニアのマレ島住民〕の例が有用だろう。彼らは十をオメ・レ・ルー・チュベニン「両側」〔つまり両手〕を意味する言葉で表わす。二十はサ・レ・ンゴメ「人間一人」である。したがって、たとえば「ヨハネによる福音書」五章五節、「そこに三十八年も病気で苦しんでいる人がいた」という一文において、三十八は「人間一人と両側と五と三」と表現しなければならない[16]。マレー・ポリネシア系の言語では、五を意味する典型的な語はリマ「手」である。このつながりは、マダガスカル語のディミ、マルキーズ語〔マルケサス語〕のフィマ、トンガ語のニマなど、同族に属する別の言語における音声上の変化によっても失われることがない。しかし、リマとその変形がマレー・ポリネシアのほぼすべての地域で五を意味する一方、それらの語が「手」を意味するのはずっと狭い地域に限定される。このことは、その語が伝統的な数詞としての状態に移行したことにより、いっそう恒常的なものになったことを示している。マレー・ポリネシア語族では、六その他の数がすでに語源が明白ではない

語で表わされているが、リマ・サ「手・一」やリマ・ツア「手・二」といった表現が、それぞれ六と七を伝える役割を果たしていることがわかっている[17]。

西アフリカでは、ヴァイ族〔リベリア、シエラレオネ居住のマンデ系部族〕の言語についてのケーレ〔Sigismund Wilhelm Kölle 一八二〇－一九〇二。ドイツの宣教師。アフリカ諸言語研究の先駆者〕の説明が、重要な事例を提供している。この地の黒人は大いに指を頼りにしているため、指を使うことなしには数を数えられない人もいる。足の指も、地面に座って計算するのには便利な道具である。ヴァイ族と他の多くのアフリカの部族は、数えるとき、最初は左手の指を使う。記憶が確かならば小指から始め、次は同じように右手を使い、その後は足の指へと続く。ヴァイ語の数詞二十、モー・バンデは明らかに人間〔モ〕の終わり〔バンデ〕を意味している。四十、六十、八十なども同じ要領で「人間二人、人間三人、人間四人」の「終わり」と表現される。興味深いのは、これらの慣用句を用いる当の黒人が元来の記述的意味を見失っている点である。これらの語は彼らにとってたんなる数詞になっているのだ[18]。

最後に、指で数を数えているときに、まさにその自分の身振りを言葉で表現すれば、それが数を表わす言葉になるのではないかと思いついた人のことを想像してみよう。その事例として、ズールー語〔南アフリカのバントゥー語系民族ズールー族の言語〕ほど適切な言語はおそらく世界のどこにもない。ズールー族は自分の指を使って数えるとき、一般的には左手の小指から始める。五まで来ると、彼らはこれをエデサンタ「片手終わり」と呼ぶ。それから右手の親指に行き、タティシトゥパ「親指を取る」と言い、これが六を意味する。さらに、「指差す」こと、および「人差し指」を意味するコンバで七を指す。「あなたの主人はいくつ、くれましたか?」という問いに対しては、ズールー人は「ウ・コンビレ」と答えるかもしれない。これは「彼は人差し指で指した」、つまり「彼は私に七つくれた」という意味である。数を示す動詞のこの奇妙な用い方では、たとえばアマハシ・アコンビレ「馬が指さした」とも表現でき、「馬が七頭いた」の意味になる。同様に、キジャンガロビリ「二本、指を隠す」は八のことであり、キジャンガロルンジェ「一本、指を隠す」は九のことである。クミ、十に達するときには両手の指を開き、パンと手をたたく。[19]

数詞の語源〔二五一－二六〇〕

人間*の原始的な数え方は手を使った簡単な方法だったとする説と、現在使われている数の多くが実際にその種の数え方に由来するという証拠によって、数詞全般の起源の発見に大きな進歩がもたらされている。さらに議論を進めて、いまだ数詞をもたずにいた野蛮人がそれを発明するにいたった精神的な過程についても、われわれは何か言えるだろうか。また、手や足に言及しない数詞の起源はいったいなんだろうか。特に五以下の数については、手足による数え方からの派生では説明しがたい。きわめて難しい問題だが、その原則に関しては少しも曖昧なところはない。なぜなら、新たな数詞は単純に必要に迫られて、なんらかの目的に即した諸々の物体や行動の名称を用いて実際に形成されたと考えるべき証拠が、いくつか出始めているからである。

すでに*みずからの言語のなかに先祖伝来の十全な数詞をもっている人々も、時に、新たな数詞を発明する利便性に気づくことがある。たとえば、往古のインドの学者たちは日付や数を記録するための一群の言葉を記憶術から選び出した。彼らがそれを選んだ理由は今もかなりの程度明白である。たとえば「月」や「大地」は一を意味したが、これはいずれも一つしかないからである。二は「目」「羽」「腕」「あご」など、二つで一組のものの名で呼ばれた。三が「ラーマ〔叙事詩『ラーマーヤナ』の主人公〕」「火」「性質」などと呼ばれたのは、おそらく三人のラーマ、三種類の火、三つの性質〔グナ〕が存在すると考えられたためである。四を指すには「ヴェーダ」「時代」「海」など、やはり四つあると思われていたものの名前が使われた。「季節」は六を指すが、これは六つの季節があると人々が考えたからであり、「賢人」や「母音」が七を指すのは七賢人、七つの母音からである。さらに大きな数の呼称も同様である。「太陽」は一年間の十二の名称、つまり「十二宮」との関わりから十二を、そして二十には、唐突ながら指の記数法を取り入れて「爪」とした。
サンスクリットはきわめて多くの同義語に富んでおり、そこでは数詞自体が使われてもいる。そのため、このような人工的な記憶法を用いることで、一連の記憶を記録するための言い回しや無意味な文言を作り上げることがきわめて容易になる。以下はヒンドゥーの天文学的公式で、月の運行に関わる数のリストである。それぞれの語は、そのうえに記された数字と記憶術上、等価な関係にある。それぞれの数に対応する語の選択を導く一般的な原理は明白であり、説明を要さないだろう。

'Vahni tri rtvishu gunendu kritâgnibhûta
Bânâsvinetra çara bhûku yugabdhi râmâh
Rudrâbdhirâmagunavedaçatâ dviyugma
Dantâ budhairabhihitâh kramaço bhatârâh.'

これを訳すと次のようになる〔括弧内がそれぞれの語に対応する数〕。

火（三）、三、季節（六）、矢（五）、性質（三）、月（一）、サイコロの四の面（四）、火（三）、要素（五）、矢（五）、アシュヴィン〔インド神話における双子の医術の神〕（二）、目（二）、矢（五）、大地（一）、大地（一）、時代（四）、海（四）、ラーマ（三）、ルドラ〔同じく暴風雨の神〕（十一）、海（四）、ラーマ（三）、性質（三）、ヴェーダ（四）、百、二、一対（二）、歯（三十二）。賢者により、力ある支配者たちが順に示されてきた。[20]

この興味深い計算法の研究に取り組むなか、ヴィルヘルム・フォン・フンボルト〔Wilhelm von Humboldt 一七六七－一八三五。ドイツの言語学者、政治家〕は偶然にも、世界の多様な言語において一、二、三などに相当する一般的な数詞を現実に生み出したと思われる過程に関して、手がかりとなる証拠に遭遇した。以下の記述は彼が六十年前にこの見解を示したものだが、ここには数に関する言葉の理論へのほぼ完璧な鍵があると私には思える。「現行の数詞の起源を考慮に入れれば、その形成過程はここで述べたとおりだったと思われる。すなわち、あとに生まれたものは、先に生まれたものの拡張にほかならない。マレー語族のいくつかの言語のように、五が『手』（リマ）によって表現されるとき、ここでは二を『羽』で示すのとまったく同じことが起こっている。いつもこのように跡付けられるわけではないが、あらゆる数詞の根本にはこのような隠喩が横たわっている。しかし、同一の数に対応する記号がいくつもあるのは余計で、あまりにもぎこちなく、誤解を招く恐れがあることに人々は早くから気づいていたようだ」。フンボルトはさらに議論を続け、「数詞の同意語がきわめて稀なのはこのためだ」と述べている。言語について豊かな感覚をもつ諸民族の心には、おそらく明確には意識しなかったものの、数詞そのものがたんに慣習的な語になるには、その本来の語源や記述的な意味に関する記憶が消えてゆくのが最善だという考えがあったに違いない。

数詞の形成に関する証拠としてこれまで見いだされたもののうち、指・数詞以外で最も有益と思われるのは、これも比較的低級な種族に見られるものだが、数による子どもの名づけとでも言うべきものである。その例は世界中どこにでも見いだせるが、オーストラリアには特に顕著な事例が見られる。数詞に乏しいアボリジニの言語において、三は一般に「いくつか、またはたくさん」を意味するものとして使われている。しかしアデレード地域の住民たちは、ある特定の目的のためにはこの狭い限界をはるかに超えてきた。その特異な数体系においては、おそらく九まで扱えるのである。彼らは自分たちの子どもに、年齢順に名前を付ける。その実例を、エア氏〔Edward John Eyre 一八一五－一九〇一。イギリス出身のオーストラリア探検家、植民地行政官〕が以下のように書き留めている。一、ケルタメル、二、ワリチャ、三、クニュチャ、四、モナイチャ、五、ミライチャ、六、マルチャ、七、ワングチャ、八、ンガルライチャ、九、プアルナ。これらは男の子の名前で、女の子の場合は語尾が異なる。こうした名前は誕生時に付けられるものだが、その後まもなく、もっと明確な呼び名が選ばれることになる。(21)

同様の習慣はマレー系諸族にも見られる。彼らは地域によっては、年齢に応じて七つの名前を使うと言われる。シュラン(一番歳上)で始まり、アワン(友人、仲間)となり、ケチル(小さい者)、またはボンシュ(一番歳下)で終わる。これらは男子向けの名前であり、女子の場合はミューが接頭辞として加えられるが、実際の区別のうえでは愛称が必須となる。(22) これと同様、マダガスカルでも、正式な名前の代わりに子どもたちに付ける一連の呼び名が使われており、マレー系との関係が見て取れるが、これも数年後には変えられることが多い。男の子の場合、ラヒマトア(最初に生まれた男子)、ラヒヴォ(あいだに生まれた男子)、ラファララヒ(最後に生まれた男子)となる。女の子の場合はラマトア(一番歳上の女子)、ライヴォ(中間)、ラファラヴァヴィ(最後に生まれた女子)である。(23)

同様の名づけ方は北米にも存在する。ダコタ族〔スー語系の一部族〕は、息子たちと娘たちに、それぞれ以下のような名前を誕生順に付ける。長男チャスケ、次男ハパルム、三男ハペダー、四男チャトゥン、五男ハルカ。長女ウェノナー、次女ハーペン、三女ハープステナー、四女ワスカ、五女ウェハルカ。彼らは子どものあいだ、このようなたんに番号的なものにすぎない名前で呼ばれるわけだが、それも親戚や友人が機を見てもっとしっかりとした個人の名前を与えるまでのことである。(24) この種の例は、さらにアフリカにも見られる。(25)

通常の意味での数詞について言えば、ポリネシアは新たな数詞の形成に関して傑出した事例を提供している。ポリネシアには当地の一般的な数的表現体系として知られているもののほかに、例外的な用語が時折発達を遂げてきた。たとえば、王の名前にあまりに似て聞こえる言葉は別のものに変えるというタヒチ人の習慣は、新たな支配者の就任に際して、諸々の数を表わす新たな言葉の創造へと彼らを導いてきた。普段は二を表わしていたルアに代わる語が必要になったときには、彼らはピティ「一緒」という言葉を取り上げ、これを数詞とした。また、

「手」を意味するリマで五を表現することができなくなり、新たな語が必要になった際には、「部分、分割」を意味するパエが採用された。おそらく二つの手を分けたもの、という意味だろう。こうした言葉は、ポリネシアでは儀式上の理由により導入されるものの、その後再び取り下げられることになる。元来使われていた語の一時的な排除の理由となっていた当の事情がなくなれば、その語が再び、もとの場所に戻るのがつねなのである。ところが、新しい二と五、つまりピティとパエはその言語に属する固有の数詞としてきわめて積極的に受け入れられたため、「ヨハネによる福音書」のタヒチ語訳では、これらがルアとリマに代わって用いられている。

さらに、南洋諸島に見られる多様な数え方の習慣も、言語そのものに影響を及ぼしている。マルキーズ諸島民は、魚や果物についてはそれぞれの手で指折り数えるが、一つずつではなく二つずつ数える方式を採用するようになった。彼らは「タウナ」という単位で数え始めるが、これは「一対」、つまり二と等しい数となっている。したがって彼らが十を意味するタカウと言うとき、実際には十ペア、つまり二十個のことを言っているのである。パンノキ〔ポリネシア原産の常緑高木。実は食用となる〕の実は、四つまとめて結ぶ習慣が彼らにはあるため、「結び目」を意味するポナを単位として数えられるようになったが、これが実際、四を示す数詞となっている。そのため彼らがこのポナを単位としてタカウと言うときには、四十を意味することになる。このように、ポリネシアの語彙に生じた文献学上の混乱はたいへんなものである。タヒチその他では、ラウとマノは本来、百と千を意味するが、実際には二百と二千を意味することもあり、ハワイではさらに倍化され、四百と四千に等しい意味をもつようになっている。ポリネシアではさらに、それぞれの物に適した名前が数の表現に転換した経緯をたどることができる。トンガやマオリの言葉で十を意味するテカウは、かつては「包み」や「まとまり」を意味する言葉であり、ヤムイモや魚を数えるのに使われていたものと思われる。これと同様に、百を意味するテフヒは「束」を意味するフヒに由来するらしい[26]。

アフリカ*でも、特殊な数詞の形成が確認されている。ヨルバ族の言語では、四十はオゴジ「糸」と呼ばれる。

これはコヤスガイが四十個ずつ糸に通されるためである。二百はイグバ「ひと山」で、これもまた山積みのコヤスガイを意味する。ダオメ人の場合も同様で、四十個のコヤスガイが一つのカデ、つまり「糸」をなし、それが五十本まとまると一つのアフォ「頭」となる。それゆえ「糸」と「頭」はそれぞれ四十と二千にあたる数詞となっている。ダオメ人の王がアベオクタを襲撃したとき、彼は「頭二つ、糸二十本、コヤスガイ二十個」分の人間、つまり四八二〇人もの兵士を失うという甚大な損失とともに撃退されたと記録されている。(27)

文明的な*諸民族の場合、その言語は先祖から引き継いだ慣習的で解析しがたい数詞と緊密に結びついているが、すでに数詞として実際に使われている他の用語もたいていは見つかるものである。万が一、伝統的な語法に断絶が生じたときには、それらの語が代用可能なものとしてただちに認識される。たとえば、われわれに *two* に代わる新たな語の余地があるとすれば、*pair*〔「同等」を意味するラテン語 *par* より〕や *couple*〔「絆」を意味するラテン語 *copula* より〕といった語がすぐにその座を埋めるだろう。二十の代わりとしては、*score*〔原義は〕「刻み目」というちょうどいい英単語がある。一方、ドイツ人が同じ目的のために使うのは *stiege* だろう。その原義はおそらく「満杯の牛舎や豚小屋」である。古ノルド語なら「仲間」を意味する *drôtt*、デンマーク語なら *snees* だろうか。

この種の用法に属する言葉は、ヨーロッパの言語では文法上、数詞に分類されないが、そのリストはきわめて多岐にわたる。たとえば古ノルド語で *flockr*（群れ）は五、*sveit* は六、*drôtt*（隊）は二十、*thiodh*（人民）は三十、*fôlk*（人民）は四十、*öld*（人民）は八十、*her*（軍）は百にあたる。シュレースヴィヒ語〔ドイツ北部デンマークとの国境付近の町シュレースヴィヒの方言か〕で *schilk* は十二にあたる（ちょうどわれわれが「シリング」を数詞としているのに似ている）。中期高地ドイツ語で *rotte* は四を、新高地ドイツ語で *mandel* は十五、*shock*（束）は六十をそれぞれ指す。レット人〔バルト海東岸の住民、ラトヴィアの主要民族〕は前出のポリネシアの事例と興味深い類似を示している。彼らは蟹や小魚を三匹ずつまとめて投げながら数える。そこから「投げる」を意味する *mettens* が三を意味するようになった。他方、ヒラメは三十匹でひとまとめに結ばれていたため、カーリス「ひも」が三十を表わす言葉になっている[28]。

＊

このほかにも、たんなる記述的な語から数詞を作る二つの方法が、低級種族と高級種族の双方において観察されている。ガラ族〔エチオピア周辺オロモ人の旧称〕は分数を示す用語をもたないが、貨幣として用いる塩の固まりの分配をもとに、実用上は分数に等しい用語を作っている。たとえばチャブナナ（「壊す」を意味する *tchaba* に由来する）は「割れた固まり」（いわゆる「破片」）のことであり、二分の一という意味をもつ。これはラテン語の *dimidium* やフランス語の *demi* と比較しうる語だろう。*third, fourth, fifth* が *three, four, five* に由来するように、序数詞は一般的には基数に由来する。しかし、きわめて低級な人々においては、既存の慣習的数詞とのつながりを欠いた独自の形成を示す証拠がしばしば見られる。たとえばグリーンランドの人々は基数の「一」から序数を作らず、「主要な」を意味する *sujugdlek* という語で「第一」を指している。彼らはまた、基数の「二」からも序数を作らず、「彼の連れ添い」を意味する *aipâ* という語で「第二」を指している。「第三」だけは基数からできており、三を指す *pingasut* との関連で *pingajuat* という語を形成している。同様に印欧語では序数の *prathamas, πρῶτος, primus, first* は基数の「一」とは関係なく、前置詞の *pra*「前」が単純に「一番目」を意味する。また、ギリシア人とドイツ人はそれぞれ二番目を意味する序数詞を、それぞれ *δύο* と *zwei* から *δεύτερος, zweite* と呼ぶが、われわれは *second* と呼ぶ。これは「続き」（*sequi*）を意味するラテン語の *secundus* に由来しており、これもまた、記述的な感覚語である。

＊

ここでつかの間、現にあるものと、ありえたものを一緒にすることが許されるなら、たんに馴染みの事物を採用するだけで数詞の領域がどれほど果てしなく広がりうるかがよくわかる。シュレースヴィヒ人の事例に倣えば、われわれはシリングを十二にあたる数詞とし、グロート〔昔の英国の四ペンス銀貨〕で四を表わせるだろう。週を七の呼称とし、クローバーを三の呼称とするのもよい。しかし、この単純な記述法は、数詞を形成するための唯一可能な方法ではない。どんなものであれ、われわれが頭のなかで一連の名称を規則正しく並べてみれば、それは計数機となる。以前私は、カードを数えることを課せられた幼い少女の話を読んだことがある。その少女はカードを一月、二月、三月、四月と数えていた。もちろん彼女はカードを月曜、火曜、水曜と数えてもよかったかもしれない。興味深いことに、成長を遂げた大人の言語にも、これと同じ分類に属する事例が見いだせる。ヘブライ文字の数詞としての価値については、それらをアルファベット上に並べてみるとよくわかる。それらは〔本来〕数学とはほとんど関係がない理由のもとに並べられていたのである。ギリシア文字はセム系の文字よりも改良されているが、数詞的な価値を与えられた代わりに、新たに整えられたアルファベット順に完全に従っている。すなわち$\alpha\beta\gamma\delta\varepsilon$という順番で、一、二、三、四、五に規則正しく対応しているのである。さらにζ《ゼータ》で六を示し、ι《イオタ》で十を表わす。これはヘブライ語で十番目の文字であるי《ユッド》が十を表わすのと同様である。さて、こうして伝統的な文字の並びを形成したものの、一、二、三——εἷς, δύο, τρεῖςという規則的序列を断念したギリシア人が、すでにそれらに付与されていた文字の名称、すなわち一、アルファ、二、ベータ、三、ガンマという呼び名を採用することによって、同時にその位置を提供したことは明白である。状況は実際、そのように生じた。アルバニアのきわめて俗語的な方言は、借入され神秘化された単語や隠喩、さらには特別の手ほどきを受けた者にしか解けない暗号に満ちている。ただし構造から見るとそれはギリシア語であり、四と十にあたる語としてδέλτα《デルタ》やἰῶτα《イオタ》を含んでいるのである[29]。

＊この種の手がかりが、数詞の形成の一般的原理を明らかにするうえで価値あるものだと主張する一方、私はこれまでのところ、世界各地の言語に現存する数詞の語源をたどる作業にはさほどの意義を見いだしていない。その種の作業に、すでに論じた低級な種族における指・数詞の体系のような手堅い考察をおざなりにして取り組むほどの利点があるとは思えない。もっとも、低級な種族の言語には、数詞に関するその他の起源の遺物もあるかもしれない。そうした遺物は、数学的目的で語を選択する際に背後にある諸観念への糸口を与えてくれるかもしれないが、やはり不十分で曖昧な性格のものに思える[30]。また、われわれ自身の言語である印欧語や、ヘブライ語、

アラビア語、中国語などには、記述的言語から数詞が生まれたことの痕跡さえも存在するかもしれない。その面での語源学はすでに進展を遂げてきたし、(31)その成果は、数詞および数詞に準ずる語が実際に形成される際の基礎原理に関する既知の事柄とも整合的である。しかし、私がこれまで証拠を検討してきたかぎりでは、いずれの事例も文献学的にきわめて疑わしい。したがって、私にはそうした証拠をすでに提示されている理論を支持するものとして提出することはできない。また、仮にそれらの証拠が妥当なものだとしても、そのとき証拠が理論を支えるのではなく理論が証拠を支える根拠となっていないかどうか、私には確信がもてない。実際、このような状況は、ここで採用されている見方と完璧に一致する。その見方によれば、ある語がひとたび数詞として用立てられ、その後たんなる象徴となることが求められると、そうした語は明らかに無意味な語へと変化する方が、言語にとって都合がよい。そのような状態にいたった語からは、もはや本来の語源の痕跡はすべて消え去っているのである。

五進法、十進法、二十進法の考え方は手や足の指による計数に由来する〔二六〇－二六五〕

*このように、低級文化の言語に頻繁に見られる指・数詞、すなわち手や足の指で数を数える身振りの直接的な記述に由来する言葉の事例から、数的表現の発生過程に関する語源学的な考察を進めることには、どうしても危険が伴う。ただし、ここでもう一つ強力かつ可能な議論がある。それは実際、問題の全域をほぼ覆うものである。世界各地に見られる数の体系は、その組織化に現に介在している図式を通して、次のような見方の適用範囲を拡張し、かつ確証している。すなわち、手足の指を利用した数え方は人間が数を扱ううえで最初の方法であり、これが言語のなかに取り込まれ表象されているという見方である。片手の指で五まで数え、さらに他方の手で次の五まで数えるのは五を単位とする記数法であり、いわゆる五進法である。両手で十まで数え、その後も十ずつ数える方法は十進法である。さらに両手両足で二十まで数え、その後も二十ずつ数える方法は二十進法である。既

知の言語の大部分は、数詞そのものに指や手足についての明確な言及を含んではいない。しかし、五進法、十進法、二十進法といった図式そのものが、その基礎である手や足による数え方が事実上最初の計算方法であったことを保証している。十という数が区切りとして特別適切なわけでもないのに計算の一区切りとされたのは、それが人間の手指の数と同じであったからに違いない。したがって十進法は、人間の解剖学的な構造に根ざしていると言える。このことはきわめて明白だが、それだけにオウィディウスが有名な一節で二つの事実を並べて述べながらも、第二の事実が第一の事実の帰結であることに気づいていないのは実に興味深いことである。

月が十度満月を迎えると、一年になったのです。
当時はこの十という数字が大いに尊重されたのでした。
それが指の数と同じで、これにより数を数えるからか、
あるいは、女性のお産が十ヵ月でなされるからか、
それとも、数を足すときに十まで来ると、
桁を改めて新しく計算し始めるからか。(32)

世界中*の言語を調べてみると、少なくとも五まで言葉で数えられる程度まで数学の進んでいる諸部族や民族ではほぼ例外なく、五進法、十進法、二十進法、ないしこれらの混合など、手による数え方を基礎とする計算方法が普及していることがわかる。五進法の完璧な例としてはポリネシアの一連の言葉が挙げられる。それは一、二、三、四、五、と続いたあと、「五・一」「五・二」と続いていく。メラネシアの場合、五の次は「二番目の一」「二番目の二」、となる。フラニ族〔西アフリカ、サヘル地域の遊牧・牧畜部族〕では、五進法が十進法へと導かれる様子がよくわかる。一から五のあとは、五・一、五・二となるものの、十からは十・一、十・二となる。そして

十・五まで来ると次は十・五・一となるが、十の位はその後も二十、三十、四十と進むのである。純粋な十進法の例はヘブライ語に見いだせるかもしれない。一、二から十、十・一から二十、二十・一、のように続いていく。他方、純粋な二十進法はたいてい存在しない。その明白な理由は、独立の数詞によって二十までの数をそろえるのは不便だからである。しかし、五進法をもとにした〔中間的な〕二十進法の例はある。たとえばアステカ語の計数法は以下のように分析できる。一、二、……五、五・一、……十、十・一、……十・五、十・五・一、……二十、二十・一、……二十・十、二十・十・一、……四十、等々。あるいは十進法と組み合わさった例としてバスク語を引けば、下記のとおりである。一、……十、十・一、……二十、二十・一、……二十・十、二十・十・一、……四十、等々[33]。

世界各地の種族に見られるこうした計算の原則を総体的に示すには、膨大な言語学的詳細が求められるが、ここでそれを持ち出す必要はないだろう。ハレ大学のポット教授〔August Friedrich Pott 一八〇二－一八八七。ドイツの言語学者、文献学者〕はある論文で、込み入った文献学的証拠をもとにこの主題を扱っている[34]。付随的ながら、そこには数詞に関するきわめて膨大かつ詳細な事実が集められており、これはこの種の研究に従事する者には不可欠のものである。ただしここでの目的のためには、以下のような大まかな一般論で事足りるはずだ。まず、五進法は比較的低級な種族にしばしば見られる。彼らのあいだでは、二十進法もかなり発展を遂げているが、比較的高級な民族の場合、五進法は貧弱すぎ、二十進法は扱いにくいとしてこれらを避け、中間的な十進法を採用する傾向がある。多様な部族や民族が計算法を選ぶとき、これだけの差があるのだが、そのことは共通の一般原則に抵触するものではなく、むしろそれを確証する。つまり人間は数えることを最初は自分の手や足の指から学び取り、その後、この原始的な方法の帰結を多様な仕方で言語化したのである。

＊こうした諸々の計算法の関係について、ヨーロッパにはいくつか興味深い点があることに気づくかもしれない。たとえばオリヴァー・カスウェルという聾唖の少年は五十まで指で数えることを学んだが、いつも「五に分け」、

たとえば十八個の物を「両手、片手、指三本」と数えたという。[35] ここで示唆されるのは、たとえばギリシア人が *πεμπάζειν*「五にすること」を、数える、の意味で用いているのは太古の粗野な五進法の痕跡だということである（フィン語で「数える」ことを意味する *lokkeet* という言葉と比較せよ。この語は「十」を意味する *lokke* に由来する）。また、ローマ数字――Ⅰ、Ⅱ、……Ⅴ、Ⅵ、……Ⅹ、Ⅺ、……ⅩⅤ、ⅩⅥ等――がきわめて見事に規定された五進法の記述方式を形成していることも確かである。二十進法による計数法の名残は、今なおいっそう有益である。二十ずつ数えることはケルト人の鮮明な特徴である。二十進法の表記上の扱いにくさを最も強烈に印象づけるものとしては、たとえばゲール語で五十一を *aon deug is da fhichead*「一、十五、二十」と表わしたり、ブレトン語で七十一を *unnek ha trugent*「十一、三つの二十」と表現する例がある。ウェールズ語で三十六を *unarbymtheg ar ugain*「一、十五、二十」と表わすのも同様の印象を与えるものである。

フランス語はロマンス語の系譜に属し、ラテン語の十進法に基づく体系を百まで持っている。*cinquante, soixante, septante, huitante, monante* といった数体系はベルギーのほか、フランス語圏内に属する地域にも見られる。にもかかわらず、二十進法によるなんとも扱いにくい数体系は、フランスでは十進法を打破して出現した。*septante*〔七十〕はかなりの程度抑圧され、たとえば七十四は *soixante-quatorze*〔六十と十四〕と表現されるようになる。たとえば九十三は *quatre-vingt-treize*〔四つの二十と十三〕となる。百を超える数については、たとえば一二〇、一四〇、一六〇はそれぞれ *six-vingts, sept-vingts, huit-vingts*〔順に六つの二十、七つの二十、八つの二十〕となる。ある病院などは、三〇〇人の患者を収容することから Les Quinze-vingts〔十五かける二十〕という名が付けられている。このような奇妙な現象に対する最も合理的な説明は、おそらく、フランス以前のケルト的数体系が土台となり、のちに生まれたフランス的数体系をみずからのより粗野な形態に合わせて作り直したということだろう。イングランドでは、アングロサクソンの計数法は十進法であり、*hund-seofontig* が七十、*hund-eahtatig* が八十、*hund-nigontig*

が九十、*hund-teontig* が一〇〇、*hund-enlufontig* が一一〇、*hund-twelftig* が一二〇となる〔いずれも古英語の表現〕。ただしここにもケルト的残存がある。すなわち、*threescore and ten, fourscore and thirteen* など、score〔元来、二十を意味する〕による二十進法が英語のなかに一定の位置を占めていて、今も完全には失われていない(36)。

計算*に関する詳細の一端から民族学上のヒントが得られる。わずかな数詞しかもたない粗野な部族においては、新たな数を作り出すための語の組み合わせが即座に行なわれる。オーストラリアの諸部族の場合、追加は「二・一」、「二・二」といった要領で行なわれ、こうして三と四を表わす。グアシ〔ブラジルの地名か〕では「二・二」で四を、サン・アントニオ〔チリの太平洋岸の町〕では「四と二・一」で七を表わす。引き算によって数詞を作る企図は北米にも認められるが、蝦夷のアイヌ語に顕著に見られる。そこでは八と九にあたる語が、明らかに「十引く二」と「十引く一」を意味している。掛け算を使う例も見られ、たとえばサン・アントニオでは「二と一・二」が、トゥピ族の住む一部地域では「二・三」が、いずれも六を表わす。なお、低級な種族において割り算は、こうした目的のための手段としては知られていないようだ。比較的高度の文化をもつ人々においても、割り算はきわめて例外的である。

この種の事実が示しているのは、人類が考え出す工夫の多様性と、言語の形成過程の独立性である。これらは手による計算の一般的な原理と矛盾しない。二進法、三進法、四進法、六進法と呼ばれるものの痕跡はたんなる多様性にすぎず、やがて五進法や十進法へと発展、ないし縮小していくのである。

かたや*際限なく大きな数を容易に扱う教養あるヨーロッパ人と、かたや三、ないしは二以上を「たくさん」と称し、五を数えるのに「人間」の手の限界に達してしまうタスマニア人との対照性は実に鮮烈である。ここにある落差は、野蛮人における発展が停止しているせいである。彼らがとどまっている子どもじみた精神のありようは、興味深いことに、次のようなイギリスの数え歌の冒頭によく表われている。

一はないのと同じ
二はちょっと
三はたくさん
四は足りない〔一ペニー＝びた一文〕
五はもう少しで百

野蛮人と子どもにおけるこのような状態に目を向けると、文法の歴史の初期段階について興味深い論点が見えてくる。ヴィルヘルム・フォン・フンボルトの示唆によれば、三を「たくさん」とする野蛮な観念と、三によって一種の最上級を作る文法上の用法とのあいだには一種の類縁関係が存在する。'trismegistus'〔三倍＝最高に偉大な〕、'ter felix'〔三回の＝最高の幸福〕、'thrice blest'〔三倍の＝最高の果報〕などが、後者の馴染みの例である。文法上の単数、双数、複数の関係は、エジプトのヒエログリフに見事に絵画的に示されている。そこではある事物、たとえば馬の絵に対して、それが一頭なら一本、二頭なら二本、縦の線で表わされている。三頭もしくは不確定の複数である場合は、そのことが三本の縦線で示される。世界で最も古く、かつ最も重要な言語のいくつかにおいて、文法上の数をめぐる考えの枠組みは共通の野蛮な原理に依拠している。

エジプト語、アラビア語、ヘブライ語、サンスクリット語、ギリシア語、ゴート語は、単数形、双数形、複数形を使いわける言語の代表的な例である。しかし、さらに高度の知的水準に達した文化は、そのような企図を不便で無益なものとして切り捨て、単数と複数のみを区別する傾向を強めてきた。双数形が早期の文化からの継承によって存続したことは間違いない。双数形は「二を超えればなんでも無制限と考えるような時代の記憶を、われわれに残してくれている」とD・ウィルソン博士〔Daniel Wilson 一八一六－一八九二。スコットランド生まれの考古学者、民族学者〕は述べているが、これは妥当な見解と思える。(37)

異国の数表現の導入〔二六五－二七〇〕

*文化の水準を異にする二つの種族が接触するようになると、粗野な方の種族は新たな技術と知識を採用するが、同時に、たいてい彼ら自身の固有の文化の営みは停止し、ついに衰えてもいく。計数の技能もまた例外ではない。低級な種族は実際、その技能においてすでに大きな進歩を独自に遂げつつあったのかもしれない。しかしより高度な段階にある種族が、想像可能なすべての数に名前を与えるのみならず、それを書き記したり、いくつかの簡素な数字で数えたりする便利で制限のない手段をたずさえてやってくる。このとき、未開人のぎこちない方法がさらに発展する見込みが果たしてどれくらいあるだろうか。

優勢な種族の数詞がいかにして劣勢な人々の言語に接木されたかについて、グラント船長〔James Augustus Grant 一八二七－一八九二。スコットランド出身のアフリカ探検家〕は、赤道付近のアフリカ土着の奴隷たちが空いた時間にアラブ人の主人たちの使う数詞を学ぶ様子を書き留めている(38)。ドブリゾファ神父〔Martin Dobrizhoffer 一七一七－一七九一。南米への宣教に従事したオーストリア出身のイエズス会修道士〕は、ブラジルの原住民とイエズス会士との数学を介した関係について述べているが、これは野蛮人と宣教師との知的接触に関するすぐれた記述である。それによるとグアラニ族は、四まではその土地固有の数詞で数えていたが、それ以上は「数え切れない」としていた。「しかし、共同生活において計数は多岐にわたって使われるものだし、告解に際して完全な告白を行なうためにも絶対に不可欠である。そこでインディアンたちは、公開で行なわれる教理問答の場で、スペイン語で数を数えることを日々学んだ。毎週日曜日には全員が大きな声で、一から百までスペイン語で数を数えた」。実際には、この宣教師は原住民がさほど正しく身につけた数を使っているとは見ていなかった。「われわれは徒労を重ねていた」と、彼は書いている(39)。

とはいえ、現代の野蛮人や低級な未開部族の言葉を調査してみれば、高度な文明が低級な文化に対して、この点で実際にどれほど大きな影響を与えるかについて、彼らが興味深い証拠を提示してくれることがわかるだろう。粗野な体系が完全で、少なくとも便利であるかぎり、それは存続するはずである。しかしそれが衰えたり煩雑になったり、あるいはもっとひどい状況になると、賢明な異国人が低級種族の貧弱な数詞を体得したうえで、自分の知識を使ってそれを補ったり、取り換えたりするのである。より高級な種族は、より低級な種族に働きかけるのに十分な進歩を遂げているとはいえ、必ずしも飛び抜けて高い水準に達しているわけではない。マーカム〔Clements Robert Markham 一八三〇－一九一六。イギリスの地理学者、探検家〕の記述によれば、〔ペルーの〕マラニョンのヒバロ族〔北ペルーから東エクアドルにかけて居住する先住民〕は、五までは独自の数詞を持っていたが、もっと大きな数を扱うためにはケチュア族の数詞を採用している。これはペルーのインカで使われる言語である。[40] インドの原住民の事例にも学ぶべきものがある。コンド族は一と二は土着の言葉で数えるが、そこから先はヒンディー語の数詞を借りる。オラオン族〔インドのチョーター・ナーグプル高原に居住する先住民〕はドラヴィダ人の種族に属し、かつては地域固有の数詞をもっていたが、四を越える数、あるいは時に二を越える数にさえ自前の数詞を使うのを断念し、代わりにヒンディー語の数詞を採用することにしたようだ。[41] 南米のコニボ族〔ペルーのアマゾン河流域に居住する先住民、現在ではシピボ族と融合しシピボ・コニボ族と呼ばれる〕もまた、一と二は自前の言葉で数えるものの、そこから先はスペイン語の数詞を借りていることが確認されている。これはちょうど、トゥピ語族のブラジル方言において、すでに前世紀〔十八世紀〕には五を意味する言葉が失われ、以後、三までは古くから地域に伝わる数詞で三まで数え、そこから先はポルトガル語を使うようになったのと似ている。[42]

メラネシアの事例としては、アネイチュム語〔バヌアツのアネイチュム島の言語〕の固有の数詞には五にあたるものまでしかなく、それに続く *siks, seven, eet, nain* などは英語から借用したものである。ポリネシアの島々の一部では、地域固有の数詞が十分な拡張性を有してはいるが、単体のみならず二つずつ数えたり、あるいは四つずつ数えたりすることから混乱が生じている。その結果、人々はフネリやタウサニ〔ハワイ語の百、千〕を採用することにより、こうした混乱を避けようとしてきた[43]。エスキモーは手や足、人間全体で数える計数法をもっており、大きな数まで表現する能力もあるが、実際に多数のものを扱うにはその方法ではうまくゆかなくなるようだ。その点、グリーンランド人は *untrite* や *tusinte* といった語をデンマーク語の教師からうまく取り入れている。

二つの言語に共通の数詞が見られることに対して、文献学者たちは当然ながら多大な重要性を認めている。そこで問われているのは、それら双方の数詞をもともと共通の源泉から派生したものと考えてよいかどうかである。しかし、一つの種族が他方の種族から数詞を借用した可能性があるかぎり、証拠としては明らかに不十分である。このような借用が三のような小さな数にも起こっており、既知の事柄に反して三よりもさらに小さな数まで達するかもしれないことからすれば、数詞を慎重に比較した議論は系譜よりも交流の存在を証明するものとして使ったほうがよいだろう。

文明の尺度のもう一方の〔高度な〕端では、ある民族から別の民族への数詞の導入は今も文献学的に興味深い論点を提供している。われわれ自身が使っている言語にも、*second* や *million* のようなおもしろい事例がある。中世ラテン語の *dozena*（語源は *duodecim*）の採用は、英語のみならずドイツ語やオランダ語、デンマーク語、さらにロシア語にも共通するが、そこでは *dozen*、つまり十二個をまとめて売買することがいかに便利なことであり、そのための特別な言葉がいかに必要だったかが窺える。しかし、借用の過程はこれだけでは終わらなかった。イングランドの英語話者が現在、何組の数詞を使っているのかと問われれば、さしあたり *one, two, three* と続く通常の数詞一組だけだと答えるのが妥当と思われるだろう。ところがこのほかに二組、借用された数詞が存在する。一つは、サイコロの目としてよく知られている *ace, deuce, tray, cater, cinque, size* である。ここから、*size-ace* は「六と一」、*cinques* あるいは *sinks* は「五の二倍」を意味する。これらはフランス由来の言葉で、*ace* 以外はフランスの一般的な数詞と一致する。*ace* はラテン語の *as* にあたるが、これは「一」を意味し、文献学的に大きな関心に値する語である。借用されたもう一種の数詞は『俗語辞典』のなかにある。これはイギリスの路上をうろついていた連中が秘密の話をするために手回しオルガン弾きや似顔絵描きの言葉から取り入れた、イタリアの数詞であるらしい。あるいは、イタリア語ないし通商用言語がロンドンの下層の地域住民に持ち込まれた際に、そうした数詞が入ってくることがあったのかもしれない。こうした語を借用するに際して、彼らはたんに文献学的に興味深いのみならず、教訓に値する操作を行なった。すなわち、「二ペンス」や「三ペンス」に相当するイタリア語の *due soldi* や *tre soldi* といった表現を模倣することで、*saltee* という語は「ペニー」を意味する俗語として認知されるようになり、ペンス〔ペニーの複数形〕は以下のように数えられた。

Oney saltee . . .	1*d*. uno soldo.
Dooe saltee . . .	2*d*. due soldi.
Tray saltee . . .	3*d*. tre soldi.
Quarterer saltee . . .	4*d*. quattro soldi.
Chinker saltee . . .	5*d*. cinque soldi.
Say saltee . . .	6*d*. sei soldi.
Say oney saltee または *setter saltee* .	7*d*. sette soldi.
Say dooe saltee または *otter saltee* .	8*d*. otto soldi.
Say tray saltee または *nobba saltee* .	9*d*. nove soldi.
Say quarterer saltee または *dacha saltee* .	10*d*. dieci soldi.
Say chinker saltee または *dacha oney saltee*	11*d*. undici soldi.
Oney beong . . .	1*s*.
A beong say saltee. . .	1*s*. 6*d*.

Dooe beog say saltee または *madza caroon*　*2s. 6d.*（半クラウン）(44)

ここには、単純にイタリア語の数詞を十進法で採用したものもある。しかし、その他は六まで行くと、実に新奇なやり方だが、「六・一」で七を作るといった要領で先へと進む。このように六が折り返し点になっているのは少しも抽象的な理由からではない。たんに行商人が六ペンス銀貨にさらにペンスを加え、シリングまでそれを繰り返すからである。こうしてわれわれの十二進法は六ずつ数える習慣を生み、文献学的な関心の的である六進法を生み出したのである。

算数が低級な原初の文化から発展したことの証拠〔二六九－二七二〕

*ここまで見てきた証拠をもとに、野蛮な文化と発展を遂げた文明の〈数を扱う技能〉に見られる明白な関係について、手短に結論を述べることができそうである。高度な数学の発展を可能にした主要な方法がどのようなものかは、ここでの問題ではない。その多くは、数的な関係を記号によって表現する諸々の巧妙な企図の成果である。そのなかには、文字を一連の数的記号として用いるという考えの枠組みがあり、これはもともとセム人からギリシア人に継承されたものである。われわれ自身、この発想を捨ててはいない。目録の項目に順にA、B等と記すのはその一例である。数を表わす語の頭文字を番号の記号として用いるのも同様であり、ギリシア語でΠ《パイ》とΔ《デルタ》が五と十を指し〔それぞれギリシア語で五と十を意味するペンタとデカの頭文字にあたる〕、ローマ字のCとMが百と千を指す〔ラテン語の centum, mille の頭文字から〕のはその一例である。ギリシア語の初歩的段階には文字列の三番目、四番目にあたるγとδに符号を加えてγ′δ′それぞれが三分の一と四分の一を表わしたり、γの上にδを添えるγ^{δ}が四分の三を表わしたりする表記法が見られるが、これも同様の発想である。ゼロの導入により、アラブとインドの数詞は十進法による序列の位置に従ってそれぞれの値をもつようになり、アバカス〔そろばんのような東洋の計算器具に対する西洋の呼称〕の桁も同様の発想に立つ。さらには一の位に続けてそれ以下の桁を書き添えるという現

代的な小数の表記法も、ゼロの観念を前提として、長年にわたって用いられることとなった。

古代エジプトや、今もローマや中国で使われている数の表現は、実際、野蛮な象形文字に基礎を置くものである。[45] 他方、アバカスや算盤は、今も学校の貴重な備品として、あるいは十分実用に供する道具として使われているが、その萌芽は物をいくつかにまとめて数える野蛮な計数方法に見いだせる。たとえば南洋諸島に住む人々がココヤシの茎で数を数えるとき、彼らは十に達するたびに小さな茎を、百に達したときには大きな茎を、それぞれ横に置く。またアフリカの黒人たちは小石やナッツを使って数を数えるが、五つごとに一塊の山を作るようにして作業を進める。[46]

ここでは特に二つの計数方法に注目している。一つは、手の指を使う身振りによる方法であり、もう一つは、数を表わす言葉の体系による方法である。前者はきわめて野蛮な技能でありながら、今も子どもや農夫のあいだでは使われている数え方の一つであり、他方、後者は全人類に知られているものの、低級な部族においてはかすかにしか認められず、野蛮な文化ではその発展も諸々の限界に達している。細部までそれを発展させてきたのは最も高度に発展を遂げた文明のみである。身振りと言葉というこれら二つの計算方法は、原始的数学についての物語を提供するものであり、そこには曲解や誤解が生じる余地はほとんどない。言葉では二や三や四までしか数えられない野蛮人が、無言の身振りではもっと先まで数えられることが、われわれには理解できる。野蛮人は手とその指、および足とその指を指す言葉をもっているのだ。彼はある時ふと、身振りを描写する言葉が、その身振りの意味するところを表現するのにも役立つことに気づく。こうしてそれらの言葉が、彼の数詞となるのである。こうしたことが一回きりではなく、異なる種族において、かつ距離を隔てた場所で繰り返し生じた。こうして「手」のような語が五を指し、「手と二」が六を、「両手」が十を、「片足で二つ」が十二をそれぞれ指すようになる。さらに「両手と両足」、または「人間」が二十を指し、「人間二人」が四十を指す、等々と続いていく。こうした表現は、共通の原理に起因する斉一性を示すと同時に、それぞれが個々独立に生じたことに起因する多様性をも示している。これらは文化の発展理論において適切な位置と説明が与えられる「指標的事実」である。これに対し、退化理論がこれらの事実を内部に組み込むことはまったく不可能である。それらは野蛮な部族における発展の明確な記録である。文明に関する著述家には、野蛮人に自己改善の能力があることを頭ごなしに否定してきた向きもあるが、これらの事実はむしろ、そのような人々における独自の発展の記録なのである。

低級な種族が保持している数詞の大部分は、元来の意味が曖昧なものである。とりわけ一から四までの数詞の原義は不明であり、手・数詞という呼称もふさわしくないかもしれない。それらは「一緒」が二、「投げる」が三、「結び目」が四、といった呼称にまつわる事情のように、諸々の事物との比較から名づけられたのかもしれない。しかし、それらの語がかつていかなる具体的な意味をもっていたと推察するとしても、その後の修正と断片化によって、今はもう知りえないものになっていると言えよう。

通常の言葉がしばしば時代の流れとともに本来の意味を変えたり失ったりすること、また、数詞の場合はそうした意味の衰微が純粋に数学的な記号に適合するうえでむしろ望ましいことを念頭に置くならば、現存する数詞のきわめて多くがなんら明確な語源をもたないことは驚くにはあたらないだろう。このことは特に一、二、三、四に関しては、発達段階の高低にかかわらずあらゆる種族に言える。早く生まれた数詞は、最初の意味を早く失う。ただし、これら四つの数から先に進むと、比較的高級な種族の言語と低級な種族の言語との際立った差異が見えてくる。手や足を基にする数詞はエスキモーやズールーなど野蛮人の言語にはきわめて広く見受けられるが、サンスクリットやギリシア語、ヘブライ語、アラビア語など、進んだ文明に見られる偉大な言語には、その種の言葉の痕跡がないとは言わないにせよ、ほとんど見つけられない。この状況は、言語の発展理論ときわめて整合的である。野蛮人が手・数詞の発明に到達したのは比較的最近のことであるために、その種の数詞の由来がはっきりわかるのだと考えることもできるかもしれない。しかし、そのような原始的形態の語がすでに文明化したアジアやヨーロッパにはまったく見られないからといって、それが太古にも存在しなかったとは言えない。そうした語は時の流れによってまさに小石のごとく転がり、削られて、ついに原形をとどめなくなったのかもしれない。

最後に言えば、数を扱ううえでの一般的な枠組みは野蛮人と文明人の別を問わず世界に共通であり、原始文化の不朽の遺跡のごとく今も屹立している。この枠組みは、五個ずつ、十個ずつ、十二個ずつというふうに数えるほとんど普遍的な方式であり、その存在は、手や足の指を使う幼稚で野蛮な計数方法が実は現代の数理科学の基礎に横たわっていることを示している。十は手で数える方法を基礎とする体系によって提供される最も便利な計算の基礎に見えるが、十二の方がさらに使い勝手がよかっただろう。実際、十二進演算は、通常の使用においてはむしろそれよりも不便な十進演算に対する一種の抵抗なのである。高度な文明が、太古の野蛮な生活における起源の粗雑さの痕跡を明らかに含んでいる以上、これはけっして特異な事例ではない。

原注

（1）Mariner, 'Tonga Islands,' vol. ii. p. 390.

（2）Crowther, 'Yoruba Vocab.'; Burton, 'W. & W. from W. Africa,' p. 253. 'O daju danu, o ko mo essan messan.'（お前は一見賢そうだけど、九九もできないんだね）

（3）Low in 'Journ. Ind. Archip.' vol. i. p. 408; 'Year-Books Edw I.'（xx.-i.）ed. Horwood, p. 220.

（4）Spix and Martius, 'Reise in Brazilien,' p. 387.

（5）'Tasmanian Journal' vol. i.; Backhouse, 'Narr.' p. 104; Milligan in 'Papers, &c., Roy. Soc. Tasmania,' vol. iii. part ii. 1859.

（6）Oldfield in 'Tr. Eth. Soc.'; vol. iii. p. 291; Lang, 'Queensland,' p. 433; 'Latham, Comp. Phil.' p. 352. 他の用語についてはBonwick, l. c.

（7）Sicard, 'Théorie des Signes pour l'Instruction des Sourds-Muets,' vol. ii. p. 634.

（8）Stanbridge in 'Tr. Eth. Soc.' vol. i. p. 304.

（9）Martius, 'Gloss. Brasil,' p. 15.

（10）Kracheninnikow, 'Kamtchatka,' p. 17.

（11）Gumilla, 'Historia del Orenoco,' vol. iii. ch. xlv.; Pott, 'Zählmethode,' p. 16.

（12）東洋の仲買人たちは、何世代も前から現在にいたるまで、「布の下で指を切るように動かしながら」ひそかに数を伝える方法を使っている。昔のある旅人によれば、「すべての指、すべての関節に意味が込められている」。この方法は、多少とも指を使って数を数える普段の方法に工夫を加えて発達させたものらしい。親指と小指を目いっぱい伸ばし、他の指を閉じると六あるいは六十の意味になる。これに薬指を加えると七か七十を表わすといった具合である。二人の仲買人は指の動きで賢く交渉したり、少しよい条件を出したり、ためらったり、それ以上の交渉をかたくなに拒んだりする。それはまるで言葉で交渉しているのと変わらない。

（13）（タマナコ族、マイプレ族については）Gilij; ‘Saggio di Storia Americana,’ vol. ii. p. 332.（カリリ族、トゥピ族、カリブ族、オマグア族、ユリ族ほか Guachi, Coretu, Cherentes, Maxuruna, Caripuna, Cauixana, Carajás, Coroado 等々については）Martius, ‘Gloss, Brasil’;（ムイスカ族については）Dobrizhoffer, ‘Abipones,’ vol. ii. p. 168; Humboldt, ‘Monumens,’ pl. xliv.

（14）Cranz, ‘Grönland’ p. 286; Kleinschmidt, ‘Gr. der Grönl. Spr.;’ Rae in ‘Tr. Eth. Soc.’ vol. iv. p. 145.

（15）Milligan, l. c.; G. F. Moore, ‘Vocab. W. Australia.’ 五進法で九まで数えるシドニーでの数え方と比較せよ。Pott, ‘Zählmethode,’ p. 46.

（16）Gabelentz, ‘Melanesiche Sprachen,’ p. 183.

（17）W. v. Humboldt, ‘Kawi-Spr.’ vol. ii. p. 308; 裏付けとして ‘As. Res.’ vol. vi. p. 90; ‘Journ. Ind. Archip.’ vol. iii. p. 182, &c.

（18）Kölle, ‘Gr. of Vei Lang.’ p. 27.

（19）Schreuder, ‘Gr. for Zulu Sproget,’ p. 30; Döhne, ‘Zulu Dic.’; Grout, ‘Zulu Gr.’ Hahn, ‘Gr. des Herero.’ も見よ。

（20）Sir W. Jones in ‘As. Res.’ vol. ii. 1790, p. 296; E. Jacquet in ‘Nouv. Journ. Asiat.’ 1835; W. v. Humboldt, ‘Kawi-Spr.’ vol. i. p. 19. 日付などを記録するこの体系的な方法は、チベットやインド島嶼部にも広がっている。東洋の年代記の重要な事柄の多くが、この形式に依存して記録されている。残念ながら、数字を表わす言葉の使い方に一貫性がないので、証拠としての価値は多少損なわれている。

（21）Eyre, ‘Australia,’ vol. ii. p. 324: Shürmann, ‘Vocab. of Parnkalla Lang.’ に記載されている形態と部分的に一致する。

（22）‘Journ. Ind. Archip.’ New Ser. vol. ii. 1858, p. 118 [Sulong, Awang, Itam（黒）, Puteh（白）, Allang, Pendeh, Kechil or Bongsu]; Bastian, ‘Oestl. Asien,’ vol. ii. p. 494. 詳しいことは十分には記載されておらず、すべて正しいわけでもないようである。

（23）Ellis, ‘Madagascar,’ vol. i. p. 154. 同様に、Andriampaivo または Lahi-Zan-drina は一番歳下の男子に、Andrianivo は中間の男子に付けられる。マダガスカル語では *laby* が「男性」で、これはマレー語の *laki* に相当する。また、

マダガスカル語の *vavy*「女性」はトンガ語の *fafine*、マオリ語の *wahine*「女性」に当たる。マレー語の *bâtina*「女性」と比較せよ。

（24）M. Eastman, ‘Dahcotah; or, Life and Legends of the Sioux,’ p. xxv.

（25）（〔ガーナの都市〕アクラについては）‘Journ. Ethnol. Soc.’ vol. iv;（〔ガーナの都市〕エルミナについては）Ploss, ‘Das Kind,’ vol. i. p. 139（Elmina）.

（26）H. Hale, ‘Ethnography and Philology,’ vol. vi. of Wilkes, U.S. Exploring Exp., Philadelphia, 1846, pp. 172, 289.（注、通常版にはこの重要な巻が含まれていない。）

（27）Bowen, ‘Gr. and Dic. of Yoruba.’ Burton in ‘Mem. Anthrop. Soc.,’ vol. i. p. 314.

（28）Pott, ‘Zählmethode,’ pp. 78, 99, 124, 161 を見よ。また Grimm, ‘Deutsche Rechtsalterthümer,’ ch. v.

（29）Francisque-Michel, ‘Argot,’ p. 483.

（30）この種の証拠としては、以下のものが注目に値する。Dobrizhoffer ‘Abipones,’ vol. ii. p. 169 では、*geyeñknatè*「ダチョウのつま先」が数詞の四に相当するとされる。彼らにとって、ダチョウのつま先には前向きに三本の指があり、後ろ向きに一本の指がある。*neènbalek* は「五色の斑点のある皮膚」なので数詞の五に相当する。D'Orbigny, ‘L'Homme Américain,’ vol. ii. p. 163 には次のような言及がある。「〔ボリビアの〕チキート族は一（タマ）までしか数えられない。その続きには比喩的用語しかない」。ケーレ氏は、‘Gr. of Vei Lang.’ で、*féra* が「〜とともに」と数詞の二という両方の意味をもつことに気づき、「〜とともに」が本来の意味だと考えている（タヒチ語で *piti* が「一緒に」と「二」の両方を表わすのと比較せよ）。ケチュア語では *chuncu* が「山盛り」で、*chunca* が十を表わすが、おそらく関係があるのだろう。アステカ語では *ce* が「一」、*cen-tli* が「穀粒」だが、これもつながりがあるかもしれない。両手などから「二」が派生する可能性もある。特にホッテントットの言葉では、*t'koam* は「手、二」を意味する。Pott, ‘Zählmethode’ p. 29.

（31）Farrar, ‘Chapters on Language,’ p. 223 を見よ。また Benloew, ‘Recherches sur l'Origine des Noms de Nombre,’ Pictet,

'Origines Indo-Europ.' part ii. ch. ii.; Pott, 'Zählmethode,' p. 128, &c.; アレクサンダー・フォン・フンボルト〔ヴィルヘルムの弟、ドイツの博物学者、地理学者〕が、サンスクリットの*pancha*「五」とペルシア語の*penjeh*「広げた手のひら、広げた鳥の足」を比較して、手のひらのようだから数字の五が*pancha*と呼ばれるようになったというのは、妥当なようだが間違いである。ペルシア語の*penjeh*自体は数詞の「五」から派生しているが、サンスクリットでは「手」は*panchaçâkha*「五つに枝分かれしたもの」となる。同様の形成過程は英語にも見られる。俗語では、人の手は彼の「五本〔指〕」とか「五本〔指〕の束」となるので、平手でボールを打つ競技は「ファイブズ」と呼ばれる。つまりこの語はたんなる俗語ではなくなって、しっかりとした言葉として受容されたことになる。バートンは、食事中のアラブ人たちが相手の髭に米粒が付いていることを上品に伝えるために、どういうやり取りをするか記録している。米粒に気づいた人は、「庭にガゼルがいますね」と笑みをたたえて告げ、言われた方は「ではガゼルを五本〔指〕で捕まえましょう」と答えるのである。

（32）Ovid, Fast. iii. 121〔オウィディウス『祭暦』高橋宏幸訳、国文社、一〇二―一〇三頁（第三巻マルス月）〕.

（33）この二系統の五進法で使われる実際の数詞が、以下では例として挙げられている。〔西パプアの〕トリトン湾では、一 *samosi*、二 *roëeti*、三 *touwroe*、四 *faat*、五 *rimi*、六 *rim-samos*、七 *rim-roëeti*、八 *rim-touwroe*、九 *rim-faat*、十 *woetsja*。〔ニューカレドニアの〕リフー島では、一 *pacha*、二 *lo*、三 *kun*、四 *thack*、五 *thabumb*、六 *lo-acha*、七 *lo-a-lo*、八 *lo-kunn*、九 *lo-thack*、十 *te-bennete*。

（34）A. F. Pott, 'Die Quinäre und Vigesimale Zählmethode bei Völkern aller Welttheile,' Halle, 1847; 'Festgabe zur xxv. Versammlung Deutscher Philologen, &c., in Halle'（1867）に増補版がある。

（35）'Account of Laura Bridgman,' London, 1845, p. 159.

（36）ラージマハーリ族〔インド北東部ジャールカンド州居住のドラヴィダ系の部族〕がヒンドゥーの数詞を使い、二十進法で数えていることと比較せよ。Shaw, l.c. イングランドでは不確定な数字として「スコア」を用い、フランスでも同様に二十を単位として使い、旧約聖書のヘブライ人と『千夜一夜物語』のアラビア人は四十を使うが、これも二十進法の名残かもしれない。

(37) D. Wilson, 'Prehistoric Man,' p. 616.
(38) Grant in 'Tr. Eth. Soc.' vol. iii. p. 90.
(39) Dobrizhoffer, 'Gesch. der Abiponer,' p. 205; Eng. Trans, vol. ii. p. 171.
(40) Markham in 'Tr. Eth. Soc.' vol. iii. p. 166.
(41) Latham, 'Comp. Phil.' p. 186; Shaw in 'As. Res.' vol. iv. p. 96; 'Journ. As. Soc. Bengal,' 1866, part ii. pp. 27, 204, 251.
(42) St. Cricq in 'Bulletin de la Soc. de Géog.' 1853, p. 286; Pott, 'Zählmethode,' p. 7.
(43) Gabelentz, p. 89; Hale, l.c.
(44) J. C. Hotten, 'Slang Dictionary,' p. 218.
(45) 'Early History of Mankind,' p. 106.
(46) Ellis, 'Polyn. Res.' vol. i. p. 91; Klemm, C. G. vol. iii. p. 383.

第八章　神話論（一）

神話的空想は、他の思考と同じように、経験を基礎としている〔二七三―二七四〕

＊わずかばかりの知識から思い浮かぶものの、もう少し知識を得るだけであっけなく消え失せてしまうような見解はさまざまある。そのうちの一つが、人間の想像力にはほとんど際限のない創造的な力がある、という信念である。うわべしか見ていない研究者は、一見して奔放で無秩序なたくさんの空想に目を眩まされて、そこには自然の道理やこの物質的世界の規則性など存在しないと考え、最初のうちは、それらは詩人や、語り部や、予見者の想像力から新たに生み出されたもの、などと結論づけてしまう。しかしながら、最も自然発生的に見えた作り話においてさえも、詩や物語の出どころに関する、より包括的な研究が少しずつ踏み出して、それぞれの空想が生み出された根拠や、そうした一連の思考へと導いていた教養や、詩人が自分の世界を形成し、そこに建物を建て、人を住まわせるもととなった大量の伝承資料の存在を暴き始めている。われわれの時代から過去にさかのぼって人間精神の歴史をたどっていこうとするとき、それはさまざまな変化を経ていくことによって可能となろう。それはつまり、新しい世代が、それ以前の時代から受け継がれてきた知的遺産に対して、思考や空想によって働きかけることでもたらされる変化である。そして、どんなに離れた時代を経てわれわれの種族の原始状態により近づいたとしても、新しい思考と古い思考とを繋いでいるこうしたさまざまな糸が、われわれの視界からつねに見えなくなってしまう、ということはない。われわれはたいてい、それらの糸を手掛かりとして、自然や生

命についての現実の経験――これが人間の空想の究極的源泉である――へとさかのぼっていくことができる。マシュー・アーノルドは、〈人間〉の思考を〈時の川〉の流れに沿って漂うものとして描いたが、それは人間の神話的想像力に見事に当てはまっている。

川岸にたたずむ世界
人の心もそうしたもの
……
航跡残したところのみを
彼は知る。あとにした物事に
巻き上げられた思いだけが彼のもの。〔アーノルド「未来」より〕

このようにして受け取られた印象に対して、精神は修正を施し、働きかけ、そうして生み出したものを、ある形をとって他の精神へと伝えることになる。それはしばしば、新奇で、異様で、気まぐれなもののように見えるが、実際にはわれわれの経験にとってありふれた、われわれ一人一人の意識のなかで現に働いている作用の産物である。われわれの思考の役割は、発展させること、組み合わせること、演繹することであって、創造することではない。そして思考の働きが準拠している一貫した法則性は、想像力の現実離れした構造においても認めることができる。想像力においても、宇宙における他のすべての場所と同じように原因から結果への継起を確認することができるのであって、しかもその継起は、理解可能であり、明確であり、そして必要な正確性に知識が到達している場合には、予測可能なのである。

神話は想像力の法則を研究するための証拠を与えてくれる〔二七四－二七五〕

＊想像力の作用を研究するのに、神話の物語の特徴的な場面ほど適切な素材はおそらくないだろう。なぜならそれらは、あらゆる既知の文明の時代においても、そして身体的に異なるあらゆる種族においても見られるからだ。ここでは、ニュージーランドの神、マウイをインドのヴィシュヌと同列に語ることができよう。マウイは魔法の釣り針を使って海底から島を釣り上げ、ヴィシュヌはイノシシの化身となって深海に潜り、水没していた大地を巨大な牙の上に載せて引き上げた。また、粗野なオーストラリア人たちが鳴り響く雷のうちにその声を聞くという造物主バイアメは、オリンピアのゼウスとさえ肩を並べて頂点に立つ。

民族誌家が最初に取り上げるのは、きわめて粗野な自然神話である。未開人は宇宙について無邪気な考えをめぐらせ、学び取った教訓を粗野な自然神話として表わしていた。民族誌家がその跡をたどっていくと、やがてこの粗野な作り話は、時を経るうちに複雑な神話の形をとるようになり、ギリシアの優美で芸術的な神話やメキシコの無骨で異様な神話、さらにはアジアの仏教における大仰な表現にまで膨れ上がる。ギリシア・ローマ世界の神話は、かつては自然のままの力を帯びており、汲めども尽きぬ生命力を宿していた。しかし注解者たちはそれを、寓意《アレゴリー》を撒き散らしたものと見なしたり、〔後述する〕エウヘメロス説に基づいて退屈な偽りの歴史として解釈したりするようになった。

そしてついに近代文明の真っただなかに差しかかると、民族誌家は、古代ギリシア・ローマ世界の諸文献が、その内容よりも様式について研究されているのを見いだすこととなる。しかもそれらは主として古代の思考の骨董的な証拠としての価値を見いだされているにすぎない。しかし今こそ探すべきは、過去の神話作者が技術と気力を込めて作り上げた作品の〔現代における〕遺物であり、それを現代のうちに見つけ出すためには、次のような場所を探ってみるしかない。それはたとえば、おとぎ話の断片や、俗悪な迷信、滅びつつある古い伝説、詩歌と冒険物語が古代から伝えてきた思想と寓意、古くから重要な知識と見なされてきた見解の一部などである。しかし、精神法則の歴史をたどるために神話を読み解くようになったこの変化は、科学の一部門として、十九世紀になってようやく認められるようになったのである。こうした諸研究を取り上げる前に、それ以前の神話研究者たちの見解を概観し、彼らの研究がどのような過程を経てようやく学問的価値をもつまでにいたったのかを確認することが有益だろう。

神話の信憑性に関する一般的見解の変化〔二七五‐二七六〕

かつて人々は、敬虔な喜びを感じながら古代の伝説を聞いて成長していた。しかし人間はしだいに、そこに描かれた世界が現実のものとは奇妙にも異なっていることに気づき、伝説の内容を疑うようになっていった。これは、人類が知的に成長するうえで重要な段階であった。彼らは次のような問いを立てた。神々や巨人、怪物が、その驚異的な生活をもはやこの地上で送っていないように見えるのはなぜなのか――事の成り行きが昔とは変わってしまったのだろうか。このため、たとえば歴史家のパウサニアスは、蔓延した邪悪のために世界が変わったのだと考えた。かつて、リュカオンがオオカミに姿を変えたり、ニオベが石になったりした時代、あるいは人間がまだ客人として神々と同席し、ヘラクレスのように神になるよう育てられたりした時代は、もはや遠い過去となったのだと。

世界が変わってしまったという仮説は、近代にいたるまで、古代の信じがたい物語を受け入れる際にそれなりの役割を果たしてきた。しかしこの仮説を受け入れると、虚偽と真実のどちらも同じように正しいことになってしまい、幻想と事実を区分するはずの蓋然性が成り立たなくなってしまう。そのため、この仮説は早いうちから、受け入れるには限界があると見なされるようになった。ギリシア人は、いくつかのほかの解決策を見つけ出した。たとえば、グロート氏〔George Grote 一七九四‐一八七一。イギリスの歴史家〕の言葉によれば、古代の伝説は不確定な過去へと投げ戻され、大昔の神々や英雄をめぐる神聖な伝承として分類された。そうした伝承については、大げさに称賛はするが詳細に議論し検討してはならないと見なされたり、経験的知識にとって受け入れられやすいように変形されたりもした。たとえばプルタルコスは、テセウスについて語るとき、物語に耽溺している聴衆に対して、この古風な物語をいくらか差し引いて聞くよう求めた。そして、思慮分別によって物語を精錬し、歴史としての体裁を備えるように描きなおすことを約束した(1)。このような物語に歴史の体裁を与える作用、不可能な偽りを可能な偽りに変換するという無益な技術は、古代の人間によって、続いて現代の人間によっても継続されてきたが、その際には、とりわけ後述する二つの方法が用いられていた。

神話は寓意《アレゴリー》や歴史として合理化される〔二七六―二八〇〕

*人間は長きにわたって、信じないことと信じることのあいだに広大な心理的領域があって、その領域であらゆる神話的解釈の余地が、良かれ悪しかれ与えられる、ということを多少なりとも意識していた。人間は伝説のなかにはそれを装っているだけで本当の話ではないものがある、ということを認めつつも、だからと言ってそれらを無意味なものとして書物や記憶から排除することなく、むしろそこに込められている本来の意味はなんだったのだろうか、どんな古い物語から派生してきたのだろうか、どんな出来事や一般的な考え方が現在の形態にいたるまでの発展を促してきたのだろうか、などと疑問をもつのである。こうした疑問は誰もが容易に思いつくものだが、他方において、その疑問に対してもっともらしい回答を示すことも、ほとんど同じくらい容易であることに気づく。しかも、その即席の回答が正しいものであるという確信を得ようと努力するほど、その試み自体が、互いに異なるだけでなく両立もしない見せかけの答えを無数に生み出してしまう、ということも理解される。

　神話の憶測的解釈におけるこうした根本的な不確実さについては、ベーコン卿〔Francis Bacon 一五六一―一六二六。イギリスの哲学者〕によって効果的に提示されている。『古人の知恵について』〔一六〇九年刊行〕の序文では、こう言われている。「作り話とは、なんと移ろいやすく一貫性に欠けるものであろうか。それはどんな方向にも引き寄せやすく捻じ曲げやすい。そして知性と論議から生み出されたものは、なんと強靱であることか。それは最初の作り手が意図しなかったようなかたちで、さまざまな事物に適用できる。私はこのどちらもよくわかっている」。この警告の必要性は、ベーコンが序文を添えた、まさにその論文によって判断されるだろう。なぜならこの論文において、きわめて思慮深く弟子たちに注意を促していたはずの陥穽に、彼自身が真っ逆さまに落ちてしまっているからだ。彼は前後の世代の少なからぬ哲学者たちの手法に倣って、古典期ギリシアの神話を道徳的寓意として解釈しようと試みている。たとえば、メムノンの物語は、前途有望であるけれども向こう見ずな若者の運命を描いている。ペルセウスは戦争を象徴しており、彼が三人のゴルゴン〔女の怪物たち〕のうちで不死ではない一人〔メドゥーサ〕を攻撃したことは、実利的な戦争のみを行なえということを意味している。

だが神話を空想によって応用することと、神話をその実際の要素へと分析することの違いは、容易には示すことのできないものである。ここで解釈者〔ベーコン〕は、神話の形成過程を逆にたどっていると信じ込んでいるが、実際にはそれを古い方向へともう一段階前にもっていっているにすぎない。つまり彼はある一連の思考に基づく連想から出発して、いくぶん離れたアナロジーによってそれに関連する別の一連の思考を導き出しているにすぎないのである。この単純な技術は、誰もが各々の空想に従って実践しているものである。たとえば、われわれが政治経済を最も重視しているときは、ペルセウスの物語を商売の寓話としてそれらしく真面目に解釈するだろう。つまりペルセウスは〈労働者階級〉にほかならず、その彼が見つけたアンドロメダは〈利益〉であり、〈資本家階級〉という怪物に縛り付けられ、貪り食われようとしている。そしてペルセウスは、アンドロメダを救い出し、勝利を収め、彼女を連れ去るというわけだ。詩について、あるいは神秘的な教えについてなんらかを知るということは、こうした空想の再生産的な発展を、なんらかの容認される、称賛される知的過程として知ることなのである。しかし神話の発展過程についての冷静な研究に関して言うならば、古い空想の根底に入り込むために、それを新しい空想のさらに下に埋めてしまうようなことは、ほとんど助けとならないだろう。

それにもかかわらず、寓意は神話の発展過程において大きな役割を果たしてきた。解釈者は、このことを看過してはならない。神話を合理化して解釈することには、適切な範囲を超えるものまで寓意として解釈してしまうという欠点がある。あらゆるものを寓意として説明し、謎めいた物語を理解しやすい意味に圧縮してしまうのである。同じことは、もう一つの主要な合理化作用にもあてはまる。それはすなわち、一定程度まではあるが、事実に基づいて行なう合理化である。確かに実在した人物の歴史にはしばしば神話的挿話が付け加わり、実在の人物が神話的主題の物語に登場することもある。ソロモン王が〔空飛ぶ絨毯に乗って〕「猿（人）の谷」を冒険したという伝説があるからといって、ソロモン王が実在したことを疑う者はいない。アッティラ〔五世紀のフン族の王〕が『ニーベルンゲンの歌』に登場したからといって、彼が実在したことを疑う者もいない。フランシス・ドレーク卿〔Francis Drake 一五四三頃－一五九六。イングランドの海賊、のち海軍提督〕はおとぎ話のなかで、いまだにダートムーア地域一帯でワイルドハント〔伝説上の猟師の一群〕を率いており、世界中を旅した際に携えていたという太鼓をバックランド・アビー〔イギリスのデヴォン州、ドレーク由来の歴史的建造物がある〕で叩いて酒盛りを行なっていると語られるが、それによってドレークの実在性は薄まるどころか、よりいっそう増している。このように偉人の伝承では、事実と作り話が混合することがあり、したがって、途方もない幻想的伝説が歴史的事実に基づいていることもありうる。神話研究者たちは、それに基づいて、伝説を歴史に還元する体系的方法を整えてきた。しかし、伝説を歴史に還元して説明することは、神話と歴史を詳細に解釈するどころか、神話を無意味なものとし、歴史を台無しにしてしまったのである。

神話や伝説に存在している信じがたい記述をただ認めたくないのであれば、G・W・コックス卿〔George William Cox 一八二七－一九〇二。イギリスの歴史家〕が巧みに行なったように、「ジャックと豆の木」の話から巨人を取り除き、合理化すればよいだろう。不可思議な伝説が実際は隠喩表現にすぎないと考えるのであれば、それを取り去ったあとに残るのは身も蓋もない話であり、われわれに言わせればそのこと自体が、この方法に対する最も厳しい批判である。たとえば、すでにギリシアの古典期には、アトラスは天体の運行を教えた偉大な天文学者なので肩に世界を載せた姿で表現されているのだと言われることがあった。このようにして、神話はありふれた表現に貶められてきたのである。全能なるゼウスは、アーリア民族の偉大なる天空神であり、人格を有した生きている天空そのものである。しかしクレタ人は、ゼウスは自分たちの王であると考え、よそ者がそのことを疑うときには、偉大な故人の名前が刻まれたゼウスの墓を見せたのだった。〔メッセニアのエウヘメロスはアレクサンドロスの時代における偉大なる学芸の教師であったが、彼を継ぐ〕近代の「エウヘメロス主義者たち」は、古い解釈をいくらか踏襲しながら、ときにはギリシアとローマの先人たちをはるかにしのぐほどの陳腐な解釈を提示してきた。彼らの解釈によれば、ユピテルが落雷で巨人を撃ったのは王が反乱を鎮圧したことを表わしており、ダナエの黄金の雨とは、彼女が看守に賄賂として渡した金である。さらに、プロメテウスは粘土の像を造っていたのだが、そのことが誇張され、粘土から男と女を創造したと言われるまでになった。ダイダロスは、かたちの整っていない古い像を改良し、脚を切り分けたことから、彼が動く人形を作ったと言われるにいたった。

われわれより前の世代が青年期に読むべき教養とされていた学術書において、このような空想的解釈が真面目に取り上げられていたのを覚えている方もおられよう。現代の教科書のなかには、いまだにそれらを恭しく引用しているものもある。時代遅れとなった物書きのなかには、バニエ神父〔Antoine Banier 一六七三－一七四一。フランスの歴史家〕がきわめて有名な主唱者であったかつての名高い学統の残骸を引き継いでいる者もいる。(2)しかしながら近年ではこうした解釈はまったくはやらず、総じて権威ある神話研究者たちは独断的に過ぎると一蹴している。そのため、今ではこのような解釈を乱用することは控えよと言われることすらなくなった。しかしながら、これらの解釈のなかにも筋の通ったところと通っていないところがあることは確かである。未開の伝説のなかには、間違いなく歴史的真実を含んでいるものがあり、ほかの数多くの伝説についてもおそらく同じことが言える。現代の神話研究者たちは、そのことを忘れるべきではない。

神話を民族学的証拠として持ち込むこと、およびその取り扱い方〔二八〇－二八二〕

神話*を合理化する古い体系は該博かつ精妙なものに仕上げられてきたが、それらはたいてい棄て去られるべき定めにある。その理由は、そうした解釈が不可能なものであると証明されたからではなく、神話学的憶測においてたんなる可能性として示されるにすぎないものは、今や無用の長物と見なされているからである。研究者は皆、そういった憶測ができるだけなくなるようにと真剣に願っている。他の学術調査の場合と同じように、情報量が増大し、厳密な論拠を提示することがますます必要となってきたため、神話の起源を確証するために必要な蓋然性の水準は昔よりもはるかに高くなっている。多くの人間がわれわれの時代を懐疑の時代と呼んでいるが、後世の人間が、現代に対するこの評価を受け入れるか否かはわからない。確かに現代は懐疑と批判に満ちているが、懐疑と批判こそ、合理的な信仰を獲得するための条件なのだ。だからこそ、それまで疑う余地がないとされてきた古代史の事柄にも疑問が付されるようになったのだが、それは証拠を受け入れる能力が低下したということではなく、無知を自覚する意識が高まったということである。われわれは検証に検証を重ねることのできる自然科学上の事実によって、学術的な訓練を受けている。そのためそのような検証を経ていないどころか、当てにならない証言を含んでいることが誰の目にも明らかな古い記録に向き合うと、それまで教え込まれてきた高度な論証との大きな落差を感じてしまう。歴史批評は、年代記の出来事が事実と思われる場合であっても、厳格かつ精密に検証することを要求する。年代記の内容が、われわれの常識ではまったく理解できないときには、きまって次のような問いが発せられる。すなわち、年代記が記しているようなきわめて異常な出来事が本当に起こったのだろうか。それとも、これは何かの誤解か間違いなのだろうか。ありうるのはどちらだろうか。それゆえわれわれは、骨董的な遺物や、意図せずに残された二次的史料や、年代記に載せるために書かれたわけではない記録のうちにも、意欲的に歴史の典拠となるものを探すのである。

だが、地質学の本を一度でも読んだことがあるならば、いかに不思議な事柄であっても、証拠資料がその真実性をかなりの程度保証していたら、それでもなおそれを信じることができないほど疑い深いままでいることはできないのではないか。現代では、多くの旅行者や発掘学者、古い証書の収集家、消失した方言の研究者たちが、失われた歴史を復元し、現存の歴史を修正している。いまだかつて、このようなことが現代ほど熱心に行なわれた時代があっただろうか。かつては偽りの作り話として打ち捨てられていた神話が、その作者と伝承者たちにはまったく予想もしなかったかたちで、今や史料として扱われている。これまで神話の意味は誤解され続けてきたのだが、神話も確かに意味をもっている。かつての物語には、それらが語られた時代に沿った意味がある。スペインの格言にあるように、「虚言でさえも良家の淑女」と言えるのだ。かくして古い神話は、思考の発達の証拠と見なされたり、はるか昔の信仰と慣習に関する記録と見なされたり、さらにある程度はその神話を有する民族の史料と見なされるようになり、歴史的事実として適切に扱われるようになった。このようにして現代の歴史学者は、神話を解体する能力とともに神話を再構築する能力をも備えているし、現に喜んでそれをしようとしている。

神話研究*において最も必要なのは、学識と広い視野である。偏狭な見方から提示される解釈は、広い視野に基づく解釈と照らし合わせたとき、その欠点をさらすことになる。たとえばヘロドトスは、赤ん坊のキュロスが遺棄されて雌犬に育てられたという物語を合理化しており、子どもを育てた牛飼いの妻は「スパコ」〔ギリシア語で「キュノ」〕〔いずれも「犬」に通じる〕という名前であったとだけ語り、そこから本物の雌犬が彼を救い養ったという伝説が生じたとする。この事例だけなら、問題はないように思える。しかしロムルスとレムスの物語も同じように、乳母の名前がたまたま雌の動物と同じだったという本当の出来事を記録していて、それが神秘化されたというのだろうか。このローマの双子も、偶然にも捨てられ、偶然にもルパ〔雌狼〕という名前の養母に育てられたのだろうか。確かに、われわれの青年期に読まれたランプリエールの『古典辞書』〔私が参照したのは一八三一年の第十六版）〔John Lempriere, *Classical Dictionary*, 1788〕には、このようなことが有名な伝説の起源として大真面目に描かれている。しかし少し調べれば、これら二つの物語は、広く流布している神話群の事例であることが明らかである。すなわち両者は、捨てられた幼児が助け出され、民族の英雄になるというはるかに大きな伝承群の一部にすぎないのである。

ほかの事例としては、スラヴ人の民間伝承には、山を転がすヴァリグラとカシの木を引き抜くヴィルヴィドンブという超人的な双子が、雌の狼と雌の熊に育てられたと伝わっている。ドイツのディートリッヒ〔中世ドイツの叙事詩に登場する伝説的王〕に関する伝説では、彼が雌の狼に育てられたことにちなんで「狼のディートリッヒ」と呼ばれたとされる。インドにおいてもこの種のエピソードは、サータヴァーハナと雌ライオンの物語、シンババと雌トラの物語として確認できる。さらに、少年ブルタ・チノの伝説では、湖に投げ込まれた少年が、雌の狼によって守られ、トルコ王国の創始者になったと伝えている。そのほか、ブラジルの野蛮なユラカレス族さえも、彼らの神的英雄ティリがジャガーに育てられたと語っている。(3)

それに対して、学術的な神話解釈は、このような類似した事例を比較することによってよりいっそう確かなものになる。そこでは新たな知識を得ることは、破壊的というよりむしろ建設的な効果を及ぼしている。つまり地域的にも時代的にもより広い範囲から集められた証拠によって、その分だけ強い裏付けが与えられる神話解釈のグループが存在することがわかったのである。しっかりとした解釈体系の基礎となる原理は、ごくわずかで単純なものだ。さまざまな地域の類似した神話を取り扱い、それらを広く比較されたグループのなかで整理することによって、神話のなかに、精神法則のはっきりとした規則正しさを伴った想像力の作用過程を突き止めることができる。そして、たったの一例では孤立した珍品にしかならなかったであろうが、このように複数の物語であれば、それらは人間精神の特徴的で一貫した構造のなかにみずからの場所を獲得することになる。こうした証拠が何度も何度もわれわれを追い立てて、まさしく「事実は小説より奇なり」という言葉どおりに、神話が歴史よりも斉一性を備えていることを認めさせるのである。

神話は、現代の野蛮人や未開人のなかで現実に存在し発達しているものとして研究すべきである

〔二八二―二八四〕

古代*と近代の両方の人種に関する証拠は、そのうえわれわれのすぐ手の届く範囲にある。彼らは神話を発展させてきた思考力の特徴を実に忠実に示しており、今でも古い神話の意味に自覚的であり、新たに神話を創り出す習慣を、なんら外界の影響を受けずに本来の形で保持している。野蛮人たちは、はかり知れないほど長い期間、神話を創作する段階の人間精神を生きてきたのであり、そして現在もその段階にとどまっている。しかしながら〔資料収集にあたった〕文筆家たちの多くは、人類の神話がどのようにして創作されるのかについて直接的な知識をもっておらず、注意も払わなかったので、野蛮人たちの素朴な哲学にくだらない注釈を施し、それを覆い隠してしまったのである。

神話を解釈する方法は、完全に失われてはいなかったが、ほとんど忘れ去られていた。近代の研究者たちの努力によって、この神話を解釈する方法が改めて見いだされたのである。彼らは、グリム兄弟が収集したおとぎ話からマックス・ミュラーが編纂した『リグ・ヴェーダ』にいたるまでの古代の言語や詩歌、そして自民族の民間伝承を研究することに膨大な労力を注ぎ、技術を駆使してきた。アーリア人の言語と文学からは、自然に関する詩歌の原始的胚珠を示す初期段階の神話が広汎な領域で明らかにされた。この初期段階の神話は、時代を経るにつれて増大し、子どもじみた空想のように歪められ、迷信じみた神秘にまで堕落していた。とはいえ私はここで、このアーリア人の神話について特別に吟味することを提案しているのではない。それはすでに多くのすぐれた研究者によって扱われてきた。私がここで提案するのは、さまざまな人種に見られる神話の最も重要な発展のいくつかを比較し、それによって、とりわけ野蛮な部族の神話と文明化した民族の神話の一般的関係を明確にするこ

とである。世界の神話を全般的に論じようというのではない。そんなことをすれば、全体的な議論のなかで考えなければならない数々の重要な主題が手つかずのままになるだろう。ここで選ぶ論点は主に、厳密な証拠と議論を適用することによって、神話を文明の発展に関する民族学的な一般問題に関わるものとして取り扱うための、妥当な根拠を構築するのに適したものである。したがって以下では、次のような一般的テーゼを論じている。すなわち、〈神話〉ははるか昔、全人類に広く行きわたっていた野蛮な状況において生じたのであり、そして、この原始的状況をわずかに脱したにすぎない現代の野蛮な部族において、比較的変化を被らない状態で保持されている。さらにまた、高度に発展した諸段階における文明も、神話の実質的原理を保持していたり、祖先伝来の伝承として、かつての神話を受け継いでいたりすることがある。高度に発展した文明も、たんに神話の存在を許容するのではなく、敬意を払って継承してきたのである。

神話の源泉〔二八四〕

神話*の起源は子どもじみた初期の人間の知性にあり、最初期の神話はそのような知性によって展開してきたのかもしれない。その子どもじみた観念は、詩歌や年代記の様式で表現されてきたが、博学な批評家たちは神話研究を間違った方向に推し進め、これらの観念を正しく理解することにつねに失敗していた。しかしながら、さまざまな民族における神話的想像の産物を比較し、そこに通底する類似性に着目し、共通の想像力を見て取ることができるようになれば、以下のことを認めるのも容易になろう。すなわち、われわれは子どものころに、神話世界のとば口で暮らしていた。神話学で言うところの子どもとは、われわれが普段考えているよりも深い意味をもっており、人類の父を意味する。低級部族の奇異な幻想や野蛮な伝説を研究すれば、世界の神話がきわめて独特かつ原始的な形式をもっていることが明らかになる。繰り返しになるが、野蛮人はまさしく人類の幼年期に相当すると主張してよいだろう。この点において、〈民族学〉と〈比較神話学〉は密接な関係にある。〈神話〉の諸形式の発展は、つねに文化の発展の一部である。野蛮な諸部族が原初的文化に最も近い現代における代表者であり、初期の神話的概念を最も明確かつ不変の状態で保持しているのだとすれば、研究者はできるかぎりその初期的な段階から研究を始めるのが理にかなっている。その初期の神話的概念は、のちに文明化の過程を経て現代につながっているはずだからである。野蛮な神話は神話の基本的なかたちであり、文明化した人種の神話は、野蛮な種族のものよりも技巧面ではすぐれているが、野蛮な神話と同じ起源から生まれたものなのである。このような見地に立って研究すれば、ほとんどあらゆる方向の探究において満足な結果を得ることができるはずであり、とりわけ〈自然神話〉と名づけてもいいような、最も見事な詩的創作に関してすばらしい成果を示すことができるはずだ。

自然は全般的に生気に満ちているという初期段階の教義〔二八五－二八七〕

日常的経験の諸事実を神話へと変形させる諸々の要因のなかで第一にして最も主要なものは、いっさいの自然は生気に満ちている、という信念である。この信念は、その頂点において自然の人格化にまで達する。偶発的でも仮想的でもけっしてないこの精神作用は、次のような原始的な精神状態と密接に結びついている。すなわち、その精神状態にある人間は、世界のすべてにおいて、その細部にいたるまで、人格的な生命と意志の働きを認めるのである。この〈アニミズム〉の教義は、他の場所では哲学や宗教に影響するものとしても考えられるだろうが、ここでは神話との関係についてのみ取り上げなければならない。低級な諸部族の人間にとって、太陽と星々、樹木と河川、風と雲は、人格的で生気に満ちた生き物であり、人間や動物とのアナロジーに従って生活を営み、獣と同じように手脚を動かしながら、あるいは人間と同じように人工の道具を助けとしながら、宇宙における固有の機能をそれぞれ果たしている。言い換えると、人間の目に見えるものは使用するためのただの道具、加工するための材料であるとしても、その背後には、とてつもなく巨大で、だが半ば人間のような生き物がいて、そうした道具や材料を手でつかんで動かしたり、息を吹きかけたりしているのである。このような諸々の観念がそのうえに構築される基礎を、詩的空想や隠喩の変形にまで狭めて理解してはならない。これらは広汎な自然哲学に支えられたものなのである。この哲学は、確かに初期段階のもので粗雑であるが、考え抜かれており、首尾一貫しており、きわめて真正かつ真剣な意味を有している。

宇宙的生命力に関する*この教義は、事情に疎い読者にとっては現代哲学の作り話のように思えるだろう。あるいは、低級な諸部族がこのような観念を本当に表現することがあるにしても、それは詩的な語り方にすぎないと思うかもしれない。このような読者に対しては、以下の直接的根拠を示そう。文明化した国々においてさえ、子どもが外界を認識し始めるころには前述のものと同じような観念を抱くものである。そのためこの観念がどのように生じるのかを確認することができる。子どもが最初に理解するようになるのは、人間の存在であり、わけても自分自身である。そして子どもは何を説明するにせよ、人格的な意志をもっているように語るのである。子どもにとっては、椅子や木片、木馬等は看護師や子ども、仔猫等と同じように人格的意志をもって行動しているように見える。〔『レ・ミゼラブル』の〕コゼットが、彼女の人形を「人間であるように思い描いた」ように、幼児たちは皆、神話創作の最初の一歩を踏み出す。このような子どもの考え方は、きわめて原始的なものであるので、教育を受ける過程で取り除かなければならない。しかしグロート氏が適切に述べているように、文明を習得したヨーロッパの成人であっても、「瞬間的な激情の力が後天的に身につけた習慣に取って代わることも少なくない。聡明な人間でさえも、痛さにもだえ苦しんでいるときに、その苦しみの原因となった生命のない物体を蹴ったり叩いたりしてしまうことがある」。これらのことを踏まえれば、未開人の精神は子どものような段階にあると考えられる。

ブラジルの野蛮な原住民は、石につまずいたり、矢で傷を負ったりすると、その石や矢に噛みつく。このような精神状態は、一時の感情に駆られた習慣のみならず、公的に定められた法律のうちにも認められ、歴史の経過に沿ってたどることができる。南アジアの野蛮なクキ族〔北東インド、バングラデシュ、ミャンマー在住のクキ＝チン系諸語を話す民族〕は、細心の注意を払いながら、命に対しては命をもって報いるという単純な法律に従っていた。クキ族の人間が虎に殺されたときには、遺族はその虎（ほかの虎でもよい）を殺して食べ、仕返しをしないかぎり、不名誉を被ることになった。さらにそれにとどまらず、人が木から転落して死亡したときには、遺族はその木を切り倒し、細切れに刻んで仇を取った[4]。現代のコーチシナの王は、自分の船が難航した場合には、犯罪者に対して行なっていたのと同じように、その船をさらし台のうえに置いた[5]。

ギリシア・ローマ時代からの適例としては、クセルクセスがヘレスポントス海峡を鞭で打ったという物語と、キュロスがギュンデス河を枯渇させたという物語〔ヘロドトス『歴史』一・一八九－一九〇〕が挙げられる。そのほか、アテナイにおける正規の訴訟手続きの一つから、さらにはっきりとした痕跡を見て取れる。プリュタネイオンでは、斧や木片、石などの、人為を介さずに人の死の原因となった生命のない物体を審理するための裁判が開かれていた。木片や石が有罪であった場合には、国境の向こう側に向かって厳かに投げ捨てられた[6]。この驚くべき訴訟手続きの精神は、古いイングランド法にも（先王の治世に廃止されたが）姿を現わしており、そこでは人間を殺害した獣だけでなく、人を轢いた車輪や、人に倒れかかって殺してしまった樹木までもが贖罪物、つまり神に捧げられたものとされ、没収されたうえで貧民に売却されたのである。ブラクトン〔Henry de Bracton 一二一〇頃－一二六八頃。イングランドの聖職者、ローマ法学者〕の言うところでは、「人を死に至らしめるものはすべて贖罪物《デオダンタ》である」。リード博士〔Thomas Reid 一七一〇－一七九六。スコットランド出身の哲学者〕の注解によれば、この法律の目的は、雄牛や荷馬車を罪人として罰することではなく、「人命に対する不可侵の敬意を人々に抱かせることであった[7]」。しかしながら、リード博士はこの問題の専門家でないため、歴史的根拠と民族誌的根拠を示せていない。リード博士が示したような不用意な推測は、法律の始まりを明らかにするうえでは無益と言える。

動くはずのないものが生きており、意識をもっているというこの原始的な幻想が今なおきわめて広汎に流布していることは、現代の民間伝承においても認められる。わが国でも、家の主あるいは女主人が召されたとき、その死を「蜂に告げる」という感傷的な風習があることが知られている。しかしドイツでは、この風習はよりいっそう徹底されており、庭にあるすべてのミツバチの巣箱と小屋の家畜に悲報を伝えるだけでなく、主の死を知らせるために、すべての穀物の袋を軽く叩き、家の中のすべてのものを揺さぶることになっている。(8)

以下*で示されることになるが、アニミズム、つまり霊的存在に関する教義は、初期段階の人間精神において、神話的擬人化とともに発展すると同時に、反作用的に神話的擬人化に対して影響も与えている。その精神は、われわれが最大限に想像力を働かせても意図的な譬喩において擬人化することしかできないような諸現象に対しても、安定して個別的な生命を付与している。それとともに、生命と意志が現代人の限界をはるかに超えて自然に広く浸透しているという観念、われわれにとっては生命のない物体にも人格的な魂を見いだそうとする信念、生前も死後も魂は転生するという理論、あまたの霊的存在が空中を飛び回ったり、時には樹木や岩や滝に住みつき、そうした物質に人格を与えたりするという感覚――こうした発想のすべてが、同時発生的に彼らの神話のなかで働いている。もっとも、それら個々の想念の働きを解きほぐすのは並大抵のことではない。(9)

太陽、月、星の擬人化――竜巻、砂の柱、虹、滝、疫病〔二八八－二九六〕

自然*神話がアニミズムの教義に由来することは、太陽や月、星々などの大きな天体に関する神話においてはっきりと認められる。世界中に見られる初期哲学で太陽と月は命をもっており、人間と同じような性質を有している。太陽と月は、通常は男性と女性として対をなし、それぞれが性別と相互関係をもっていた。南アメリカのモコビ族〔南米グランチャコ地域居住の先住民〕のあいだでは、月は男であり、その妻が太陽である。彼らの物語によれば、かつて太陽が空から落ちたことがあった。そこで一人のインディアンが、彼女を上に戻したが、太陽は再び落下して森を燃え上がらせ、炎の海にしたという。(10) モコビ族の観念とは〔性別などが〕正反対であるが、擬人化された天体をめぐる未開人の空想がはっきりと見て取れるのは、十七世紀のアルゴンキン・インディアン〔狭義にはカナダのオタワ北方に住む先住民集団、広義にはアルゴンキン系言語を話す先住民の総称〕とカナダに派遣された初期のイエズス会宣教師ル・ジューヌ〔Paul Le Jeune 一五九一 - 一六六四。フランス人修道士〕の会話である。彼らは蝕について、次のような議論を交わしている。「私は、なぜ月と太陽の蝕が起きるのかと彼らに尋ねました。彼らの答えは、月は欠けたり黒くなったりするが、それは腕に子どもを抱くからであり、そのため月の姿が見えにくくなるのだ、というものでした。また、もし月に子どもがいるなら、月は現在あるいは過去に結婚している（いた）はずだ、と彼らは言います。それなら、太陽が夫のはずだ、なぜなら日中ずっと動いているし、月は夜中動いているのだから。だから太陽が欠けるのは、月から受け取った子どもを太陽が抱くことがあるからだ。しかし、月にも太陽にも腕はないのではないかと尋ねると、彼らは次のように答えました。知らないのかね、月も太陽もいつも弓容れを前に抱えているから手が見えないのだよ。それは何を射るためかって？　そんなことは知らないよ」[11]。

同じく先住の人種であるオタワ族〔ヒューロン湖北岸等に居住していたアメリカ、カナダの先住民〕の伝説は、神話学上、重要なものである。そのヨスコをめぐる物語では、太陽と月が兄妹として描かれている。それによれば、二人のインディアンがあるとき空の裂け目を通り抜け、月の光に照らされた心地のよい場所に出た。その場所からは、月が丘を越えて近づいてくるのが見えた。月は、白い顔をした魅力的な姿の年老いた女性だった。月は二人にやさしく話しかけ、兄である太陽のところまで彼らを連れて行った。太陽はみずからの行程に二人を伴い、幸せな生活を約束したうえで家に帰した[12]。

エジプトでは、オシリスとイシスは兄妹であると同時に夫妻でもある。それと同じように、ペルーの太陽と月であるヤンティとキラも兄妹でも夫妻でもあり、インカ族の父と母となっている。そのためインカでは、姉妹と結婚することが、宗教上の意味をもち認められてもいた[13]。ほかの地域の神話では、このような性別の関係は確認できないかもしれないが、昼と夜の物語はさまざまなかたちで繰り返し語られ、同じく活き活きとした擬人化が見られる。たとえば、メキシコ人によれば、古い太陽が燃え尽き、世界が闇に包まれたことがあった。するといにしえの英雄が大きな炎に身を投げ、下界の暗がりのなかに降り立ち、太陽トナティウとして神々しく壮麗に、東に昇った。その後、別の英雄もその炎のなかに跳び込んだが、すでに火勢が弱まっていたので、月メッットリとして穏やかに輝きながら昇っていったという[14]。

＊こうした事例に対しては、現代の詩人が想像的に描くことのある隠喩と同じように、たんなる表現形式にすぎないという異論が出されるかもしれない。しかし以下の証拠によって、そのような異論は完全に退けられる。アレウト族〔アリューシャン列島の先住民〕はかつて、月に無礼を働いた者がいれば、月はその者の上に石を落として殺すと考えていた[15]。また、月は子どもを腕に抱いた美しい女性の姿でインディアンの女のもとに降り立ち、煙草と毛皮の衣服を供えるよう要求することがあったという[16]。ここに人格的生命という概念が働いていることを、これ以上確かに示すものがあるだろうか。アパッチ・インディアンも天を指しながら、白人に対して次のように尋ねている。「お前は、この神である太陽がわれわれの行ないを見ており、悪事に対して罰を下すことを信じないのか」。未開人は、ここでけっして修辞的な比喩として語っているのではない[17]。

ホメロスによれば、ヘリオスは生きており、人格をもっていると考えられたが、それにはたんなる隠喩にとどまらない意味があった。ギリシアでは唯物主義的な天文学者たちは、ホメロスよりずっとのちの時代になってからも激しくとがめられることがあった。その天文学者たちは太陽の神格のみならず人格をも否定し、高熱を発する巨大な球体であると断言していたことから、不敬であると非難されたのである。さらに後代においてタキトゥスは、古くから行なわれてきた擬人化がローマ人のあいだでは廃れ、直喩になってしまったのに対して、ゲルマン民族のあいだではいまだにその宗教的な活力を保持していると述べている。そして、これに関する証拠として、自分の部族を土地から追い払うべきではないと、ボイオカルスがローマの総督に懇願する様子を伝えている。この歴史家によれば、ゲルマンの族長は太陽やほかの天体が実在しているかのようにそれらに訴えながら、無人の大地を見おろすことが彼らの本意なのかと尋ねたのである（彼は太陽を仰ぎ見、他の天体の名を呼び、それらが目の前にいるかのように叫んだ。「天体よ、お前らは人間のいない土地を喜んで見下すか」）[18]。

星*についても同じことが言える。未開の神話には星に関する物語が数多く存在しており、それぞれの物語に相違点はあるが、星が生命をもつと語っている点では一致する。星は空想上の人格として語られるだけでなく、人と同じように行動し、かつて地上で生活していたとされる。オーストラリアの原住民によれば、オリオン座の帯と鞘にあたる星々は若い男たちで、コロボリーを踊っている。そして、「日の足」（Ginabong-Bearp）と呼ばれる木星は、古い霊たちの長であったという。古い霊とは、人間が地上にやってくる以前に天に昇ったいにしえの人種である[19]。エスキモーは、オリオン座の帯の星を「迷った者たち」と呼び、アザラシ狩りの猟師たちが帰り道で迷ったという物語を伝えている。エスキモーによれば、星はいにしえの時代、空に昇る以前には、人間や動物だった[20]。北米のインディアンは、プレアデス星団（すばる）を踊り手たちと呼び、明けの明星を日の運び手と呼んでいるが、これにも表面的な意味以上のものがある。なぜならば、アイオワ族の物語のような話が、彼らのあいだにも伝わっていたからである。すなわち、一人のインディアンが子どものころ、ある星に見入っていた。彼が狩りに出かけ、収穫なく疲れ切っていると、その星が降りてきて彼に話しかけた。そして、獲物がたくさんいる場所まで案内したという[21]。ベンガルのカシア族は、星々はかつて人間であったと断言する。星々が木の先端までよじ登っていくと（この木は、周知のように、数多くの地域の神話に伝わる、天まで達する巨大な樹木である）、下にいた者たちが木の幹を切り倒したので、星々は枝の上に取り残されたのである[22]。こうした野蛮な概念を導きの糸とすれば、われわれが慣れ親しんだギリシア・ローマの古典において星が人格化されていることの本来の意味についても、ほとんど疑いえない。

星が生命をもつというはっきりとした教義は、過去の幾世紀を経て、今日まで伝わっている。オリゲネスによれば、星は生命と理性をもっており、規則と分別に従って移動している。星と同じように移動することは、理性をもたない生物にはとうてい不可能であるという。また、パンフィリウス〔Pamphilius 三－四世紀、カエサリアの長老〕は、この教父に弁明して次のように述べている。すなわち、天の発光体について、それが生命と理性をもった生物だと考える者たちがいる一方で、それは精神も感覚もない物体であると考える者たちもいる。しかし、公的にはどちらの考えが正しいのか決まっておらず、高位の聖職者たちのあいだでも意見が分かれているので、どちらの見解を採ったとしても異教徒と見なされることはない。[23] さらに中世では、星は魂であり、天使であると考えられ、このような考えが占星術の妄想に強い影響を及ぼしたことがよく知られている。現代人のなかにも、星が生命と魂をもつと考える者が多数存在している。反動的な哲学者の旗手であり指導者であるド・メーストル〔Joseph-Marie, Comte de Maistre 一七五三－一八二一。フランスの作家、政治家〕は、天体の運行には人格的な意志が介入しているという古くからの教義に賛同し、惑星は生命をもつと考えることで近代的な天文学者たちに異議を突き付けている。[24]

自然が生命をもつという古くからの考えは、詩歌によって活き活きと表わされてきたので忘却されにくかった。そのため現代でも、竜巻が実は巨人や海の怪物であると想像したり、「大海原を横切る竜巻」のような、いわゆる適切な比喩として描いたりすることも難しくない。しかし無教養な人種は、事実をただ見たままにこのような語りの形式で表現する。たとえば日本の沿岸地方では竜巻が頻繁に見られるが、それは日本人にとって、長い尾をもつ竜が「俊敏に荒々しく動きながら、空中を駆け昇っている」姿であるため、「たつまき」「竜が昇っている」と呼ぶのである。[25] 竜巻は一部の中国人にとっても、竜が昇ったり降りたりすることで引き起こすものと信じられている。この怪物の身体は雲に隠れているため、頭部と尻尾が同時に目撃されることはない。しかし漁師や海辺の人々は、怪物が水中から駆け昇ったり降りてきたりするのを目撃することがある。[26]

中世の『ジョン・ブロンプトン年代記』〔六世紀から十二世紀の事柄を記したイギリスの年代記〕には、パンフィリア地方〔古代小アジアの地名〕のサタリア湾沿岸でほぼ一ヵ月に一度、不思議な出来事が起こると記されている。巨大で黒いドラゴンが雲の中に入っていくように見え、ドラゴンの尻尾は天にまで達し、頭は波の中にあるように見えるという。ドラゴンが荒々しく動くことで波が立ち、重荷を積んだ船さえも波に呑み込まれることがあった。そのため乗組員たちは、ドラゴンを追い払うために大声を挙げ、甲板を叩き、危険を避けたという。しかしながら、ほかの意見によれば、これはドラゴンの仕業ではなく太陽が水を引き寄せているせいであり、この年代記の編集者はこちらの意見の方が真実であるように思われると結論づけている(27)。

ムスリムたちは竜巻について、『千夜一夜物語』が伝えるように、依然として巨大な魔神が引き起こすものと説明している。「目の前の海が荒れ、そこから黒い柱が現われた。この黒い柱は、天に向かって延び、草原にまで達した……見よ、それは巨大なジンであった(28)」。これが真面目に語られた言葉であるのか、あるいは空想的に語られた言葉であるのか、判断を下すのは難しく、解釈することも困難である。しかし、東アフリカの未開部族には「巨大なウミヘビ」に関する物語が伝わっており、それが元来、アニミズムの意味をもっていたことは疑う余地がない。クラプフ博士〔Johann Ludwig Krapf 一八一〇－一八八一。ドイツ人宣教師、東アフリカの探検家〕がワンジカ族〔タンザニア南西部のバントゥー語系農耕民。現在の呼称は主にフィパ〕の長から聞いたところでは、特に激しい降雨があったときには、巨大な蛇が海に現われ、空に昇っていく姿が見られるという。そこで宣教師でもあるクラプフ博士は、「それは蛇ではなく、竜巻だと言って諭した(29)」。

地上で起こる同様の現象についても、似たような神話群が生み出されている。渦巻く砂の柱は、ムスリムにとっては邪悪なジンが飛行することで砂漠に生じたものである。東アフリカの人間は、このような砂の柱をたんに魔神〔p'hepo〕と呼んだ。多くの旅行者たちも、砂の柱が砂漠を雄大に横切っていく怪物じみた姿形を目撃した際には、『千夜一夜物語』が砂の柱を擬人化し、活き活きとした巨大な魔神の姿として描いたことに思いいたった。そのため現代人でさえもごく自然に、砂の柱を魔人として想像することがある(30)。

野蛮な諸部族は、互いに遠く離れていたとしても、共通した考えを抱くことがある。＊と考えることはその一例である。〈暴風雨〉と〈森〉の戦いを物語るニュージーランドの神話によれば、〈虹〉は生まれるとすぐに、〈樹木の父〉であるタネ・マフタに噛みついた。そして、タネ・マフタの幹を真っ二つに裂き、枝を折って地面にまき散らすほどに攻撃し続けたという。[31] 虹が生きているという観念は、このような自然神話においてだけでなく、現代でも畏敬の念がこもる信仰や恐怖において生み出されることがある。ビルマのカレン族〔ミャンマーからタイ西部にかけて居住する山地民〕によれば、虹は精霊、あるいは悪魔である。「〈虹〉は人を食うことがある。……虹に食われた者は、急死したり非業の死を遂げたりする。転落したり、おぼれたり、野獣に襲われたりして悲惨な最期を遂げた人はすべて、カラ、すなわち霊を虹に食われたのだ。虹は人を食うとき、水を飲んで喉を潤そうと降りてくる。そのとき、空で水を飲む虹の姿が目撃される。虹を目撃した者たちは、『虹が水を飲みにやってきた。気をつけろ、誰かがひどい不吉な死に方をするぞ』と叫ぶ。子どもたちが遊んでいたら、両親は次のように告げる。『虹が水を飲みにやってきたよ。事故に遭うといけないから、もう遊んではいけないよ』。そして虹が目撃されたあとに不幸な事故が誰かに降りかかったとしたら、虹がその人を貪り食ったと言われる[32]」。

興味深いことに、ズールー族〔南アフリカのバントゥー語系民族〕に見られる観念はこのカレン族の話と共通するところがある。〈虹〉は蛇とともに暮らしており、虹がいるところには蛇も存在する。あるいは、虹は羊のようであり、池に住んでいる。虹が地上に接しているとき、蛇は池で水を飲んでいる。また、池の中には虹が潜んでおり、池に入った人間を捕らえて食べるので、人々は大きな池で水浴びすることを恐れる。虹が河や池から上がって地面に横たわっているとき、人間に遭遇すると毒で冒し、吹き出物で悩ませる。「虹は病気そのものだ。虹に目をつけられたら、その者には不吉なことが起こる」と人々は口にする。[33] 最後にダオメ〔ダホメとも。アフリカ、ベナンの旧称、元王国〕では、〈天空の蛇〉ダンは〈虹〉であり、ポポの玉を作り、人間に富を授けると言われ

ている。(34)

自然*を司る霊鬼、崖や泉、滝、火山の霊、エルフや森のニンフが、月光のなかをさまよったり、妖精の祭りに集まったりしている様子を人間が目撃するという物語は、あらゆる民族のあいだに無数に伝わっている。これらの物語はアニミズム的な思考に基づいており、霊鬼や霊、ニンフはそれらが宿っている自然物を擬人化したものである。たとえば北米の物語では、滝の守護霊が激流となり、岩や樹木を押し流しながら小屋に襲いかかる。スペリオル湖の島の守護霊は、銀白に輝く泡に覆われた波の姿で岸に打ち寄せる。(35)あるいは、これらの存在は、精霊フガムがそうであるように、統率と力をもたらす自然の霊である場合もある。フガムはングヤイの大滝を造り、今でも昼夜その周りをさまよっているのだが、フガムの話をしてくれた黒人たちにはもはや、その姿形は見えないのだという。(36)

下等な文化には、人類を苦しめる疾患は人格をもった霊であるという信仰が流布している。この信仰は神話の発展〔段階〕において、際立った事例をいくつも産み出している。たとえばビルマのカレン族は、狂気の「ラ」、癲癇性の「ラ」、さらに生命を求めて徘徊する七つの邪悪な悪魔に怯えながら生活している。そして、ペルシア人もこのような初期段階のカレン族とそれほど変わらず、猩紅熱はアルの幻影としての姿をもっていると想像している。

あなたはアルを知っているか。彼女は、炎の巻き毛とバラのような深紅の頬をもっており、顔を赤らめた少女のように見える。(37)

疫病*と死が不気味な人間の姿をしており、襲いかかってくるという身の毛のよだつ物語には、このように根深く古い心霊主義的な信仰がはっきりと認められる。ユダヤ人にとって、死と疫病は人格をもっており、運命の尽きた者を襲い、死をもたらす天使の姿をしている。[38] ユスティニアヌス帝〔六世紀の東ローマ帝国皇帝〕の時代に、伝染病が猛威を振るったことがあった。そのとき真鍮の小帆船が海上で目撃されたのだが、その乗組員には頭がなく、黒い姿をしており、この小帆船が上陸したところから疫病が広まっていったという。[39] グレゴリウス〔六-七世紀のローマ教皇〕の時代にローマで伝染病が流行ったときには、この聖人が祈りを捧げ終わると、聖ミカエルが血まみれの剣をたずさえ、ハドリアヌスの城〔廟墓〕の上に立つ姿が見えたという。この古い砦は、現在では聖天使城《サンタンジェロ》という新しい名前がつけられており、大天使のブロンズ像が建てられている。

人の姿をした疫病が地域のあちこちを移動するという物語群のなかで最も生々しいものは、おそらく次のスラヴの物語である。「ロシア人の男が、カラマツの木の下に座っていた。日の光が炎のように眩しく輝いていた。何かが遠くから男の方に近づいてくるのが見えた。彼が目を凝らしてよく見てみると、それはペストの少女であった。ペストの少女は巨大な身の丈をしており、その全身を亜麻布の屍衣で覆っており、大股で彼の方に向かって近づいてくる。男は恐怖を感じ逃げようとしたが、その人影は手を長く伸ばして彼を捕らえた。『お前さんはペストを知っているかい？』と彼女は言った。『私がそれだよ。お前さんは肩の上に私をのせてロシア中を廻るんだ。すべての土地を訪れるのだから、村ひとつ、町ひとつ見逃すんじゃないよ。だけどお前さん自身のことは心配しなくてもいいよ。お前は、死んでいく人間のなかにいても安全なのだから』。少女はこの農夫の背中に長い手で張り付きながらよじ上った。男が歩くと人影が上について廻ったが、少しも重さを感じなかった。彼らはまずいくつもの町を廻った。そこでは人々が楽しげに歌ったり踊ったりしていた。しかし人影が亜麻布の屍衣を振りかざすと、喜びも陽気な笑いも消え失せた。哀れな男がまわりを見渡すと、人々が嘆き悲しみ、鐘が鳴るのが聞こえた。葬列がやってきて、墓穴は死者で溢れた。彼は先に進み、立ち寄るすべての村で死に行く者の叫び声を聞き、荒れ果てた家の中で人々の顔が蒼白に変わる様子を目にした。丘の上に彼の村があった。そこには妻と小さな子ども、年老いた両親が暮らしていた。村に近づくにつれて、彼の心は張り裂けそうになった。彼は突然少女をしっかりとつかみ、少女もろとも水の中に身を投げた。男は沈んだが少女は浮かび上がってきた。しかし彼の恐れ知らずの勇気に怖気づき、森と山の方へ遠くまで逃げ去った」(40)。

神話や隠喩は類推から形成される〔二九六－二九七〕

よりいっそう広汎な見地から神話を概観すれば、このアニミズムの展開はさらに広く一般化できる。アニミズム的な説明では、自然の経過や変化を生命によって、つまり自然を観察して思惟する人間の生命のようなものによって、引き起こされたものとして説明する。しかしそれは、類推というそれよりもずっと広大な精神的作用の一部である。われわれは、類推を通して、周囲の世界について多くのことを理解してきた。類推からは誤った結論が導き出されるため、現代の厳密な学問はそれをほとんど信頼していないが、何かを発見し説明するときには、いまだに類推を用いることが少なくない。とりわけ教育の初期段階では、類推はきわめて大きな効力を発揮することがある。類推は現代の人間にとってはたんなる空想にすぎないが、昔の人間にとってはまさしく現実であった。彼らにとっては、炎は獲物を食べるときに火の舌で獲物をなめ回し、蛇は柄から先端までうねる剣に沿って這っているように見えた。さらに人々は飢えに苦しむとき、何かの生き物が体内を齧っているから苦しいと感じたであろうし、やまびこは山の小びとの声であり、蒼穹に鳴り響く雷は〈天空神〉の馬車が走る音だった。

このような考え方が当たり前であった人間は、創作上の規則や隠喩の慎重な使い方、比喩の適切な用法を教師から教わったり、習得したりする必要はなかった。昔の吟唱詩人と演説者は、それを適切に使うことができた。なぜなら彼らは、実際に見聞きし、感じたものを描くからだ。現代の詩人にとっての詩は、派手に着飾って神々や英雄、男女の羊飼い、舞台上の女主人公や哲学的な野蛮人を装う虚構劇だが、かつての吟唱詩人と演説者にとってのそれは、現実としての生活だった。いにしえの人間や洗練されていない人種は、きわめて深く自然環境を意識することで、細部まで際限なく想像の物語を作り出したのである。

雨や雷などの神話〔二九七 - 二九八〕

＊たとえば〔インド東部の州〕オリッサの丘陵地帯では、コンド族の雨の神であるピッズ・ペンヌが上空にとどまって、ふるいを使って夕立を降らせる。(41) ペルーの上空では、ある王女が雨の壺を手にして立っており、彼女の兄弟がそれを叩くと雷鳴の衝撃が生じ、稲妻が光る。(42) 昔のギリシア人たちによれば、虹はゼウスが天空からもたらしたものであり、戦争と暴風雨を告げる紫色の兆しだった。あるいは虹は女神のイーリスであり、神々と人間の使者と言われることもあった。(43) 南洋諸島の住民によれば、虹は天空の梯子であり、昔の英雄たちはそれを昇ったり降りたりすることができたという。(44) スカンディナヴィアの人間にとっては、虹はビフロスト、つまり揺れている橋であり、それは三色の木でできており、天空と地上をつないでいた。ドイツの民間伝承によれば、虹は守護天使が正しい人間の魂を天国まで導くときに渡る橋であるという。(45) ユダヤ人は虹を、雲の中のヤハウェの弓と呼んでいた。同じようにインド人は、虹をラーマの弓と呼んでいた。(46) フィン人は虹を雷神ティエルメスの弓と呼んでおり、ティエルメスは人の命を狙う呪術師をその弓で殺すのだという。(47) さらに虹は金の刺繍が施されたスカーフであったり、羽毛の頭飾りであったり、聖ベルナルドゥスの冠であったり、エストニアの神の鎌であったりする。(48) これらの神話的概念は、際限ないほど多種多様であるが、原則として自然からの連想と類推であるという点は共通している。北米の未開人について、「インディアンの空想はもっぱら現実的で物質的なものに基づいている」(49) と言われることがある。この言葉は多少極端であるが、これは北米のインディアンだけでなく、ある程度は人類すべてにあてはまる。

神話の形成における言語の影響〔二九八 - 二九九〕

＊これまで見てきたように、類似したものになぞらえるということは、精神のうちに直接的に組み込まれており、

そこでは言語的表現は必ずしも必要とされない。言語は精神生活にとって根本的に重要だが、事物や行動を直接的に比べ、なぞらえることは、言語よりもさらに根本的なものである。言葉を話せない者であっても、言語表現に依らずに想像力を発揮し、自然から類推することで神話創作者になることができる。神話を創作する者たちは、太陽、月、星が人格をもつ生き物であり、彼らに対して崇拝と祈りを捧げるべきであると守護霊から幾度も教わったと考えた。またある者は、天体を身近な事物と類比して思い描き、未発達なかたちで想像する。たとえば、月は団子と同じようにして造られ、ビー玉がテーブルを転がるように、木の頂のまわりを転がっている。星は巨大なはさみで切り取られ、空に貼り付けられている。あるいは、月は竈であり、星は火床であり、天上の人々がわれわれと同じように火をつけると考えられることもあった。(50) 自然に関するこのような概念が人類の神話には満ち溢れている。これらの観念がたんなる比喩であり、深遠かつ原初的なものではないと決めつけてしまってはならない。そうした決めつけは、われわれの思想史における一つの大きな変遷を見落としてしまうことになるだろう。

まず物質上の擬人化があり、次に言語上の擬人化があった〔二九九－三〇一〕

神話*の形成において、言語が大きな役割を担ってきたことは間違いない。冬と夏、寒さと暑さ、戦争と平和、悪と善などの概念は、言語で表現することによって個性を得るようになったのであり、神話の作り手はそれらを人格的存在として想像できるようになった。言語的作用と想像力は、きわめて密接な関係にある。言語は想像力が生み出したものを表現するのみならず、言語が想像そのものを生み出すこともある。想像力が生み出したものを言語が表現することで神話的概念ができあがるのと並行して、神話的観念のなかには、言語が想像を導いて生み出したものも存在する。このように言語と想像の相互的作用はきわめて密接であり、はっきりと分けることはできないが、できるかぎり区別しなければならない。

私自身は次のような考えに傾いている。すなわち、下等な人種の神話はもっぱら現実的で知覚可能な類推に基づくものであり、言葉による比喩が大きく発展して神話にまでなるのは、文明が進歩してからのことである（私とマックス・ミュラー教授の見解は、この点でいくらか異なっている）。簡潔に言えば、物質的神話が原初的なものであり、言語的神話はそこから派生したということだ。この見解が歴史的に見て妥当であるか否かは別にして、事実に基づく神話と言葉に基づく神話がそれぞれ異なる性質をもつことは、一目瞭然である。言葉による比喩が現実味に欠けるのは、たとえ想像力を最大限に発揮したとしても隠せるものではない。しかしながら、このようにどうしようもない欠点があるにもかかわらず、言葉で表現したものすべてをまるで実在するように扱うという習慣は、世界中で育まれ、営まれてきた。

名前は叙述の働きをもち、人格も付与するものとなる。最も抽象的な観念であっても、いったん名前がつけられれば人格的になる。そして名前や形容辞、比喩が実体を帯びるようになると、マックス・ミュラーがきわめて適切に「言語の病い」と呼んだように、そこから神話が際限なく創作されるようになる。あらゆる神話的概念の礎となっている思考そのものを明示することは確かに困難であるが、神話的概念が形成されるまでの過程をたどることは難しくない。

北米の諸部族は、春（ニピン）と冬（ピプーン）をもたらすニピヌーケとピプーヌーケという存在を擬人化した。ニピヌーケが暑気と鳥と新緑をもたらすのに対し、ピプーヌーケは冷たい風と氷と雪、そして荒廃をもたらす。一方がやって来ると他方は去って行き、両者は世界を分け合っている。[51] われわれヨーロッパの詩歌においても、このように擬人化された自然の比喩はいくらでも認められる。春が訪れる時期には、〈早春〉が〈冬〉を打ち負かし、春を告げる門が開かれる。早春はみずからの訪れの前に、それを予告する手紙を果実に届ける。さらに、早春の天幕が張られ、森は夏着をまとうようになる。同じように、〈夜〉が擬人化されると、〈昼〉はその息子ということになる。そして夜と昼は、天上の馬車に乗り、世界中を廻る。このような神話的段階にある精神にとっては、〈災禍〉も人格をもった存在であり、それは餌食となるものを見つけるまでさまよい続ける。〈時間〉と〈自然〉は、実体を備えた存在として現われる。〈運命〉と〈幸運〉は人格をもった裁定者であり、われわれの人生に対して判断を下すのである。

しかしこれらの意味に変化が生じ始めると、かつては現実的と考えられていたものが、たんなる詩的な表現形式にすぎなくなってくる。古代から現代までのあいだに起こった事柄を理解するためには、擬人化が人間の精神に及ぼした影響を、古代と現代で比較してみるとよい。〈罪〉と〈死〉が奈落から地上に続く長大な橋を作り、地獄の門に座っている、とミルトンが語るとき、それは古典的かつ荘厳で、筋が通っているように見えるが、現代的精神にとってはほとんどなんの意味もなさない。喩えるなら、ナポリで作られたまがい物のブロンズ像を見て、「偽物のアンティークのわりには、巧妙に作られているな」と思うようなものである。

古代スカンディナヴィア人に着目してみれば、彼らの精神は巧妙であるはずの現代の模造品よりもはるかに深い意味を伝えているように思える。彼らによれば、死の女神ヘルは厳めしく険しい青白い姿をしており、固く閉ざされた高楼に住んでいる。死んだ人間の魂は、彼女の統べる九つの世界に閉じ込められる。彼女にとって、〈餓え〉は食事であり、〈飢饉〉はナイフ、〈不安〉は寝台、そして〈悲嘆〉はカーテンである。しかしこのような古くからの、物に基づいた表現が現代にそのまま持ち込まれ、きわめて正確に再現されたとしても、そこから読み取れる精神はまったく異なるものになってしまうだろう。ある修道士が聖遺物のコレクションの一つとして〈信仰〉という聖人の上着を飾っていたという物語などは、われわれには冗談でしかない。老衰したチャールズ・ラムは、友人宛ての手紙に「私は〈咳〉と〈痙攣〉と、三人で仲よく寝ています」と書いたが、われわれにはそれも異様な冗談のように思える。それは過去の知的生活の果実でありまた記録ではあろうが、だからといってわれわれがそのユーモアを汲まなければならないというものでもあるまい。

神話に関係する文法的性差、男性と女性、生命をもつものともたないもの〔三〇一－三〇三〕

＊文法上の性の区分は、神話の形成と密接に結びついた過程である。文法上の性は二つの種類から成る。性別による文法上の性とでも呼べるものは、古典的な教育を受けたイギリス人男性ならば、彼らの母語がその痕跡をほとんど失ってしまっているとはいえ、誰にでも馴染みのものである。たとえばラテン語では、ホモやフェミナのような語が自然と男性名詞と女性名詞に分類されるだけでなく、ペース〔足〕やグラディウス〔剣〕は男性名詞、ビーガ〔馬車〕やナーウィス〔船〕は女性名詞とされ、同様の区分がホノース〔名誉〕とフィデース〔信仰〕といった抽象概念のあいだにも引かれる。新たな文法上の性――中性つまり「どちらでもない」性――が設定されているにもかかわらず、性別を欠いた事物や観念がこのように男性名詞と女性名詞に分類されるという事態は、中性という分類が後代に形成されたものであり、元来のインド・ヨーロッパ語族の性はヘブライ語が現にそうであるように男性と女性のみであったということを考慮してみれば、ある程度は説明できよう。

いかなる性もない事物に性別を付す慣行を詳細に解明するのは容易ではないが、その基本的発想の少なくとも一つは今日においても十分に理解できるものであり、そこから判断するならば、その原理的な部分には少しも不可解なところはないように思われる。すなわち、言語は強いと弱い、厳しいと穏やか、粗いと細かいとのあいだにみごとに適切な区別を設けて、それらを男性的なものと女性的なものとして対照させている。ピエトロ・デッラ・ヴァッレ〔Pietro della Valle　一五八六－一六五二。イタリアの音楽家、旅行家〕が中世ペルシア人のもとで描き出した類の空想さえも理解することが可能である。彼らは男性的なものと女性的なもの、要するに事実上は頑丈なものと脆いものとの区別を、食物や布地、空気や水といったものについてまで行なっていて、それぞれにふさわしい使用法を定めている。[52]　また、ボルネオ島のダヤク族の言い回し以上に明白で説得力のあるものはなかろう。彼らは強烈などしゃ降りに見舞われると、「ウジャトン・アライ・サ！」――「こりゃ男雨だ！」と言うのである。[53]　彼ら事物と思想がどの程度までその擬人化に基づいて言葉のうえで男性と女性へと分類されたのか、そして、どの程度まで男性と女性への分類に基づいて擬人化されたのかを決定するのは困難だろうが、いずれにしても、この二つの過程が相互に調和し促進しあうものであることは明らかである(54)。

*さらに、ヨーロッパの一般的学問では取り上げられない言語を研究対象にするなら、よりいっそう広い領域にまで文法上の性差に関する学説を広げることができる。南インドのドラヴィダ族の言語では、生命をもつ動物であろうと生命をもたない事物であろうと、興味深いことにあらゆるものが「高位のカーストあるいは重要な性」と「カーストなし、あるいは取るに足りない性」に分けられる。前者には神々や男性といった理性的な存在が含まれ、後者には理性のない事物が含まれる(55)。北米インディアンのアルゴンキン語族の言語においても、生命をもつ性ともたない性を言語上の重要な区別として分けることがある。そこでは生命をもつ性にはすべての動物が含まれるだけでなく、太陽や月、星、雷と稲妻といったものも人格をもつ生物として含まれる。さらに樹木や果実のほか、生命はもたないが特別な聖性と力をもつために別格として扱われる事物も、生命をもつ性に含まれる。特別な聖性と力をもつものとは、マニトゥ〔超自然的存在、精霊〕に供犠を捧げるための祭壇で使われる石、弓、鷲の羽、釜、タバコのパイプ、ドラム、貝殻玉などである。動物は一つの統一体として生命をもっているが、手や足、くちばしや翼などの身体の一部分は、生命をもつとは見なされないかもしれない。しかし、鷲のかぎ爪、熊の爪、ビーバーの毛皮、人間の爪、そのほか特別の力、あるいは神秘的な力をもつとされるものは、特殊な理由によって生命をもつ性として扱われる場合がある(56)。未開人の想像力が、これほどまでに神話と不可分の関係にあることに驚く人がいるかもしれないが、既述の自然をめぐる言語が帯びていた意味を思い返してみるがよい。まさしくこのような言語は、神話の世界を映し出しているのである。

神話上の事物にふさわしい名前をつける〔三〇三－三〇四〕

*しかし言語と神話は、ほかのかたちでも互いに影響を及ぼしあうことがある。ボートや武器といった生命をも

たない物体に個人的な名前をつけたなら、神話的感覚が衰えているわれわれでさえも、何かしら人格的な性質がそれらに宿ったように想像することがある。神話的概念がさかんに用いられる民族のあいだでは、このようなことはよりいっそう活き活きとしたかたちで行なわれているだろう。もっとも、下等な未開人には道具やカヌーに生きている人間と同じような名前をつけるような能力はおそらくないだろうが、もう少し上の段階に位置する人種であれば、名前をつける習慣をもっている。たとえばズールー族は、棍棒に、イグムゲレ〈大食漢〉とか、ウ・ノトロラ・マジブコ〈流れを見守る者〉という名前をつける。投げ槍にはイムブブジ〈うなるもの〉、ウ・シロ・シ・ラムビレ〈飢えたヒョウ〉という名前をつける。投げ槍の一種だが道具でもある武器には、ウ・シムベラ・バンタ・バミ〈私の子どもたちのために掘ってくれる者〉という穏やかな名前をつける(57)。

ニュージーランド人も、類似した風習をもっていた。ニュージーランドに移住してきた彼らの祖先の伝承では、ンガフエという者が自分の碧玉から二振りの鋭い斧を作り、それぞれトゥタウル、ハウハウ・テ・ランギと名づけたとされる。彼はこれらの斧を使って二艘のカヌーを造り、アラワとタイヌイと名づけた。そしてテ・アラワの二つの錨の石はそれぞれ、トカ・パロレ〈ゆがんだ石〉とトゥ・テ・ランギ・ハルル〈荒れ狂う空のよう〉と呼ばれた。この伝説は途絶えることなく語り継がれ、現代にいたるまで年代記によって伝わっている。マオリ族によれば、この名高い斧トゥタウルが失われたのは、ごく最近のことである。ちなみにトゥタウルと同じ石のかけらから作られたカウカウ・マトゥアという名の耳飾りを、テ・ヘウヘウという者が所有していた。しかし一八四六年の山崩れで持ち主が死んだとき、この耳飾りも失われたと言われている(58)。

生命をもたない事物に対して人格的な名前をつけるというこのような子どもじみた習慣は、野蛮な水準を脱した状況においても認められる。たとえばわれわれは、トール〔北欧神話の神〕の槌、ミョルニルが、空中を飛んでくることを巨人たちが知っていたという話を本で読んで知っている。さらに、ベディヴィア卿〔アーサー王の円卓の騎士の一人〕がアーサー王の剣、エクスカリバーを湖に投げ入れたとき、白絹の織物に覆われた手がエクスカリバーをつかんだとされる。そのほか、エル・シッド〔十一世紀のカスティリアの貴族〕は名剣、ティソーナ〔あるいはティソン〕〈炎の剣〉に対して、臆病が克服できなければ自分の胸に突き刺すという誓いを立てたという。

神話的想像力を鼓舞する心的状況〔三〇四－三〇七〕

自然のすべてが人格的生命をもっているという子どもじみた原初的哲学の教え、そして人間に対してきわめて大きな影響を及ぼしてきた初期の言語。これら二つが、神話の発展における大きな、おそらく最大の作因だった。しかし特殊な伝説群に着目すれば、これらとは別の要因も働いていたことがわかる。神話の発展に関する完全なリストが作成できるならば、その他の知的行為も多数含まれることだろう。しかしながら神話の形成過程を研究するうえで重要なのは、神話時代における人間の精神状況に対する鋭敏な感覚をもつことである。たとえばシベリアのロシア人は、未開のキルギス人が詩歌を即興でたえず作るのを聞いて驚き、次のように叫んだ。「こいつらは、見るものすべてを空想に変えることができるのか！」。同じように、文明化したヨーロッパ人も、自分たちの想像が堅苦しく単調で整然としているのとは対照的に、いにしえの神話創作者が伝える詩歌と伝説が野性的で変化に富むことを感じるだろう。そして彼らには見るものすべてを空想に変えることができるのだと思うだろう。

神話的世界を分析しようとする研究者が、この強烈な想像的領域に入り込むことができなければ、神話的世界の深く鮮烈な意味を馬鹿らしい作り話として誤解し、哀れにも理解し損なうかもしれない。役者は、役を演じる少しのあいだ自分自身の存在を忘れ、その役になりきるが、これと同じように詩人も、自分の精神を世界の古い生活状態に戻すことができる。このような詩人の才能をもつ者こそが、神話的世界の意味を正しく認識できるのである。マックス・ミュラーは適切にも、ワーズワースは「近代の古代人」であると言った。ワーズワースは精神の目をもっており、あたかも原初のヴェーダの詩人であるかのように、アグニやヴァルナに捧げられた神話的讃歌を「理解し」、〈嵐〉と〈冬〉、あるいは空を駆け上る〈太陽〉そのものを描くことができた。いにしえの世界の神話を十分に理解するためには、証拠や論証のみでは不十分であり、深い詩的な感情が必要なのである。しかしながら、このような才能に恵まれている者はごくわずかである。われわれはこのような才能に恵まれていないので、証拠を頼りにしながら研究を進めなければならない。思考力が詩的段階にある場合、成人でも子どものように、想像上の概念が現実に存在していると思い込むことが予想される。私が子どものころには、星座が天球儀に赤や緑や黄色で描かれているので、実際の空にも星座が同じように満ちていて、巨大な望遠鏡でそれを見ることができると想像したことがあった。そのときに抱いた臨場感は、今でも忘れられない。神話的想像が強烈な力をもつことは、病いをめぐる観念と比較してみればわかりやすい。下等な人種は、あるいはもう少し高度な人種であっても、瞑想や断食、麻薬や興奮状態、あるいは疾病によって病的エクスタシーに陥ることが普通に起こる。しかも特に神話的観念に親しんでいる階級の人々にとって、それは名誉なことでもある。その影響下では、知覚と想像力を隔てる壁は完全に取り払われてしまうのである。

北米インディアンの女性予言者は、自分が最初に見た幻影について、次のように語っている。彼女は女性として成人する際、人里を離れ、断食してエクスタシー状態に陥った。霊の呼びかけに応じて天空の入り口にいたる小道を登っていくと、ある声が聞こえてきた。彼女が静かに立ち止まると、小道のそばに立っている男の姿が見えた。男の頭部には光輪がとりまき、胸部はいくつもの四角い模様で覆われていた。この男は、「私を見よ、私の名前はオシャウワウエギーギック〈輝かしい青い空〉である！」と言った。彼女はのちに自分たちの粗野な象形文字でこの体験を記録し、力を象徴する角のような形と光輪を備えた壮麗な霊の姿を描いた。(59) このようなインディアンの絵文字はわれわれにとって目新しいものではなく、この稚拙な描き手が興奮のうちにこのような想像を抱いたであろうことは容易に考えられる。女性予言者はこの〈褐色インディアンのゼウス〉と言える光り輝く存在に幻影のなかで本当に出会ったと強く信じており、それを冷静に分析しているわれわれの見地との隔たりは実に大きい。しかし神話的想像の産物にすぎない観念がただちにゆるぎない事実性を獲得しうることを示す事例は数多く、これはそのほんの一例にすぎない。

神話的想像から生じた観念は、最初にそれを抱いた人間にとっては鮮烈な想像の所産でしかなかったかもしれないが、この観念が言葉で表現されるようになり、家から家に伝えられるようになると、昔から人々のあいだに具体的な姿で存在していたと強く信じられるようになる。たとえば南アフリカ人は、奇形の脚をもつ神を信じており、夢や幻影でその神に会うことがある。[60] タキトゥスの時代には、頭部が光り輝く神々の姿がスカンディナヴィアのはるか北で目撃され、詩的な想像力で表わされることがあったと言われていた。[61] 六世紀になってからも、有名なナイル河の神が、巨大な人間のような姿で河の水面から上半身を出しているところが目撃されていたようだ。[62]

神秘家が伝える幻影には独創性が欠如しており、これは神秘家の幻影の最も特徴的な点である。かつての修道士はエクスタシー状態に陥り、幻影のなかで聖人に出会うことがあったが、修道士たちが伝える聖人はいつも型通りの姿をしている。聖母についても同様で、田舎の家に飾られた絵のなかでも、農民が見る幻影のなかでも、聖母は冠とペチコートを身に纏った堅苦しい恰好をしている。悪魔が角と蹄、尻尾のあるイメージで民衆にいったん定着すると、当然のことながら、人々はこの型通りの恰好の悪魔を目撃するようになる。聖アントニウスの〔幻影に現われる〕サテュロスのような悪魔は、世の人々にとってあまりに現実的になったため、十三世紀の重大な報告によれば、このような姿をした悪魔のミイラがアレクサンドリアで見世物にされたことがあったという。今からわずか十五年ほど前のテインマス〔イングランド南西部デヴォン州の海辺の町〕でも、悪魔が家の壁を歩いて登り、雪上に足跡を、悪魔らしく後ろ向きに残したという話がはやったことがあった。

観念が妄想上で現実として認められるようになるのは、幻影の力のみによるのではない。人間の全感覚がいわば協働し、観念が現実であることを証明しようとするのである。次のようなわかりやすい実例が存在する。英語で

shingles〔帯状疱疹〕（ラテン名は *cingulum*〔帯〕）と呼ばれるひりひりする疱疹は、炎症が腰帯の巻き付くように身体中に広がっていくことからその名がつけられたが、かつてこの症状が、とぐろを巻いた蛇のようなものが引き起こすと考えられていたことは容易に理解できる。さらに私は、この疾患に罹ったコーンウォール〔イングランド南西端の地域名〕の少女の事例を記憶している。この少女の家族は、蛇が巻きつき、その頭と尾が交わったときに死が訪れると信じており、この生き物が少女の胴を一回りしてしまうのではないかと恐怖しながら見守っていた。さらに医師であるバスティアン博士〔Adolf Bastian 一八二六－一九〇五。ドイツの民族学者〕の報告からは、この現実離れした観念のよりいっそう完全な意味がはっきりと見て取れる。バスティアン博士は、蛇が巻きつくようなつらい疾病に冒されたことがあった。苦痛が最も激しくなったとき、博士には蛇が見え、そのざらざらとした鱗に手で触れることができたという。この観念は博士にとって、まさしく現実のものとなったのである。

狼男の教義〔三〇七－三一四〕

病的な想像力と神話の関係については、広く流布したある信仰の歴史のうちに実例が豊富に見いだせる。この信仰とは、狼男と便宜的に呼ばれるものであり、野蛮的、未開的、ギリシア・ローマ的、東洋的、中世的な生活を通じて広まっており、今でもヨーロッパの迷信のうちに存続している。この狼男の信仰によれば、ある種の人間は生まれつきの才能によって、あるいは呪術的なわざによって、しばらくのあいだ凶暴な野生の獣に姿を変えることができる。この観念の起源ははっきりとはわからないが、われわれにとってとりわけ興味深いのは、これが世界中に流布しているという事実である。この観念の注目すべき点は、人間の魂が肉体から抜け出し、獣や鳥の体内に入り込むというアニミズムの考え方と合致するだけでなく、人間が動物に変身するという考え方とも合致する、ということである。これら二つの考え方は、人類が野蛮であったころから、信仰上の重要な位置を占めてきたのである。

狼男の教義は、実質的には一時的な転生、あるいは変身に関わるものである。病人が怯えながら徘徊し、人間を噛んだり殺そうとしたり、野生の獣に変身できると思い込んだりすることは、さまざまな精神疾患において実際に認められている。本当に変身できるという信仰が、患者がそのようなことを信じるようになった原因かもしれない。しかしいずれにしても、このような狂気の妄想は実際に確認されており、医師たちはそれを狼化妄想という神話的な表現で呼んでいる。人間が狼男や虎男などに変身するという信仰は、自分がそのような生物だと信じている人間の証言から強い支持を得ることがある。さらに邪術の専門家は、病的妄想の全般を司っており、呪術的なわざによって自分自身やほかの人間を獣の姿に変えることができると主張する。この主題に関しては膨大な数の民族誌的報告が確認されているが、そこからは驚くほど画一的な原理を見て取ることができる。

インドの非アーリア系原住民であるガロ・ヒルズ*〔インド東部メガラヤ州の地名〕の部族によると、明らかに振顫譫妄と思われる一時的な精神錯乱の状態は、「虎に変身すること」で引き起こされるという。この状態に陥った病人は虎のように歩き回り、人付き合いを避けるようになる。(63)オリッサのコンド族によれば、彼らのなかには「ムリーパ」のわざをもつ者たちが存在し、神の力を借りて「ムリーパ」虎になり、敵を殺すことができる。人間には魂が四つあるが、虎になるときには魂の一つが抜け出て、野獣の姿に変わり、生命をもつようになる。コンド族によれば、普通の虎は人間のために獲物を殺すので、獲物の半分は人間のために残してくれるが、人間を殺す虎は怒り狂った大地の女神の化身であるか、変身した人間であるという。(64)この虎男の観念は、他の類似の観念と同じように、野生の獣の一部が人間に対して特に強い敵意を示すことの説明になっている。

類似の事例が、シンバム〔インド東部の地域名〕のホー族にも見いだせる。ホー族によれば、モラという名前の男が、妻が虎に殺されるのを目撃した。モラがこの獣を追いかけていくと、プーサという名前の男の家にたどり着いた。プーサの親族に事情を話すと、彼らはプーサが虎になれることに気づいていたと言った。そこで親族が彼を敷地の外に連れ出して縛り上げ、モラが慎重にプーサを殺した。プーサの家族は、当局の取り調べに対して、プーサがある晩ヤギを一匹丸ごと食べて、そのあいだ虎のように吠えていたことがあったと供述した。さらに弁明として、プーサはある若い雄牛をどうしても食べたいと友人に話したことがあったが、その日の夜にまさしくその仔牛が虎に食い殺された、と語った(65)。東南アジアでも、邪術師が虎男に姿を変え、獲物を求めて徘徊するという話は珍しくない。たとえばマレー半島のジャクン族は、ある男が虎になって敵を倒し、復讐を果たしたと信じている。その男はまさに跳びかかる直前に変身し、人々はその一部始終を目撃したという(66)。

部族が興奮状態のなかで想像したことは、こうした信仰とともに一度植えつけられてしまえば、迫真の事実と見なされるようになる。南アメリカのアビポン族〔アルゼンチン、グランチャコ地域の先住民〕について、ドブリゾファ〔Martin Dobrizhoffer 一七一七－一七九一。南米への宣教に従事したオーストリア出身のイエズス会修道士〕は、次のように詳細に語っている。ある邪術師が敵を打ち負かすために、虎に姿を変えてお前の仲間たちを八つ裂きにしてやると威嚇した。邪術師がうなり始めるや否や、近くにいた者たちは皆、遠くに逃げたが、虎を真似たうなり声はまだ聞こえていた。人々は「ほら、あいつの体に虎の模様が現われ始めたぞ！」と叫び、怯えた女性たちは「見て、あいつの爪が伸びてきた」と声をあげた。はぐれ虎〔邪術師〕は、実際にはテントの中に身を隠していて、人々にはその姿は見えなかったのだが、狂気を伴った恐怖心によって、現実には存在しないものが人々の目に見えたのである。「あなたがたは平野で虎に出くわしても恐れることなく、平生に殺すことができるのに、どうして街中で想像上の偽物の虎に出くわしたときには意気地なく恐れるのか」と宣教師が尋ねると、彼らは微笑みながらこう答えた。「神父様はこの種のことをよくご存じない。私たちは平野で虎に出くわしたとしても、少しも恐れることなく殺せます。虎の姿が見えるからです。しかし人が姿を変えている虎は恐ろしい。その姿は見えませんし、殺すこともできないのですから(67)」。邪術師たちは、だまされやすい野蛮人たちをこのような途方もないペテンにかけていたのだが、同時に彼らは、部族の降霊術を司る職業的霊媒でもあった。職業的霊媒は、霊を見えるようにしたり幕の後ろで霊と会話したりすることで、死者の霊と交流した。

アフリカには、ライオン男やヒョウ男、ハイエナ男に関する神話がとりわけ豊富に存在する。〔ナイジェリア北東部〕ボルヌ地方のカヌリ族の言語では、「ブルトゥ」ハイエナという語彙から、「私はハイエナに変身する」という意味の動詞「ブルトゥンギン」が文法的に派生した。そして原住民によれば、カブティロアという町の男はすべてハイエナに変身する能力をもっているという。[68]〔エチオピアの〕アビシニアにいるブダの部族では、鉄工職人や焼物師は文明的な物作りの仕事を、邪視の能力やハイエナに姿を変える力と結びつけていると信じられている。そのため彼らは社会から追放されたり、キリスト教の聖餐から追い出されたりする。『ナサニエル・ピアースの生涯と冒険』〔エチオピア探検で知られるイギリス人 Nathaniel Pearce（1779-1820）の伝記、John James Halls（1776–1853）が編纂〕は、コフィン氏という人物の次のような証言を掲載している。その証言によれば、ブダである召使いの若者が休みをとる許しを請いにきたので、コフィン氏はそれを許可した。しかしコフィン氏がほかの召使いたちの方を向いていると、召使いたちが若者のいた方向を指さして、「見てください、見てください、あいつがハイエナに姿を変えています」と叫んだ。すぐにコフィン氏は振り返ったが、若者の姿は見えず、大きなハイエナが百歩ほど離れたところを歩いていた。ハイエナは視界を遮る木も藪もない開けた平野を、明るい光を浴びながら走り去っていった。翌朝、そのブダの若者は戻ってきた。彼はいつものように、昨日の不思議な出来事について何を聞かれても否定することなく黙っていた。さらにコフィン氏の証言によれば、ブダたちは一風変わった金の耳飾りをつけていた。そして、ハイエナが罠にかかったり、槍で突き殺されたりすると、その耳にはブダの人々と同じ耳飾りがついているのが頻繁に目撃された。ブダたちは呪術的なわざを使うことができると恐れられていたので、彼らは自分たちに利のある迷信を広めるために、耳飾りをハイエナにつけたのではないかとその本の編者は述べている。[69]

さらに近年、マンスフィールド・パーキンス氏〔Mansfield Parkyns 一八二三–一八九四年。イギリス人探検家〕が報告したところによれば、この信仰はアビシニアの心霊主義の一部にほかならない。ヒステリー発作、無気力、痛みを病的なまでに感じないこと、そして、取り憑いた霊の名前や言語を病者が語る「悪魔憑き」、これらすべてのことがブダたちの霊的な力の仕業とされる。パーキンス氏は、彼の家政婦に起きた出来事を事例として記している。鍛冶工の一人がハイエナに姿を変え、パーキンス氏の家政婦を病気にした。このハイエナは彼女を森の中におびき出し、食べようとしていたのである。ある夜、村の近くで一匹のハイエナが遠吠えし、じゃれるような声が聞こえた。そこで家政婦は手足を縛られて小屋の中に入れられ、厳重に警護された。突然、ハイエナの声がすぐ近くで聞こえた。するとパーキンス氏が驚いたことには、女がダベンポート兄弟〔アメリカ出身の魔術師、Ira Erastus Davenport（1839-1911）とWilliam Henry Davenport（1841-1877）〕のように「拘束を外して」立ち上がり、脱出しようとしているのが見えたのだった(70)。

アシャンゴ族の土地では、ドゥ・シャイユ氏〔Paul Du Chaillu 一八三一頃－一九〇三。フランス系アメリカ人探検家〕が次のような興味深い話を伝えている。二人の人間が一匹のヒョウに殺されたという報告を受けて、彼はどのように対処すべきか、長時間にわたって人々と話し合った。しかしこのヒョウは普通のヒョウではなく、人間が変身したヒョウだった。殺されたのは〔族長の〕アコンドゴの手下の二人の男だったが、最初に見つかったのは血痕だけで死体はなかった。そこである名医が呼ばれたのだが、彼の見立てでは、それはアコンドゴの甥で後継者のアコショの仕業だった。族長がアコショを呼びつけ問いただすと、この若者は殺人を犯したことを認めた。彼はヒョウに変身すると血が無性に欲しくなり、二件の殺人を犯し、そのあと人間の姿に戻ったと自白した。アコンドゴはこの少年をとても愛していたので、彼の自白をすぐに信じることができなかった。しかしアコショがアコンドゴを森のある場所に連れて行き、ずたずたになった二人の手下の死体を見せると、病的な想念の影響によってアコショが本当に殺人を犯したのだと認めざるをえなかった。アコショは人々が見ているなか、ゆっくりと焼き殺された(71)。

＊周知のようにヨーロッパにもこのような信仰の類似物が存在するが、ここでは手短に言及しておけば十分だろ

う。古代から近代にいたるヨーロッパでは、古い伝統にせよ、呪術師の芸当にせよ、変身できると妄想的に信じている病人の実例にせよ、その類の話が大量に、またきわめて詳細に記録されてきた。ウェルギリウスの『牧歌』は、当時の一般的な見解として、狼男、降霊術師、あるいは「霊媒」、それに魔女の技術は、一つのわざから派生したものであると記している。そして、〔牧人〕モエリスが毒草を使って狼に姿を変え、墓穴から霊魂を呼び出し、農作物に魔法をかける様子を以下のように描いている。

ここにある毒草は、ポントゥスの地で摘み集められ、モエリスから私が直接もらったもの。ポントゥスではこれがとてもたくさん生えている。私は幾度もこの眼で見たが、モエリスはこれを使って狼になり、森に姿を隠したし、墓の底から亡霊を呼び出したり、畑に生えた作物を別の畑へ移したりした。(72)

古典的な物語のなかで最も注目すべきものの一つは、「変幻自在」、つまり「姿形を変える」変身の仕方に関する審判者ペトロニウス〔一世紀ローマ帝国の政治家、文筆家〕の物語である。この物語では、ある男が傷を負ったら、その男が変身していると言われていた狼も同じ箇所に傷を負ったと語られている。ここから見て取れる観念が本来は下等な人種のものであったという確証はないが、狼男と魔女に関するヨーロッパの物語のなかでよく知られた特徴になっている。アウグスティヌスの時代には、呪術師たちは薬草を使って狼に変身できることを愚か者たちにまんまと信じ込ませていた。変身するために膏薬を使うことは、比較的近年になってからも報告されている。スカンディナヴィアの古い物語は、狼男の戦士、および変身する者〔ハムラムル〕について伝えている。彼らは、激しい狂気の発作を起こし、暴れまわるという。デンマーク人によれば、現在でも眉毛がつながった男は狼だと言われる。その眉毛は蝶の形に似ているので、それと同じ習性を持った魂がどこかへ飛び去って、他の身体に入り込みやすいと考えられているのである。〔スウェーデン南部〕カルマルの住民によると、スウェーデンとロシアが繰り広げた戦争の最後の年に土地を荒らしまわった狼の群れは、スウェーデンの捕虜が変身したものだったという。ヘロドトスは、ネウロイ人〔黒海北方の部族〕が毎年、数日のあいだ狼に姿を変えるという伝説を書き記しているが、同様の観念はスラヴ人の地域にも認められ、さらにリヴォニア〔現在のエストニア南部からラトヴィア北東部にあたる地域の旧称〕にまでいたる。リヴォニアの邪術師は毎年川の水に浸かり、十二日間、狼に姿を変えるという。また現在のスラヴ人に広く流布している迷信によれば、厳しい冬のあいだに人間を襲うことがある狼は「ウィルコラク」、すなわち呪術によって狼に姿を変えた人間であると言われる。また、強硬症の症状が現われた人間は、その魂が狼に入り込み、血を求めて暴れまわると言われるが、この人間のことを現代のギリシア人は古典語の「リュカントローポス」ではなく、スラヴ系の「ブルコラコス」〔ブルガリア語の「ヴリコラク」〕という語で表現している。現代ドイツ、とりわけその北部では、今でも「狼の帯」の物語が伝わっている。十二月に「狼の話」をすると狼に引き裂かれるので、「狼」と口に出してはならないと言われる。

英語における「ワーウルフ」、すなわち「人狼」〔クヌート王〔十一世紀のイングランド、デンマーク、ノルウェー王〕の法の verevulf〕という言葉からは、わが国の古い信仰を見て取ることができる。イングランドの民間伝承がこの言葉を幾世紀ものあいだほとんど伝えることがなかったのは、ワーウルフの迷信がなかったからではなく、狼がいなかったからである。スコットランドにおける次の物語は、動物に姿を変えられるという観念が、近代の魔女に対する迫害のうちに残っている事例である。すなわち〔北岸の町〕サーソーでは、魔女たちがありふれた猫の姿になり、ある正直な男を長いあいだ苦しめていた。ある晩、ついに男は長剣を手に取って猫を追い払い、なかでものろまな猫の脚を切り落とした。彼がこの猫の脚を拾い上げると、驚くべきことにそれは女の脚だった。翌朝、その脚の持ち主である老婆が片脚でいるのが見つかった。

フランスでは、この架空の生物は、歴史的にわれわれの「ワーウルフ」と同じような名前で呼ばれてきた。すなわち、初期の語形ではgerulphus, garoul、現在では重複語の「狼・男」と呼ばれている。フランシェ＝コンテ〔フランス東部、スイスと国境を接する地域〕の議会は、狼男を駆逐するための法律を一五七三年に制定した。〔西部の都市〕アンジェでは、一五九八年に手足の爪が狼の爪に変わったという狼男の証拠が残されている。一六〇三年のジャン・グルニエの訴訟では、狼化妄想は精神障害による妄想であり、犯罪ではないという判事の判断が下された。フランスでは一六五八年にも、呪術師に関する風刺的な記事のなかに、人狼となった魔女自身による次のような完璧な報告が記載されている。「私は狼に姿を変えて、子どもを食べるようにと魔女たちに教えています。狼が脚を切り落とされ、（それが人間の腕とわかって）身元がばれたときには、彼女らを見捨て、法の裁きに任せます」。このような観念は、今日のフランスでも農民たちのあいだに残っている。たとえば今から十年ほど前のフランスで、ベアリング＝グールド氏〔Sabine Baring-Gould 一八三四－一九二四。イングランド国教会の牧師、考古学者・民俗学者〕が、狼男が出没するといわれる荒野を暗くなってから通ろうとしたとき、誰も道案内を引き受けてくれなかった。彼はこの体験をきっかけに、神話と狂気が強く関連するこの現象についてのモノグラフ『人狼の本』〔一八六五年刊行〕を執筆するにいたったのである。(73)

幻想と空想〔三一四－三一五〕

もし初期の神話をわれわれの現代的な空想力のみによって判断してしまったら、それらの神話が人類の生活や信念に及ぼした計り知れない影響を説明できないままとなってしまっていただろう。だがここで取り上げた証拠資料を研究することによって、古代の、および野蛮の諸民族に認められる想像力の日常的な在り方が理解できるようになる。それはつまり、健全かつ平凡な現代市民の状態と、支離滅裂な狂信者あるいは熱病病棟の患者の状態との中間に位置している。われわれの時代においてさえ、詩人は依然として、思考の神話的段階において文明化されていない部族の精神と、多くの共通点を有している。つまり一方で、粗野な人間の想像力は狭隘で粗雑で不快なものであり、他方で、詩人が意識的に作った物語は、斬新で芸術的な美しさを備えたものとしてきわめて精巧に作り上げられている、と思われるかもしれないが、実のところ両者とも、心のなかに生まれるものの真実性を捉える感性を共有しているのである。だが幸か不幸か、現代の教育はその力があまりにも強大であるために、この感覚を破壊してしまった。そしてたった一単語の意味の変化ですら、この原始的思考から現代的思考にいたるまでの変遷の歴史を物語ってくれるだろう。すなわち、想像力《ファンタジー》の作用は終始働いてきたのだが、野蛮人がそこに幻想《ファンタズム》を見いだすことができたのに対し、文明人はそれを空想《ファンシー》として退屈しのぎに使うようになってしまったのである。

原注

（1）Grote, 'History of Greece,' vol. i. chaps, ix. xi.; Pausanias viii. 2; Plutarch. Theseus 1.

（2）Banier, 'La Mythologie et les Fables expliquées par l'Histoire,' Paris, 1738; Lempriere, 'Classical Dictionary,' &c. を見よ。

（3）Hanusch, 'Slav. Myth.' p. 323; Grimm, D. M. p. 363; Latham, 'Descr. Eth.' vol. ii. p. 448; I. J. Schmidt, 'Forschungen,' p. 13; J. G. Müller, 'Amer. Urrelig.' p. 268. また Plutarch. Parallela xxxvi.; Campbell, 'Highland Tales,' vol. i. p. 278; Max Müller, 'Chips,' vol. ii. p. 169; Tylor, 'Wild Men and Beast-children,' in Anthropological Review, May 1863 も見よ。

（4）Macrae in 'As. Res.' vol. vii. p. 189.

（5）Bastian, 'Oestl. Asien,' vol. i. p. 51.

（6）Grote, vol. iii. p. 104; vol. v. p. 22; Herodot. i. 189; vii. 34; Porphyr. de Abstinentia, ii. 30; Pausan. i. 28; Pollux, 'Onomasticon.'

（7）Reid, 'Essays,' vol. iii. p. 113.

（8）Wuttke, 'Volksaberglaube,' p. 210.

（9）本書第十一章を見よ。

（10）D'Orbigny, 'L'Homme Américain,' vol. ii. p. 102. また De la Borde, 'Caraibes,' p. 525 も見よ。

（11）Le Jeune in 'Relations des Jéuites dans la Nouvelle France,' 1634, p. 26. また Charlevoix, 'Nouvelle France,' vol. ii. p. 170 も見よ。

（12）Schoolcraft, 'Algic Researches,' vol. ii. p. 54; また 'Tanner's Narrative,' p. 317 と比較せよ。'Prose Edda,' i. 11; 'Early Hist. of Mankind,' p. 327 も見よ。

（13）Prescott, 'Peru,' vol. i. p. 86; Garcilaso de la Vega, 'Comm. Real.' i. c. 15. iii. c. 21.

（14）Torquemada, 'Monarquia Indiana,' vi. 42; Clavigero, vol. ii. p. 9; Kingsborough, 'Antiquities of Mexico' におけるサアグン〔Bernardino de Sahagún 一四九九／一五〇〇－一五九〇。スペイン出身のフランシスコ会修道士〕を参照。
（15）Bastian, 'Mensch,' vol. ii. p. 59.
（16）Le Jeune, in 'Relations des Jésuites dans la Nouvelle France,' 1639, p. 88.
（17）Froebel, 'Central America,' p. 490.
（18）Tac. Ann. xiii. 55〔タキトゥス『年代記（下）――ティベリウス帝からネロ帝へ』国原吉之助訳、岩波書店（岩波文庫）、一六七－一六八頁〕.
（19）Stanbridge, in 'Tr. Eth. Soc.' vol. i. p. 301.
（20）Cranz, 'Grönland,' p. 295; Hayes, 'Arctic Boat Journey,' p. 254.
（21）Schoolcraft, 'Indian Tribes,' part iii. p. 276; また De la Borde, 'Caraibes,' p. 525 も見よ。
（22）H. Yule in 'Journ. As. Soc. Bengal,' vol. xiii.（1844）, p. 628.
（23）Origen. de Principiis, i. 7, 3; Pamphil. Apolog. pro Origine, ix. 84.
（24）De Maistre, 'Soirées de Saint-Pétersbourg,' vol. ii. p. 210, また184 も見よ。
（25）Kaempfer, 'Japan,' in Pinkerton, vol. vii. p. 684.
（26）Doolittle, 'Chinese,' vol. ii. p. 265;（インドラの象の水呑みについては）Ward, 'Hindoos,' vol. i. p. 140 を見よ。
（27）Chron. Joh. Bromton, in 'Hist. Angl. Scriptores,' x. Ric. I. p. 1216.
（28）Lane, 'Thousand and one N.' vol. i. p. 30, 7.
（29）Krapf, 'Travels,' p. 198.
（30）Lane, *ibid.* pp. 30, 42; Burton, 'El Medinah and Meccah,' vol. ii. p. 69; 'Lake Regions,' vol. i. p. 297; J. D. Hooker, 'Himalayan Journals,' vol. i. p. 79; Tylor, 'Mexico,' p. 30; Tyerman and Bennet, vol. ii. p. 362.〔ヒンドゥーのピシャーチャは魔神、つむじ風を表わす〕

(31) Taylor, 'New Zealand,' p. 121.

(32) Mason, 'Karens,' in 'Journ. As. Soc. Bengal,' 1865, part ii. p. 217.

(33) Callaway, 'Zulu Tales,' vol. i. p. 294.

(34) Burton, 'Dahome,' vol. ii. p. 148; また242も見よ。

(35) Schoolcraft, 'Algic Res.' vol. ii. p. 148.

(36) Du Chaillu, 'Ashango-land,' p. 106.

(37) Jas. Atkinson, 'Customs of the Women of Persia,' p. 49.

(38) 「サムエル記下」二四－一六。「列王記下」一九－三五。

(39) G. S. Assemanni, 'Bibliotheca Orientalis,' ii. 86.

(40) Hanusch, 'Slav. Mythus,' p. 322.（メキシコについて）Torquemada, 'Monarquia Indiana,' i. c. 14; Bastian, 'Psychologie,' p. 197と比較せよ。

(41) Macpherson, 'India,' p. 357.

(42) Markham, 'Quichua Gr. and Dic.' p. 9.

(43) Welcker, 'Griech. Götterl.' vol. i. p. 690.

(44) Ellis, 'Polyn. Res.' vol. i. p 231; Polack, 'New Z.' vol. i. p. 273.

(45) Grimm, 'D. M.' pp. 694-6.

(46) Ward, 'Hindoos,' vol. i. p. 140.

(47) Castren, 'Finnische Mythologie,' pp. 48, 49.

(48) Delbrück in Lazarus and Steinthal's Zeitschrift, vol. iii. p. 269.

(49) Schoolcraft, part iii. p. 520.

(50) Sicard, 'Théorie des Signes, &c.' Paris 1808, vol. ii. p. 634; 'Personal Recollections' by Charlotte Elizabeth, London,

1841, p. 182; Dr. Orpen, 'The Contrast,' p. 25. また Meiners, vol. i. p. 42 と比較せよ。

（51）Le Jeune, in 'Rel. des Jés. dans la Nouvelle France,' 1634, p. 13.

（52）Pietro della Valle, 'Viaggi,' letter xvi.

（53）'Journ. Ind. Archip.' vol. ii. p. xxvii.

（54）性別を区別する言葉が神話を生みだしやすい傾向が、アフリカで見られることについては、W. H. Bleek, 'Reynard the Fox in S. Afr.' p. xx.; 'Origin of Lang.' p. xxiii を見よ。

（55）Caldwell, 'Comp. Gr. of Dravidian Langs.' p. 172.

（56）Schoolcraft, 'Indian Tribes,' part ii. p. 366. 他の事例については特に以下を見よ。Pott in Ersch and Gruber's 'Allg. Encyclop.' art. 'Geschlecht;' また D. Forbes, 'Persian Gr.' p. 26; Latham, 'Descr. Eth.' vol. ii. p. 60.

（57）Callaway, 'Relig. of Amazulu,' p. 166.

（58）Grey, 'Polyn. Myth.' pp. 132, &c., 211; Shortland, 'Traditions of N. Z.' p. 15.

（59）Schoolcraft, 'Indian Tribes,' part i. p. 391 および pl. 55.

（60）Livingstone, 'S. Afr.' p. 124.

（61）Tac. Germania, 45.

（62）Maury, 'Magie, &c.' p. 175.

（63）Eliot in 'As. Res.' vol. iii. p. 32.

（64）Macpherson, 'India,' pp. 92, 99, 108.

（65）Dalton, 'Kols of Chota-Nagpore' in 'Tr. Eth. Soc.' vol. vi. p. 32.

（66）J. Cameron, 'Malayan India,' p. 393; Bastian, 'Oestl. Asien,' vol. i. p. 119; vol. iii. pp. 261, 273; 'As. Res.' vol. vi. p. 173.

（67）Dobrizhoffer, 'Abipones,' vol. ii. p. 77. また J. G. Müller, 'Amer. Urrelig.' p. 63; Martius, 'Ethn. Amer.' vol. i. p. 652; Oviedo, 'Nicaragua,' p. 229; Piedrahita, 'Nuevo Reyno de Granada,' part i. lib. c. 3 も見よ。

(68) Kölle, 'Afr. Lit. and Kanuri Vocab.' p. 275.

(69) 'Life and Adventures of Nathaniel Pearce' (1810-9), ed. by J. J. Halls, London, 1831, vol. i. p. 286; また 'Tr. Eth. Soc.' vol. vi. p. 288; Waitz, vol. ii. p. 504.

(70) Parkyns, 'Life in Abyssinia' (1853), vol. ii. p. 146.

(71) Du Chaillu, 'Ashango-land,' p. 52. アフリカのその他の詳細については Waitz, vol. ii. p. 343; J. L. Wilson, 'W. Afr.' pp. 222, 365, 398; Burton, 'E. Afr.' p. 57; Livingstone, 'S. Afr.' pp. 615, 642; Magyar, 'S. Afr.' p. 136 を見よ。

(72) Virg. Bucol. ecl. viii. 95〔ウェルギリウス『牧歌／農耕詩』小川正廣訳、京都大学学術出版会、六〇頁〕.

(73) ヨーロッパにおける多くの証言については W. Hertz, 'Der Werwolf;' Baring-Gould, 'Book of Werewolves;' Grimm, 'D. M.' p. 1047; Dasent, 'Norse Tales,' Introd. p. cxix.; Bastian, 'Mensch.' vol. ii. pp. 32, 566; Brand, 'Pop. Ant.' vol. i. p. 312, vol. iii. p. 32; Lecky, 'Hist, of Rationalism,' vol. i. p. 82 を見よ。個別の詳細については、Petron. Arbiter, Satir. lxii.; Virgil. Eclog. viii. 97; Plin. viii. 34; Herodot. iv. 105; Mela ii. 1; Augustin. De Civ. Dei, xviii. 17; Hanusch, 'Slav. Myth.' pp. 286, 320; Wuttke, 'Deutsche Volksaberglaube,' p. 118 を見よ。

第九章　神話論（二）

自然神話、その起源、解釈の規準、もともとの意味と重要な名前の保持〔三一六－三二一〕

*ここでいったん神話の発展の一般原理から目を転じて、自然神話に着目してみよう。とりわけ低級種族のあいだに、自然神話の最初期の資料と真の意味が認められるように思われる。

*科学が自然を調査対象とするときには、専門用語によって自然についての事実や法則を論じる。訓練を積んだ研究者たちにとって、専門用語は明快かつ正確だが、未開人や農民、子どもたちにとっては謎めいた意味不明の言葉にすぎない。しかし詩的神話の言葉は、それが巧妙なまがい物でなく真の詩歌であるかぎり、まさにそうした無教養で素朴な人々が理解できるように紡がれている。詩人が見ている自然界と科学者が見ている自然界は同じものだが、詩人は科学者とはまったく異なる方法で難解な思考を理解しやすいかたちで表現しようとする。詩人は、思考内容を見たり触れたりできるように表わそうとし、何よりも人々が個人的に実感できるようなかたちで、自然界の事物や運動を表現しようとする。まさしく「人間は万物の尺度である」という格言どおりに、想像力を駆使して作品を作り上げるのである。

　しかし、こうした神秘的言語を解読すれば、その複雑で変形した言葉のなかから現実が姿を現わすだろう。そして、魅力的な虚構の物語が戦争や愛、悪事、冒険、運命について語っていたとしても、実際には変わることのない日々の生活を表現しているにすぎないことが明らかとなる。人間と自然のあいだには、このように類比的に捉えられる事物が無限に存在しており、それこそがすべての詩歌の神髄である。神話はそこからいまだに色あせることのない生気と美しさに満ちた、半ば人間的な物語を作り出したのであり、そうしてできあがった作品は、過去のものというより、現在に生きている芸術なのである。

とはいえ科学が、これからも神話が新たに生み出されるという可能性を阻んでしまった。今や神話は測量器具に取り巻かれ、分銅を吊るされ、分割され、標本にされて瀕死の状態にあり、研究者たちがすでにその解剖に着手している。現代人は祖先たちと同じように神話を肌で感じ取ることはできない。しかし少なくとも神話を分析することができるならば、それをすべきなのだ。ある種の知的に未開拓の領域があり、そこでは、人は神話を調査する立場から離れて、神話に共鳴しなければならない。きわめて幸運なことに、われわれはこの境界線付近で生きており、その内側に入ることも外側に出ることも可能である。ヨーロッパの学者は、ギリシアやアステカ、マオリの土着神話の信仰を今でもある程度理解することができる一方で、これらの物語を史実や聖なる歴史として信じている人間であれば当然抱くはずのためらいをもたずに物語を比較したり解釈したりすることができる。もし全人類がわれわれと変わらない文化水準に達していたら、自然神話を創作し広めた部族の初期の知的段階を想像することは困難だっただろう。現在でさえも、実際に発見された種族の状態よりも低い水準を想像するのは、われわれにとって難しいことなのだ。しかし現代にはさまざまな段階の文明が存在し、それぞれに特徴的な歴史過程を伝えている。しかも数百万の未開人と野蛮人が残存しており、自然をめぐる初期段階の神話を粗削りで古代的なかたちのまま、創作し続けているのである。

現代の神話研究者の学位論文を初めて読んだ者、さらにはそれらの学位論文に親しんでいる者でさえも、論文が示す解釈に疑問を抱くことがある。神話研究者らの解釈があまりにも美しく明快であるので、本当にそのとおりであったのか疑わしく思えるのである。ギリシア・ローマ時代の伝説、さらに未開人や中世ヨーロッパの物語に描かれているのが、〈太陽〉と〈空〉、〈夜明け〉と〈たそがれ〉、〈昼〉と〈夜〉、〈夏〉と〈冬〉、〈雲〉と〈暴風雨〉ばかりであることなどありうるだろうか。数多くの伝説的英雄が、自然の神話的擬人化にすぎないことなどありうるだろうか。これらを詳細に検討する必要はない。このような研究が現代的見地から自然神話を考察しており、自説に都合のよいことばかりを少なくとも原則として語っていることは明らかである。

たとえば、ヴェーダは自然を過度に修飾することなく、きわめて素朴な観念で表現しているが、そのことはヴェーダに限らず原初的な神話でも認められるはずだと考えられ、世界のほかの地域から収集した証拠によって一般的学説として補強されている。実際、未開人種の伝承は、古代インドの讃歌と同じように、外界に関わる素朴な神話的概念を表現しており、両者の伝承のあいだには共通する一般的性質が認められ、酷似する逸話も数多く認められる。しかしながらこのようなことが一般的に事実であったとしても、それに基づく神話研究者たちの解釈が正しいとは言えないことを、われわれははっきりと理解すべきである。というのも実際には、神話研究者たちの解釈のほとんどは乱暴な推論であったり、救いようのないほどでたらめなものであったりするからだ。確かに〈自然神話〉は人類の伝説的物語において、きわめて重要な位置を占めているが、そうした主張ができるのは、明確な証拠による裏付けがある場合だけである。

詩人と哲学者は*、自然と人間の生命に関する精密かつ深遠な類比について長い間考えをめぐらせ、光と闇、平穏と暴風雨、誕生、成長、変化、衰弱、死滅、再生などを比喩的に表現したり、議論を交わしたりしてきた。しかしこのような類比は、きわめて広汎で多面的なものであるため、一面的な解釈に依拠して一つの理論を作るわけにはいかない。神話の物語と自然の物語が酷似していると思えたとしても、前者が後者から派生したと推論することは早計である。なぜなら、太陽や空や夜明けについて、研究者がその人なりの神話観以上に厳格な判断基準をもっていなければ、その者は自分の感覚の導くままいたるところに形式の類似性を見いだすことになってしまうからだ。そのような方法が導き出す結論がどのようなものになるか、少し考えてみれば明らかだろう。あらゆるところに類似したものを見いだしてしまう神話学者の手にかかったら、どのような神話も寓話も童謡も類似しているという解釈が成り立ってしまうのである。

たとえば童謡の「六ペンスの唄」〔『マザー・グース』の一篇〕を形式の類似性という観点から解釈すると、おそらく次のようになろう。すなわち、二十四羽の黒ツグミは二十四時間を表わし、黒ツグミを包み込むパイは、アーチ形の空の下に広がる地上のことだ。パイが開かれるのは夜が明けることであり、そのとき鳥が歌いだすのはまさしく自然なことである。〈王〉は〈太陽〉であり、彼が金を勘定しているのはダナエ〔黄金の雨となって訪れたゼウスと交わってペルセウスを生んだ女性〕に降り注いだ黄金の雨、つまり太陽の光を表わしている。〈女王〉は〈月〉であり、彼女の透き通った蜂蜜は月の光である。〈召使いの少女〉は、主の太陽よりも先に起床する「バラ色の指をした」夜明けであり、太陽の衣服である雲を空に掛けている。物語は、一羽の黒ツグミが召使いの少女の鼻を切り取るという悲惨なかたちで締めくくられるが、この黒ツグミは、さしずめ日の出の時刻を表わしていることになろう。しかしこのように由緒ある詩文が〈太陽神話〉であると論証したいならば、たんなる類似性よりも確実な根拠が必要である。

あるいは歴史的人物を適当に選んで、その人生が太陽の物語を体現していると指摘するのはたやすいことだ。たとえばメキシコに上陸したコルテスは、アステカ族にとっては、太陽の祭司ケツァルコアトルが光と栄光の統治を一新するために東から戻ってきたように見えた。〈太陽〉が〈曙光〉を置き去りにするように、コルテスが若いころに妻を捨て、マリナと結婚したことに注意されたい。さらに晩年にはマリナを捨てて別の花嫁を迎え入れている。彼の輝かしい征服の軌跡も太陽のものになぞらえやすい。その人生はしばしば嵐に見舞われ、悲哀と不名誉に曇らされながら、最後には死に呑み込まれたのである。コルテスと同じようにユリウス・カエサルの生涯も、太陽神話の筋書きにぴったりと一致する。新たな土地を次々と訪れ、征服していった輝かしい戦歴。クレオパトラを見捨て、太陽年を布告したこと。そして、「ニーベルンゲンの歌」のジークフリードがハーケーンの手にかかって殺されたように、カエサルもブルートゥスの手にかかって殺害されたこと。カエサルはたくさんの傷を負って血を流しながら倒れ、彼自身のマントに包まれるようにして、闇のなかで息絶えたのである。カエサルの生涯のほうが、彼の殺害を首謀したカッシウスの生涯よりも太陽神話で表現されるのにふさわしかったかもしれない。

ああ、沈みゆく太陽よ、
おまえが真赤な光に包まれて夜の闇に落ちていくように、
キャシアスの日は真赤な血に染まって沈んでいった、
ローマの太陽は沈んだのだ！

〔シェイクスピア『ジュリアス・シーザー』小田島雄志訳、白水社（白水Uブックス）、一七一－一七二頁（第五幕第三場）〕

*これらの事例から明らかなように、英雄伝説を自然神話として解釈するうえでは、表面的な類似性だけでは不十分である。とにかく、人間の生涯と宇宙のサイクルがなんとなく似ているということ以上に説得力のある証拠を示さなければならない。ところでこのような証拠は、数多くの神話がはっきりしたかたちで提供してくれる。そうした神話は個人的生活の場面のようであっても親しみ深い自然の光景を主題としており、名目上も意味的にもほとんど軽微な偽装しか施しておらず、いかにもそれとわかるので、疑いようもないほどである。神話の語り手が当初の神話的意味に変更を加えたり忘れたりしたと思われる場合でさえも、本来の意味を読み取ろうとすれば十分に可能である。神話は変容したり断片化したりしてきたにもかかわらず、最初の原点に対する意識をすべて失うということはほとんどなかった。たとえば偉大なギリシアの太陽神話の意味を古典文学がしっかりと保持してきたため、ランプリエールの『古典辞書』〔John Lempriere, *Classical Dictionary*, 1788〕でさえも、アポロンあるい

はポイボスが「頻繁に太陽と混同される」ことを認めざるをえなかったのである。

ほかの実例としては、〔四〇〇年ごろの〕ギリシア人たちは、すべてを一望できるアルゴス、すなわち体中にある百の目でゼウスの愛人イオを見張っていたが、ヘルメスに殺されてクジャクとなったアルゴスが、何を意味しているかまだはっきりと理解していた。そのためマクロビウス〔四〇〇年頃のローマの文献学者、哲学者〕は、アルゴスが満天の星空を意味していることを理解したうえで著述することができたのである。(1) 同じように、サンスクリットでもインドラは空であり、まさしく「千の目をもつ者」（*sahasrâksha, sahasranayana*）である。このような観念は近代になってからも意外な言い回しのうちなどに残存していたり、再びはやったりすることがある。*argo* という語を、「天国」という意味でリングァ・フルベスカ、つまりイタリアの泥棒の俗語一覧表に加えた人がいるが、その人はアルゴスが百個の目で自分を見ているような気持ちで星空を眺めていたに違いない。(2)

さらに名前の語源は、神話研究を導いてくれたり、助けてくれたりすることがある。言葉の明らかな意味がギリシア・ローマ伝説の素朴な感覚をとどめていることも多く、それらは注解者に指摘してもらうまでもなく容易に読み取れる。たとえばヘリオスが太陽であり、セレーネーが月であったことは確かな事実である。ユピテル（Jove）については擬歴史的な戯言がさまざま書かれてきたにもかかわらず、本当はそれが天空を意味することが忘却されることはなかった。なぜならそうした観念は、「冷たき天の下に、野天に（sub Jove frigido）」などの表現によってつねに表わされてきたからである。ペルセポネが強姦された神話は、季節と大地の実りをめぐる自然神話として解釈されてきたが、このような解釈は、出来事の類比のみに基づいて受け入れられてきたのではない。ゼウス、ヘリオス、デメテル――〈天空〉〈太陽〉〈母なる大地〉という名前に基づくことで初めて、事実として受け入れられてきたのである。さらに、星や山、樹木や河を司る精霊、あるいは自然物に変身する英雄とヒロインに関する神話からは、明らかに擬人化された自然を読み取ることができる。現代の詩人は、昔の人間と同じように、アトラスがたくましい肩の上に天空を載せ、アルペイオスが少女アレトゥーサを必死で追いかけるのを、今もなお思い浮かべることができるだろう。

野蛮民族と文明化した民族とのあいだで関連する形式と比較した際の、上位の未開民族の自然神話〔三三一〕

*世界の自然神話に関する研究は、最も下等な部族から着手し、徐々により高等な神話を取り上げるといった手順で進めることは困難である。下等な民衆は内気で実にわかりにくい人々なので、彼らの信仰に関する情報がほとんど得られないというのが理由の一つである。しかも、下等な民衆よりも少しばかり進化した人種の伝説が芸術的で体系的なのに比べて、下等な民衆の伝説はそのような状態に達していない。したがって最初の事例として、北米インディアンと南洋諸島の神話、そのほか低い文化段階にある部族の神話を取り上げ、研究の基礎とすることが賢明だろう。彼らは人類の歴史のなかでも初期の神話に見られるものを現代にまで伝えてくれる。ここでは、ニュージーランドの宇宙神話がきわめて完全なかたちと深い意味をそなえているので、そこから検証を始めることにしよう。

万物の両親である天空と大地〔三三二―三三八〕

*古来、天空は万物を抱含し、大地は万物を生み出すと考えられてきた。天空と大地はいわば世界の〈父〉と〈母〉であり、人間や動物、植物などの現存するすべての生物を生み出す。このような物語は数多く認められるが、とりわけジョージ・グレイ卿〔George Grey 一八一二―一八九八。英国の軍人、ニュージーランド総督などを歴任〕が一八五〇年ころにマオリ族から採録した「天と地の子どもたち」という伝説では、自然が非常にわかりやすく擬人化されている。さらにこの伝説は、ありきたりの日常生活を子どものような純真さを伴ったいにしえの物語として表現しており、比類のないものである。この物語によれば、天空ランギと、大地パパから、人間やその他の万物が生まれた。しかし空と大地は互いにしがみついていたので、闇が天地と万物すべてを包んだままであった。

ついに天と地の子どもたちは、両親を引き離すべきか、あるいは殺してしまうべきか話し合い始めた。すると森の父タネ・マフタが、彼の偉大な五人の兄弟たちに向かって言った。「両親を引き離すべきだ。天をはるか高いところに押し上げ、大地をわれわれの足下に置くのがよかろう。天はわれわれにとって縁のない者になるが、大地は大切な母としてわれわれのそばにとどまることになる」。

そこで栽培植物の神であり父でもあるロンゴ・マ・タネが立ち上がり、天と大地を引き離そうとした。しかしいくら一所懸命に試みても天と地を分けることはできなかった。魚と爬虫類の父タンガロア、野生の食用植物の父ハウミア・ティキティキ、神であり凶暴な人間の父であるトゥ・マタウェンガも同じように試みたが失敗した。次に、神であり森の父であるタネ・マフタがゆっくりと立ち上がり、両親に組みつき、両手両足を使って引き離そうとした。「彼は『ロー』と息をついた。そして頭を母なる大地にしっかりとくっつけ、父なる空を足で高く蹴り上げた。タネ・マフタが精一杯、背中と手足に力を入れると、ランギとパパは大きな叫び声と悲哀のこもったうめき声をあげながら引き離された……。タネ・マフタは休むことなくさらに力を入れ、大地を大きく押し下げ、空をはるか高く押し上げた」。しかし風と嵐の父タウィリ・マ・テアは、母とその主が引き離されることに納得できず、兄弟たちに強い敵意を抱くようになった。嵐の神は上空まで父のあとを追っていき、果てしのない空のくぼみに身を隠しながら機会を窺っていた。

やがて強風や激しいスコール、雲といったタウィリ・マ・テアの子どもたちがくぼみから姿を現わした。彼らはあたりを暗くしながら火のように激しく、荒々しく動き回っていたが、そのただなかから彼らの父、すなわち嵐の神が突風のように敵に襲いかかった。まずタネ・マフタと巨大な森が猛烈なハリケーンに突然襲われた。タネ・マフタらは油断していたため、巨大な樹木が次々となぎ倒され、幹や枝が裂けて地面に落ち、虫や蛆に食われるがままとなった。次に嵐の父は、海洋とそこに住むすべてのものの父タンガロアに襲いかかった。タンガロアは激しく打ちすえられてひどくおびえ、崖のように高い大波を起こしながら逃げ惑った。タンガロアには魚の父イカ・テレと爬虫類の父トゥ・テ・ウェヒウェヒという子どもがいたが、彼らは安全な場所に身を隠そうとした。魚の父は「さぁさぁ、みんなで海に逃げ込もう」と叫んだ。それに対して爬虫類の父は「いやいや、それよりも陸地に向かって逃げよう」と大声で答えた。魚と爬虫類はそれぞれの言葉どおりに海と森に避難し、別々で生きることになった。しかし海の神タンガロアはわが子である爬虫類に見捨てられ、激怒した。そのため、いまでもタンガロアは爬虫類を自分の森にかくまった兄弟のタネを攻撃することがある。一方タネもタンガロアへの報復として、トゥ・マタウェンガの子どもたちである凶暴な人間に樹木からカヌーと槍、釣り針を作らせ、さらに植物の繊維で網を作らせ、海の魚を捕まえさせた。それに対して海の神は、大波や洪水を起こしてカヌーを転覆させたり、樹木や家を大海に押し流したりするのである。

嵐の神は、栽培植物と野生植物の神であり親でもある兄弟たちを次の標的にした。しかし大地パパが、栽培植物と野生植物の神々を抱きかかえてかくまったので、嵐の神は彼らを見つけることができなかった。そこで嵐の神は、最後に凶暴な人間の父に襲いかかった。しかし、嵐の神がもてる力のすべてを発揮したにもかかわらず、凶暴な人間の父はまったく動じなかった。トゥ・マタウェンガにしてみれば、兄弟の怒りなど知ったことではない。彼こそは、両親さえも殺害してしまえばよいと考えていた張本人であり、戦うことにかけては勇敢にして獰猛であった。トゥ・マタウェンガの兄弟たちは、嵐の神とその子どもたちの凄まじい襲撃に屈してしまった。森の神と彼の子孫たちは粉砕され、海の神とその子どもたちは海中や岸の片隅に逃げ込んだ。食物の神々は身を隠して難を免れた。しかし唯一人間だけは、母なる大地の胸の上にまっすぐと立ち、びくともしなかったのである。こうしてついに天空と嵐の気持ちがおさまり、感情が鎮まった。

＊

ところが今度は凶暴な人間の父トゥ・マタウェンガが、兄弟たちに対して報復する機会を窺うようになった。彼は兄弟たちが自分を助けることなく、一人だけで嵐の神に立ち向かわせたことに腹を立てたのである。彼は匂《におい》棕櫚蘭《しゅろらん》の木の葉を輪のように曲げて罠を作り、森の神タネの子どもである鳥や獣を捕らえた。そして亜麻で網を作り、海の神タンガロアの子どもである魚を浜に引き上げた。次にロンゴ・マ・タネの子どもである甘いジャガイモを初めとする栽培植物、ハウミア・ティキティキの子どもであるシダの根などの野生植物を地中から掘り出し、日光にさらして枯らした。こうしてトゥ・マタウェンガは四人の兄弟たちを打ち負かし、彼らを食料にした。ただし五人目の兄弟である嵐の神タウィリ・マ・テアに勝つことはできなかった。嵐の神は、海と陸地の両方でトゥ・マタウェンガに襲いかかった。そのため、今でも人間は暴風雨とハリケーンに襲われることがある。嵐の神が弟たちに腹を立てて暴れまわったことで、水が乾いた陸地を覆うようになった。「猛烈な雨」「延々と降り続く雨」「荒々しい雹の大降り」といったものが太古の陸地を沈めて、霧、重い露、軽い露といった子どもたちが生まれた。

しかし海上には乾いた陸地がわずかに残った。それから明るい光が世界にあふれ、ランギとパパの陰に隠れていたものが大地の上で繁殖できるようになった。「広大な天空と配偶者の大地は引き離されたままであったが、依然として強く愛し合っていた。愛に満ちた大地はやさしく暖かい嘆息を、木々の茂った山や谷をとおして天に吹きかけている。人間はそれを霧と呼んでいる。そして広大な天空は最愛の者を想って長い夜のあいだ嘆き悲しみ、そのとき流した涙が彼女の胸に零れ落ちることがある。人間はそれを露の雫と呼ぶのである(3)」。

天空と大地が引き離されるというのは、ポリネシアの広範囲で見られる伝説であり、とりわけ北東の諸島でよく知られている(4)。しかし、前記のような神話のかたちにまで仕上げたのはおそらくニュージーランドの原住民である。イギリスの総督がマオリ族の祭司や語り手から聞きとった内容が、古来のものとは必ずしも考えられない。しかしこれは幾世紀も前の物語でないかもしれないが、古代の証拠をそこから読み取ることができる。ニュージーランド人が最近まで使用していた手斧は翡翠を磨いて作ったものであり、彼らのマントは亜麻の繊維を編んで作ったものである。これらの手斧やマントを歴史的段階に位置づけるならば、古代エジプトの青銅製の戦闘斧や亜麻製のミイラの衣服よりも古いものになる。これと同じように、マオリ族の詩人が創作した自然神話を歴史的段階に照らしてみれば、二十五世紀前のギリシアのものと同じくらい古いものと言えよう。

〈天空〉と〈大地〉が万物の父母であるならば、天空と大地が昔は一緒であったけれども引き離されたという伝説を、神話創作者は当然のことながら想像する。たとえば中国では宇宙万物の両親に関する同じような観念が、天地の分離という類似の伝説と一緒に認められる。ポリネシアと中国の神話のあいだに歴史的連関があるのかどうかはわからないが、古代中国の伝説では、盤古が原初に天空と大地を引き離したと伝えており、ポリネシアの神話ときわめて類似している。「盤古という人物が、ぴったりとくっついていた天空と大地を切り離した、あるいは引き離したと伝えられている」(5)。「天空と大地の子どもたち」に表われている発想は現代でも非常に理解しやすく、それぞれの単語の意味も、少しも損なわれていない。われわれの祖先が想像した太古の歴史に関する伝承は、今では破損し形骸化してしまっており、現代には存在しえない過去の記録であるとよく言われる。しかし、素朴な自然神話はむしろ、けっして過去のものではない現在の記録であると言えよう。すでに見たように、現在でもこのような自然神話は創作されたり、伝説的遺物から復元されたりしている。森と海に対する嵐の戦いは、今なおわれわれの目の前で繰り広げられている。われわれは今も陸地と海の生物に対する人間の勝利を目撃している。母なる大地の中には食用植物が今なお潜んでおり、魚と爬虫類は海と藪の中に身を隠している。力強い森の木々は地面にしっかりと根を張り、空に向かって枝を突き上げ、高くそびえ立っている。人間が幼年時代に抱く想像の働きをしっかりと学べば、古くから伝承されてきた人格をもつ存在としての〈天空〉と〈大地〉を、未開人と同じような現実味のもとで感じ取ることができるようになるのである。

母*なる大地は父なる天空よりもいっそう素朴で明瞭な観念であり、そのため父なる天空の観念よりも世界中で広く確認することができる。アメリカ原住民の神話には、母なる大地が偉大なる登場人物の一人として登場する。ペルー人はママ・パチャ、すなわち「母なる大地」を崇拝していた。カリブ族〔南米北部からカリブ海のプエルトリコ東部にかけて居住していた狩猟採集民。食人種と見なされて虐殺され減少した〕は地震があったとき、それは母なる大地が踊っているのだと言った。彼らによれば地震は、母なる大地と同じように踊って騒げ、というしるしなので、彼らもそれにしたがって踊り騒ぐことがあった。北米インディアンであるコマンチ族は、大地を自分たちの母、偉大なる精霊を自分たちの父と呼ぶ。グレッグ〔Josiah Gregg 一八〇六－一八五〇。アメリカ人商人、北米大陸西部への探検家〕は、神話的両親に関する一風変わった観念を示す物語を伝えている。それによると、あるとき、ハリソン将軍がショーニー族の族長テカムセを呼んでこう言った。「テカムセ、こっちに来て、あなたの父〔のような存在である私〕の隣に座りたまえ！」。すると族長は「あんたがわしの父親だと！」と厳しい様子で答えた。「違う！（太陽を指して）あれがわしの父であり、大地がわしの母である。だから、わしは母の胸の上で休むのだ」。そう言って族長は地面に腰を下ろした。

メキシコのアステカ族の空想もこれと似ており、それは戦時にテスカトリポカ〔一主神〕に捧げる次のような祈りの言葉のなかに認められる。「われらが主よ、気高い者たちが戦死することがあっても、万物の愛する父母たる太陽と大地が、安らかな喜びのうちに迎えてくださいますように」(6)。フィン人とラップ人〔北欧北部とロシアのコラ半島に居住する住民、現在の呼称はサーミ人〕、エストニア人の神話も、母なる大地を神として崇めている(7)。わが国の神話のなかにも、同じような観念の形跡をたどることができる。すなわち、アングロ・サクソン人はかつて「いざ褒め称えん、人間の母である貴女、大地を」と大地に向かって呼びかけていた。中世のイングランドでは「誰がアダムの母親か」という大地に関する謎かけがあった。そしてミルトンは、神話が欠落させてしまったものを詩歌のなかで継承し、アダムの寿命についての大天使の言葉を次のように記している。

熟した果実のように、そなたが、そなたの母の膝の上に落ちるときまで(8)。

『リグ・ヴェーダ』が天空と大地を「二人の偉大な両親」と記しているように、アーリア民族のあいだには、天地を一対と見なす神話が広く根付いていた。「父なる天空」はディアウシュ・ピタル、ゼウス・パテール、ユピテルであり、「母なる大地」はプリティヴィー・マータルである。『ヤジュル・ヴェーダ』が定めるバラモンの婚姻に関するしきたりからは、天空と大地の関係を今なお読み取ることができる。それによれば、花婿は花嫁に向かって「私は空であり、そなたは大地である。それゆえに、結婚しよう」と呼びかけるのである。ギリシアの詩人たちは、ウラノスとガイア、あるいはゼウスとデメテルを夫妻と呼んでおり、これは天空と大地の結合を意味していた。さらにプラトンによれば、大地が人間を生み、神はそれに形を与えたのだが、このように言ったとき、彼は古くから伝わる神話的観念を想起していたに違いない。(9) ほかに古代のスキタイ人も同じような観念をもっており、(10) さらに中国の『書経』も天空と大地を「万物の父母」と呼んでいる。中国の哲学はこの観念を自然の偉大な二つの原理、すなわち陰と陽、男性と女性、天上的なものと地上的なものに関する体系として表わし、道徳上の実践的教訓はこの自然の体系的序列に基づくと説いてきた。たとえば宋代の哲学者たちは、天空が男を造り、大地が女を造ったのだから、大地が天空に服従するように、女は男に服従しなければならないと述べている。(11)

太陽と月、怪物が英雄や処女を呑み込むことで生じる蝕と日没、太陽は海から昇り地下世界へと沈む、夜と死、シュムプレーガデス岩の大顎、天空の目、オーディンとグライアイの目〔三二八-三五三〕

〈太陽〉*〈月〉〈星〉に関する世界の神話のなかでもとりわけ月蝕と日蝕にかかわる信仰は、規則性と一貫性を帯びた想像を示している。われわれにとって、蝕が厳密な自然法則に依る現象であることは言うまでもない。しかし下等段階の文明にとって、蝕は超自然的な災害を体現する現象にほかならなかった。それゆえアメリカ先住民においては、この恐るべき前兆を未開の哲学的原則によって説明し、解釈しようとする典型的な神話群を見いだすことができる。

たとえば南アメリカ大陸のチキート族〔ボリビアに居住する先住民〕は、空の上で巨大な犬たちが月を追いまわしているると考えた。月を捕らえた犬は、月の光が血で赤く染まり、消え去るまで八つ裂きにする。そのためインディアンたちは、恐ろしい叫び声と悲嘆の声を上げながら空の四方八方に矢を射って、猛獣を追い払おうとした。カリブ族はあらゆる光を憎むマボヤという魔物が太陽と月を捕らえて食おうとしていると考え、この魔物を追い払うために一晩中、踊ったり一斉に遠吠えしたりした。ペルー人は、獣のような姿をしている邪悪な霊を想像し、月蝕が始まると恐ろしいほどの騒音を立てた。彼らは大声で叫んだり、楽器を鳴らしたりし、このおぞましい合唱に犬の遠吠えを加えるために犬を叩いたりもした。このような観念は現在でも残っている。トゥピ語〔ブラジルなど南米で広く用いられる先住民の言語〕では、太陽の蝕を意味する適切な表現は oarasu jaguareté vú、すなわち「ジャガーが太陽を食った」である。一部の部族は今日でも、獲物〔太陽〕をむさぼっている獣を追い払うために、大声で叫んだり火矢を放ったりしており、そこにこの言葉の意味がはっきりと表現されている。北アメリカ大陸の野蛮人たちも巨大な犬が太陽を呑み込むと信じているし、ほかにも、太陽や月を攻撃していると思われるなんらかの敵に向かってさかんに矢を射る人々もいる。

しかしながらこのような観念が広く存在する一方で、別の観念も多数認められる。たとえばカリブ族によれば、月蝕は月が飢えているか、病気であるか、死にかけているときに起こる。ペルー人は、太陽が怒って顔を隠すと蝕になり、月が病気で暗くなると世界の終わりが訪れると想像した。ヒューロン族〔北米オンタリオ湖北岸の先住民、ワイアンドット族とも〕は、病気に罹った月を治すために、人が大声を出したり犬が遠吠えしたりするお祭り騒ぎを習慣的に行なっていた。

これらは最も原始的な観念の事例であるが、南北アメリカの原住民たちは太陽と月がそれぞれ互いに蝕を引き起こすことを認めており、これまでの事例よりはいくらか現実に近い哲学的神話を伝えている。クマナ〔ベネズエラ北東部の港町〕の人々の考えでは、太陽と月はかつて結婚していたが喧嘩をし、どちらか一方が他方に怪我を負わせたのだった。またオジブワ族〔アルゴンキン＝ワカシュ語族に属しアメリカ合衆国北部とカナダ南部に居住する先住民〕も、騒音を立てることでこのような争いから太陽と月の注意をそらそうとした。それに比べると、アステカ族の科学はかなり高度な段階に達していた。彼らの天文学の知識は驚くほど正確であり、蝕の本当の原因を知っていたと思われる。しかしアステカ族は、古い信仰の遺産を保持し、太陽と月が食われることで蝕が起きるという神話的表現を使い続けた。(12)

同じような神話的観念は、ほかの下等文化のあいだでも認められる。南洋諸島の一部の人々は、ある神が腹を立て、太陽と月を呑み込むことで蝕が起きると考えていた。そのため彼らは、神が太陽と月を吐き出してくれるよう、たくさんの供物を捧げた。(13) スマトラ島ではもう少し科学的に、太陽と月が相互に関わりあうことで蝕が生じると考えられているが、それでもやはり人々は、太陽と月の気をそらせて互いを呑み込むことのないようにするために、道具を使って大きな物音を立てる。(14) 同じようにアフリカでも、蝕＝怪物という最も野蛮な考えと、太陽の蝕は「月が太陽を捕らえる」ことで起こるというくらか進歩した観念の両方が共存しているようだ。(15)

天文の仕組みがわからなかった時代の人間にとって、蝕のときの空が世界の破滅の前兆と思えるほど恐ろしいものであったことはなんら不思議なことではない。たとえば預言者ヨエルは太陽と月の蝕について、「太陽は闇に、月は血に変わる」と端的に表現している〔「ヨエル書」三－四〕。ヨエルがなぜこのように表現したかわれわれに理解できるのは、カルメ〔Antoine Augustin Calmet 一六七二－一七五七。フランスのベネディクト会修道士〕が幾年も前に指摘したように、蝕を〔恐ろしいものとして〕想像していたことがわかっているからである。このような表現でなければ、これほど恐ろしい光景を目の前の聴衆に連想させながら、自然災害の観念を伝達することはできなかっただろう。

しかしながらわれわれにとってはもうずいぶん前から、蝕は神話ではなく自然科学の領域で語られるものとなっており、ヨエルの言葉がかつて放っていた意味の輝きはほとんど消えかかっている。とはいえ、蝕に関する古代の観念がその重要性をすべて失ってしまったわけではない。野蛮の初期段階から天文学が発達する時代にいたるまで、蝕に関する観念の変遷を跡づけ、さらに、蝕をめぐる神学と科学の論争——これはわれわれのあいだではすでに決着をみているが、下等文化の民族のあいだでは必ずしもそうではない——をたどってみれば、民衆の理念の歴史について一つの章を書くことになるだろう。過去と未来に等しく目を向ける研究者は、そこから重大な教訓を学びとることができよう。

文明化した民族のほぼすべてが、新大陸の神話に見られるような、蝕＝怪物という野蛮な神話形式をかつてもっていたという推論にはそれなりの根拠がある。というのも、怪物が蝕を引き起こすという神話は、今でもアジアの偉大な民族のあいだに認められるのである。たとえばインド人たちは次のような語りを伝えている。魔物のラーフは神々のあいだに紛れ込んで、不死の飲み物であるアムリタの分け前にありついた。太陽と月は用心深く見張っていたので、ラーフが神々の集まりに紛れ込んだことを見破り、ヴィシュヌが不死となったラーフの頭を切り落とした。しかしラーフの頭は自分の正体を見破った太陽と月を今でも追いかけているという。この神話の異説には、ラーフとケートゥという二体の魔物が登場し、それぞれが太陽と月を呑み込む。ラーフは黒く、ケートゥは赤く描写されることで、それぞれの蝕の現象に対応している。彼らの首は身体から切り離されているため、太陽と月はたとえ呑み込まれたとしても首の切り口からすぐにすべり出てしまう。しかし民衆は、ラーフとケートゥを追い払うためにお祭り騒ぎをするのが決まりである。あるいは、ラーフとケートゥはそれぞれ魔物の頭と身体であったが、切り離されたと伝えられることもある。この考え方では、蝕を引き起こす怪物という観念が非常に独創的な仕方で高度な天文学と合致している。つまり、頭を昇交点と、尻尾を降交点と同一視することになるのである。

サミュエル・デーヴィス氏〔Samuel Davis 一七六〇－一八一九。イギリスの軍人、外交官、東洋研究者〕は一世紀前の『アジア研究』において、蝕の論争に関するきわめて興味深い次のような所見を示している。「今までの説明から明らかなように、占星術〔ジョーティシュ・シャーストラ〕に精通している学者たちは、一般のインド人に比べれば大地のかたちと宇宙の秩序に関して正しい考えをもっていた。そのため賢人たちは、怪物ラーフが蝕を引き起こすというバラモンたちの馬鹿げた信仰や非科学的で不条理な数多くの教えを拒否していたに違いない。しかしながら、この信念はヴェーダとプラーナに含まれている明白かつ積極的な言明に根拠づけられており、信心深いヒンドゥー教徒はそれらの書物の神聖なる権威に対して異議を唱えることができないために、天文学者たちは、それらの書物のうち、彼らの科学の諸原則に一致しないような文章を慎重に説明した。そして、折り合いをつけることが不可能であった場合には、彼らの科学の実践に必然的に基礎づけられている諸命題を可能なかぎり擁護するために、次のように述べたのである。つまり、いくつかの特定の事柄について、かつては確かに、それらは他のシャーストラでも述べられている通りであっただろう。そして、もしかしたら今もなお、そのままであるのかもしれない。しかし、天文学的な目的を果たすためには、天文学の規則に従うべきである」[16]。この事例は、宗教が哲学を覆い隠してしまった結末をこのうえなく鮮やかに示しており、神官と律法学者が子どもじみた昔の科学を後世の不可侵の定説に変えるのを許してしまったことをよく表わしている。

仏教の影響を受けたアジアの諸民族において、異なる〔文化〕段階にある蝕の神話が認められる。野蛮なモンゴル人は、太陽あるいは月をアラチョー〔ラーフ〕の攻撃から守るために、音楽を乱暴に奏でる。しかしバスティアン博士〔Adolf Bastian 一八二六－一九〇五。ドイツの民族学者〕の報告する仏教的な語りでは、天空神インドラがラーフを雷電で追い詰め、腹を切り裂き、天体を再び外に出したとされている[17]。東南アジアのもう少し文明化した諸民族は、外国人が蝕を予測できることを知っていたし、彼ら自身も大雑把に蝕を予測していたが、ラーフとケートゥという蝕の魔物に関する自分たちの信仰に疑いを向けることはけっしてなかった。中国人も蝕を予測することができ、その時期を前もって正式に告知さえしていたが、それでもこの不吉な怪物を迎え撃つための銅鑼と鐘を鳴らし、祈りを厳かに捧げていたのである。一、二世紀前の旅行者たちは、このように竜と暦を同時に信じている奇妙な状況について報告し、ヨーロッパ人のほうが中国人よりも正確に蝕を予測できると、言葉を尽くしてさかんに議論した。シャム人たちはそれを見て、このヨーロッパの賢人たちは怪物の食事時間を把握しており、怪物がどれほど空腹であるか、すなわち怪物が空腹を満たすためにはどれほど大量の食糧を必要とするのかがわかるのだと言った[18]。

*ヨーロッパでは民衆的な神話において、太陽や月が天上の敵と闘争するだとか、月が衰弱して病いに伏すといった観念が保持されている。なかでも、そうした太古の信仰の名残がはっきり見てとれるのは、苦しむ月の護衛あるいは激励のために発せられる騒々しい物音である。古代ローマ人は松明を宙に放り上げ、ラッパを吹き鳴らし、真鍮の鉢や鍋を打ち鳴らして、「苦しんでいる月を援助する」。タキトゥスはティベリウス帝に対する兵士たちの反乱について語りながら、澄んだ空で突如として月の光が弱まったために彼らの計画が頓挫した経緯を伝えている（皎々たる空に突然、月がかげり始めた）。金属器を叩きラッパを吹いて暗闇を追い払おうと努めたが、それも空しく、雲が現われ出て全体を覆い尽くしたため、首謀者らは嘆きつつも、神々が自分たちの悪事に背を向けてしまったことを理解したのだった[19]。

ヨーロッパのキリスト教化の時代には、キリスト教の説教者たちが異教徒の迷信を攻撃するようになった。説教者たちは、月が痛々しく傷を負ったとしても、月を助けるために騒いだり、「月、万歳！」と叫んだりしてはならないと説いた。ドラゴンが太陽や月を呑み込む絵は、しだいにカレンダーで蝕を表わすお決まりのシンボルになり、「神が月を狼から守る」という格言は杞憂をあざける諺になった。しかしながら十七世紀のわが国では、次のような儀式的なお祭り騒ぎが確認されている。「アイルランド人やウェールズ人は、蝕のあいだ、ヤカンや鍋を叩きながら駆け回るのであり、その騒動は不愉快になるほどである。彼らはそうすることで、高き天体を援護できると考えていたのである」。一六四五年にニュルンベルクでは、日蝕が差し迫り、町中が恐怖に陥った。市場は閉まり、教会は懺悔しに来る人間で溢れ返った。そのときに、感謝の祈りが公布されたという記録がある

（たいへんに恐ろしく、たいへんに有害な日蝕が終わったことへの感謝の祈り）。この感謝の祈りは、哀れなおびえた罪人たちが天空の恐ろしい様子を目にすることがないように、全能なる神が恩寵により空を雲で覆ってくださったことに感謝を捧げている。現代では、フランスで民間伝承を収集していた人が、月蝕のあいだ、嘆息と「神よ、月は苦しんでいる！」という叫び声を聞いたことを驚きをもって記録している。そのあと調べてみたところ、哀れな月が目に見えない怪物の餌食になると信じられていたことがわかったという[20]。

このような迷信が最近まで残存してきたのは、一般的に言って間違いなくヨーロッパの無知な民衆によるものである。なぜなら西洋の教養ある階層は、中国のように懐疑主義と迷信の致命的結合という悲惨な事態に陥るようなことはけっしてなかったからである。とはいうものの、知識が大衆に浸透するまでには、残念ながらきわめて長い時間がかかるのであり、そのことを嘆こうと思えば憂鬱な事例を挙げることができる。たとえば、かつてプリニウスは印象的な言葉づかいで、天文学者たちに対する次のような讃辞を書き記していた。偉大なる天文学者たち、この非凡な人々は、天体の法則を発見し、蝕の前兆に対する恐怖から哀れな人々の心を解放した、と。しかしそれから千年経っても、人々は相変わらず蝕を不吉な前兆と見なしており、その恐怖におびえた軍隊が総崩れになったり、ヨーロッパ全体が動揺したりすることもありえた。このような感覚はわれわれの〔十九〕世紀にまで持ち越されているのである。

夜*が昼を呑み込み、夜明けに解放するという現象は、毎日繰り返される。それより短い時間とはいえ、蝕や嵐雲のなかに引きずり込まれることもある。また、暗い冬が夏を打ち負かし、閉じ込めるが、そのあとで解放する。このような光と闇の争いという偉大な自然のドラマの一場面は、一般的に言って、素朴な事実であるというのが広く受け入れられた見解であり、こうした場面はさまざまな時代に多くの国々で神話的な形式で語り継がれてきた。英雄や少女が怪物に食われたあと、怪物の身体を裂いて外に出てきたり、吐き出されたりするという神話がそれである。こういう類の神話が明確に示しているのは、神話において蝕は、人格をもつ太陽と月が怪物に食われたり、解放されたりするものとして描かれるということだ。マオリ族の次の伝説も、太陽あるいは昼が日没とともに死を迎えるという出来事を脚色し、擬人化した太陽の英雄が同じく擬人化した夜に呑み込まれる物語となっている。これも前述の説を支持する一つの証拠である。

ニュージーランド*の宇宙的英雄であるマウイは、彼の栄光ある生涯の最後に父の国に帰ってきたが、そこで彼は敗北を喫するだろうと告げられる。なぜならば、父の国には強大な女祖先ヒネ・ヌイ・テ・ポ〈夜の偉大な娘〉が住んでいるからである。彼女は「地平線と空が交わるところで、何かが瞬くような閃光である。きわめて鋭い赤光はその瞳だ。彼女の歯は黒曜石のかけらのように鋭利で硬く、その身体は男のようだ。彼女の眼球は碧玉であり、髪は長い海藻がもつれているようであり、口はバラクーダの口のようである」。

マウイは、自分のこれまでの手柄に絶大な自信をもっていたので「人間は死ぬさだめなのか、あるいは永遠に生きられるか、恐れずに確かめてみよう」と言った。しかしマウイの父は不吉な兆しを思い出した。むかしマウイに清めの儀礼を施したとき、彼は然るべき祈りの一部を省いたのである。自分の息子が非業の死を遂げるに違いないと知りつつも、父は言った。「この年老いた父に力を与えてくれる、私の最も幼い子よ、……大地の端が空と交わるところで、強力な光を放つ偉大なる女祖先を、恐れずに訪ねてみなさい」。そのとき、鳥たちが冒険の仲間に加えてもらおうとマウイのところにやってきた。彼らがともに出発したころにはすでに夕方になっていた。ヒネ・ヌイ・テ・ポの住み処にたどり着いたとき、彼女はぐっすり寝入っているようであった。マウイは鳥たちに次のように命じた。自分はこれから腹ばいになって年老いた女首領の体内に忍び込むからそのあいだ笑ってはならない、しかし彼女の体内に入り込み、その口から脱出できたら、いくらでも大声で笑ってかまわない。

マウイが服を脱ぐと、彼の腰まわりの皮膚にはウエトンガの鑿で彫った刺青があり、そのため腹ばいになって進むマウイの姿は、サバのようにまだらで美しく見えた。鳥たちは沈黙を守っていたが、マウイが腰のあたりまでヒネ・ヌイ・テ・ポの体内に入り込んだとき、小さなハイイロオウギビタキは笑いをこらえられなくなり、陽気な声を上げて吹き出してしまった。女祖先はすぐに目を覚まし、マウイを逃さぬよう強い力で捕まえ、押し潰した。マウイがこのように命を落としたため、世界に死が広まった。ヒネ・ヌイ・テ・ポは、夜と死を司る女神だったのだ。マウイが彼女の体内から無事に脱出できたなら、死が人間にもたらされることはなかっただろう。ニュージーランド人は、太陽は夜のあいだ自分の洞窟に降りて、命の水ワイ・オラ・タネに浸かり、夜明けに地下の世界から戻ってくると考えていた。同様に、人間も太陽と同じように冥界から戻ってくることができたなら、不死になったはずだと彼らは考えていたのだろう[21]。

　ニュージーランドの別の神話は、ヒネ・ヌイ・テ・ポを明らかに夜あるいは冥界の神として描いている。すなわち、〔森の神〕タネが妻を追って死後の国に降りていき、夜の娘ヒネ・ア・テ・ポの夜〔ポ〕のもとにたどり着くと、彼女はタネに次のように告げたのである。「私はあなたの妻に言いました。『ここを去ってお帰りなさい。私ヒネ・ア・テ・ポは夜と昼を隔てる境界であり、その私がここにいるのだから[22]』」。これは、太陽の特性をこれ以上ないほど明瞭なかたちで描いた神話である。

　怪物*が何かを呑み込むという神話群のなかには、前述したのとは別のこと、つまり〈昼〉と〈夜〉、〈光〉と〈闇〉の起源を、親しみやすい光景の描写によってはっきりと表現している神話がある。カレン族〔ミャンマーからタイ西部にかけて居住する山地民〕のタ・イワに関する話は、おそらく昼についての素朴な物語である。タ・イワが生まれたとき、彼はとても小さかったので、太陽のところにいって大きくしてもらおうとした。太陽は雨と熱で彼を殺そうとしたが、殺すことができなかった。そこで、タ・イワの頭が空に届くほど彼を大きく膨らませた。それからタ・イワは自分の家からはるか遠くまで旅に出て、地上のいたるところをめぐり歩いた。これらの冒険の一つで、彼は一匹の蛇に呑み込まれたが、人々がこの生物を引き裂いてくれたので生還できた[23]。これは、太陽が蛇＝魔物を引き裂いて生還したという仏教の蝕に関する神話と類似する。

　北米インディアンの神話には、アルゴンキン族の英雄あるいは神であるマナボゾが重要な人物として登場するが、オタワ族〔ヒューロン湖北岸等に居住していたアメリカ、カナダの先住民〕の神話は明らかに彼を太陽として描いている。この神話において（ナ・ナ・ブ・ジュと呼ばれる）マナボゾは、ニン・ガ・ベ・アル・ノン・マニトゥの兄である。ニン・ガ・ベ・アル・ノン・マニトゥは西の精霊であり、太陽が沈む領域にある死者の国の神である。マナボゾは父である西を山や湖を越えて世界の端まで追いつめるが、殺すことはできない。これも太陽の特性を表わしていると考えられる。この太陽の英雄マナボゾについては、次のような神話もある。魚の王を釣り上げたとき、カヌーもろとも呑み込まれたマナボゾは、棍棒で怪物の胸を強く打ち、それは魚王がマナボゾを進んで吐き出したくなるほどであり、マナボゾはすかさずカヌーを魚ののどの奥に向かって勢いよく突っ込み、ついに魚を殺した。怪物の死骸が浜に流れ着くとカモメがそれをついばみ、裂け目を作ったのでマナボゾはそこから外に出ることができた。この物語はハイアワサ〔十六世紀のネイティブ・アメリカンの英雄〕の詩歌の導入部にあたるため、イギリスの読者にとっては馴染みのものである。ほかに、オジブワ族の小さなマネドが太陽を捕まえるという異伝があり、これはニュージーランドのマウイと共通する物語である。マネドが成し遂げた偉業のなかの一つは、巨大な魚に呑み込まれたが、彼の姉妹が魚を切り開いてくれたので脱出することができたというものである。(24)

南アフリカ地域に流布している神話は、「夜」という怪物が世界を呑み込み、閉じ込めるが、夜明けの太陽が世界を救い出すと伝えている。ソト族〔アフリカ南部のバントゥー系民族〕は英雄リタオラネの神話を伝えている。彼は生まれたときから成人と同じくらいの背丈であり、同じくらいの知恵をもっていた。怪物が彼とその母を除いたすべての人類を食べてしまい、リタオラネもその怪物を攻撃したときに呑み込まれたが、彼は抜け道を切り拓き、世界の全住民を解放したのであった。ズールー族は次のような興味深い物語を伝えている。ある母親が自分の子どものあとを追って、巨大な象の腹の中に入っていった。すると象の腹の中には森や河、山地があり、犬や牛がいて、人々が村を作っていた。これは明らかにズールー族の冥界である。王女ウントムビンデが「肥大し、ずんぐりしており、髭の生えている怪物」イシククマデヴにさらわれたとき、王は軍隊を集め、怪物を攻撃した。

しかしこの怪物は、一人の戦士を除いてすべての人間と犬、牛を呑み込んだ。この戦士が怪物を殺すと、牛と馬、人間、そして最後に王女が怪物の中から現われた。怪物の体内に閉じ込められていた生物が、怪物の腹を切り開くことで生還するというこの物語は、昼光のもとに戻ったときの生物の声をいかにも未開らしく表現している。「最初に鶏が出てきたとき、鶏は長い間世界を見ていなかったので、『ククルク！　世界が見える』と言った。鶏に続いて人間が出てきたとき、『ハウ！　やっと世界が見える』と言った」。ほかの動物も同じようにあとに続いた。(25)

広く知られた現代的解釈では、ペルセウスとアンドロメダ、あるいはヘラクレスとヘーシオネーの神話も、太陽が闇を殺害するとしているが、これもこの一群の神話と関係がある。この神話には次のような注目すべき異伝がある。トロイアの王ラーオメドーンは、ポセイドンが送り込んだ海の怪物への生け贄として、娘のヘーシオネーを岩に縛りつけた。そのとき武具に身を固めたヘラクレスが怪物の開いた口へと跳び込み、三日間その体内を切り刻んだ。少女を救って出てきたときには、ヘラクレスの体毛はすべて抜け落ちていたという。この奇妙な物語は、おそらく部分的にはセム系の起源を有している。というのも、この物語は通常のヘーシオネー、つまりアンドロメダに関する神話に、ヨナの魚の物語が混じっているからである。実際、アンドロメダに襲いかかる怪物のギリシア彫刻は、初期キリスト教芸術のモデルになった。プリニウスの時代には、アンドロメダを縛っていた鎖の痕跡のある岩がヨッパ〔古代パレスティナの地中海沿海都市〕で公開されており、そこからクジラの骨がアンドロメダの怪物の遺骸としてローマに運び込まれたこともあった。

このように、人間が怪物に呑み込まれるという自然神話は、辺境の野蛮人の神話から後代の高等民族の神話までのなかで、一定の位置を占めている。この点を認識することは、聖書批評学におけるある争点をめぐる議論にも影響を及ぼす。つまり、「ヨナ書」を構成している二つの奇談は二つの偉大な宗教的教訓を強調するために脚色されたものであることを見抜き、旧約聖書のなかで最も精巧に作り上げられたものであると正当にも考えられた譬え話として、もはやその文字通りの意図を受け入れることのない批評家の地位を強めるものである。仮に「ヨナ書」が古い時代に失われ、最近になってから再発見されたとしたら、研究者たちがこの見解以外のものを受け入れることはほとんどなかったに違いない。[26]

実際*、怪物が死者を呑み込むという冥界の概念は、キリスト教徒にとって馴染み深いものであり、さまざまな時代から事例を集めることができる。たとえば、外典の「ニコデモ福音書」における冥界降りでは、ハデスは固有の人格をもち、言葉を話すことができ、世界の始まりから聖人たちを呑み込み、腹の中に閉じ込めてきたという。しかし救世主が聖人たちを解放してしまうので腹が痛むと不満を口にしている。中世には、「キリストの黄泉降下」と呼ばれる絵画がこの種の救済劇を表わしている。たとえば、キリストが大口を開けた巨大な魚のような怪物の前に立っており、怪物の口からアダムとイヴを先頭に人類が脱出するなどの場面である。[27] 人間を呑み込む怪物の神話的意味をいっそうはっきりと描いている例としては、スカンディナヴィアの「赤毛のエイリークのサガ」が挙げられる。エイリークは楽園に向かう旅の途中で石造りの橋を通りかかり、それを守護していたドラゴンの腹の中に入り込むと、至福の世界にたどり着いたという。[28]

しかしキリスト教史の初期に発達した聖マルガリタの奇跡物語のような神話群には、自然神話の明確な痕跡は確認できなくなっている。アンティオキアの司祭の娘である聖マルガリタが地下牢に入れられたとき、サタンがドラゴンの姿をして現われ、彼女を生きたまま呑み込んでしまう。

少女マルガリタは自分の傍らを見た。
すると忌まわしいドラゴンが陰からはい出てくるのが見える。
その目は悪辣さに満ちて、口を大きく開いている。
マルガリタは逃げる場所もないので、その場にとどまるしかなく、石のようにじっと立っていた。
かの忌まわしい地虫は、彼女に近づき、
汚らわしい口で彼女を捕らえ、その肉と骨を呑み込んだ。
ドラゴンがほどなく裂開し――彼女は無傷であった。
少女マルガリタはドラゴンの上に立ち、
心は晴れやかに、喜びにあふれていた。(29)

ヨーロッパの民間伝承にもこれと同種の物語があり、その一つが「赤ずきん」の物語である。イギリスではおとぎ話として断片的にしか知られていないが、ドイツの年配の婦人たちがこの物語の本来の姿を伝承している。それによれば、狼が鮮やかな赤いサテンのマントをまとった可愛らしい小さな少女と祖母を一緒に呑み込んでしまうが、狼が眠っているあいだに猟師がその腹を切り開き、二人を無傷で脱出させるのである。この赤ずきんの物語を読んだ者は、「王子ハル」の「おてんとう様が真赤な薄絹でチャラチャラ着飾った情欲に燃えるお女郎様だというなら……」〔シェイクスピア『ヘンリー四世』小田島雄志訳、白水社（白水Uブックス）、一五頁（第一部第一幕第二場）〕という文言を思い浮かべたり、狼スコル〔フェンリルの子狼〕が太陽を呑み込むというスカンディナヴィアの神話を連想したりするかもしれない。そのような人々なら、赤ずきんの物語を日没と日の出の神話に分類したくなるだろう。

赤ずきんと同じように、グリム童話の「狼と七人の子どもたち」とよばれる物語も古い太陽神話の特徴をはっきりと示しており、部分的にはほとんど同じところもある。この物語では、狼が時計棚に隠れた一番年下の子ども一人だけを残して、すべての子どもを呑み込んでしまう。そして赤ずきんと同じように、狼の腹が切り開かれ、石が詰め込まれる。この物語が、今のようなかたちになったのは時計が発明されてからのことである。語り手は子どもと狼のことではなく、夜が一週間の各曜日を呑みこむことを考えていたかのようである。そうでなければ、七人の子どものうちで一番年下の子どもだけが（今日そうなっているように）時計棚に身を隠し、狼から逃れられたなどという物語を思いつくことができただろうか[30]。

ここでこのおとぎ話について、以下のような疑問を提示しておくのも意味があるかもしれない。すなわち、現代ヨーロッパにおける農民の民間伝承も、自然神話の逸話を表現しているのかどうか、それも意味をなさないほど断片化したかたちではなく、十全なまとまりと意味を保持しているのか、という疑問である。この問いに答えるには、W・ラルストン氏〔William Ralston Shedden-Ralston 一八二八－一八八九。イギリス人ロシア研究者〕がロシアの民間伝承に関する講演で取り上げた「うるわしのワシリーサ」の話を引用すれば事足りるだろう。ワシリーサの継母と二人の姉妹はワシリーサを殺害することをたくらみ、魔女のヤガーばあさんの家まで光を取りに行かせるのだが、その道中は一日の物語を実に神話的に表現したものである。ワシリーサは出発してから森の中をさまよい歩き、恐怖に震えながらも歩を進めていたが、突然の目の前に騎手が躍り出てきた。その騎手は真っ白な身体をしており、白いもので身を包んでいた。騎手が乗っている馬も馬飾りも真っ白だった。そして、夜が明け始めた。彼女がさらに先に進んでいくと、二人目の騎手が跳び出してきた。その騎手は真っ赤な身体をしており、赤いもので身を包み、真っ赤な馬に乗っていた。そして太陽が昇り始めた。一日中歩き続けると、夕暮れ時に魔女の家にたどり着いた。再び騎手が跳び出してきたが、その騎手は真っ黒な身体をしており、黒いもので身を包み、黒い馬に乗っていた。彼はヤガーばあさんの家の門の方に進み、まるで地中に沈んでいくように姿を消した。そして夜になった。ワシリーサはそのあとヤガーばあさんに、白い騎手は何者だったのかと尋ねた。すると魔女は「あれは私の明るい昼の光だよ」と答えた。赤い騎手は何者だったのかと尋ねると「あれは私の赤い太陽だよ」と答え、黒い騎手は何者だったのかと尋ねると「あれは私の黒い夜だよ。彼らはみんな私の頼りになる友人だよ」と答えた。この「うるわしのワシリーサ」と「赤ずきん」の物語が同じ種類の民間伝承であると考えれば、一方からはっきりと読み取れるアルカイックな自然神話の意味を、他方においても同じように見いだしても問題ないだろう。

自然神話が進化すると英雄伝説になる。[*] このことは旧世界のギリシア・ローマ民族だけでなく、南洋諸島と北アメリカの野蛮な部族のあいだでも認められる。英雄伝説群の集合のなかに確かな一貫性や場面の連続性を読み取ることはできないが、多くの逸話の特徴からその基礎となっている観念を読解することはできる。以下では、さほど文化的でない種族について、ポリネシアと北アメリカから二つの伝説体系を取り上げ、太陽神話の諸相がさまざまな語られ方をすることを示したい。ニュージーランドのマウイ神話にはほかの伝承との混合が見られるが、その特筆すべき特徴は昼と夜をめぐる物語だということであり、たとえば太陽が海から生まれたことを次のように語っている。

かつてマウイという名前の五人兄弟がいた。母のタランガは一番年下のマウイを海に投げ入れたが、祖先の「天国の偉大な者」タマヌイ・キ・テ・ランギが彼を救った。タマヌイ・キ・テ・ランギはマウイを家に連れて帰り、屋根に吊るしておいた。このあと物語は、人格化の想像力に依りながら、明け方に夜が消えるということを語り始める。ある晩、タランガが帰宅すると、小さなマウイが兄弟たちと一緒に遊んでいた。タランガには、その小さなマウイが、年老いてから生んだ自分の最後の子どもであることがわかった。彼女は、ほかの子どもたちを育てたときと同じように、小さなマウイを連れて一緒に寝た。しかし小さなマウイは、いつも母が夜明けに起床し、家を出て日暮れまで戻らないことに苛立ち、疑い深くなった。そこである夜、彼はこっそり寝床を抜け出し、日の光が家の中に差し込まないように木製の窓と出入り口のすべての隙間をふさいでしまった。こうして、夜明けのかすかな光が差し込まなくなったので、太陽が天に昇り、外がすっかり明るくなるまでタランガは目を覚まさずにいた。ようやくタランガは跳び起きて、隙間をふさいでいるものを取り除き、うろたえて部屋から逃げ出した。マウイは、タランガが地面の穴に跳び込んで姿を消す様子を目撃し、母は夜明けにこの深い洞窟から地下に潜るのだと理解した。

この物語のあとには、マウイが西の国の果てにいる女祖先ムリ・ランガ・ウェヌアのもとを訪ねる逸話が続く。マオリ族の魂は、ここから地下の死者の領域に降りていくのである。ムリ・ランガ・ウェヌアはマウイのにおいを嗅ぎ取り、彼を食べようと身体を膨らませた。彼女は南から東、北へと順番に嗅いでまわり、西の微風からマウイの接近を把握したが、彼が自分の子孫であることも知った。彼女の魔力が宿る大顎をマウイが求めるので、彼女はそれを与えた。マウイはこの武器を携えて数々の偉業を成し遂げることになる。彼はまず、「偉大な太陽の人」タマ・ヌイ・テ・ラ、つまり太陽を輪縄で捕らえ、傷を負わせ、ゆっくりとしか移動できないようにした。次に、この大顎で研いだ釣り針に自分の血を塗り付け、ニュージーランドを釣り上げるという最も有名な偉業を成し遂げた。そのため、ニュージーランドは今でもマウイの魚、テ・イカ・ア・ナウイと呼ばれるのである。

この物語を理解するには、太平洋上のさまざまな島に残るこの物語の異形を比較してみるべきである。すると、このマウイ神話は海底から乾いた陸地が浮上するという一般的な神話であることがわかる。ほかの地域では、マウイが大顎を受け取るのは彼の祖父ランギ・ウェヌア、すなわち天地からである。より鮮烈な話では、マウイには二人の息子がいたが、若い時に彼らを殺し、その大顎を奪い取ったと伝えている。マウイは彼らの片方の目を取り出し、それぞれを明けの明星と宵の明星にしたというから、マウイの二人の息子が朝と晩を表わしていたことは間違いない。さらにマウイが海底から陸地を引き上げたときに使ったのは、上の息子の大顎だった。マウイは魚を釣り上げようとしていたのだが、その獲物の上には家があり、食べ物を置く台があり、犬が吠え、火が燃えて、人々が働いていたので、それが陸地だとわかったという。しかもそこには、偉大な夜の娘であるヒネ・ヌイ・テ・ポの家があり、その側にはヒネ・ヌイ・テ・ポが立っていた。マウイの釣り針は、ヒネ・ヌイ・テ・ポの家の切妻屋根に引っかかっていたのである。ここからは、陸地の沈んでいた海底が夜の領域であったことがわかる。

マオリ族の別の伝説によれば、マウイは火傷を負いながら素手で火をつかみ、そのまま海に跳び込んだ。「彼が水中に沈んだとき、太陽も初めて沈み、地上は暗闇に覆われるようになった。あらゆるものが夜の闇に包み込まれてしまったので、マウイは急いで太陽を追いかけ、明け方に連れ戻した」。マウイが火を海の中に持っていくか、海の中に放り投げたとき、火山に火が付いた。また、マウイが地上のすべての火を消してしまったので、マウイの母が女祖先のマフイカから新しい火をもらってくるように言ったという話もある。この神話の類例をトンガ人が伝えている。それによれば、一番年下のマウイが西方の死者の国、ブロトゥに通じる洞窟を見つけた。そこで彼は、同じくマウイという名の父から、巨大な炎を見守っている年老いたマウイのもとを訪ねるように言われた。一番年下のマウイと年老いたマウイは取っ組み合いの戦いを繰り広げ、若いマウイが勝利を収めた。年老いたマウイは実は地震の神だったのだが、若いマウイは、この地震の神が動けなくなり横たわっているのをそのままにして、人間のために炎を持ち帰った。これらの伝説群は、太陽が海から誕生すること、夜の始まり、日没と明け方の始まり、太陽が西の冥界、すなわち夜と死の世界へと下降すること、そしてこの夜と死の世界が地下の炎と地震の領域と付随的に同一視されることなどを劇的に表現している。これらは真の自然神話の特徴をきわめてはっきりと示しており、マウイが女祖先である夜に殺されるというのは、マウイの人生が太陽にほかならないことを表わしている(31)。

＊次に見る「赤い白鳥」に関する美しい神話は、まったく異なる視点から日没を描いている。この神話は北米インディアンのアルゴンキン族のあいだに伝わるものである。オジブワという名前の狩人が熊を殺し、その皮を剝いでいると、突然何かがあたり一面を赤く染めあげた。オジブワが湖岸に来てみると、美しく赤い白鳥が羽ばたきながら太陽の光のなかで輝き、あたりを赤く照らしていた。狩人は白鳥に向かって矢を放ったが傷一つ負わせることができず、白鳥は射られたことにも気づかずに水に浮かんでいた。そこで狩人は、父から譲り受けた三本の魔法の矢が家にあることを思い出した。この魔法の矢を放ってみると、一本目は白鳥の近くに落ち、二本目は

さらにその近くに落ち、三本目の矢が白鳥に命中した。白鳥は翼を羽ばたかせ、太陽の沈む方角にゆっくりと飛び去った。ロングフェロー〔Henry Wadsworth Longfellow 一八〇七－一八八二。アメリカの詩人〕はこの物語が暗示する太陽についての詩的な意味を十分に感じ取りながら、インディアンをテーマとする彼の詩の一篇〔「ハイアワサの歌」一八五五年〕にこれを取り入れている。

それは沈みゆく太陽であるのか
あるいは水平線であるのか
あるいは、水の上を漂い、飛び立つ赤い白鳥であるのだろうか
魔法の矢によって傷を負った赤い白鳥
湖の水すべてを深紅色に染め上げる
その命の血の深紅によって
あたり一面が輝きで満たされる
その羽の輝きによって

物語はさらに次のように続く。狩人は赤い白鳥を追いかけて西へ急ぎ、ある集落に立ち寄った。人々が言うには、彼女〔赤い白鳥〕は頻繁にその集落を通過するけれども、彼女を追っていった者は誰一人として戻らないとのことだった。彼女は年老いた呪術師の娘だった。この呪術師は頭皮を失っていたので、オジブワは彼のために頭皮を取り戻し、それを彼の頭に返してやった。老人が大地から起き上がると、彼はすっかり若返り、活力にあふれ、若々しい輝きを放った。赤い白鳥である美しい少女はもはや呪術師の娘ではなく妹となっていた。オジブワが旅立つとき、呪術師はこの美しい少女を呼び出し、勝利者たる友人に彼女を託した。

オジブワが花嫁を連れて帰宅してから数日後、彼は新たな旅に出発し、大地の裂け目にたどり着いた。この裂け目を降りていくと死者の霊の住み処に行き着き、そこから善きものたちの輝かしい西の領域と、悪しきものたちの暗雲の領域を目の当たりにすることができた。霊たちはオジブワの同胞が彼の妻をめぐって争っていることを教えてくれた。ちょうどオデュッセウスとペーネロペイアのように、このインディアンは長い放浪の末に、喪に服している貞節な妻のもとに戻り、邪まな求婚者たちを魔法の矢で射殺したのである。(32)

これらポリネシアとアメリカにおける野蛮な伝説は、おそらくヨーロッパからの影響を受けていると思われる。エーリュシオンの地を訪れるオデュッセウス、「まばゆいばかり」のエウリュディケーを取り戻すためにハデスの国に降り立つオルフェウスはどちらも太陽にほかならず、日の出と日の入りの様子を表わしているが、この原理は野蛮な伝説とも符合する。(33)

夜と冥界を擬人化する神話からは、サンスクリットで夕暮れを意味するラジャニームカ、すなわち「夜の口」に似た観念が見て取れる。たとえば、スカンディナヴィア人によれば、死の女神ヘルは、兄の狼フェンリルが月を呑み込むために口を開けているのと同じように、大きく口を開いているという。さらに、古いドイツの詩が描くところでは、地獄の深淵が、その口を天から地にいたるまで大きく開いている。

彼は地獄のごときもの
深き淵に似たるもの
大きく開いたその口は
天から地までいたるほど(34)

今でも大聖堂には、邪悪な者たちに恐怖を植え付けるために、恐ろしい死の顎門《あぎと》の彫刻が彫られており、犠牲者たちを呑み込もうとする地獄の口を表現している。未開の宇宙論によれば、大地の上は天空が覆っており、大地の下には太陽や死者が降りてゆく下界が存在する。このような宇宙論を踏まえるなら、天空や下界の領域に通じる門や入り口が、現実的な意味であれ比喩的な意味であれ、どこかに存在しなければならない。黄金海岸〔アフリカ、ギニア湾岸〕の黒人が言う巨大な天空の門はその一例であり、夜明けに太陽が通るとき、その門が開かれるという。同じような観念として、古代ギリシアにはハデスの門があり、古代ユダヤ人のあいだにはシェオールの門があった。さらに興味深いことに、カレン族とアルゴンキン族、アステカ族が残した三つの神秘的な記述のなかにも同じような関連性のある観念があるので、次に取り上げてみたい。

ビルマのカレン族は文明的な仏教徒と交流し、明瞭な観念を数多く取り入れており、その証言が明確なので、最初に取り上げることにする。カレン族によれば、西方には二つの巨大な岩の層があり、繰り返し開いたり閉じたりしている。日没時には太陽がこの岩塊のあいだを降りてゆくのだが、岩塊の上の層がどのように支えられているのか、誰も描写することができない。グハイ族の祭りでは、鶏を生け贄に捧げるとき、この観念をよく表わした次のような文言を唱える。「そなたは、七つの天の最上部まで昇る。そなたは、七つの地の底まで降りてゆく。そなたは、ク・テにたどり着く。そなたは、タ・マ〔ヤマ、冥界で死者に裁きを下す者〕のもとを訪れる。そなたは、岩の裂け目と断崖のあいだを通り抜ける。そなたは、西方の岩が開閉しているあいだに入り込む。そなたは、太陽が旅する領域、すなわち大地の下を訪れる。われはそなたを雇い、鼓舞する。われはそなたを使者とし、そなたを天使とする……」(35)。

ビルマから北アメリカの五大湖地方に目を移すと、すでに事例として引用済みではあるが、オタワ族のヨスコに関する物語が太陽と月をはっきり擬人化しており、カレン族の描写に呼応していることがわかる。この伝説は、近代的なヨーロッパの人間や船を描いているほか、海のはるかかなたにはヨーロッパの国が存在することも語っているが、明らかに昼と夜をめぐる神話に基づいている。ヨスコはヨスケハ、すなわち白い者であり、ヨスコの兄弟である競争者はタウィスカラ、すなわち暗い者であり、二人は昼と夜として競い合っている。これは昼と夜が出てくるヒューロン族の自然神話の最もはっきりとした初期の表現である。ヨスコとその友人たちは、はるか東方の太陽のもとを目指し、何年も旅を続けていた。世界の端にはマナボゾが住んでおり、ヨスコたちはその住み処にようやくたどり着くことができた。マナボゾの住み処の先には深い割れ目があって、太陽と月の国につながっていた。ヨスコたちが割れ目に接近するにつれ、空と大地がぶつかり合う音が聞こえてくるようになり、だいぶん近づいたように思えたが、なかなかたどり着くことができなかった。空が下がってくるときには割れ目から突風が起こり、旅人たちに吹き付けた。彼らはその風にあおられ、立っていられないほどだったが、その頭のすぐ上を太陽が通過していった。空が落下するときの勢いは激しかったが、上昇するときはとてもゆっくりしていた。ヨスコと一人の友人は、空が下がってきたとき、大地の端に立っていたが、必死の思いで跳び移り、反対側に足場を得ることができた。しかしほかの二人は、落ちてくる空を目の当たりにして恐怖で足がすくんだ。ヨスコたちは闇の向こうにいる二人に向かって、「跳べ！　跳べ！　空が落ちてくるぞ」と叫んだ。腰を抜かしていた二人は、ようやく立ち上がり、必死で崖にしがみついた。そうしているあいだに空は凄まじい音を立てながら激しく大地に衝突し、二人を恐ろしい暗黒の奈落に突き落としてしまったという(36)。

最後に、アステカ族の葬送儀礼も、地下の死者の国に向かう亡霊が最初に遭遇する苦難について同じように描写している。地下の死者の国は、地上が夜のとき、太陽によって明るく照らされている。遺族は、故人の亡霊が旅を安全に終えることができるよう願いながら通行証を遺体に与え、次のように語りかけるのである。「この通行証を持っていれば、二つの山が衝突しているそのあいだを通過できるようになります(37)」。

これらの伝説は太陽およびマウイの死をめぐる観念を描いているのであり、それに従えば、頑丈なアルゴー船がシュムプレーガデス岩の衝突を避けて通過するというギリシアの有名な伝説も、太陽神話の想像力の一端を表現したものと考えられる(38)。この二つの巨大な崖は速く激しくぶつかりながら開閉するとされている。ギリシアの詩人が、なんの根拠もないただの空想にまかせて、こんなにも奇妙でありながらカレン族とアステカ族の夜と死の門の神話にこれほど符合する話を思いつくことができるものだろうか。マオリの伝説と比べると、アルゴンキン族の物語はギリシアの物語とさらに深い一致が見られる。どちらの物語でも〔通過という〕出来事が未来を決めるが、その解決の仕方は正反対である。マウイの場合には、夜の入り口を通過して昼に戻って来ることができれば、死が人類にもたらされることはなかった。一方、アルゴー船の場合には、シュムプレーガデス岩のあいだを無事に通過できれば、その通路は人々にとって永遠に開かれたままとなる。はたしてアルゴー船はすばやく岩のあいだを通り抜け、シュムプレーガデス岩がそこを通る船とぶつかることはなくなった。ところが、マウイは押しつぶされてしまったので、人間が冥界から戻ってくることはなくなったのである。

＊これとは別の太陽に関する比喩では、太陽が一つの人格をもつ生き物としてではなく、いっそう大きな存在の一部として描かれる。ジャワおよびスマトラでは、それは「マタ・アリ」、マダガスカルでは「マソ・アンドロ」、つまり「昼の目」と呼ばれる。この思想が比喩から神話へと、どのように翻案されるかを探してみれば、みずからの目を天に置いて太陽とし、二人の子どもの目を明けの明星と宵の明星としたニュージーランドのマウイの物語にそれが見いだせよう。(39) このように暗示的かつ明示的に述べられる自然神話は、アーリア人のもとで広汎に発展した。それはアジアの神話に現われる周知のマクロコスモス的な宇宙の描写の一部を成しており、ヨーロッパにおいては、ユピテル〔ゼウス〕について世界の支配者であると同時に世界そのものであると語るオルフェウスに帰せられる詩歌の一節に表現されている。それによれば、この神の誉れ高き頭が天空を照らし、そこには星々を散りばめた髪が吊るされ、とどろく大洋を満たす水は腰帯となり、彼の聖なる体である万物を生み出す大地を取り巻いている。その目は太陽と月であり、思慮深くすべてを動かし統べるその知性は、王として君臨する上天で、声も音もいっさい逃れられない。

その目は太陽、それと相まみえる月。／その無謬なる知性、王たる不滅の上天、それが万物を回し思慮する。／話し声も叫び声も騒音もざわめきも、クロノスの子、強力無比なるゼウスの耳を逃れるものなし。／かようなに不死なる頭と思考を有す。／その身体は光り輝き、果てしなく、揺るぎなく、力強く、たくましき四肢そなえ、強力無比なり。(40)

アーリア神話の作り手が比較的弱い光について考慮することがない場合には、さまざまな言葉で太陽を天空の目として描写することができる。『リグ・ヴェーダ』では、太陽は「ミトラ、ヴァルナ、アグニの目 chakshuh Mitrasya Varunasyah Agneh」とされる(41)。『ゼンド・アヴェスター』には「駿馬をしたがえた輝く太陽、アフラ・マズダーの目」とあり、ほかの箇所でも、明らかに太陽と月である両目が讃えられている(42)。ヘシオドスにとって、それは「万物を見渡すゼウスの目 πάντα ἰδὼν Διὸς ὀφθαλμός」であり、マクロビウスは太陽をユピテルの目と呼んでいた古い時代について語る――「太陽とは何か。天空の目である」(43)。古い時代のゲルマン人は太陽を「ヴォータンの目」(44)と呼び、ヴォータンないしヴォーデンあるいはオーディン自体を神的な〈天〉と認識していた。これらの神話的表現は最も曖昧さのない形式のものである。そこから得られる手がかりによって、古代ヨーロッパの神話で最も奇妙な挿話のうちの二つに対して、ここで推測的な解釈を確言はできずとも提案してみてもよかろう。万物の父オーディンは、古代スカンディナヴィアの吟唱詩人によれば、アーサ神族とともに都アースガルドにいて、その高き玉座フリズスキャールヴ（蓋付き棚）に座しており、そこから世界全体を見下ろして人間のあらゆる行ないを見きわめることができる。彼は大きな外套に身を包み、大きな帽子で顔を覆った老人であり、サクソ・グラマティクス〔Saxo Grammaticus 一一五〇頃－一二二〇頃。『デーン人の事績』を著した中世デンマークの歴史家〕の言葉では、「〔オーディンは〕身なりによって知られることのないように、帽子で顔を覆って……」。オーディンが片目なのは、「巫女の予言」が伝えるところによれば、ミーミルの泉から水を飲もうとしたため、その抵当として片目を置いていかなければならなかったからである。

オーディンよ、あなたがどこに目を隠したのか、私はよく知っている。
あの名高いミーミルの泉の中です。
ミーミルは毎朝、蜂蜜酒を飲む。
戦士の父の抵当のうちから——おわかりかな？

オーディンの片目は天空の太陽と考えられている。そうであれば、オーディンが泉に置いてきたもう片方の目が何かということも推測できる。それはひょっとすると太陽が水に映ったものであるかもしれないが、よりいっそう可能性が高いのは月そのものである。実際、民衆の神話では、月が泉の中で見つかることがある。(45)

太陽にまつわるこのような空想は、ペルセウスの神話の一部をうまく説明できるかもしれない。たとえばスカンディナヴィアでは、三人の女神ノルンが運命を司っており、それぞれウルダル、ヴェルダンティ、スクルド——「だった」「である」「であろう」——という名前をもっている。この三乙女は「運命の姉妹」であり、人間の寿命を決めることができる。一方、ギリシアでは、運命の三女神、必然の運命アナンケーの娘たち〔モイラ、複数モイライ〕が時間を司り、ローマではパルカ〔複数、パルカエ〕がそうである。すなわち、ラケシスは過去を歌い、クロートーは現在を、アトロポスは未来を歌う。こうなると、こうした運命の姉妹たちに共通する性質は、ほかの二つの神話的三姉妹——グライアイ〔ギリシア神話の三人の老女神〕とその親族ゴルゴンにも共通していると見てよいのではなかろうか。(46) そうであれば、三人のゴルゴンのうち、一人だけが死すべき存在で、他の二人の姉妹がその運命から救うことができない理由が理解しやすくなる。すなわち、過去と未来は不滅であるが、現在はつねに死にゆくのであるから、救うことができないのだ。さらに、グライアイたちのなぞなぞを解くのも難しくなくなる。グライアイたちが回り持ちしている一つの目とはなにか。それは過去が現在に手渡し、現在が未来に手渡す昼間の目、すなわち太陽を表わしているのである。

神話上で文明をもたらす太陽と月〔三五三―三五四〕

*輝かしい〈昼の支配者〉と比べると青白い〈夜の貴婦人〉は、自然においても神話においても劣った低い地位にある。太陽と月の連関を伝える神話群は大量に存在するが、とりわけ顕著な二つの事例が南アメリカの部族に見られる。彼らは、周囲の野蛮な部族よりは進んでいるがしっかりとした文明を築いているわけでもなく、半文明的である。彼らの伝説は、はるか昔に旧世界の文化をアメリカ大陸にもたらしたという偉人を描いており、現代の作家たちの関心を集めてきた。その逸話のなかには批評的見地から見れば不適切なものがあるが、神話伝承はそうした逸話も省くことなく伝えてくれている。

かつて〔コロンビアの〕ボゴタの高原に住むムイスカ族は農耕も宗教も法律も知らず、未開であったという。しかし髭を生やした老人ボチカ、太陽の子どもが、東から彼らのもとにやってきて、畑を耕し、衣服を着て、神々に祈りを捧げ、国を造るように教えた。ボチカにはウィタカという妻がいた。彼女は美しいが邪悪であり、ボチカの仕事を邪魔して、台無しにすることを何より好んでいた。彼女は川の水量を増やして陸地を水浸しにした。洪水を避けて山頂に逃げることができた人類はごくわずかだった。ボチカは激怒し、邪悪なウィタカを地上から追い払った。そしてそれまで月というものがなかったので、彼女を月にしたのである。大洪水を鎮めるためにボチカが岩を割ると、巨大なテケンダマ滝ができた。大地が乾いてからは、生き残った人々に暦年と周期的な供犠、太陽に対する崇拝を教えた。この神話を伝えた人々は、ボチカがスエ、すなわち太陽であり、ウィタカが太陽の妻、すなわち月であることを忘れてはいなかった。それは彼らに聞かずとも、われわれにも推測できよう。[47]

*インカの文明神話からも、空想の仕方は異なるが同じような意味内容が見て取れる。ケチュア族の伝説によれ

ば、かつて人間は野生動物と変わらず野蛮であり、洞窟に住み、野生の根や果実、人肉を食らい、葉や木の皮、動物の皮をまとっていた。しかしわれらの父なる太陽が人間を哀れみ、彼の二人の子ども、すなわちマンコ・カパックとその妹であり妻でもあるママ・オクジョを遣わした。二人はティティカカ湖から姿を現わし、非文化的な群衆に法律と政府、婚姻、道徳秩序、耕作、芸術、科学を教えていった。このようにして、巨大なペルーの帝国が建国された。歴代のインカ国王とその妹および妻は、強大なマンコ・カパックとママ・オクジョの血筋を受け継ぎ、政治的支配と宗教の文脈において、最初に地上に現われた王族の祖先と同一視されるのみならず、天空の父母そのものでもあると見なされた。つまり彼らは人格化された太陽と、その妹および妻である月でもあった(48)。

このように、ボゴタとペルーの諸民族は、神がかつて野蛮であった人間に文明をもたらしてくれたと記憶し、その文化をそれぞれの民族宗教と結びつけている。そして彼ら自身の崇拝を確立し、それを人の姿をした神々に由来するものと考えることで、さまざまな時代や地域に頻出するこの種の神話のなかに、自分たちの伝統を具体化しているのである。

月の不実、周期的な死と復活〔三五四－三五五〕

「不実な月」*は、特徴的な物語群のなかに現われる。オーストラリアの伝説では、ミティヤン、すなわち月は当地の猫であり、かつて他人の妻に恋をして追い払われ、それ以来ずっとさまよっているという(49)。ヒマラヤのカシ族によれば、月は毎月、義母に恋をするが、義母は月の顔に灰を投げつけるので、そこに染みができてしまったという(50)。スラヴの伝説でも、月は夜の王であり、太陽の夫だが、他の例と同じように不誠実で、「明けの明星」に恋をし、その罰として今日の空に見えるように割られてしまったのだという(51)。

これとは異なる発想として、死と復活を繰り返す月の周期が、痛ましい人間の運命と重ね合わされることがある。とりわけ南アフリカ〔大西洋岸に居住〕のナムクア族の特徴的な神話によれば、かつて月は野ウサギに次のような伝言を託し、人間のもとに遣わした。「私は死んだあと甦る。私と同じようにお前たちも、死んだあとで甦るだろう」。しかし、野ウサギは人間に次のように伝言した。「私は死んだあと甦らない。私と同じようにお前たちも死んだあとで甦ることはないだろう」。野ウサギが月のもとに戻り、伝言した内容を報告すると、月は手斧で野ウサギを切りつけ、その唇を切り裂いた。今でもウサギの唇には、その傷が残っている。ほかの伝承によれば、ウサギは逃亡し、今でも逃げ続けているという。ウサギが月の顔を引っ掻き、今日見えるような傷を残したと語る人々もいる。彼らによれば、ウサギはこのように不吉な事柄を人間に伝言したため、食べてはならないとされている（これと同じような偏見は、かなり異なる他の部族のあいだにも認められる(52)）。

さらに興味深いことに、このナムクア族の物語ときわめて類似した物語が、遠く離れたフィジー諸島でも確認されている。ナムクア族とフィジー諸島の物語が起源を共有していないとは考えにくいほどである。フィジー諸島の物語では、人間と死のあり方について二柱の神が言い争っていた。「ラ・ヴラ（月）は、人間は自分と同じように生きるべきであると言った。すなわち、いったん姿を消したとしても、甦るべきだと主張した。ラ・カラヴォ（ネズミ）は、月の提案に耳を貸さず、『ネズミが死ななければならないのと同じように人間も死ぬべきである』と言った。そして、ラ・カラヴォが勝った」。この神話のさまざまな異形が古くから存在していることから、現在ホッテントット族〔南西アフリカの遊牧民コイコイ族の古称〕とフィジー諸島という地球の反対側に位置する場所にこの神話が存在しているのは、近代になってから伝播したためではけっしてないと考えられる(53)。

星、その一族〔三五六〕

野蛮*な自然神話のなかには星の誕生を詳細に説明したものがあり、このような神話は遠く離れた部族間の歴史を考える手がかりとなる。マレー半島の野蛮なミンティラ族は、固い天空が存在するという信念を素朴な言葉で表現しているが、これは低い文明の段階では普通のことである。ミンティラ族によれば、空は大地の上に紐で吊り下げられた巨大な壺であり、この紐がちぎれたら、地上のすべてのものが押しつぶされてしまう。月と太陽はどちらも女性であり、月には星という子どもたちがたくさんいる。かつては太陽にも月と同じようにたくさんの子どもがいた。しかし太陽と月は、人間があまりにも強い輝きと熱に耐えられないのではないかと心配し、自分たちの子どもを食べることにした。太陽は約束どおり自分の星をすべて食べたが、月は自分の星を食べることなく、太陽から見えない場所に隠しておき、太陽が食べ終えるや否や、月は自分の家族を隠れ場所から連れ出した。それを見た太陽は怒りに身を震わせ、月を殺そうと追いかけた。今日にいたるまで太陽は月を追いかけており、時折、太陽が月に接近し、嚙みつくと月蝕が起きる。今でも夜明けになると太陽は自分の星を食べ尽くし、月は追跡者の太陽が遠く離れる夜になるまで星を隠している。

インド北東部チョータ－・ナーグプルのホー族の神話はミンティラ族の神話と共通しており、明らかに起源を共有していると思われるが、その結末は異なっている。月に騙された太陽は、彼女を真っ二つに切り裂くのである。月は切り裂かれたり元の姿に戻ったりしながら、娘たちの星とともに暮らしているという[54]。

星座、神話と天文学におけるその位置〔三五六－三六〇〕

星*の神話においては、未開なものから文明的なものまで、さまざまな思想の軌跡をたどることが可能であり、適応の過程で変化したものもあるが、最初から最後まで明らかな連続性を示す点では、その軌跡はけっして途切れていない。野蛮人は、個々の星は生きていると考え、星の一まとまりを天体の生物であったり、生物の手脚であったり、生物に関係する物体であったりすると考えていた。一方、文明の最先端に位置する現代の天文学者たちも、〔星座という〕古代の空想の産物を今日まで保持している。〔星座は〕天球上の位置を明らかにするための手段として、有用な残存物となっている。当初、野蛮人が考えた星や星座の名前や物語は子どもじみた無益な空想と見なされていたが、下等人種を研究すればするほど、しだいに彼らの想像が意味と道理をそなえていることがわかってきた。たとえばオーストラリアのアボリジニーは、われわれの言うところのカストルとポルックス〔ともにふたご座の恒星〕をユレーとワンジェルと呼んでいる。そしてユレーとワンジェルは、カンガルーのプッラ（われわれの言うカペラ）を追いかけ、猛暑が始まるころに仕留めるのであり、蜃気楼はユレーとワンジェルがプッラを炎で炙るときに出る煙であるという。さらにアボリジニーによれば、マルピーン・クルクとネイロアン（アークトゥルスと、こと座）が蟻のさなぎと托卵を行なう鳥の卵を発見し、それらが食べられることを教えてくれたのだという。これらの単純な神話を事実という言語に翻訳すると、そうした星が夏に位置する場所を示しているだけでなく、蟻のさなぎと托卵された卵が見つかる季節も示しており、蟻のさなぎとその種の卵の発見者とされる星がそれらを採取するのに最適な季節を表わしているのである(55)。

アルゴンキン族の美しい神話も、夏が誕生した経緯を非常にわかりやすく説明している。それによれば、昔は永遠の冬が地上を支配していた。しかし、フィッシャーと呼ばれる活発で小さな〔イタチ科の〕動物が、友人であるほかの獣たちの助けを借りながら美しい天空の国に通じる通路を開き、永遠の冬の支配に終止符を打った。フィッシャーたちが通路を開くと暖かい風が流れ込み、夏が地上に降りてきて、それまで鳥かごに閉じ込められていた鳥たちが解放された。しかし天空の住民たちは、自分たちの鳥が解き放たれ、暖かい強風が吹き降りるのを見ると、フィッシャーを追撃し、矢を放ち始めた。ついに一本の矢がフィッシャーの弱点である尻尾の先端に命中した。こうしてフィッシャーは地上の住民のために命を落とし、彼の名前を冠した星座になった。今でもフィッシャーが命を落とした季節がめぐってくると、矢が尻尾に刺さったまま、天空の平原で北を向いて倒れているフィッシャーの姿を見ることができるという(56)。

こうした野蛮段階の物語は、オリオンに追われたプレイアデスの姉妹が海に逃れた物語と比較することができる。プレイアデスの少女たちは、逃げることをあきらめ、絶望し、涙を流しながら死んでヒアデス星団となった。だから、ヒアデス星団が昇ったり沈んだりすることは雨の前兆なのである。このような神話上の被造物は、野蛮な星座の神話が古代ギリシア人によって作られていたように、作り手の野蛮人が意味深いものとして創作したのだろう。オーストラリアの人々は、三という数字を作るのに二と一を組み合わせるのがせいぜいの野蛮人であったにもかかわらず、このような神話を、それもこれほどまでに意味に満ちた神話を作り出すことができた。それを思えば、こうした神話的観念がいかに深く文化史のなかに根を下ろしているか、推して知るべしである。今でもカストルとポルックス、アークトゥルスとシリウス、牛飼い座とオリオン座、アルゴー座とチャールズの荷車〔北斗七星〕、巨嘴鳥《きょしちょう》座と南十字といった星図のうちに、われわれはその痕跡を認めることができる。これらの星座は、文明的なものであろうと野蛮なものであろうと、古代のものであろうと新しい時代のものであろうと、古来の方法によって名づけられているため、どんな部族が相互に採用しあっても、どの部族がどの部族の星の名を借りてきたのか区別できないほど類似した名前をもっている。たとえば、周知のようにアメリカの諸部族は、自分たちの空にヨーロッパの星座の名前を取り入れてきた。またわが国におけるチャールズの樫の木座〔一六五一年のウースターの戦いに敗れたチャールズ二世が、クロムウェル軍の追っ手から身を隠したロイヤル・オークをモチーフにした星座〕は、インドでは「七聖賢」〔北斗七星〕、その他のバラモン教的な古代の星座と組み合わさり、新たに書き写された古いヒンドゥー教の物語に取り入れられたのである。

　*しかし、星座については実にさまざまな空想がめぐらされてきたので、まったく同じ名前が付けられることはあまりなく、同じ人種であっても異なる表現を使うことがある。たとえば、われわれがオリオンの帯として知っている星は、ニュージーランドではマウイの肘と呼ばれたり、タマレレテのカヌーの船尾と呼ばれたりする。南十字星は、このカヌーの船首から降ろした錨である。[57]同じように、大熊座は大荷車と呼ばれることがあり、オリオンの帯はフリッガ〔オーディンの妻〕の錘《つむ》、あるいはメアリーの錘、ヤコブの杖などと呼ばれる。しかしながら、呼び名は異なっても自然と共通点が認められることもある。プレイアデスの七姉妹は、オーストラリアではコロボリーの踊りを舞っている少女の一座であると考えられていたのに対して、北米のインディアンはそれを踊り手

たちと呼び、そしてラップ人は乙女たちの一団と呼んでいた。[58]

よりいっそう顕著なのは、野蛮民族と文明民族が、空を横切る道のような明るい星々の帯についてほとんど同じような空想をめぐらせていたことである。たとえばソト族はそれを「神々の道」と呼び、オジ族〔ガーナ居住の部族〕は、魂が天に昇ってゆく「霊魂の道」であるという。[59]北アメリカの諸部族は、「命の支配者の通り道」「霊魂の通り道」「魂の路」などと呼んでいる。彼らによれば、人はそこからあの世に旅立つのであり、輝く星は魂が途中で焚くキャンプファイアーである。[60]これらは天の川をめぐる野蛮人の空想であるが、リトアニアの「鳥の路」に関する神話にも一致するところが認められる。この神話によれば、善人の魂は死に際に鳥のように飛び去り、鳥の路の行き着く先で自由に、幸せに暮らしているという。[61]魂が天の川で暮らしているという想像は、ピュタゴラス派にとっても馴染みのものであった。彼らは師の言葉に仮託して、天の川で群れている魂が人間のもとに降りてきて、夢になると考えていた。[62]さらにマニ教徒によれば、純粋な魂は「光の柱」に移動し、そこから地上に降りてきたり上に戻ったりすることができるという。[63]

シャム人の「白い象の通り道」、スペイン人の「サンティアゴ・デ・コンポステーラの巡礼路」、あるいはトルコ人の「巡礼者の通り道」などは、天の川の観念が堕落したものである。さらに劣化した例としては、シリアやペルシア、トルコ系諸族の「藁の道」が挙げられる。ここでは天の川が、藁を運ぶ際に網からこぼれ落ちた藁のくずであふれた小道として表わされている。[64]しかしながら、こうしたさまざまな空想のなかでも、わが国がこの天空の路を表現するやり方ほど風変わりなものはあるまい。すなわち、〔ロンドン市内にある〕セント・ポール・ストリートからキャノン・ストリートのあいだには、短く曲がりくねった道が続いている。実はこの道は〔古代に由来する〕かのウォトリング街道であり、かつてはドーヴァー海峡からロンドンを経てウェールズに達していたが、今ではその名残はほとんど見られない。しかし地上のウォトリング街道だけでなく、かつては天空にもウォトリング街道が存在したのであり、それは、イギリス人にとって馴染みのものだった。その記憶は、今では方言のなかにもほとんど認められないが、たとえばチョーサーは、「誉れの宮〔House of Fame〕」で次のように詠っている。

さあ目を上げよ、と彼は言う。
あの向こう、そら、銀河を見よ、
これは乳白色の道〔天の川〕と呼ばれる、
白いが故に。またある者は
これをウォトリング街道と名づく[65]

風と嵐〔三六〇－三六二〕

天体とは別の、たとえば風に関する自然神話に目を転じてみても、野蛮な文化ではこのような伝説が早い時期から存在していたことが窺える。ニュージーランド人によれば、マウイは風に乗ったり、風を洞窟に閉じ込めたりすることができた。しかし西風だけは捕えられず、洞窟の中に閉じ込めるのに失敗することがある。そのようなときに西風は吹き荒れ、マウイが西風に追いつき、洞窟に入れると鎮まった[66]。ギリシア・ローマの詩歌にも同じような空想が認められる。それによれば、アエオルスは風を捕まえ地下牢の洞窟に閉じ込めたという。

ここでは王アエオルスが巨大な洞窟の中で
あらがう風と唸りを上げる嵐を
抑えつけて統治している[67]。

＊アメリカ原住民の四つの風に関する神話は、世界中の神話のなかでも比類のないほどの豊かさと力強さと美しさを伝えている。「アルギック語族調査」を実施したスクールクラフト〔Henry Rowe Schoolcraft　一七九三－一八六四。アメリカ合衆国の地理学者〕は、インディアンの民間伝承に由来する逸話を収集した。これをもとにしたロングフェローの傑作「ハイアワサの歌」は、残念ながら原型に忠実であるとは言えないが、この逸話を見事な趣向と共感を込めて描いたものである。これによれば、西風ムジェキーウィスはカベユン、すなわち風の父である。ワブンは東風、シャウォンダシーは南風、カビボノッカは北風である。北西の風マナボゾは、神秘的な四つの風とは別種の強力な風であり、カベユンの私生児という神話的特性をもっている。猛々しい北風カビボノッカは、水鳥のシンゲビスが冬になると訪れるのを見て、暖かく幸せな冬小屋から追い払おうとするが失敗に終わる。怠惰な南風シャウォンダシーは、草原のタンポポである少女に恋い焦がれ、彼女の明るく輝く髪が白銀色に変わるまで慕い続ける。南風が少女に息を吹きかけると、タンポポは消え去ってしまう。(68)

人間は生まれつき、視界を前後左右に四区分し、世界を四角形として空想するのであり、その四方位に風を割り当てる。ブリントン博士〔Daniel Garrison Brinton　一八三七－一八九九。アメリカ合衆国の考古学者、民族学者〕の著書『新世界の神話』では、アメリカの原住民たちがこのような観念に基づきながら伝説を次々と作り出したことが丁寧にたどられている。これらの伝説を詳細に読み解くなら、四兄弟の英雄、あるいは神話的祖先、人類の神的保護者などは、四方位の風の明らかな擬人化であると考えられる。(69)

＊暴風であるマルト神群に捧げられたヴェーダの讃歌では、マルト神群は森の王者たちを切り刻み、岩を震え上がらせるが、それが一通り終わると彼らは再び新生児となる。ホメロスの讃歌では、子どもであるヘルメスが神話的偉業を成し遂げており、ボレアースはアストライオスとエオス、すなわち星々の輝く天空と夜明けから誕生したと伝えられている。これらはアーリア人が作り出した神話的観念であるが、インディアンの物語の語り手はこれらの観念を理解し、匹敵するものを創出したと言える。(70)

暖炉を囲んでおとぎ話に親しんだヨーロッパの農民たちは、ワイルドハント〔Wodejäger〕〔伝説上の猟師の一群〕、フォンテーヌブローの大狩猟官、ウィンザーの森の狩人ハーンについてよく知っているが、古来の壮大な嵐の神話の意味はほとんど忘れてしまっている。しかしイングランド西部一帯の伝承からはかろうじて、「Wish」あるいは「Wush」など、荒くれ者の猟師の猟犬の名前が見て取れる。確かに田舎でもこの名前の意味が忘却されて久しいが、「Wish」あるいは「Wush」からは有名なウォーディンの古代の名前、古ドイツ語の「Wunsch」をはっきりと読み取ることができる。天空の神は、古来の伝承どおりに今でも荒れ狂う嵐を率いている。物語の語り手は安全な小屋の中に避難して、伝説と同じように嵐の荒々しい狩猟を擬人化しながら語り継いできたのである。(71)

雷〔三六二―三六三〕

*野蛮時代の詩人や哲学者は、雷やその原因をサンダーバード〔雷神鳥〕の神話で説明しようとしばしば試みてきた。この不可思議な生物は、北アメリカの多くの伝説に見ることができる。サンダーバードは、ゼウスのワシと同じように、偉大なマニトゥの鳥、あるいは偉大なマニトゥの化身そのものである。アシニボイン族〔北米グレートプレーンズに居住する先住民〕は、この鳥の存在を知っているばかりか、目撃したことさえある。さらに北方では、この鳥がどのようにして世界を創ったのかを伝えている。バンクーバー島のアート族〔ヌートカ族〕は、強大な鳥トゥートゥーがはるかな高所に住んでいると語っており、この鳥の羽ばたきが雷〔トゥーター〕となり、舌が叉状の稲妻になると伝えている。かつて地上にはこの鳥が四羽住んでいて、クジラを食べながら生息していた。しかし、偉大な神クァウティートがクジラの中に入り込み、サンダーバードを一羽ずつ挑発した。サンダーバードは挑発に応じて、クァウティートの宿るクジラをかぎ爪で引っつかもうとしたが、海底に引きずり込まれて溺死した。クァウティートはこのようにして四羽のサンダーバードのうち三羽を殺した。最後の一羽は、翼を広げ

てはるか高いところに逃れ、それ以来そこに留まっている。おそらくこの物語は、雷を伴う嵐が、空の一方角からやってくることが多いことを表わしているのだろう。

ダコタ族に伝わる神話は、なかでもおそらく最も風変わりなものである。それによれば、雷は巨大な鳥だから、鳥と同じ速さで移動する。初めに雷鳴を起こすのは年老いた鳥である。ゴロゴロという音を鳴らすのは若い鳥の大群で、若鳥たちが音を立て続けるので、長いあいだ響きわたる。インディアンによれば、若い鳥は、いたずら好きの若者が助言に従わずに悪さをするのと同じようであり、年老いた鳥は賢く善良で、誰も殺さず、悪事をなすこともない。南へ下って中央アメリカに目を移すと、稲妻と雷を司る暴風雨の神、ウラカン（この名前は、*huracan*〔スペイン語〕、*ouragan*〔フランス語〕、*hurricane*〔英語、いずれも「ハリケーン、暴風雨」〕という形でヨーロッパの言語に取り入れられた）とその使者であるヴォクという名の鳥が伝わっている。カリブ族、ブラジル人、ハーヴェイ島〔クック諸島のマヌアエ島の旧称〕住民、カレン族、ツアナ族〔アフリカ南部の民族〕、ソト族の伝説も、サンダーバードが空を飛んだり、光り輝いたりすると伝えている。雷と稲妻がワシやヒメコンドルの住み処である上空から落ちてくることから、前述のような発想が神話へと変換されたのだろう。(72)

地震〔三六四―三六七〕

天空の神*は空に住居があるため、鳥こそがそれとその使者に最も似つかわしい姿ということになる。しかし、われわれの立っている大地が揺れる原因については、まったく異なる性質の生き物を想像しなければならない。したがって各地域において、人間あるいは動物の姿形をしたさまざまな巨大生物が、強固な大地を支えていると考えられてきた。こうした巨大な生物は怠慢や気晴らし、怒りなどの衝動に駆られて振動を引き起こし、みずからの役目を誇示することがある。地震が感知されるところではどこであれ、大地の担ぎ手に関する偉大な神話がさまざまなかたちで認められる。

たとえばポリネシアのトンガ人によれば、大地は横たわったマウイの身体の上に載っており、マウイが楽な姿勢になろうと体の向きを変えることで地震が起こるという。そこで人々は、静かに横になっているようマウイに言い聞かせるため、怒鳴ったり棒で地面を叩いたりするのである。そのほか、すでに引用した神話においても地震の原因を説明する部分がある。それによれば、太陽は夜になると地下に降りていくが、そこは火山と地震の世界である。孫のマウイが洞窟から入って死者の国ブロトゥへ降りていくと、火のそばに年老いたマウイがいて、その火を奪い取った孫のマウイと取っ組み合いの喧嘩になった。打ち負かされた年老いたマウイは傷を負い、起き上がることができなくなり、大地の下で身を横たえた。そのため、年老いたマウイが寝返りを打つたびに大地が揺れるのである。[73] セレベス島ではイノシシのホグが世界を支えており、このイノシシが木に身体をこすりつけるときに地震が起こるという。[74] 北米のインディアンによれば、世界を支えているのは巨大なリクガメであり、このカメが動くたびに地震が起こる。このカメは、大地そのものの神話的描写であり、大地が揺れるという事実を神話的に表現していると考えられる。カリブ族の物語はもっと明快で、母なる大地が踊ることで地震が起こると言っている。[75]

新大陸の高等な人種においてもこれらと同じような観念が認められ、本質的に大きな変化は見られない。トラスカルテカ族〔メキシコの先住民族〕によれば、神々が世界を支えているが、一部の神々が疲弊して、他の神に交代しようとするときに地震が起こる。[76] チブチャ族〔コロンビアの先住民族〕によれば、彼らの神チブチャクムは大地を肩に載せており、それを一方の肩から他方へ載せ直すことが地震の原因になる。[77] このような神話は、アジア一帯の文化に広まっている。カムチャダール族〔カムチャツカ半島先住民、ただしロシア化が進んでいる。自称はイテリメン〕が地震の神トゥイルについて伝えるところによれば、この神は大地の下をソリに乗って移動しており、彼の犬がノミ、あるいは雪を振るい落とすときに地震が起こるという。[78] カレン族が伝える太陽の英雄タ・イワは、大地を〔神〕シエオーの上に置いて運んでおり、その振動によって地震が起こるという。[79] ヒンドゥー教徒の大地を支えている象、モンゴルのラマ教において世界を支えるカエル、ムスリムの世界牛、マニ教の宇宙論における巨大な肩掛けなど、これらの被造物は背中や頭の上に大地を載せており、身体を伸ばしたりずらしたりするたびに地震を引き起こすのである。[80]

ヨーロッパの神話においては、スカンディナヴィアのロキは地下の洞窟に鉄の紐で縛りつけられ、頭上の蛇が滴らせる毒液に苦しめられているし、プロメテウスは大地の下で拘束を解こうともがいている。さらに〔ラトヴィアの〕レット人の神話においてポセイドンに相当するドレブクルスは、地下から大地を揺らすことがある。[81]こうした神話は総じて想像の産物であるが、それと形式上類似しながらも、区別すべき哲学的神話も存在する。そうした哲学的神話は、物事の原因について比喩を使うこともなく、正確な説明を試みる。たとえば日本人は、巨大なクジラが地下をはうことで地震を引き起こすと考えるが、おそらくこれは、巨大なクジラのように見える怪物の化石が出土したことに由来する。それはちょうどシベリアでマンモスの骨と牙が出土したとき、地下に穴を掘って暮らす巨大な獣の一種として説明されたのと似ている。そうした信念から、怪物が地中を掘り進むことで大地の起伏を生み出すという考えにいたったのだろう。

以上のような地震に関する世界の神話については、検証の結果、その創作過程において次のような二つの分類を立てることができる。一つ目は、地震という現象を神話的言語で表現するものである。二つ目は未熟な科学理論であり、地中を移動する実在の動物が地震を起こすと説明するものである。ただし両者は、結果的には非常によく似た神話群を生み出すことになった。[82]

以上、ここまでのところで、天空と大地、太陽と月、星、風と雷、地震に関する神話的説明を概観してきた。＊当面の実際的な正確性をそなえたこの調査を踏まえて、要点を整理しておこう。天空や太陽などが神話的言語で意識的に表現されている場合には、天空や太陽の言動は概して自然で妥当に描写されており、伝説の意味を読み解くことは難しくない。しかし自然現象の擬人化の傾向が強まると、人格をもつ神や英雄と同一視されるようになり、本来の姿が忘却される。そうすると漠然とした空想がそれらを覆い隠すようになり、その意味はもはや、なし崩し的に曖昧となっていき、初期には保たれていた自然現象としての特徴は、必須の要素ではなくなる。いわば自然神話から英雄神話への移行がすでに生じているのだ。神話学者たちはいまだに、自然神話としての一貫性がつねに存在するものと仮定して研究しようとしているが、それは道理をわきまえない、非常に大きな損失をもたらす過ちである。自然神話に関する現代の研究は、初期の神話的意味を原始的で素朴な段階に限定して考察し、解釈が難しい場合にのみ、きわめて類似した伝説も考慮に含めるという方法で行なわれている。

本書の目的から見て、グリムやグロート〔George Grote 一七九四－一八七一。イギリスの歴史家〕、マックス・ミュラー、クーン〔Franz Felix Adalbert Kuhn 一八一二－一八八一。ドイツの言語学者、神話学者〕、シーレン〔Carl Christian Gerhard Schirren 一八二六－一九一〇。ドイツの歴史家〕、コックス〔前掲〕、ブレアル〔Michel Bréal 一八三二－一九一五。フランスの言語学者〕、デーセント〔George Webbe Dasent 一八一七－一八九六。イギリスの文学者、神話学者〕、ケリー〔Walter Keating Kelly 生年不詳－一八六七。イギリスの作家〕、さらにほかの神話研究者たちの見解を体系的に論じることは、私の守備範囲を超えている。本章で描いた概略も、輪郭が曖昧になることを嫌って、関連する詳細をあえて省略して作成したものである。それが時間的、地理的に遠く隔たった神話とのあいだに有する関連性をたどることは割愛し、個々の逸話の意味を紐解くヒントになったかもしれない数多くの魅力的な事柄も割愛せざるをえなかった。下等な人種の自然神話を主題としたのは、彼らのわかりやすく、活き活きとした神話的観念が、世界の自然神話全般を研究するための基礎になるからである。本書では十分な証拠と解釈を示すことはできなかったが、それでも自然の生命力が擬人化されて表現されるようになる歴史的発展について、十分に論証することができたと思う。人類の野蛮状態においてこのような想像的物語は豊富に見いだせるが、未開人や半文明化した民族の領域においてもその発展や痕跡が認められる。そして文明化した世界においては、実感を伴う信念においてよりも、空想的で技巧的で気取った詩歌のなかに、それらの影響を見いだせるようになってきている。

原注

（1）Macrob. 'Saturn.' i. 19, 12. また Eurip. Phœn. 1116, &c. および Schol.; Welcker, vol. i. p. 336; Max Müller, 'Lectures,' vol. ii. p. 380 も見よ。

（2）Francisque-Michel, 'Argot,' p 425.

（3）Sir G. Grey, 'Polynesian Mythology,' p. i. &c. これは、'Ko nga Mahinga a nga Tupuna Maori, &c.'（London, 1854）と題してグレイ卿が出版したマオリ語テクストからの翻訳である。Shortland, 'Trads. of N. Z.' p. 55, &c.; R. Taylor, 'New Zealand,' p. 114, &c. と比較せよ。

（4）Schirren, 'Wandersagen der Neuseeländer, &c.' p. 42; Ellis, 'Polyn. Res.' vol. i. p. 116; Tyerman and Bennet, p. 526; Turner, 'Polynesia,' p. 245.

（5）Premare in Pauthier, 'Livres Sacrés de l'Orient,' p. 19; Doolittle, 'Chinese,' vol. ii. p. 396.

（6）J. G. Müller, 'Amer. Urrelig.' pp. 108, 110, 117, 221, 369, 494, 620; Rivero and Tschudi, 'Ant. of Peru,' p. 161; Gregg, 'Journal of a Santa Fé Trader,' vol. ii. p. 237; Sahagun, 'Retorica, &c., Mexicana,' cap. 3, in Kingsborough, 'Ant. of Mexico,' vol. v.

（7）Castrén, 'Finn. Myth.' p. 86.

（8）Grimm, 'D. M.' pp. xix. 229-33, 608; Halliwell, 'Pop. Rhymes,' p. 153; Milton, 'Paradise Lost,' ix. 273, i. 535; また Lucretius, i. 250 も見よ。

（9）Pictet, 'Origines Indo-Europ.' part ii. pp. 663-7; Colebrooke, 'Essays,' vol. i. p. 220. Plato, Repub. iii. 414-5;「母である大地は彼らを日の光のもとへ送り出したのであり……しかし神は君たちを形づくるにあたって……」〔プラトン『国家』（上）、藤沢令夫訳、岩波書店（岩波文庫）、二五二－二五三頁、第三巻二一〕。

（10）Herod, iv. 59.

（11）Plath, 'Religion der alten Chinesen' part i. p. 37; Davis, 'Chinese,' vol. ii. p. 64; Legge, 'Confucius,' p. 106; Bastian, 'Mensch,' vol. ii. p. 437, vol. iii. p. 302.

（12）J. G. Müller, 'Amer. Urrelig.' pp. 53, 219, 231, 255, 395, 420; Martius 'Ethnog. Amer.' vol. i. pp. 329, 467, 585, vol. ii. p. 109; Southey, 'Brazil,' vol. i. p. 352, vol. ii. p. 371; De la Borde, 'Caraibes,' p. 525; Dobrizhoffer, 'Abipones,' vol. ii. p. 84; Smith and Lowe, 'Journey from Lima to Para,' p. 230; Schoolcraft, 'Indian Tribes of N. A.' part i. p. 271; Charlevoix 'Nouv. France,' vol. vi. p. 149; Cranz, 'Grönland,' p. 295; Bastian, 'Mensch,' vol. iii. p. 191; 'Early Hist. of Mankind,' p. 163.

（13）Ellis, 'Polyn. Res.' vol. i. p. 331.

（14）Marsden, 'Sumatra,' p. 194.

（15）Grant in 'Tr. Eth. Soc.' vol. iii. p. 90; Kölle, 'Kanuri Proverbs, &c.' p. 207.

（16）H. H. Wilson, 'Vishnupurana,' pp. 78, 140; Skr. Dic. s. v. râhu; Sir W. Jones in 'As. Res.' vol. ii. p. 290; S. Davis, ibid., p. 258; Pictet, 'Origines Indo-Europ.' part ii. p. 584; Roberts, 'Oriental Illustrations,' p. 7; Hardy, 'Manual of Buddhism.'

（17）Castrén, 'Finn. Myth,' p. 63; Bastian, 'Oestl. Asien,' vol. ii. p. 344.

（18）Klemm, 'C. G.' vol. vi. p. 449; Doolittle, 'Chinese,' vol. i. p. 308; Turpin, Richard, and Borri in Pinkerton, vol. iv. pp. 579, 725, 815; Bastian, 'Oestl. Asien,' vol. ii. p. 109, vol. iii. p. 242.（タルムード神話については）Eisenmenger, 'Entdecktes Judenthum,' vol. i. p. 398 を見よ。

（19）Plutarch, de Facie in Orbe Lunae; Juvenal, Sat. vi. 441; Plin. ii. 9; Tacit. Annal. i. 28〔タキトゥス『年代記』（上）、国原吉之助訳、岩波書店（岩波文庫）、四二頁〕.

（20）Grimm, 'D. M.' pp. 668-78, 224; Hanusch, 'Slaw. Myth,' p. 268; Brand, 'Pop. Ant.' vol. iii. p. 152; Horst, 'Zauber-Bibliothek,' vol. iv. p. 350; D. Monnier, 'Traditions populaires comparées,' p. 138; また Migne, 'Dic. des Superstitions,' art. 'Eclipse' も見よ。Cornelius Agrippa, 'De Occulta Philosophia,' ii. c. 45 には月蝕を起こすドラゴンの絵が描かれている。

（21） Grey, 'Polyn. Myth.' pp. 54-58; マウイがヒネ・ヌイ・テ・ポの子宮に潜り込み、彼女の太腿に挟まれて圧死する話について、グレイ卿は彼自身による英語版よりもさらに明確でさらに神話学的に一貫性のある翻訳を、マオリ語のテクストである Ko nga Mahinga, pp. 28-30, Ko nga Mateatea, pp. xlviii.-ix のなかに残しており、これに感謝しなければならない。R. Taylor, 'New Zealand,' p. 132; Schirren, 'Wandersagen der Neuseel.' p. 33 と比較せよ。（マウイが命を落とす神話の版については）Shortland, 'Trads. of N. Z.' p. 63; また pp. 171, 180 および Baker in 'Tr. Eth. Soc.' vol. i. p. 53 も見よ。

（22） John White, 'Ancient History of the Maori,' vol. i. p. 146. 以前の版は、ニュージーランドから受け取った証言を挿入しており、それによれば、ハイイロオウギビタキの叫び声や笑い声は、日没の時にだけ聞こえる。しかしこれはW・ローリー・ブラー卿〔Walter Lawry Buller 一八三八－一九〇六。ニュージーランドの法律家、博物学者〕の説明と一致しない。ブラー卿は 'Birds of New Zealand,' vol. i. p. 69 において私の質問に対する答えを記しており、この鳥が昼間にも鳴くことを明言している。したがって、日没の歌と日没の神話を関連づけようとする議論は退けられる。White, vol. ii. p. 112 は、マウイの死に関する異説を記載しているが、それによれば、笑う鳥はパタタイつまり小さなクイナであり、それは宵の口から夜にかけて、そして早朝にも鳴くのである（Buller, vol. ii. p. 98）。〔第三版への追記〕

（23） Mason, 'Karens,' in 'Journ. As. Soc. Bengal,' 1865, part ii. p. 178, &c.

（24） Schoolcraft, 'Indian Tribes,' part iii. p. 318; 'Algic Res.' vol. i. p. 135, &c., 144; John Tanner, 'Narrative,' p. 357. Brinton, 'Myths of New World,' p. 166 も見よ。太陽を捕まえる人の伝説としては、'Early Hist. of Mankind,' ch. xii を見よ。

（25） Casalis, 'Basutos,' p. 347; Callaway, 'Zulu Tales,' vol. i. pp. 56, 69, 84, 334（p. 241 に記載されている、カエルが姫を呑み込んで無事に家に帰す話も見よ）。また（クマとセイウチに呑み込まれ、再び吐き戻されるグリーンランドのアンガコック〔イヌイットのシャーマン〕については）Cranz, p. 271,（アフリカとニューギニアの同様の観念については）Bastian, 'Mensch,' vol. ii. pp. 506-7; J. M. Harris in 'Mem. Anthrop. Soc.' vol. ii. p. 31.

（26）Tzetzes ap. Lycophron, Cassandra, 33. ヨッパとフェニキアの関係については、Plin. v. 14; ix. 4; Mela, i. 11; Strabo, xvi. 2, 28; Movers, Phönizier, vol. i. pp. 422-3 を見よ。「ヨナ書」二－二における、「ハデスの腹から」（ヘブライ語「ミブテン・シェオル」、ギリシア語「エク・コイリアス・ハドゥ」〔どちらも「冥府の腹から」〕）という表現は、この神話の本来的な意味の名残と見られる。

（27）「ニコデモ福音書」第二〇章。Mrs. Jameson, ‘History of our Lord in Art,’ vol. ii. p. 258.

（28）Eireks Saga, 3, 4, in ‘Flateyjarbok,’ vol. i., Christiania, 1859; Baring-Gould, ‘Myths of the Middle Ages,’ p. 238.

（29）Mrs. Jameson, ‘Sacred and Legendary Art,’ vol. ii. p. 138.

（30）J. and W. Grimm, ‘Kinder und Hausmärchen,’ vol. i. pp. 26, 140; vol. iii. p. 15.〔これら二つの物語については‘Early Hist. of M.’ 1st ed.（1865）p. 338 を見よ。〕G・W・コックス卿〔George William Cox 一八二七－一九〇二。イギリスの歴史家〕は‘Mythology’（1870), vol. i. p. 358 において、「狼と七人の子どもたち」が一週間についての神話であることに気づいていたと思う（第二版への追記）。暗闇の狼についての言及は、Hanusch, p. 192; Edda, ‘Gylfaginning,’ 12; Grimm, ‘D. M.’ pp. 224, 668 を見よ。石を代替にするエピソードと、ゼウスとクロノスの神話を比較せよ。怪物に呑み込まれる人物に関する類のさまざまな物語については、Lucian, Historiæ Veræ I.; Hardy, ‘Manual of Buddhism,’ p. 501; Lane, ‘Thousand and One Nights,’ vol. iii. p. 104; Halliwell, ‘Pop. Rhymes,’ p. 98; ‘Nursery Rhymes,’ p. 48; ‘Early Hist. of Mankind,’ p. 337 を見よ。

（31）Grey, ‘Polyn. Myth.’ p. 16, &c., 144 も見よ。Jas. White, ‘Ancient History of the Maori,’ vol. ii. pp. 76, 115. この他の詳細については、Schirren, ‘Wandersagen der Neuseeländer,’ pp. 32-7, 143-51; R. Taylor, ‘New Zealand,’ p. 124, &c.; 116, 141, &c. と比較せよ。火山の神話については p. 248; Yate, ‘New Zealand,’ p. 142; Polack, ‘M. and C. of New Z.’ vol. i. p. 15; S. S. Farmer, ‘Tonga Is.’ p. 134. また（サモアの類例については）Turner, ‘Polynesia,’ pp. 252, 527. マウイ関連の伝説群を相互に比較すると、ニュージーランドのマフイカとマウイのティキティキは、それぞれトンガのマフイケとキジキジ、サモアのマフイエとティイティイに対応することがわかる。

（32）Schoolcraft, 'Algic Res.' vol. ii. pp. 1-33. この三本の矢は vol. i. p. 153 において、マナボゾが輝くマニトゥを殺害する際にも現われる。Orvar Odd's Saga における三本の魔法の矢との顕著な一致にも留意せよ。Nilsson, 'Stone Age,' p. 197. 日没に現われる赤い白鳥の神話は、George Eliot, 'Spanish Gypsy,' p. 63; Longfellow, 'Hiawatha,' xii でも紹介されている。

（33）Kuhn, 'Zeitschrift,' 1860, vol. ix. p. 212; Max Müller, 'Chips,' vol. ii. p. 127; Cox, 'Mythology,' vol. i. p. 256, vol. ii. p. 239 を見よ。

（34）Grimm, 'D. M.' pp. 291, 767.

（35）Mason, 'Karens,' in 'Journ. As. Soc. Bengal,' 1865, part ii. pp. 233-4. リープレフト教授〔Felix Liebrecht 一八一二－一八九〇。ドイツの民俗学者〕は、'Gött. Gel. Anz.' 1872, p. 1290 において本書第一版に触れ、Bastian, O. A. vol. ii. p. 515 記載のビルマの神話と、Gesser Chan, book iv 記載のモンゴルの伝説に言及している。

（36）Schoolcraft, 'Algic Researches,' vol. ii. p. 40, &c.; Loskiel, 'Gesch. der Mission,' Barby, 1789, p. 47（英語版の part i. p. 35 は不正確である）. また Brinton, 'Myths of New World,' p. 63 も見よ。エスキモーの物語においてはギヴィオクが開いたり閉じたりする二つの山にやってくる。すばやくカヤックを漕いで彼はそのあいだを通り抜けるが、山は激しくぶつかって、彼のカヤックの後部を破壊してしまう。Rink, 'Eskimoische Eventyr og Sagn,' p. 98. リープレヒト前掲箇所でも参照されている。

（37）Kingsborough, 'Antiquities of Mexico,' vol. i.; Torquemanda, 'Monarquia Indiana,' xiii. 47; 'Con estos has de pasar por medio de dos Sierras, que se estan batiendo, y encontrando la una con la otra.' Clavigero, vol. ii. p. 94.

（38）Apollodor. i. 9, 22; Appollon. Rhod. Argonautica, ii. 310-616; Pindar, 'Pythia Carm.' iv. 370.

（39）Polack, 'Manners of N. Z.' vol. i. p. 16; 'New Zealand,' vol. i. p. 358; Yate, p. 142; Schirren, pp. 88, 165.

（40）Euseb. Præp. Evang. iii. 9.

（41）Rig-Veda, i. 115; Böhtlingk and Roth, s. v. 'mitra.'

(42) Avesta, tr. Spiegel, ‘Yaçna,’ i. 35; iii., lxvii., また61-2; Burnouf, ‘Yaçna’ と比較せよ。

(43) Macrob. Saturnal. i. 21, 13. また Max Müller, ‘Chips,’ vol. ii. p. 85も見よ。

(44) Grimm, ‘Deutsche Myth.’ p. 665. また Hanusch, ‘Slaw. Myth.’ p. 213も見よ。

(45) Edda, ‘Völuspa,’ 22; ‘Gylfaginning,’ 15. また Grimm, ‘D.M.’ p. 133; ‘Reinhart Fuchs’ も見よ。

(46) ノルンとギリシア・ローマ神話の運命の三女神の同一視については、Grimm, ‘D. M.’ pp. 376-86; Max Müller, ‘Chips,’ vol. ii. p. 154を見よ。ゴルゴンの首を見た者は石になるという、出典のよくわからないもう一つのエピソードは、太陽自体の神話に合致しており、ペルセウス神話と関係していることが窺える。〔西インド諸島の〕イスパニョーラ島では、二つの洞窟から人間たちが現われる（つまり母なる大地から生まれる）。この洞窟を守護していた巨人は、一晩さまよった末に朝日によってカウタと呼ばれる大きな岩に変えられてしまう。これはちょうどゴルゴンの首が大地の守護者アトラスを、その名で呼ばれるようになった山に変えてしまったのと似ている。その後、ほかの洞窟暮らしの人間たちも太陽の光に驚き、石や木や植物や獣に変化してしまった（Friar Roman Pane in ‘Life of Columbus’ in Pinkerton, vol. xii. p. 80; J. G. Müller, ‘Amer. Urrelig.’ p. 179）。中央アメリカのキチェ語の伝説は、古代の動物たちは太陽によって石にされたと伝えている（Brasseur, ‘Popol Vuh,’ p. 245）。スカンディナヴィアには巨人や小人が隠れ家の外に出て陽光に驚き、石になるという神話があるが、アメリカにもこのように、それに対応する神話が認められる。岩が人間の姿のように見たてられ、農民たちがそうした「立ち姿の岩」を生き物の変えられた姿であると説明することが今でもあるが、こうした想像力と関係がありそうだ。フィジーにおいても、ある二つの岩のことが、太陽の光によって岩に変えられた男女の神々であるとされている。Seemann, ‘Viti,’ p. 66; また Liebrecht in ‘Heidelberg. Jahrb.’ 1864, p. 216も見よ。こうした考え方はペルセウス神話にも持ち込まれており、〔エーゲ海の〕セリフォス島に豊富にある岩々は、ゴルゴンの首によって石にされた島民たちであるとされている。

(47) Piedrahita, ‘Hist. Gen, de las Conquistas del Nuevo Reyno de Granada,’ Antwerp, 1688, part i. lib. i. c. 3; Humboldt,

'Monumens,' pl. vi.; J. G. Müller, 'Amer. Urrelig.' pp. 423-30.

（48）Garcilaso de la Vega, 'Commentarios Reales,' i. c. 15; Prescott, 'Peru,' vol. i. p. 7; J. G. Müller, pp. 303-8, 328-39. これとは異なるペルーの神話は、太陽に対する基本的な観念を異なったかたちで伝えている（Tr. of Cieza de Leon, tr. and ed. by C. R. Markham, Hakluyt Soc. 1864, pp. xlix. 298, 316, 372）。W・B・スティーヴェンソン〔William Bennet Stevenson 一七八七頃－一八三〇頃。英国出身の南米探検家〕（'Residence in S. America,' vol. i. p. 394）とバスティアン（'Mensch,' vol. iii. p. 347）はどちらも神話を奇妙にゆがめている。そこでは *Inca Manco Ccapac* を *Ingasman Cocapac* と誤記しており、ペルーの神話のなかにイギリス人が登場する話を収録している。

（49）Stanbridge, 'Abor. of Australia,' in 'Tr. Eth. Soc.' vol. i. p. 301.

（50）H. Yule, 'Journ. As. Soc. Bengal,' vol. xiii. p. 628.

（51）Hanusch, 'Slaw. Myth.' p. 269.

（52）Bleek, 'Reynard in S. Africa,' pp. 69-74; C. J. Andersson, 'Lake Ngami,' p. 328; また Grout, 'Zulu-land,' p. 148; Arbousset and Daumas, p. 471 も見よ。月と野ウサギの関係については、たとえば Skr. 'çaçanka;' メキシコに関しては Sahagun, book vii. c. 2, in Kingsborough, vol. vii を参照。

（53）Williams, 'Fiji,' vol. i. p. 205.〔キリバスの〕カロリン島に伝わる以下の神話と比較せよ。大昔、人間は月が欠けて見えなくなる最後の日だけ生きることを止め、月が満ち始めると平穏な眠りから覚めるように生き返っていた。ところが邪悪な精霊エリジラーが死をもたらしてからは、人間が生き返ることはなくなった。De Brosses, 'Hist, des Navig. aux Terres Australes,' vol. ii. p. 479. カリフォルニアのインディアンの歌のなかでも、月が死んで再び生き返るように、人間も死から甦るはずだと歌われている。Duflot de Mofras in Bastian, 'Rechtsverhältnisse,' p. 385, 'Psychologie,' p. 54 も見よ。

（54）'Journ. Ind. Archip.' vol. i. p. 284; vol. iv. p. 333; Tickell in 'Journ. As. Soc.' Bengal, vol. ix. part ii. p. 797; Latham, 'Descr. Eth.' vol. ii. p. 422.

（55）Stanbridge in 'Tr. Eth. Soc.' vol. i. pp. 301-3.

（56）Schoolcraft, 'Algic Res.' vol. i. pp. 57-66. アキレスのように、唯一の弱点を除けば不死身であるという英雄や神に関する物語はほかにもある。たとえば、輝くマニトゥは頭皮だけが弱点であり、強大なクワシンドは頭頂部にある急所を白松のマツカサで打たれると致命傷となる（vol. i. p. 153; vol. ii. p. 163）。

（57）Taylor, 'New Zealand,' p. 363.

（58）Stanbridge, l. c.; Charlevoix, vol. vi. p. 148; Leems, 'Lapland,' in Pinkerton, vol. i. p. 411. 北アメリカにおいてベア河の名前が大熊座と小熊座の星々に関連づけられている（Charlevoix, l. c.; Cotton Mather in Schoolcraft, 'Tribes,' vol. i. p. 284）ことは、以前から知られていた（Goguet, vol. i. p. 262; vol. ii. p. 366, グリーンランドへの言及についてはCranz, p. 294を参照せよ）。アーリア語の名称の歴史に関する資料は、Max Müller, 'Lectures,' 2nd series, p. 361を見よ。

（59）Casalis, p. 196; Waitz, vol. ii. p. 191.

（60）Keating, 'Long's Exp.' vol. i. p. 288; Schoolcraft, part i. p. 272; Le Jeune in 'Rel. des Jés. de la Nouvelle France,' 1634, p. 18; Loskiel, part i. p. 35; J. G. Müller, p. 63.

（61）Hanusch, pp. 272, 407, 415.

（62）Porphyr. de Antro Nympharum, 28; Macrob. de Somn. Scip. 1. 12.

（63）Beausobre, 'Hist. de Manichée,' vol. ii. p. 513.

（64）Bastian, 'Oestl. Asien,' vol. iii. p. 341; 'Chronique de Tabari,' tr. Dubeux, p. 24; Grimm, 'D.M.' p. 330, &c.

（65）Chaucer, 'House of Fame,' ii. 427. 銀河に関する野蛮な諸神話によって例証されたアーリア人の神話に対する疑問への言及は、Pictet, 'Origines,' part ii. p. 582, &c. を見よ。ジェレミア氏〔John Jeremiah〕からの情報によれば、「ウォトリング街道」は現在（一八七一年時点）でも、スコットランドにおいて「天の川」を指す名称である。彼の以下の報告も参照せよ。'Welsh names of the Milky Way,' Philological Soc., Nov. 17, 1871. これに類似した名称として、「ロンドン街道」というのがサフォーク州で使われている。

（66）Yate, 'New Zealand,' p. 144. また Ellis, 'Polyn. Res.' vol. ii. p. 417 も見よ。

（67）Virg. Aneid, i. 56〔ウェルギリウス『アエネーイス』岡道男・高橋宏幸訳、京都大学学術出版会、七頁〕; Homer, Odyss. x. 1.

（68）Schoolcraft, 'Algic Res.' vol. i. p. 200; vol. ii. pp. 122, 214; 'Indian tribes,' part iii, p. 324.

（69）Brinton, 'Myths of the New World,' ch. iii.

（70）（マルト神群への讃歌）'Rig-Veda,' tr. by Max Müller, vol. i; Welcker, 'Griech. Götterl.' vol. iii. p. 67; Cox, 'Mythology of Aryan Nations,' vol. ii. ch. v.

（71）Grimm, 'D. M.' pp. 126, 599, 894; Hunt, 'Pop. Rom.' 1st ser. p. xix.; Baring-Gould, 'Book of Werewolves,' p. 101; また 'Myths of the Middle Ages,' p. 25; Wuttke, 'Deutsche Volksaberglaube,' pp. 13, 236; Monnier, 'Traditions,' pp. 75, &c., 741, 747 も見よ。

（72）Pr. Max v. Wied, 'Reise in N. A.' vol. i. pp. 446, 455; vol. ii. pp. 152, 223; Sir Alex. Mackenzie, 'Voyages,' p. cxvii.;（バンクーバー島について）Sproat, 'Scenes of Savage Life,' pp. 177, 213; Irving, 'Astoria,' vol. ii. ch. xxii.; Le Jeune, op. cit. 1634, p. 26; Schoolcraft, 'Indian Tribes,' part iii. p. 233, 'Algic Res.' vol. ii. pp. 114-6, 199; Catlin, vol. ii. p. 164; Brasseur, 'Popol Vuh.' p. 71 and Index, 'Hurakan;' J. G. Müller, 'Amer. Urrel.' pp. 222, 271; Ellis, 'Polyn. Res.' vol. ii. p. 417; Jno. Williams, 'Missionary Enterprise,' p. 93; Mason, l.c. p. 217; Moffat, 'South Africa,' p. 338; Casalis, 'Basutos,' p. 266; Callaway, 'Religion of Amazulu,' p. 119.

（73）Mariner, 'Tonga Is.' vol. ii. p. 120; S. S. Farmer, 'Tonga,' p. 135; Schirren, pp. 35-7.

（74）'Journ. Ind. Archip.' vol. ii. p. 837.

（75）J. G. Müller, 'Amer. Urrelig.' pp. 61, 122.

（76）Brasseur, 'Mexique,' vol. iii. p. 482.

（77）Pouchet, 'Plurality of Races,' p. 2.

（78）Steller, 'Kamtschatka,' p. 267.

（79）Mason, 'Karens,' l. c. p. 182.

（80）Bell, 'Tr. in Asia,' in Pinkerton, vol. vii. p. 369; Bastian, 'Oestl. Asien,' vol. ii. p. 168; Lane, 'Thousand and one Nights,' vol. i. p. 21; また Latham, 'Descr. Eth.' vol. ii. p. 171; Beausobre, 'Manichée,' vol. i. p. 243 を見よ。

（81）Edda, 'Gylfaginning,' 50; Grimm, 'D. M.' p. 777, &c.

（82）Kaempfer, 'Japan,' in Pinkerton, vol. vii. p. 684; マンモスの神話については 'Early Hist, of Mankind,' p. 315 を見よ。

第十章　神話論（三）

哲学的神話――推測は擬似的歴史となる〔三六八－三六九〕

神話のすべてを特定の規則や体系に圧縮して理解しようとすることは、今のところ性急かつ拙速であるが、そのための議論の俎上に神話を一つひとつ載せていくことは有益だろう。人類の想像力は粗野で子どもじみたものであったが、抽象的な教義のうちに収まるものとしてではなく神話的空想の表現として、新たな視点で論じることは、自然神話をめぐって積み重ねられてきた議論において有意義である。本章では、数多くの伝説を概観しながら議論を進めていく。事例として取り上げる伝説は、初期の思想史に関するきわめて興味深いものであり、次の項目にしたがって大まかに分類できる。すなわち、哲学的神話あるいは説明的神話、現実世界の誤解、誇張、曲解に基づく神話、出来事の原因を推測し、それを伝説的人物あるいは歴史的人物に帰する神話、空想的比喩を実体化した神話、そして、道徳的、社会的、政治的教訓を伝えるために創作され、脚色された神話である。

ある出来事を目撃した人は、その出来事の原因を知りたいと思うようになる。あるいは、ある事柄を観察した人は、それがほかでもない、今のような状態になった理由を知りたいと思うものである。このような願望は、高度な文明の人間だけが抱くものではなく、いわば人間の種族としての特権であり、最も低級な段階にまでたどって確認できる。粗野な野蛮人であっても知的欲求をもっており、それは戦争やスポーツに興じたとしても、食事や睡眠をとったとしても、鎮められるものではない。ボトクド族〔ブラジル東部の先住民アイモレ族のポルトガル語での呼称〕やオーストラリア人でさえも、実生活において科学的考察の萌芽といえる能力を十分に発揮していた。彼らは、特定の行為が特定の結果を引き起こし、ほかの行為からは別な結果が導き出されるということを観察し、学びとっていたのであり、そしてある事柄を観察することで、その原因となった行動を推測し、みずからの推測の真偽を確かめることができた。たとえば、シカやカンガルーが柔らかな地面に足跡をつけるのをある野蛮人が目撃したとする。そして翌日、この野蛮人がシカやカンガルーの新しい足跡を発見し、これらの動物が少し前までこの場所にいたと推測し、追跡したとしよう。この場合、野蛮人は現在の事柄から過去の出来事を推測し、確認する術を知っていたと言える。

地質学的神話〔三六九－三七一〕

しかしながら知の初期段階では、実際の出来事を想像を交えて語りなおすため、実際にあったとおりに伝えられることは少なかった。世界中のさまざまな物語は、今日まで、事実を伝えていると見なされてきたが、そうした物語を批判的に調べてみれば、事実が正確に伝えられているのでなく、詮索好きな人間の推測やまったくの想像が混ざっていることがわかる。それゆえ十八世紀末の『アジア研究』は、アンダマン島民に関する以下の報告を歴史的事実として掲載している。「ポルトガル人が喜望峰を経由するインド航路を発見してからまもなく、一隻のポルトガル船が数人のモザンビークの黒人を乗せたままアンダマン諸島に漂着した。アンダマン諸島にはその当時誰も住んでおらず、黒人たちは島の一つに残り、そこに定住した。ヨーロッパ人たちは小型のボートを作り、それに乗って〔ミャンマー南部の〕ペグーに向かった」。

この報告を読んだ多くの者が、興味深い話に心を躍らせてきたが、少し調べてみれば、これが哲学的神話であり、過去の出来事に関する推測が事実らしく語られたものであることは明らかである。まず、ヴァスコ・ダ・ガマの時代には、この島々は無人であるどころか、縮れた毛をもつ裸の黒人が六百年も前から住んでいる場所として報告されていた。そして、アンダマン島の黒人の容姿に惑わされた人々には、この物語がもっともらしく聞こえたようだが、民族学者たちはパプア人がアフリカの黒人とは別種であり、広く分布していることを知っていたため、当然のことながら、この物語を否定したのである。(1)

私も最近、このような神話のまさしく典型と言えるものを知る機会があった。化石になった象の骨がロンドン近郊の煉瓦工場から発見されたときのことだが、その工場付近の人々のあいだに次のような噂が流れたのである。「二、三年前、ウムエル〔イギリス南ヨークシャーの町〕の移動動物園がこの土地にやってきたとき、一匹の象が死んだ。彼らは死んだ象を地面に埋めた。今、科学者たちが発見したのはこの象の骨なのだが、彼らはこの骨がアダムの時代以前の象のものだと考えている」。独創的な神話を一蹴するには忍びないが、いくらウムエルの移動動物園であっても、生きているマンモスを飼育することなどできるはずはない。ただし、実在している象と絶滅した象が別種であることなど知る由もない人間にとって、この物語は事実をきわめて納得のいくように説明してくれるものなのである。そのため、ほかの場所で似たような出来事が起こったときにも、同じような物語が創作された。すなわちバックランド氏〔Francis Trevelyan Buckland 一八二六－一八八〇。イギリスの外科医、博物学者〕によれば、オックスフォードでマンモスの化石が発見されたときにも、ウムエルの移動動物園と死んだ象の物語が流布していたという。(2)

化石の発見を説明する物語は、以下の事例のようにさまざまに変形して繰り返される。たとえば、アルプスで発見された象の化石はハンニバルの象であると考えられた。ヴォルテールは、モンスニ〔フランス東部イタリア国境付近の山岳地帯〕付近で牡蠣の殻の化石が発見されたとき、巡礼者がローマに向かう途中で捨てたものであると考えた。貝殻の化石が山で発見されたときには、洪水で山の斜面や頂上まで流されたと神学者たちは考えた。これらの理論的説明はさまざまな情報が得られてからは事実無根と考えられるようになったが、それまでは疑いを差し挟む余地のない哲学的神話と見なされてきたのである。たんなる推論的説明が事実として記録され伝えられるようになったとき、それは人類の歴史的規範意識にたいへんな悪影響を及ぼし始めたのである。

奇跡に関する教義が神話に影響を及ぼす〔三七一－三七四〕

これと関連して、奇跡に関する教義について簡単に注意を促しておきたい。神話と奇跡に関する教義は特殊な関係にある。野蛮人たちは、不可思議な神話的逸話、神と英雄の超人的な偉業を伝えている。野蛮人の語り手にとって、これらは奇妙かつ驚異的な出来事であり、本来の民衆的な意味における奇跡であった。この場合の奇跡とは、近代的意味における奇跡、すなわち自然法則に反したり、取って代わったりすることではない。「例外は規則を証明する」。すなわち、例外を定めるためにはまず外れる元の法則が明示されなければならないが、野蛮人は法則もそこから外れるものも認識していない。一方、ヨーロッパ人は野蛮人とはまったく異なる教育を受けてきたため、野蛮人が崇める先祖伝来の伝承を聞いてもその内容を信じることができず、即座に否定する。ある伝承が信頼できるものであるか否かは、その内容が事実であった可能性を基準にして判断されるが、この基準そのものが文化の野蛮段階から未開段階、文明段階にいたるあいだに大きく変動してきたのである。

しかし、われわれにとって興味深いのは、ある種の奇跡伝説は判断基準がどれほど変動しようとも変わることなく伝わってきたということである。天使や悪魔、聖人や邪術師が超自然的力をもっているという信条は、経験的法則や根拠に矛盾するにもかかわらず久しく受け入れられてきた。とりわけ中世は、このような信条が最も広く受け入れられた時代であった。このことから、神話は奇跡に関する教義をいわば架け橋として、下等文化から高等文化に伝わったと考えられる。奇跡に関する教義が架け橋となったからこそ、野蛮人だけでなく文明的世界においても神話を創作し、その大きな影響力を維持してきたのである。ヨーロッパ人は、野蛮人の神話における神や英雄を軽蔑し、拒否するかもしれないが、神話的逸話は、それぞれの地域に特徴的な超人的存在の奇跡を伝えることによって、歴史上、影響力と権威を保持してきたのである。

これに関連する実例は数えきれないほど多く挙げられるが、地質学的神話と呼ばれる二つの神話に注目してみよう。一つ目は聖パトリックと蛇をめぐる有名な伝説である。アンドルー・ボード博士〔Andrew Boorde 一四九〇頃－一五四九。イギリスの医者、旅行家、作家〕は、ヘンリー八世時代のアイルランドとアイルランド人について、次のように解説している。「アイルランドでは、さらに途方もない事実が確認されている。この国にはカササギや毒性の地虫は生息せず、クサリヘビ、蛇、ヒキガエル、トカゲ、イモリ、それらに似たような生物もまったく存在しないのだが、この国の石のなかには、蛇や毒性の地虫の形をしたものがある。現地人によれば、このような形の石はかつて本物の地虫であったが、神の力と聖パトリックの祈りが石に変えたのだという。そのためイングランドの商人たちは、有毒の地虫を排除し殺すために、アイルランドの土を自分の家の庭に撒いている」[3]。ここでは地中海の島々の神話とアイルランドの神話が混交しているため、両者を区別することから始めなければならない。まず、アイリアノス〔Claudius Aelianus 一七五頃－二三五頃。ギリシア語で執筆したローマの著述家で『動物奇譚集』の著者〕は、クレタ島の土が毒蛇には有害であると記している[4]。さらに、聖オノラトゥス〔Honoratus 三五〇頃－四二九。フランス南部アルルの大司教〕が自分の島（カンヌ沖合のレラン諸島の一つ〔サントノラ島〕[5]）から蛇を一掃したとされている。アイルランドの聖人はこの前例に倣ったものだろう。残るのは、アンモナイトの化石はかつて蛇であったと説明する哲学的神話である。それによれば、アンモナイトの化石は聖パトリックの奇跡が蛇を石化したことで存在するようになった。このように聖パトリックによる奇跡として語られることによって、この神話は歴史性を帯びたのである。

二つ目は、偶然にも歴史的証拠と地質学的証拠が残っている貴重な神話である。〔ナポリ西部の〕ポッツォーリ、つまり古代のプテオリには、有名なユピテル・セラピス神殿の廃墟がある。この廃墟の大理石の円柱は、イシマテガイが穿孔を掘っており、それが中間の高さにまで達している。このことから、神殿の建っている場所がかつては数フィートの高さまで海中にあり、そのあと隆起し、乾いた土地になったことがわかる。この地質学的な証拠に対しては疑問を差し挟む余地はないが、そのほかの歴史的資料はあまり多くない。数少ない史料として、ローマの皇帝たちがこの神殿に装飾を施したという二世紀から三世紀の記録が残っており、そのほかには十六世紀の史料がこの神殿が廃墟となって存在していたことを示すくらいである。しかしタケット氏〔Francis Fox Tuckett 一八三四－一九一三。イギリスの登山家、地理学者〕によれば、おそらく九世紀末以前の外典「ペテロとパウロの言行録」の一節は、この神殿の沈下に関する史料と見なせるものであり、神殿が海に沈んだことを聖ペテロの奇跡として伝えているという。

「彼（パウロ）は、メッシーナからディディモに向かって出帆し、そこに一晩逗留した。それから再び出帆し、二日目にポンティオレ（プテオリ）に到着した。シラクサまでパウロを送り届けたのは、船長のディオスコロスという人物であった。ディオスコロスはパウロが自分の息子を死の危機から救ってくれたことに感銘を受け、自分の船をシラクサに残して、ポンティオレまでパウロに同行した。ポンティオレにはペテロの弟子が幾人かいて、パウロを迎え入れ、自分たちとともに滞在するように勧めた。パウロは（彼を処刑すべしという）命令がローマ皇帝から出されていたため、身を隠しながら一週間を過ごした。あらゆる小国家の君主たちがパウロを捕らえ、殺そうと待ちかまえていた。船長のディオスコロスは、禿げていてパウロそっくりの姿をしていたが、最初の日に船長の衣服を着て、大声で話しながらポンティオレの街に出かけていった。そのため小国家の君主たちは、彼がパウロであると勘違いし、捕らえて斬首し、その首をローマ皇帝に送り届けた……。ポンティオレにいたパウロは、ディオスコロスが斬首されたことを聞いて深く悲しみ、天を高く仰ぎみながら言った。『あなたの御言葉に従いながら訪れたあらゆる場所で、私に顕われてくださった天におわす全能なる主よ、われらが主イエス・キリストよ、この街に罰を下してください。そして神を信じその御言葉に従うすべての者を、ここから連れ出してください』。こうしてパウロは、神を信じる者たちに向かって、『私についてきなさい』と言った。そして、神の言葉を信じる者たちとともに、ポンティオレの街を出てバイアという場所にやってきたとき、振り返ってみると、ポンティオレと呼ばれた街が一ファゾム〔約一・八ｍ〕ほど海に沈んでいるのが見えた。その場所は、今日にいたるまで、記憶をたどれるかぎり、海の底のままである……。そして、海に沈んだポンティオレの街から脱出できた者たちは、ポンティオレは群衆もろとも呑み込まれてしまったとローマの皇帝に報告した」[6]。

磁石の山〔三七四―三七六〕

大衆的な[*]神話に現われる多くの逸話は、その時代の敬虔な信仰を喚起させるので、知の歴史に関する重要な記録であると言える。たとえば『アラビアン・ナイト』のある物語は、哲学的神話、説明的神話の実例として挙げられる。それは磁石の山を伝える物語であり、一見荒唐無稽な想像の産物のように思われるが、実は自然科学的な起源をたどることができる。〔第十四夜で〕第三の遊行僧が語るところによれば、彼の船団は逆風に吹かれて見知らぬ海まで流されたことがあった。この海には黒い磁鉄鉱の山があったので、船の釘や鉄製品につられて、船全体がこの山に引き寄せられていった。ついには船上のすべての鉄が山に向かって飛んでいくようになり、船は波に打たれながら解体してしまったという。この逸話の成立は、『千夜一夜物語』が編集された時代よりも古い。ハインリヒ・フォン・フェルデケ〔Heinrich von Veldeke 一一五〇頃―一一八四頃。現ベルギーの地出身で、初めてラテン語でない現地語で執筆した詩人〕の十二世紀の詩歌は、アーネスト公爵と彼の仲間が北海北部を航行したとき、マグネスと呼ばれる岩を目撃したと伝えている。彼らは、マストを林立させている「たくさんの船の竜骨」のあいだを通りながら、その岩のもとまで引き寄せられていったという[7]。

磁鉄鉱の山については、物語の語り手だけでなく、真面目な地理学者や旅行者たちも話題にしている。カズウィニー〔Abu Yahya Zakariya' ibn Muhammad al-Qazwini 一二〇三―一二八三。ペルシアの天文学者、地理学者〕は、彼より前のセラピオンと同じように、セイロンの小舟は航行中に磁気を帯びた岩に引き寄せられないよう、当時、金属製の釘を使わずに組み立てられていると信じていた。『サー・ジョン・マンデヴィル旅行記』〔十四世紀に流布した東方紀行、著者は架空の人物とされる〕にも、このような奇妙な観念が認められる。「クルーズと呼ばれる島では、船は釘または鉄のたがなどを使わずに造ってある。なぜなら、海中にアダマンデスの岩があって、船を引き寄せるからである。この辺の海にはこのような岩石がおびただしいので、鉄を備えた船が航行しようものなら、磁石の力でたちまち岩に引き付けられ、絶対に逃れられなくなるのだ(8)」。

さらに、磁気の山は南の海域だけでなく北の海域にも存在したと言われ、人々は磁石の針の向きが山の方角と関係があると考えたようだ。たとえばトーマス・ブラウン卿〔Thomas Browne 一六〇五－一六八二。イングランドの著作家〕は、次のように述べている。「針が磁石の山の方角を指し示しているのだと考えると、この山と岩から放出される磁気が針を北方に引きつけていることになる(9)」。このことから、羅針盤の仕組みを説明するために、極性の磁気を帯びた山が存在するという仮説が最初に創作され、次に磁気を帯びた山が航行中の船を引き寄せるという物語が作られたと考えることができそうだ。ヨーロッパ人は、針は北の方角を指すという表現を日常的に使っていたので、当然ながら磁鉄鉱の山は北緯の高い位置にあると想像した。それに対して東洋人は、針は南の方角を指すと言っていたために、この不思議な岩は南にあると考えたのだろう。このことも、前記の仮説にいっそう説得力を与えている。

当時は極性が二つあることがわかっていなかったので、十七世紀中国の皇帝である康熙帝が編集した百科事典〔欽定古今図書集成〕は、次のような奇妙な観念を描いている。「ヨーロッパ人によれば、羅針盤は北の極を指して回るそうである。しかし古人によれば、南の極を指して回るという。どちらの言うことが正しいのだろうか。どちらもその理由を述べていないのであるから、どちらか一方が正しいと判断するのは難しい。しかし、学べば学ぶほど、昔の人が自然の仕組みを深く理解していたことがわかってくる。万物の活動は、北に向かうにつれて衰退し、消滅していく。磁石の針が、その北に向かって動くということは信じがたい(10)」。

類人猿と人間の進歩あるいは退化に関する神話〔三七六－三七九〕

*先進的な科学のみが、人間と下等な哺乳類の関係性についての理論を生み出したと考えるのは大きな間違いである。たとえ低水準文化の人間でも、なぜ自分たちと類人猿が似ているのかということを説明しようとして、それぞれの知性水準に応じた説得的な推論をせずにはいられないのだ。われわれはそうした推論を哲学的神話として分類すべきである。そのなかには類人猿が人間に昇格したという前世紀の発展説を思わせるような物語もあるが、それと並行して、反対に人間が退化して類人猿になったという物語も存在している。

*中央アメリカの神話は、猿がかつて人間であったという観念を示している。[11] 南東アフリカでは、ドス・サントス神父〔João dos Santos 生年不詳－一六二二。ポルトガル出身ドミニコ会修道士、インドとアフリカで宣教に従事〕がかなり前に次のように報告している。「現地人によれば、猿はかつて人間の男女であった。そのため猿は現地語で、最初の人間たちという意味の言葉で呼ばれている」。ズールー族〔南アフリカのバントゥー語系民族〕は、アマフェメという部族の人々がヒヒになったという物語を今に伝えている。アマフェメ族は怠惰な種族で、畑仕事を行なわず、他人の家で食べ物にありつこうとしていた。「俺たちが畑仕事をしなくても、他人が作った作物を食べれば生きていけるのさ」というのがアマフェメ族の言い分だった。そこで彼らの族長でありトゥシという家系の者が全部族を集め、食事を準備して荒野に出かけた。彼らは無用になったツルハシなどの取っ手を腰のあたりに結びつけていたが、それがやがて成長して尻尾になった。彼らの身体は毛で覆われ、額が突き出てきて、彼らはついにヒヒになったのである。そのため、今でもヒヒは「トゥシの手下」と呼ばれている。[12]

これは野蛮段階の神話であるが、キングズリー氏〔Mary Henrietta Kingsley 一八六二－一九〇〇。イギリスの民族誌家、西アフリカ旅行家〕の語る、偉大で名高い〈お気に召すまま《ドゥーアズユーライク》〉人の物語は、これの文明版と言える。それによれば彼らは、自然淘汰によってゴリラに退化したのであった。あるいは、南アメリカのモコビ族〔グランチャコ地域居住の先住民〕が伝えるように、猿は原住民が姿を変えたものかもしれない。かつて、彼らの住んでいた森が大火に包まれたことがあった。一組の男女が木に登って火の海を逃れようとしたが、炎が彼らの顔を焦がしたため、彼らは類人猿になってしまった[13]。このような空想は、より文明的な民族のあいだにも認められる。たとえばムスリムは次のように活き活きとした物語を伝えている。――昔、たくさんの魚が棲む川のそばにユダヤ人の町があった。魚たちは狡猾で、町人たちの習慣を熟知していたため、安息日には隠れもせずに好きなように泳ぎ回り、平日には用心して身をひそめていた。ユダヤ人の漁師は、安息日に魚釣りをする誘惑に抗うことができず、ついに漁をしてしまった。しかしその代償は大きなものであった。漁師はほんの二、三日豊漁に恵まれたのと引き換えに、安息日を破った罰として、類人猿の姿に変えられてしまったのである。ずっと時代が経ってから、ソロモン王がエルサレムとマレブのあいだにある猿の谷を通過したことがあった。この谷では、かつて猿に変えられた漁師たちの末裔が、自分たちも猿の身でありながら家に住み、衣服を着て人間と同じような生活していた。そして彼らの奇妙な歴史をソロモンに語って聞かせたという[14]。

同じように、ギリシア・ローマ時代のケルコプスたちは教えに背いた罰をユピテルから下され、偽誓の言葉のほかいっさい話すことができないようになった。さらに彼らの身体は毛で覆われ、「猿ケ島〔現イタリア、イスキア島ピテクザ〕」の猿になり、しゃがれた声しか出せなくなった。このようにして、ケルコプスたちは人間のようで人間でない姿となり、自分たちの運命を人間の言葉で嘆き悲しむこともできなくなったのである。

〔ユピテルは〕彼らを醜悪な獣に変えたのだ。人間には似ていないようにもおもえるし、似ているようにも見えるのだ[15]。

*これらの伝説は人間が類人猿に退化したことを伝えているが、類人猿が人間に進化したという伝説も存在する。後者の伝説では、そうした人間の部族は類人猿の子孫であるとされる。とりわけそのような語りは、高等な人間

が近隣の人種を蔑視し、下等であるとか獣じみていると表現する場合に多く見られ、下等な人種もこのような屈辱的な説明を受け入れることが珍しくない。たとえば、南インドの略奪者のカーストであるマラワールは、ラーマの猿の子孫であると主張し、自分たちの土着性を正当化する。アセンヤク〔生薬の一種〕の採集を生業とするカスクリの人々も同様に、自分たちは猿の後裔であると信じている。彼らは実際に小柄で肌の色が浅黒く、眉の位置が低く、髪の毛が縮れている。ラージプターナ〔北西インドの地域名、現在のラージャスターン〕のジャイトゥワ族は、政治的にはラージプート族と言われる部族であるが、猿の神ハヌマーンの血筋を引いていると主張する。その証拠に、彼らの王子は今でも背骨が尻尾のように伸びているのだという。もしこれが本当に民族学的な意味をもつ伝承だとすれば、ジャイトゥワ族が非アーリア系種族であることを示しているのかもしれない(16)。

マレー半島の野蛮な部族は、好戦的で文明的なマレー人から下等な動物として蔑まれてきた。彼らの伝承は、「ウンカ・プテ」、すなわち「白猿」の子孫であると語っている。それによれば、白猿は若い猿たちを育て、彼らを平原に送り出した。若い猿たちは平原で十分に栄え、なかには人間として生活する者まで現われたが、山地に戻って類人猿のまま生活する者たちもいたという(17)。仏教徒の伝説によれば、鼻が低く無骨なチベットの部族は不思議な能力をもつ二匹の類人猿の子孫であり、徐々に姿を変えながら雪の王国で暮らし始めた。彼らは土地を耕すことを教わり、穀類を育てて食べるようになった。すると彼らの尻尾と毛がしだいに消えて、言葉を話せるようになり、木の葉を身に着け、人間と同じ姿になった。さらに住民が増えて人口は過密になり、耕作が熱心に行なわれた。それでも彼らの諸部族は互いに孤立したままであったが、インドを追放されたシャカ族の王子がついに彼らの諸部族を統合し、一つの王国へと統一したのである(18)。

これらの伝説では、類人猿が幾世代ものあいだに進化して人間になったことが語られている。しかし黒人は、輪廻転生によってはるかに短い期間のうちに変化すると言われている。フレーベル〔Carl Ferdinand Julius Fröbel 一八〇五－一八九三。ドイツの地質学者で政治家、一時アメリカ合衆国に亡命〕によれば、アメリカ合衆国の黒人奴隷も来世では白人の自由人に生まれ変わると信じている。西アフリカではそういう考え方が広く行き渡っているのだから、黒人奴隷たちが、故郷の同胞たちと同じ希望をもっていたとしても不思議ではない。さらにフレーベルは、人間が進化も退化もするという、黒人たちの別の考え方についても記録している。その説は不完全ではあるが、仏教徒の哲学者ならばほぼ満足するだろう。「当地で出会ったドイツ人の話では、黒人たちは仲間から強く非難された人は猿になると信じている。しかし猿になったとしても、善行に励めば再び黒人に昇格できる。最後には、白人になったり、翼のある存在になったりすることもでき、幸福をつかむことができるという(19)」。

猿－人間、尻尾のある人間、森の人間に関する神話の民族学的情報〔三七九－三八五〕

＊こうした〔民族学的にも注目すべき資料である〕物語を理解するためには、現代の自然科学的な動物学をいったん離れ、野蛮な知識にまで立ち戻る必要がある。人間が退化したり進化したりするという神話は、ハクスリー教授〔イギリスの生物学者 Thomas Henry Huxley（1825-1895）か〕の解剖学的な分析よりもモンボドー卿〔James Burnett, Lord Monboddo 一七一四－一七九九。スコットランドの法律家、言語学者〕の推論に近いものである。現代の博物学者から見れば滑稽に思えるだろうが、非文明的な人間は、一方で類人猿が人間に匹敵する能力をもっていると確かに考えている。類人猿は話すことができるが、働かなくてすむように、賢明にも言葉を使わないでいるのだという黒人たちの話を、誰しも聞いたことがあるだろう。しかしこのことが、猿や類人猿が生息する西アフリカやマダガスカル、南アメリカなどの互いに離れている諸地域で、真剣な信仰の問題となっていることはあまり知られていない(20)。さらに、このことと並行して類人猿に関するもう一つの物語も広く認められる。すなわち、ゴリラやオランウータンのような大型の類人猿が女性を森の中の住み処にさらっていくというものであり、これは現代のアパッチ族やコマンチ族が北メキシコの女性を草原地帯に連れ去るのとよく似ている(21)。

人々はこのように猿を過大評価する一方で、人間を過小評価することもある。船乗りや移民が、野蛮人を類人猿のような無分別な獣と見なすことはよく知られているし、一部の人類学者が、イギリス人と黒人のわずかな知性の差を、黒人とゴリラほども違うと考えようとしていたことも知られている。それゆえ、野蛮人たちを森に生息する野生の獣であるかのように追い立てる人々の目からは、野蛮人がほとんど猿のように見えたとしても不思議はない。彼らには野蛮人の言葉は非理性的で無意味なものに聞こえるだろうし、よき理解者ならきわめて野蛮な部族にも見いだし得たであろう彼らの真の文化を、まったく理解できないのだから。

サンスクリットで記された伝説には、ハヌマーン王のもとで戦う類人猿たちが出てくるが、この類人猿が、実際にはアーリア人によって山岳地帯や熱帯雨林に追いやられた原住民であったことはよく知られている。彼らの子孫はビール族〔西インドからパキスタンに居住する部族〕やコル族〔東インド、北東インドに居住する部族〕、サンタル族〔ネパールから北東インドに居住する部族〕などの野蛮な部族であり、今でもインド人から「猿人間」と呼ばれている。(22)ブンマヌス、つまり「森の人間」（サンスクリットでは、*vana* = 森、*manusha* = 人間）に関する次のような逸話からは、ヒンドゥスタン〔インド人の国〕で野蛮人と猿が同一視されてきたことが明らかである。「ブンマヌスは動物であり、猿の一種であるが、その顔は人間とよく似ている。尻尾をもたず、直立して歩行する。身体の肌は黒く、わずかな毛で覆われている」。ここに実際に描かれているのは類人猿ではなく、黒い肌をもつ、非アーリア系の原住民であり、ヒンドゥスタンにおける地域方言の一覧には、「ブンマヌス、森の未開人の符牒も追加可能」と明記されている。(23)

インドの島嶼部の熱帯雨林には、高等な猿と下等な野蛮人が数多く生息しており、半文明的な住民が、これらの猿と未開人にはきわめて密接な関係があると考えたのも無理はない。『ヒトーパデーシャ』〔「有益な教訓」を意味する古代インドの寓話集〕には、ある猿が大工の真似をしてくさびを引き抜いたとき、割れ目にはまってしまったという有名なインドの寓話がある。これは物真似ばかりする愚者に対する教訓としての語りだが、スマトラでは、土着のある野蛮人に関する実話として語られるようになった。(24)また、マレー人は森の野蛮人を慣習的にオランウータン、すなわち「森の人間」と呼んでいたが、ボルネオでオランウータンといえば類人猿のことだったので、われわれはこの猿のことをオランウータンと呼ぶようになった。しかし同じ地域に住んでいながら、マレー人たち自身はこの語でもって野蛮人とオランウータンとを同じように呼ぶことで知られている。(25)

「森の人間」という言葉は、ヒンドゥーとマレー世界のみならず、ずっと広い領域で使われている。シャム人はコン・パ「森の人間」という表現を類人猿という意味で使っている。(26) ブラジル人は、カウイアリ、すなわち「森の人」という表現をある野蛮な部族を指すのに使っている。(27) イギリス人は、ボスジェスマンという言葉をまるで古い田舎言葉であるかのように使ってきたが、実はこれはブッシュマン「森や茂みの人間」に相当するオランダ語の発音が変形したものである。(28) われわれの言語では「homo *silvaticus*」、すなわち「森の人」が、「*salvage* man」、すなわち野蛮人《サヴィジ》になった。ヨーロッパの人々が新世界の先住諸部族をどのように見ていたかは、一五三七年の教皇パウルス三世による声明文によって明らかである。そこでは、インディアンは本物の人間である（「われわれはかのインド人たちを真の人間と見なす」(29)）ことが強調されているが、このような声明を出さなければならなかったほど、やはり根強い偏見があったのである。

それゆえ南アメリカでも、猿人間の物語が流布していたり、*selvage* すなわち「野蛮人」に関する現地の説明が曖昧であったりすることに、驚く必要はない。その selvage とは、森に住む毛深い野生の人間であり、木の上で生活し、現地の女性をさらうことがあると言われている。(30) こうした神秘的記述のなかで最も完成されているのは、カステルノ〔François Louis Nompar de Caumont La Force, comte de Castelnau 一八一〇－一八八〇。フランスの博物学者〕の〔南米〕遠征の報告で引用されたポルトガル語の文書である。そこではクアタと呼ばれる民族のことが、次のように大真面目に記述されている。「この民族は数が多く、生息地域もジュルエナ河の東、サンジョアンとサントメの河の付近、さらにジュルエナ河とアリノス河の合流点にまで及んでいる。注目すべきことに、インディアンによれば、この民族は四脚の獣と同じように四つんばいで自然に歩く。腹と胸、腕、脚は毛に覆われ、身長は小さく獰猛であり、歯を武器としている。彼らは地面や木の枝の間で眠り、産業も農業も営まず、もっぱら果実や野生の根、魚を食べている」[31]。クアタあるいはコアタというのは、実際には黒く巨大なクモザルのことなのだが、報告者はそのことに気づかず、インディアンの一部族のつもりで、類人猿のことを描写してしまったのである。

このほかにも、獣のような尻尾をもつ奇妙な部族についての説話群があり、さまざまな原因が重なって流布してきたと考えられる。猿を野蛮人の一種であると考えたり、野蛮人を猿の一種であると考えたりする人々にとって、尻尾の生えた人間というのは、どちらの定義にも当てはまる生き物である。たとえば尾を生やした人間（homo caudatus）つまりサテュロスは、多くの民間信仰に尻尾のある半人として登場しているが、古い博物学的な作品では明らかな類人猿として描かれている。東アフリカの人々も、長い尻尾をもつ人間の部族というものを想像するとき、やはりその顔も猿にそっくりだと考えている[32]。南アメリカの「猿人間（*coata tapuya*）」も、生まれつき尻尾をもつ人間として当然のように描写されている[33]。

ヨーロッパ人の旅行者たちは、尻尾のある人間に遭遇したというアフリカや東洋からの報告を合理的に解釈しようとしてきた。たとえばクラプフ博士〔Johann Ludwig Krapf 一八一〇―一八八一。ドイツ人宣教師、東アフリカの探検家〕によれば、カムバ族〔ケニア東部居住のバントゥー族の一部族〕はベルトのうしろに皮革の装飾品を付ける習慣がある。このような習慣が誤って伝えられ、「アフリカ内地には尻尾をもつ人間がいると報告されたとしても不思議ではない」。他の著述家たちも、敷物や腰巻き、蝿たたきや装飾品として手作りされた尻尾などが、遠目にはまるで尻尾のある人間と見間違われることがあったことに注意を促している[34]。しかしこれらの神話は、くだらない見間違いのように思われるかもしれないが、重要な民族学的意味を有していることもままあり、いずれにしても勘違いとして一蹴できるものではない。尻尾のある人間についての物語を耳にしたら、民族学者はその周辺に先住の部族や賤民、異端者などが暮らしていないか、よく探してみるべきだ。そしておそらくその近くには、そうした人々を獣と呼び、尻尾が生えているに違いないと蔑む、支配的な集団がいるはずである。

たとえば先住民の苗族は「土地の子どもたち」を意味し、時折広東に商いにやってくるにもかかわらず、中国人たちは相変わらず、彼らには猿のような短い尻尾があると強く信じている。(35) 半文明的なマレー人は、野蛮な森の諸部族のことを、尻尾のある人間として思い描いている。(36) アフリカではムスリムの諸民族が、奥地のニャムニャム族には尻尾があると、同じような話を伝えている。(37) ピレネー山脈付近に住むカゴ族の賤民には、生まれつき尻尾があると言われていたし、スペインに残存する中世以来の迷信によれば、ユダヤ人にはまるで悪魔のような尻尾があるという。(38) イングランドではこうした観念が神学に生かされ、聖アウグスティヌスやカンタベリーの聖トマスを侮辱した卑怯者には尻尾が生えると言われている。たとえばホーン・トゥック〔John Horne Tooke 一七三六－一八一二。イギリスの聖職者、政治家、言語学者〕は、熱狂的でいくぶん口の悪い改革者であるベール主教〔John Bale 一四九五－一五六三。イギリスの聖職者、著述家〕の言葉を次のように引用している。「ジョン・キャップグレイヴとエッセビーのアレグザンダーは、ドーセット州シャイルの人々は聖アウグスティヌスに魚の尾を投げつけたために、その後、尾が生えてしまったと伝えている。しかしポリュドロスは、ロチェスターに近いケント州ストラウドの人々がトマス・ベケットの馬の尾を切ったために、やはり尾が生えたと述べている。こうした虚偽の言い伝えのため、イングランドは他国ではひどい悪口をたえず言われている。しかしこの責任はいったい誰に帰すべきなのか。……今やイングランド人は、商売やまともな仕事でも他国を旅することはできなくなっている。イングランド人には全員尾が生えているという嘲りを浴びせられるのは、実に我慢がならない」(39)。この話は、結局、異なる州の人間同士の誹謗中傷合戦に終わる。そして、〔イングランド南西端にある〕コーンウォールの人間には尻尾があるという〔隣接する〕デヴォン州の言い伝えは、ほんの二、三年前まで残っていたのである。(40)

人間にはもともと尻尾が生えていて、昔の人にはそれが普通だったという野蛮な部族の言い伝えも興味深い。フィジー諸島には、犬のような尻尾を生やした部族がかつて存在していたが、大洪水で滅びてしまったという伝説がある。またタスマニア人によれば、もともと人間には尻尾があり、膝関節がなかった。一六〇〇年頃のポルトガル人が記すところによれば、ブラジルの先住民は、一組の男女が結婚すると、その父親あるいは義理の父親が鋭利な火打石で木切れを切断した。この儀式を行なうことにより、これから生まれてくる子どもたちの尻尾が切り落とされ、尻尾をもたずに生まれてくると考えられていたという。(41) ちなみに、形成異常によって生まれつき尻尾のような突起物をもっている人たちは確かに存在するが、そのことが尻尾をもつ部族の物語と関係するのかは定かでない。(42)

誤解、曲解、誇張の神話——巨人、小人、怪物のような人種の物語〔三八五―三九二〕

＊人類学は近代にいたるまで、巨人や小人、口や頭がない人、一つ目や一本足など、怪物のような人間の部族が存在することを事実として認識してきた。古代の地理学者や博物学者は、こうした奇妙な生き物について膨大な記述を残している。中世では、セビリヤの聖イシドルスやロジャー・ベーコンのような人々がこれらの記述を収集し、それをいっそう広く、新たに知らしめる役割を果たした。さらに、非文明的な諸民族は、奇妙な生物に関する民間信仰をいまだに語り継いでいる。今世紀〔十九世紀〕初頭には、現実世界が探検し尽くされ、怪物たちの居住場所などほとんど存在しないことが確認された。科学によって初めて、怪物たちを神話上の観念的世界へと追いやることができたのである。ここでは多様な半―人間的存在のなかから主要な二つの種族を取り上げることにする。それ以外の神話的想像の源泉についても、そこからより多くの示唆を得ることができるだろう。(43)

＊巨人と小人に関する神話の一部が、実在の土着部族や敵対的部族について伝えるものであることは、グリムやニルソン〔Sven Nilsson 一七八七―一八八三。スウェーデンの動物学者、考古学者〕、ハヌシュ〔Ignác Jan Hanuš 一八一二―一八六九。チェコの哲学者、スラヴ神話の専門家〕らがもたらした証拠によって、もはや疑う余地はない。ヨーロッパの民間伝承に描かれた小人の性質は複雑であるため、小人をエルフやノームなどの自然霊、および神話的様相をもった人的存在から区別し、詳細な分析を加えることは難しい。しかしながら、親切であったりいたずら好きであっ

たりする先住民の振る舞いや特殊な言語、宗教、服装が、小人の伝承として語られるようになった可能性を見逃すことはできない。一方、ヨーロッパの民間伝承に登場する巨人は宗教も知らない原始的な野蛮人であり、好戦的な人間の部族から身を隠し、農耕と教会の鐘の音を嫌う。野蛮な現地人が高い文明をもつ侵入者を恐れていたことは、ある巨人の娘についての次のような物語にみごとに描かれている。その巨人の娘は、農民が鋤で耕しているのを見て、遊び道具にするために、鋤や雄牛などと一緒に彼をエプロンに包んで家に持ち帰った。しかし娘の母親は、それらはフン族に非常な害悪をもたらす輩のものだから元の場所に戻してくるように命じたのである。

巨人の部族にフン族やチュヂ族〔北欧のフィン系部族に対するロシア語の呼称〕といった歴史的な名称がつけられていることに注目すべきである。また、スラヴ人たちは、自分たちの伝承のなかに出てくる小人は、古プロイセン人が侵入した土地で出会った先住民の末裔であることを、まだ忘れてはいないだろう。古スカンディナヴィア人のサガによれば、小人は発育不全で醜く、トナカイの毛で作った上着と色鮮やかな帽子を身につけ、狡猾であったり臆病であったりする。そして、友好的なノルウェー人とさえ関わることを嫌い、洞窟やラップランドの「ガム」と呼ばれる丘に住んでいる。小人たちの武器は石や骨の鏃を付けた矢にすぎないが、征服者たちは、小人には魔術の力があると思い込んでいるので、恐れ、忌み嫌っている。(44) ここで描かれているのは間違いなく、北ヨーロッパ一帯に広く居住しながら不当な扱いを受けていた古代のラップ人である。

ムスリムの伝説には、ゴグとマゴグ〔ヤジュジュとマジュジュ〕という、身長が低く、耳が象のように大きな種族が出てくる。彼らは東方に住んでいたが、人数が多く、世界中を荒らしまわっていた。彼らの領域とペルシアのあいだには高い山がそびえ、一本の狭い通路があるだけだった。あるとき、近隣の諸民族はアレクサンダー大王(Dhū 'l-Karnain)の遠征の噂を聞きつけ、大王に貢ぎ物を届けるようになった。そこで大王は、近隣の諸民族を助けるため、青銅と鉄の壁でゴグとマゴグを閉じ込めたのだった。(45) この話を聞けば、ゴグとマゴグの民族とは、中央アジアのタタール人が神秘的に描かれたものであると、誰しも気づかないはずはない〔かつての西欧ではテュルク

＝モンゴル系遊牧民をまとめてタタールと呼んだ〕。

ニルソン教授は一般論として、身長が高かったり低かったりする実在の人間が伝説上で誇張されて巨人や小人になったという説明を試みている。確かにそのようなことが実際に起こったであろうことは認めなければならない。たとえばパタゴニアの人間を初めて目撃したヨーロッパ人は、自分たちの頭がようやく彼らの腰回りに届くほど巨大だったと報告している。これは確かに、実在の背の高い人間が神話では巨人として描写されうることを示している。(46) 小人についても同様で、かつてニヴェットという旅行者は、ラプラタ河付近で身長の低い人々を目撃したとき、「彼らは伝え聞いていたほど小さくなかった」と記している。(47)

しかしながら、まさにこの巨人と小人の神話群がわれわれに警告しているのは、一部に通用する説明を、それがいかにもっともらしく聞こえるとしても、あまりに広く適用してはならないということである。巨人に関する伝説のなかには、当時発見された巨大な骨を説明しようとする哲学的神話もあることが、豊富な証拠によって明らかになっている。実例を一つ挙げると、〔イングランド南西部〕プリマスのホー地域で発掘された巨大な下顎と歯は、巨人ゴグマゴグのものであると見なされた。コリネウス〔中世ブリテン伝説に出てくる戦士〕がその場所でゴグマゴグを倒し、コーンウォールという地名の由来となったとされる。(48) さらに小人に関する伝説は興味深いことに、大昔に消えた種族が残した埋葬のための櫃やドルメンといった遺跡と関連づけられることが多い。たとえばアメリカ合衆国には、しばしば二、三フィートしかない未加工の石を並べたくぼみがあるが、小人族が埋葬のために作ったと考えられている。ブリテン島のドルメンは、小人が住居と宝物庫として使用するために建てたという。同じようにインドにも有史以前の埋葬場所に関する伝説があり、それらは小人の家、つまり古代の小人族が住居として建てたものであると言われている。(49)

一方で中世のある旅行者の報告からは、まったく異なる小人の物語が読み取れる。すなわち、中国には人間のような生物が存在するが、それは毛深く、身の丈が一キュービト〔腕一本分、約五〇㎝〕で、膝を曲げずに歩行するという。あるいはアラブ人地理学者によれば、インド洋のある島には身の丈が四スパン〔スパンは掌の幅〕しかなく、顔に赤く柔らかい毛の生えた裸族が存在し、人間から隠れながら木の上で生活している。こうした小人の正体がなんであるのか不思議に思ったならば、次のようなマルコ・ポーロの記述を読めば解決するかもしれない。当時の東インド諸島では、防腐処理を施された猿の剝製が箱に入れられ、小人族として売買され、世界中で見せ物にされていたのである。(50) このように巨人と小人の物語は、複数の神話的要素を組み合わせつつ、さまざまな諸事実を踏まえながら創作されており、それゆえその神話学的解釈は困難をきわめる。

奇妙な姿形をした部族についての記述は、最初はたんに率直な表現だったのだが、それがもともとの事実を知らない人々のあいだに伝わると、非常に誇張され、新たな意味も付加されるようになる。以下にはそのような解釈の変化が起こった事例をいくつか挙げたが、これらの見方を信用しすぎるのもよくないことを示すために、かなりこじつけに近い事例も含めている。たとえば、「鼻がない」という表現は誤解を生みやすいが、鼻の低い民族を形容するのに安易に使われる。十二世紀、〔スペイン北東部の町〕トゥデラのベンハミンというラビは、草原地帯に住むトルコ人に関して、「彼らには鼻がなく、二つの小さな孔から呼吸をしている」と書いている。(51) さらに野蛮人のなかには、装飾として身体を傷つける習慣をもつものがあり、耳を大きくするために重りやコイルを吊り下げることもある。そのため実際に耳が肩のあたりまで垂れている人がいるが、そうした事実の説明なしに言辞だけを聞いた場合、耳たぶが丸い縄状に垂れ下がっている実際の野蛮人の姿を思い浮かべることはまずない。むしろ、プリニウスのパンオティィ「全耳族」、インドのカルナプラーヴァラナ「耳を外套として使う人々」、あるいは、片耳を敷布団に、もう片方を掛布団にして寝るというアフリカの小人の話のように誇張されるのである。カリフォルニアで活躍したペドロ・シモン修道士〔Pedro Simon 一五八一－一六二八頃。スペイン出身のフランシスコ会士〕が伝える物語も誇張が過ぎて、ついには地名が生まれたという事例である。それによればオレゴンという地名はオレホーネスというスペイン語、つまり「大きな耳」という言葉に由来するが、本来それは耳を大きくするために装飾をつける部族の呼称だった。[52]このように、もともと比喩であったはずのものが字義どおりに受け取られると、尻尾のあるべき場所に頭が付いている馬の話のように、嘘の話でも信じてしまいがちになる。

ニーム出身のフランス人プロテスタントから聞いた話では、ユグノーはカトリック教徒から「黒のど」と呼ばれ、その呼び名が字義どおり理解されるようになった。そのため、異端者の子どもは口を強引に開けられ、のどの色を調べられることがあったそうである。野蛮な部族に関する高等人種の記録を調べれば、呼び名にすぎなかったものが字義どおり解釈され、野蛮きわまりない怪物の伝説物語として伝わるようになった事例がいくつかあることがわかる。たとえば、ビルマ人は野蛮なカレン族を「犬ー人間」と呼んでいる。[53]マルコ・ポーロによれば、アンガマン〔アンダマン〕島民は獣じみた野蛮な食人者であり、犬のような頭をもっている。[54]アイリアノスがインドで報告している犬の頭をもつ人間の話は、明らかに現地の野蛮な種族についての描写である。それによると、この野蛮な人種は身体的外見から〈犬頭人《キュノケファリ》〉と呼ばれ、獣の皮を身につけているが、そのほかの特徴は人間と同じである。彼らは公明正大であり、人間をけっして傷つけない。インド人の言葉を発音できず、吠えるだけであるが、人の言葉を理解することはできる。さらに、速く歩くことができ、狩りをして暮らしている。火を使うことはできないが、獲物を細かく切り分け、干物にして調理し、飼育用の山羊と羊から乳を採取している。博物学者アイリアノスは、〈犬頭人〉が歯切れのよい明瞭な人間の言葉を話すことができないため、彼らを非理性的な動物に分類している。[55]この最後の一節からは、未開人は真の言葉をもたず、「話すことができなく」「舌をもたず」、はなはだしくは「口をもたない」ことさえあるという古くからの根強い観念が読み取れる。[56]

このほか、怪物じみた人間に関する有名な事例としては、プリニウスのいうブレミュアエ族を挙げることができる。プリニウスによれば、ブレミュアエ族には頭がなく、口と目が胸に付いている。彼らはアジアを支配するプレスター・ジョン〔ヨーロッパの伝説上の東方キリスト教国にいるとされる王〕に服従し、南アメリカの森林地帯にまで広く分布していたという。オセローが彼らを次のように食人種と同列に扱ったように、われわれの中世の祖先にとって、彼らはまさしく実在していたのである。

「食人種アンスロポファジャイ族、顔が肩の下に珍しい人種のことなども」。

〔『オセロー』シェイクスピア全集二七、小田島雄志訳、白水社（白水Uブックス）、三九頁〕

しかしながら、無頭人《アケファロイ》という言葉を辞書で引くと、頭をもたない怪物ではなく、いわゆる異端者と説明されている。なぜならば、異端者たちは本来の頭《かしら》、創設者をもたないと言われるからである。たとえば、トルクメン族の遊牧民は王をもたないため、「われわれは頭をもたない者である」と自称している。これは、はるかに自然でわかりやすい比喩である。(57) ムスリムにはシック族とネスナ族に関する伝説があり、それによれば彼らは腕と脚、目が片方しかなく、人間を半分に裂いたような姿形をしている。ズールー族は、おそらくこのムスリムの伝説から、半分人間の部族に関する次のような物語を創作した。いわく、ある洞窟でズールー族の少女と半分人間が出会った。人間の少女を初めて見た半分人間は二人の人間がいると勘違いしたが、少女に近づきながらその姿をよく見たうえで「なんとかわいらしい！　しかし、足が二本あるぞ！」と言った。このような視覚的ともいえる凶暴な想像は、野蛮人を「半人間」（*semihomo*）として表現する素朴な比喩と同類であり、ウェルギリウスが伝えるカークス〔古代ローマの伝説に登場する巨人で、三つの頭をもつ〕にも共通する。(58)

さらに中国人は、自分たちと周辺地域の未開人を比較して、「われわれは目を二つもっているが、ラテン系の人間は一つしかもっておらず、ほかの民族は目をもっていない」と表現したが、これはヨーロッパでもよく知られた比喩であり、洞窟に住む野蛮人のキュクロプスのような、一つ目の部族の伝説と文字どおり一致する。(59) これらの事例のみではわかりにくいが、このような表現上の一致から、非常に漠然とした想像においても、類似性が現われることがある。たとえば黒人はわれわれに馴染みのある比喩を踏まえながらヨーロッパ人を「頭の長い者」と表現したが、これはヘシオドスの大頭人《マクロケファロイ》というギリシア語に変換できる。[60]さらに最後の事例として、旧世界と新世界できわめてよく知られているアンティポディースという怪物的部族が挙げられる。彼らは「足が逆方向についている」が、この名称が実際の部族に付けられて激しい議論が生じたことは記憶に新しい。結局その部族は、現在でもアンティポディースという古代の名称を保持している。[61]

空想上の説明的神話〔三九二－三九三〕

話*が少々脱線したので、ここで哲学的神話に立ち戻り、説明的な物語の一群について検証しよう。それは、原因と理由を究明しようとする人間としての願望が生み出した物語である。

神話を創作するだけの知性を備えている人間が、由来のよくわからない現象や習慣に直面したときには、その現象や習慣を説明するための物語を創作する。この創作者にとって、物語は祖先についての事実を伝えるものとしては十分に納得のいくものではなかったかもしれないが、その人からこの物語を聞いて、復唱するようになった者たちは、もはやそうした悩みをもたずに物語を受け入れただろう。こうした物語を検証するにあたって、われわれはまず、物語の内容が本当にありうることかどうかを判断するための基準を定めたほうがよさそうである。現代人にとって、石綿がサラマンドラの毛ではなく、不健全な空腹が人間の腹の中にいるトカゲや鳥によるものではないことは明らかだ。火の粉の出るまで木を突っつく鳥を見た中国の哲学者が火きり棒を発明できたわけではないこともわれわれはよく知っている。しかしアフリカのワクアフィ族〔東アフリカのマサイ族に属する一部族〕は、牛を盗むという自分たちの習慣について次のように説明している。かつて、エンガイ、すなわち天がワクアフィ族にすべての牛を与えてくれたのだから、ワクアフィ族はどこにいる牛であろうと捕まえる義務があるのだ、と。[62]そして南米でも、獰猛なムバヤ族〔パラグアイ河流域に居住する原住民〕は、ほかの部族と戦争し、男たちを殺したり女と子どもたちを略奪したりしていたが、それはカラカラの神からそのような命令を受けたからだと説明

している。(63)

野蛮人ならばこのような説明的伝説に納得できるのかもしれないが、われわれがこのような説明的伝説に納得できるはずはない。幸いにも、物事の原因を後付け的に説明した伝説は、正確な情報と矛盾したり、正当な歴史領域を侵食したりすることがあるものである。中国人は漢字が亀の甲羅の模様から作られたという馬鹿げた物語を語るが、それは無益なことだ。なぜなら、初期の文字は物体をかたどったきわめて素朴で単純な絵柄であり、現代の中国にも保存されているからである。さらに、〔スコットランドの〕ウエストハイランドには「エルフの鋤の跡」と呼ばれる古代の耕作地の痕跡が未墾の丘陵斜面に存在しているが、それを説明する伝説もけっして褒められた出来栄えではない。(64)いわく、かつて教皇は土地の使用禁止命令を出したが、丘を含めることを忘れてしまったため、丘だけが耕されたというのである。

しかし、説明的な伝承で最もやっかいなのは、否定することも肯定することも困難な例である。たとえば民族誌家たちによれば、世界中の下等人種には歯を傷つける風習が見られるが、これは文明が高度になるにつれて徐々に消滅していく。そのためこのような風習は、人間の本性としてなんらかの一般的な理由によって、進化のどこかの段階で行なわれるものとして説明されてきたが、この風習をもつ下等部族もその理由を民族誌家とは異なるかたちで説明している。たとえば、ビルマのペノン族と東アフリカのトカ族〔ザンビア、ジンバブエ居住のトカレヤ族の一部族〕はどちらも前歯を折る習慣があるが、ペノン族は猿と異なる姿形になるために前歯を折るのに対して、トカ族はシマウマではなく雄牛のようになるために前歯を折るのだという。(65)入れ墨の場合、フィジー人は女性のみが入れ墨を彫るのに対して、彼らの隣人であるトンガ人は男性のみが入れ墨を彫る。その理由を説明する最も古い伝説によれば、かつて一人のトンガ人がフィジーから正しい習俗を伝えるため、「入れ墨は女、男ではない」と規則を繰り返し唱えながら故郷のトンガへ向かっていた。しかし不運にも根株につまずいたときに言葉が入れ替わって、「入れ墨は男、女ではない」と間違って記憶してトンガに到着した。こうしてこのしきたりがトンガに広まったという。サモア人もトンガ島民と、細部は異なるが同じような内容で、自分たちの風習を説明している。ここからは、ポリネシアの人間にとってこのような説明がきわめて道理にかなうものであったことがわかる。(66)

伝説的人物あるいは歴史的人物に関連づけられた神話〔三九四－三九五〕

名前をもたない登場人物が繰り広げる物語には、現実味がないと感じるのが普通である。歴史学者のシュプレンガー〔Aloys Sprenger 一八一三－一八九三。オーストリアの東洋学者〕は、ムハンマドに関する伝記のなかでこの物足りなさを巧みに言い表わしている。「たんに『彼は誰かに言った』と語られたときと、『預言者はアルカマに言った』と語られたときでは、たとえアルカマについて何も知らなかったとしても、少なくとも私には受ける印象がかなり異なってくる」。ほとんどの人間はシュプレンガーのような見事な歴史意識をもつことなく、彼のように深く考えることもない。しかしそうであったとしても、多くの人間はこの鋭敏で博学な批評家が述べたような感覚を太古の昔からもっており、それによってたくさんの神話的作品を創作してきたのである。そのため、世界中の伝承における登場人物たちは、まさしく名のある〈誰か〉なのだ。

卓越した登場人物にはあらゆることが可能であり、どのような姿になるのも自由自在である。伝説上の人物に課せられる唯一の制約は名前であり、これによってその人物は果たすべき役割との整合性を保つことになるが、それさえも無視する展開がしばしば起こる。現代においてもそのようにして書かれる人物伝が盛行しており、そこでは現実の年代記に合わせて場所と日時が詳細に設定されている。現代においてもそうなのだから、昔はこのような人物伝がよりいっそう大きな影響力をもっていたと考えられる。だから、誰がどのような目的で建てたのかわからない建造物の廃墟が存在した場合、神話がその建造目的や建設者を語るようになる。たとえばメキシコでは、モンテスマという名前を付与された偉大な人物が、テスココの送水路を建設したと伝えられている。ペルシア人にとっては、古代の巨大な遺跡ならばなんでも英雄アンタールが建造したことになる。バスティアン博士〔Adolf Bastian 一八二六－一九〇五。ドイツの民族学者〕によれば、ロシアでは異なる時代の建造物がすべてピョートル大帝によって建造されたことになっているし、スペインならばそれはボアブディル〔Boabdil 一四六〇年頃－一五一八頃。グラナダ王国最後のムーア人国王 Abu 'Abdullah Muhammad XI〕かカルロス五世の功績ということになる。さらにヨーロッパには桁外れに大きな古い建築物、とりわけ石の建造物が存在し、それらは有史以前の記念碑であると考えられるが、民間伝承では悪魔が建てたということになりやすい。

北米インディアンの想像力はもっと優雅である。彼らによれば動物を無造作にかたどったようなオハイオの巨大な塚は、精霊の世界でたくさんの獲物が得られることを保証して、偉大なマニトゥが太古の昔にみずから創ったものである。ニュージーランドの人々は、英雄クペがいかにして島を南北に分け、その間にクック海峡が誕生したかを語っている。ギリシアの神話では、地中海の出入り口には、ヘラクレスの柱が対になって建っているとされる。後年では、ジブラルタル海峡の入り口ができあがったことは、マケドニアのアレクサンダーが成し遂げた数々の功績の一つということになった[67]。

人間は、儀礼や法律、慣習、技術の由来について長い間思案し、その創始を名のある人物たちに帰してその物語を伝承してきた。このような物語群は、そうした伝承の価値についての実に正当な試金石である。これらのなかには真実が語られている伝承ももちろん存在し、とりわけ現代の事例であれば、それを事実と空想に分けることもできるだろう。しかし確たる証拠がないのであれば、どのような伝承であれ、神話学的な疑義を受けるということを明確に規定すべきである。つまり、火をおこす方法や武器、装飾品、遊戯、農耕、婚姻制度、そのほかの文明的要素を創始した人物がきっといたはずだというもっぱら理論的な断定に従って、適当な人名を当てがったことにより創作された物語なのかどうかが問われるのである。

地名と人名の由来を説明する神話〔三九五－三九八〕

神話の主題はさまざまであるが、なかでも人々の好奇心を掻き立て、それを満足させる説明的な神話が多数作られた主題の一つは、地名の由来である。地名についての原初的意味が忘れられたころ、未開時代の神話作家はそれぞれ独自のスタイルで、それを説明しようと試みた。たとえば、チベット人によれば、チョモリリ湖の名称は、ヤクに乗っていたある女性（チョモ）がそのヤクによって湖に引き込まれたとき、恐怖で「リリ！」と叫んだことに由来する。アラブ人によれば、シナルという町の名の由来は、歯が炎のように輝いている美しい女性を、町の創設者が川の土手で目撃し、人々がその場所を*Sinnár*、すなわち「炎の歯」と呼ぶようになったからだという。アルカディア〔ギリシアのペロポネソス半島中央部〕の人々によれば、残忍な国王リュカオンは宴会でゼウスのためにわが子を食卓（トラペザ）に載せて差し出したが、ゼウスはその食卓をひっくり返した。この出来事が、彼らの町トラペズスの由来になった。(68)

イングランドにおいて近年まで語られていた地方伝説からも、同じように素朴な想像力が見て取れる。これによれば、古代のローマ人は現在のエクセターとなる場所を見て、大喜びで「見ろ、大地だ（*Ecce terra*）！」と叫んだ。そのため、この町はエクセターと呼ばれるようになった。フォーディングブリッジ、あるいは地元ではファーデンブリッジと呼ばれる地名については、少し前にある人が好奇心から住民に尋ねたところ、石工が一日にたったの一ファージング〔四分の一ペニー〕で働いていたころに作られたとされる橋に由来するという答えが返ってきた。さらに、〔イギリス南西部の港町〕ファルマスの大地主ペンダーヴィスと彼のエール〔麦芽醸造酒〕に関する次のような民話もよく知られている。彼の女中が屋敷を抜け出てエールを船乗りたちに売り、「小銭を簡単に手に入れ（*The penny come so quick*）」ていたため、その場所がペニカムクイックと呼ばれるようになったというのである。この荒唐無稽な話は古代のコーンウォール語の地名を説明するために考案されたものであり、おそらくは*Penycumgwic*、つまり「入江谷の岬」のことだと思われる。神話的想像もここまで衰えてくると、すでに低い水準に落ち込んでしまっている。

個人の名前が名詞として使われるようになることもある。たとえば、ブルーム型馬車〔十九世紀イギリスの政治家、ブルーム卿がこの型の馬車を初めて使ったことに由来する〕やブルーチャー〔プロシアの元帥ブラチャーが考案した軍靴に由来する革靴〕などである。しかしこうした語源の説明については、同時代の文献かそれに匹敵する有力な証拠がなければうかつに信じてはならない。なぜならばこのような説明の仕方は、最も低級な神話が好んで用いる手法だからだ。たとえばある物語によれば、画家のダヴィッド〔オランダの初期フランドル派の宗教画家 Gerard David（1460-1523）か〕には見込みのある弟子がいた。その弟子は果実商の息子であり、シックという名前だったが、十八歳で死んでしまった。しかしダヴィッドが芸術的才気に溢れたこの弟子を手本として引き合いに出し続けたことから、シック〔スタイル、上品さ〕という一般的な言葉が生まれたという。しかしながら、これはまったくのでためであり、厚顔無恥な語源研究者でもこれ以上の作り話をすることはない。なによりも、*chic* という言葉が造られたのは十七世紀なのだ。(69)

別の言葉 *cant*〔お説教、もったいぶった言葉遣いをする〕の語源もシックと同じようにでたらめに説明されている。スティール〔Richard Steele 一六七二－一七二九。イギリスの日刊紙『スペクテイター』の共同創刊者〕が『スペクテイター』に記しているところによれば、この言葉はスコットランドの牧師アンドルー・カント（Andrew Cant）の名前に由来する。カントは、きわめて強い方言で説教するため、日常的に彼の説教を聴いている信徒であっても理解できないことがあったという。しかしこれは、おそらく彼の実像を正確に伝えたものではない。ホワイトロック〔Sir Bulstrode Whitelocke 一六〇五－一六七五。イギリスの法律家、作家〕の『イギリスの出来事の記録』によれば、彼はきわめてわかりやすい言葉で話すことで知られていたと思われるからだ。カントは一六五〇年頃に活躍したのだが、*cant* という動詞は当時すでに古語になっていた。実際、演説するという意味の *cante* が一五六六年発行の、ハーマン〔Thomas Harman 十六世紀イギリスの作家〕の「俗語リスト」のなかに記されている。また、一五八七年のハリソンの記述によれば、乞食やジプシーたちが仲間内で通じる言葉を *canting* と呼んでいたが、ほかの者たちはその言葉を「ちんぷんかんぷん〔行商人のフランス語〕」と呼んでいたという。[70]

さらに人名を語源とする事例のなかでも特に興味深いものとして、ホルバインの版画でよく知られるダンス・マカブル、すなわち死の舞踏があげられる。その創案者と目される人物について、『万国人物列伝』（Biographie Universelle）には、「Macaber ドイツの詩人。彼の名前を冠した作品のみが知られている」とある。しかし、このような人物は絶対に存在しなかった。実際のところ、ダンス・マカブルとは、舞踏病 *Machabæorum*、マカベの舞踏であり、十五世紀の教会で行なわれた死についての一種の敬虔な身体表現である。これがダンス・マカブルと呼ばれるようになったのは、そこで「マカバイ記二〔第二マカベア書〕」十二章の文言が死者のための祈りとして読まれたからである。その部分には、殺された者たちの罪が跡形もなくぬぐい去られるように人々がいかに主に祈り、懇願したかが記されている。もしユダが殺害された者の復活を期待していなかったら、死者のためにそのように祈ることは無意味で余計なことであっただろう。ユダが戦死者の復活を期待していたからこそ、死者に対する祈りが熱心に捧げられたのである。[71] ダンス・マカブルの起源までたどってみれば、これがまさしく死者の舞踏であることは明らかである。

部族、民族、国などの名前の由来を説明する神話――民族誌上の情報〔三九八－四〇五〕

*部族や民族が首長の名前で呼ばれるようになるのは珍しいことではなく、さまざまなアフリカ旅行記には「イヨの民」や「カムラズィの民」といった部族名が記録されている。これらの名称のなかには、偉大なるオットマン、つまりオスマン〔一二五八－一三二六。オスマン帝国の初代君主〕に由来するオスマン・トルコのように、定着したものもある。親族関係と首長制の観念は混合しやすいので、たとえばブライアン Brian やアルピン Alpne といった人名が氏族につけられ、オブライエン *O'Briens* やマッカルピン *Mac Alpines* と呼ばれるようになることが

ある。下等種族の部族名がどれくらい首長や祖先の名前に由来するのかは、資料が限られているため簡単には答えられない。しかしたとえば、パタゴニアには部族の下部集団が分かれて移動しながら生活する慣習があるが、それぞれの小集団には「ヤンク」、すなわち「父」と称される首長がいて、そのときの首長の名がそのまま各集団の名前になる。(72) ズールー族とマオリ族は、伝統的な氏族の系図に強い関心をもっていた。彼らにとって祖先はたんなる親戚ではなく、神でもあり、亡くなった祖先や首長の名が部族自体の呼称となることを、彼らははっきりと認識していた。たとえばカフィール族〔アフリカ南部に入植した白人が黒人一般を指す蔑称として使用。現在の呼称はバントゥー〕のなかのコサ部族の名前は、首長のウ・コサに由来し、(73) マオリ族のなかのガテ・ワクエ族とガー・プヒ族〔ともにニュージーランド北島の部族〕は、それぞれワクエとプヒという首長の家系であると主張している。(74)

事実に基づく名前の由来のほかに、似たような効果を狙った作り話も大量に存在する。神話作家は、多くの民族名や国名の由来に強い興味をもつあまり、偉大な祖先や支配者に結びつけて考えるしかなかった。そのため地名や民族名の由来となるような祖先と支配者を想像し、新たな歴史的系譜を付加することになったのである。いくつかの事例では、想像上の祖先の名は、地名や氏族名が文法的にそこから導き出せるように作られている。これは、カエサルに由来するカエサレア、ベネディクトに由来するベネディクト会などのように、実際に人名に由来する事例にならった方法である。しかし神話作家が作った想像上の系譜や歴史では、民族や部族、地域、町の名前がそっくりそのまま想像的英雄の名前になっていることが少なくない。さらに現代の話し言葉でも、国家や民族を擬人化して語ることがあり、このような想像が廃れていないことに留意すべきである。たとえば政治家は、フランスがまるで一人の人間であり、フランスらしい服装をして特有の見解や習慣をもっているかのように話すことがある。それどころかいかにもそれらしい姿の塑像や絵画が作成されたりもする。もしも誰かが、ブリタニアにはカナダとオーストラリアという二人の娘がいて、インドという名の老衰したおばのところへ家事をしに行く、などと言うとすれば、これはもはや事実が想像的な言葉で語られているということになろう。

しかしながら、このようにして名ばかりの祖先から作られた系譜は、古代の年代記に偽の系譜を大量に持ち込むことで歴史的な真実を侵食し、深刻な影響を及ぼすことが少なくない。とはいえ、巨視的な観点から調べれば、名祖《なおや》の虚構は一見してわかりやすく、形式にも規則性があるので、神話が発展するなかで現われるような、一貫性をもって働く想像力をそこから見て取ることができよう。

古代ギリシアでは、*さまざまな部族名と民族名の由来となった名祖が多数存在しており、それぞれを比較することで簡単にその事実性を検証することができるが、その結果は惨憺たるものである。名祖たちが属する英雄の系譜を現実の歴史を下敷きにした伝承と見なして調べていくと、それらはどうしようもないほど互いに関連性がなく、しかも矛盾している。しかし、それを地域や部族に伝わる神話であると考えれば、そうした関連性のなさや矛盾はむしろ適切な特徴を示していることがわかる。グロート氏〔George Grote 一七九四－一八七一。イギリスの歴史家〕に言わせれば、すべての神話はたんに解明されていないだけでなく、解明される可能性もない虚構なのだが、ギリシアの町や部族の由来となった祖先に関する神話は例外であるという。ただしそれには、そうした名祖を都市や部族の伝説的祖先として見るのではなく、たんなる地名や氏族名が実体化したものとして見る必要がある。たとえば、リュカオンの五十人の息子は、マンティネウスやフィガロス、テゲアテスなどに見られるように、アルカディアの町がそれぞれ擬人化されたものである。伝説では、この因果関係が逆転して語られており、五十人の息子たちがそれぞれマンティニア、フィガーリア、テゲアの町などを創設したと言われている。アイアコス王の父はゼウスだが、母の名であるアイギナは、アイアコス自身の名が擬人化された島のことである。ミュケーナイの町には、女祖先ミュケネーが存在するのみならず、もう一人の名祖としてミュケネウスもいた。

ずっと時代を下った中世ヨーロッパでは、ギリシアの神々や英雄に由来するように作られたローマの輝かしい系譜が人々の憧憬を誘った。そのため、ジェフリー・オヴ・モンマス〔Geoffrey of Monmouth 一一〇〇頃－一一五五頃。中世イングランドの歴史家〕やほかの者たちの年代記では、ローマの見事な系譜づけにならって、パリやトゥールはトロイのパリスやトゥルヌスによって創設されたことになっている。しかも、フランスや英国はヘクターの息子フランクスやアイネイアースの曽孫ブルトゥスを介してトロイ戦争にも関連づけて語られている。ブラックストーン〔Sir William Blackstone 一七二三－一七八〇。イングランドの法学者〕の『イングランド法釈義』では、ジプシーあるいはエジプト人に関する話が大真面目に引用されているが、これは名祖にまつわる歴史的神話としてはまれに見る完全なものである。それによると、スルタンのセリムは一五一七年にエジプトを征服したが、一部の現地人がトルコの軛に屈することを拒み、ジンガネウスを指導者として反乱を起こした。そのため、彼らはトルコ人からジンガニー〔ジプシー〕と呼ばれるようになった。ジンガニーたちは、最後には取り囲まれて追い払われたので、小さな集団に分かれて、世界中に散らばっていった云々、というのである。

ミルトンは、中世の年代記作者ではないが、中世の習慣を完全に脱してもいないという点で興味深い。ミルトンの『英国史』の冒頭では、マグス、サロン、ドルイス、バルドゥスという四人の王に関する「奇怪な作り話」が論じられている。それによれば、ネプトゥヌスの息子である巨人のアルビオンが、征服した島に自分の名前を付けたというが、ミルトンはこれを史実としては認めない。さらにミルトンは、フランクス、ロマヌス、アレマヌス、ブリットと呼ばれるヤフェトの四人の息子に関しても一蹴している。しかし、ブルトゥスと古いイングランドの歴史に関するトロイの伝説の話になると、彼の懐疑的精神はどこかへ消えてしまう。「これら代々の王たちの名前は古く土着的であるので、少なくとも一部は長い間記憶されてきたものであろう。だから彼らのうちの誰も実在しないとか、完全に信頼できないとは言い切れない」[75]。

*世界の野蛮な種族のあいだでも同じような系譜が数多く確認されている。たとえば、南米のアモイピラとポティグァラと呼ばれる部族[76]、〔インド南部の〕コンド族のバスカとジャスコと呼ばれる氏族[77]、トルクメンのヤムト、テッケ、チャウドルと呼ばれる集団[78]などである。これらの部族名や氏族名は、昔の祖先や首長の個人名に由来するとされている。こうした系譜は批判的な検証に耐えられるものではなく、その結果はブルトゥスとトロイ

人がイングランドの歴史から削除されるのと同じことになるはずだ。西アフリカのハウサ族の系譜にはカノとカツェナという都市の名前が普通に出てくるが、これは町の名が擬人化されて神話的祖先として組み込まれたと見るのが自然である。[79] メキシコの伝承では、そこに住むさまざまな種族の名祖が網羅的に出てくる。たとえば、メキシコの創設者メシ、チチメカ族の最初の王チチメカトル、さらにオトミ族の祖先オトミトルなどである。しかしオトミトルという名前の語尾からは、これがアステカ人の創作であることは明らかである。[80] ブラジルでは、かつてトゥピとグアラニという兄弟が喧嘩をし、それぞれ仲間を連れて別れたために、トゥピ族とグアラニ族に分裂したと伝えられている。しかし実際はグアラニという言葉は昔からある民族名ではなく、宣教師がある部族をたんに「戦士たち」と呼ぶ意味で付けた呼称である。[81] 北米の氏族はビーバーやザリガニなどが自分たちの祖先であり、それゆえにそうした動物に由来する名前をもっているのだと説明する。[82] この場合のおそらく一般的な批判は、その伝統を模倣して後付けで作り出された名祖よりも、そんな名前を残した本物の祖先や首長へ向けられることだろう。

しかし、名祖の伝説に対する検証は、物語の信憑性を否定するだけでよしとすべきではない。実際、最も鋭い批判に耐えたとき、伝説は真の歴史的価値を発揮するのであり、少なくともそこに登場する名前がすべて古代の首長の実名なのかどうかといったこと以上のものを教えてくれる。確かに英雄の系譜には想像や誤謬、不十分な記述などがあふれているが、そこからかつての民族意識、移住や侵略についての伝承、親族関係や交流関係といったものが読み取れる。古代の民族学者たちは、神話的表現を借りて、種族同士の現実の関係として彼ら自身が認識したものを記述したのであり、その擬人的な言葉遣いは現代でも十分に解読可能なのである。

たとえば、ダナオスとアイギュプトスという双子はそれぞれ、青銅器時代のギリシア人であるダナオイ人と、エジプト人という両民族の創始者であると伝えられており、これはある種の民族理論として明快ではあるが、その根拠は薄弱である。それに比べればギリシア人（ヘレネス）を擬人化したヘレーンという名にまつわる起源神話の方が、ギリシア種族の四つの大きな分派の親族関係を記録している点で、民族学的資料として理解しやすい。すなわち、ヘレーンの三人の息子は、アイオロス、ドーロス、クスートスであり、最初の二人はアイオリス人とドーリア人の名祖である。三人目の息子クスートスには、アカイオスとイオーンという息子がおり、その名はアカイア人とイオニア人に継承された。リディア人とミュシア人、カリアン人の民族的な親疎関係について〔当時どのように信じられていたか〕は、ヘロドトスが残した系譜のなかにうまく表現されている。それによると、リドス、ミュソス、カルという三人の兄弟が、それぞれの民族の祖先ということになっている。(83)

フェリドゥーン〔スラエータオナ〕と彼の三人の息子イーラジ、トゥール、サルムをめぐるペルシアの伝説も、イラン民族とトゥーラーン民族、すなわちペルシア人とタタール人の民族的特徴を際立たせているが、(84)注目すべきはアフガン人の民族的系譜である。それによると、メリク・タルット〔サウル王〕にはベルキアとイルミア〔ベレキアとエレミア〕という二人の息子がおり、ダビデに仕えていた。そのベルキアの息子がアフガンであり、イルミアの息子がウズベクであった。ヨーロッパの研究者たちは、アフガン人が鷲鼻であり、さらに聖書に由来する個人名を使っていたため、彼らこそイスラエルの失われた部族の末裔であると今世紀まで強く信じていたが、(85)このような系譜は、民族学的にはまったくのでたらめである。というのも、アーリア系のアフガンとトゥーラーン系のウズベクでは、顔だちや言語がまったく異なっているのだ。このような系譜が想像され、信じられたのは、アフガン人とウズベク人がともにイスラーム教を信仰していることによると思われる。ムスリムの年代記は、両民族がセム系の起源をもつと語るのが特徴だが、これも当然のことながら荒唐無稽な偽史である。

タタール人については、もっと穏当な民族的系譜も存在する。十三世紀にウィリアム・ルブルック〔Guillaume de Rubrouck 一二二〇頃－一二九三頃。フランスのフランシスコ会修道士でモンゴル訪問の記録を残した〕が、ありのままを詳細に書いたという歴史に関する記述がそれである。それによれば、かつてタタール人はヤフェトの一番若い息子トゥルクにちなんでトゥルク人と呼ばれていたが、彼らの王の一人が、双子の息子タタールとモンゴルに領土を遺したため、各民族は今日のように別れたという。[86] この伝説は歴史的には事実無根であるが、トルコ人とモンゴル人、タタール人がかつて一つの民族であり、血縁的にも近いというのはある程度の説得力をもっている。ただし、トルコ人が一族の長であり、モンゴル人とタタール人を従えていたという法外な主張だけは受け入れがたい。このように、これらの民族の由来をめぐる伝説は、神話的形式をとってはいるが実質的には民族学的であり、伝説から読み取れる事実や価値を鵜呑みにしてはならないが、民族学的資料としての価値がそれらにあることは確かに認めなければならない。[87]

*以上のように、古代民族学では国や民族が擬人化され、それぞれの関係は親族関係として、比喩的な言語によって表現されていたと見られる。これと同じ手法が採られたのが、古代民族学において重要なかの文書、すなわち「創世記」第十章に出てくるさまざまな民族名の一覧表である。人名の形でありながら実はたんなる地域や民族を示している名前を、複数の祖先の名前のなかから見分けるには、時として綿密で困難な批判研究を必要とする。しかし、前述のような民族的系譜に詳しい研究者ならば、「創世記」第十章における諸民族の名前を一瞥しただけで、擬人化された町や土地、人種と実在の人物を区別することができる。たとえばシドンの町は、ヒッタイトの父ヘトの兄であり、さらにその下にはエブス、アモリという名が連なっている。明らかに国名とわかる名前が並ぶ箇所に出てくるクシュというのはエチオピアのことだが、彼にはニムロドという息子がいる。また、アッシュルはつまりアッシリアのことであり、〔アッシリア最古の古代都市〕ニネヴェを建設している。さらに「創世記」の系譜には、二重のミツライム、通常は上下のエジプトを意味する二つのエジプトが、ほかの国の息子や兄弟、あるいは住民たちの祖先として登場する。アーリアの系統では、少なくともマダ、メディア人と、ヤワン、イオニア人の擬人化がはっきりと見て取れる。さらにイスラエルの人々自身が属す一族に関しては、もしもシドンの父カナーンをフェニキア人のことだとして、アッシュル、アラム、エベルおよびそのほかのセム系の子孫たちと並置してよければ、現代の比較言語学において一般的な分類に準じてセム系諸族を整理したのとほと

んど同じになるのである。

比喩と観念の現実化によって事実風の神話に〔四〇五－四〇八〕

以上*の事例では哲学的な概念が神話的な言葉遣いによって表現されていたが、ここからは一見すると説明的伝説に思えるが実は想像であるという事例を取り上げてみたい。中世のスコラ学者は、自明の事柄をわざわざ形而上学の俎上に載せ、学問的に見せかけた難解な言葉で説明しがちであったために、当然のことながら、今でも嘲笑されている。その説明の仕方というのは、アヘンとは眠気を誘う効力を有しているがゆえに、人々を眠らせることができる、といった具合である。神話創作者の方法も、ある意味では中世のスコラ学者に比較することができる。これまで引用してきた多くの伝説を見てわかるように、全体の半数くらいの神話は日常的な事柄の原因と起源の歴史を想像して作り出すことに専念している。それは、物事がどのように始まり、なぜ存在しているのかという大昔からの問いに対する子どもじみた回答なのだが、野蛮人はその答えを当然のように賢者に求める。これらのような説明がまるで史実であるかのように理解されることは珍しくなく、日常的な事例が語り直されるのである。たとえばサモア人によれば、かつてオオバコとバナナのあいだで大規模な戦争があった。この戦争がきっかけとなり、敗者はうなだれ、勝者は誇らしく胸を張って立つようになったという。(88) これは単純な比喩であり、まっすぐ伸びる植物と垂れ下がる植物が、打ち負かされた敵と征服者の姿を表わしていることは間違いない。もう一つのポリネシアの伝説は、明らかに直喩が起源となっている。この神話によれば、人間の頭からココナツが作られ、人間の腎臓からはクリの実が、脚からは山芋が作られたというのである。(89) さらにあと一つ、植物の神話を例に引いておこう。オジブワ族によれば、天空には緑のローブと波打つ羽根をもつ若者がいた。インディアンが人間のためを思ってこの天空の若者を打ち倒し、墓に埋めたところ、天空の若者は霊の「穀物」であるトウモロコシの化身の神モンダミンとして蘇った。この話からは、オジブワ族の想像が手に取るようにわかる。(90)

このほか、〔イングランド南部〕ニューフォレストの農民は、自分たちの土地の泥灰土が赤いのは、古代に敵対していたデンマーク人の血で染まっているからだと考えている。マオリ族によれば、クック海峡の崖が赤いのは、クペが自分の娘を亡くしたとき、悲しみのあまり額を黒曜石の欠片で切り、血を流したからである。ブッダが自らの身体を飢えた虎の子たちのために差し出したと伝えられる場所では、土、木、花がブッダの血で今でも赤く染まっているという。現代のアルバニアでは、小川が赤い土の色に染まるのは、かつて殺戮があったことの証しであると言われている。このアルバニアの伝説と同じように古代のギリシア人も、ビュブロス近郊の河が夏の洪水のときアドニスの血で赤く染まると考えた。コーンウォール人によれば、小川の小石がかすかに赤く染まっているのはそこで殺人があったことの証しであるという。ドイツでは、洗礼者ヨハネの日には今でもこの聖者の血が流れるといい、農民たちはそれを探しに出かける。赤い食用のキノコ類は、フン族が空を飛んでいたとき、高い塔の屋根で足を傷つけ、流した血である。インドの旅行者は、廃墟となったガンガー・ラージャの壁に、かつて籠城していた住民たちの流した血痕を見ることができるかもしれないそうだ。こうした数々の事例にもまして驚異的なのは、コーンウォールの聖ドニ教会にまつわる伝承である。かつて聖ドニ〔Dionysius 生年不詳－二五〇頃。パリのディオニュシオス、パリの司教、フランスの守護聖人〕がことは別の場所で斬首されたとき、この聖人の血が教会の石の上に滴り落ちたというのである。[91] このように、歴史を装いつつも一見して説明的比喩の言い換えであることが明らかな物語については、どの神話にも多くの事例が存在する。ここから確信をもって言えるのは、われわれが神話的言語と呼ぶものは、一貫性と多様性を兼ね備えているということだ。だからこそ、血のように赤い染みが現われるという現象をさまざまな形で想像し表現する多くの物語を、いわばこの神話的言語の辞書のなかから取り出すことができたのである。

ほとんど取るに足らない曖昧な想像や陳腐な比喩であっても、いったん現実的な意味を帯びるようになれば事*実として語られるようになる。ムスリムは石がアッラーを讃えるということを、直喩としてではなく、事実として聞いた。さらにムスリムのあいだには、人間の運命が額に刻まれているという伝承がある。この伝承から、人の運命は頭蓋骨の縫合部にある文字のようなしるしから読解できると信じられるようになった。シュプレンガーによれば、このように事実として伝えられるようになった比喩の事例として、ムハンマドの伝記における次の不可思議な一節が挙げられる。それによれば、天使ガブリエルは預言者の胸を切り開き、心臓から黒い血の固まりを取り出し、それをザムザムの泉で清め、もとに戻したという。このときの天使の服装と黄金の水盤についても詳しく伝えられており、マリク・イブン・アナス〔Malik ibn Anas 七一一－七九五。メディナ出身のイスラーム法学者〕は傷が縫い合わされた痕を見たと言っている。シュプレンガーに従うなら、これはムハンマドの心が神の力で開かれ、清められたという通俗的な比喩として解釈でき、実際、コーランにおいても神が心を開いたとムハンマド自身が述べたことが記されている[92]。

キリスト教の伝説における同様の傾向を示すには、事例を一つだけ挙げれば十分である。一二二五年、バグダッドのカリフが領内のキリスト教徒たちに対して命じた次第を、マルコ・ポーロが記している。キリスト教の聖典が正しいのならば、ある山を動かしてみよ、できないのであれば死刑に処すか改宗させるという命令である。そのキリスト教徒たちのなかに一人の靴屋がいたが、彼は女性讃美が過ぎたために、誘惑に屈しやすい罪作りな自分の片目をくり抜いてしまっていた。この男が山に動くように命じると、その通りになってカリフとその民を皆、恐れさせ、それ以来、この奇跡が起きた日は聖なる日になってきた。このヴェネツィアの旅行家は中世の著述家の作法にのっとって、疑いの片鱗すら示さずにこの物語を記録している[93]。しかし、われわれの考えでは、その起源がまるごと「マタイによる福音書」〔一七－二〇〕における三つの文〔「はっきり言っておく。もし、からし種一粒ほどの信仰があれば、この山に向かって、『ここから、あそこに移れ』と命じても、そのとおりになる。あなたがたにできないことは何もない」〕にあることは、わざわざ引用するまでもなく、まったく明白である。

これらの作り話はとても古臭く、近代人の感性にはまったく響いてくるものがない。実際のところ、想像上のことを事実であると考えてしまうのは愚かな人だ。いかに美しく、神聖なものであったとしても、愚かな人が手を加えた途端に冴えない卑俗なものになってしまう。彼らは、抽象的観念を把握する能力に欠けているため、それを物質的な事物や具体的な形で表現せざるをえないのである。しかし、このような者たちがどれほど愚かに見えたとしても、彼らを理解しようとしなければならない。そして彼らが人類の信仰にきわめて大きな影響を及ぼしてきたこと、あらゆる思想をことごとく具体的表現によって覆い隠す極端な方法で、何世代にもわたって神話を創出してきたということを認めなければならない。

寓話〈四〇八－四〇九〉

寓話*は一般に言われるほど神話において大きな役割を担っているわけではないが、その影響は詳細に検討してみなければばならない。何かを説明するときに寓話が使用されることについて、多くの研究者は錯綜した議論を展開してきた。たとえば寓話が明らかに歴史的意図をもって使われることがあり、「エノク書外典」はその一例である。「エノク書外典」では、イスラエルの民が雌牛と羊によって表わされ、ミデアン人とエジプト人はロバと狼によって表わされているが、こうした動物は、旧約聖書の「歴代誌」では偽預言者を意味している。道徳を表現する寓話も世界中で豊富に認められる。ただし道徳的寓話の形式は、ここ数世紀来の神話研究者が考えていたほどには広汎に用いられるものではないことが明らかになっている。かつて哲学者のヘラクレイデスはギリシアの伝説を道徳的な教訓談として解釈したが、今ではそれは馬鹿げた解釈方法であると考えられている。たとえばアガメムノンに向かって剣を抜こうとするアキレウスをアテナがとめたという話を、ヘラクレイデスは悔悛的な思慮分別を表現した喩え話であると考えたが[94]、現在このように解釈する研究者はほとんどいない。とはいえ、実際にヘラクレイデスの解釈があてはまる事例は数多く存在し、寓話と見なせる想像的神話は、確かに世界中に広く見られる。

たとえば、パンドラをめぐるヘシオドスの神話には寓話性がある。ゼウスが人間のもとに遣わしたパンドラは、黄金の帯と春の花の冠で着飾り、嘘と不誠実と巧みな話術を駆使して、人々の欲望と愛の苦しみを掻き立てた。愚かなエピメテウスが、賢い兄弟の忠告を無視し、彼女を娶った。パンドラは大きな甕の蓋をとって人々のあいだに邪悪さを振り撒き、昼夜を問わずひそかに人々を苦しめる病いを解き放ったが、そのあとすぐに蓋を閉じて、甕の中に希望を閉じ込めた。この寓話は、後世の伝承ではほかの道徳を表わすように作り変えられている。それによれば、甕の中に入っていたのは恵みであり、呪いではなかったのだが、パンドラが好奇心に駆られて甕を開けたとき、あらゆる恵みが放出され、失われてしまった。そしてただ希望だけが、幸薄い人類の慰めとして残されたのである(95)。

これらの伝説は道徳を表現しているように見えるが、根本には原始的な性質をもっている。ゼウスは寓話的な虚構ではないし、プロメテウスは、現代の神話研究者が見誤らなければ、ただの喩え話で終わらない深い意味を有している。（プロディコスにならった）クセノフォンは、ヘラクレスの物語が、安易な快楽の近道と長くつらい有徳の道のりのあいだでどちらを選ぶか、という問題を扱ったものだという(96)。仮にこの神話的英雄が道徳的な教訓話を体現するために作り出されたのだとしても、ヘラクレスの非倫理的な性格はその教訓と調和しておらず、読者の心をいらだたせるのである。

動物寓話〔四〇九–四一五〕

子ども*にとって馴染みの物語、すなわち動物寓話は、純然たる神話と寓話の一般的関係をきわめてはっきりと示している。文明一般の見地から見れば、こうした虚構のなかに現われるのは寓話であることが基本であり、道徳的教訓の観念はまさにこの基本的性質と強く関係している。しかしよりいっそう広い見地から見れば、動物の寓話は道徳的問題などからかけ離れた古い神話の幹に属しており、寓話性はその幹に寄生しているものにすぎないことがわかる。近代の作家が古い動物寓話に出てくる獣を喩え話のなかで模倣できるのは、ひとえにそれを知的に受容しようとする努力の賜物なのである。現代の作家にとって獣はたんなる怪物なのだから、風刺や道徳的教訓を表現するために人為的に戯画化されたものとしてしか受容できないのは当然である。しかし野蛮人にとってはそうではない。彼らにとって半人間的な獣は確かに実在するのであり、説教したり嘲笑ったりする架空の生き物ではない。

下等動物は話すことができ人間のような徳性を備えていると考える人々にとって、動物寓話は馬鹿げたものではない。彼らにとってハイエナや狼はすべて、ハイエナ人間や人狼のようなものである。「鳥は祖母の魂を宿しているかもしれない」と本気で信じる人々は、うっかり祖先を食べてしまわないように、鳥を食材にしないことを実際に自分たちの掟にしている。このように獣がきわめて重要な崇拝対象となっている宗教では、動物寓話はけっして無意味なものではない。そして、人類の半分はこのような信仰を今でも保持しており、それこそが動物譚の最初の故郷なのである。

オーストラリア人たちでさえ、ネズミやフクロウ、黒い先住民が登場したり、猫の兄弟が寝入っている友人の鼻を焦がしたりする奇妙な動物譚をもっている。(97) カムチャダール族の複雑な神話では愚かな神クトカとネズミたちが冒険を繰り広げており、ネズミたちがクトカの顔を女性に見えるように塗りたくり、クトカが水に写った自分の顔に恋をしたりする。(98) ポリネシア人や北米インディアンのあいだでも動物譚は豊富に確認されており、生き物たちの習慣や性質が彼らの独創的な物語において巧みに表現されている。たとえばフラットヘッドのインディアン〔頭を平たくする習慣のあったインディアン〕の伝説によれば、あるとき小さな狼が、雲の国で祖先のクモたちを見つけたことがあった。そのクモたちは白髪交じりで爪が長く曲がっており、糸の玉を紡ぎ、狼を地上に降ろしてくれた。狼が地上に降りてみると、彼の妻である斑点模様のあるカモを見つけた。彼女は年老いた狼に連れ去られていたのである。彼女は狼狽して逃げ出した。このようなわけで、彼女は今でも一人で生き水中に潜るのである。[99] ギニアでも動物寓話は現地民の日常会話のなかで、中心的な話題となっており、以下の物語は動物の特性を説明する類の動物寓話として語られている。あるとき大猿のエンゲナが、ラム酒の入った樽一つを飲み干すことができた者を勝利者と見なし、自分の娘を花嫁として与えると言った。威風堂々として象や優美なヒョウ、気難しいイノシシが最初に挑戦したが、火のような液体を一口も飲めずに退場していった。すると次に小猿のテリンガが挑戦しにやってきた。彼は抜け目なく、背の高い草地に数千匹の仲間を隠しておいた。そして、彼が最初のラム酒を飲んで立ち去ると、彼そっくりの仲間が次々と入れ替わってラム酒を飲み干し、ついに樽を空にした。テリンガは約束どおりに猿の王の娘を連れ去ったが、狭い道で象とヒョウに待ち伏せされて叩きのめされた。彼は木の大枝の先に避難し、これ以降、こんな暴力や不正に遭わずにすむように、二度と地上で生活しないことを誓った。このようなわけで、今日にいたるまで小さなテリンガは木の頂点で暮らしているのである。[100]

野蛮人のあいだでは、このように原初的な形のままの伝承が数多く収集されている。これらの伝承は本来、道徳的教訓ではなかったが、しだいに初歩的な教訓譚として語られるようになった。このような変化は、高等人種の手を介さずに野蛮人のあいだで生じたと考えられる。たとえばホッテントット族〔南西アフリカの遊牧民コイコイ族の古称〕には、狡猾なジャッカルがライオンを騙して獲物を奪い取る神話や、ジャッカルが太陽を背負って運んだとき背中を焦がし、黒い縞ができあがったという神話が伝わっているが、こうした神話と並んで道徳的教訓譚が伝わっている。それによればライオンは母親よりも自分の方が賢いと思い込んでいたので、自分たちよりもはるかに小さな生物に殺されることがあるという母の忠告を無視し、そのために狩人の槍で突き殺されてしまう。[101]

さらにズールー族には、ハイラックス〔イワダヌキ〕が登場する次のような典型的な道徳的教訓譚が伝わっている。かつて動物たちには尻尾がなかったので、ある雨の日に尻尾が配られた。ハイラックスは、雨の降るなかわざわざ尻尾を受け取りに行くことを嫌がり、ほかの動物に持ってきてくれるように頼んだが、結局、自分の尻尾を受け取れずじまいになった。[102] 北米のマナボゾ〔神話上の登場人物〕の寓話には、イソップ物語のようなユーモアをそなえたものがある。それによると、マナボゾは狼に変身して太ったムース〔アメリカヘラジカ〕を仕留め、とても空腹だったのですぐに座って食べようとしたが、どこから食べたらよいのか大いに悩んでしまった。頭から食べ始めたら、後ろ向きに食べていると笑われるだろう。横から食べ始めたら、横向きに食べていると笑われるだろう。ついに心を決めて柔らかい部分を口でくわえたとき、近くの木が軋んで音を立てた。マナボゾは、やめろ、やめろ、うるさくて食えやしない、と木に向かって声を上げた。そして空腹だったにもかかわらず、肉をその場において音をとめるため木に登ったが、枝のあいだに挟まって身動きが取れなくなってしまった。それからまもなく、狼の群れがやってくるのが見えたので今度は、あっちに行け！　あっちに行け！　と言ったが、狼たちはマナボゾがそう言うのだから何かあるに違いないと考えた。そしてムースの死骸を見つけ出し、マナボゾがもの欲しそうに眺めている目の前で骨まで食べてしまった。次に強い風が吹いたとき、枝が開き、抜け出すことができた。マナボゾは、「せっかくよいものを手に入れたとしても、些細なことに気を取られていると痛い目に合うのだ」と独り言を言いながら家に帰っていった[103]。

＊

旧世界の道徳的な動物寓話は古代のつまらない遺物などではなかったが、それが純粋かつ単純な動物神話に完全に取って代わることはなかった。ヨーロッパの人間は何世代にもわたって、イソップのカラスとキツネの物語から知恵を学ぶのと同時に、それよりも原始的な動物譚から、なんら啓発を受けることはなくとも、その芸術性を享受してきたのである。実際、バブリオスとパイドロスの選集〔ともにローマの寓話作家〕は千年以上読み継がれている。また、純粋な動物叙事詩の最高傑作である狐のルナールの「狐物語」は、ヤコブ・グリムによればその起源は十二世紀のフランク族にまでさかのぼれる独創的な詩で、内容的にはさらに古い時代の要素も含んでいる[104]。ルナールの物語は教訓的なものではなく、たとえ道徳がそのなかで示されていたとしても、それはほとんどの場合、マキャベリ流のものである。

本来ルナールは、一般人や、とりわけ聖職者を厳しく非難するような風刺詩ではなかった。物語の狐は悪知恵を表わし、熊は強さを、ロバは鈍さを、羊は正直さを表わすといったように、動物がそれぞれ具体的な属性を表現している。今日のわれわれは当時の学識を得られる部分以外は読み飛ばしてしまうが、中世ヨーロッパでは、あらゆる階層の人間がこの物語を夢中になって読んでいた。その魅力は、動物と人間それぞれの特性を巧みに組み合わせて表現しているところだろう。ルナールの叙事詩が中世にきわめて大きな影響力を及ぼしたことは、ルナール、ブラン、シャントクレールといった名前が〔それぞれ狐、クマ、雄鶏の固有名として〕、現代でもわれわれの耳に馴染んでいることからも見て取ることができる。これらはもともとこの偉大な動物寓話に由来する名前であったが、現代の人間はそのようなことを知らずに日常的に使っている。さらに注目すべきは、それが現代のフランス語に残した痕跡である。フランス語のロバ（*baudet*）という言葉は、*Baudoin*、つまり〔寓話に出てくる〕ロバの Baldwin に由来する。一般的なフランス語辞典で「狐」を引いてみれば、ラテン語の *vulpes* にまさしく由来する *goupil* の記載はなくとも、フランク語の動物叙事詩のタイトル、助言者の *Raginhard* から派生した *Reinhart, Reynard, Renart, Renard* などを目にすることだろう。グリムはイソップを「たんなる道徳と寓話になるまで薄められた物語」「無味乾燥な道徳の煮汁に古いブドウの汁を四分の一加えて薄めたもの」と軽蔑的に呼んだが、そのイソップと同じほどに道徳化された教訓譚は、本物の動物神話の芸術性に比べるとかなり見劣りする。しかし神話学者は、〔動物神話から〕誰もが読み飛ばすことを心得ているそうした部分を見つけだそうとしがちである。それはまるで、誰でもわかるように書かれた「道徳」をイソップ物語から読み取って、そのわかりやすさに感心している子どものようなものである。

*抽象化する能力に乏しい人々は、神話と年代記を混同したり、伝承を字義通りに解釈して歴史の真実を損なったりして、人類の信条に対してきわめて悲惨な影響を及ぼしてきた。これは喩え話の研究を見ると明らかである。たとえばローラ・ブリッジマン〔Laura Bridgman 一八二九－一八八九。ニューハンプシャー州出身のアメリカ人〕という耳が聞こえず、話すことができず、目の見えない女性がいたが、完全な感性をもっているけれど教養のない人間は、

このローラ・ブリッジマンと同じような精神状態にあると考えられる。無教養な人間は、たとえ感性に問題がなくとも非現実的な物語を理解することが困難になるのである。彼女も同じような状態であり、算数の問題が具体的事実を述べるものではないことを、まったく理解することができなかった。教師がローラに「リンゴジュースが一樽につき四ドルであったとしたら、一ドルではどのくらいの量のリンゴジュースを買うことができるか」と質問したところ、彼女は「リンゴジュースはとても酸っぱいから、私はそんなに払いたくないわ」ととても無邪気に答えたのである。(105)

仏教徒のようにきわめて文明的な人間にあっても、抽象的なものを拒み、具体的なものを求める傾向が見られる。仏教徒たちは、動物寓話の明らかに道徳的な内容を、聖なる歴史的出来事と見なした。ゴータマは彼の五五〇のジャータカ、すなわち本生譚において、カエルや魚、カラス、猿、そのほかさまざまな動物に変身した。神話や彼の弟子たちはゴータマの変身を伝えており、仏教寺院には偉大なる師が宿った動物の毛や羽、骨が遺物として保存されている。ところで、そうした動物関連の本生譚のなかには狐とコウノトリをめぐる広く知られた寓話があり、そこにはなんとリスの姿をしたブッダが登場する。物語のなかでは子リスが巣と一緒に海に流されてしまい、ブッダは子リスを救うために尻尾で大海を干上がらせるという奇跡を起こす。ブッダはこのようにして、親としての徳行の見本を表わしたのである。(106)

この物語はこうした道徳の範を垂れるために作られたのだろうが、現代のわれわれから見ると、物語の出来事は、事実としてこの徳目の真実を証明するには不適切である。しかし、鳥や獣が言葉を話すような教訓譚でさえ文字どおり信じてしまう人ならば、最も明確に教訓として書かれた物語でも、喩え話であるとはっきり明示されていなければ、実在したかもしれない人についての話だと思い込むに違いない。実際、新約聖書に出てくる喩え話は事実ではないが、いくら事実ではないと指摘したとしてもなお、事実として信じる人間がいる。ジェームソン女史〔Anna Brownell Jameson　一七九四－一八六〇。アイルランド生まれの英国の美術史家〕は次のような興味深い体験を語っている。「私はかなり大きくなってからも、洗礼者ヨハネやヘロデだけでなく、ラザロや金持ち男も実在の人物だと信じていました。よきサマリア人のことも、十二使徒と同じように実在の人物だと信じ、〔「マタイによる福音書」の「十人のおとめ」の喩え話で〕ランプの手入れを怠った愚かなおとめたちの境遇に同情し、それでいて心中ひそかに彼女たちがもっと不幸な目にあうさまを想像したりしていました。このように喩え話を字義通り事実として受け取ってしまう子どもたちに私はたくさん会ったことがありますし、特に聖書を熱心に読んだり聞いたりしている無学な人たちには、そのような人が多くいました。あるとき私は、ある老女に喩え話という言葉の意味を説明しようとしたことがありました。そして聖書に出てくる放蕩息子の物語は本当にあった出来事ではないと指摘すると、この老女は激怒してしまったのです。――イエス様が事実でないことを弟子たちに教えるはずがないと彼女は強く信じていました。老女はもう完全にそう思い定めていたので、彼女の心を乱さぬよう、そのままそっとしておくことにしました」[107]。また、このような認識は哀れで無知な人々の思考に限られたものではないことを言い添えておこう。聖ラザロはハンセン病患者とその療養所の守護聖人で、イタリア語の「ラッザローネ〔賤民〕」や「ラッザレット〔避病院〕」という呼称はそこから生じたものだが、明らかに、これらの特徴づけは聖書の喩え話に登場するラザロ〔「ルカによる福音書」一六－二〇〕に由来している。

結論〔四一五－四一六〕

*神話的能力の力強さと頑迷さの証拠が、以上、喩え話から疑似歴史への再転落によって示されたところで、本論考、神話論の締めくくりとしよう。ここまでの議論で検討してきたのは、自然を生き物と捉え人格化する過程、事実の誇張と曲解による伝説の形成、言葉の誤った理解による比喩の固定化、思弁的な理論やそれ以上に内実のない虚構から伝統的と称される出来事への転換、神話から奇跡譚への移行、奔放な想像力にまかせた人名や地名による定義、神話的な事件の道徳的範例への改作、物語から歴史へのたえざる結晶化である。

これら錯綜して曲がりくねった諸作用の探究は、神話の学問的研究における二つの原理を、よりいっそう広い範囲にわたって視界に入れてきた。第一に、伝説は十分な規模で分類されるならば、動機なき空想という考えではとうてい説明しえない発展の規則性を示すということである。その発展は諸々の形成法則に、新旧を問わずあらゆる物語が明確な起源から十分な原因によって生じたとする法則に帰されなければならない。実際、そうした発展はきわめて一様であるため、神話を人類一般にとって有機的な所産として扱うことが可能となり、そこでは個人や民族による区別、さらには人種による区別すらも人間精神の普遍的な特性に比べれば二次的なものにとどまる。

第二の原理は神話と歴史の関係に関わる。なるほど、寸断され神秘化された実際の出来事の伝承を探し求めることは、古い神話研究の非常に根幹的な部分を形作っていたが、伝説の研究が進展するにつれて、これはいっそう望みのない試みとなりつつあるように思われる。現実の年代記の断片が神話的な構造のうちに埋め込まれているのが見つかったとしても、多くの場合それらは非常に損なわれた状態にあるので、歴史を解明するにはほど遠く、むしろそれを解明するために歴史が必要となるほどである。しかし、意識しないかたちで、いわば当人の意に反して、詩的な伝説の形成者と伝達者は確たる歴史的な証拠の数々をわれわれに残してくれている。彼らは祖先から受け継いだ思考と言葉を神々や英雄の神話的な生へと成形し、その伝説の構造のうちに自らの精神の働きを示し、自分たちが生きた時代、正規の歴史ではその記憶自体が失われていることも多い時代の技芸や慣習、哲学や宗教を記録にとどめている。神話とは、その作り手の歴史であって、それが語る内容の歴史ではない。超人的な英雄たちの生ではなく、詩によって語る諸民族の生を記録しているのである。

原注

（1）Hamilton in 'As. Res.' vol. ii. p. 344; Colebrooke, ibid. vol. iv. p. 385; Earl in 'Journ. Ind. Archip.' vol. iii. p. 682; vol. iv. p. 9. また Renaudot, 'Travels of Two Mahommedans,' in Pinkerton, vol. vii. p. 183 も見よ。

（2）F. Buckland, 'Curiosities of Nat. Hist.' 3rd series, vol. ii. p. 39.

（3）Andrew Boorde, 'Introduction of Knowledge,' ed. by F. J. Furnivall, Early Eng. Text Soc. 1870, p. 133.

（4）Ælian, De Nat. Animal, v. 2, 8 を見よ。

（5）Acta Sanctorum Bolland. Jan. xvi.

（6）'Acts of Peter and Paul,' trans. by A. Walker, in Ante-Nicene Library, vol. xvi. p. 257; F. Tuckett in 'Nature,' Oct. 20, 1870. また Lyell, 'Principles of Geology,' ch. xxx.; Phillips, 'Vesuvius,' p. 244 も見よ。

（7）Lane, 'Thousand and One N.' vol. i. pp. 161, 217; vol. iii. p. 78; Hole, 'Remarks on the Ar. N.' p. 104; Heinrich von Veldeck, 'Herzog Ernst's von Bayern Erhöhung, &c.' ed. Rixner, Amberg, 1830, p. 65. また Ludlow, 'Popular Epics of Middle Ages,' p. 221 も見よ。

（8）Sir John Maundevile, 'Voiage and Travaile.'

（9）Sir Thomas Browne, 'Vulgar Errours,' ii. 3.

（10）'Mémoires conc. l'Hist., &c., des Chinois,' vol. iv. p. 457. 'Thousand and One N.' vol. iii. p. 119 における磁気を帯びた（?）《ママ》御者の物語と、つねに南方を指す人形を載せた中国古代の指南車の話を比較せよ。'Asie Centrale,' vol. i. p. xl.; Goguet, vol. iii. p. 284.（その天然磁石の山の力は、頂上で回転する真鍮製の騎手から発している。）

（11）Brasseur, 'Popol Vuh,' pp. 23-31. 古代の愚かな小人が猿になったという中央アフリカのこの神話を、以下に掲載されているポトワトミ族〔北米先住民、五大湖南方に居住〕の伝説と比較せよ。Schoolcraft, 'Indian Tribes,' part i. p.

320.

（12）Dos Santos, 'Ethiopia Oriental,' Evora, 1609, part i. chap. ix.; Callaway, 'Zulu Tales,' vol. i. p. 177. また Burton, 'Footsteps in E. Afr.' p. 274;（西アフリカについては）Waitz, 'Anthropologie,' vol. ii. p. 178 を見よ。

（13）D'Orbigny, 'L'Homme Américain,' vol. ii. p. 102.

（14）Weil, 'Bibl. Leg. der Muselmänner,' p. 267; Lane, 'Thousand and One N.' vol. iii. p. 350; Burton, 'El Medinah, &c.' vol. ii. p. 343.

（15）Ovid, 'Metamm.' xiv. 89-100〔オウィディウス『変身物語（下）』中村善也訳、岩波書店（岩波文庫）、二五四頁〕; Welcker, 'Griechische Götterlehre,' vol. iii. p. 108.

（16）Campbell in 'Journ. As. Soc. Bengal,' 1866, part ii. p. 132; Latham, 'Descr. Eth.' vol. ii. p. 456; Tod, 'Annals of Rajasthan,' vol. i. p. 114.

（17）Bourien in 'Tr. Eth. Soc.' vol. iii. p. 73; また 'Journ. Ind. Archip.' vol. ii. p. 271 も見よ。

（18）Bastian, 'Oestl. Asien,' vol. iii. p. 435; 'Mensch,' vol. iii. pp. 347, 349, 387; Koeppen, vol. ii. p. 44; J. J. Schmidt, 'Völker Mittel-Asiens,' p. 210.

（19）Froebel, 'Central America,' p. 220; Bosman, 'Guinea,' in Pinkerton, vol. xvi. p. 401 も見よ。人間が猿の子孫であるという伝承については、ほかに、Farrar, 'Chapters on Language,' p. 45 を見よ。

（20）Bosman, 'Guinea,' p. 440; Waitz, vol. ii. p. 178; Cauche, 'Relation de Madagascar,' p. 127; Dobrizhoffer, 'Abipones,' vol. i. p. 288; Bastian, Mensch,' vol. ii. p. 44; Pouchet, 'Plurality of Human Race,' p. 22.

（21）Monboddo, 'Origin and Progress of Lang.' 2nd ed. vol. i. p. 277; Du Chaillu, 'Equatorial Africa,' p. 61; St. John, 'Forests of Far East,' vol. i. p. 17; vol. ii. p. 239.

（22）Max Müller in Bunsen, 'Phil. Univ. Hist.' vol. i. p. 340; 'Journ. As. Soc. Bengal,' vol. xxiv. p. 207. また Marsden in 'As. Res.' vol. iv. p. 226; Fitch in Pinkerton, vol. ix. p. 415; Bastian, 'Oestl. Asien,' vol. i. p. 465; vol. ii. p. 201 も見よ。

（23）Ayeen Akbaree, trans. by Gladwin; 'Report of Ethnological Committee Jubbulpore Exhibition, 1866-7,' part i. p. 3. ブンマヌスについての言及として 'Kumaon and Nepal,' Campbell; 'Ethnology of India,' in 'Journ. As. Soc. Bengal,' 1866, part ii. p. 46 も見よ。

（24）Marsden, 'Sumatra,' p. 41.

（25）Logan in 'Journ. Ind. Archip.' vol. i. p. 246; vol. iii. p. 490; Thomson, ibid. vol. i. p. 350; Crawfurd, ibid. vol. iv. p. 186.

（26）Bastian, 'Oestl. Asien,' vol. i. p. 123; vol. iii. p. 435.

（27）Martius, 'Ethnog. Amer.' vol. i. pp. 425, 471.

（28）その類似語が *bosjesbok* であり、「茂みの羊」、つまりアフリカレイヨウを指す。*Bosjesman* という名前が、茂みの中にある巣のような隠れ家から派生したというコルベンらの説は比較的新しく、不自然である。

（29）Martius, vol. i. p. 50.

（30）Humboldt and Bonpland, vol. v. p. 81; Southey, 'Brazil,' vol. i. p. xxx.; Bates, 'Amazons,' vol. i. p. 73; vol. ii. p. 204.

（31）Castelnau, 'Exp. dans l'Amér. du Sud,' vol. iii. p. 118. Martius, vol. i. pp. 248, 414, 563, 633 も見よ。

（32）Petherick, 'Egypt, &c.' p. 367.

（33）Southey, 'Brazil,' vol. i. p. 685; Martius, vol. i. pp. 425, 633.

（34）Krapf, p. 142; Baker, 'Albert Nyanza,' vol. i. p. 83; St. John, vol. i. pp. 51, 405; その他の箇所。

（35）Lockhart, 'Abor. of China,' in 'Tr. Eth. Soc.' vol. i. p. 181.

（36）'Journ. Ind. Archip.' vol. ii. p. 358; vol. iv. p. 374; Cameron, 'Malayan India,' p. 120; Marsden, p. 7; Antonio Galvano, pp. 120, 218.

（37）Davis, 'Carthage,' p. 230; Bostock and Riley's Pliny（Bohn's ed.）, vol. ii. p. 134, note.

（38）Francisque-Michel, 'Races Maudites,' vol. i. p. 17; 'Argot,' p. 349; Fernan Caballero, 'La Gaviota,' vol. i. p. 59.

（39）Horne Tooke, 'Diversions of Purley,' vol. i. p. 397.

（40）Baring-Gould, 'Myths,' p. 137.

（41）Williams, 'Fiji,' vol. i. p. 252; Backhouse, 'Austr.' p. 557; Purchas, vol. iv. p. 1290; De Laet, 'Novus Orbis,' p. 543.

（42）尻尾のある人間に関する他のさまざまな物語については、'As. Res.' vol. iii. p. 149; 'Mem. Anthrop. Soc.' vol. i. p. 454;（ニコバル諸島について）'Journ. Ind. Archip.' vol. iii. p. 261, &c.;（〔アラスカ西部〕サリチェフ島については）Klemm, 'C. G.' vol. ii. pp. 246, 316;（キューバについては）'Letters of Columbus,' Hakluyt Soc. p. 11 等々。

（43）怪物のような種族に関する詳細は、特に過去数世紀において、次のような作品に収集されている。'Anthropometamorphosis: Man Transformed, or the Artificiall Changeling, &c.,' scripsit J. B. cognomento Chirosophus, M.D., London, 1653; Calovius, 'De Thaumatanthropologia, vera pariter atque ficta tractatus historico-physicus,' Rostock, 1685; J. A. Fabricius, 'Dissertatio de hominibus orbis nostri incolis, &c.,' Hamburg, 1721. ここに挙げたのは、いくつかの主要な典拠のみである。

（44）Grimm, 'D. M.' ch. xvii. xviii.; Nilsson, 'Primitive Inhabitants of Scandinavia,' ch. vi.; Hanusch, 'Slaw. Myth.' pp. 230, 325-7; Wuttke, 'Volksabergl.' p. 231.

（45）'Chronique de Tabari,' tr. Dubeux, part i. ch. viii. また Koran, xviii. 92 も見よ。

（46）Pigafetta in Pinkerton, vol. xi. p. 314. また Blumenbach, 'De Generis Humanæ Varietate;' Fitzroy, 'Voy. of Adventure and Beagle,' vol. i.; Waitz, 'Anthropologie,' vol. iii. p. 488 も見よ。

（47）Knivet in Purchas, vol. iv. p. 1231; Humboldt and Bonpland, vol. v. p. 564 と Martius, 'Ethnog. Amer.' p. 424 を比較せよ。また Krapf, 'East Africa,' p. 51; Du Chaillu, 'Ashango-land,' p. 319 も見よ。

（48）'Early Hist. of Mankind,' ch. xi.; Hunt, 'Pop. Rom.' 1st series, pp. 18, 304.

（49）Squier, 'Abor. Monuments of N. Y.' p. 68; Long's 'Exp.' vol. i. pp. 62, 275; Hersart de Villemarqué, 'Chants Populaires de la Bretagne,' p. liv., 35; Meadows Taylor in 'Journ. Eth. Soc.' vol. i. p. 157.

（50）Gul. de Rubruquis in Pinkerton, vol. vii. p. 69; Lane, 'Thousand and One N.' vol. iii. pp. 81, 91, また 24, 52, 97 も見よ。

Hole, p. 63; Marco Polo, book iii. ch. xii.

（51）Benjamin of Tudela, 'Itinerary,' ed. and tr. by Asher, 83; Plin. vii. 2. また Max Müller in Bunsen 'Philos. Univ. Hist.,' vol. i. pp. 346, 358 も見よ。

（52）Plin. iv. 27; Mela, iii. 6; Bastian, 'Oestl. Asien,' vol. i. p. 120; vol. ii. p. 93; St. John, vol. ii. p. 117; Marsden, p. 53; Lane, 'Thousand and One N.' vol. iii. pp. 92, 305; Petherick, 'Egypt, &c.' p. 367; Burton, 'Central Afr.' vol. i. p. 235; Pedro Simon, 'Indias Occidentals,' p. 7.

（53）Bastian, 'Oestl. Asien,' vol i. p. 133.

（54）Marco Polo, book iii. ch. xviii.

（55）Ælian, iv. 46; Plin. vi. 35; vii. 2. そのほかの異説については、Purchas, vol. iv. p. 1191; vol. v. p. 901; Cranz, p. 267; Lane, 'Thousand and One Nights,' vol. iii. pp. 36, 94, 97, 305; Davis, 'Carthage,' p. 230; Latham, 'Descr. Eth.' vol. ii. p. 83 を見よ。

（56）Plin. v. 8; vi. 24, 35; vii. 2; Mela, iii. 9; Herberstein in Hakluyt, vol. i. p. 593; Latham, 'Descr. Eth.' vol. i. p. 483; Davis, l.c.; 以下を参照せよ。'Early Hist. of Mankind,' p. 77.

（57）Plin. v. 8; Lane, vol. i. p. 33; vol. ii. p. 377; vol. iii. p. 81; Eisenmenger, vol. ii. p. 559; Mandeville, p. 243; Raleigh in Hakluyt, vol. iii. pp. 652, 665; Humboldt and Bonpland, vol. v. p. 176; Purchas, vol. iv. p. 1285; vol. v. p. 901; Isidor. Hispal. s.v. 'Acephali;' Vambéry, p. 310, また p. 436 も見よ。

（58）Lane, vol. i. p. 33; Callaway, 'Zulu Tales,' vol. i. pp. 199, 202. Virg. Æn. viii. 194; *Nimcbas* という名前も同様の比喩であり、ペルシア語の nim（半分）から来ている。'Journ. Eth. Soc.' vol. i. p. 192, フランス語の *demi-monde* を参照。「一本足」の諸種族については、Plin. vii. 2; Schoolcraft, 'Indian Tribes,' part iii. p. 521; Charlevoix, vol. i. p. 25 を比較せよ。オーストラリア人は「一本足の（matta gyn）」という比喩を、一つの血統だけからなる部族を表現するのに使う。G. F. Moore, 'Vocab.' pp. 5, 71.

（59）Hayton in Purchas, vol. iii. p. 108; Klemm, 'C. G.' vol. vi. p. 129; Vambéry, p. 49; Homer. Odyss. ix.; Strabo, i. 2, 12 も見よ。また Scherzer, 'Voy. of Novara,' vol. ii. p. 40; C. J. Andersson, 'Lake Ngami, &c.,' p. 453; Du Chaillu, 'Equatorial Africa,' p. 440; Sir J. Richardson, 'Polar Regions,' p. 300 も見よ。二つよりも多くの目をもつ部族については、プリニウスが Nisacætha と Nisyti〔三つ目、四つ目〕に関する比喩的な説明を行なっている。Plin. vi. 35; また Bastian, 'Mensch,' vol. ii. p. 414; 'Oestl. Asien,' vol. i. pp. 25, 76; Petherick, l. c.; Bowen, 'Yoruba Gr.' p. xx.; Schirren, p. 196 も見よ。

（60）Kölle, 'Vei Gr.' p. 229; Strabo, i. 2, 35. 人工的に引き延ばした本物のマクロケファロイ（Hippokrates, 'De Aeris,' 14）の頭蓋骨が、〔クリミア半島東部〕ケルチの埋葬地で見つかっている。

（61）Plin. vii. 2.; Humboldt and Bonpland, vol. v. p. 81.

（62）Krapf, p. 359.

（63）Southey, 'Brazil,' vol. iii. p. 390.

（64）D. Wilson, 'Archæology, &c. of Scotland,' p. 123.

（65）Bastian, 'Oestl. Asien,' vol. i. p. 128; Livingstone, p. 532.

（66）Williams, 'Fiji,' p. 160; Seemann, 'Viti,' p. 113;（サモア人たちが語る同様の伝説については）Turner, 'Polynesia,' p. 182. 入れ墨に関するもう一つの伝説については、Latham, 'Descr. Eth.' vol. i. p. 152; Bastian, 'Oestl. Asien,' vol. i. p. 112.

（67）Bastian, 'Mensch,' vol. iii. pp. 167-8; Wilkinson in Rawlinson's 'Herodotus,' vol. ii. p. 79; Grimm, 'D. M.' pp. 972-6; W. G. Palgrave, 'Arabia,' vol. i. p. 251; Squier and Davis, 'Monuments of Mississippi Valley,' p. 134; Taylor, 'New Zealand,' p. 258.

（68）Latham, 'Descr. Eth.' vol. i. p. 43; Lejean in 'Rev. des Deux Mondes,' 15 Feb. 1862, p. 856; Apollodor. iii. 8. 以下の *Arequipa* の由来と比較せよ。ペルー人によれば、これは *ari! quepay* つまり「よし！　とどまれ」と、インカの人々が植民者に言っていたことからきている。Markham, 'Quichua Gr. and Dic.;' ダオメの語源は、*Danhho-men*（ダンの腹の上で）からきているとされる。ダコ王の物語によれば、彼はダン王の領地を征服し、その死体の上に王宮を立てたという。Burton, in 'Tr. Eth. Soc.' vol. iii. p. 401.

(69) Charnock, 'Verba Nominalia,' s.v. 'chic.' Francisque-Michel, 'Argot,' s.v. も見よ。

(70) 'Spectator,' No. 147; Brand, 'Pop. Ant.' vol. iii. p. 93; Hotten, 'Slang Dictionary,' p. 3; Charnock, s.v. 'cant.' 実際の語源としては、乞食が哀れっぽく「話した・物乞いした（*chaunt*）」というのは考えにくい。というのも乞食は、まさしく「話す（*cants*）」ときには、つまり仲間内でしか通用しない言葉で話すときには、声を落とすからである。仮に*cant*がラテン語の*cantare*から直接派生したとすれば、それはイタリア語の*cantare*、フランス語の*chanter*とも符合する。両者はともに「話す」という意味の俗語である（Francisque-Michel, 'Argot'）。しかし可能性が高いのは、ケルト起源である。ゲール語とアイルランド語の*cainnt*, *caint*には、話す、言語、方言という意味がある（Wedgwood, 'Etymological Dictionary'を見よ）。ゲール語で「行商人のフランス語」や「浮浪者の俗語」は、'Laidionn nan ceard'とか'*cainnt* cheard'と言うが、これは「〔巡回する〕鋳掛屋のラテン語や俗語」という意味であり、正確には「渡り鋳掛屋の言葉'cairds' *cant*'」である。*cainnt*と*cantare*のもっと深い関係は、ここには影響していない。

(71) Francisque-Michel, 'Argot,' s.v. 'maccabe, macchabée' = noyé も見よ。

(72) Musters, 'Patagonians,' pp. 69, 184.

(73) Döhne, 'Zulu Dic.' p. 417; Arbousset and Daumas, p. 269; Waitz, vol. ii. pp. 349, 352.

(74) Shortland, 'Trads. of N. Z.' p. 224.

(75) 想像上の祖先を、同じ血統の子孫という虚構に結びつけることと、それによって生じる政治的宗教的に重要な効果については、特にGrote, 'History of Greece,' vol. i.; McLennan, 'Primitive Marriage;' Maine, 'Ancient Law' を見よ。名祖の祖先に関する興味深い詳細については、Pott, 'Anti-Kaulen, oder Mythische Vorstellungen vom Ursprunge der Völker and Sprachen.'

(76) Martius, 'Ethnog. Amer.' vol. i. p. 54; p. 283 も見よ。

(77) Macpherson, 'India,' p. 78.

(78) Vambéry, 'Central Asia,' p. 325; また（オスチャーク族については）Latham, 'Descr. Eth.' vol. i. p. 456;（トゥングース族につ

いては）Georgi, 'Reise im Russ, Reich,' vol. i. 242 も見よ。

（79）Barth, 'N. & Centr. Afr.' vol. ii. p. 71.

（80）J. G. Müller, 'Amer. Urrelig.' p. 574.

（81）Martius, vol. i. pp. 180-4; Waitz, vol. iii. p. 416.

（82）Schoolcraft, 'Indian Tribes,' part i. p. 319, part iii. p. 268, また part ii. p. 49 を見よ。 Catlin, vol. ii. p. 128; J. G. Müller, pp. 134, 327.

（83）Grote, 'Hist. of Greece;' Pausan. iii. 20; Diod. Sic. v.; Apollodor. Bibl. i. 7, 3, vi. 1, 4; Heredot, i. 171.

（84）Max Müller in Bunsen, vol. i. p. 338; Tabari. part i. ch. xlv., lxix.

（85）Sir W. Jones in 'As. Res.' vol. ii. p. 24; Vansittart, ibid. p. 67; また Campbell, in 'Journ. As. Soc. Bengal,' 1866, part ii. p. 7 も見よ。

（86）Will, de Rubruquis in Pinkerton, vol. vii. p. 23; Gabelentz in 'Zeitschr. für die Kunde des Morgenlandes,' vol. ii. p. 73; Schmidt, 'Völker MittelAsien,' p. 6.

（87）Pott, 'Anti-Kaulen,' pp. 19, 23; 'Rassen,' pp. 70, 153 も見よ。 植民地化の神話についての所見は、Max Müller, 'Chips,' vol. ii. p. 68.

（88）Seemann, 'Viti,' p. 311; Turner, 'Polynesia,' p. 252.

（89）Ellis, 'Polyn. Res.' vol. i. p. 69.

（90）Schoolcraft, 'Algic Res.' vol. i. p. 122; 'Indian Tribes,' part i. p. 320, part ii. p. 230.

（91）J. R. Wise, 'The New Forest,' p. 160; Taylor, 'New Zealand,' p. 268; Max Müller, 'Chips,' vol. i. p. 249; M. A. Walker, 'Macedonia,' p. 192; Movers, 'Phönizier,' vol. i. p. 665; Lucian. de Deâ Syriâ, 8; Hunt, 'Pop. Rom.' 2nd Series, p. 15; Wuttke, 'Volksaberglaube,' pp. 16, 94; Bastian, 'Mensch,' vol. ii. p. 59, vol. iii. p. 185; Buchanan, 'Mysore, &c.' in Pinkerion, vol. viii. p. 714.

（92）Sprenger, 'Leben des Mohammad,' vol. i. pp. 78, 119, 162, 310.
（93）Marco Polo, book i. ch. viii.
（94）Grote, vol. i. p. 347.
（95）Welcker, vol. i. p. 756.
（96）Xenoph. Memorabilia, ii. 1.
（97）Oldfield in 'Tr. Eth. Soc.' vol. iii. p. 259.
（98）Steller, 'Kamtschatka,' p. 255.
（99）Wilson in 'Tr. Eth. Soc.' vol. iv. p. 306.
（100）J. L. Wilson, 'W. Afr.' p. 382.
（101）Bleek, 'Reynard in S. Afr.' pp. 5, 47, 67（これらは、最近ヨーロッパ人から借用したと見られる物語のなかには見当たらない）. 'Early History of Mankind,' p. 10 も見よ。
（102）Callaway, 'Zulu Tales,' vol. i. p. 355.
（103）Schoolcraft, 'Algic Res.' vol. i. p. 160; また pp. 43, 51 も見よ。
（104）Jakob Grimm, 'Reinhart Fuchs,' Introd.
（105）Account of Laura Bridgman, p. 120.
（106）Bowring, 'Siam,' vol. i. p. 313; Hardy, 'Manual of Budhism,' p. 98. また Plin. x. 60 および Bastian, 'Mensch,' vol. i. p. 76 に出てくる「カラスと水差し」の寓話を見よ。
（107）Jameson, 'History of Our Lord in Art,' vol. i. p. 375.

第十一章　アニミズム（一）

宗教的観念は一般的に人類の低級種族に現われる〔四一七–四一八〕

現在*、あるいは過去においても、いかなる宗教的概念ももたないほど文化的水準の低い部族は存在するだろうか。これは事実上、宗教の普遍性に対する問いである。人々は何世紀にもわたって、宗教は普遍的なものだと断定したり、否定したりしてきた。しかし、そのどちらの側も自信をもって断言するわりには、非常に不確かな証拠しかこれまで手にしていなかった。民族誌家たちは、文明が連続的にいくつかの段階を経ながら高度化することに着目し、それを理論化した発展理論を念頭に置いて、宗教をいっさいもたない民族がいるという報告を、大いなる興味を持って受け取るかもしれない。そして宗教をもたない先祖がいたのだから、現在でも宗教をもたずにいる民族がいると、当然考えるだろう。そうした民族は、宗教の必要性が醸成される一連の過程において、宗教以前の人類の状況を示す見本ということになる。

しかし宗教の発展を調査する際に、この立場から出発するのは賢明とは言えまい。確かに仮説としては理解しやすいが、その説にうまく合致するような事例は見つかっていない。ここには、言葉をもたない民族や火を使わない民族が存在しているのではないかという議論とも、ある程度通じるものがある。物事の本質から考えると、その存在の可能性を否定するものはないように思われるが、実際にはそのような部族は見つかっていない。したがって、まったく宗教的でない民族がかつて現実に存在したという主張は、たとえ理論的には可能で、実際にそうであったとしても、現時点では十分依拠するに足る根拠をもっていないのだ。例外的な状態が存在したことを証明するには、きちんとした証拠が必要なのである。

低級種族の宗教的観念に否定的な陳述には誤解や間違いが多い――多くの不確かな事例〔四一八‐四二四〕

宗教的現象とは無縁の野蛮な民族がいると断言する文筆家が、みずから挙げた証拠によって自分の表現が語弊を招くものであったことを露呈することも多い。たとえばラング博士〔John Dunmore Lang 一七九九‐一八七八。スコットランド出身の長老派教会牧師、活動家〕は、オーストラリアのアボリジニには、至高神、創造者、審判、崇拝対象、偶像、聖所、供犠などの概念がないばかりか、「宗教に特徴的な物事も、宗教的慣例もいっさいなく、要するに滅びた野獣との違いを示すものが何もない」と述べている。この記述は複数の著述家たちに引用されたが、その同じ本のなかに、これまで注目されてこなかった事例がいくつも書き込まれている。たとえば病気の話がそうだ。天然痘は現地民がときおり罹患する病いだが、彼らによればそれは、「ブディヤといういたずら好きの邪悪な精霊の仕業」であり、現地民が野生の蜂の巣を取るときは、ブダイのために少しだけ蜂蜜を残しておくのが普通である。また、〔オーストラリア北東部〕クイーンズランドの諸部族が約二年に一度の集会を開くときは、邪悪な神の機嫌をとるために、数人の若い娘を生け贄として殺害する。そしてW・リドリー師〔William Ridley 一八一九‐一八七八。スコットランド出身の長老派教会牧師〕によれば、「オーストラリア原住民と話していていつも気づくのは、彼らのなかにバイアメと呼ばれる超自然的存在についての確固たる伝統が息づいていることである。人々は雷鳴のなかに万物の創造者であるバイアメの声を聴いている。また、魔物の頭領はトゥラムルムと言い、病気やいたずら、知恵の創造者である。彼は魔物たちが大規模な集会を開くとき、蛇の姿で現われる」[1]。複数の観察者が期せずして同様の証言をしていることから、オーストラリアの現地民たちは、発見された当時から今日まで、魂や魔物や神々へのきわめて鮮烈な信念に満ち満ちた心をもっていることがわかる。

モファット〔Robert Moffat 一七九五－一八八三。スコットランド出身の組合派宣教師〕の記述もやはり驚くべきものだ。彼はアフリカのベチュアナ族〔現在ではツワナ。南アフリカ北部とボツワナに住むバントゥー語系民族〕について「彼らから人間の不死性という考えを聞いたことは一度もない」とするが、その文章の前に、死者の影、つまり死霊を意味する現地語は「リリティ」であると述べている。(2) もう一つ、ドン・フェリックス・デ・アザラ〔Don Felix de Azara 一七四六－一八二一。スペインの軍人、博物学者〕の例を挙げよう。彼は南アメリカについて、現地の部族民がある種の宗教をもっているという聖職者たちの主張は明らかに間違っているとし、現地民には宗教はないと簡単に片づけている。にもかかわらず彼の著作のなかには、パヤグア族〔現在ではマカ。かつてパラグアイ、アルゼンチンのグラン＝チャコに居住した先住民〕が武器と衣服を死者とともに埋葬すること、来世についての観念をもっていること、そしてグァナ〔グラン＝チャコに居住するグァイクル系の一集団〕は善に報い悪を罰する神のようなものの存在を信じていることなどが書かれているのである。実際、この地域の低級種族には宗教も法も存在しないという彼の粗雑な主張に対しては、ドルビニ〔Alcide Charles Victor Marie Dessalines d'Orbigny 一八〇二－一八五七。フランスの博物学者、古生物学者〕が次のようなするどい批判を浴びせている。「彼は、自分が記録を残してきた民族について以上のように述べているのだが、その主張の裏付けとして彼が持ち出している事実こそが、むしろそれを反証している」(3)。

こうした事例が示すのは、拡大され、一般化された判断がいかに誤解を招きやすいかである。そのような判断の拡張は、本来広い意味をもつ言葉を狭い意味で使うことによって生じる。ラング、モファット、アザラのような文筆家たちは、各々が訪問した部族について貴重な情報を民族誌に書き残したが、高級種族に見られるような体系的神学をもたない人々の信念を「宗教」と認識することは、彼らには難しかったようだ。

彼らは自分たちとは異なる信条をもつ部族の人々を無宗教であると決めつけた。それは神学者たちが、自分の信じるのとは異なる神々を崇拝する人々を無神論者と見なす手法によく似ている。古くは古代アーリア人が、みずから侵略したインドの原住民族をアデーヴァ、すなわち「神がいない」と形容したし、ギリシア人たちは自分たちの信じる古典的な神々を信じない初期のキリスト教徒を無神論者《アセオイ》と呼んだ。そして比較的近代まで、妖術や使徒伝承を信じない者は無神論者として非難されていた。現代でさえも、論争好きで進化論を支持する自然論者ならば、必然的に無神論的な考えをもっているはずだと早合点されがちなのである(4)。

これは実際には、神学的問題についての判断のゆがみにすぎない。その種のゆがみの典型的な帰結が、低級種族の宗教に対してしばしば見られる誤解である。高尚な学者たちの見地からすれば、そのような低級な宗教はたんに驚きの対象でしかない。その点、一部の伝道者の方が明らかに、日々接している部族の心をずっとよく理解している。クランツ〔David Cranz 一七二三－一七七七。グリーンランドに派遣されたことのあるドイツ人宣教師〕、ドブリゾファ、シャルルボワ〔Pierre François Xavier de Charlevoix 一六八二－一七六一。フランスのイエズス会修道士、旅行家、歴史家〕、エリス〔William Ellis 一七九四－一八七二。ロンドン伝道協会の宣教師〕、ハーディ〔Robert Spence Hardy 一八〇三－一八六八。イギリス人東洋学者〕、キャラウェイ〔Henry Callaway 一八一七－一八九〇。イングランド国教会の宣教師〕、J・L・ウィルソン〔John Leighton Wilson 一八〇九－一八八六。アメリカ出身で西アフリカ宣教に従事した長老派宣教師〕、T・ウィリアムズ〔Thomas Williams 一八一五－一八九一。イギリス出身のメソディスト派宣教師〕らは、比較的低級な宗教信仰の諸側面について、最良の情報を提供してくれている。とはいえ、彼らの見ている「宗教的世界」は、異教徒の信仰に対する憎悪と蔑視に満ちている。宣教師の地図では広大なる異教的地域はいまだ黒く塗りつぶされたままであり、そこに住む人々のことを理解する暇や余裕などないのである。

一方、ごく低級な状態における宗教の意味や本質を公正に理解しようとする人々は、そのようには考えない。彼らは低級な人々の信じる内容がいかに馬鹿馬鹿しく、宗教の名のもとにいかなる蛮行がなされているかを承知のうえで、そうした人々もまた、みずからの入手しうる光の下で真理を探し求めているのだと捉え、あらゆる人間についての記録を寛容な好奇心をもって取り扱うのである。人々の信じる教えがいかに未熟で幼稚なものであるにせよ、そうした研究者は、その信条の根源的な意味を探し求める。その教えを熱狂的に信じている人々は、その根源的な意味については概して無知なものである。そうした人々が信じるものは、現代ではすでに事実上取るに足らない迷信と化しているように見えるが、かつてはその動機となっていたはずの合理的な思想を、研究者は探し当てようとするのである。

この探究の報酬は、ほかならぬ探究者自身の信仰について、より合理的な理解が得られることだろう。なぜなら一つの言語しか理解していない者はその言語すら本当には理解していないように、一つの宗教しか理解していない者はその宗教すら本当には理解していないからである。人類の編み出したいかなる宗教も完全に孤立したものではない以上、現代キリスト教の思想や規律も、遠くキリスト教以前の時代から、場合によっては人類の発生や文明の起源の時代にもさかのぼるような知性の手がかりと結びついているのである。

とはいえ、野蛮人*の宗教を研究する機会に恵まれても、目の前の事実に公正な判断を下さない観察者もなかにはいる。彼らは他人の宗教について、事実の裏付けのないままに判断し、性急に否定しておきながら、ほとんど責任を感じない。たとえば十六世紀の旅行家は、フロリダの現地民について以下のような典型的な記述を残している。「この民族の宗教については、言葉もよくわからず、身振り手振りによっても、彼らがなんらかの宗教や法をもっているとは解せなかった。……彼らはおそらく宗教などもっていないと思う。きっと自由気ままに生活しているのだ」[5]。しかし、このフロリダの現地民についての比較的詳細な情報によれば、彼らは確かに宗教をもっていたのである。

拙速に決めつける例はほかにも多数あり、われわれの知識が深まるほどに、そうした議論は一様に反証されている。たとえばかつては複数の記録者が、マダガスカルの原地人には未来についての観念がなく、魂や霊に相当する単語もないと断言し[6]、ダンピア〔William Dampier　一六五二－一七一五。イギリスの航海者〕も、ティモールの現地人に宗教について質問したら、そんなものはないという回答を得たとしていた[7]。あるいはムガール皇帝の宮廷に向かう途上のトーマス・ロー卿〔Thomas Roe　一五八一頃－一六四四。イギリスの外交官〕はサルダニャ湾に上陸したとき、ホッテントット族〔現在ではコイコイ。南部アフリカ先住民〕について「彼らは習い性になっていた盗みはやめたけれども、神も宗教も知らずにいる(8)」と記述していた。

しかしこうした証言は間違っていたことが今では判明している。エイヴベリー公〔John Lubbock, 1st Baron Avebury 一八三四－一九一三。銀行家、政治家、考古学者〕も、低級種族には宗教がないとか、あっても未発達であると証言する記録を数多く残しているが(9)、そのうちのいくつかは前述の観点から批判できそうである。たとえばサモア島民には宗教がないという記述は、G・ターナー師〔George Turner 一八一八－一八九一。イギリス人宣教師〕によるサモア人の宗教についての詳細な記録の前では意味をなさない。ブラジルのトゥピナンバ〔トゥピ語族の一集団〕が宗教をもたないという記述も確かな証拠をほとんど挙げておらず、承認できない。なぜならレリー〔Jean de Léry 一五三六－一六一三。フランスの改革派教会牧師、探検家〕、デ・ラエト〔Johannes De Laet 一五八一－一六四九。オランダ人地理学者〕、その他の記録者がトゥピ族の宗教的教義や実践についてすでに記録しているからである。もし彼らがもっと時間を割いて現地語を習得し、注意深く観察したならば、低級種族の人々から彼らなりの神学の詳細を聞かずに済むことはなかっただろう。現地人たちは、覗き見趣味で軽蔑的な異邦人には、自分たちの神々を見せようとはしない。白人の前では現地人が縮こまってしまうように、彼らの崇拝する神々も、偉大な唯一神の前では息をひそめてしまうのだ。

スプロート氏〔Gilbert Malcolm Sproat 一八三四－一九一三。スコットランド出身のカナダの実業家、作家〕がバンクーバーのある島で経験したのは、まさにそうした状況である。「私はアハト族の宗教的信念とはいかなるものかという課題につねに注意を払いながら彼らとともに暮らしていたが、彼らが全能の力や死後の存在などについてなんらかの観念をもっていることを発見できたのは、二年も経ってからだった。港の商人やその他の人々はアハト族とよく交流していたが、原住民には宗教に関する観念がないといつも私に語っていた。こうした見解は、低級な知性しかもたない当の野蛮人たちと実際に会話してみても、確かなものと思えた。しかし私はようやく納得のいく手がかりを得ることに成功したのである」[10]。ということは、アハト族はいつもその独特な宗教的教義の体系を隠し続けていたわけだ。彼らは魂や、その転生や、人類に善や災いをもたらす霊や、偉大な神々に関する観念を、実際にはもっていたのである。

したがってわれわれは、これまで出会った特定の部族について、たとえ宗教的観念があるという確実な証拠がなくても、その部族民を観察している人々が彼らと十分に親しく好意的でないならば、その観察者の否定的判断を軽々に信じるべきではない。たとえばアンダマン島民については、宗教信仰に関するきわめて素朴な要素すらないと言われてきた。しかし彼らは、初歩的な音楽でさえ、実際にはもっていたにもかかわらず、異邦人にはその面を見せていなかったらしい。これではたとえ彼らがなにがしかの独自の神学をもっていたとしても、それを窺い知ることはほとんど無理だったと言えよう[11]。

野蛮な部族は宗教をもたないと最もきっぱり断言したのは、私たちの同時代ではサミュエル・ベイカー卿〔Samuel White Baker 一八二一－一八九三。イギリス人探検家、博物学者〕である。一八六六年のロンドン民族学会で、彼は以下のような文章を発表している。「白ナイルの最北端に住む部族としては、ディンカ族〔ナイロート系牛牧民〕、シルック族〔西ナイロート系集団〕、ヌアー族〔西ナイロート系牛牧民〕、キッチ族、ボーア族、アリアブ族、シア族がいる。キッチ族を除けばこれらの部族全体について一般的なことが言える。彼らは例外なく、至高存在を信じていないばかりか、いかなる形態の崇拝も、つまり偶像崇拝すらも行なわない。彼らの心は迷信のかすかな光すら入り込む余地もないほど暗黒状態なのだ」。

この傑出した探検家が語ったのが、ラトゥカ族〔南スーダン居住のナイロート系集団、オフト族とも〕のように、民族誌家自身が接触しないかぎりほとんど知ることのできない部族についてだけだったなら、そうした人々にはいかなる宗教的意識もないという彼の主張は、より詳細な情報によって確認されるか否定されるかするまでは、最も手近な議論であったことだろう。しかしながら、ディンカ、シルック、ヌアーなどについてはある程度のことがすでによく知られていた。たとえばディンカについては、彼らの行なう供犠や、よい霊アジョクと悪い霊ディジョクに関する信念や、善神にして天国に住まう創造者であるデンディッドが知られていたし、ヌアーについてはネアルという神、シルックについては他の霊と同様、聖なる森や木に訪れるとされる創造者などの存在も明らかになっていた。にもかかわらずベイカー卿はすでに出版されているこうした証拠を無視していた。カウフマン〔Anton Kaufmann 一八二一－一八八二。ドイツ人カトリック宣教師〕、ブルン＝ロレ〔Jacques-Antoine Brun-Rollet 一八一〇－一八五八。フランス人貿易商、探検家〕、ルジャン〔Guillaume Lejean 一八二四－一八七一。フランス人科学者、探検家〕らの観察者は、こうした白ナイル諸部族の宗教について、ベイカー卿が彼らには宗教がないという拙速な判断を下す何年も前に、記録を残していたのである。[12]

宗教の最小限の定義〔四二四－四二五〕

*低級種族の宗教を体系的に研究するためにまず必要なのは、宗教についての基本的な定義をすることである。その定義の必須項目として、至高神への信仰や死後の審判、偶像崇拝や供犠の実践、そのほか部分的に普及している教義や儀礼などを含めてしまうと、おそらく多くの部族は宗教的な人々というカテゴリーからはずれてしまうだろう。そのように狭い定義では、特殊な発展を遂げたものだけを宗教と見なすことになり、諸々の宗教的現象の深層に横断的に存在している主題を見落とすことになる。ここは本質的な原点に立ち戻り、宗教の最小限の定義は、諸々の霊的存在への信念であると、端的に述べておくのがいいだろう。

低級種族の宗教を記述する際の基準としてこの定義を受け入れる場合、以下のような結果が予想される。まず、現存するすべての部族が霊的存在への信念を自覚していると実証することは、おそらくできない。多くの民族について、そのあたりの状況はまだよく知られていないし、彼らは今まさに急激な変化と滅亡の危機にさらされている最中だからである。おそらくその状況は今後もずっと変わらないだろう。それに、これまで歴史に登場した民族、つまり古代の遺物によってわれわれの知るところとなった民族のすべてが、この最小限の宗教の定義にかなうような何かをもっていたとは、なおさら言うことができない。あらゆる時代のすべての民族がこの素朴で本能的な原始的信念をもっていたと主張するとなれば、それは愚の骨頂だろう。なるほど、人間がいかに大幅な知的発展を遂げうるかは知られていよう。しかしながら、たんに現在のわれわれの知識の範囲内で明確にたどりうる過去の段階が宗教的なものだからといって、それ以前に人類が無宗教の時代を過ごしたはずがないという考えを裏付けるような証拠は、何一つないのである。

とはいえ、憶測に基づくよりは、観察に基づいて探究を始めるほうがよい。私が手に入れることのできた膨大な量の証拠に基づいて判断するかぎり、実際に接触して十分に深い交流をもつことのできたすべての低級種族について、霊的存在への信念があるらしいことを認めなければならない。ただし、古代の部族や多少とも不十分な記録しかなされていない現代の部族については、そうした信仰はないという主張も考慮されるべきである。

かくして私は、宗教の起源の問題を取り扱う際の的確な方針を簡潔に示しえたと考える。たとえ宗教をもたない野蛮人が存在しているとか、かつて存在していたということが証明されたとしても、おそらくその文化が宗教的段階に達する以前の人類の状態を示していると見なすのが少なくとも妥当だろう。しかしすでに見たように、ある種の部族が宗教をもたないとされる根拠がほとんど間違っていて確実性に欠ける以上、この議論をこれ以上続けるのは望ましくない。現時点では十分な加勢が得られないからといって、人類の宗教的観念が自然に進化してきたという主張が無効になるわけではない。今日では宗教のない民族は存在しないと思われるが、その事実は宗教の発達を決定的に揺るがすものではない。それは、ハサミも本もマッチもないイギリスの村を現在見つけられないからといって、かつてそういうもののない時代がイギリスにあったという事実を変えられないのと同じ理屈である。

霊的存在についての教義、すなわちアニミズム〔四二五―四二六〕

そこで私は、人類の精神の深層に横たわる、諸々の〈霊的存在〉についての教理、つまり〈唯物論的哲学〉の対極にある〈心霊主義的哲学〉の本質を具現する教理を、アニミズムの名のもとに考察することを提唱したい。アニミズムという言葉は今ではめったに使われないものの、新しい用語ではない。(13) この概念は魂に関する教理と独特な結びつきをしているので、人類が諸々の神学的観念を育む過程で依拠した思考様式を把握するうえで、特に適切なものと言えるだろう。本来なら〔英語の〕スピリチュアリズムという用語を一般的な意味で用いることができるだろうし、実際に用いられてもいるが、この語は今ではある特定の現代的セクトを指す用語になってしまっており、われわれにとっては使い勝手が悪い。このセクトの心霊主義的見解は非常に極端なものであり、広く世界全体を見渡した場合、同種の見解の典型を示すものとは思えない。より広く受け入れられている本来の〈心霊主義〉を意味するものとして、また霊的存在に対する一般的信念を表わす言葉として、ここではやはりアニミズムという語を用いることにしよう。

アニミズムは、人間性が非常に低い水準にある部族に特徴的に見られる。それは大幅に修正されながら、高い水準へと昇華するが、終始一定の連続性を保持しながら高度な近代文化のただなかにも見いだされる。アニミズムに反する諸々の教義もさまざまな個人や集団に見られるが、それは彼らの文明が初期の低級な〔アニミズム以前の〕段階にあったためではない。むしろ後代の知的発展の筋道が変わることによって、祖先の信仰から逸脱したり、それに反抗したりするようになったためである。また、そのように新たな発展を遂げた部分があるにしても、それは人類の根源的な宗教の状態を明らかにするためのここでの探究に、なんら支障をきたすものではない。事実、アニミズムは野蛮人から文明人にいたる人類の歩みにおける〈宗教哲学〉の土台なのである。一見なんとも貧弱でそっけない最小限の宗教定義に見えるかもしれないが、実際にはこれで十分だということがやがてわかっていただけると思う。根っこさえあれば、枝は生えてくるものなのだから。

アニミズムは魂の哲学とその他の霊の哲学に大別される〔四二六－四二七〕

通常、アニミズムの理論は、単一の思想を構成する二つの重要な教理に分けることができる。一つは個々の生き物の魂に関する教理で、死や肉体の消滅のあとも魂は存続しうるというものである。もう一つはそれ以外の霊に関する教理で、高位の霊的存在には強力な神々も含まれる。霊的存在は物質界の出来事や、この世と死後における人間の暮らしに影響し、時にそれを左右しさえするという。そして、霊は人間との交流を通じて人の行動に対して喜びや不満を抱くと考えられているので、その存在を信じる人間が遅かれ早かれ霊をさかんに崇敬したり、宥めようとしたりするようになるのは自然なことで、そうならざるをえないとさえ言えるかもしれない。つまり、アニミズムが十分に発達すると、魂や死後生を信じたり、人を支配する神々や付随的な諸霊を信じたりするようになるのであり、そうした教義が実践の面でなんらかの崇拝活動を発生させるのである。道徳は高級民族の宗教においては非常に重要な部分を占める要素だが、低級種族の宗教にはほとんど見られない。それはけっして、低級種族が道徳感覚や道徳基準をもっていないからではない。公式の規則としてではないにせよ、少なくともわれわれが世論と呼ぶような社会の伝統的共通認識としては、行動の良し悪しや正誤について、彼らのなかにははっきりとした判断基準が刻み込まれている。ただ、高度な文化においてはアニミズム的哲学と倫理のあいだに強く密接な結びつきが生じているのに対し、低級種族のあいだでは、それはまだ始まっていないように思われる。

ここでは宗教の純粋に道徳的な側面についてはあまり触れずに、アニミズムが古来の、かつ世界規模の哲学として存在するという、その明白な事実に注目して、各地のアニミズムを研究したい。そこでは信念が理論であり、礼拝行動が実践である。私がなすべきことは、これまで奇妙にも過小評価され、看過されてきたこうした探究のために資料を精力的に整理し、低級種族の基礎的アニミズムの全貌をできるかぎり明らかにし、途切れ途切れの微かな痕跡をたどりながら、より高度に発達した地域の文明へといたるその歩みを跡付けることである。

アニミズムは自然宗教と見なすことができる〔四二七－四二八〕

この調査研究を行なううえで重要な二つの条件を、ここではっきり述べておきたい。一つは、宗教的な教えや実践を調査するとき、それが超自然的なものの助力や啓示なしに、人間理性によって考案された神学体系の一部だと考えることである。つまりそれを〈自然的宗教〉〔啓蒙主義時代の合理主義的な宗教観であり、啓示宗教の対極をなす。自然崇拝とは異なる〕の発展過程として捉えるのである。第二に、野蛮人の宗教と文明人の宗教双方に存在する、類似した観念と儀礼の関係についてである。低級種族の教義や儀式についてある程度詳しく述べ、時にはそれが高級民族の特定の教義や儀礼と関連していることが明示できれば、そこから先は私のすべき仕事ではあるまい。キリスト教の哲学や信条において扱われてきたような問題についての詳細な議論は、原始文化に関する直接の研究領域からはかなり飛躍した応用となるため、一般論として簡単に記述するか、軽く示唆するか、あるいは常識と見なして特に記述していない。教養ある読者は神学に関する一般的課題と取り組むための知識をすでにそなえているだろうし、専門的な議論はそうした課題を専門的に扱っている哲学者や神学者に任せよう。

魂についての教義の普及度と低級種族による定義〔四二八〕

最初*に考えるべき主題は、人間とそれ以外の〈魂〉に関する教理であり、以下、本章はその考察に費やそう。低級種族のもつ魂の教えがどのようなものかは、十分に発展を遂げた状態のアニミズム理論を記述することによって説明できるだろう。

人間は、低級な文化段階にあっては、二種類の生物学的問題に頭を悩ませていたように思われる。第一に、生きている肉体と死んでいる肉体では何が違うのか、つまり何が人に活気を与え、眠らせ、忘我状態《トランス》にさせ、病気にさせ、死なせるのかという問題、第二に夢や幻のなかに現われる人間の姿の正体は何か、という問題である。

この二種類の現象を前にして、古代の野蛮な哲学者たちはおそらく、次のような思想上の第一歩を踏み出したのだろう。つまり、すべての人間は生命と幻像という二つのものをもっているに違いないと推測したのである。この二つは個々人の肉体と明らかに密接な関係がある。生命は肉体が感じたり考えたり行動したりすることを可能にし、幻像は肉体の似姿ないし第二の自己である。この二つはまた、肉体から分離できるとも考えられていて、生命が肉体を離れると肉体は感覚を失ったり死んだりし、幻像は肉体から離れたところにいる人々の眼前に現われることができる。

幻影的魂または幽霊の魂の定義〔四二八－四二九〕

次の一歩は、生命と幻像を結びつけることである。これは野蛮人たちにとっても簡単なことであり、それが起こらなかったとは文明人にも想像できない。なにしろ生命と幻像は同時に身体に属しているのだから、双方が互いに所属しあうことも不思議ではないし、それが一つの魂というものの現われであると考えてもおかしくはない。こうして両者を一つに結びつけると、幻影として現われる魂《アパリショナル・ソウル》とか幽霊の姿をした魂《ゴースト・ソウル》といった馴染みの概念が結果として得られるのである。これは少なくとも低級種族が実際に考えている個人の魂や霊といった概念と一致する。その定義は、次のように言えそうである。すなわちそれは非常に微かな、実体のない人間の似姿であり、性質としてはまるで蒸気か、薄い靄《もや》か、影のようなものだが、個人に生気を与え、生きさせたり考えさせたりする。そして、過去および現在における肉体的所有者の個人的意識や意志判断を主体的に支配する。それはまた、肉体を離れて瞬時にあちこち跳び移ることができ、人がそれに触れることも見ることもほとんどできないのに、物理的な力を示しもする。そしてなにより、人が眠っていようと起きていようとおかまいなく、誰かの幻影《ファンタスム》として姿を現わすことがある。それは本人の肉体から離脱しているが、もとの姿にそっくりである。その人の肉体が死を遂げたあとでもそれは存在し続け、人々の前に姿を現わし、他人の体や動物の体、はては物体にまで入り込み、乗っ取り、動かしてしまう。

この定義はけっして普遍的には適用できないが、一つの目安とするには十分な一般性を有しており、民族ごとの多少の差異にも対応できる。こうした発想は世界中に分布しており、たんなる気まぐれや慣習の産物とはとうてい考えられない。また、遠く離れた種族同士がなんらかの交流手段でもって同じ考えを獲得したと考えるのにも無理がある。そうではなくて、アニミズムの教義は、人間の感覚が素朴に自明のこととして感じとったことについての最も説得力ある解答なのだ。その〔夢などに見る幻を幽霊と考えるような〕解釈をもたらしたのは、原始的ではあるが、かなりの一貫性と合理性をそなえたある種の哲学だったのである。

アニミズムは原始的哲学の理論的概念化であり、現在では生物学に分類されるような現象、とりわけ生と死、健康と病い、眠りと夢、トランスと幻視などを説明するために作られた〔四二九－四三〇〕

原始的なアニミズムは非常にうまく自然の事実を説明できるため、高度の教育が発展した社会でも存続してきた。古代と中世の哲学によって大幅に修正され、近代哲学によってさらに冷淡に扱われてきたにもかかわらず、アニミズムはいまだにその本来の特徴の痕跡をとどめているし、その原始時代の遺産を文明世界における現在の心理学のなかにも見いだすことができる。互いに離れた場所に住むさまざまな種族から集められた大量の証拠のなかから、ここでは典型的な事例を選び、魂に関する古来の理論を示すとしよう。同時に、文化が発展する過程でこの理論のそれぞれの部分がどのように関連しあい、いくつかは見捨てられ、いくつかは修正され、あるいは今日まで生き延びたのかを明らかにしたい。

魂と影・血・息の名目上の関係と本質的な関係〔四三〇－四三二〕

人間の魂や霊*に関する通俗的な概念を理解するには、それを表現するのにふさわしいと考えられてきた言葉に注目するのが有効である。夢や幻を見る人々にとって幽霊や心像は影や映像のように実体のない形であるため、こうした語と近縁関係にある影という語が魂を表現するのに使われやすくなる。タスマニア語では「影」が霊を表わす言葉だし、[14]アルゴンキン族は人の魂をその人のオタチュク「影」と呼ぶ。[15]キチェ語〔グアテマラ南西部の先住民マヤの言語〕では「影、魂」を意味する語としてナトゥブが使われ、[16]アラワク語〔最も広範囲に分布する南米先住民の言語〕ではウエジャが「影、魂、像」を意味する。[17]アビポン族〔アルゼンチン、グランチャコ地域の先住民〕の言語ではロアカルという一つの単語が「影、魂、残響、像」を意味する。[18]ズールー族の人々はトゥンズィという単語を「影、霊、幽霊」という意味で使うばかりでなく、人が死ぬとその影が死体からどうにかして離脱し、祖先の霊になると考えている。[19]ソト族〔アフリカ南部のバントゥー系民族〕の人々は死後も残る霊のことを「影（seriti）」と呼ぶのみならず、不用意に土手を歩くと、水に映った影をワニに襲われて、本人が水中に引き込まれてしまうと考えている。[20]〔ナイジェリアの〕古都カラバルでも同様に、霊と「影（ukpon）」との同一視が見られ、人が影を失うのは致命的なこととされている。[21]このように低級種族の人々には、スキアやウンブラなどの馴染みの古典的単語だけでなく、ヨーロッパの口頭伝承としていまだに流布している影なし男の話や、それを近代の読者にも身近なものにしたシャミッソー〔Adelbert von Chamisso 一七八一―一八三八。ドイツの詩人、植物学者〕の「ペーター・シュレミールの物語」〔『影をなくした男』池内紀訳、岩波書店（岩波文庫）〕と同様の基本的発想を見いだすことができる。ちなみに、煉獄にいた死者たちにダンテが生者であることがわかったのは、死者にはないはずの影が彼にはあったからである。[22]

魂や霊には、特に生命を付与する点に関して、ほかにも次のような属性がある。たとえばカリブ族は脈拍を霊的存在と結びつけ、人間の主たる魂は心臓に宿っていて、将来は天界で暮らす運命にあると考えている。それゆえ「魂、生命、心臓」をイォウアンニという一語で端的に表現する。[23]トンガ人の考えでは、魂は身体全体に存在するが、とくに重要なのは心臓である。あるとき現地民たちが、あるヨーロッパ人に向かって、埋葬されてひと月になる死体でもまだ生きていると主張した。「その現地民は、理解してもらおうと必死になって私の片手をとり、強く握りながら言った。『この部分は死ぬだろう。でもこのなかにあるあなたの生命が死ぬことはない』。そのとき彼のもう一方の手は、私の心臓を指していた」[24]。ソト族の人々も似たようなことを言っている。彼らによれば、人が死んだら心臓はどこかへ行ってしまうのだが、病気から快復したときは、心臓はその人のところに戻ってくる[25]。これは心臓が生命や思考や感情を起動させる主要因であるという、ヨーロッパ大陸でも珍しくない発想と同じである。

　魂と血の関連性も、カレン族〔ミャンマーからタイ西部にかけて居住する山地民〕やパプアの人々にとって当たり前のことだが、ユダヤ人やアラブ人の哲学にも顕著に見られる発想である[26]。死体は腐っても「われわれの目のなかの人」は死なずにさまよい歩くというギアナのマクシ族〔ブラジルやガイアナに広く分布する先住民〕の考えは、教養ある現代人には奇妙に感じられるかもしれない[27]。しかし人の生気を瞳のなかの小人と関連づける発想は、ヨーロッパの口頭伝承でも珍しくない。そうした物語のなかでは、病人のどんよりした瞳から小人や赤ん坊の姿が消えることは、魔法にかかっているか、あるいは死期が近いことの前兆として、普通に理解されている[28]。

　呼吸*は高等動物が生きていることの大きな特徴であり、生命の始まりと同時に起こることなので、生命や魂と繰り返し関連づけられてきたのは自然なことである。ローラ・ブリッジマン〔Laura Bridgman 一八二九－一八八九。視覚・聴覚・発話の三重の障碍を負ったアメリカ人女性〕は、感覚の制約が文明の制約と似た効果をもたらすということを、実に有益な仕方で示唆している。すなわち彼女は、ある日何かを口の中から取り出すしぐさをしながら、「神が私の息を天国へ連れて行く夢を見た」と説明したのである[29]。同様に、西オーストラリアの人々は「息、霊、魂」をワウグという一語で表わし[30]、カリフォルニアのネテラ語ではピウツという語が「命、息、魂」を意味する[31]。グリーンランド人〔民族としては大部分がカラーリット。エスキモーに属す〕の一部は、人には魂が二つあるとし、一つはその人の影、もう一つは息だという[32]。マレー人は、死につつある人の魂はその鼻孔から抜け出すと考えており、ジャワではナワという語が「息、生命、魂」を表わす[33]。

このように、命、心臓、息、そして幻像などの概念がいかに魂や霊の概念と一つになっているか、そして同時にそうした観念が野蛮な種族のあいだではいかに大雑把で曖昧に使われているかは、一五二八年にニカラグアの現地民に対して行なわれた宗教調査の回答にもよく表われている。それによると、「人は死ぬと、口からその人自身に似た姿の何かが出てくる。それはユリオ〔アステカ語のユリのことで、生きることを表わす〕と呼ばれる。このユリオはその人の生前の住み処に向かっていく。それは人間のようだが死ぬことはなく、なおかつその人の体はやはりそこにあるのである」。

問い――「高いところへ昇っていくその何かは、この地上にあるのと同じ胴体や顔や四肢をしているのか？」。

答え――「いや、昇っていくのは心臓だけだ」。

問い――「では〔捕虜が生け贄になるときなどに〕心臓を取り出されるとどうなるのか？」。

答え――「それは本当の意味での心臓ではない。私の言う心臓とは、それがその人の体のなかにあるときに彼らを生かしているもののことで、それは人が死んだらその人の体を離れていくのだ」。

彼らは別の問いにはこのように答えている。

「高いところへ昇っていくのは死者の心臓ではなくて、人を生かしている何かだ。つまり人の口から出ていく息のことで、それがユリオと呼ばれている[34]」。

魂を息とする考えはセム系やアーリア系言語の語源にもたどることができ、世界中の哲学の主流にも入り込んでいる。ヘブライ語のネフェシュは「息」のことだが、「命、魂、心、生きもの」などの意味も表わすようになっている。ルーアッハとネシャマーという言葉も同様に、「息」から「霊」への変遷を遂げている。アラビア語のナフスとルーフもこれに相当する。このほか、サンスクリットのアートマンとプラーナ、ギリシア語のプシュケとプネウマ、ラテン語のアニムスとアニマ、スピリトゥスも同様である。スラヴ語のドゥフは「息」という意味から発展して魂や霊を意味するようになった。ジプシーのいくつかの方言でも、ドゥクという語が「息、霊、幽霊」を意味しており、これはインドの下層民である彼らがアーリア言語の遺産として受け継いだのか、あるいはスラヴ諸地域に移住したとき取り入れたものではないかと思われる。[35]

ゲルマン言語のガイストと英語のゴーストもおそらく同様に、本来は「息」の意味合いをもっていたのだろう。これらが仮にたんなる隠喩的表現であったとしても、こうした事例が示す息と霊の結びつきの強さが確かに重要であることは認められよう。フロリダのセミノール族〔ムスコギ語を話す先住民〕は、出産で女性が死んだとき、母親の体から去ろうとする霊を受け止めるために嬰児を彼女の顔の前に掲げ、将来のための力と知識を得させようとするそうである。古代ローマ人は臨終の際、最も近い親族がその人に覆いかぶさってその最後の息を吸い取ったというが、セミノールの人々ならおそらくよく理解できるだろう。こうした心理状態は今日でも〔アルプス山脈東部地帯の〕チロルの農民に見られる。彼らは死によって善人の魂がその肉体を離れるとき、口から小さな白い雲となって出ていくと、今でも信じている。[36]

魂の複数性とその区分〔四三四 - 四三六〕

人間*の魂の観念は混成的というかほとんど混乱しており、これまでに紹介したもの以上に雑多な形で命と思考を関連づける発想がそこには見られる。しかし同時にそうした複雑さを回避するために、人間はより緻密に概念を定義し分類しようとすることもある。一人の人間はそれぞれに異なる機能を担う数種類の霊や魂や姿形《イメージ》からなっているという理論がそれだ。実際、野蛮人たちはすでにそうした分類概念を発明し、採用していた。たとえばフィジー人は人間のなかに、冥界へ行く「暗い霊」、つまり影の部分と、死んだ場所の近くにとどまり、水や鏡に映る「明るい霊」とを区別していた。[37] マダガスカル人は人が死ぬと心（*saina*）は消え、命（*aina*）はただの空気になるが、幽霊（*matoatoa*）は墓の周りを浮遊すると考えている。[38]

魂に二重性があるという考えは、北米ではアルゴンキン語系部族の信念に特徴的である。人の魂は一方が体にとどまっているあいだにもう一方が抜け出て夢を見るという。また、死ぬときには、二つのうちの一つは死者の国に旅立つが、もう一方が肉体に残留するので、遺された者たちは後者のために食事の供物を捧げる。魂が三つの部分に分かれるという考え方もある。ダコタ族は四つの魂を持っていて、一つは遺体に、一つは村にとどまり、一つは空中に消え去り、もう一つが霊の国へ行くという。(39) カレン族は「ラ」「レラー」など生きている人の幻像と、「ター」という道義的な責任を負う魂とを区別する。(40) 多少ともヒンドゥー〔ヒンドゥー教を文化的背景にもつ人々としてのインド人〕の影響下にあるコンド族〔オリッサ州の少数民族〕は魂を四分割して考える。一つは善神ボーラへと回帰し祝福される魂、二つ目は地上のコンド族として何度も転生する魂で、子どもが生まれるときはきまって祭司が誰の生まれ変わりなのかを明らかにしようとする。三つ目は身体を抜け出て霊的な交流を行なうもので、その間身体はけだるい状態になる。ときどき虎に乗り移ったり、死後に罰として転生したりするのはこの魂である。そして四つ目の魂は、身体が崩壊するとき一緒に死んでしまう。(41) こうした分類はより程度の高い民族の分類とも似ている。たとえば、魂を影と祖霊と霊に三分割する方法である。

人間には四つのものがある。マーネース、肉体、スピリトゥス、影である。
この四つを四つの場所が受け入れる。
大地は肉体を覆い隠し、墓場で影が飛び回り、
マーネースを冥界《オルクス》が受けとり、スピリトゥスは天へ赴く。
〔オウィディウス、あるいはルクレティウスに帰せられるが出典不明〕

文芸に長じた諸民族*がこのように精緻に心理的な分類を体系化している以上、その詳細を究明せずに、古代エ

ジプト人などが死者儀礼の際に考え出したと思われる分類について論じることははばかられる。たとえばエジプト人は人間のなかにバ、アカ、カ、カーバを見ており、バーチ博士〔Samuel Birch 一八一三－一八八五。イギリスのエジプト学者〕はそれぞれに「魂、心、像、影」という訳語を当てている。ユダヤのラビは身体的な魂と霊的な魂と天上の魂とに大別しているし、ヒンドゥーの哲学には流出するものとしての魂と起源としての魂という分類があり、中国には生命、幽霊《アパリション》、先祖の霊という三分法がある。ほかにもヌース、プシュケ、プネウマとか、アニマとアニムスとか、古代ギリシア・ローマから中世にかけて有名だった植物的、感覚的、理性的な魂の理論などもある。だがここでは以下のことを指摘するだけでよしとしよう。すなわち、こうした思索はわれわれ白人が未開の段階にあった頃にまでさかのぼることができ、その段階での科学的価値としては、より高度な文化において評価を得るにいたった多くの思索にさえ匹敵するものなのである。

　確かにこうした分類法を、矛盾なく論理的に取り扱うには困難が伴うだろう。ライフ、マインド、ソウル、スピリット、ゴーストといった語に相当する言葉は、それぞれが完全に別個の実体を指すものと考えられているわけではなく、むしろ単一の存在の複数の形態や機能を指すものと考えられている。こうした場合にわれわれ自身の思考と言語に混乱が生じるのは、人類の思考と言語一般に特徴的なことである。しかしそうなるのはたんにこれらの言葉が曖昧だからなのではなく、それらの根底に実体的な統一があるという古くからの理論のせいなのである。しかしながら、そうした言語の曖昧さは目下の考察にはあまり影響しないだろう。なぜなら、霊や魂や幻像の性質や作用を詳細に記述することによって、そうした言葉をどのような意味で使っているかが明確になるはずだからである。

生命の原因としての魂、身体からの離脱と復帰〔四三六－四三八〕

*初期アニミズムの生気論は、生命の諸機能は魂によってもたらされると捉えていた。野蛮人たちが、身体や心

の状態のなかには、魂あるいはそれを構成している霊の一部が体から遊離する結果として生じるものがあると理解したのは、この考えによる。この理論は野蛮人の生物学において広く受け入れられ、確固たる地位を築いている。南オーストラリアの現地民が、感覚が麻痺したり失神したりした状態のことを「魂が抜けた（wilyamarraba）」と言うとき、彼らはまさにこの理論を披瀝しているのである。[42] 北米のアルゴンキン・インディアンも、病気になることを、病人の「影」が不安定になったり、体から離れたりすることとして説明する。快復期の病人は、影が無事に体に戻ってきて落ち着く前に人前に出ると叱責される。われわれなら病気になった人が快復したと言うはずのことを、彼らはその人がいったん死んで、再びやってきたと考えるのだ。

アルゴンキン・インディアンはほかにも、極度の虚脱状態ないしトランス状態になる人のことを、死の河のほとりをさまよった魂が追い戻され、再びその身体に生気を与えるようになるのだと説明している。[43] フィジーの人々は、「気を失ったり死んだりした人の霊が、場合によってはあとから呼び戻されることもあるという。時には、屈強な男が地面に伸びきったまま、自分自身の魂を呼び戻そうとして大声で叫んでいるという滑稽な光景が目撃されることもある」。[44] ギニア北部の黒人にとっては、気がふれたり痴呆になったりするのは、その人が生きているうちに魂から捨てられることによって起こるのであり、睡眠はそれと同じことが一時的に起こっている状態である。[45]

このようにさまざまな国々において、失われた魂を呼び戻すことは邪術師や祭司の通常の仕事の一部となっている。オレゴン州の原住民であるセイリッシ・インディアンの考えでは、霊は生命の根源とは別物なので、本人が意識しないうちに、短時間身体を離れることができる。とはいえ、それが致命的な結果をもたらさないよう、霊はできるかぎり早く取り戻されるべきで、呪医がおごそかにその人の頭部から霊を送り込み、定着させる必要がある。[46] 北アジアのトゥーラーン族〔テューラニア、ツランとも。ウラル＝アルタイ語族を中心とした中央アジアの言語を比較・分類するため提唱されたが現在では使われなくなった〕、つまりタタール諸族〔かつての西欧ではテュルク＝モンゴル系遊牧民をまとめてタタールと呼んだ〕の人々は、病気になると人間から魂が抜け出てしまうという考えを強くもっており、仏教を信仰する諸部族でも、ラマ僧が非常に入念に魂を取り戻す儀礼を行なう。たとえば人が魔物に理性的な魂を奪われたときは、その人のなかには動物的な魂だけが残るので、感覚や記憶力が弱くなり、抑鬱状態に陥る。そこでラマ僧はその人を癒すために、一風変わった儀礼を施して悪い魔物を追い払う。もしそれが失敗すると、その患者自身の魂が帰り道を見失ったり、戻ろうとしなくなったりする。その場合、人々は病人に一番上等の服を着せて寝かせ、彼のお気に入りの品々で周囲を囲う。そして友人や親族が病人の住居の周りを三度まわりながら、心を込めてその人の名前を呼び、魂を呼び戻そうとする。さらにラマ僧が地獄の苦しみや、故意に身体を捨てたわがままな魂が遭遇するであろう危険について、持参した書物に書かれている部分を読み上げて、魂にさらに誘いをかける。最終的には集まった人々全員が声をそろえ、さまよい出た霊の帰還を宣言すると、患者は快復するのである[47]。

ビルマのカレン族は、病人からさまよい出た魂を捕まえようとしてあちこち駆けずりまわる。あるいはギリシア人やスラヴ人の振る舞いにも似て、病人の魂を「蝶々（レイッ・ピャ）」と呼び、それを病人の頭部に着地させようとする。カレン族が「ラ」と呼ぶものにまつわる教義は、まさに完璧かつ明確に体系化された生気論の表現である。魂、霊《ゴースト》、守護精霊《ゲニウス》といった意味をもつ「ラ」は、身体に内包されつつもそこから独立しており、これを呼び寄せたり、食事を供物として捧げたりして、体につなぎとめておくことはカレン族にとってきわめて重大な関心事である。特に、身体が眠っているとき、魂はそこから抜け出てさまよい歩く。魂が一定の期間以上体から離れたままになっていると病気になり、永久に戻らないときには、その人は死ぬことになる。

カレン族のあいだでは、人からさまよい出た「影」、つまり命を呼び戻すために霊医ウィーが雇われることがある。死者の世界から影を連れ戻すことができない場合、ウィーは時には生きている人から影を取り出してその患者に移し変えることがあるという。そうすると、その影の本来の持ち主は夢を見ているうちに魂を失い、病気になって死んでしまう。またある人から「ラ」が抜け出て病気になり、活力が失われると、その人の友人は病人の衣類を用意し、調理済みの鶏肉と米を供えて儀式を行なう。慣習に則った祈りをして霊を呼び出し、病人のところへ戻そうとするのである。(48)この儀礼がいつどのように広まったのかを調べるのは容易でないが、民族学的にはおそらく今も中国で行なわれている儀礼とつながりがあると思われる。中国人は、死期が近づくとその人の魂はすでに体から離れていると考えている。そこで親戚の者は白い雄鶏をくくり付けた長い竹竿を用意し、その先端に患者の上着を載せて掲げる。その間、道士は離脱した霊を病人の体に取り戻すために、呪文を唱えながら霊をその上着に取り込もうとする。しばらくして、掲げている人の手の中で竹がゆっくりと回転したら、霊が衣類の中に納まった証拠だという。(49)

トランス状態での脱魂〔四三八－四四〇〕

＊このように霊魂が一時的に離脱するという現象は、妖術師や祭司や予見者の行なう処置のなかに全世界的に見られる。彼らは、自分の霊を遠くに旅立たせることができると称し、また実際に本人たちも自分の魂が一時的に身体の牢獄から解放されると信じていることも多い。夢による予知で有名だったジェローム・カルダン〔Jerome Cardan 一五〇一－一五七六。ミラノ出身の数学者、医者、占星術師〕は、いつでも気が向いたときに感覚をなくして恍惚の境地に入る能力があるとし、その状態になることを、心臓のあたりから自分の魂が離れていくことであると感じていた。この状態は彼の脳から始まって脊髄へと降りていき、ついには彼自身、自分の外にいるとしか感じられなくなったという。(50)同様に、オーストラリアの現地民の医者は二、三日ほどトランス状態になって霊の世界を訪問することで医者の仲間入りを果たすと言われている。(51)コンド族の祭司がその仕事にふさわしい能力があることを示すには、夢の状態にも似た特殊な虚脱状態を一～十四日間、続けなければならない。それは自己の内なる複数の魂の一つが抜け出て、聖なる存在の前へと赴くことによって起こる状態だという。(52)グリーンランドの

呪医《アンガコック》の魂は、頻繁に現われるある魔物を捕まえるために体から抜け出ていくし[53]、トゥーラーン族のシャーマンは自分の魂が霊の世界から秘密の知恵を持ち帰るまで、昏睡状態で横たわっているという[54]。

より進化した種族の文献にも同様の記述を見つけることができる。スカンディナヴィアの古い物語で特徴的なのは、ノール人〔古代ノルウェー人〕の首領インギムンドの話である。アイスランドに定住しようとしていた彼は、三人のフィン人を三晩掘立小屋に閉じ込めたが、それはその間に彼らがアイスランドを訪れてその土地の様子を知らせてくれると考えたからである。はたして三人の体は硬直し、その間に魂が抜け出て使命を果たし、三日後に目覚めた彼らはみずうみ谷〔ヴァトン谷とも〕の様子を物語った[55]。古代ギリシア・ローマの文学における典型的な事例としては、ヘルモティモスが挙げられる。予言能力をそなえた彼の魂は、しばしばその体を抜け出て遠い地方を旅していたが、ある日、彼の妻が魂の抜けた彼の体を火葬してしまい、ようやく戻ってきた魂は、宿って息を吹き込むべき身体を永久に失ったことを知るのである[56]。霊的な世界を訪問するという伝説的な物語については次章で触れるが、総じてこのジャンルに属していると言えよう。

ユング＝シュティリンク〔Johann Heinrich Jung-Stilling 一七四〇－一八一七。ドイツ人の眼科医、作家、財政学教授〕の著作にも典型的な心霊主義的事例が紹介されている。それはそこにいない友人に会いたがっていた病人が失神状態に陥ると、そのあいだに彼らが遠くにいる愛する相手のもとに現われたという複数のケースである[57]。われわれの民間伝承にも、これに相当する迷信は多数ある。聖ヨハネの日の前日に断食中の門番は、その年に死ぬ運命にある人々の幻影が聖職者とともに教会の入り口にやってきて、ドアをノックするのを目の当たりにするという。幻影は各人の身体から抜け出てきており、聖職者は寝ているあいだに自分の幻像がこうした仕事をしていることに気づいてとても困惑する。また番人たちの一人が前後不覚に眠り込んだとき、仲間の番人たちは、眠っている番人の幻影が教会のドアをノックしているのを目撃したという[58]。現代ヨーロッパは実のところそうした古代哲学の系譜と十分密接なつながりを維持しているので、今日われわれがこうした発想に触れても、さほど奇妙には感じない。現に、言葉のなかにはそうした考えを今に伝える言い回しがいくつもある。たとえば「われを失って（out of oneself）」とか、「われにもあらず（beside oneself）」とか、「忘我の境地で（in an ecstasy）」などである。自分の霊が抜け出て友人に会ったと語る人は、こうした表現の意味を、たんなる比喩以上のものとして今なお実感できている。

夢と幻——夢を見る人と予見者の脱魂〔四四〇－四四二〕

これと同様の考え方が、低級種族のあいだに広く流布している夢の理論の一面を形成している。クランツによると、一部のグリーンランド人は、夜になると魂が身体を抜け出て狩りに行ったり踊りに行ったり、誰かを訪問したりすると考えている。真に迫った夢を頻繁に見ることで、彼らはそれを確信するらしい(59)。北米インディアンによると、夢を見ている人の魂は、身体から抜け出て、何か魅力的なものを探してさまようのだという。この間に魂が求めたものを、その人は目覚めてからも探し続けなければならない。さもないと魂は煩悶し、ついには身体を完全に離れかねないのだという(60)。ニュージーランドの人々は、夢を見ているときの魂は身体から抜け出ることも、戻ってくることもできると考えている。魂が死者の領域に入り込んで、死んだ友人とおしゃべりをしたとしても、そのあと戻ってこられるのである(61)。ルソン島のタガログ族は、眠っている人の魂はその人の身体から離れているので、起こすべきではないと考えている(62)。カレン族については、先ほど魂がさまよい歩くという理論を紹介したが、彼らによると夢とは、「ラ」が眠っている身体を離れて旅しているあいだに見たり経験したりすることである。彼らがとりわけ強調するのは、人が夢に見るのはその人がすでに知っている人や場所であることが多いということである。レイッ・ピャ〔蝶々・魂〕は、かつてその人が行ったことのあるところにしか訪れることができないという(63)。

眠っているあいだに魂が旅をするという発想は、野蛮な段階に始まり、ヴェーダーンタ学派の説やカバラなど、比較的高度な民族の思弁的哲学のなかにも見られる(64)。聖アウグスティヌスが語っている分身の物語の一つもまた、この種の考え方を如実に示している。その話によれば、ある男がアウグスティヌスに次のように語ったという。ある夜、彼が家で寝床についていると、親しくしていた哲学者がやってきて、プラトンの一説を詳しく説明してくれた。それは彼が以前聞いても説明してくれなかった内容だった。（のちに）彼はその哲学者に、君の家を訪ねたときには説明してくれなかったことを、なぜわざわざ私の家に訪ねて来て語ったのかと問いただしたところ、その哲学者はこう答えた。「そんなことをした覚えはない。ただ私はそうした夢を見た」。この話を受けてアウグスティヌスは、このとき一人の人間が夢のなかで見ていることを、別の人が目覚めた状態で幻像として見たのだと結論づけたのである。(65)

ヨーロッパの民間伝承でも、この原始的な夢理論についての興味深い内容が詳述されている。たとえば、体を抜け出た魂が帰り道を見失うといけないので、眠っている人に寝返りを打たせまいとする発想がそうである。グントラム王〔五六一－五九三。メロビング朝フランク王〕の伝説は、この点で興味深い事例の一つである。あるとき森の中で、王が忠実な召使いの膝枕を借りて眠っていると、王の口から一匹の蛇が出てきて小川の方へ向かって行った。蛇が小川を渡るのに難儀しているのを見て、小姓が自分の剣を水の上に渡してやると、蛇はそれを伝って川を渡り、山へと登って行った。しばらくすると蛇は戻ってきて眠っている王の口に入った。王は目覚めたのち、鉄の橋を渡って金の山に登った夢を見たことを召使いに語った。(66) これはまるでわれわれのために伝承されてきたような、示唆的な神話である。博物館の聖遺物がわれわれアーリア人の古代の知的状況を伝えてくれるように、近代的知性にとってはまったくのおとぎ話にすぎないような発想が、野蛮人にとっては今なお健全で合理的な哲学であることを教えてくれる。今日のカレン族ならこの物語の細部までよく理解できるだろう。なぜならビルマでも、水を渡れない霊のために小川の上に糸を渡すのは普通のことだし、魂が動物の姿で移動することや、眠っている人の魂が夢のなかで現実に旅をするのも、常識的な考え方だからである。ちなみにこの古代的信仰もやはり、現代の詩のなかに見いだすことができる。

「その子は夢の旅に出た。
　残っているのは寝姿ばかり」

他者の魂の訪問を受けることについての理論〔四四二－四四五〕

とはいえ、こうした見方は野蛮人の心理学の夢理論における一面でしかない。ここで示すべきもう一つの側面とは、夢で人の魂に会っている人は、その魂からの訪問を本当に受けているという発想である。これら二つの見解は非常にうまく組み合わせることができる。北米インディアンの考えでは、夢とはそこに出てくる人や相手の魂から訪問を受けることであったり、理性的な魂が夢見ている景色であったりする。つまり感覚に関わる魂が身体に残っているあいだに、理性的な魂は体から離れて遠出するのである。(67) ズールー族も、夢のなかで先祖イトンゴの影の訪問を受ける。イトンゴは子孫に危険を知らせたり、夢のなかで眠っている本人を連れて遠くに住む人々に会わせ、彼らの窮状を見せたりする。病的な状態を経験して職業的な予言者になった人によると、複数の幻像が夢のなかで何度も彼を訪問し、その人自身を、現地の印象的な言い回しで言うところの「夢の家」にしてしまう。(68) 低い段階の文化では、夢のなかに現われる人の幻影が、その人から遊離した霊の訪問を受けたと見なされることが多いようである。オジブワ語の表現で言えば、その人は相手の霊と「眠っているあいだに会う」のである。フィジーの人々にもそうした発想がはっきり現われている。生きている人の霊が体を抜け出て、眠っている人にいたずらするのである。(69) 最近では、ブリティッシュ・コロンビアのインディアンの老女が、毎晩彼女を訪問する死者たちの霊を追い払うために呪医に来てもらったという報告もあった。(70)

　現代の観察者が西アフリカの黒人の心理状態について書いた観察記録は、この観点から見て非常に特徴的であり、参考にもなる。「彼らはすべての夢を死んだ友人の霊の訪問によるものと解釈する。人々はそうした死者からの注意、暗示、警告などを、非常に真剣に格別の注意を払って受け止め、起きている時間のなかで忠実に実行しようとする。夢に関する習俗は万事に及んでおり、それが夢を見るという習慣それ自体をいっそう促進する。そのため彼らにとって眠っているあいだに死者と交流することは、起きているあいだに生者と交流するのこととさほど変わらない。彼らが非常に迷信深くなる原因の一つは、間違いなくここにあると言える。彼らの空想があまりにも活き活きとしているので、夢で見たことと起きているときに考えたこととの区別や、現実と理想との区別はほとんどできない。そのため彼らは意図せずに嘘を言い、ありもしないものを見たと証言する」[71]。

夢見る魂が現代の野蛮人の生活に占めている位置は、古代ギリシア人の生活においてそれが占めていた位置と同じである。たとえばアキレウスが警戒心を解いて渚に横たわったとき、死せるパトロクロス〔ギリシア神話の英雄で、アキレウスのために悲劇的な死を遂げた〕の魂が、その美しい瞳や声、衣服までも生前のままの姿で現われる。呼びかけられたアキレウスは彼の美しい手を取ろうと身を乗り出すが、それをつかむことができない。パトロクロスは笑いながら、まるで煙のように地中へと消えてしまう。ホメロスの時代から今日にいたるまで、長い時間に隔てられつつもなお、夢に出てくる死者や生者の幻影は、哲学的な思索や迷信的な畏怖の対象であり続けてきたのである[72]。

キケロの代表的な物語のなかには、生者の幻影と死者の幽霊の両方が登場する話がある。あるとき二人のアルカディア人〔ペロポネソス半島部に住み、地形的にギリシア本土と隔絶していたので古来の生活や方言を維持していた〕がメガラ〔コリント地峡に臨む古代ギリシアの都市〕にやってきて、一人は友人の家に、もう一人は宿に泊まる。夜になって、宿に泊まった男がもう一人のところに現われ、宿主が自分を殺そうとしているから助けて欲しいと懇願する。友人の家で寝ていた男はびっくりして跳び起きたが、たわいもない幻だと思い直して再び眠りについてしまう。ところが男の幻影が再び彼の前に現われ、もはや助けは無用になってしまったが、せめて仇は討ってほしいと懇願する。宿主は男を殺害したあと、死体を肥え桶に隠しているので、明日の朝早く、宿主が桶を市外に出してしまわないうちに、城門で待ち伏せしてほしいというのである。この二度目の夢に男はさすがに驚愕して、言われたとおり城門に行き、はたして桶を発見する。桶の中から宿に泊まっていた男の死体が見つかり、宿主は罪に服することになる。「この夢において、神の力が示された！」。(73)

アウグスティヌスは魂の本質に言及しながら、当時のさまざまな夢の物語について論じている。そこでは死者の幻影も生者の幻影も等しく夢に現われ、生者の霊の話では彼自身が登場している。カルタゴの雄弁家エウロギウスはアウグスティヌスの弟子で、ある晩キケロの『修辞学』に出てくる不可解な一節が気になってよく眠れずにいた。すると夢にアウグスティヌスが現われて、それを解説したという。とはいえアウグスティヌス自身は夢について近代的理論に近い態度を示しており、これは本人ではなくそのイメージが現われたのに違いないと言っている。彼自身はそのとき地中海を隔てた場所にいて、その一節について気にしてもいなかったし、そんなことが起こっていたとは知るよしもなかった。(74)

ここまで教父の作品や中世および現代の文献のなかから、夢に関する一連の類似した物語群を多数吟味してきたが、どれが本当でどれが虚構なのか、判断するのは難しい。愉快な物語もあれば悲痛な物語もあり、警告を与えたり何かを知らせたりするもの、願いを叶えて欲しいと主張するものなど、内容は多岐にわたる。しかし総じて夢のなかの幻像がなんなのかという問いは、次のような段階を経て進展してきたものと思われる。すなわち、当初、人々は、身体から分離した誰かの魂が本当に夢のなかに現われたと確信していたが、それは本当は夢を見ている者の心のなかの幻覚であり、その外部に客観的な姿があるとは認められない、という考えに変わっていったのである。

幻影のなかに現れる幽霊－魂〔四四五－四四七〕

魂についての原始的理論では、幻影を見たという事実と夢に見たという事実が符合しており、(75)これら二種の現象は相互に真実味を与え、補強しあっている。野蛮人や未開人たちは、健康的な目覚めた状態であっても主観と客観ないし想像と現実とを明確に区別しようとしない。そうした区別を強調するようになったのは、科学的教育の主要な成果の一つである。彼らは身心に異常をきたし、自らの周囲に人の姿の幻像を見てもなお、当の自分にそなわる五感を疑いもしない。そのため低級な文明一般において、人々は病気にかかったり疲れたり興奮したりしたときに見る人の姿を客観的現実であると信じ込む。のちに改めて指摘するつもりだが、ある種の人々が断食や苦行、薬物による麻酔など、病的昂揚感を得るためにもろもろの実践をする理由は、そのことによって幽霊のような《スペクトラル》存在を見ることができ、その人物から霊的な知識や、ときには世俗的な権力さえも得ることができるのではないかと期待するからである。

　人間の幽霊は、こうした幻像のなかの主役ともいうべき基本型である。本当に幻視した者は幽霊が自分の前に現われたと正直に語るが、幽霊を見たふりをしているだけの者も、その話が成立するようにつじつまを合わせようとするものだ。だから西アフリカでは、人の魂（*kla*）は、その人が死んで幽霊（*sisa*）になると、死体とともにその家にとどまるとされるが、実はその姿は霊医（wong-man）にしか見えないことになっている[76]。このように時として、幻像はそこに集まっている人々全員の目には見えないという特徴を示す。それゆえ、〔西インド諸島の一部にある〕アンティル諸島の現地民は、一人で道を歩いているときに死者を見かけることはあっても、大勢で一緒に歩いていたら見えないと信じていた[77]。フィン人にとっては、死者の幽霊はシャーマンにしか見えないし、特に男性には夢のなかでしか見えない[78]。「サムエル記」のなかで、サウルがエン・ドル〔地名〕の口寄せ女に何が見えたか尋ねているのは、彼女に見えているものがサウルには見えていなかったということであり、おそらく同様の事態だったのだろう[79]。

　しかしこのような幽霊の性質は、簡単に見破られるものである。文明国ではひとたび誰かが幻像を見たという噂が流れれば、それを受け入れるにふさわしい心理状態にある人々もまた、ただちにその目撃者となることがわかっている。ちょっと興奮したらそれがすぐにはっきりした幻覚や幽霊に見えてしまうという現代人の状態は、非文化的で著しく空想的な部族のところであれば、例外ではなくむしろ標準的である。なぜなら、ちょっとした接触や言葉やジェスチャーや耳慣れない騒音ですぐに心の平衡を失ってしまう状態こそが、そこでは普通だからである。ただし、同様の条件下で形成された古代哲学の名残を受け継いだ文明的種族と同様に、野蛮な諸部族も実際の経験の語りによって、幽霊が実際に見えたかどうかという基準を設けている。魂や幽霊が目に見えるか見えないかを言明することは、人間の五感の証言に直接的に矛盾する可能性があるが、そんなとき低級な諸種族は、幽霊はときどき何人かの人に見えるだけで、つねに見えたり、誰にでも見えたりするものではない、と言ったりほのめかしたりする。これは事実の解釈を決めつけてしまうことであり、現代的なわれわれならそんなことはしないのだが、古代科学としてはそれが十分に理性的かつ知的な処置なのである。

「予知能力*」と呼ばれるものを説明することにどんなメリットがあるかという話は措いておくとして、それは野蛮な部族と関連づけられていると言えそうである。たとえばジョナサン・カーヴァー船長〔Jonathan Carver 一七一〇－一七八〇。マサチューセッツ出身の探検家、作家〕がクリー族〔ケベック州からアルバータ州にかけて分布するカナダ最大の先住民集団〕の呪医からカヌーがやって来るという予言を聞かされ、それが本当に翌日の午後に到着したことがある。またＪ・メイソン・ブラウン氏は二人の探検家と〔カナダ北東部の〕コッパーマイン川を旅していたとき、探していた原住民の一団とうまく出会えたのだが、彼らは仲間の呪医から派遣されて来たのだと言った。そこでその呪医に詳しく聞いたところ、彼は「あらかじめブラウン氏たちがやって来るのを見、旅について話をしているのを聞いた」と答えた(80)。

こうしたことは、〔スコットランド北部〕ハイランド地方における予知能力の説明と類似している。たとえばペナント〔Thomas Pennant 一七二六－一七九八。ウェールズ出身の博物学者、旅行家〕がヘブリディーズ諸島で聞いたところによると、ある紳士は予期された訪問者のために手ごろな贈り物をちょうどよい時間に用意していたという。

あるいは、ジョンソン博士〔Samuel Johnson 一七〇九-一七八四。イギリスの詩人、批評家、随筆家、辞典編纂者〕が別のスコットランド人の地主に聞いた話では、その人の使用人の一人は、主人が島に戻ってくるのを予知し、従者が新調されたばかりの制服を着ていることまで言い当てたという。[81]

臨終前に出現する生霊と分身〔四四七-四五〇〕

一般的には、人が二つの場所に同時に存在することはできないと考えられており、そのような格言も存在する。*しかし、それが普遍的に受け入れられているとはとうてい思えない。なぜなら「二つの場所に同時に存在すること」を意味する'bilocation'という言葉が発明されており、ローマ・カトリック教会の聖人たちの一部にはそのような奇跡的能力があると考えられているからである。たとえば聖アルフォンソ・リグオーリ〔Alfonso Maria de Liguori 一六九六-一七八七。イタリアのカトリック神学者〕は実に好都合な能力の持ち主で、自宅で罪の告白をしながら教会で説教することができると考えられていた。[82] こうしたさまざまな種類の物語が受け入れられ、説明されているのをみると、これらが幻姿《アパリション》に関する原初的アニミズムの理論と完全に一致していることがわかる。以下に見るような予知能力に関する膨大な数の物語群についても同様のことが言える。

*いかなる段階の文化においてであれ、死という出来事は、人間の心というものの謎についてもっとも真剣な考察を促す。もっとも、時にはその考察が必ずしも健全とは言えない方向に進むこともある。肉体を離れた霊魂の幻姿は、どの時代にも、死における離脱と特別な関連性があると考えられてきた。このことは、幽霊の理論を受け入れていることだけでなく、臨終前に出現する生霊（wraiths または fetches）という特殊な発想が受容されていることからも窺うことができる。たとえばカレン族によれば、人の霊は死後に現われて、死んだことを知らせに来るという。[83] ニュージーランドでは、そこにいない人の姿を見ることは、ある種の前兆と捉えられている。すなわち、その姿がおぼろげで顔がはっきりしない時は、その人の死期が近いということであり、顔がはっきりとわか

る場合は、その人はすでに死んでいるのである。たとえば、あるときマオリ族の一団〔そのなかの一人が話してくれたのだが〕が野外で輪になって座っていたとき、病気で家に寝ているはずの親戚の姿を、そのうちの二人だけが目撃した。二人が思わず叫び声をあげると、その姿は消えてしまったのだが、帰宅してみると、彼らがちょうどその幻を見たころに、その親戚は亡くなっていたらしいことがわかったのである。(84)

高級種族が臨終前に現われる生霊についてどのように捉えているかを考えてみると、キリスト教の聖人伝、民間伝承、そして現代の心霊主義《スピリチュアリズム》という三つの知的領域にそれらが顕著に現われることに気づく。たとえば聖アントニウス〔二五一頃－三五六。エジプトの隠修士〕は天使たちの歌声の響くなか、聖アンモニウス〔四世紀のエジプトの隠修士〕の霊が天国へと運ばれていくのを見ているが、聖アンモニウスはまさにその日、ニトリア〔下エジプトにあった修行場〕の砂漠へ五日間の旅をしていたときに亡くなったのである。聖アンブロシウス〔三三九頃－三九七。ミラノの司教〕が復活祭の前夜に亡くなったときには、新たに洗礼を受けた数人の子どもたちが彼の姿を目撃して親たちに告げたのだが、子どもたちほど純粋でない大人の眼にはその姿が映らなかった。こうした事例は枚挙に暇がない。(85)

民間伝承の事例は、シレジア〔東欧のオーデル川上流地域〕やチロルに豊富に見られる。そこでは臨終を告げる生霊《レイス》が見えるという天賦の才の持ち主の物語が、葬式、教会、十字路、首なしお化けなどのおなじみの要素とともに、特に大晦日の夜と関連づけられて、今でもさかんに語られている。なかでも北ブリテンの「予知能力」にまつわる話はかなり古い時代のものである。セント・キルダ〔スコットランド、ヘブリディーズ諸島の最西端の群島〕の人々はぼんやりと見える自分自身の分身に取り憑かれることがあり、それは差し迫った死の前兆とされていた。一七九九年にはある旅行者が、カークーブリシャー〔スコットランド南西部地方の旧名〕の農民たちについて次のように書き残している。「彼らはごくあたりまえのように、死にかけた人々の亡霊を見たと思い込むことがよくあった。その亡霊は、一緒にいる人全員に見えるのではなく、そのなかの一人だけに見えるのである。ここ二十年でも、今までに亡霊や幽霊を見たことがないと言う人はほとんどいなかった」。

予知能力の話を実際の証拠として議論する人々が注意しておかなければならないのは、彼らがいささか大げさな証言をしようとするということである。彼らは人間の幻影を見たと断言するのみならず、悪魔の犬の幻像だとか、それよりももっと空想的で象徴的な前兆を見たとさえ言い張る。たとえばある人が屍衣をかけられた姿で霊視されると、それはその人の死を予示しているという。頭まで覆われていれば死期は近く、腰までならいくらか猶予があるという。あるいは、ある人の腕や胸のあたりに火の粉が降りかかるのを霊視したら、それは彼の腕に抱かれるはずの子どもの死の予兆であるといった具合である。[86] 幻視者は生きている人の幻姿を、これといった理由なく見ることも多い。何かの前触れというわけではなくても、人の霊や「分身」を見ることは自然なことだと考えられている。心霊主義の理論では、ある人が友人の幻像を見た時刻は、その人が死んだ時間帯に多少とも近いと考えられている。[87]

この種の話は、ことさら私が主張しなくてもすぐにそれとわかる類のものが、大量に流通している。たとえば私はある女性から、「ある人が倒れて伸びている姿」をありありと見たとき、彼女の兄弟の一人がメルボルンで亡くなっていたという話を聞いたことがある。さらにその女性は、知り合いの別の女性の話として、その人の父が自宅で亡くなったまさにそのとき、彼女は教会の窓を覗き込んでいる自分の父を目撃したと語ったという。また、シェトランド〔スコットランド北岸沖の群島〕のある女性は、かれこれ二十年前の話として、私に次のような話をしてくれた。あるとき彼女と、その仔馬を引いていた少女がピーター・サザーランドという男の姿を一緒に目撃した。二人は、その男がエディンバラにいて久しく病いに苦しんでいたことを知っていた。男の姿は角を曲がると見えなくなったが、その翌週、彼が急死したという知らせがもたらされたのである。

魂は身体の形をもち、身体から切り離されると苦しむ〔四五〇 - 四五二〕

夢や幻のなかに現われる人間の魂を現実的かつ客観的な存在だと信じる人々は皆、それが生身の肉体に似たものだとする考え方を暗黙のうちに受け入れている。私見によれば、ほかならぬ夢や幻が、霊妙な身体としての魂を人々に想像させたのである。それゆえに、野蛮と文明の別によらず、概してアニミズム的哲学は、地上の身体から解放された魂がそれでもなお身体性を保持しているかのように感じることを当然のように受け入れている。それは地上をさまよう幽霊でも、墓のむこうの世界の住人でも同じことである。スウェーデンボリによれば、人の霊はその人の心であり、死後もまったくその姿のままで生きている。彼は「記憶のなかで」という詩において次のように言明している。

「永遠の姿は永遠の魂をそれ以外のものから分離する。
そしてそれに出会うとき、
私にはその人だとわかる」。

このような思想が世界各地のあらゆる段階の文化に見られることは、すでに多数の事例によって示したので、これ以上ありきたりな事例を挙げる必要はないだろう(88)。しかし、風変わりで特殊な信念の数々を知ることは、魂が肉体のイメージで捉えられていることを明白にするうえで役に立つだろう。また、そうした考え方の帰結として、身体の一部を切断すれば、魂にも相応の影響が及ぶはずだという発想が生まれるのは当然である。現に低級で野蛮な諸部族は、この考えを実行に移すのに十分な思想をもっている。

たとえば、早い段階でブラジルのインディアンについて記録したヨーロッパ人訪問者は次のように書き残している。「彼らは、傷ついたり切り刻まれたりした状態でこの世を去ると、まさにその状態のままであの世へ行くと信じている(89)」。そのため敵を殺害したオーストラリア人は、死体から親指を切り取る。そうしておけば敵の霊が幽霊になって彼らを害そうとしても、そんな手では影の槍を投げることができないので、霊は悪意を抱きながらもむなしくさまよい続けるしかないからだ[90]。

黒人が死の前に長患いするのを嫌がるのも、やせ衰えた姿で次の世界へ行かなければならないからである。身体を傷つけることで魂を傷つけようとする彼らの考え方を最もよく示しているのは、西インドの農園主にまつわる次のような醜悪な物語である。すなわち、その農園の奴隷たちのなかに、惨めな現状を脱して故郷の地へ帰るためにひと思いに自殺する者たちが現われたので、ずる賢い白人の農園主は自殺者の頭や手を死体から切り取るようにした。奴隷たちはそれを見て、あの世に行くべき魂までも傷つけるような農園主からは、たとえ死んでも逃れることはできない、と思い知らされたという[91]。

このように素朴で原始的な信念と同様のものは、はるかに高い知的水準にある民族にも見いだすことができる。たとえば中国人は斬首刑を非常に恐れていた。なぜなら、この世で四肢を欠いて死んだ者はあの世でも同様の姿になると考えていたからである。厦門《アモイ》では最近、このことを恐れるあまり過酷な磔刑を願い出て、望み通りの刑に処されたという犯罪者の記録が残っている[92]。

最後はいつものように文明世界の民間伝承で締めくくろう。ボローニャのある家には、鎖でつながれた骸骨の幻像《ファントム》が現われたが、あるときその幻像自身が家人を庭に案内して、実際に鎖でつながれた骸骨が埋められているのを発見させた。その遺体がきちんと埋葬されてからは、幽霊は現われなくなったという。また、コーンウォール伯は友人のウィリアム二世〔William Rufus 一〇五六頃－一一〇〇。ノルマン朝第二代イングランド王。赤毛の髭が特徴であったことから「赤顔王」(Rufus)と呼ばれた〕の生霊が黒く汚れた裸の姿で黒い山羊に乗って〔イングランド南西部〕ボドミンの荒野を横切るのに出会ったが、その生霊は胸の真ん中を貫かれたような傷を負っていた。のちに彼は、まさにその時間に国王が〔イングランド南部〕ニューフォレストでウォルター・ティレル〔Walter Tirell 一〇六五－一一〇〇頃。アングロ＝ノルマン貴族〕の矢に斃れたことを知ったのだった[93]。

幽霊の声〔四五二－四五三〕

低級種族の考える魂の本質について研究し、その考え方の軌跡をより高い段階の種族にまでたどっていくと、これに関連する周辺的な細部の事実も明らかになってくる。すなわち、魂や幽霊は眼に見える姿とともに声ももっていると広く信じられていて、しかもこの二つの属性を示す証拠は、同種のものと考えられてきた。夢や幻に魂が現われて話をしたと確信している人は、その魂が霊的な姿とともに霊的な声をもっていたことを客観的な事実だとごく自然に思い込む。霊的な声という発想は、野蛮な社会から文明社会まで、生者との霊的なコミュニケーションに関する説明の類にも見られるが、ごく現代的な考え方では、そうした現象は主観の産物と捉えられる。つまりその種の現象そのものは認めつつも、それに対して別な説明を与えるのである。

ところでここに、格別な注意を払うべきある特殊な概念がある。霊の声を低いささやきやさえずりや口笛と捉え、それを声の幽霊であったとする考え方である。たとえば北米のアルゴンキン・インディアンは死者の影＝魂がコオロギのように鳴くのを聞き取ることができたという[94]。ニュージーランドの死者の聖なる霊は、生者と交信する際には口笛のような調子で話すとされ、ポリネシアのどこかではキーキーとうるさい声だと言われている[95]。ズールーの占い師が親しく通じている先祖の霊たちは、口笛そのものとは言えないまでも、低い口笛を思わせる調子で話すので、その名を「口笛を吹く人（imilozi）」という[96]。こうした発想は、幽霊の声を「さえずり」や「かぼそい呟き」とする古典的な表現と一致している。

霊魂はなにやら弱々しくつぶやきながら、地下に消えた[97]。

その枕元にレムスの血塗れの霊が立ち現れました。そして、か細い、囁くような声でこのように言うのでし

た。(98)

＊このような魂あるいは幽霊の声の特徴は、他の霊的存在にもあるとされているが、実際に発せられている声というのは、かなりの程度まで霊媒師のものだと言える。われわれの文化でも、悪魔は低いささやきやつぶやきで語ると考えられていることを思えば、邪術師の「降霊のささやき（susurrus necromanticus）」という有名な風習は、すでに引用した「さえずるように鳴いたり（つまり甲高い声で話すこと）、ささやいたりする魔法使い」の話に比定できよう。(99)

魂は物質的実体として扱われ、定義されており、これが本来の教義と思われる〔四五三―四五七〕

＊夢や幻が客観的に実在する人物から生まれるという考えと、そうした幻像としての魂を影や息と同一視する発想は、魂を物質的な実質を伴う存在として扱うことにつながる。そのため、魂が通り抜けられるように硬い物質に穴を開けておくということが普通に行なわれる。イロクォイ族は昔、さまよえる魂が元の身体を訪れるように墓に穴を開けていたとされており、実際今でも一部の人々は、そうした目的で棺桶に穴を開けている。(100)マダガスカルの邪術師は、魂を失った病人を治療するために、死者たちの埋葬された建物に穴を開けてそこから霊を一つ出てこさせ、それを帽子で捕まえて患者の頭へと運ぶ。(101)中国人は人が死ぬとき、屋根に穴を開けて魂が出ていけるようにする。(102)ちなみに、魂が肉体を離れるときに窓やドアを開けておくという慣習は、フランス、ドイツ、イングランドで非常にありふれた迷信である。(103)また死者の魂は、他のあらゆる生き物と同様に、打たれもするし傷つけられもするし追い出されもすると考えられている。だからこそクイーンズランドのアボリジニは、毎年戦いを模した行事のなかで虚空を打つ動作をし、それまでの一年間に死によってこの世を離れた魂を追い払うのである。(104)北米インディアンも同様に、敵を拷問して死なせた場合は、雄叫びをあげて走り回りながら、幽霊を退散さ

せるために棒で打つ。彼らはまた、自分たちの小屋の周りに網を張ることで、近隣住民からさまよい出た魂を捕まえたり追い払ったりすることもよく知られている。死者の魂はウィグワム〔北米先住民のドーム型のテント小屋〕の屋根に留まると考えられており、彼らはそれを追い払うために普段から屋根の側面を棒で叩いている。また夫の葬式からの帰り道を行く未亡人のうしろにいる人が、まるで彼女の頭の周りを飛んでいるハエでも追い払うように、小枝の束を振り回しながらついていくという話を聞いたことがある。そうすることで亡き夫の幽霊から彼女を解放し、再び結婚できるようにするのである。[105]

コンゴの黒人たちの振る舞いは、もう少し親切である。彼らは死者が出てから一年間は、その人の家を掃くのをやめ、舞い上がった埃がデリケートな幽霊の実体《サブスタンス》を傷つけないようにする。[106]トンキン〔現ハノイ〕の人々も、死者の魂が年の初めに家に帰ってくる祭りのあいだは、家を掃除しなかった。[107]こうしたことは、かつて葬式のあとで家を掃除する「エヴェリアトレス」という職業があったローマと同様の発想であると思われる。[108]ドイツの農民のあいだには今も、「ドアをバタンと閉めてはいけない、誰かの魂を挟むかもしれないから」という諺が残っている。[109]

灰をまいて幽霊や悪魔の足跡を浮かび上がらせようとするありふれた習俗も、そうしたものには実質的な身体があるという信念を前提としている。アニミズム的な発想で書かれた文献には、幽霊の重さを計ろうとさまざまに試みる話がしばしば出てくるし、その範囲も広汎にわたる。ソト族の占い師の話によると、亡くなった女王〔の魂〕が彼の肩を跨いで立ったときに、それまで経験したことがないほどの重さを感じたというし、グランヴィル〔Joseph Glanvil 一六三〇－一六八〇。イギリスの作家、哲学者〕の話によれば、デイヴィッド・ハンターという牛飼いはある老女の幽霊を抱え上げたとき、まるで羽毛の入った袋ほどの重さしか感じなかったという。哀感を誘うゲルマンの迷信では、死んだ母親はこの世に残した幼子に乳を飲ませるために夜中に戻ってくるが、そのとき彼女が横たわったベッドには人型の窪みが残るとされる。そして、真偽は疑わしいが、現代の心霊主義者の計測

によれば、人間の魂の重さは、三～四オンスほどだという。(110)

*魂には実体があると断言する言明は、低級高級双方の種族に幅広く見られるが、その実体のなんたるかをめぐるさまざまな定義はなかなか興味深い。たとえばトンガ人は、人間の魂とは肉体のなかでも非常に繊細で気体のような部分であると考えており、死の瞬間に突然肉体から去るのだという。それは花の香りやエキスのようでありながら、もっとしっかりした野菜の繊維のようなものを伴うものらしい。(111)グリーンランドの予見者は、魂を普段からよく幻のなかで認識すると語る。それは青白く、柔らかで、つかもうとしてもつかむことはできない。なぜならそれは肉も骨も筋もないからだ。(112)カリブ族によれば、魂は目に見えないほど非物質的ではないものの、清められた身体のように繊細でか細いものだという。(113)

もっと高い水準に達している種族には、魂は見ることも触ることもできない微細な物質でできており、ときとして素早く動く気体のような本体に結びついていると考える人々もいる。シャム人〔現在のタイ人〕はおそらくその一例である。(114)古代ギリシア・ローマの世界ではエピクロスの見解として、次のような記録がある。「魂には実体がないなどというのは馬鹿げた話である。なぜなら、もしそうだとしたら、魂が何かをしたり、被ったりすることはできないはずだから」(115)。教父たちのなかではエイレナイオス〔一三〇頃－二〇〇頃。リヨンの司教、聖者、殉教者〕が、亡びる運命にある肉体と対比して、魂を形のないものとして記述している。(116)他方、テルトゥリアヌス〔一五五頃－二二〇頃。カルタゴ出身のキリスト教著作家、法律家〕はモンタヌス派〔二世紀半ば、熱狂的終末論者モンタヌスが小アジアのフリギュアで広めたキリスト教の一派で異端とされた〕のある女性予言者が見た啓示的幻景について述べているが、彼女は魂を形あるものとして目撃したとされている。それは弱々しくも光り輝き、無色透明だが人の形をしていたという。(117)

中世の教義に見られる例としては、十四世紀の英詩を引用することができる。「アイェンバイト・オヴ・インウィット（Ayenbite of Inwyt「良心の嘆き」）」と題されたその詩は、魂がその実質の希薄さゆえに、煉獄においていっそう苦しむと指摘している。

「魂は骨や肉からなる身体よりも繊細で柔らかい。
そのように傷つきやすい魂は、生きていたころには誰にもわからなかったほどの
厳しい責め苦に遭うことだろう」(118)。

魂*がエーテルのようなものだという説は、現代の哲学にも受け継がれており、ヨーロッパの農民たちは特にそう固く信じている。ヴトケ〔Karl Friedrich Adolf Wuttke 一八一九－一八七〇。ドイツのプロテスタント神学者〕によると、死者の幽霊にはおぼろげではかなげながら物質性があり、われわれ生者とは違う種類の身体をもっている。幽霊は飲んだり食べたりすることもできるし、怪我をしたり、殺されたりもする(119)。この種の古めかしい理論を最も明白に表明しているのは、なんと現代の心霊主義者の著述家である。それによると、「霊はけっして非物質的な実体ではない。むしろ霊的な組織は物質から成っている。……ただ、それは非常に高度に洗練され、希薄化した状態にあるのである」(120)。

粗*野な種族のあいだでは、人間の霊魂はもともとエーテル的なものか、蒸気のような物質性の概念によって捉えられていたらしく、以来その考えは人類の思想において大きな位置を占めてきた。のちに生まれた、非物質的な魂という形而上学的な観念は、野蛮人にとってはほとんどなんの意味ももたなかった。むしろ注目すべきなのは、姿形《アパリショナル》をとって現われる魂の性質や活動をめぐる低級な哲学にとっては、今日にいたるまで文明世界の形而上学者や神学者を悩ませてきたさまざまな問題はまったく無縁のものだということである。原始的なアニミストたちは、希薄なエーテルのような魂の身体そのものが目に見え、動き、話すのを当然のことと受けとめており、ほかになんの仮説も説明も必要としなかった。それに対して、たとえばカルメ〔Antoine Augustin Calmet 一六七二－一七

五七。フランスのベネディクト会修道士〕は細かい理屈をあれこれ考えなければならなかった。非物質的な魂はそれぞれ蒸気のような身体をもっているとか、そうした身体が時おり超自然的な方法で魂を可視化するような作用をもたらすとか、魂はその周辺の空気を凝縮して幻像のような身体を作り出し、それを身にまとうのだとか、そうしたものから音声を発するカラクリを作り出す、等々である。(121) エーテル的＝物質的魂という原始的な概念を抽象化することで非物質的な魂という超越論的な定義を生み出した文明的哲学の体系的な諸学派には、魂を物理的なものから形而上学的な存在へと縮減しようとする傾向があったように思われる。

葬儀で妻や従者などを犠牲として捧げ魂をあの世に送ること〔四五七 - 四六七〕

死＊によって身体を離れた魂や霊は、墓の近くをうろついたり、地上をさまよったり、宙を飛んだり、さらには霊の居るべき場所——つまり墓場のむこうの世界へと、移動するものと考えられている。低級な心理学の主要概念である死後の生については次章で取り扱うことにして、一般的な魂の理論を検討するという当面の目的のためには、ある一つの主題を取り上げるのがよいだろう。すなわち、魂は死によって解放され、自由で行動的な存在になるという考えを人は容易に受け入れるが、それを論理的に一歩進めると、霊界で使役するために人を殺害してその魂を解放しようということになる。ここではアニミズム的宗教に広く見られ、なおかつ明確で理解しやすい儀礼を取り上げよう——つまり、ある死者の葬儀に際して行なわれる生け贄の問題である。身分的に高位の者が死ぬと、その魂はしかるべき場所へと旅立つが、葬儀の際に殺された彼の召使いや奴隷や妻たちの魂も主人の魂に同行して、死後の生においても彼に奉仕し続けるというのが、古代哲学にとっての合理的推論である。幽霊となって苦役につくために生け贄にされる犠牲者についても、同様の発想がしばしば適用される。この種の儀礼についての民族誌を読むと、この慣行は文字どおりの最低水準の文化にはかえって見られず、むしろ未開のなかで比較的低い段階において増加し、より高い段階になるにつれて発展し、それ以降は保持されるか衰えていく傾向にある。

＊この発想に基づく殺人については、非常に明確な説明が、インドの島嶼部からの報告に認められる。以下の説明は、ボルネオに住む粗野なカヤン族〔主にミャンマーのカヤー州とシャン州の一部に居住するカレン系言語を話す民族の自称。パダウン〕の実力者の葬儀で採取されたものである。「奴隷たちは、死者に付き従い、その世話を続けるために殺害される。彼らは殺される前に周囲を取り巻く親類から、あの世で主人によく仕えるよう申し渡される。主人の気分がよくない時には彼に寄り添い、洗髪して差し上げること、いつも主人の近くにいて、命令にはすべて従うこと、などである。それから、死者の親族の女性たちが槍を手に取って奴隷たちを軽く傷つけ、そのあと男性親族が槍でとどめを刺す」。イダーン族〔ボルネオに居住する民族〕の考えでは、「この世で誰かに殺された犠牲者は、死後、奴隷としてその人に仕えるべきだとされる。人を殺すことが将来の利益になるというこの発想が、彼らと交流しようとする際に大きな障害となる。なぜなら彼らは現在の利益や敵意の埒外で殺害を企てるからである。同様の原理に基づき、彼らは大きな罪を犯した奴隷を、本来の価値の四倍の値段で購入し、処刑する」。

「首狩り」という残酷な慣習も同様の発想から生まれており、ラージャ・ブルック〔Rajah Brooke, Sir James Brooke 一八〇三－一八六八。イギリス軍人、探検家。ブルネイのスルタンに信頼され、サラワクの王、ラージャの称号を与えられた〕の時代よりも前からダヤク族のあいだに広まっている。彼らは人間の頭部を入手できればあの世ではそれが自分のために奉仕すると考えており、あの世での地位は首をいくつもっているかによって決まるとされる。したがって死者が出ると、その死者の奴隷として「魂の住まい」に付き添う者の首がもたらされるまで、人々は喪に服し続ける。たとえば息子を亡くした父親はその弔いの儀式として家を出、最初に出会った男を殺害する。また、若者は首を一つ手に入れるまで結婚しようとしない。ある部族では、誰かが死ぬとその人が最初に手に入れた首を、槍、布、米、キンマの葉とともに埋葬する。ダヤク族のあいだでは、待ち伏せをして首を狩ることは民族的娯楽《スポーツ》である。彼らの言葉によれば、「白人が本を読むように、俺たちは首狩りをする」のだ[122]。

太平洋諸島での類似の儀礼については、そのおぞましさを最もよく伝える報告がフィジーからもたらされている。そこでは最近まで、有力者の葬儀において、霊界での奉仕という明確な目的のために、その妻や友人や奴隷を絞殺することが重要な式典になっていた。最初の犠牲者は通常は死者の妻であり、妻が複数いた場合は、二人以上殺されることもあった。人々は祝宴のために妻たちの遺体を油漬けにし、縁取りのある新品の帯で飾り、頭部にもさまざまな装飾を施した。そして顔と胸には辰砂とウコンの粉を振りかけ、死んだ戦士のそばに横たえた。彼の仲間や従者たちも同様に殺害され、その死体は「墓所に敷き詰める芝生」に喩えられた。ソモソモ〔フィジーの地名〕の英雄ラ・ムビティが海で命を落としたときは、彼の妻十七人が殺害された。一八三九年にナミーナ島〔フィジーの地名〕の住民の大虐殺の知らせが届いたときには、殺された夫たちの霊に殉じて、八〇人もの妻たちが絞殺されていたという。同様の社会的圧力によって、現代インドでも未亡人の焼殺が続けられていた。フィジーの未亡人は、自身の親戚からあらゆる脅迫と説得を受ける。彼女たちは夫の死後、生き続けても、無視と辱めと貧困に苦しむ惨めな生活が待っているだけだということを知っている。野蛮世界であれ文明世界であれ、抗いようのない暴君のごとき慣習によって、彼女たちは墓場へと追いやられるのである。そのため、彼女たちはそれに抵抗するどころか、かえって死を欲し、あの世での新生を願う。宣教師たちは、あらゆる手を尽くして何人かの妻たちを首吊り縄から救い出そうとしたが、彼女たち自身が生きることを拒んだ。現地の世論がもっと啓蒙的な段階に達するまで、宣教師たちの努力が実ることはなかったのである。首長が誰にも付き添われずにあの世へ行くということは、現地民にとってなかなか受け入れがたいことだった。そのため宣教師たちが彼らの大事な慣習を禁止しようとしたことは、キリスト教に対する嫌悪感を広める一因となった。ある部族の首長だった男は、キリスト教に改宗したあと敵の待ち伏せにあって命を落としたが、そのとき少し離れたところにいたある若者も、流れ弾の犠牲になった。このことを知った現地民たちは、首長の霊にお供ができたことをきわめて幸運なこととして喜んだという。(123) このように、キリスト教徒になったといっても、その多くは名ばかりだったのである。

アメリカでは、葬式の際の生け贄に独自の特徴が見られる。オーセイジ族〔白人との接触時アメリカのミズーリ州オーセイジ川流域に住んでいた先住民〕はそのよい事例である。彼らの慣習では、時として死体の上に石を積み上げ、そこに柱を立てて、その先端に敵の首を架ける。彼らの考えによれば、殺した敵の首を戦死した友人の墓の上に架ければ、霊の世界では、その敵の霊が埋葬された戦士たる友人の家来になるのだという。それゆえ、亡くなった親戚のためにできる最後にして最良の奉仕は、敵の首を得てその命をあの世に送り込んでやることなのである。(124)ほとんど同じ発想がダヤク族にも見られるのは非常に印象深い。カリブ族も同じような考えに基づいて、主人の墓の上でその奴隷だった者を殴り殺す。(125)社会的、政治的にかなり高い生活の段階に達した民族の場合、こうした実践は抑制されるどころかむしろ盛大になり、戦士・奴隷・妻などを大量に犠牲にして、あの世でも引き続き同じ仕事に従事させようとする。これは中央アメリカ、(126)メキシコ、(127)ボゴタ(128)とペルー(129)などの首長や君主に広く見られる葬送慣行である。

アメリカ大陸北西部のある粗野な部族には、興味深い実践が見られる。これはアメリカの比較的開化された民族の慣習とは対照的に、いくらか好ましい慣行である。たとえばクワキウトゥル族〔カナダ、ブリティッシュ・コロンビアに住む先住民諸集団の総称〕は未亡人を本当に生け贄にするわけではないが、夫の遺体が焼かれているあいだ、彼女の頭をその死体の上に横たえさせておき、焼け死にそうになる直前に彼女を引き離す。健康を回復したら、彼女は夫の灰を集めて三年間肌身離さず持ち歩くが、その間、彼女に軽率な振る舞いがあったり、十分に深く悲しんでいないと見なされたりすれば、彼女は社会から追放されることになる。これは、かつては実際に行なわれていたと思われる未亡人焼殺の慣習が、いささかやわらげられた形で残存したものだろう。(130)

死*を伴うそのような葬式については、アフリカの東部・中央部・西部など広範囲にわたって恐ろしい記述や絵画の記録が残っている。ドー族〔タンザニアに居住する部族〕の首領は浅い穴の中に座った姿で埋葬されるが、その際、まだ生きている奴隷が男女一人ずつ死体に付き添う。男性奴隷はあの世で主人のために燃料を調達できるよう、鉈鎌《なたかま》を手に持ち、女性奴隷は主人の頭を膝に載せて小さな台の上に腰掛ける。ニャムウェジ〔タンザニアの旧地名〕の首領は右手に弓を持ち、低い台の上に腰掛けた状態で、現地のビール一壺とともにアーチ状の屋根のある墓の中に埋葬される。墓の中には三人の女性奴隷を生きたまま閉じこめ、彼女たちの上にかぶせた盛り土にビールを注ぐのが、埋葬の儀式の締めくくりとなる。

同様の発想はギニアにもある。死者にメッセージを送るために誰かが死ぬことが当然とされ、アシャンティ〔ガーナ中部の州、元王国〕とダオメにおいては、それが大規模な虐殺のシステムへと発展している。ダオメの王は、多数の妻や去勢された男性、歌手、太鼓奏者、それに兵士など、王宮の人々を数百人も引き連れて死の世界に赴かなければならない。さらに、バートン船長〔Sir Richard Francis Burton 一八二一－一八九〇。イギリスの探検家、東洋学者、『千夜一夜物語』の英訳者〕は毎年の「慣習」を次のように記述している。「彼らは一定の期間ごとに、死んだ君主のために新たな従者を影の世界へ送り込む。こうした殺人は、年長者に対する心からの献身を最も鮮明に表現する。実に嘆かわしい過ちだが、彼らが非常に真摯であることは疑いをいれない」。しかも毎年行なわれるこうした殺害もまだ十分ではなく、ほとんど毎日のように殺人を行なってさらに補充しなければならない。「王の一挙手一投足は、どんなに細かいことであっても、影の王国にいる父祖に報告する必要がある。犠牲として選ばれるのは、ほとんどの場合、戦争で捕虜となった者たちである。伝えるべきメッセージを受け取ったあと、サトウキビの酒をしたたか飲まされた犠牲者は、上機嫌の酩酊状態で、冥府へと送られるのである」[131]。

コンゴやアンゴラなどのアフリカ南部にも、亡夫とともにあの世で生きるために、その愛妻が殺されるという、似たような記録がある。この慣習はザンベジ地方のチェヴァ族では今もさかんに行なわれており、マラヴィ族〔広義には中央バントゥーに属す諸民族の総称〕もかつて実施していたという。ズールーと同じくバロツェ族〔ザンベジ川流域のバロツェ平原に住むバントゥー系民族で、現在の呼称はロジ〕のあいだでは、首長の葬儀に際して従者が生け贄になるのはすでに過去のことだが、首長の召使いや近侍の戦士たちが燃えさかる火の中に投げ込まれた時代のことを、彼らは今も忘れていない。従者たちは首長とともにあの世へ行き、あれこれと世話を焼き、食事を調達すると考えられていた[132]。

アジアやヨーロッパの記録に眼を転じると、死者のために従者を犠牲にする風習は、古くは両大陸で広汎に存在していたようだが、東洋ではその影響が今日まで続いているようである。九世紀に南アジアを旅した二人のムスリム*によると、ある地域の王が即位するとき、大量の米が準備され、三百～四百人に振る舞われるのだが、その人々は王が死ぬときには彼ら自身も焼き殺されることを承知のうえで、進んで食していたという。十三世紀のマルコ・ポーロも、これと符合する記録を残している。南インドのマーバールの王に仕えていた忠臣たちは、王の火葬に際して、あの世でも務めを果たすために、みずからもその火の中に飛び込んだという[133]。十七世紀の日本では、当時も広く行なわれていたこととして、高位者の死に殉じて十～三十人の従者が「ハラキリ」、すなわち切腹して自害したという風習が記録されている。彼らは生前主人と杯を交わす厳粛な儀式によって固く主従の契りを結んでおり、主人の死に際して身体をも捧げることを当然視していた。とはいえ古代においてすでにこうした葬儀における殉死は衰退し始めており、死んだ主人のあとを追う召使いの代わりに、土の人型が墓に飾られるようになっていた[134]。

コーカサスのオセット諸族〔イロンとディゴロンを自称する二つの民族を一括する他称〕は、未亡人の人身御供についての興味深い遺風を今でも保持している。死者の未亡人と愛馬は人に導かれて墓の周りを三回まわるのだが、そのようにして献身を示した女性は以後誰とも再婚せず、馬も誰かを乗せることはない[135]。中国では伝説のなかに、古代の人身御供の記憶が保存されている。孔子の弟子である陳亢〔前五〇八－前四三〇頃。以下の故事は旧『項城県誌』の人物誌・儒林に記載されているものと見られる〕の兄弟が亡くなったとき、その未亡人と召使いは冥界で主人の世話をするために、誰かを生け贄にしたいと考えた。陳亢は、それなら未亡人と召使い自身が犠牲になるべきだと答えたが、彼らにはそんな覚悟はまったくなかったので、事は沙汰やみとなり、死者は殉死者なしで埋葬された。この物語は、こうした儀礼が中国においてたんに知られていたのみならず、かつては当然視されていたことを示している。現代の中国でも、夫に付き従って妻が自殺することは普通に承認されている慣行であり、時には公開で実施されることもある。しかも、葬儀のなかで輿《こし》担ぎや傘持ちが用意され、死者が冥界の王のところに到着する前に、馬に乗った使者たちがその前触れを務めるといったことは、燃やされるのが紙で作られた人形にすぎないとはいえ、かつては実際にそうした人々が殺されていた現実の残存を示すものではないかと思われる。[136]

*アーリア人は葬儀での人身御供を最も過酷な形で行なっている。歴史的記述であれ、神話的記述であれ、彼らはそのいにしえの作法を歴史上の事実と変わらないものとして記録している。[137] たとえばパトロクロスの葬式で、トロイの捕虜たちが馬や猟犬とともに焼かれるよう積み上げられたエピソードや、エウアドネがその夫の死体を焼いている薪の上に自ら身を投げたこと、そして三人のメッセニア地方〔ペロポネソス半島南部の古代ギリシアの地方名〕の未亡人が自死したというパウサニアスの物語などが、ギリシアにおける代表的な物語である。[138] 北欧神話では、〔光明の神〕バルドルは召使いの小人と馬や鞍とともに焼かれたし、ブリュンヒルデは薪の上で横たわっている愛しいシグルス〔『ニーベルンゲンの歌』のジークフリート〕の隣に身を横たえ、さらに複数の男女が彼らと死出の旅路をともにした。[139] カエサル時代のガリア人たちは、死者が出ると盛大な葬儀を催し、彼が生前愛したありとあらゆるもの、つまり動物や奴隷や部下などを片っ端から火にくべた。[140] スラヴの異教の記録には、死者とともに衣服や武器、馬、猟犬、忠実な従者、そのうえ妻たちまで焼いたとある。聖ボニファティウス〔六八〇頃－七五四。イングランド出身でドイツ宣教中に殉教した宣教師〕によれば、「ウェンド族〔ドイツ人の東方植民以前、エルベ、ザーレ川以東に住んでいたスラヴ系諸族の総称〕は夫婦愛を非常に大切にするがゆえに、妻は夫の死後生き永らえることを拒む。彼女は自害し、夫とともに火葬用の薪の上に横たわり、灰になることで称賛を受ける」[141]。

未亡人を生け贄にするというアーリア人の儀礼は、たんに昔の出来事として民族誌的に興味深いのみならず、今日の政治においても一定の意味をもっている。バラモン教時代のインドでは、バラモンやクシャトリヤのカーストに属するインド人の未亡人は、夫の葬儀の際にともに火葬されていた。この慣行はサティー、つまり「よい女性」として知られており、sutteeという英語にもなっている。古典時代や中世の記録でも言及されているが、この風習は前世紀〔十八世紀〕の初めごろ、非常にさかんに行なわれていた。(142) 死んだ夫が多くの妻を道連れにすることもしばしばあった。みずから望み、喜んで新しい生へ赴こうとした者もあったが、それは一部にすぎない。多くは慣習の力や不名誉への恐れ、家族や聖職者による説得や脅迫、抗えない約束やあからさまな暴力によって死に追いやられたのである。近代に入って英国の法的規則がサティーを禁じたとき、聖職者たちは最大限の抵抗を試みた。ヴェーダの権威に訴えてこの慣行を正当化した彼らは、異国人である支配者もこれを尊重するようにと求めた。しかしながら、聖職者たちは実際には、この儀礼を守るために、聖なるヴェーダを曲解してきたことが、H・H・ウィルソン教授〔Horace Haymn Wilson 一七八六－一八六〇。イギリス人東洋学者〕教授によって証明されている。サティーを支えてきたのは長期にわたる根深い偏見にすぎず、ヒンドゥー教の信仰には、この慣行についての伝統的な決まりはないのである。

古代のバラモンによる葬送儀礼については、マックス・ミュラー教授がサンスクリットの文献に基づいて、詳細に記述した論文がある。ヴェーダが指示するところによれば、未亡人は火葬用の薪の上に、夫の死体とともに横たえられる。夫が戦士であったならば、彼の弓も添えられた。しかしそのあと、義理の兄弟や養子、または長年付き添った召使いなどが次のように語りかけて、薪の上から降りてくるよう未亡人を導くのである。「立て、女よ。生者の世界へ戻ってきなさい。あなたが夜をともにした男性はすでにこの世にいない。私たちのところに来なさい。あなたは、かつてあなたの手をとった夫の妻となり、子どもの母親となることで十分に義務を果たしたのです」。ただし、弓は壊して薪の山の上に投げ戻し、死者のために捧げられた道具類は、死体とともにすべて焼かれるのである。

今日のサティー慣行が初期のバラモン儀礼からひどく逸脱したものであることは確かだが、だからといってそれがのちのヒンドゥー教聖職者による創作とは考えにくい。おそらくもともとは、ヴェーダの時代よりもさらに古い時代のものである古代アーリア人の儀礼が、人々の生来の気質に合致していたせいか、根強い影響力を発揮して復活したのだろう。古代において権威をもっていた儀式では、その原始的な形態のとおり、未亡人は実際に死に追いやられたらしく、人道的な法は名目的なものでしかなかったものと見える。このような見方は、夫人の供犠を禁じる緊急の命令が古い時代に出されていることで、その信憑性が増す。禁令は、実際に行なわれていた慣行に対して出されていたと思われるからである。「死んだ夫のあとを追うことを禁じる、とバラモンの法に書いてある。他のカーストについては、こうした法令があったかもしれないし、なかったかもしれない」[143]。

ヒンドゥー教における未亡人の焼殺は、古い時代の慣行の残存か復活と見なす方が、一般的な民族誌的見解によく合致するように思われる。未亡人の供犠は、依然として低い文明の段階にある世界のさまざまな地域において確認される。そしてそのことは、この慣行がいまだ野蛮な状態にあった初期のアーリア人のものであるという仮説にも一致する。現代のインドで行なわれているのと同様のサティー儀礼が、ギリシア人、スカンディナヴィア人、ゲルマン人、スラヴ人など、ヨーロッパに定住した古代アーリア諸族によっても広く行なわれていたのは、この儀礼がこうした民族に共通の古層から継承されたものだからだと考えれば、単純に説明がつくだろう。もしこの仮説が成り立つなら、ヴェーダのしきたりの数々がいかに古くさいものであるにせよ、サティー儀礼に関しては、未亡人の供犠というさらに古い野蛮な儀式に対する改革や反動であったといえる。アーリア人たちはこの遺風を実際の行動としては禁止しつつも、象徴としては保持し続けたのである。とはいえ、宗教の歴史が端的に示しているのは、改革の意志にもかかわらず、旧癖というのはぶり返しやすいもので、低級で野蛮な状態へと簡単に逆戻りしてしまうという変わらぬ人の性である。サティーというこの恐ろしい慣習は、ヴェーダの権威さえもしのぐほどの頑強さで、初期バラモン時代の抑圧を生き延びた。イギリスの支配によって撤廃されたのは、たんに退化したヒンドゥー教の遺物ではなく、もっとずっと遠い昔からの、アーリア文明の母胎となった野蛮な古代の遺物だったのである。

動物の魂〔四六七－四七一〕

人の魂に関する考察はこれくらいにして、ここからはもっと低級な動物の魂について考えてみよう。野蛮人の発想として、われわれがまず知っておくべきなのは、低級な動物の性質に対する見方が、文明人のそれとは大きく異なるということである。野蛮な部族の慣行のなかに、その違いをはっきりと目に見える形で物語るものがある。たとえば、野蛮人は生きている人にも死んだ人にもまじめに語りかけるが、同様に、生きている獣にも死んだ獣にもまじめに語りかける。動物たちに敬意を表し、彼らを捕まえたり殺したりしなければならないことについて、許しを請うのである。たとえば北米のインディアンたちは、馬にも知性があるかのように扱う。ある者は、ガラガラヘビを見かけても殺さないが、それは蛇の霊から復讐を受けることを恐れているからである。またある者は、ガラガラヘビに対して丁寧に敬礼し、霊の国からきた友だちとして歓迎し、蛇の頭に一つまみの煙草を供物として振りかける。それから蛇のしっぽをつかんで巧みな手さばきで殺し、蛇の皮を戦利品として手に入れるのである。もし現地民の誰かが熊に襲われて体を引き裂かれてしまったなら、熊は意図的に彼を襲ったのであって、おそらく他の熊が傷つけられたことに怒って復讐しているのだ、と彼らは考える。熊を殺したときは、その熊に許しを請い、殺した張本人が平和を象徴するパイプを熊にくわえさせて、その霊が復讐しないように懇願する。(144)

アフリカでも同様の事例がある。カフィール族〔アフリカ南部に入植した白人が黒人一般を指す蔑称として使っていた。現在の呼称はバントゥー〕がゾウを仕留めるときは、まず自分たちを踏み殺さないように祈願し、仕留めたあとは、わざと殺したのでないことをゾウに納得させようとする。それからゾウの鼻を埋葬するのだが、それはゾウが強力な首長のような存在であり、その鼻は人間に危害を及ぼす手下のようなものだからである。コンゴの人々の場合は、殺されたゾウのための復讐として、仕留めた人を攻撃するふりをする。[145]

こうした慣習は、低級なアジアの部族に広く見られる。たとえばカンボジアのステアング族〔モンークメール諸語バナール語系の民族〕は、自分たちが殺した獲物に許しを請い、[146] 蝦夷のアイヌは殺した熊に敬意を表してから皮を剝ぐ。[147] コリアーク族〔ロシアのカムチャツカ半島の一部に住む先住民族。言語は古アジア諸語に属す〕は、熊か狼を殺した時は、その皮を剝いで仲間の一人に着せ、その周りを踊りながら自分たちが殺したのではない、と釈明の歌をうたう。その際、とりわけロシア人を非難することがある。しかし仕留めたのがキツネだった場合、彼らはその皮を剝ぎ、死体を干し草で包み、仲間のもとへ戻れと嘲笑するかのように言う。そして、自分たちがそのキツネをいかに親切にもてなし、どのようにして古い毛皮を新しいものに変えてあげたかを語って聞かせるのである。[148] サモイェード族は、殺した熊に対して、実際に手をかけたのは自分たちではなくロシア人であり、熊をナイフで切り刻むのはロシア人だ、と言い訳をする。[149] ゴルディ族〔アムール川、ウスリー川などの流域に住むトゥングース、満州語系民族で、現在の呼称はナーナイ〕は殺した熊を吊るし上げ、「ご主人様」と呼びかける皮肉な挨拶をする。生け捕りにした場合は、「息子」や「兄弟」と呼びかけながら檻のなかで太らせ、厳かな祭りを行なうときに、犠牲として殺して食べる。[150] ボルネオでは、ダヤク族が餌を付けた鉤と縄でワニを捕まえてその足を縛り上げるあいだ、わざと「王さま」とか「おじいさん」と呼んで持ち上げ、尊敬の念を伝えながら落ち着かせようとする。[151] 野蛮人は恐怖心を乗り越えたあとも、ワニに対する尊敬の念をもち続ける。尊敬する相手を縛り上げて喜ぶのは皮肉な話だが、そうした態度の根源には畏怖をたたえた誠意があるのだろう。現在でも、ノルウェー人の猟師は人を襲う熊のことを「非キリスト者の熊」と呼んで恐れている。

*人と動物は心霊的《サイキカル》に絶対的な違いがあるという感覚は、文明社会では当たり前のことだが、低級種族のあいだにはそうした感覚はほとんど見られない。彼らにとって鳥獣の鳴き声は人の言語のように聞こえるし、その行動は人間同様の思考に基づくように感じられるので、鳥獣や爬虫類にも人間同様に魂の存在を認めることは、論理

的になんの問題もない。低級な心理学では、人間の魂に賦与されるような特徴、つまり生死の現象や意志と判断、それに夢や幻に現われる幻像などを、動物にも認めざるをえない。野蛮人であれ文明人であれ、転生を信じる人々にとっては、動物は魂をもつばかりでなく、その魂が人間に宿ることもあるので、ある動物が事実上彼らの祖先や親しい友人であったとされることもある。こうした一連の事実を文明の歩みの里程標として眺めるなら、そこには動物の魂もまた、生前と死後を通じて存続するという考え方の歴史の一端が、かいま見えるだろう。

たとえば北米インディアンは、動物は皆それぞれ霊をもっていて、そうした霊が未来生を生きると考えていたし、橇《そり》を引く犬の魂は主人に仕えるためにあの世へ赴くとされた。スー族は人間だけが四つの魂をもつ特権を有しているのではなく、動物のなかでも人に最も近い熊は四つの魂をもつと考えていた[152]。グリーンランドの住民は、病人の魂を野ウサギやトナカイや幼い子どもの健康で新しい魂に置き換える力が邪術師にはあると考えていた[153]。またマオリの語り部は、犬の魂が現地語でレインガと呼ばれる死者の国へ降りていく道があると聞いたことがあるという。マダガスカルのホヴァ族〔マダガスカル島中部の先住民で現在の呼称はメリナ〕によると、動物と人の幽霊は、南方にあるアンボンドロンベという大きな山の中に住んでおり、ときどきそこから出てきて墓や犯罪者の処刑場を歩き回る[154]。カムチャダール族〔カムチャツカ半島先住民、ただしロシア化が進んでいる。自称はイテリメン〕はごく小さなハエさえも含めて、あらゆる生き物が地下の世界でもう一度生きると考えている[155]。アッサムのクキ族〔クキ＝チン諸語の諸々の方言を話す諸民族の総称〕が娯楽としての狩猟や宴のために殺したあらゆる動物の幽霊は、来世でもその人の所有物となる。たとえそれが戦場で殺した敵であっても、来世では彼の奴隷になるのである。カレン族も霊の存在を認めている。そして生霊や幻像が生身の体を抜け出て怪我をすることもあるという考え方を、人のみならず動物にも同様に適用している[156]。ズールー族の考えでは、人が殺した牛は再び甦って、地下の世界の住人の所有物になる[157]。シャム人の肉屋は、仏の教えに反して去勢牛を殺さなければならないとき、屠殺する前に、その霊が今より幸せな居場所を見つけられるようにささやかな祈りを捧げる[158]。

このような転生思想との関連で言うと、ピュタゴラス派やプラトン派の哲学では、いっそう低級な動物にも不死の魂があるとしている。しかしその一方で、他の古典思想は動物には比較的低級な魂しか認めない。動物には「アニマ」だけがあって、人間のような「アニムス」はないと考えるのである。そのため、ユウェナーリス〔六〇頃‐一二八頃。古代ローマの風刺詩人〕は次のように述べる。

「獣と人間の共通の創造主は、世界の初めに、獣には生命のみを、われわれにはそのうえに魂をも恵与してくれた」[159]。

動物の心をめぐる論争は中世を通じて戦われ、現代もこれを引き継いでいるが、意見は二極化している。一つはデカルト派の意見で、動物をたんなる機械と見なすものである。もう一つはアルジャー氏〔William Rounseville Alger 一八二二‐一九〇五。米国のユニテリアン派牧師〕の定義によれば、「動物には、非物質的な不死の魂がそなわっているとする信仰」で、近代思想のなかではウェスリー〔John Wesley 一七〇三‐一七九一。英国の神学者でメソディスト派の創設者〕の例が挙げられる。彼の考えでは、動物はこの世での身体や精神の状態以上に立派な姿をあの世で与えられ、「その恐ろしげな見かけに取って代わって、本来の美しさが現われる」。そして場合によっては現在の人間と同じ状態になり、宗教も理解できる存在になるという。また、アダム・クラーク〔Adam Clarke 一七六〇頃‐一八三二頃。英国のメソディスト派神学者〕は抽象的な正義の観念に基づいて動物の死後の生を論じている。それによると、動物は原罪を犯していないにもかかわらず、罪深い人間の災難に巻き込まれており、その状況では彼ら自身の幸せは望むべくもない。とすれば、彼らはあの世で報われて然るべきだというのである[160]。

このように、真面目な哲学のなかにさえ、動物が魂をもつという原始的信仰がある程度残存していることは確かである。とはいえ、教養人の一般的な考え方としては、生命や心とは区別されるものとしての魂が動物にもあるかという問いに否定的かつ懐疑的に答えるのが、長きにわたる傾向であることは明白だろう。科学が洗練されていなかった時代には、そのような原始的信仰にも現実味があると思われたのだが、今やそれには低い評価しか与えられなくなっている。ある程度知的な会話を楽しみたいときには今でも好まれる話題だが、そうしたときでさえ、動物の魂などというのはいささか感傷的でナンセンスな話だということを話し手自身がひそかに自覚しているものである。

葬儀の供犠で動物の魂を転送すること〔四七一－四七四〕

先に、原始的な部族では、亡くなった主人のために妻や奴隷を殺してその魂を使いに出す慣習があることを示*したが、原始的な心理学において動物も人間同様、魂をもつと考えられているということは、当然ながら動物にも同様の役割が期待されることになる。たとえばポーニー族〔北米中央部の大平原に居住していた先住民〕の戦士が死ぬとき、来世でも愛馬に乗れるよう、墓の上で馬を殺す。コマンチ族〔北米の大平原南部を支配し勇猛さで知られた先住民〕が、お気に入りの武器やパイプと一緒に最高級の馬を主人と一緒に埋葬するのは、あの世で狩りを楽しんでもらうためである。[161]

南米では、そのような儀礼がたんに行なわれるというにとどまらず、それが多大な損失をもたらす状況にまでいたっている。ドルビニによると、パタゴニアの諸部族はあの世での完璧に幸福な暮らしを信じるがゆえに、死者とともに武器や装飾品を埋葬するのみならず、故人が自分の所有していた動物を天国で見つけられるように、その人の墓の上でそのすべての動物を殺す。こうしたことは、富の蓄積や住宅の修理を困難にする点で、あらゆる文明にとって容易に克服しがたい障害となっている。[162]

インディアンが犬を殉葬する動機を述べたポープの文章も、今ではありふれた記述になっているが、北米大陸では犬の霊はまた別の珍しい役割を担っている。クランツが述べるように、あるエスキモーは子どもの墓に犬の頭を入れた。犬の魂はいろんな場所について熟知しているので、無力な子どもを魂の国まで無事に導いてくれるだろうと考えられたからである。これに通じる事例として、スコーズビー船長〔William Scoresby 一七八九－一八五七。イギリスの北極探検家〕は、ジェイムソンズ・ランド〔グリーンランド東部の半島〕で、おそらく子どものものと思われる小さな墓に入れられた犬の頭蓋骨を発見している。そこから遠く離れたアステカ地域でも、葬送儀礼の重要な行事として、テチチと呼ばれる地元の犬の屠殺が行なわれていた。犬は首に綿の糸を結びつけられた状態で、人の遺体とともに焼かれるか埋められる。その任務は、死者の国へ行く途中にあるチウマフアパンという深い湖で、死者を無事に対岸に渡すことである。(163) またタタール族の例としては、死者の愛馬を鞍付きのまま墓場で殺し、そのまま墓に投げ込むというブリヤート族〔ロシアの主にブリヤート共和国、イルクーツク州、チタ州に居住する部族〕の習俗が挙げられよう。(164)

トンキンでは、王子の葬礼に際しては、死後の世界で役に立つように、野生動物をも溺死させる慣習がある。(165) セム系諸部族のあいだでは同様の例として、死者の霊があの世で騎乗するために、墓の上でラクダを犠牲にするというアラブの慣習がある。(166) ヨーロッパのアーリア民族においても、同様の儀礼がはっきりした目的意識をもって、広範囲で根強く行なわれており、たとえば亡くなった戦士には馬や住宅、猟犬、ハヤブサなどが贈られた。そうした慣習は年代記や伝説のなかでも語られており、現在行なわれている古い未開時代の埋葬場の発掘がそれを裏付けている。その遺跡の根底にはさらに野蛮な文化の痕跡が存在することは、十四世紀という比較的遅い時代に書かれたリヴォニア〔現在のエストニア南部からラトヴィア北東部にあたる地域の旧称〕の記録からも明らかである。その記述によると、奴隷の男女や羊、去勢牛その他もろもろが死者とともに焼かれている。死者はどこかにある生者の国へといつかたどり着き、そこでたくさんの牛と奴隷を手に入れて、幸せな人生を送ると信じられていたのである。(167)

こうした儀礼についても、やはり現代にまでその残存を認めることができる。たとえばモンゴル族はかつて葬儀に際して故人のラクダや馬を屠殺していたが、いつからか牛をラマ僧に捧げることで供犠の代わりとするようになった[168]。ヒンドゥーの人々は、ヴァイタラニーという死の川を無事に渡れるよう願って、黒い雌牛をバラモンに捧げる。まるで牛飼いが川を渡るときのように、牛の尻尾をつかんだ姿で死ぬことも多い[169]。

北欧では、貧者に雌牛を与えた者は死の橋を渡るときに雌牛に導いてもらえると信じられており、葬礼の行列に雌牛を引く慣習が最近まで行なわれていたという[170]。こうした儀礼はおそらく、古代の葬儀における供犠に関連したもので、戦士の馬を故人の墓の上で犠牲にする慣習は、その残存として比較的目につくものである。サンフォア〔Germain-François Poullain de Saint-Foix 一六九八－一七七六。フランス人作家〕は遠い昔のフランスにおける非常に説得力ある証拠を書き遺している。すなわち、シャルル六世〔一三六八－一四二二。フランス国王〕の葬儀では頭を剃り黒衣を纏った四人の従者が馬飾りの四隅を持って、数頭の馬を引いていた。馬と従者は殺害され、いまだキリスト教に帰依していなかった王とともに埋葬されたと、彼は述懐している。おそらく彼の同時代の読者は、それを特別なこととは受け止めなかっただろう。彼はまた、一三二九年にパリでエドワード三世〔一三一二－一三七七。プランタジネット朝のイングランド王〕のために奉納された物品と馬の記録や、ロンドンで行なわれたジョン王〔一一六七－一二一六。プランタジネット朝のイングランド王〕の葬儀で捧げられた馬の記録なども残している。サンドニで一三八九年に行なわれたベルトラン・デュ・ゲクラン〔Bertrand du Guesclin 一三二〇－一三八〇。ブルターニュ出身の騎士〕の葬儀でも数頭の馬が奉納されたが、オーセール司教の按手を受けたのちに死を免れている[171]。

ゲルマン民族のなかには、実際の供犠の記憶をとどめている人々がまだいる。フレデリック・カシミール・ブース・フォン・ウォルデック伯爵〔Friedrich Casimir Boos von Waldeck 一七六二－一七八一〕という騎兵隊長は、一七八一年に〔ドイツ南西部の都市〕トレーブにおいてチュートン人の作法で埋葬されたが、そのとき彼の馬は葬送行列に参加したあと屠殺され、地中に安置された故人の棺桶の上に投げ入れられた[172]。これはおそらく、ヨーロッパで厳粛に供犠が執り行なわれた最後の事例であると思われる。兵士の葬列での鞍と轡《くつわ》を付けた軍馬の先導というこの感傷的な出来事は、過去のものとなった残忍な宗教儀礼の面影を、今に伝えている。

植物の魂〔四七四 - 四七七〕

生と死、健康と病気といった現象にあずかるのは動物ばかりではない。植物もまた、同じように魂をもつと考えられている。実際、中世の哲学では、植物やそれより高次の有機体にも動物のような魂があると考えられていた。野菜に魂があるというのもごく自然な発想であり、それは現在の博物学者にも忘れられてはいない。しかし、比較的低級な文化では、少なくともある広大な地域においては、植物の魂と動物の魂を完全に同一視するという、さらに踏み込んだ発想が見られる。たとえばソシエテ諸島〔南太平洋フランス領ポリネシアにある群島〕の人々は、人ばかりでなく動物や植物にもあるとされる魂や霊のことを「ヴァルア」と呼んでいる。(173) ボルネオのダヤク族は人と動物がともに生命の大原則としての霊をもっていて、それが身体から離れると病気になり、ひどいときは死にいたると考えている。しかも、米には「水田の霊（samangat padi）」があると考え、不作を防ぐ目的で、その霊魂をしっかり確保するための宴会を開く。(174) またカレン族は、植物も人や動物と同様に、「ラ（ケラー）」をもつと考えており、稲が病気になると、その魂を、体を抜け出た人間の霊と同じ方法で呼び戻す。その呼び方についても記録が残っており、以下はその一節である。――「おぉ、来い、米のケラーよ、来い。田んぼに来い。米に来い。……西からも東からもやって来い。鳥の喉もとから、サルの胃袋から、ゾウの喉から……あらゆる穀倉からやって来い。おぉ、米のケラーよ、米に来い」。(175)

このように、東南アジアの思想史には植物の霊という観念が根付いていたと考えられるが、その種の観念はかなりの程度、仏教の影響によって退けられた。初期の仏教経典を見ると、樹木が霊をもつかどうか、樹木を傷つけても問題ないかどうかが論争の的だったことがわかる。仏教の正統派は、樹木には魂はないとし、心も感覚もないのだから、傷つけても良心のとがめを感じる必要はないとした。ただし、ある種のデーヴァ、つまり精霊は木の幹に宿り、その中から語りかけると考えた。仏教徒たちは、異端の一派が樹木に活き活きとした生命があるという太古の思想を保持していると述べているが、そのことはマルコ・ポーロの記述からも窺われる。少々疑わしい記述ではあるが、そこでは素朴なインド人たちは、植物に魂が宿るという理由でハーブ類を〔食すのを〕忌避するとされており、ほかにも同様の記録を残している人がいる。

とはいえ植物の霊というのは、いささか漠然とした主題である。低級種族がそもそもはっきりとした意見をもっていなかったのか、それともそうした見解の痕跡をたどるのがわれわれにとって困難なだけなのかもよくからない[176]。葬儀で供犠をしていたという証拠から人間の古代心理の大部分を探究するのは非常に価値あることだが、植物に関しては、もともと死者に仕えさせるために送り込むのには適さないため、手がかりが得られない[177]。そこで他に目を転じてよく観察すると、この問題に関連するものとして、二つの主題が見いだされる。

一つは、転生の思想が多くの場合、樹木や植物も人間と同じ霊魂によって生かされているという観念を明確に肯定しているということである。そしてもう一つは、樹木の霊への信仰や樹木崇拝の実践は、樹木の魂という発想と多少とも密接に関連する諸々の観念を伴うということである。たとえば古典文学に出てくるハマドリュアデス〔ギリシア神話に登場する木の精〕が彼女の木とともに死んだことや、東南アジアのタライン族〔現在の呼称はモン〕が樹木の一本一本に魔物や霊の存在を認め、伐採時には祈りを捧げるべきだと考えていることにその発想が現われている。

ここまで見てきた低級なアニミズム哲学の詳細は、今日の研究者にとってさほど目新しいものではない。実際、低級ないし中級の文化が示す人と動物の魂に関する原始的な見方は、現行の文明的な思考においても今のところ見いだすことができる。こうした考え方が誤謬であり、それに基づく行為も無意味だと考えている人々であっても、大真面目にそれを信じている低級な民族を理解し、共感することができるのである。植物のなかに分割可能な霊や魂があって、それが植物を生かしているという考え方も、通常の発想でまったく理解不能というほどおかしなものではない。

物の魂〔四七七－四八〇〕

しかし、低級な文化の魂理論はその限度を超えて、現代人にはもっと奇妙に感じられる概念を採用している。というのも、ある比較的高次の野蛮人は、木や石、武器、舟、食品、衣服、装飾品、その他もろもろの、私たちにとっては魂も生気もないたんなる物に、身体を離れ、単体で生き延びられる魂があると考えているのである。ほかの野蛮人たちも、多かれ少なかれ同じような考えをもっている。

*こうした考えは、もちろん一見すると突飛なものに思われるが、文明化していない部族の知識人になったつもりで、物の魂の理論を彼らの視点から検証してみれば、必ずしもそれを非合理的だとは思わないだろう。たとえば神話の起源をめぐって、そこに人や動物のみならず、物にも生命と人格を付与するという原始的段階の発想が現われていることがすでに論じられている。私たちが無生物と呼ぶもの——川や石や樹木、武器など——が、まるで生ける知的存在であるかのように扱われ、話しかけられ、なだめすかされ、悪さをしたという理由で罰を受けたりしていたのである。ヒュームの『宗教の自然史』はおそらく、他のどんな書物よりも宗教の発展についての現代的な考え方の大きな源泉となっているが、そのなかでヒュームはこの人格化という思考段階の影響力について、次のような所見を述べている。「人類の間には、すべての存在物を自分自身のように把握し、すべての対象に自分たちが日常的に親しく接しており、身近に自覚している諸性質を転移するという一つの一般的傾向が存している」。「彼らの心を不断に悩ます未知の諸原因は、つねに同一の外観で目に映るのですべてが同一の類ないし種のものとしてとらえられる。こうなると、われわれが、それら諸原因に思惟や理性や情念を帰したり、時にはそれらをわれわれ自身とさらにいっそう類似させるために、人間の四肢や姿態までを付与したりするのも遠いことではない」。

オーギュスト・コントはそうした思考の段階を、人類の初期的な心理状態についての考察のなかで厳密に位置づけようとし、それを「純粋なフェティシズム」の段階と呼んでいる。「純粋なフェティシズムをつねに特徴づけているのは、自然物であれ人工物であれ、われわれにとって外在する物体のいっさいを、ある種の生命を賦与されたものと捉える原始的傾向の奔放かつ直接的な作用である。この場合、外なる物体に認められる生命は、われわれ自身の内なる生命と本質的に似かよったものであり、たんに強度を異にするにすぎないとされるのである[178]」。

低級な精神文化を理解するための鍵となるのは、われわれがこの原始的で子どもっぽい概念を、どの程度徹底的に理解できるかである。その意味でよい手がかりとなるのは、われわれ自身の子どものころの記憶である。郵便ポストや棒や椅子や玩具に人格を認めていたころの記憶をたどれば、人類の幼少期の哲学が生気という概念を、近代科学が無生物としか認識しないものに対しても敷衍していたことが理解できるかもしれない。それによって、低級なアニミズム的思想の主要部分の一つである、物の魂という考え方を説明することができるだろう。またその種の考え方において魂の概念が十全なものとなるには、生気だけではなく、幻像や幻影的霊なども必要となるが、こうした発展を遂げるのは自然なことである。なぜなら、人の幽霊の場合と同様の理屈で、夢や幻を証拠として物体にも霊があるということになるからである。熱で頭がぼんやりしているあいだに幻を見たり、夢を見たりしたことのある人なら誰でも、そこで人の幻像だけではなく物の幻像も見ているはずだ。野蛮人もまた、みずからの感覚に与えられる証拠に基づく見解を自身の哲学や宗教に採用しているのだとすれば、それを彼らの馬鹿げたこじつけだと難じることはできないだろう。

こうした観念の存在は、彼らが幽霊について説明するとき、暗示的にではあるが確認できる。つまり、幽霊は裸で出てくるのではなく、服を着たり、時には武装したりしているわけで、人の霊がそうしたものを身につけているとすれば、そうした衣装や武器にも霊があると考えるのは当然なのである。そう考えれば、野蛮人の哲学を否定的な見地から扱うべきではけっしてない。このように極限まで発達したアニミズム的思想と比較しうるものは、文明化された国々に今なお残存している通俗的見解にも認められ、そこでも人間の魂の本質や幽霊はそうしたものと関連づけられている。たとえばハムレットの父の幽霊が全身きっちりと武装した姿で現われた様子は、以下のように描写されている。

「あの甲冑は、野心満々のノルウェー王と一騎打ちをされたときのものだ」。

〔『ハムレット』シェイクスピア全集二三、小田島雄志訳、白水社（白水Uブックス）、一二頁〕

このように幽霊が服を着て現われること、しかもその人の生涯でも特に馴染み深い扮装をしていることは、文明と野蛮の別を問わず、世の幽霊物語には付きものである。また視覚のみならず聴覚も、物の幽霊の存在の証しとなる。おどろおどろしい鎖の音や幽霊の衣服の衣擦れの音などは、亡霊文学にしばしば登場する。野蛮な理論においては、幽霊とその衣服はどちらも現実的で客観的なものであるのに対し、近代科学の理論によれば、幽霊もその衣装も想像上のものであり、主観的なものである。いずれの理論によっても、幻姿《アパリション》の事実はそれぞれに合理的に説明される。無教養な現代人のなかには、物の幽霊という観念を無視したり拒絶したりしておきながら、人の幽霊という観念を受け入れている人がいるが、それは混成した思考に陥っているのであり、そこには野蛮人の論理も文明的な哲学者の論理も通っていないのである。

低級種族*のなかでは三つの部族の人々が、最も明白で際立った物体ー霊の観念をもつことが観察されている。それは、北米に広く分布するアルゴンキン諸部族と、フィジー島民の一群と、ビルマのカレン族である。シャルルボワ神父の記録によれば、北米インディアンにとって魂とは影であると同時に身体のイメージが生気をもった状態であり、その原理からの帰結として、この宇宙のあらゆるものは生気を吹き込まれていると信じられている。

この宣教師はとりわけアルゴンキン諸部族を熟知していたが、そのなかでもオジブワ族はキーティング〔William Hypolitus Keating 一七九九－一八四〇。アメリカ人地理学者〕が記すように、人や動物が魂をもつばかりではなく、たとえばヤカンのような無機物にも共通の本質をもった魂があると考えていた。同じ地域について、十七世紀のル・ジューヌ神父〔Paul Le Jeune 一五九一－一六六四。フランスのイエズス会修道士〕は、人や動物のみならずヤカンや手斧の魂もまた川を渡り、日の沈むところと言われた〈偉大なる村〉に行くという信仰があったことを記録している。(179)

この奇異な発想と興味深い一致を見せるのは、フィジー人の教義に関するマリナー〔William Charles Mariner 一七九一－一八五三。イギリス人船乗りでトンガ居住時の記録を執筆した〕の記述である。――「もし動物や植物が死んだら、その魂はすぐにボロトゥへと飛んでいく。石やその他の物体が壊れても、その不死は同じように約束されている。人工物であっても人間や食肉豚やヤムイモと同じ幸運に恵まれているわけだ。斧でも鑿でも擦り減ったり壊れたりしたら、その魂は神に仕えるために飛んでいくのである。家も、取り壊されたり、なんらかの理由で破壊されたりすると、その不死の部分がボロトゥに行ってそこに居場所を見つける。そして、その証拠としてフィジーの人々が見せてくれるのは天然の井戸のようなもので、ある島のなかにある深い穴だ。その底には水が流れていて、そこで確かに人々や動物、植物、家畜、石、カヌー、家、それにこのはかない現世で壊れてしまった日用品の魂を感じとることができるという。そこではそうした魂たちが上になり下になり、もつれ合って泳いだり転げまわったりして、不死の領域へと入っていくのである」。それからまるまる一世代後のトーマス・ウィリアムズ師の記録では、動物や無生物がこの世を脱してムブルという霊的世界へと赴くという話は、必ずしもすべてのフィジー人に受け入れられているわけではないと記されている。しかし、それと同時に、さらに古い説明が存在することもまた、ウィリアムズ師は確信している。――「カヌーや家、瓶などの人工物が、このはかない世界の他の遺物とともに泳ぎながら、カウヴァンドラの井戸の底の流れに乗って不死の世界へ向かっていくのを見たことがある、と語る人々は、そのことを当然のこととして信じている。その井戸の周りに、犬や豚などの幽霊が残していった足跡を見たことがあるという人々も同様である[180]」。

カレン族の考え方については、クロス師〔E. B. Cross アメリカ人バプティスト派宣教師でビルマで宣教に従事〕が次のような記述を残している。――「あらゆる物体はそのケラー（kelah）をもつと考えられている。斧やナイフも、樹木や草と同じように、それぞれにケラーという独立した部分をもっているとされる」。「カレン族は、死んだあとも斧で家を建て、包丁で稲を刈り、家事をこなすのだろう[181]」。

葬儀の供犠で物の魂を転送すること〔四八一－四八四〕

多くの種族が葬儀に際して人や動物の供犠を行なっている。それはこれまで見たとおり、犠牲となった魂が、死んだ主人に仕えるように送り出すためだった。だとすれば、物に魂を認める部族がそれをあの世に届けようとして物を犠牲に捧げるのは合理的であると言える。アルゴンキン諸部族のあいだでは、死者のために物の魂を犠牲として捧げることは慣習的な儀式となっている。戦士の死体は仮面や棍棒やパイプや戦闘用の顔料とともに葬られ、葬儀の場ではその死体に対し、あの世への旅路について公に語りかけることも記録に見える。一方女性は櫂《かい》やヤカン、それに女性の人生に付きまとうさまざまな重荷を運ぶための革紐などとともに葬られるのが慣習となっている。こうした供物はその物の霊や幻像を本来の持ち主に渡すために捧げられるのであり、すでに一六二三年にラルマン神父〔Charles Lallemant 一五八七－一六七四。パリ出身のイエズス会宣教師〕がはっきりと記述している。それによると、インディアンは死者とともにヤカンや毛皮などを埋める。彼らの考えによれば、物の身体はそこにあり続けるが、その魂はかつてそれを使っていた死者のところへ行くのだという。

こうした考え方は、オジブワ族の次のような伝承ないし神話に、絵画的に描写されている。昔、スペリオル湖のほとりにギッチ・ゴーズィニという首長が住んでいた。彼はあるとき病気にかかり、わずか数日後には瀕死の状態になった。ギッチ・ゴーズィニは巧みな狩人であったので、死に際に、自分が持っている銃のなかで一番よいものを一緒に埋めるように言い残した。ところが友人のなかには彼が本当に死んだと考えない人もいたので、彼の死体はすぐには葬られなかった。妻が夫を四日間見守り続けていたところ、はたして彼は息を吹き返し、次のように語った。彼は死んだあと幽霊となり、死者が幸せな土地へ向かうときに通る広い道を歩いていた。牧草がよく茂った広い平原を抜けて、美しい木立を見たり、無数の鳥のさえずりを聞いたりしながらある丘の頂上にたどり着くと、そこから死者の町を遠くに眺めることができた。その町は眺望のほぼ中央にあり、一部は霧に隠れていたが、いくつもの美しい湖や川の流れで輝いて見えた。かと思うと、今度は凜としたシカやヘラジカの群れ、その他の動物たちも周囲に現われ、恐れる様子もなく彼の近くを歩いていた。ところがそのとき彼は銃を持っていなかったので、自分が生前、墓に銃を入れてくれるよう友人に頼んだことを思い出し、取りに戻った。そのとき彼は多くの男女や子どもたちが、列をなして死者の町へ向かって行くのに出くわした。彼らは銃、パイプ、ヤカン、肉、その他の物を抱えて、ひどく重たそうに歩いていた。女性も籠や彩色を施した櫂を持ち、少年は飾りのついた棍棒や弓矢、友人からもらった贈り物などを抱えていた。そのなかの一人が重い荷物の中から銃を彼に与えようとしたが、ギッチ・ゴーズィニはそれを断って道を引き返し、ついに自分が死んだ場所まで戻ってきた。そこでは目の前にも、そして周囲にも火が燃えさかっていて、どこにも逃げ道がなかった。必死の思いで跳び上がったとき、彼は夢うつつの状態から目覚めたのである。この話をしたあとで、彼は聴衆に向けて、死者にあまりたくさんのものを持たせるべきではないという教訓を語った。安息の地に行くまでの道のりがたいへんになるので、死後の道中で出会った人の誰もがそのことで不平を言っていたからである。故人が特に愛用していたものや、本人が要求したものだけを墓に入れるのがよい、と彼は言った(182)。

*フィジーの首長が死ぬと、油を塗って彩色を施し、生前同様に服を着せた状態で横たえられるが、これにも明白な意図がある。右手の近くに重い棍棒を置くが、それには「クジラの歯」の模様が栄誉ある印として、一つ、時には複数、刻まれている。棍棒は、ムブルへ向かう道中で彼の魂を待ち受け、殺して食おうとしている敵から

身を守るためのものである。あるフィジー人は仲間の墓から棍棒を取り出し、傍らにいた宣教師に説明してこう言った。「棍棒の魂は彼とともに行ってしまった」。なおクジラの歯の模様には、次のような意味がある。死者の国への途上にタキヴェレヤワという、ひと気のない丘があり、そこに幽霊のようなタコノキが立っている。死者の霊はこの木に向かってクジラの歯の霊を投げ、それが命中すると丘に登り、〔犠牲として〕絞殺された妻たちの霊がやってくるのを待つのである(183)。

こうした事例の最後の仕上げとして、カレン族の葬送儀礼を挙げよう。そこにはかつて実際に行なわれていたであろう人間と動物の供犠の残存が明らかに見て取れる。重要な人物が亡くなると、彼らは奴隷一人と小型の馬一頭をその人の墓の近くに縛りつける。縄からは自力で抜け出せるようになっているので、それ以来その奴隷は自由の身となる。遺体のそばに、食品や諸々の生活用具、それに金や銀などの貴重品などを置くという慣習も、彼らのあいだでは一般的である(184)。

このように、死者のためにその所有物を犠牲として捧げることは、世界中で広く行なわれている宗教儀礼の一種である。それでは、葬儀の際に所有物を捨てたり破壊したりする人はすべて、物には魂があり、その霊を死者のもとに送り届けられると信じていると考えてよいのだろうか。答えは否である。よく知られているように、死者に供え物をするにもかかわらず、物の魂の存在を信じていない人々がいるのだ。たとえば、死を連想する恐怖から、不吉な考えを招くあらゆるものと縁を切ろうとして、故人の持ち物を捨てたくなる人がいる。また、さまよう幽霊に贈り物をすれば喜ばれたり、使ってくれたりするかもしれないと考える人たちもいる。いずれも情緒的な空想や象徴による想像にすぎないが、その種の考えだけでも、物品を供える十分な動機となるかもしれない(185)。

しかしこうしたことを十分に踏まえてもなお、他の多くの民族が物の魂の存在を多かれ少なかれ自然に受け入れているらしいと判断してもよさそうである。彼らはけっしてアルゴンキン諸部族やフィジー人やカレン族のように物の魂という考え方を明確に言明するわけではないが、それを多少とも認めているようだ。これについては、

W・R・アルガー〔William Rounseville Alger 一八二二－一九〇五。ユニテリアン派牧師、作家〕というアメリカ人研究者が記録を残していて、そこにはこの見解をさらに補強する記述がある。彼は「来世思想の批判的歴史」と題する文章のなかで、非凡な学識と判断力を示しつつこの主題に関する民族誌を吟味し、次のように述べている。「一般的に言って、未開人の頭のなかは、人間のみならず、あらゆるものに霊《ゴースト》があるという感覚でいっぱいのようだ。……死者のために物を焼いたり埋めたりする慣習のうち、おそらく少なくともいくつかの事例は、すべての物には死後の霊、マネスがあるという前提から生じたものと思われる」[186]。心理学の古層に属するこの興味深い問題に関連する事柄として、葬式での供犠という主題について、手短ながらよりさらに考察を加えておきたい。

葬式における物の供犠の動機〔四八四－四九二〕

*世界中で行なわれている葬式での供犠に関する調査を広く見てみると、最も平凡な動機の一つが端的に見えてくる。つまりそれは、大まかには死者を益するという観念によって規定されるような動機である。それは故人に対する親切心によることもあれば、故人の不興を買うのを恐れてのこともある。われわれはすでに、葬儀で自然に供犠を行なうような心の在り方を詳しくみてきたが、そうした思いがどのようにして実際的な形式をとるようになるのかは、漠然と察することしかできない。

誰かが死んでも、その人がまるで生きているかのように接することは可能である。冷たい手を握ったり、話しかけたり、テーブルの前の椅子に腰かけさせたり、その延長として、棺に思いのこもった記念品を入れたり、墓の上に花を撒いたり永遠の思いを込めて花輪を墓の上に掛けたりする。エル・シッドも、愛用した剣ティソーナ〔あるいはティソン〕を手にした姿で愛馬バビエカの上に安置され、生前のように異教徒に対する戦いを指揮するために外に運び出されたかもしれない。死んだ王様には生前と同じように食事が部屋に運び込まれただろう。もちろんそのとき侍従は、「今日、王はお召し上がりになりません」と人々に告知しなければならないが。

このように死を無視して故人がまだ生きているかのように振る舞うのは、子どもじみたことではある。それでも野蛮人が死者とともに近親者やその人が愛用していた武器、衣服、装飾品などを墓に入れたり、死体に何か食べさせようとしたり、埋葬の前に煙草を骸骨にくわえさせたり、幼児の墓に玩具を入れたりするのも、それと似たようなことである。しかし、こうした盲目的で暗愚な幻想でも、そこからさらに思考が進むと、論理的な推論の領域に入っていく。

仮に人が死んでその魂が体から去っていくとしたら、そのとき死者に食べ物や衣服や武器を与えるための方法は、死体とともにそうしたものを焼いたり埋めたりすることである。なぜなら、その死体に起こるのと同様のことが、彼のそばで運命をともにするよう埋められたものにも起こると考えられているからである。ただしこの場合、そうした伝達がどのような仕方で起こるかは、曖昧なままである。葬式での供犠という慣習は、最初はこうしたあいまいな考えや想像に依拠して人類に根付き、今もある程度残存しているとはいえ、なんら明確で入念な哲学的理論に合致するものとはなっていない。

*ところで、葬式での供犠はしばしば物の霊や魂という概念と論理的に結びついていたり、つながっていたりするので、供犠を行なう本人はその行為の意味を問いただされた場合、その種の概念を持ち出さないかぎり答えることができない。そうした性格をもつ供犠は、およそ二つのグループに大別できる。一つは、魂を他界へ送るために人や動物を犠牲として捧げる人々が、たんにそれと同じように無生物も犠牲として捧げるというものである。第二のグループは、犠牲として捧げられる物体の幻像が死者の幻像の持ち物になっていることが明確にわかるタイプのものである。

*カリブ族は、死んだ人の魂は死者の国へ向かうと考えて、首長の墓の上で奴隷たちを犠牲にし、新しい生活での使役に供しようとする。犬や武器を埋葬するのも同じ目的のためである。[187] ギニアの黒人たちは、偉大な人の葬式では、数人の妻と奴隷をあの世で主人に仕えさせるために殺害する。そして上質の布や金の呪物、サンゴ、

ビーズ、その他の貴重品を棺桶の中に入れて、やはりあの世で使えるようにする。[188]ニュージーランドの首長が亡くなるときも、数人の奴隷が彼に仕えるために犠牲となる。そして悲しみに暮れる家族たちは、第一夫人があの世で夫と再び一緒になるために、縄を渡して森の中で首を吊るよう求める。[189]この考え方は、死者に武器を送ろうとする動機とほとんど違いがなさそうである。また、トゥングース族が死者のためにその馬と弓矢と煙草道具一式、それにヤカンを埋める意図とも、知性の働きとしてなんら異ならない。

古代スキタイ人の首長の葬式については、ヘロドトスが典型的な記述を残している。墓の盛り土の中には、首を絞められた彼の妻や奴隷たち、馬、特に選ばれたいくつかの所有物、黄金製の壺など実に雑多なものが埋められていて、生き物も物も分け隔てなく犠牲にする未開人の発想を端的に表現している。[190]過去にはヨーロッパでも、戦士が死ぬと、その剣、槍、鞍を付けた馬、猟犬や鷹、弓矢、それに衣服や宝石で派手に着飾った妻とともに埋葬された。そうした行為に共通して見られる目的意識は、考古学的な推論によってはっきりと導き出すことができる。

死者のために犠牲にされるのはどのようなものかについては、供犠を執行した人々自身が非常にはっきり言明した記録を残している。物は墓の中で腐ったり、火で焼かれて灰になったりするが、それらはなんらかの方法で、体を失った死者の魂の所有物となる。物質としての物自体ではなく、それに対応する幻像としての形態が、墓からさらに遠くへ旅する故人の魂によって運ばれたり、霊の世界において使用されたりする。死者の幽霊が生者の前に現われるとき、供犠を通して受け取った物を所有していたり、あるいは、まだ受け取っていないものを要求したりすることもある。たとえばオーストラリアの人々は自分の武器を天国へ持っていく。[191]あるタスマニア人は現地民の墓に槍が置かれている理由について、「眠っているあいだに戦うため」だと答えている。[192]グリーンランド人の多くは、男の墓にはカヤックや弓などの道具を置き、女性の墓には包丁と裁縫道具を置いておくと、来世で使用できると考えている。[193]スー族の副葬品は、故人が今後それによって生計を立てるための道具である。イロクォイ族の死者に施される化粧は、あの世でその人が身だしなみを整えられるようにするためである。(194) アステカ族〔十六世紀初頭メキシコ高原に一大帝国を築いていたナワトル語を話す民族〕の水差しはミクトランという死者の世界への旅路で使われる。また、装飾品や籠や戦争での強奪品をまとめて燃やして、それらを故人のもとへ届ければ、それでいくらか故人を激しい風から護ることになるという。戦士の魂のために地上で犠牲として捧げられるものは、天国の平野に届くとされる。(195) 高齢のペルー人たちのあいだでは、王子が死ぬとその妻たちはあの世でも夫に仕えるために首を吊るものとされているし、王子の従者たちも王子がもっていた畑や、生前好んでいた土地などに埋められる。そうしておけば、王子の魂がそうした場所を通ったときに彼らの魂を従えて、あの世へ行けるからである。このようなペルー人たちの強固なアニミズム思想を踏まえれば、彼らが死者のために所有物を犠牲に供する理由を問われ、それは「もうずいぶん昔に亡くなった人々が副葬品で身を飾り、生き埋めにされた妻を連れて歩いていたのを実際に見たから(196)」だと答えているのは少しも不思議ではない。

*最近のマダガスカルでも、物の霊や幻像を見たという証言が得られる。マダガスカルでは死者がなんらかの形で使えるように物を地中に埋める。たとえばラダマという王が亡くなってその幽霊がある晩、生前の彼の別荘に現われたとき、王は副葬品だった衣服の一つを身にまとい、墓の前で殺された名馬に乗っていたと伝えられ、人々はそれを固く信じた。(197) 北アジアのトゥーラーン系諸部族は、葬式の時にたくさんの馬、橇、衣服、斧、ヤカン、火打ち石、鉄、火《ほ》口《くち》になる物、肉、そしてバターを犠牲として捧げるのは、死者が魂の国に行くまでのあいだと到着後の暮らしで困らないようにするためだ、と語っている。(198) 北欧のエストニア人は、死出の旅立ちに際して、針と糸、ヘアブラシ、石鹸、パン、ブランデー、硬貨などを死者に持たせてやる。子どもの場合なら玩具を用意する。こうした実用的な意味を重視する発想は今日まで残っており、魂が夜に戻ってきて、必要なものがないと親戚に不平を言ったり、嘆いたりするという話をしばしば耳にする。(199)

ヨーロッパ化したタタール諸部族から目を転じて東方の島々の種族を見ると、スンバワ島〔インドネシア小スンダ列島の島〕のオラン・ビヌア族のあいだには、相続に関する奇妙な法律が普及している。誰かが死ぬと、その遺産相続人として、存命の父母、息子、兄弟などとともに、すでに死んだ親族も一定の分け前を得るのである。そうした遺産は、たとえば家畜なら葬式の時に全員で食べ、燃やせるものは燃やし、その他は埋めることで、その死者のものになるという。(200) コーチシナ〔フランス統治時代のヴェトナム南部地域〕では、平民は死者のための宴会を、上流階級のそれと同じ日に開くことを嫌う。貴族の魂が召使いの魂に命じて、平民の死者への贈り物を奪い去ってしまうかもしれないからである。こうした人々は、彼らの文明のありったけの資源を用いて、できるだけ贅沢にはなばなしくこの野蛮な葬式での供犠を行なおうとする。たとえばコーチシナで一八四九年に王が死去したとき、出版された報告書には次のように書いてある。「ティエン・トリの死体を棺桶の中に安置したとき、あの世で死者が使用できるように、ほかにもたくさんのものを納めた。王冠、ターバン、さまざまな衣服、金銀、その他もろもろの貴重品、米や食品などである」。棺桶には死者の魂のうちの一つが安らうと考えられており、そのそばには食事が用意され、文字を織り込んだダマスク織も額縁に入れて置かれていた。墓は出口のない石の大建造物になっていて、死者の妻のうち子どもを産まなかった者は永久にそこに閉じこめられ、埋葬所の番をしながらあの世での必要に応じて死者に毎日食事を用意するものとされた。棺は墓の建物のうしろにある洞窟のようなところに安置されるが、そこでは舟、台座、その他葬式で使用されたさまざまなものが燃やされた。「さらには王が生前使っていたもの、たとえばチェスの駒や楽器、扇、箱、日傘、マット、髪飾り、馬車など、そして厚紙と木で造られた馬と象も燃やされた」。「葬式が終わって数ヵ月後、異なる時期に二度、森の仏塔のそばに二つの壮麗な木造の宮殿が建てられた。その宮殿にはいろいろな調度品が取りそろえられており、故人となった王が生前暮らしていた宮廷とすべてが似ていた。どちらの宮殿も二〇の部屋があり、細心の注意を払ってなんの不足もないように造られたうえで、盛大に燃やされる。かくしてあの世で死者の使用に供するという愚かな信念のおかげで、莫大な富が灰燼に帰すのであった(201)」。

このような慣習は、死者にターバンやベルト、剣を付けて盛装させるベドウィン*にも見られるが、死者のために葬式で供犠を行なうのは、セム系の諸民族にはまったく見当たらない。「エゼキエル書」はそうした儀礼の意義を十分に説明しつつも、それはイスラエルの慣習ではなく、非ユダヤ人のものだとしている。すなわち「割礼のない」勇士たちは「武器をもって陰府《よみ》に下り、剣を頭の下に、盾を骨の上に置いていた」という記述である。[202] これとは反対にアーリア人は、そうした葬式の供物を古い時代には広く行なっていたことが知られており、儀礼の華々しさや目的の明快さは野蛮人のそれに引けを取らない。なぜバラモンが供犠を行なう道具は火葬用の薪の上で本人と一緒に焼かれなければならないのか、それについてこの儀式で唱えられるヴェーダの一節は次のように述べている。「彼はあの世へ行っても、誠実に神に仕えるだろう〔Yadâ gachchâtyasunîtimetâmathâ devânâm vasanîr-bhavâti〕」。[203]

ルキアノス〔一二五頃–一八〇頃。ギリシアの風刺作家〕はギリシアの葬送儀礼について、皮肉交じりながらかなり公正に所見を述べている。それによれば人々は地下界で使うために、馬や若い女性の奴隷や酒の給仕係を殺し、衣服や装飾品を燃やす。ハデスで肉体を失った影《シェイド》が飢えないように、墓の上で肉や酒を捧げる。豪華な衣装や花冠を死者に付けるのは道中凍えないように、そしてケルベロス〔ギリシア神話の冥府の番犬〕に裸の姿を見られないようにするためである。ケルベロスにとって、死者が手土産に持たされたハチミツ菓子は格好の獲物だからである。そして死者の口の中に一オボール金貨を入れるのは、〔冥府の川の渡し守をしている〕カロンへの駄賃である。ただしアルゴリス〔ペロポネソス半島東部に位置した古代ギリシアの一地方〕の都市ヘルミオネにはハデスへの近道の下り坂があるので、陰気な渡し守に与えるコインを死者に託す必要はない。

こうした考え方が生まれた経緯は、ユークラテスの物語に描かれている。それによると、ユークラテスの死んだ妻は彼の前に現われて、生前持っていた金のサンダルを持ってくるよう求めた。それは箪笥の下に落ち込んでいたので、葬式の際に他の衣服と一緒に焼かれずに残っていたのである。あるいはペリアンドロス〔生年不詳–前五八六。古代ギリシア、コリントの僭主、ギリシア七賢人の一人〕の物語によると、彼の死んだ妻メリッサは返事の神託を与えることを拒んだ。あの世で着られるものを受け取ることができなかった彼女は、寒さに凍えていた。葬式のときに埋められた彼女の衣服が、事前に焼かれていなかったのである。そこでペリアンドロスはコリント人の女性たちからその最上級の服を盗み出し、大きな溝の中で祈りながらそれを焼いて神託を得ることができたのだった。[204]

古代のガリア人たちもあの世の生を信じていたので、生活に要るものを死者と一緒に焼いて埋めていた。また彼らが来世にまで借金の返済を求めたという記録も信じてよいかもしれない。なぜなら、近代になっても、日本ではこの世で借金して来世で多額の利子をつけて支払うことになっていたからだ。[205]古代スカンディナヴィア人の死者の魂は、自分の住んでいた家から、召使い、馬、ボート、それに渡し賃、衣服、武器などを持ち出し、死後も生前と同様の旅を続けたという。その旅路は、暗くて長い「地獄の道」（helvegr）であり、死者の足には辛い旅を歩き通せるように「ヘルショーン〔地獄用の靴（helskó）〕」が縛りつけられていた。王者ハラルド〔八～九世紀に北欧を支配したとされる伝説的王〕がブラヴァラの戦いで殺されたとき、家来たちは王の遺体を戦車に乗せ、そのまま埋葬地に乗り入れて、そこで馬を殺した。フリング王〔スウェーデン人の伝説の王〕は亡きハラルドのために彼自身の鞍をそばに置き、亡くなった先王がヴァルハラまで乗っていけるようにした。[206]最後に、リトアニアと古代プロイセン地方では、異教徒のアーリア人たちがヨーロッパに深く根を下ろし、最近まで定住していたが、中世を過ぎても葬式のときに人や動物や物を生け贄として捧げていた話が伝えられている。そこでは人は、あの世でもこの世と同じように金持ちになったり貧乏になったり、貴族に生まれたり農民になったりして生まれ変わると考えられており、同様に「焼かれた物も人とともに蘇って、以前と同じようにその人に使われると信じられていた」。

険しいアナフィエルの山に住んでいた偉大な祭司クリヴェ・クリヴェイトがともに暮らしていたのはそのような人々であった。亡くなった人の魂は皆この山を登らなければならないので、死体を焼く時には熊やオオヤマネコの鉤爪を一緒に焼いて、その道行きの助けとしていた。すべての魂はクリヴェの家の中を通り過ぎなければならなかったので、クリヴェは死者が身に着けている衣服や馬、武器などの様子を、それぞれの死者の遺族に語って聞かせることができた。時には通り過ぎていく魂が槍やその他の道具で残していった痕跡まで見せたので、人々の信仰はいっそう強まった。(207) こうした葬送儀礼の事例は、野蛮から未開、さらには比較的高度な文明にまで広く行なわれている、かなりの程度共通する目的をもった儀礼の広がりを示している。

こうした諸種族の事例をひととおり見てきて、彼らははたして人間や動物から槍やマントや棒や石にいたるすべてのものに霊があると信じていたのかどうか、という問いにようやく明快な答えを得られるように思う。北アメリカ、ポリネシア、それにビルマの記録からは、十分に発達したアニミズムについての証言が何度も得られたように思う。そのような直接的な証言が得られない場合でも、少なくとも低級文化に関しては、人々が物の魂を実践のなかで扱っていることから、その実在を認める方向に進んでいることは間違いないだろう。

物の魂についての考察〔四九二―四九六〕

葬式*の際に死者に贈る供物についての議論を終える前に、この慣習が最終的にどのように崩壊したのかを跡づけておかなければなるまい。それは突然姿を消したのではなく、徐々に衰え、意味を変えながらしぶとく残存したようである。ボルネオのカノウィット族〔サラワクの原住民メラナウ族の一部族〕の話では、あの世で使うために故人の所有物を水に流したり、貴重品を墓のそばに並べたりもするというが、実際には貧弱なカヌーに、盗むにも値しない使い古しの物品をいくつか載せるだけである。(208) 北米でもウィネバゴ族〔北米北東部のスー語族で農業や野牛狩猟を生業とする先住民〕の葬式の供犠は、パイプと煙草を死者とともに埋葬したり、戦士の墓に棍棒を添えたりする程度である。葬儀の場で展示された品物はそこから撤去され、生者の賭けの対象となる。(209) ベンガルのサンタル族〔インド東部の先住民、指定部族〕は二つの器を用意し、一方に米を入れ、一方を水で満たし、数ルピーの金を添えて死者の寝椅子の上に置く。これは影の世界の敷居を跨ぐときに魔物たちをなだめるためのものだが、火葬の薪の準備ができると、こうしたものは撤去される[210]。

高価な供物を無価値な模造品で代替するという想像力豊かな手法は、今日では中国のきわめて巧みな仕掛けのなかに見ることができる。かつて死者のために焼かれていた人間や馬の使者は、今では紙細工に置き換えられており、衣服や金銭も同様である。スペインの柱文銀〔十八世紀に国際的に流通していたカルロス銀貨〕も錫紙を巻いた厚紙で模造されていて、包みが銀色なら銀貨を、黄色なら金貨を表わす。人々はそれらを大量に消費することでその重要性を演出し、本物らしさを醸しだす。なにしろ中国のある町の何千人もの女性と子どもがこの贋金を手作りしているのだから、たいへんな量である。同様に、最近死んだ人や、すでに亡くなって久しい友人のために大量の資財が捧げられる。同胞の競売人の話では、紙でできたかわいらしい家の中には「ありとあらゆる贅が尽くされ」ていて、それを焼けば中国人の死者はそこに住めるようになる。紙でできた引出しを開けるための紙の鍵も燃やせば、死者は引出しの中にある紙製の金塊や銀塊を取り出すことができる。それらはあの世で実際に流通していると考えられているが、抜け目のない生者はそんなことはおかまいなしに、再びそこから原料の錫を取り出そうと灰を集めるのである[211]。

現代のヒンドゥー教徒も亡くなった両親へ葬式用のケーキ菓子に花とキンマを添えて捧げるとき、ケーキの上に毛の織糸を載せて、死者の名を呼びながら、「毛の織糸で作られたこれらの衣服をお受け取りくださいますように」と唱える[212]。こうした事実が示唆するのは、現実には使用価値のない供物に象徴的な意味があるということである。サー・ジョン・ラボック卿〔前述のエイヴベリー公と同一人物〕はエスキモーが墓に入れるカヤックと槍の小さな模型や、エジプト人の墓に入れられるさまざまな模型や、エトルリア人の死者とともに埋められる脆くて役に立たない宝石なども、同じ種類のものとして分類している[213]。

ボルネオ*の人々が、イスラーム教徒になってもなお、死者に敬意を表してあの世への旅路に必要な食料を埋める儀式をやめないのと同様に、[214] キリスト教化したヨーロッパでも副葬品を埋める儀式が残存している。たとえば、カロンへの駄賃として死者の口にオーブル金貨を含ませる古代ギリシアの埋葬方法は近代のギリシア世界でも行なわれており、そこではカロンも渡し銭もよく知られている。古代プロイセンでも死後のつらい旅路でいささかの気晴らしをするための金を死者に持たせたように、今日のドイツの農民も死者の口や手に四ペニーほどの金銭を持たせる。

少額のコインを死者に持たせることは、ヨーロッパの他地域の民間伝承にもよく記録されている。[215] キリスト教徒の葬儀におけるこうした供物はたいていほとんど無価値なものであり、その意味がきちんと理解されているかどうかももはや疑わしい。とはいえ初期のキリスト教徒は、身だしなみを整えるための小物や子どもの玩具などを墓の中に置くという異教徒の慣習を保持していた。近代のギリシア世界でも、船乗りの墓にはオールを置き、他の職人にもそれ相応のものを供える。死者の上に花を撒くという古典的な美しい儀式も、ヨーロッパではまだ失われていない。[216] こうした心やさしい式典を始めるきっかけになったのがどのような考えであったとしても、それらはキリスト教の普及よりもずっと以前の発想だった。

ヒンドゥー教では、そうした最初の意図が変容してきた様子が窺える。すなわち祭官たちはそれを、自分の都合のいいように利用したのである。彼らはバラモンに水を捧げればその身は清められ、靴を捧げればあの世への旅のための靴を手に入れることになると説いた。さらには、現在住んでいる家を寄進すればあの世での宮殿暮らしも保証されるだろう、と教えた。[217] これに呼応する例として興味深いのは、われわれ自身の暮らす地域において、異教徒の習俗がキリスト教徒の民間伝承に変容したことである。たとえば北米の北東部で今も葬儀の際に歌われる通夜の哀歌、「ライク・ウェイク・ダージ（Lyke-Wake Dirge）」という歌は、野蛮人や未開人の神話によくあるように、死の橋を渡る苦難に満ちたあの世への旅路を物語る。この歌のなかでは、旅する死者は葬儀の供物として贈られるスカンディナヴィア人の来世用の靴を履くことになっているが、現在では、それは生前の彼自身の善行によって得られることになっている。

今夜こそ、今夜こそ、毎晩、そして一晩中
ろうそくの光の中できらきらと輝きながら
キリストがあなたの魂をお受け取りになる

あなたが逝去してから毎晩、そして一晩中
あなたはついにエニシダの茂る湿原にたどり着き
キリストがあなたの魂をお受け取りになる

今までにあなたが靴下か靴を捧げたことがあるなら
毎晩、そして一晩中
腰をおろしてそれを履けば
キリストがあなたの魂をお受け取りになる

でももし今までにあなたが靴下も靴も捧げたことがないのなら
毎晩、そして一晩中
エニシダがあなたの骨の素足を刺すけれど
キリストがあなたの魂をお受け取りになる

エニシダの茂る湿原を過ぎると
毎晩、そして一晩中
ついに畏怖の橋（Brig o' Dread）にたどり着く
そしてキリストがあなたの魂をお受け取りになる

畏怖の橋を過ぎると
毎晩、そして一晩中
あなたはついに煉獄の火に出会う
そしてキリストがあなたの魂をお受け取りになる

ミルクや酒を捧げたことがあったなら
毎晩、そして一晩中
もはやその火を恐れることはない
そしてキリストがあなたの魂をお受け取りになる

ミルクも酒も捧げたことがないのなら
毎晩、そして一晩中
炎があなたを身ぐるみ剝いでしまう
そしてキリストがあなたの魂をお受け取りになる[218]

死者*に捧げものをするという古来の教理を知らなければ、農民たちの心にそれがこのように残存していることの意味を、読者ははたして理解できたであろうか。古代の葬送儀礼の残存は、ここでもまた、われわれが古い時代の知性の遺産を、すでに異なる水準にある現代的な見地から説明しようとすることを戒めているようである。

物質的魂の教義とエピクロス派イデア論との関係〔四九六－四九九〕

これまで*物の魂や霊の理論を概観してきたが、多くの研究者にとってなお指摘すべき事柄は、その種の理論に含まれる最も重要な考えとは何かという問題だろう。すなわち、今日の文明に達した哲学において最も影響力の強い思想の一つに、物の魂や霊についての古い理論が密接に関わっているのではないか、ということである。野蛮な思索者たちは生命・眠り・病い・死などの現象で頭がいっぱいになっていて、通常における自分の心の働きについては、それをごく当然のものと受け取っていたように思われる。彼らは思考の仕組みなどということには考えも及ばなかっただろう。形而上学は、比較的高い水準の知的文化において初めて明確な形を帯びた学問である。現代のヨーロッパにおいて教室で講じられている形而上学的哲学は、歴史的には古代ギリシアの思弁的心理学にさかのぼるものである。

まず視界に入ってくるのは、紀元前五世紀のアブデラ〔トラキア海岸地方の古代ギリシアの都市〕の哲学者デモクリトスの名前をとりわけ連想させる教理である。ルイス〔George Henry Lewes　一八一七－一八七八。イギリスの思想家〕が述べたように、デモクリトスが「われわれはいかにして外界の事物を認識するのか」という形而上学の大問題を取り上げたとき、哲学の歴史に新たな時代が生まれた。デモクリトスはその問いに答えて、思考についてのある理論を提示したのである。彼は、事物はつねにそれ自体自分自身のイメージ（εἴδωλα）を放出していると主張することで、認識という事実を説明しようとした。彼によれば、そうしたイメージは周囲の空気を取り込んで、受け手である魂のなかに入り込み、それによって知覚されるのである。

デモクリトスがこの有名な理論の本当の確立者であったとして、彼はどこまでその発明者であったと言えるだろうか。哲学史家は、その種の理論が、それを説いている学派によって実際に作られたものであるかのように扱いがちである。しかし、ここで示された証拠から見れば、前記の理論は実際には物の魂という野蛮な教義が、思考という現象の説明方法という新たな目的のために転用されたものであることがわかる。これはけっして偶然の一致ではない。なぜなら、古典的宗教と古典的哲学が交わるこの地点において、歴史の継続性の痕跡をなおも見いだすことができるからである。デモクリトスが古代ギリシア人であるということは、供物を捧げるような地元の葬送儀礼を子どものころに見ていたということである。そこでは、豪華な衣装や宝石、金、食品、飲み物などが犠牲として捧げられていたであろうし、彼の母や乳母は、そうした物の幻影的イメージが、生前の影のような姿としての死者の魂の所有物となるのだと、彼に説明しただろう。こうしてデモクリトスは、思索の本質という大きな問題を解くために、原始的で野蛮なアニミズムの教義の残存を、彼の形而上学のなかに取り込んだのである。物に幻像や魂があるというこの発想は、認識についての哲学的理論へと調整されるまさにそのときに、彼のイデアの教義となったと推測される。

デモクリトスの例では、物の魂が飛び回るという野蛮な教義と、エピクロス派の哲学に近親性があることを十分に示せてはいないかもしれない。〔しかし〕ルクレティウス〔紀元前九四－紀元前五〇。ローマの詩人、エピクロス派の哲学者〕の場合は、夢で見る幻影と、物事を考えているときに心に浮かぶイメージの両方を説明するものとして、フィルムのようなもののイメージ（シミュラーキュラとメンブラネ）の理論を作り出している。野蛮から文化的思索へとつながる哲学的思想の連続性は、かくも強固なのである。文明的哲学は原始的アニミズムに対して、このような負債を抱えているのだ。

これまで古典世界において発展してきたイデアの教義は、それ以来形而上学のなかでけっして変化しなかったわけではなく、魂の教義自身のように、いくらかは変容することになった。イデアは物質的対象の抽象的な形態や種《スピーシーズ》へと限定され、目に見える特質以外のものも指すようになり、ついには思想の主題だけを意味するようになった。しかし今日でも、古い理論がまったく消え去ったわけではない。たとえば「イデア〔ἰδέα、目に見える形〕」という重要な用語は、本来の意味も含意として保持し続けている。本当の姿としてのイデアという古い概念をあげつらってこれを否定し、より抽象的な概念に置き換えることが、形而上学者の仕事の一つであり続けている。デュガルド・スチュワート〔Dugald Stewart 一七五三－一八二八。スコットランド出身の哲学者、数学者〕がアイザック・ニュートン卿の著作から、「知覚可能な形象《センシブル・スピーシーズ》」を明確に認識している部分を引用できることが、その明白な事例である。「動物の感覚中枢こそは、知覚の基体が存在する場所ではあるまいか。事物の知覚可能な形象が、神経や脳を介してそこに運び込まれ、それによって事物は、そこにある心によって知覚されるのではないか」。

また、リード博士〔Thomas Reid 一七一〇－一七九六。スコットランド出身の哲学者〕は観念についての独自の理論を述べたとき、次のような認識を示している。「それ〔観念〕は確固とした基礎をもたないにもかかわらず、哲学者たちによって広く採用されてきた。……われわれが外界の対象を直接に知覚するのではなく、感覚によってもたらされるその対象のイメージや形象《スピーシーズ》を通して知覚するというこの考え方は、知覚という主題についての最も古い哲学的仮説と言えそうである。しかも、この考え方は、わずかな変化を伴いながら、今日までその権威を保っているのである」。

リード博士は物の本当の姿としてのイデア概念を、形而上学が維持し続けているという点を強調している。確かに、それが現代人の心にも残存しており、観念のことを語る人々が往々にしてある漠然とした比喩的な仕方で感覚的イメージについて語っていることを否定する人は少ないだろう。(219) 観念や幽霊についての語りのなかでも特にうがっているのは、バークリー司教〔George Berkeley 一六八五－一七五三。イギリスの哲学者、聖職者〕がハレー〔Edmund Halley 一六五六－一七四二。イギリスの天文学者〕に反論したときの言葉である。ハレーがバークリーの観念主義をからかうと、司教は数学者もまた観念論者だと主張した。そして数学者が「微分（ultimate ratios）」と呼んでいるものは、分離させられた「量」の幽霊であり、それを生み出すこの用語が消えたときに現われる、と喝破した。

魂の教義の歴史的発展、原始的生物学におけるエーテル的物質性をもつ魂から近代神学における非物質的魂へ

〔四九九－五〇二〕

人類*はさまざまな局面で一貫して魂の存在を当然視してきたが、その種の思想をここで簡単に要約しておかなければなるまい。人間の知性の歴史において、その段階を追って主要な足取りをたどろうとするとき、そこに見いだされる証拠は発展の理論と最もよく合致するように見える。というのも、われわれがすでに明らかに知っている最低水準の文化においてさえも、身体のなかで人を突き動かし、身体の外で夢や幻想のなかに現われるものとしての幽霊－魂の観念は、非常に深く浸透していると思われるからである。野蛮な諸部族がこの信念を比較的高度な種族との接触によって学んだと考える必要はない。また、それが高度な文化の遺風であり、その状態から野蛮な諸部族が退化したのだと考える理由もない。なぜならここで原始的なアニミズム思想として扱ってきたものは、野蛮人にとって完全に慣れ親しんできたものだからだ。彼らはその感覚を動かぬ証拠として確信しているようだし、最も合理的な生物学的原理に則って解釈してもいる。

われわれは時おり、魂に関する野蛮人たちの教義と実践は、原始的種族のあいだに広まっていた高度な宗教的文化の名残であるとする主張を耳にする。それは遠い古代の宗教の名残であり、高貴な状態から堕落した諸部族が、貧弱に変形した記憶のなかにかろうじてとどめたものだというのである。一般的な状況から切り離されたわずかな事実に基づいて導き出されたそのような説明は、ある種の人々にはもっともらしく聞こえたかもしれない。しかし巨視的に見れば、この課題についてそのような主張をする余地はない。野蛮人のアニミズムはそれ自体で、

それ自体のために存在している。その存在はそれ自体の起源を物語っているのだ。文明化した人間のアニミズムは、進歩した知的状況に比較的見合ったものになってはいるが、全体的にはさらに古く粗野な体系から発展した産物として見ないかぎり、説明しようがない。低級種族の信条と儀礼は、彼らの哲学によれば、それぞれ自然界の明白な証拠からの帰結と、実際的な目的に素直に沿った行為の結果である。新しい事態のただなかで、古いものが残存したのが高級種族の教義と儀礼である。それらは古いものを調整して新しいものに適合させたものであり、新しい状況に適合しなくなったものはすでに捨てられているのである。

野蛮な諸部族の魂理論が未開ないし文化的民族の魂理論と一般的にどのような関係にあるかを簡単に見てみよう。野蛮段階にある種族のあいだでは、一般的な魂理論は注目すべき幅と一貫性をもって受け入れられている。動物に魂があることは、人間が魂をもつという理論の延長線上で自然に受け入れられる。樹木や草花の魂はいくらか曖昧で不公平な扱いを受けているが、無生物も魂をもつという発想によって、魂をもつものの一般的なカテゴリーはその極限まで広げられている。人間の思想の歩みを野蛮、未開、文明といった段階に沿って探究してみると、この理論の状態がしだいに実証科学に適合していく一方、それ自身は逆に不完全で一貫性を欠くものになっていることがわかる。とはいえ文明段階に入り、人々の物理科学の知識が素朴な哲学の水準を超えるようになっても、人はまだいくらか物の魂や幽霊を信じているかのように振る舞う。植物に魂があるという考え方が歴史のなかで徐々に消えていったという断片的な証拠はアジアで見つかっており、今日のわが国では動物に魂があるという考え方はほとんど消滅している。

実際のところアニミズムは脇道にそれながらも、その最初の主な立ち位置、つまり人間には魂があるという考え方に集約される。この教義は文化の進展につれて極度の変容を遂げてきた。アニミズムは、夢や幻想のなかに現われる霊魂や幽霊が客観的に存在しているという有力な思想をほとんど失いつつも、生き延びたのである。魂はその霊妙な実体としての存在性を失うと同時に、非物質的な存在、つまり「陰の影」となった。この理論は生物学や精神科学の調査研究から離脱し、現在は純粋経験に基づいて、生命と思想、感覚と知性、感情と意志などの現象に関する議論となった。「心理学」は非常に重要な知的産物として勃興したが、それはもはや「魂」とは無関係となったのである。

近代思想において「魂」が扱われるのは、宗教の形而上学においてである。この学問の特殊な役割は、未来生という宗教的教義に知的側面を付与することである。基本的なアニミズム的信念を世界の文化の連続的な一連の〔発展〕過程から逸らせていったのは、そうした変化であった。しかし、こうした根本的な変化にもかかわらず、その最も重要な本質としての人間の魂という概念は、野蛮な思想家の哲学から今日の神学者の哲学へと、連綿と受け継がれている。ごく初期から残り続けた魂の定義とは、何かに生気を与えるが、その何かから分離することも可能で、いつまでも生き残り続ける存在であり、個物の人格的存在の媒体なのである。魂の理論は宗教哲学の体系の基本的な部分の一つであり、途切れなく知的に継承《メンタル・コネクション》され続け、野蛮なフェティシズムの実践者から文明化したキリスト教徒までを結びつけている。さまざまな見解の相違によって、現在では世界の偉大な諸宗教同士が非寛容で敵対的なセクトと化しているが、すべての宗教的断裂の最深部に横たわる〈アニミズム〉と〈唯物論〉のあいだにある溝に比べれば、それは実に表面的なものにすぎないのである。

原注

（1）J. D. Lang, 'Queensland,' pp. 340, 374, 380, 388, 444（ブダイは三七九ページに、大洪水を引き起こす存在として現われる。彼はおそらくブダィヤと同一である）.

（2）Moffat, 'South Africa,' p. 261.

（3）Azara, 'Voy. dans l'Amérique Méridionale,' vol. ii. pp. 3, 14, 25, 51, 60, 91, 119, &c.; D'Orbigny, 'L'Homme Américain,' vol. ii. p. 318.

（4）Muir, 'Sanskrit Texts,' part ii. p. 435; Euseb. 'Hist. Eccl.' iv. 15; Bingham, book i. ch. ii. ; Vanini, 'De Admirandis Naturae Arcanis,' dial. 37; Lecky, 'Hist. of Rationalism,' vol. i. p. 126; Encyclop. Brit.（5th ed.）s.v. 'Superstition.'

（5）J. de Verrazano in Hakluyt, vol. iii. p. 300.

（6）W. Ellis, 'Hist. of Madagascar,' vol. i. p. 429; Flacourt, 'Hist. de Madagascar,' p. 59 を見よ。

（7）Dampier, 'Voyages,' vol. ii. part ii. p. 76.

（8）Roe in Pinkerton, vol. viii. p. 2.

（9）Lubbock, 'Prehistoric Times,' p. 564: 'Origin of Civilization,' p. 138 も見よ。

（10）Sproat, 'Scenes and Studies of Savage Life,' p. 205.

（11）Mouat, 'Andaman Islanders,' pp. 2, 279, 303. 前述の指摘ののち、アンダマン諸島の注目すべき宗教についてE・H・マン氏が 'Journ. Anthrop. Inst.' vol. xii.（1883）p. 156で報告を行なった。［第三版への追記］

（12）Baker, 'Races of the Nile Basin,' in Tr. Eth. Soc. vol. v. p. 231; 'The Albert Nyanza,' vol. i. p. 246. Kaufmann, 'Schilderungen aus Central-afrika,' p. 123; Brun-Rollet, 'Le Nil Blanc et le Soudan,' pp. 100, 222および pp. 164, 200, 234; G. Lejean in 'Rev. des Deux M.' April 1, 1862, p. 760; Waitz, 'Anthropologie,' vol. ii. pp. 72-5; Bastian, 'Mensch,' vol. iii. p. 208 を見よ。

このほか、宗教を狭く定義したり、不適切な証拠を挙げたりして野蛮な部族が宗教をもつことを否定した記録としては、以下のようなものが挙げられる。（オーストラリアとカリフォルニア先住民については）Meiners, 'Gesch. der Rel.' vol. i. pp. 11-15;（〔インドネシア東部〕アルー諸島民等については）Waitz, 'Anthropologie.' vol. i. p. 323;（カフィール族等については）Farrar in 'Anthrop. Rev.' Aug. 1864, p. ccxvii;（マナウスについては）Martius, 'Ethnog. Amer.' vol. i. p. 583;（ニューイングランドの諸部族については）J. G. Palfrey, 'Hist. of New England,' vol. i. p. 46.

（13）この用語は特に、フロギストン理論〔近代以前の科学で燃焼の原因と考えられていた仮想上の元素〕を広めたことでも知られるシュタール〔Georg Ernest Stahl 一六六〇頃－一七三四。ドイツの科学者、医師〕の学説を示すのに使われてきた。シュタールのアニミズム論は生命力と魂の存在を突き止めようとする古典理論を、近代科学の体裁で復活・発展させたものである。シュタールの 'Theoria Medica Vera,' Halle, 1737 を見よ。シュタールの見解に対する批判的論説としては、Lemoine, 'Le Vitalisme et l'Animisme de Stahl,' Paris, 1864 がある。

（14）Bonwick, 'Tasmanians,' p. 182.

（15）Tanner's 'Narr.' p. 291, Cree atchâk = soul.

（16）Brasseur, 'Langue Quichée,' s.v.

（17）Martius, 'Ethnog. Amer.' vol. i. p. 705; vol. ii. p. 310.

（18）Dobrizhoffer, 'Abipones,' vol. ii. p. 194.

（19）Döhne, 'Zulu Dic.' s.v. 'tunzi;' Callaway, 'Rel. of Amazulu,' pp. 91, 126; 'Zulu Tales,' vol. i. p. 342.

（20）Casalis, 'Basutos,' p. 245; Arbousset and Daumas, 'Voyage,' p. 12.

（21）Goldie, 'Efik Dictionary,' s.v.; Kölle,（カヌリ族〔ナイジェリア北東部からチャド湖西岸居住の部族〕については）'Afr. Native Lit.' p. 324 を見よ。（オーストラリア人については）'Journ. Ind. Archip.' vol. v. p. 713 を見よ。

（22）Dante, 'Div. Comm. Purgatorio,' canto iii. Grohmann, 'Aberglauben aus Böhmen,' p. 221 と比較せよ。本書一〇六頁も見よ。

（23）Rochefort, pp. 429, 516; J. G. Müller, p. 207.
（24）Mariner, 'Tonga Is.' vol. ii. p. 135; S. S. Farmer, 'Tonga,' &c. p. 131.
（25）Casalis, l.c. また Mariner, ibid. も見よ。
（26）Bastian, 'Psychologie,' pp. 15-23.
（27）J. H. Bernau, 'Brit. Guiana,' p. 134.
（28）Grimm, 'D. M.' pp. 1028, 1133. Anglo-Saxon man-lica.
（29）Lieber, 'Laura Bridgman,' in Smithsonian Contrib. vol. ii. p. 8.
（30）G. F. Moore, 'Vocab. of W. Australia,' p. 103.
（31）Brinton, p. 50, p. 235 も見よ。Bastian, 'Psychologie,' p. 15.
（32）Cranz, 'Grönland,' p. 257.
（33）Crawfurd, 'Malay Gr. and Dic.' s.v.; Marsden, 'Sumatra,' p. 386.
（34）Oviedo, 'Hist. du Nicaragua,' pp. 21-51.
（35）Pott, 'Zigeuner,' vol. ii. p. 306; 'Indo-Germ. Wurzel-Wörterbuch,' vol. i. p. 1073; Borrow, 'Lavengro,' vol. ii. ch. xxvi.「毎晩ある男の霊（*dook*）があの丘を駆け降りるから、それを本に書けよ」。同書 vol. iii. ch. iv を見よ。
（36）Brinton, 'Myths of New World,' p. 253; Comm. in Virg. Æn. iv. 684; Cic. Verr. v. 45; Wuttke, 'Volksaberglaube,' p. 210; Rochholz, 'Deutscher Glaube,' &c. vol. i. p. 111.
（37）Williams, 'Fiji,' vol. i. p. 241.
（38）Ellis, 'Madagascar,' vol. i. p. 393.
（39）Charlevoix, 'Nouvelle France,' vol. vi. pp. 75-8; Schoolcraft, 'Indian Tribes,' part i. pp. 33, 83, part iv. p. 70; Waitz, vol. iii. p. 194; J. G. Müller, pp. 66, 207-8.
（40）Cross in 'Journ. Amer. Oriental Soc.' vol. iv. p. 310.

（41） Macpherson, pp. 91-2.（北欧のサーミ人については）Klemm, 'C. G.' vol. iii. p. 71;（ボルネオのダヤク人については）St. John, 'Far East,' vol. i. p. 189 も見よ。

（42） Shürmann, 'Vocab. of Parnkalla Lang.' s.v.

（43） Tanner's 'Narr.' p. 291; Keating, 'Narr. of Long's Exp.' vol. ii. p. 154.

（44） Williams, 'Fiji,' vol. i. p. 242; 人の魂を奪い取り、衰弱させ、死に至らしめるという逆のプロセスについては、p. 250 を見よ。

（45） J. L. Wilson, 'W. Afr.' p. 220.

（46） Bastian, 'Mensch,' vol. ii. p. 319;（バンクーバー島については）Sproat, p. 213.

（47） Bastian, 'Psychologie,' p. 34; Gmelin, 'Reisen durch Sibirien,' vol. ii.（ヤクート族については）p. 359;（トゥングース族については）Ravenstein, 'Amur,' p. 351.

（48） Bastian, 'Oestl. Asien,' vol. i. p. 143; vol. ii. pp. 388, 418; vol. iii. p. 236. Mason, 'Karens,' l.c. p. 196, &c.; Cross, 'Karens,' in 'Journ. Amer. Oriental Soc.' vol. iv. 1854, p. 307.（ダヤク族については）St. John, 'Far East,' l.c. も見よ。

（49） Doolittle, 'Chinese,' vol. i. p. 150.

（50） Cardan, 'De Varietate Rerum,' Basel, 1556, cap. xliii.

（51） Stanbridge, 'Abor. of Victoria,' in 'Tr. Eth. Soc.' vol. i. p. 300.

（52） Macpherson, 'India,' p. 103.

（53） Cranz, 'Grönland,' p. 269. Sproat, l.c. も見よ。

（54） Rühs, 'Finland,' p. 303; Castrén, 'Finn. Myth.' p. 134; Bastian, 'Mensch,' vol. ii. p. 319.

（55） Vatnsdæla Saga; Baring-Gould, 'Werewolves,' p. 29.

（56） Plin. vii. 53; Lucian. Hermotimus, Musc. Encoin. 7.

（57） R. D. Owen, 'Footfalls on the Boundary of another World,' p. 259. また A. R. Wallace, 'Scientific Aspect of the Supernatural,' p. 43 も見よ。

（58）Brand, 'Pop. Ant.' vol. i. p. 331, vol. iii. p. 236. また Calmet, 'Diss. sur les Esprits;' Maury, 'Magie,' part ii. ch. iv も見よ。

（59）Cranz, 'Grönland,' p. 257.

（60）Waitz, vol. iii. p. 195.

（61）Taylor, 'New Zealand,' pp. 104, 184, 333; Baker in 'Tr. Eth. Soc.' vol. i. p. 57.

（62）Bastian, 'Mensch,' vol. ii. p. 319; Jagor in 'Journ. Eth. Soc.,' vol. ii. p. 175.

（63）Mason, 'Karens,' l.c. p. 199; Cross, l.c.; Bastian, 'Oestl. Asien,' vol. i. p. 144, vol. ii. p. 389, vol. iii. p. 266.

（64）Bastian, 'Psychologie,' pp. 16-20; Eisenmenger, vol. i. p. 458, vol. ii. pp. 13, 20, 453; Franck, 'Kabbale,' p. 235.

（65）Augustin. De Civ. Dei, xviii. 18.

（66）Grimm, 'D. M.' p. 1036.

（67）Charlevoix, 'Nouvelle France,' vol. vi. p. 78; Lafitau, 'Mœurs des Sauvages,' vol. i. p. 363.

（68）Callaway, 'Relig. of Amazulu,' pp. 228, 260, 316; 'Journ. Anthrop. Inst.' vol. i. p. 170.（ダヤク族については）St. John, 'Far East,' vol. i. p. 199も見よ。

（69）Williams, 'Fiji,' vol. i. p. 242.

（70）Mayne, 'Brit. Columbia,' p. 261. Sproat, l.c. も見よ。

（71）J. L. Wilson, 'W. Africa,' pp. 210, 395; M. H. Kingsley, 'W. African Studies,' p. 205. また Ellis, 'Polyn. Res.' vol. i. p. 396; J. G. Müller, 'Amer. Urrel.' p. 287; Buchanan, 'Mysore,' in Pinkerton, vol. viii. p. 677; 'Early Hist, of Mankind,' p. 8 も見よ。

（72）Homer. Il. xxiii. 59. また Odyss. xi. 207, 222; Porphyr. De Antro Nympharum; Virgil. Æn. ii. 794; Ovid. Fast. v. 475 も見よ。

（73）Cicero De Divinatione, i. 27.

（74）Augustin. De Curâ pro Mortuis, x.-xii. Epist. clviii.

（75）Voltaire, 'Dict. Phil.' art. 'ame,' &c. における言及と比較せよ。

（76）Steinhauser, 'Religion des Negers,' in 'Magazin der Evang. Missionen, Basel,' 1856, No. 2, p. 135.

（77）'Historie del S. D. Fernando Colombo,' tr. Alfonso Ulloa, Venice, 1571, p. 127, Eng. Tr. in Pinkerton, vol. xii. p. 80.

（78）Castrén, 'Finn. Myth.' p. 120.

（79）「サムエル記上」二八－一三。

（80）Brinton, 'Myths of New World,' p. 269.

（81）Pennant, '2nd Tour in Scotland,' in Pinkerton, vol. iii. p. 315; Johnson, 'Journey to the Hebrides.'

（82）J. Gardner, 'Faiths of the World,' s.v. 'bilocation.'

（83）Mason, 'Karens,' l.c. p. 198.

（84）Shortland, 'Trads. of New Zealand,' p. 140; Polack, 'M. and C. of New Zealanders,' vol. i. p. 268. また Ellis, 'Madagascar,' vol. i. p. 393; J. G. Müller, p. 261 も見よ。

（85）Calmet, 'Diss. sur les Esprits,' vol. i. ch. xl.

（86）Wuttke, 'Volksaberglaube,' pp. 44, 56, 208; Brand, 'Popular Antiquities,' vol. iii. pp. 155, 235; Johnson, 'Journey to the Hebrides;' Martin, 'Western Islands of Scotland,' in Pinkerton, vol. iii. p. 670.

（87）R. D. Owen, 'Footfalls on the Boundary of another World;' Mrs. Crowe, 'Night-Side of Nature;' Howitt's Tr. of Ennemoser's 'Magic,' &c. を見よ。

（88）小さな人間のイメージで表わされる魂の概念はさまざまな地域に見られる。Eyre, 'Australia,' vol. ii. p. 356;（ダヤク族については）St. John, 'Far East,' vol. i. p. 189;（北米インディアンについては）Waitz, vol. iii. p. 194 を見よ。「親指小僧」のような魂の観念は、ヒンドゥーやゲルマンの民間伝承では珍しくない。中世絵画に描かれる小さな魂の表象と比較せよ。

（89）Magalhanes de Gandavo, p. 110; Maffei, 'Indie Orientali,' p. 107.

（90）Oldfield in 'Tr. Eth. Soc.' vol. iii. p. 287.

（91）Waitz, vol. ii. p. 194; Römer, 'Guinea,' p. 42.

（92）Meiners, vol. ii. pp. 756, 763; Purchas, vol. iii. p. 495; J. Jones in 'Tr. Eth. Soc.' vol. iii. p. 138.

（93）Calmet, vol. i. ch. xxxvi.; Plin. Ep. vii. 27; Hunt, 'Pop. Romances,' vol. ii. p. 156.

（94）Le Jeune in 'Rel. des Jésuites,' 1639, p. 43; また1634, p. 13 も見よ。

（95）Shortland, 'Trads. of N. Z.' p. 92; Yate, p. 140; R. Taylor, pp. 104, 153; Ellis, 'Polyn. Res.' vol. i. p. 406.

（96）Callaway, 'Rel. of Amazulu,' pp. 265, 348, 370.

（97）Homer, Il. xxiii. 100〔ホメロス『イリアス』（下）松平千秋訳、岩波書店（岩波文庫）、三三九頁（第二三歌一〇〇－一〇一行）〕.

（98）Ovid, Fast. v. 457〔オウィディウス『祭暦』高橋宏幸訳、国文社、二〇一頁（第五巻マイユス月四五七－四五八行）〕.

（99）「イザヤ書」八－一九、二九－四。アラブ人は、口笛を吹くこと（el sifr）を、悪魔に話しかけることだとして嫌う（Burton, 'First Footsteps in East Africa,' p. 142）。「ニコラウス・レミギウス〔ニコラ・レミ、一五三〇－一六一六。フランスの治安判事〕の『悪魔崇拝（Daemonolatreia）』は、膨大な妖術関連文献のなかでも最も大部の著作であるが、そのなかでレミギウスは、声を潜めた悪魔の声を聞いたというヘルモラウス・バルバルスを引用している。そしていくつかほかの事例を挙げたあと、プセルロス〔Michael Psellos 一〇一八頃－一〇七八頃。東ローマ帝国の人文主義者、政治家〕の権威に依拠して、悪魔は嘘をついているのがばれないように、一般に低い声でわかりにくく話すと証言する」。Dr Sebastian Evans in 'Nature,' June 22, 1871, p. 140.（Nicolai Remigii Daemonolatreia, Col. Agripp. 1596, lib. i. c. 8,「他の大半の者が言うには、その声は彼女たちにとって、口を甕や壺の中に入れている者が発しているようであった」。——「悪魔たちは水盤からきしむような微かな鋭い音で言葉を発したのだった」。）

（100）Morgan, 'Iroquois,' p. 176.

（101）Flacourt, 'Madagascar,' p. 101.

（102）N. B. Dennys, 'Folk-Lore of China,' p. 22.

(103) Monnier, 'Traditions Populaires,' p. 142; Wuttke, 'Volksaberglaube,' p. 209; Grimm, 'D. M.' p. 801; Meiners, vol. ii. p. 761.

(104) Lang, 'Queensland,' p. 441; Bonwick, 'Tasmanians,' p. 187.

(105) Charlevoix, 'Nouvelle France,' vol. vi. pp. 76, 122; Le Jeune in 'Rel. des Jésuites,' 1634, p. 23; 1639, p. 44; Tanner's 'Narr.' p. 292; Peter Jones, 'Hist. of Ojebway Indians,' p. 99.

(106) Bastian, 'Mensch,' vol. ii. p. 323.

(107) Meiners, vol. i. p. 318.

(108) Festus, s.v. 'everriatores;' Bastian, l.c. を参照し、本書第二巻第十二章注一一三に出典のあるハートノックの記述と比較せよ。

(109) Wuttke, 'Volksaberglaube,' pp. 132, 216.

(110) Casalis, 'Basutos,' p. 285; Glanvil, 'Saducismus Triumphatus,' part ii. p. 161; Wuttke, p. 216; Bastian 'Psychologie' p. 192.

(111) Mariner, 'Tonga Is.' vol. ii. p. 135.

(112) Cranz, 'Grönland,' p. 257.

(113) Rochefort, 'Iles Antilles,' p. 429.

(114) Loubere, 'Siam,' vol. i. p. 458; Bastian, 'Oestl. Asien,' vol. iii. p. 259; p. 278 も見よ。

(115) Diog. Laert. x. 67-8; Serv. ad. Æn. iv. 654 も見よ。

(116) Irenæus contra Hæres, v. 7, 1; Origen, De Princep. ii. 3, 2 も見よ。

(117) Tertull. De Anima, 9.

(118) Hampole, 'Ayenbite of Inwyt.'〔出典不詳。ハンポール（Richard Rolle of Hampole）は中世イギリスの隠遁者で著述家だが、Ayenbite of Inwyt がハンポールの作品とは確認できない。ダン・ミシェル（Dan Michel）の Ayenbite of Inwyt は書籍出版されているが、そこにはこの一節を確認できない〕

（119） Wuttke, 'Volksaberglaube,' pp. 216, 226.

（120） A. J. Davis, 'Philosophy of Spiritual Intercourse,' New York, 1851, p. 49.

（121） Calmet, vol. i. ch. xli. &c.

（122） 'Journ. Ind. Archip.' vol. ii. p. 359; vol. iii. pp. 104, 556; Earl, 'Eastern Seas,' p. 266; St. John, 'Far East,' vol. i. pp. 52, 73, 79, 119; Mundy, 'Narr. from Brooke's Journals,' p. 203. 北東インドのガロ族は葬儀用の供物として首を狩る。Eliot in 'As. Res.' vol. iii. p. 28, Dalton, 'Descr. Ethnol. of Bengal,' p. 67; 〔同じく北東インドの〕クキ族については〕pp. 46-7 も見よ。

（123） T. Williams, 'Fiji,' vol. i. pp. 188-204; Mariner, 'Tonga Is.' vol. ii. p. 220. ニュージーランドについては R. Taylor, 'New Zealand,' pp. 218, 227; Polack, 'New Zealanders,' vol. i. pp. 66, 78, 116 を見よ。

（124） J. M'Coy, 'Hist. of Baptist Indian Missions,' p. 360; Waitz, vol. iii. p. 200.

（125） Rochefort, 'Iles Antilles,' pp. 429, 512; また J. G. Müller, pp. 174, 222 も見よ。

（126） Oviedo, 'Hist. de las Indias,' lib. xxix. c. 31; 〔〔米国ルイジアナ州の先住民〕ナチェズ族については〕Charlevoix, 'Nouv. Fr.' vol. vi. p. 178; Waitz, vol. iii. p. 219. Brinton, 'Myths of New World,' p. 239 も見よ。

（127） Brasseur, 'Mexique,' vol. iii. p. 573.

（128） Piedrahita, 'Nuevo Reyno de Granada,' part i. lib. i. c. 3.

（129） Cieza de Leon, p. 161; Rivero and Tschudi, 'Peruv. Ant.' p. 200; Prescott, 'Peru,' vol. i. p. 29. 人形についての言及は、J. G. Müller, p. 379 を見よ。

（130） Simpson, 'Journey,' vol. i. p. 190; トゥクリ、つまりキャリア族〔アサパスカン語族に属す北米先住民の一部族〕の同様の慣行については、Waitz, vol. iii. p. 200.

（131） Burton, 'Central Afr.' vol. i. p. 124; vol. ii. p. 25; 'Dahome,' vol. ii. p. 18, &c.; 'Tr. Eth. Soc.' vol. iii. p. 403; J. L. Wilson, 'W. Afr.' pp. 203, 219, 394. また H. Rowley, 'Mission to Central Africa,' p. 229 も見よ。

（132） Cavazzi, 'Ist. Descr. de'tre Regni Congo, Matamba, et Angola,' Bologna, 1687, lib. i. 264; Waitz, vol. ii. pp. 419-21; Callaway, 'Religion of Amazulu,' p. 212.

(133) Renaudot, 'Acc. by two Mohammedan Travellers,' London, 1733, p. 81; および Pinkerton, vol. vii. p. 215; Marco Polo, book iii. chap. xx.; および Pinkerton, vol. vii. p. 162.

(134) Caron, 'Japan,' ibid., p. 622; Siebold, 'Nippon,' v. p. 22.

(135) 'Journ. Ind. Archip.' new series, vol ii. p. 374.

(136) Legge, 'Confucius,' p. 119; Doolittle, 'Chinese,' vol. i. pp. 108, 174, 192. 葬列に遭遇したすべての人を攻撃したり殺したりする慣行は、一般的にはおそらく葬儀の際の人身御供と関連づけられる。モンゴルのある王女の葬列に通りで出くわした人々は皆、葬列を先導することを命じられ、殺害された。キンブンド国では、王室関係者の葬列に遭遇した者は、他の犠牲者とともに墓場で殺される（Magyar, 'Süd. Afrika,' p. 353）。Mariner, 'Tonga Is.' vol. i. p. 403も見よ。（タヒチについては）Cook, 'First Voy.' vol. i. pp. 146, 236.

(137) Jakob Grimm, 'Verbrennen der Leichen' には、有用な参考文献と引用の一覧が掲載されている。

(138) Homer, Il. xxiii. 175; Eurip. Suppl.; Pausanias, iv. 2.

(139) Edda, 'Gylfaginning,' 49; 'Brynhildarqvitha,' &c.

(140) Cæsar. Bell. Gall. vi. 19.

(141) Hanusch, 'Slaw. Myth.' p. 145.

(142) Strabo, xv. I, 6; Cic. Tusc. Disp. v. 27, 78; Diod. Sic. xvii. 91; xix. 33, &c.; Grimm, 'Verbrennen,' p. 261; Renaudot, 'Two Mohammedans,' p. 4; and in Pinkerton, vol. vii. p. 194. また Buchanan, ibid. pp. 675, 682; Ward, 'Hindoos,' vol. ii. pp. 298-312 も見よ。

(143) H. H. Wilson, 'On the supposed Vaidik authority for the Burning of Hindu Widows,' in 'Journ. Roy. As. Soc.' vol. xvi. (1854)〔正しくは1856〕p. 201 は彼の著作集 'Works,' vol. ii. p. 270 所収。Max Müller, 'Todtenbestattung bei den Brahmanen,' in 'Zeitschr. der Deutsch. Morgenl. Ges.' vol. ix.; 'Chips,' vol. ii. p. 34.

(144) Schoolcraft, 'Indian Tribes,' part i. p. 543; part iii. pp. 229, 520; Waitz, vol. iii. pp. 191-3.

(145) Klemm, 'Cultur-Gesch.' vol. iii. pp. 355, 364; Waitz, vol. ii. p. 178.

(146) Mouhot, 'Indo-China,' vol. i. p. 252.

(147) Wood in 'Tr. Eth. Soc.' vol. iv. p. 36.

(148) Bastian, 'Mensch,' vol. iii. p. 26.

(149) De Brosses, 'Dieux Fétiches,' p. 61.

(150) Ravenstein, 'Amur,' p. 382; T. W. Atkinson, p. 483.

(151) （ダヤク族については）St. John, 'Far East,' vol. ii. p. 253.

(152) Charlevoix, 'Nouvelle France,' vol. vi. p. 78; Sagard, 'Hist. du Canada,' p. 497; Schoolcraft, 'Indian Tribes,' part iii. p. 229.

(153) Cranz, 'Grönland,' p. 257.

(154) Taylor, 'New Zealand,' p. 271; Ellis, 'Madagascar,' vol. i. p. 429.

(155) Steller, 'Kamtschatka,' p. 269.

(156) Stewart, 'Notes on Northern Cachar,' in 'Journ. As. Soc. Bengal,' vol. xxiv. p. 632; Cross, 'Karens,' l.c.; Mason, 'Karens,' l.c.

(157) Callaway, 'Zulu Tales,' vol. i. p. 317.

(158) Low in 'Journ. Ind. Archip.' vol. i. p. 426; また Meiners, vol. i. p. 220; vol. ii. p. 791 も見よ。

(159) Juvenal, Sat. xv. 148.

(160) Alger, 'Future Life,' p. 632 および 'Bibliography,' appendix ii を見よ。Wesley, 'Sermon on Rom. viii. 19-22'; Adam Clarke, 'Commentary' 同箇所〔「ローマの信徒への手紙」八－一九～二二〕を見よ。ところでこれはベラルミン〔Robert Bellarmin 一五四二－一六二一。トスカーナのイエズス会修道士〕とは逆の見方である。ベラルミンは、「われわれは苦難を受けても天国で報われるが、この気の毒な生き物には現世の楽しみしかない」と言って、辛抱強くノミに食われ続けた。——Bayle 'Biog. Dic.' バトラー〔Joseph Butler 一六九二－一七五二。イギリスの主教、神学者、哲学者〕の'Analogy' part i. ch. i. の議論では、獣の魂が人間の魂と同じような基礎をもつことをその証拠としている。

(161) Schoolcraft, 'Indian Tribes,' part i. pp. 237, 262; part ii. p. 68.

(162) D'Orbigny, 'L'Homme Américain,' vol. i. p. 196; vol. ii. pp. 23, 78; Falkner, 'Patagonia,' p. 118; Musters, 'Patagonians,' p. 178.

(163) Egede, 'Greenland,' p. 152; Cranz, p. 30; Nilsson, p. 140 も見よ。また Torquemada, 'Monarquia Indiana,' xiii. ch. 47; Clavigero, 'Messico,' vol. ii. pp. 94-6.

(164) Georgi, 'Reise im Russ. R.' vol. i. p. 312.

(165) Baron, 'Tonquin,' in Pinkerton, vol. ix. p. 704.

(166) W. G. Palgrave, 'Arabia,' vol. i. p. 10; Bastian, 'Mensch,' vol. ii. p. 334;（ガラ族〔エチオピア周辺オロモ人の旧称〕については）Waitz, vol. ii. p. 519.

(167) Grimm, 'Verbrennen der Leichen.' 葬式の際に雌鶏の頭を切り落とすという慣行については、興味深い一致として、西アフリカのヨルバ族（Burton, 'W. and W.' p. 220）、シベリアのチュヴァシ族〔チュヴァシ共和国等に居住するテュルク系民族〕（Castrén, 'Finn. Myth.' p. 120）、そして古代ロシア人（Grimm, 'Verbrennen,' p. 254）にも見られる。

(168) Bastian, 'Mensch,' vol. ii. p. 335.

(169) Colebrooke, 'Essays,' vol. i. p. 177; Ward, 'Hindoos,' vol. ii. pp. 62, 284, 331.

(170) Mannhardt, 'Götterwelt der Deutschen, &c.' vol. i. p. 319.

(171) Saint-Foix, 'Œuvres,' Maestricht, 1778, vol. iv. p. 150.

(172) Chr. von Stramberg, 'Rheinischer Antiquarius,' I. vol. i., Coblence, 1851, p. 203; J. M. Kemble, 'Horæ Ferales,' p. 66.

(173) Moerenhout, 'Voy. Aux Iles du Grand Océan,' vol. i. p. 430.

(174) St. John, 'Far East,' vol. i. p. 187.

（175）Mason, 'Karens,' in 'Journ. As. Soc. Bengal,' 1865, part ii. p. 202; Cross in 'Journ. Amer. Oriental Soc.' vol. iv. p. 309. シャムとマレーの観念の比較を参照せよ。Low in 'Journ. Ind. Archip.' vol. i. p. 340.

（176）Hardy, 'Manual of Budhism,' pp. 291, 443; Bastian, 'Oestl. Asien,' vol. ii. p. 184; Marco Polo, book iii. ch. xxii.（その他さまざまな箇所と比較せよ）; Meiners, vol. i. p. 215; vol. ii. p. 799.

（177）マレー系の証拠についてはその後ウィルケン〔George Alxander Wilken 一八四七－一八九一。オランダの民族学者〕が言及している。Wilken, 'Het Animisme bij den Volken van den Indischen Archipel,' p. 104.〔第三版への追記〕

（178）Hume, 'Nat. Hist. of Rel.' sec. ii.〔ヒューム『宗教の自然史』福鎌忠恕・斎藤繁雄訳、法政大学出版局、一八、二〇頁。第二節ではなく、第三節の誤記〕; Comte, 'Philosophic Positive,' vol. v. p. 30.

（179）Charlevoix, vol. vi. p. 74; Keating, 'Long's Exp.' vol. ii. p. 154; Le Jeune, 'Nouvelle France,' p. 59; また Waitz, vol. iii. p. 199; Gregg, 'Commerce of Prairies,' vol. ii. p. 244; Addison's No. 56 of the 'Spectator' も見よ。

（180）Mariner, 'Tonga Is.' vol. ii. p. 129; Williams, 'Fiji,' vol. i. p. 242. タヒチにおける同様の観念については、Cook's 3rd Voy. vol. ii. p. 166.

（181）Cross, l.c. pp. 309, 313; Mason, l.c. p. 202; また Meiners, vol. i. p. 144; Castrén, 'Finn. Myth.' pp. 161-3 と比較せよ。

（182）Schoolcraft, 'Indian Tribes,' part ii. p. 68; 'Algec Res.' vol. ii. p. 128; Lallemant in 'Rel. des Jésuites dans la Nouvelle France,' 1626, p. 3.

（183）Williams, 'Fiji,' vol. i. pp. 188, 243, 246; Alger, p. 82; Seemann, 'Viti,' p. 229.

（184）'Journ. Ind. Archip.' new series, vol. ii. p. 421.

（185）死者の財産を放棄する動機として、恐怖や禁欲を挙げる例がいくつかある。以下を参照せよ。Humboldt and Bonpland, vol. v. p. 626; Dalton in 'Journ. As. Soc. Bengal,' 1866, part ii. p. 191, &c.; Earl, 'Papuans,' p. 108; Callaway, 'Rel. of Amazulu,' p. 13; Egede, 'Greenland,' p. 151; Cranz, p. 301; Loskiel, 'Ind. N. A.' part i. p. 64 および p. 76. 死者の全財産を破壊したり放棄したりするのは、それが正しいかどうかは別にして、おそらく恐怖や禁欲のためであると説

明できる。しかし、財産の一部だけが犠牲として捧げられたり、わざわざ新しいものが供えられたりする場合には、こうした動機を一般化して適用することはできず、むしろ死者に対する奉仕と見るのが妥当と思われる。それゆえ、ガロ族の少女の葬式で、人々は陶製の容器を埋葬された灰の上に投げ込んで割ったのである。「彼らは言った。その陶器が割れなかったとしても、少女の霊がそれで何か得するわけではない。彼女にとって、その破片は再び一つになるのである」(Dalton, 'Descriptive Ethnology of Bengal,' p. 67)。葬式で物を割ったり壊したりするという事実は、そのこと自体の意味を説明するものではない。なぜならある人の魂を自由にするために殺すことがあるように、そのものを感傷的に放棄するためという説明も、そのものの霊魂を実際に送り届けるためという説明も、同じように成り立つからである。容器や食器を死者に贈るために壊すという明らかな事例としては、以下を参照。(〔マレー半島の〕ミンティラ族について)'Journ. Ind. Archip.' vol. i. p. 325;(オーストラリア人について)Grey, 'Australia,' vol i. p. 322; G. F. Moore, 'Vocab. W. Australia,' p. 13;(ティクナ族〔南米先住民〕について)Markham in 'Tr. Eth. Soc.' vol. iii. p. 188;(ダヤク族について)St. John, vol. i. p. 68;(アパラチコラ族〔北米フロリダ周辺先住民〕について)Ellis, 'Madagascar,' vol. i. p. 254; Schoolcraft, 'Indian Tribes,' part i. p. 84;(北米先住民と古代イングランドの墓地について)D. Wilson, 'Prehistoric Man,' vol. ii. p. 196. 公式の供犠において、物が死者に贈られたのち再び取り上げられるという事例では、一般にその動機がはっきりしない。以下を参照せよ。Spix and Martius, vol. i. p. 383;(ブラジルの諸部族について)Martius, vol. i. p. 485;(ツワナ族〔アフリカ南部バントゥー系部族〕について)Moffat, 'S. Africa,' p. 308;(カヤン族について)'Journ. Ind. Archip.' vol. iii. p. 149.

(186) Alger, 'Future Life,' p. 81. しかし彼は、ウィネバゴ族の儀礼は意図して象徴的に行なわれるものとしている(p. 76)。彼らは墓の上で火を焚き、来る夜も来る夜もキャンプファイヤーのようにして、遠くへ旅立つ魂のために明かりを提供する(Schoolcraft, 'Ind. Tr.' vol. iv. p. 55; この考えは Longfellow, 'Hiawatha,' xix でも紹介されている)。私はこの単純で子どもっぽい儀礼に深遠な象徴的意味を求めるのは不合理であるというブリントン博士〔Daniel Garrison Brinton 一八三七―一八九九。アメリカ人医師、人類学者〕('Myths of New World,' p. 241)に賛同する。かつてはアステカにも同じような儀礼があった（Clavigero, vol. ii. p. 94）。ミンティラ族は、霊たちが暖をとれるように、墓の上に火を灯す（'Journ. Ind. Archip.' vol. i. p. 325, p. 271 を参照し、Martius, vol. i. p. 491 と比較せよ）。オーストラリア人も彼らのキャンプの近くで、夜になると火を焚くが、それは最近亡くなった近親者の幽霊が近くに来て座れるようにするためである（Millett, 'Australian Parsonage,' p. 76）。

（187）J. G. Müller, 'Amer. Urrelig.' p. 222, また 420 も見よ。

（188）Bosnian, 'Guinea,' in Pinkerton, vol. xvi. p. 430.

（189）Polack, 'M. of New Zealanders,' vol. ii. pp. 66, 78, 116, 127.

（190）Georgi, 'Russ. R.' vol. i. p. 266; Herodot. iv. 71; Rawlinon's Tr. &c. 等の注も見よ。

（191）Oldfield in 'Tr. Eth. Soc.' vol. iii. pp. 228, 245.

（192）Bonwick, 'Tasmanians,' p. 97.

（193）Cranz, 'Grönland,' pp. 263, 301.

（194）Schoolcraft, 'Indian Tribes,' part iv. pp. 55. 65; J. G. Müller, 'Amer. Urrel.' pp. 88, 287.

（195）Sahagun, book iii. App. in Kingsborough, 'Antiquities of Mexico,' vol. vii.; Clavigero, vol. ii. p. 94; Brasseur, vol. iii. pp. 497, 569.

（196）Cieza de Leon, p. 161; Rivero and Tschudi, 'Peruvian Antiquities,' pp. 186, 200.

（197）Ellis, 'Hist, of Madagascar,' vol. i. pp. 254, 429; また Flacourt, p. 60 も見よ。

（198）Castrén, 'Finn. Myth.' p. 118; J. Billings, 'Exp. to N. Russia,' p. 129; また 'Samoiedia' in Pinkerton, vol. i. p. 532 と Leems, 'Lapland;' ibid. p. 484 も見よ。

（199）Boecler, 'Ehsten Gebraüche,' p. 69.

（200）'Journ. Ind. Archip.' vol. ii. p. 691; vol. i. pp. 297, 349 も見よ。

（201）Bastian, 'Psychologie,' p. 89; 'Journ. Ind. Archip.' vol. iii. p. 337. 他の事例については Bastian, 'Mensch,' vol. ii. p. 332,

&c.; Alger, 'Future Life,' part ii を見よ。
(202) Klemm, 'C. G.' vol. iv. p. 159;「エゼキエル書」三二－二七。
(203) Max Müller, 'Todtenbestattung der Brahmanen,' in D. M. Z. vol. ix. pp. vii.-xiv.
(204) Lucian. De Luctu, 9, &c.; Philopseudes, 27; Strabo, viii. 6, 12; Herodot. v. 92; Smith's 'Die. Gr. and Rom. Ant.' art. 'funus.'
(205) Valer. Max. ii.; Mela, iii. 2. Froius (1565) in Maffei, 'Histor. Indicarum,' lib. iv.
(206) Grimm, 'Verbrennen der Leichen,' pp. 232, &c., 247, &c.; 'Deutsche Myth.' pp. 795-800.
(207) Dusburg, 'Chronicon Prussiæ,' iii. c. v.; Hanusch, 'Slaw. Myth.' pp. 898, 415（アナフィエルはスラヴとゲルマンの神話に出てくる、ガラスでできた山である。Grimm, 'D. M.' p. 796）。St. Clair and Brophy, 'Bulgaria,' p. 61 と比較せよ。他界に住む死者に贈られる食品については、より妥当な説明として p. 77 を参照せよ。
(208) St. John, 'Far East,' vol. i. pp. 54, 68. Bosman, 'Guinea,' in Pinkerton, vol. xvi. p. 430 と比較せよ。
(209) Schoolcraft, 'Indian Tribes,' part iv. p. 54.
(210) Hunter, 'Rural Bengal,' p. 210.
(211) Davis, 'Chinese,' vol. i. p. 276; Doolittle, vol. i. p. 193; vol. ii. p. 275; Bastian, 'Mensch,' vol. ii. p. 334; また Marco Polo, book ii. ch. lxviii も見よ。
(212) Colebrooke, 'Essays,' vol. i. pp. 161, 169.
(213) Lubbock, 'Prehistoric Times,' p. 142; Wilkinson, 'Ancient Eg.' vol. ii. p. 319.
(214) Beeckmann, 'Voy. to Borneo,' in Pinkerton, vol. xi. p. 110.
(215) Politis, 'Neohellen. Mythologia,' vol. i. part i. p. 266; Hartknoch, 'Alt. und Neues Preussen,' part i. p. 181; Grimm, 'D. M.' pp. 791-5; Wuttke, 'Deutsche Volksaberglaube,' p. 212; Rochholz, 'Deutscher Glaube,' &c. vol. i. p. 187, &c.;（フランスについては）Maury, 'Magie,' &c. p. 158.
(216) Maitland, 'Church in the Catacombs,' p. 137; Forbes Leslie, vol. ii. p. 502; Meiners, vol. ii. p. 750; Brand, 'Pop. Ant.', vol.

ii. p. 307.

（217）Ward, ‘Hindoos,’ vol. ii. p. 284.

（218）校合し注釈をつけたJ・C・アトキンソンのテクストより。J. C. Atkinson, ‘Glossary of Cleveland Dialect,’ p. 595（a = one, neean = none, beean = bone）. 他の版として、Scott, ‘Minstrelsy of the Scottish Border,’ vol. ii. p. 367; Kelly, ‘Indo-European Folk-lore,’ p. 115; Brand, ‘Pop. Ant.’ vol. ii. p. 275. おそらく五番目と六番目のあいだで、二つの詩節が欠落している。アトキンソンは第七節と第八節で「meate」と記載している。ここでは「milke」という通常の読みが維持されている。この二つの節の意味はおそらく、生きているうちに捧げた酒は業火を消してくれるということだろう。これと同種の観念は民間伝承でも知られており、生きているうちにパンを提供した者は、死後その人のためのパンが用意してあるとされる。そのパンを地獄の番犬の口へ投げ入れ（Mannhardt, ‘Götterwelt der Deutschen and Nordischen Völker,’ p. 319）、ケルベロスの機嫌をとることによって、死者は難を逃れることができる。

（219）Lewes, ‘Biographical History of Philosophy,’ Democritus（リードについての彼の所見についても参照せよ）; Lucretius, lib. iv.; ‘Early Hist. of Mankind,’ p. 8; Stewart, ‘Philosophy of Human Mind,’ vol. i. chap. i. sec. 2; Reid, ‘Essays,’ ii. chaps. iv. xiv. また Thos. Browne, ‘Philosophy of the Mind,’ lect. 27 も見よ。

著者略歴

エドワード・バーネット・タイラー（Edward Burnett Tylor）

1832年、イギリスのカンバーウェルに生まれる。トッテナムのフレンド派（クェーカー教徒）の学校で基礎教育を受けたのち、大学へは進学せずに16歳で家業の真鍮鋳造を手伝うが、健康を害して23歳で退職。1855年、療養のために中南米を旅行し、帰国後の1861年に処女作『アナワク』を上梓。1896-1909年、オックスフォード大学の初代人類学教室教授。1917年、サマーセットのウェリントンで死去。『原始文化』において、「文化」を定義したことと、「アニミズム」の概念を提示したことは、現代まで大きな影響を与えている。

監修者略歴

松村一男（まつむら・かずお）

1953年千葉県生まれ。1986年東京大学大学院人文科学研究科満期退学。和光大学教授。主な著書に『神話思考Ⅰ』『神話思考Ⅱ』（言叢社）、『女神の神話学』（平凡社）、『神話学入門』（講談社学術文庫）など。

訳者略歴

奥山倫明（おくやま・みちあき）

1963年北海道生まれ。1996年東京大学大学院人文社会系研究科修了。南山大学教授。主な著書に『エリアーデ宗教学の展開——比較・歴史・解釈』（刀水書房）、『制度としての宗教』（晃洋書房）など。

奥山史亮（おくやま・ふみあき）

1980年山形県生まれ。2011年北海道大学大学院文学研究科博士後期課程修了。北海道科学大学全学共通教育部講師。主な著書に『エリアーデの思想と亡命』（北海道大学出版会）。

長谷千代子（ながたに・ちよこ）

1970年鹿児島県生まれ。2003年九州大学大学院文学研究科社会学専攻博士課程単位修得退学。九州大学大学院比較社会文化研究院准教授。主な著書に『文化の政治と生活の詩学』（風響社）。

堀雅彦（ほり・まさひこ）

1967年北海道生まれ。2004年北海道大学大学院博士後期課程満期退学。主な著書に『スピリチュアリティの思想史』（リトン、共著）、訳書に『宗教学必須用語22』（刀水書房、共訳）。

宗教学名著選《しゅうきょうがくめいちょせん》　第《だい》５巻《かん》
原始文化《げんしぶんか》　上

2019年３月20日　初版第１刷発行

著　者　エドワード・B・タイラー
監修者　松村一男
訳　者　奥山倫明　奥山史亮　長谷千代子　堀雅彦

発行者　佐藤今朝夫
発行所　株式会社国書刊行会
〒174-0056　東京都板橋区志村1-13-15
TEL.03-5970-7421　FAX.03-5970-7427
http://www.kokusho.co.jp

装丁者　山田英春
印刷・製本　三松堂株式会社

ISBN978-4-336-05692-4　C0314
乱丁本・落丁本はお取り替え致します。